DRAMATIKERINNEN UND ZEITSTÜCKE

D1729459

Ergebnisse der Frauenforschung
Band 30

Herausgegeben im Auftrag des Präsidenten der Freien Universität Berlin von

Prof. Anke Bennholdt-Thomsen, Germanistik
Dr. Ulla Bock, Soziologe
Prof. Marlis Dürkop, Sozialpädagogik
Prof. Ingeborg Falck, Medizin
Prof. Marion Klewitz, Geschichtsdidaktik
Prof. Jutta Limbach, Jura
Prof. Hans Oswald, Pädagogik
Prof. Renate Rott, Soziologie
Dr. Hanna Beate Schöpp-Schilling, Amerikanistik/Angelistik, Germanistik

Koordination: Anita Runge

Anne Stürzer

DRAMATIKERINNEN UND ZEITSTÜCKE

Ein vergessenes Kapitel der Theatergeschichte
von der Weimarer Republik bis zur Nachkriegszeit

VERLAG J. B. METZLER
STUTTGART · WEIMAR

Gedruckt mit Unterstützung der Freien Universität Berlin

Die Deutsche Bibliothek — CIP-Einheitsaufnahme

Stürzer, Anne:
Dramatikerinnen und Zeitstücke : ein vergessenes Kapitel der
Theatergeschichte von der Weimarer Republik bis zur
Nachkriegszeit / Anne Stürzer. — Stuttgart ; Weimar : Metzler, 1993
  (Ergebnisse der Frauenforschung ; Bd. 30)
    ISBN 3-476-00890-8
NE: GT

Gedruckt auf säure- und chlorfreiem, alterungsbeständigem Papier

ISBN 3-476-00890-8

© 1993 J. B. Metzlersche Verlagsbuchhandlung
und Carl Ernst Poeschel Verlag GmbH in Stuttgart
Einbandgestaltung: Willy Löffelhardt, Stuttgart
Satz: Wallstein, Göttingen
Druck: Druck-Partner Rübelmann, Hemsbach

Verlag J. B. Metzler Stuttgart · Weimar

EIN VERLAG DER *SPEKTRUM FACHVERLAGE GMBH*

„Es heißt sehr richtig, man solle aus der Geschichte lernen –
aber wie das Richtige lernen, wenn sie vergessen wird?"

(Hilde Rubinstein: Blutaltar um die Ecke)

INHALTSVERZEICHNIS

LITERATURGESCHICHTE ALS SPURENSUCHE

Am Anfang bestand nur ein vager Verdacht, daß mehr Frauen als Marieluise Fleißer und Else Lasker-Schüler einen Beitrag zur Theatergeschichte nach 1918 geleistet haben könnten. Der Versuch einer historischen Rekonstruktion führte zurück zu vergilbten Quellen: zu den Spielplänen und Berichten über Inszenierungen. Diese unscheinbaren Notizen waren häufig genug die einzigen Hinweise auf die Arbeiten der Dramatikerinnen. Doch die zeitgenössischen Dokumente gaben selten mehr preis als den Namen der Autorin, den Stücktitel, das Datum und den Ort der Uraufführung. Sie verrieten weder etwas über den Inhalt des Schauspiels noch über das Leben der Verfasserin.

Aus dieser ersten Bestands- und Spurensicherung kristallisierte sich bald eine kleine Gruppe von Autorinnen heraus, die mit Zeitstücken auf dem Theater der Weimarer Republik reüssierten. Es waren dies: Anna Gmeyner, Eleonore Kalkowska, Ilse Langner, Maria Lazar, Hilde Rubinstein und Christa Winsloe. Die erstaunlich abenteuerlichen und langwierigen Recherchen nach den Stücken dieser Frauen verstärkten den Eindruck, daß die Gedächtnislücken über die Theaterautorinnen der Weimarer Republik inzwischen immens geworden sind. Heute sind nur schwer biographische Daten zu ermitteln, viele Dramen galten als verschollen. Die der Arbeit zugrunde liegenden Textbücher mußten aus Archiven in Wien, Leipzig, Bern, Warschau, Baltimore, New York, Washington und Syracuse zusammengetragen werden.

Beispielhaft ist der Fall Maria Lazar, die ihre Stücke und Prosa unter dem Pseudonym Esther Grenen veröffentlicht hat. Einziges Indiz ihrer Arbeiten war zunächst ein Artikel in der „Dame". Dort stellte der Kritiker Hans Kafka 1933 ihr Drama „Der Nebel von Dybern" mit wenigen Worten vor. Das Stück ist seiner Ansicht nach „(...) der gepreßte Ausdruck weiblicher Angst vor dem unbekannten Wert der künftigen Kriegsführung".[1] Die Herausgeber von Literaturgeschichten teilten Kafkas Begeisterung anscheinend nicht. In keinem der Nachschlagewerke - weder in denen aus den zwanziger Jahren noch in denen von heute – ist eine Autorin mit dem Namen Esther Grenen verzeichnet.[2] Bei ausgedehnten Archivarbeiten stieß ich endlich in einem schwedischen Katalog auf den Hinweis, daß Esther Grenen das Pseudonym von Maria Lazar-Strindberg war. Das „Biographische Handbuch der deutschsprachigen Emigration" verzeichnet immerhin das Werk ihrer Schwester Auguste Lazar, die als Kinderbuchautorin bekannt geworden ist.[3] Der Nachlaß Auguste Lazars liegt in der Deutschen Akademie der Künste in Berlin. Dort befinden sich auch zwei alte Anschriften eines Bruders und der Tochter Maria Lazars. Doch beide Adressen stimmten nicht mehr. Ich ahnte nun lediglich, daß die Tochter Judith in England lebte. Doch Versuche, über die „Association of Jewish Refugees in Great Britain" ihren jetzigen Verbleib zu ermitteln, zeitigten kein Ergebnis. Auch die Memoiren Auguste Lazars halfen in diesem Punkt nicht weiter. Sie beschreibt in den Erinnerungen allerdings ausführlich das Leben ihrer Schwester in Wien und im dänischen Exil. Daraus konnte ich entnehmen, daß Maria Lazar Kontakt zu der Wiener Pädagogin Eugenie Schwarzwald und der dänischen Schriftstellerin Karin Michaelis gehabt hatte. Nachforschungen in Dänemark blieben aber erfolglos.

An dieser Stelle wußte Hans Deichmann weiter, der eine umfangreiche Arbeit über das Werk Eugenie Schwarzwalds veröffentlicht hat.[4] In seiner Bibliothek befand sich auch Material von und über Maria Lazar. Wien erwies sich in mehr als einer Hinsicht als die richtige Adresse. In der Theatersammlung der Österreichischen Nationalbibliothek entdeckte ich ein früheres Drama der Autorin. In der Arbeitskammer wurden einige Artikel der Schriftstellerin aufbewahrt. In Leipzig spürte ich dann noch das Drama auf, das Hans Kafka in seinem Artikel so gelobt hatte.

Eine andere Spurensuche: Die Recherche nach den Arbeiten Hilde Rubinsteins nahm ebenfalls ihren Ausgangspunkt bei einem Zeitungsartikel aus den dreißiger Jahren, den Herbert Ihering verfaßt hatte. Auch bei Hilde Rubinstein bestand die Schwierigkeit darin, daß sie unter einem anderen Namen geschrieben hatte. Ihr Theaterstück „Eigener Herd ist Goldes wert?!" war 1932 unter dem Pseudonym Hilde B. Winrich gedruckt und aufgeführt worden. Doch wieder Fehlanzeige bei den gängigen Lexika. Einem Schauspielführer aus den dreißiger Jahren entnahm ich den Hinweis auf den Verlag, der die Stücke gedruckt hatte. Doch meine Nachfragen dort erbrachten nichts, da die Bestände im zweiten Weltkrieg vernichtet worden waren.

Auf der Spur nach näheren Anhaltspunkten über die Autorin durchforstete ich die wissenschaftliche Literatur über das Theater der zwanziger Jahre. In der Untersuchung über das „Theater der Kollektive" wurde ich endlich fündig. Der Herausgeber, Ludwig Hoffmann, konnte sogar das Pseudonym entschlüsseln. Er wußte, daß Hilde Rubinstein auch unter dem Namen Hilde B. Winrich veröffentlicht hatte. Allerdings wähnte er die Autorin noch in Schweden. Doch meine Recherchen dort blieben ohne Erfolg, da Hilde Rubinstein 1985 nach über fünfzig Jahren Exil wieder nach Berlin zurückgekehrt war.

Die beiden Fälle demonstrieren, wie mühselig die Detektivarbeit nach den vergessenen Autorinnen in der Regel war, und daß ich bei meiner Suche auf engagierte Unterstützung angewiesen war. Ich möchte mich an dieser Stelle für die geduldigen Auskünfte und die unkonventionelle Hilfe bedanken bei: Hermann Barth, Münchner Filmzentrum; Eva Berié, S. Fischer Verlag; Dorette Boxberger, Schauspielhaus Zürich; Ursula Butt, Deutsche Bibliothek Frankfurt; Roger Clément, Ahn & Simrock; Carolyn A. Davis, The George Arents Research Library at Syracuse; Jeffrey Owen Davis und Patricia Rickert, The John Hopkins University Baltimore; Hans Deichmann, Mailand, Margarete Dierks, Darmstadt; Peter Diezel, Berlin; Fritz Fenzl, Stadtbibliothek München; Roswitha Flatz und Hedwig Müller, Theatermuseum Köln; Eckart Früh, Arbeiterkammer Wien; Rolf Harder, Ludwig Hoffmann und Volker Kahl, Akademie der Künste Berlin; Horst Hausen, Drei Masken Verlag; Jörg-Dieter Häußer, Darmstädter Echo; Eva Ibbotson, Newcastle upon Tyne; Heike Klapdor-Kops, Berlin; C. Lang, Francke-Verlag Bern; Renate Lammel, Filmmuseum Frankfurt; Ottovay László, Nationalbibliothek Budapest; Silvia Maurer, Schweizerische Theatersammlung; Sue Mccoulogh, BBC; Sally Meades, British Theatre Association; Ella Molenaar, Internationaal Instituut voor Sociale Geschiedenis Amsterdam; Oskar Pausch und Christa Bader, Österreichische Nationalbibliothek; Jörg Räuber und Irmgard Spencker, Deutsche Bücherei Leipzig; Palle Ringsted, Königliche Bibliothek Kopenhagen; Jutta Römer, Staatsbibliothek

Preussischer Kulturbesitz; Hilde Rubinstein, Berlin; Christa Sammons, Yale University Library; Bernd Schmidt, Gustav Kiepenheuer Verlag; Beate Scholz, Burgtheater Wien; Felicia Selton, Association of Jewish Refugees in Great Britain; Louis D. Stewart, The Library of Congress Washington; Dorothy L. Swerdlove, The New York Public Library; Elida Maria Szarota, Warschau; Oskar Törne, Stiftung Deutsche Kinemathek; Werner Volke, Deutsches Literaturarchiv Marbach; Horst Wandrey, Henschelverlag; Christel Weckesser, Stadttheater Pforzheim; Frank Wray, The British Library und Dagmar Wünsche, Akademie der Künste Berlin.

Die umfangreiche Recherche ermöglichte mir ein Stipendium der Friedrich-Naumann-Stiftung. In diesem Zusammenhang bedanke ich mich bei Dr. Jan Hans und Prof. Dr. Inge Stephan für ihre jahrelange Betreuung.

EINLEITUNG

„Ich möchte ein Mann sein, Herr Gott!" wünscht sich Maggie Lee, die weibliche Hauptfigur aus Anna Gmeyners „Heer ohne Helden".[1] Den Seufzer Maggies mag manche Theaterautorin der Weimarer Republik geteilt haben, wenn sie auf Hindernisse und Vorurteile stieß, die für ihre männlichen Kollegen kein Thema waren. Die Klage hat nicht nur für die zwanziger Jahre ihre Berechtigung, sondern sie ist auch auf die Rezeptionsgeschichte anwendbar. Konnte der zeitgenössische Theaterkritiker Hans Kafka im Januar 1933 immerhin noch auf ein „gutes Dutzend wirksamer Dramatikerinnen verweisen",[2] so tendiert das Personengedächtnis der Nachkriegsforschung gegen Null. Die Zahl der Dramatikerinnen, die in den Standardwerken zum Theater der Weimarer Republik (Schweckendieck, Jaron, Köbner) und zum Exiltheater (Wächter, Durzak) oder in einem so aufwendigen – und ansonsten verdienstvollen – Nachschlagewerk wie dem „Biographischen Handbuch der deutschsprachigen Emigration" eine Würdigung oder auch nur eine Erwähnung gefunden haben, liegt weit unter dem Kafkaschen Dutzend.[3] Noch immer wird in den meisten Untersuchungen darauf bestanden, daß Frauen sich nur selten dem Theater zuwandten. Das führt bis in die Gegenwart zur Zementierung des Vorurteils, Frauen hätten dem Drama als öffentlicher Form kein großes Interesse entgegengebracht.[4]

Ein Mangel an Autorinnen erklärt dieses Phänomen nicht. Am Beispiel des Theaters der Weimarer Republik läßt sich nachweisen, daß Frauen durchaus erfolgreich für die Bühnen geschrieben haben. Die historischen Quellen legen Zeugnis davon ab, daß nicht nur vereinzelt Dramen aufgeführt worden sind, die aus der Feder von Frauen stammten. Beim Durchsehen der Bühnenjahrbücher und Bühnenspielpläne stieß ich auf knapp 150 Dramatikerinnen, die sich mit über 250 Stücken vorgestellt hatten.[5]

Die Autorinnen versuchten sich in allen Sparten der Dramatik. Sie verfaßten Lustspiele, Tragödien, Tragikomödien, Mundartstücke, Märchenspiele, erarbeiteten Tanzstücke, übersetzten ausländische Bühnenstücke ins Deutsche oder schrieben Libretti. Ihr Erfolg gilt heute nicht einmal als kuriose Episode, sondern dieser Akt der Theatergeschichte ist weitgehend in der Versenkung verschwunden, in die ihn die nationalsozialistische Kulturpolitik befördert hatte. Vor diesem Hintergrund ist die Bestandssicherung im dokumentarischen Anhang zu sehen. Allein dieser Anhang straft die noch immer gängige Meinung von der geringen Partizipation von Autorinnen am theatralischen Leben der Weimarer Republik Lügen.

Etwa 75 Prozent der dort mit ihren Bühnenarbeiten vorgestellten Dramatikerinnen sind bisher in keinem Nachschlagewerk verzeichnet. Dieser Umstand macht auch die Schwierigkeit der Recherche deutlich. Da ein Großteil der Autorinnen weder in theaterhistorischen Untersuchungen noch in zeitgenössischen Lexika wie dem „Kürschner" auftaucht, sind die Nachforschungen sehr mühsam. Diese detektivische Sucharbeit konnte ich nur für die im Textteil ausführlich behandelten Dramatikerinnen leisten. Der dokumentarische Anhang will im übrigen lediglich einen Grundstock legen, von dem künftige Arbeiten zur Dramatik in der Weimarer Republik ausgehen können. Der zweite Schritt der für diese Arbeit notwendigen Basisrecherche – das Aufspüren der mit dem Lexikon zunächst nur titelmäßig erfaßten Texte – erwies sich als nicht minder aufwendig und komplex: Theaterstücke wurden und werden in der Regel nicht gedruckt, verlegt und von Bibliotheken archiviert. Für die Zeit der Weimarer Republik und des Exils bedarf es vieler günstiger Zufälle, um einzelnen Exemplaren der zunächst in kleiner Auflage für den Bühnenanlaß hergestellten Texte zum Überleben zu verhelfen: Was die Vernichtung durch die Säuberung der Nationalsozialisten, den Verlust auf den immer neuen Fluchten des Exils, die Zerstörung durch die Flammen des Zweiten Weltkriegs überstanden hatte, fiel nur allzu häufig in der Nachkriegszeit der Geringschätzung für weibliche Phantasieproduktion bei Literaturwissenschaftlern, Bibliothekaren und Archivaren zum Opfer.

Mein Vorhaben steht zwar im Kontext feministischer Bemühungen, die Vergessensstrukturen eines patriarchalischen Gedächtnisses aufzuzeigen, doch geht es mir um mehr als um eine positivistische Spurensuche. Die Texte der Dramatikerinnen sollen nicht nur affirmativ beschrieben werden. Das „verborgene Museum" enthält keine Heldinnen, sondern Frauen, die geschickt den Freiraum zu nutzen verstanden, den das Theater der Weimarer Republik für sie bereithielt. Es ist mir nicht möglich, in dieser Arbeit das gesamte Wirken der Dramatikerinnen zu erfassen, sondern ich beschränke mich bewußt auf Zeitstück-Autorinnen.

Die Konzentration auf das Zeitstück erfolgt nicht zufällig. Zu dem operativen Genre, das mit dem Begriff „Zeitstück" eine ohnehin nur sehr äußerliche Beschreibung gefunden hat, gehört eine komplexe sozialhistorische Konstellation, die hinsichtlich der Partizipationsmöglichkeiten von Frauen am kulturellen Prozeß sehr viel aufschlußreicher ist als der nachträgliche Versuch einer stilgeschichtlichen oder merkmalstypologischen Bestimmung. Das Zeitstück ist nicht nur eine Form des engagierten Theaters. Mit der Gattung, die literarisch die wenigste Anerkennung in der Weimarer Republik genoß, ist gleichsam ein Beziehungsgeflecht angesprochen, das es den Dramatikerinnen ermöglichte, sich durchzusetzen. Zweifellos liegen auf dem Gebiet des Zeitstücks die entscheidenden politischen und literarischen Leistungen von Anna Gmeyner, Eleonore Kalkowska, Ilse Langner, Maria Lazar, Hilde Rubinstein und Christa Winsloe. Die Dramatikerinnen nutzten die relative Offenheit des Genres als Chance für einen weiblichen Beitrag. Die Zeitstück-Autorinnen haben – anders als die Lustspiel-Autorinnen – in ihren Texten einen offenen Blick für solche Geschlechtsgenossinnen, die sich an der tradierten Rolle reiben.

Die ausgewählten Dramatikerinnen sind nicht nur repräsentativ, sondern politisch und literarisch zugleich so unterschiedlich, daß an ihnen ein breites Spektrum weiblicher Dramatik deutlich gemacht werden kann. Nach einem biographischen Abriß der Lebensphase wird jeweils ein Werk mit seiner Handlungsstruktur exemplarisch vorgestellt. Die Stücke sind so gewählt, daß jedes einen neuen thematischen Aspekt eröffnet. Es wird deutlich, daß die Zeitstücke von Frauen nicht auf die Frauenproblematik im engeren Sinn beschränkt sind, sondern die ganze Breite der in der Weimarer Republik diskutierten Themen umfassen wie Wirtschaftskrise, psychische Verelendung, Kriegsgefahr, Militarismus, Erziehungsproblematik, Geschlechterverhältnisse, Homosexualität, Lesbianismus.

Es geht mir nicht nur darum, die Schicksale der sechs Frauen während der Weimarer Republik nachzuzeichnen, sondern ich verfolge auch ihren späteren Lebensweg, um die Mechanismen deutlich zu machen, die dazu führten, daß Autorinnen, die die Bühnen erobert hatten, kurze Zeit später in Vergessenheit gerieten. An den historischen Schnittstellen wird deutlich, welche Rahmenbedingungen im Einflußbereich der Nationalsozialisten, im Exil und im Nachkriegsdeutschland vergleichbare Erfolge wie in den zwanziger und frühen dreißiger Jahren verhinderten. Der Gang durch die Geschichte ist ein Lehrstück in mehrfacher Hinsicht. Er zeigt Aufbrüche, Chancen und Leistungen und zugleich Abbrüche, vertane Chancen und Ausgrenzungen.

Der Aufbruch der Frauen war im Januar 1933 vorbei. Der Beginn der nationalsozialistischen Diktatur bedeutete das Aus für die avancierte Theaterpraxis. Für die Dramatikerinnen hatte dieser Einschnitt ebenso wie für viele männliche Kollegen das Ende der Karriere und das Auslöschen in den Annalen der deutschen Literaturgeschichte zur Folge. Dennoch unterschieden sich die Lebenswege zwischen männlichen und weiblichen Dramatikern auf signifikante Weise, wie in dem Kapitel „Zeitstück-Autorinnen ohne Bühne" zu zeigen sein wird. Die Schicksale der ausgewählten Autorinnen variieren nicht nur die Schwierigkeiten, mit denen sich Schriftsteller im Exil auseinanderzusetzen hatten, sondern zeigen, daß diese Zäsur für die Frauen ungleich schwerer wog, weil ihre Geschlechtszugehörigkeit eine zusätzliche Belastung im Kampf ums literarische Überleben darstellte.

Das abschließende Kapitel enthüllt ein nicht weniger deprimierendes Bild. Die Misere des Exils setzte sich auf einer neuen Ebene fort. Obwohl sie als Autorinnen durchaus etwas zu sagen gehabt hätten, konnten sich weder Ilse Langner noch Hilde Rubinstein in dem sich neu formierenden Theaterbetrieb der BRD und DDR durchsetzen. Dennoch resignierten sie nicht. Ihre Stücke aus der Nachkriegszeit beweisen, daß sie mit den erschwerten Bedingungen erstaunlich offensiv umgegangen sind.

I. AUFBRÜCHE

A. Gesellschaftskritik auf dem Theater der Weimarer Republik: das Zeitstück

„Eine Phalanx, ein gutes Dutzend wirksamer Dramatikerinnen erobert die Bühne mit neuen Themen und Formen", stellte der Kritiker Hans Kafka im Januar 1933 verwundert fest.[1] Wie kam es dazu, daß so viele Frauen unterschiedlicher Begabungen auf den Bühnen der Weimarer Republik Fuß fassen konnten? Mit der Bemerkung „neue Themen und Formen" hat der zeitgenössische Rezensent bereits das entscheidende Stichwort geliefert. Vor allem ein Stücktypus prägte in den zwanziger Jahren das Repertoire der Theater und schien wie geschaffen für einen weiblichen Beitrag: das Zeitstück.

Ähnlich wie bei der literarischen Reportage wurden auch auf dem Theater konkrete gesellschaftliche Mißstände aufgedeckt und zur Diskussion gestellt. Bevorzugte Themen waren Abtreibung, Arbeitslosigkeit, Justizwillkür und Strafvollzug, Probleme der Jugenderziehung, drohende Kriegsgefahr und der heraufkommende Faschismus. In Ernst Tollers „Hinkemann" war der Typus des Zeitstücks 1923 zum ersten Male sichtbar geworden. Tollers Kriegskrüppel blieb nicht das einzige Opfer der Gesellschaft, das in den nächsten Jahren auf die Bühnen kam. Zu den Dramen, die sich den politischen und sozialen Vorgängen der Zeit widmeten, gehören ein weiteres Toller-Stück „Hoppla, wir leben", Walter Mehrings „Kaufmann von Berlin", Peter Martin Lampels „Revolte im Erziehungshaus", Friedrich Wolfs „Cyankali" und Rehfisch/Herzogs „Affäre Dreyfuß".[2] Das Zeitstück war der Versuch, die Gegenwart und ihre Probleme so deutlich wie möglich auf der Bühne darzustellen. Die kritisch-dokumentarische Absicht und der moralisch-politische Appell kennzeichneten die Stücke. Der Duktus der Zeitdramen erscheint daher Günther Rühle als „aufsässig":

> „Das Zeitstück nimmt keine Rücksicht auf die Gefühle und die Ruhebedürfnisse der Zeitgenossen. Wo es aggressiv zu sein scheint, rührt das aus seiner Herausforderung. Der Autor des Zeitstücks verzichtet auf die Objektivität des ‚Dramas', er will eingreifen in seine Zeit und deren Realität. Sein Prinzip ist Realität."[3]

Aus diesem Ansatz folgert Rühle, daß selten „eine Gesellschaft genauer und vielschichtiger abgebildet worden ist als im Zeitstück der zwanziger Jahre".[4] Diese Einschätzung ist richtig und falsch zugleich. Die Autorinnen und Autoren der Zeitstücke hatten nie die gesamte Entwicklung im Blick, sondern sie beschränkten ihre Kritik auf einzelne Mißstände. Die partielle Veränderung der bestehenden Verhältnisse war denn auch die Stoßrichtung der Zeitstücke.

Vor allem zwei Themenkomplexe schienen die Kritik geradezu herauszufordern: die Probleme der Jugenderziehung und die der Justiz. So legten Ferdinand Bruckner in „Die Verbrecher" und Leonhard Frank in der „Ursache" dar, daß für die Justiz die Nöte der Jugend und die Sorgen der Armen kein Thema waren. Die eigentlichen Verbrecher –

das ist die Aussage von Bruckners Stück – waren nicht die Straffälligen, sondern die Rechtsprechenden. Bruckner stellte in seinem Stück die Willkürlichkeit des Urteils heraus. Der Unschuldige wird zum Tode verurteilt, die eigentliche Mörderin kommt ohne Strafe davon. Die Diskussion um den Strafvollzug gipfelte Ende der zwanziger Jahre in den Stücken, die die Abschaffung der Todesstrafe forderten. Erich Mühsam dramatisierte in „Sacco und Vancetti" das eklatanteste Fehlurteil der amerikanischen Justiz. Alfred Wolfenstein ließ in „Nacht vor dem Beil" die Ängste und Schrecken eines Mannes lebendig werden, der am nächsten Morgen hingerichtet werden sollte.

Nicht nur die seelischen Nöte eines Todeskandidaten dienten den Dramatikern als Demonstrationsmaterial. Die Härte der bestehenden Paragraphen machten sie am eindringlichsten am Beispiel der Not der Frauen sichtbar, die wegen der sozialen Verhältnisse keine Kinder mehr bekommen wollten. Die Autoren attackierten in ihren Stücken die Ungerechtigkeit der Justiz, die die Frauen aus den besseren Ständen leicht umgehen konnten. Arbeiterfrauen sind die Opfer dieser Rechtsprechung in Carl Credés „§ 218" und Friedrich Wolfs „Cyankali". Hans José Rehfisch gestaltet in seinem Drama den Zwiespalt eines Frauenarztes, der schwankt, ob er den in Not geratenen Frauen helfen oder sich an die Buchstaben des Gesetzes halten soll.

Da der Gerichtssaal häufig die Szene der Stücke bestimmt, von der aus die Justiz und die bürgerliche Doppelmoral angegriffen wird, engen einige Beobachter der damaligen Theaterszene die Zeitdramen auf die Justizstücke ein.[5] Doch diese Einschränkung ist ebenso falsch wie der gegenteilige Ansatz, der die gesamte Dramenproduktion von 1918 bis 1933 auf den Oberbegriff Zeittheater festlegt.[6] Am ehesten stimme ich der Definition Norbert Jarons zu, die die Schauspiele umfaßt, die sich mit einem demokratisch-kämpferischen Impetus den Zeitproblemen stellen.[7]

Die Zeitstück-Autoren wollten mit ihren Arbeiten die Realität verändern. Sie hofften, von der Bühne herab ihr Publikum zu Demokraten zu erziehen. Deshalb dominiert in den Stücken die Botschaft. Diese Tatsache verleitete schon die Zeitgenossen zu der Annahme, daß die Stücke, um der Aktualität gerecht zu werden, ohne künstlerischen Anspruch geschrieben worden seien. Die Dramatiker leisteten ihrerseits diesem Mißverständnis Vorschub. So befand Friedrich Wolf, daß mit dem Gerede von der Ewigkeit der Kunstwerke Schluß sein müsse: „Die Bühne wird zum Zeitgericht und Zeitgewissen."[8] Und Piscator assistierte: „Die politische Gegenwart verlangt eine zu scharfe und völlig eindeutige Stellungnahme, als daß die bisher beliebte allgemeine Vertarnung im Künstlerischen länger aufrecht erhalten könnte."[9] Aus diesen Bekenntnissen, in denen immer auch eine Polemik gegen den bürgerlichen Begriff von Kunst mitschwingt, schlußfolgerten die Nachgeborenen: „Geschrieben aus aktuellem Anlaß, waren die Zeitstücke für den sofortigen Gebrauch bestimmt. Man sprach daher auch von ‚Gebrauchskunst'. War das Ziel erreicht, verlor das Stück seine Daseinsberechtigung."[10]

Von Gebrauchskunst redeten vor allem die konservativen Rezensenten. Sie fanden, daß ein Theaterstück kein politischer Leitartikel sein sollte. So wetterte Fred A. Angermeyer in einer Rundfrage der „Szene" 1928: „Tendenzdrama scheint mir die geistige Verwirrung einer Masse durch Mittel gegen die sich der Einzelne – im Augenblick – nicht wehren kann."[11] Angermeyer wußte sich wohl zu wehren. Mit seiner Kritik an der

Form zielte er vor allem auf die Inhalte der Dramen. Dabei läßt sich beim näheren Hinsehen die Unterstellung nicht aufrechterhalten, daß Gesinnung das handwerkliche Können ersetzt habe.[12] Schon Friedrich Wolf notiert 1928: „Auch ein Arbeiterstück – gerade das – muß gekonnt sein! Hierzu gehört, solange es eine Wortkunst gibt – man verzeihe den harten Ausdruck – der Dichter."[13] Heinrich Fischer, Mitarbeiter von Brecht und Horváth, konkretisierte Wolfs Feststellung ein Jahr später. In einem Rundfunkvortrag über das Zeittheater hob Fischer hervor, daß die Dramaturgie des Zeitstücks den Charakter eines künstlerischen Experiments habe:

> „Probleme der Zeit, sie können so brennend sein, daß wir sie täglich am eigenen Leibe spüren, sind für die Kunst, also auch für die Theaterkunst, wie eh und je erst dann vorhanden, wenn sie das Auge des Dichters angesehen hat. (…) Echtes Zeittheater ist also nach meinem Gefühl ein Theater, das die Revolutionierung der Gehirne vom künstlerischen Experiment her versucht. Falsches Zeittheater ein Theater, das diese Revolutionierung der Gehirne nur mit der politischen Gesinnung oder gar ohne diese versucht."[14]

Auf den Kunstanspruch mochte auch Eleonore Kalkowska nicht verzichten. Zwar verstand sie ihr Stück „Josef", das den Justizmord an dem polnischen Landarbeiter Josef Jakubowski dramatisierte, als konkrete Anklage. Doch sie wollte sich nicht damit begnügen, Wirklichkeit abzubilden: „Das Stück stellt einen Versuch ‚dichterischer Reportage' dar, und zwar mit gleich starkem Akzent auf beiden Worten."[15]

Allerdings vertraute Eleonore Kalkowska bei diesem Stück zu sehr auf die historischen Fakten, die analytische Qualität ihrer Arbeit läßt zu wünschen übrig. Die Prognose Alfred Kerrs: „Ist der Jakuboswki-Fall erledigt, so wird auch ihr Stück erledigt sein", erwies sich als richtig.[16] Die schnelle Vergänglichkeit galt immer als stärkstes Argument gegen den Versuch, das Zeitstück als Kunstwerk anzuerkennen. Doch diese Beobachtung trifft längst nicht auf alle Dramen zu. Nicht nur Brecht und Horváth gelang es, im aktuellen Geschehen grundsätzliche Probleme deutlich zu machen. Auch Wolf glückte wie Kalkowska in den besten ihrer Stücke etwas Ähnliches. Die Spannweite, die zwischen den ästhetischen Ansätzen von Brecht einerseits und Wolf andererseits liegt, macht deutlich, daß die Dramaturgie des Zeitstücks sich nicht mit formalen Kategorien fassen läßt. „Es ist das Zeitalter des Stoffs, nicht der Form", erkannte bereits 1926 Hermann von Wedderkop, Herausgeber der mondänen Zeitschrift „Der Querschnitt".[17] Es ging den Autorinnen und Autoren der Zeitstücke nicht darum, neue Schreibweisen zu erproben, sondern sie bedienten sich aus der Fülle des Formenkanons, der zu diesem Zeitpunkt Bühnenschriftstellern zur Verfügung stand. Wichtiger als die Debatten um die Form war den Autorinnen und Autoren der Zeitstücke das Prinzip Wirklichkeit. Aus diesem Anspruch ergaben sich andere Qualitätsmerkmale für die ästhetische Beurteilung als die der äußeren Form. Diese Kriterien sind, so Günther Rühle, „aktueller Sachverhalt, klare Definition und kontrollierbare Wahrhaftigkeit der Figuren und Situationen, Perspektive in der Darstellung, Entschiedenheit im Zugriff und Formulierung, Gerechtigkeit als Ziel, allgemeine Verständlichkeit, Informations- und Durchschlagskraft, emanzipatorische Intention."[18]

Das Zeitstück beanspruchte also durchaus seine eigene ästhetische Form. Doch nur die wenigsten zeitgenössischen Beobachter waren bereit, das anzuerkennen. Die Vorurteile gegen diesen Stücktypus hatten allerdings einen unerwarteten Nebeneffekt. Die Texte wurden nicht an den Meisterleistungen der Klassik gemessen. Das neue Genre schien auch „dramentechnisch und sprachlich Ungeschulten, Möglichkeiten zur dramatischen Betätigung" zu geben.[19] Die Hemmschwelle, für das Theater zu schreiben, wurde heruntergesetzt und junge Talente stärker gefördert.

Da die Ehrfurcht vor der dramatischen Form erheblich geschwunden war, stieg die Chance für Autorinnen, das Theater der Weimarer Republik zu erobern. Der Zugang zu den verschiedensten Künsten verlief für Frauen meistens über die am wenigsten anerkannte Gattung. Schriftstellerinnen wagten sich immer dann in die literarische Öffentlichkeit, wenn die starren Formengesetze einer Kunstgattung im Auflösen begriffen waren und nach Erneuerung gesucht wurde. So fanden die Frauen in der Romantik den Anschluß an die Literatur über das Tagebuch und den Briefroman. Diese Rolle nahm in der Malerei das Genrebild und beim Film der Dokumentarfilm ein.[20] Für das Theater der zwanziger Jahre genoß das Zeitstück am wenigsten Prestige. So betrachtete Erika Mann dieses Genre nicht als „hohe Literatur". In einem Artikel in den „Wiener Neuesten Nachrichten" beschrieb sie die Perspektiven, die diese Gattung den Frauen eröffnete:

> „Seit kurzem gibt es einen neuen Typ Schriftstellerin, der mir im Augenblick der aussichtsreichste scheint: Die Frau, die Reportage macht, in Aufsätzen, Theaterstücken, Romanen. Sie bekennt nicht, sie schreibt sich nicht die Seele aus dem Leib, ihr eigenes Schicksal steht still beiseite, die Frau berichtet, anstatt zu beichten. Sie kennt die Welt, sie weiß Bescheid, sie hat Humor und Klugheit, und sie hat die Kraft sich auszuschalten. Fast ist es, als übersetze sie: das Leben in Literatur, in keine ungemein hohe Literatur, aber doch in eine brauchbare, anständige, oftmals liebenswerte."[21]

Erika Mann nannte in ihrem Artikel keine Beispiele. Sie ging wohl davon aus, daß die Leserinnen und Leser ihre Ausführungen mit eigenem Wissen ergänzen konnten. So fanden die Frauen, die Erika Manns Ratschlag auf das Theater übertrugen, in der letzten Phase der Weimarer Republik starke Beachtung. Das Erstaunen über die Theaterautorinnen ließ eine rege Diskussion über das „dramatische Empfinden bei Frauen" entbrennen – auch unter den Schriftstellerinnen.[22]

Den Anfang machte 1928 Else Hoppe mit dem Artikel „Die Frau als Dramatikerin". Wie schon Erika Mann erkannte sie die Chance für die Schriftstellerinnen in der Tatsache, daß „das Drama endgültig den hohen Kothurn" verlassen und sich „Stoffen aus der Wirklichkeit" zugewandt habe: „Ich wüßte nicht, was gegen die Annahme spräche, daß (…) im 20. Jahrhundert die Vorbedingungen für ein eigenwertiges Frauendrama gegeben seien."[23]

Hoppes optimistische Ansicht blieb nicht unwidersprochen. Die Dramatikerinnen Gina Kaus und Marieluise Fleißer, die sich ein Jahr später in die Debatte einschalteten,

übernahmen die männlichen Maßstäbe der literarischen Ästhetik. Sie sahen den Mißerfolg der Frau als Dramatikerin – jedenfalls für ihre Gegenwart – als gegeben an. Das
Bewußtsein einer eigenen weiblichen Traditionslinie war ihnen fremd. Ihre schreibenden Kolleginnen, die gleichzeitig mit ihnen die Bühnen eroberten, nahmen sie anscheinend nicht wahr. So behauptete Gina Kaus, daß es nicht mehr Theaterautorinnen gebe,
„als sich an den Fingern einer Hand abzählen" ließen.[24] Und Marieluise Fleißer schätzte
die Arbeit der Dramatikerinnen so gering ein, daß sie zu dem Schluß kam: „Gewiß
haben wir vereinzelt Stücke von Frauen, die aber nicht besonders bekannt und wichtig
geworden sind."[25] Auch ihre eigenen Leistungen galten ihnen nicht als beispielhaft.
Diese Haltung zeitigte mitunter kuriose Folgen. Die Redaktion der „Literarischen
Welt" sah sich veranlaßt, die Betrachtungen von Gina Kaus mit dem Zusatz zu versehen: „Die Verfasserin selbst gehört bekanntlich zu diesen wenigen Ausnahmen – und
zwar zu den erfolgreichsten."[26]

In die theoretischen Überlegungen der beiden Dramatikerinnen floß nicht ein, daß
sie in ihrer praktischen Schreibarbeit längst Eigenes produzierten. Es ging ihnen nicht
darum, Ausdrucksformen zu benennen, die sich aus der männlichen Perspektive befrei-
en könnten. Im Gegenteil: Sie stellten die männliche Norm nicht in Frage, sondern
maßen die Arbeiten von Frauen an diesem Wertesystem. Gina Kaus vermißte nicht nur
das gutgebaute Stück, sondern sie unterstellte außerdem, daß sich die Struktur des Dramas dem weiblichen Können entgegenstelle: „(…) und es ist eben das Wesen des Dramas, das sich den Frauen versagt – das Wesen des Spiels."[27] Ihre Einschätzung ähnelt auf
den ersten Blick den Verdammungsurteilen der Männer, die die „Natur des Weibes" als
Grund anführten, um das Fehlen von Dramatikerinnen zu erklären – ein Argumenta-
tionsmuster, das von P. Lemiroir (1806) über Otto Weininger (1903) bis hin zu den
Theaterkritikern der Weimarer Republik verfolgt wurde. Doch von dieser Meinung
grenzte sich Kaus in ihren weiteren Ausführungen ab. Die Schwierigkeiten, die Frauen
mit der dramatischen Form haben, lagen ihrer Ansicht nach in der Sozialisation begründet und müßten nicht immer Bestand haben:

> „Und es ist auch nichts Endgültiges. Es ist erst kurze Zeit her, daß Frauen zu den
> Problemen der Realität zugelassen sind (…) Wie Kinder, die gar zu viel auf einmal
> nachzulernen haben, wagen sie sich nicht ans Spiel. In zwanzig Jahren mag das alles
> anders sein (…)."[28]

Mit ähnlichen Worten sollte Ilse Langner noch dreißig Jahre später das Fehlen von Dramatikerinnen begründen. Ihre These lautete, daß das Alltagsleben die schöpferischen
Kräfte der Frauen zu stark binde: „Da die Frau ihre dramatische Befähigung im Alltag
verausgabt (…), hat sie naturgemäß keine Lust mehr am schriftlich festgelegten Spiel.
Sie ist für das Drama eine verlorene Autorin."[29] Damit näherte sich Langner noch mehr
als Gina Kaus konservativen Positionen, da sie die Funktion des Weiblichen in der Gesellschaft aus der biologischen Rolle der Frau herleitete. Allerdings schrieb sie diese Rolle – ähnlich wie Kaus – nicht für immer fest, sondern beobachtete mit wachem Blick die
Veränderungen der Gesellschaft, die sich ihrer Meinung nach auf die Kunst auswirkten.
So wertete sie die Episierung des Dramas als ein Indiz für die „Verweiblichung". Der

Gegensatz zwischen den Geschlechtern habe in der Literatur kaum noch Bedeutung. Ilse Langner glaubte an den androgynen Charakter der Kunst. Diesem Ideal hing auch Gina Kaus an.

Sowohl Langner als auch Kaus sahen jedoch die Möglichkeit, diesen Zustand zu überwinden. Während Gina Kaus ihre Ansprüche an die nächste Generation weiterreichte, stellte Marieluise Fleißer die Forderung auf: „Die nächste Leistung, die wir bringen müssen, ist – das Stück.[30] In der augenblicklichen Situation erkannte sie – trotz ihrer eigenen Dramen – lediglich eine „Spezialbegabung" der Frau an, die sie allerdings nicht wie Langner auf eine spezifische Rolle der Frau reduzierte:

> „Wenn eine Frau an das Stück denkt, das sie schreiben will, sieht sie einzelne Sätze vor sich, meisterhaft in ihrer in kurzen Sätzen heranwachsenden Verdichtung, wirksam, weil Sachen darin gesagt werden, die allgemein angehn und so lebendig gesagt, daß sie einem bis unter die Haut gehen; aber die Vereinigung der Szenen, auf die es allein noch ankäme, geht für sie lediglich im Unterbewußtsein vor sich durch den steigenden Druck der Atmosphäre. Hier ist der Punkt, wo sie einsetzen muß, wenn sie zulernen will, alles andere ist da. Wir haben die Sprache, wir haben Szenen, wir haben besonders Rollen, die Spezialbegabung der Frau, weil sie sehr nah und bis in die Einzelheiten genau sieht, gewissermaßen vollständig um den Menschen herumgeht, den Punkt findet mit einer Witterung für menschliche Eigenheiten, wie sie in dieser Feinheit dem Mann abgeht."[31]

Von einer „Spezialbegabung" der Frau mochte Caroline Urstadt kurz darauf nichts mehr wissen. „Frauen als Dramatikerinnen" – so hatte sie ihre Polemik in der Bühnenzeitschrift „Der Scheinwerfer" überschrieben – gab es ihrer Ansicht überhaupt nicht. So fanden weder die Arbeiten von Gina Kaus, deren Schulmädchenkomödie sie als „schlecht, unmotiviert" und „farblos" abkanzelte, noch die Stücke von Marieluise Fleißer Gnade vor ihren Augen. „Die Pioniere in Ingolstadt" wertete sie nicht als dramatisches Werk, sondern als „romantische Kleinstadtreportage". Auch Eleonore Kalkowskas „Josef" war für sie lediglich ein „schlampiges Stück, ohne jeden dramatischen Aufbau", mit „ab und an gelungenen Milieuschilderungen, die sich aber stets ihrer Wirkung selbst berauben durch die äußerst ungekonnten Dialektversuche".[32]

Die Wucht solcher Angriffe erklärt die Zaghaftigkeit, mit der die Theaterautorinnen ihre theoretischen Positionen vertraten. Es reichte ihnen wahrscheinlich, mit ihren Stücken gegen die Normen der Literaturkritik zu verstoßen. Sie verzichteten darauf, auf einem weiteren Gebiet den Unmut ihrer Zeitgenossen auf sich zu ziehen. So nahm Eleonore Kalkowska von ihrem Plan Abstand, Urstadts Ausführungen Punkt für Punkt zu widerlegen. In einem Schreiben an Hannes Küpper, dem Herausgeber des „Scheinwerfers", teilte sie nur mit, ihre Ansicht unterscheide sich grundsätzlich von der der Kritikerin. Doch:

> „Caroline Urstadt hat sich leider nicht damit begnügt, allgemeine theoretische Behauptungen aufzustellen – sie hat es für richtig gehalten, darüber hinaus alle drama-

tisch arbeitenden Frauen ein wenig lächerlich zu machen – und mehr oder minder zu diskreditieren. Durch ihr abfälliges Urteil über meinen ‚Josef‘ (…) hat sie mich in den Augen Ihrer Leser in eine Verteidigungsstellung abgedrängt, die meinem Gefühl persönlicher Würde unbedingt widerstrebt."[33]

Eleonore Kalkowska blieb bei ihrem Entschluß, die Diskussion im „Scheinwerfer" schlief ein.[34] Dabei hatte sich Kalkowska immer wieder mit den Vorurteilen gegenüber Theaterautorinnen auseinandergesetzt. In Berlin hielt sie einen Vortrag über „die dramatische Sendung der Frau", im Breslauer Rundfunk sprach sie zum gleichen Thema. Aus dem kurzen Schreiben an Hannes Küpper läßt sich erahnen, daß sie nicht so zaghaft wie ihre Kolleginnen argumentiert hätte. Doch ihre Überlegungen sind nicht erhalten. Die Frage nach den Besonderheiten weiblichen Schreibens beantworten die Stücke ohnehin besser als die theoretischen Reflexionen.

In ihren Dramen wuchsen die Autorinnen über den theoretischen Diskussionsstand hinaus. Die Heldinnen ihrer Stücke stellen viel entschiedener als ihre Erfinderinnen in den kurzen Betrachtungen die gesellschaftliche Norm in Frage. Die Dramatikerinnen haben in ihren Texten einen offenen Blick für solche Geschlechtsgenossinnen, die sich an der traditionellen Rolle reiben. Während Friedrich Wolf mit Hete in „Cyankali" die Frau in der klassischen Opferrolle vorführt, malen die Autorinnen der Zeit in ihren Dramen Möglichkeiten aus, die das stille Leiden und Dulden durchbrechen. Der Unterschied zu ihren männlichen Kollegen wird bei den Stücken gegen den Abtreibungsparagraphen besonders deutlich. Die Dramatikerinnen vertreten in ihren Arbeiten die Ansicht, daß nicht nur die schlechten sozialen Verhältnisse einem Kinderwunsch entgegenstehen, sondern daß es grundsätzlich gilt, das Selbstbestimmungsrecht der Frau zu wahren. Ilse Langners Protagonistin Olga hat denn auch im Unterschied zu Wolfs Hete die Opferrolle abgestreift. Während Wolf die Zuschauer durch Mitleid aktivieren will, entwirft Langner in ihrem Stück „Katharina Henschke" zwei tatkräftige Frauen, die die Pro- und Contra-Stimmen zum Paragraphen 218 vertreten. Langners Olga ist eine mutige und kämpferische Frau, die ihr Schicksal selbst in die Hand nimmt. Sie strebt danach, die Verhältnisse zu verändern. Ihre Gegenspielerin ist auch eine aktive Frau, die ihre Tatkraft allerdings für die bestehende Moralvorstellung einsetzt und deshalb scheitert.

Der Überdruß an der Opferrolle kommt auch in anderen Stücken von Frauen zum Ausdruck. So gestaltet Anna Gmeyner in „Heer ohne Helden" eine heroische weibliche Hauptfigur, Maggie Lee. In Langners Erstlingswerk „Frau Emma kämpft im Hinterland" beherrscht ebenfalls eine resolute Frau die Szene. Auch Maggie Lee und Frau Emma beziehen Stellung gegen den § 218. Auffällig bei den Dramen der Autorinnen ist, daß der Konflikt für oder gegen das Kind unter Frauen ausgetragen wird. Eine weibliche Figur vertritt jeweils die gängige Moral, eine andere entwirft die Antithese. In den Arbeiten der Dramatikerinnen überleben die Frauen ihre Abtreibung. Dagegen gehen Wolfs Hete und auch Frau Nolte in Carl Credés „§ 218" elend zugrunde.[35] Das Problem der Erpreßbarkeit des Arztes, das bei Hans José Rehfischs „Frauenarzt" im Mittelpunkt der Handlung steht, ist für die Autorinnen überhaupt kein Thema. Auch der

Gewissenskonflikt, den Credés Mediziner Hansen erlebt, weil er einerseits den Buchstaben des Gesetzes treu bleiben will, andererseits die Not der Frauen sieht, taucht in den Stücken der Schriftstellerinnen nicht auf. Sie brauchen die Figur des Arztes, die aus der männlichen Perspektive Betroffenheit erzeugt, nicht als Mittler zwischen sich und der Wirklichkeit.

An den Beispielen wird deutlich, daß die Stücke von Frauen in einigen Punkten radikaler sind als die ihrer Kollegen. Vielleicht erklärt dieser Umstand die Tatsache, daß die Stücke der Dramatiker Eingang in die Theatergeschichte fanden, während die Werke der Frauen, die die Debatte um den § 218 aufgriffen, weitgehend vergessen sind. Die Resonanz auf die Arbeiten war schon während der Weimarer Republik unterschiedlich. Das Frauenthema ersten Ranges verhalf nur den männlichen Autoren zu Bühnenerfolgen.

Das mag nicht nur an der Skepsis der Intendanten gelegen haben, sondern auch daran, daß sich die Dramatikerinnen mit ihren Stücken spät in die Diskussion einschalteten. Die Zeitstück-Autorinnen prägten erst die letzte Phase des Theaters der Weimarer Republik entscheidend mit. In diese Zeit fielen die Uraufführungen von Stücken Anna Gmeyners, Eleonore Kalkowskas, Ilse Langners, Maria Lazars, Hilde Rubinsteins und Christa Winsloes. Erst in dem Moment, als das Theater erkannte, daß es sich nur behaupten konnte, wenn es alle Kräfte sammelte und förderte, deren Phantasie sich an der Bühne entzündete, bot es den Frauen ein Forum. Die Theaterkrise zu Beginn der dreißiger Jahre wirkte sich deshalb für die Frauen positiv aus. So stellte Hans Kafka 1933 fest: „Aber das männliche Zeitalter mündete bekanntlich in eine schwere Krise. Der Augenblick schien auch aus äußeren Gründen günstig."[36] Die Stücke der Dramatikerinnen beurteilte nicht nur Kafka positiv. Auch Herbert Ihering rühmte Ende 1932 anläßlich der Berliner Premiere von Anna Gmeyners viertem Stück „Automatenbüfett" die Texte der Theaterautorinnen:

> „Else Lasker-Schüler, Marieluise Fleißer, Ilse Langner, Hilde B. Winrich, Anna Gmeyner – von fünf Frauen sind in den letzten Jahren Stücke aufgeführt worden, viele mit wirklichem Erfolg. Keine von ihnen schreibt das, was man früher Frauenzimmerdramatik nannte. Birchpfeiffereien verfassen heute die Männer. Die Rührseligkeit haben die Herren der Filmbranche und der Operettenbranche übernommen."[37]

Hilde B. Winrich lautete das Pseudonym von Hilde Rubinstein. Den Welterfolg von Christa Winsloes „Mädchen in Uniform" vergaß Ihering in seiner Aufzählung. Heinrich Manns Vorliebe für Eleonore Kalkowskas Arbeitslosendrama „Zeitungsnotizen" teilte Ihering ohnehin nicht. Maria Lazars Drama gegen den Krieg „Der Nebel von Dybern" konnte er nicht kennen. Es hatte erst zwei Monate später Premiere. Die Intendanten ließen sich von Iherings Lob allerdings kaum beeindrucken. Sie waren an handfesten Daten interessiert. Die meisten der Stücke mußten, bevor sie in den Berliner Spielplan aufgenommen wurden, erst einmal ihre Bühnenwirksamkeit außerhalb der Metropole beweisen. Theaterpraktiker, die in der Provinz arbeiteten, schätzten deshalb ihren Anteil an der Förderung zeitgenössischer Dramatik recht hoch ein. So formulierte der Dramaturg am Hessischen Landestheater in Darmstadt, Carl Werkshagen:

„Während im Berliner Theaterleben das absolute Können, die fertige Leistung entscheidet, sind in der Provinz die Dinge ständig im Fluß, handelt es sich hier um das Wollen, um die Entwicklung, um die Initiative. Es ist die systematische Versuchsarbeit der deutschen Provinz, die die Berliner Leistung vorbereitet."[38]

Diese Versuchsarbeit kam auch den Autorinnen zugute. So präsentierte sich Anna Gmeyners Drama „Heer ohne Helden" am 27. Oktober 1929 zunächst dem Dresdener Publikum. Eleonore Kalkowskas „Josef" zeigte das Dortmunder Stadttheater am 14. März 1929. Christa Winsloes Tragödie lief unter dem Titel „Ritter Nérestan" am 30. November 1930 im Leipziger Schauspielhaus, und Maria Lazars „Der Nebel von Dybern" kam am 20. Februar 1933 im Stettiner Stadttheater heraus.

Ein Erfolg in der Provinz reichte in den meisten Fällen noch nicht aus. In Berlin testeten die Theaterdirektoren mit Vorliebe die Publikumsreaktionen in Matineen. Von einer „Matineenpest" sprachen deshalb die zeitgenössischen Kritiker.[39] Doch solche Polemik änderte nichts. Die Matineen blieben fester Bestandteil des Berliner Theaterlebens. Ilse Langner schaffte mit ihrem Stück „Frau Emma kämpft im Hinterland" zwar auf Anhieb den Sprung nach Berlin, doch das Antikriegsstück lief nur in einer Nachtvorstellung. Das hatte die Klage eines Kritikers zu Folge: „Nicht nur abends (…) auch nachts müssen wir ins Theater (…) müssen zur mitternächtlichen Stunde unsere kahlen schuldigen Scheitel hinhalten. Die Zeiten sind hart."[40]

Nicht nur um Mitternacht, auch am Sonntagvormittag mußten die Rezensenten ins Theater. Eleonore Kalkowskas „Josef" lief in einer solchen Matinee. Am 14. April 1929 kam das Stück in der Volksbühne am Bülowplatz heraus. Der Probelauf stellte die Verantwortlichen nicht zufrieden. Weitere Aufführungen fanden nicht statt. Der Kritiker Stefan Trotz nahm die Entscheidung der Intendanz zum Anlaß, um gegen die gängige Praxis der Theaterleiter zu wettern, die lieber bewährte Kassenfüller inszenieren ließen:

„Nun hat die ‚Volksbühne' in ihrem Studio den ‚Josef' der Kalkowska herausgebracht, es war eine würdige Aufführung, Karchow in der Jakubowskirolle war hervorragend, der Erfolg war groß, der Eindruck nachhaltig – und trotzdem rollte das Stück in die Versenkung und wird, obschon es sich bewährt hat, nicht in den Abendspielplan übernommen. Stattdessen wird man Donouamont sehen – eine Neuauflage von ‚Karl und Anna'. Schütteln des Kopfes, schütteln des Kopfes!"[41]

Nicht nur Trotz rieb sich an der Programmgestaltung der Volksbühne. Wachsende Kritik übten auch die eigenen Mitglieder, deren Klagen die Leitung allerdings ebenso wie den Einwand von Trotz ignorierte. Als der Protest zu laut wurde, entschloß sich der Vorstand zu härteren Maßnahmen: Die Opposition wurde aus dem Verband ausgeschlossen. Die mißliebigen Mitglieder riefen daraufhin am 23. November 1930 die „Junge

Volksbühne" ins Leben. Für die Neugründung inszenierte Paul Bildt am 28.12.1932 Hilde Rubinsteins Drama „Eigener Herd ist Goldes wert?!".

Parallel zu der Auseinandersetzung um die Volksbühne vollzog sich um 1930 die Radikalisierung des Zeitstücks. Der letzte Akt von Rubinsteins Drama spiegelte diese Entwicklung wider. In der Fassung, die die „Junge Volksbühne" auf die Bühne brachte, tritt die Heldin, nachdem sie ihren Mann verlassen hat, in die KPD ein. Dagegen sah der erste Entwurf noch eine Versöhnung der Ehepartner vor. Piscator, der sich für die Neugründung engagierte, hielt solche Bearbeitungen, wie Rubinstein sie vorgenommen hatte, für signifikant. In seinem Aufsatz „Das Zeittheater in der Krise" abstrahierte er vom Einzelfall. Er unterschied darin 1931 zwischen Mitläufern der Zeittheaterbewegung, die dazu übergingen, brave Stücke zu schreiben und Autoren, die auf die verschärfte Situation am Ausgang der Republik mit kämpferischen Dramen antworteten.

„Daß dieser Riß in der Zeittheater-Bewegung so klaffend geworden ist und daß die Mitläufer so zahlreich auf der Strecke bleiben, das ist im Grunde doch mehr ein Gewinn. (…) Ich gebe zu, daß die Plattform des Theaters in der Gegenwart schmaler geworden ist, dafür hat sie an innerer Schärfe der dargestellten Probleme gewonnen."[42]

Nach der Definition Piscators war Anna Gmeyner ebenfalls keine Mitläuferin der Zeittheaterbewegung. Er nahm ihr Bergarbeiterstück „Heer ohne Helden" in den engeren Kreis der Dramen auf, die er inszenieren wollte.[43] Es kam dann doch zu keiner Aufführung unter seiner Regie, sondern das „Theater der Arbeiter" stellte sich mit dem Schauspiel zum ersten Mal dem Publikum vor. Auch die Initiative befand, daß sich der Text für die Intentionen eines klassenkämpferischen Arbeitertheaters eignen würde. Das „Theater der Arbeiter" war von der mit der KPD verbundenen Interessengemeinschaft für Arbeiterkultur (Ifa) ins Leben gerufen worden.[44]

Dagegen ist der Duktus von Christa Winsloes Schauspiel „Gestern und heute" zwar anklagend, aber nicht kämpferisch. Es fiel denn auch bei den Berliner Premieren aus dem Rahmen. Es startete ohne Probelauf im April und Mai 1931 im Theater an der Stresemannstraße.[45] Auch mit ihren späteren Arbeiten unterschied sich Christa Winsloe von den anderen Autorinnen. Bei ihrem nächsten Stück „Schicksal nach Wunsch" bildeten die Probleme der Gegenwart nur den Hintergrund. Anna Gmeyner, Eleonore Kalkowska und Ilse Langner schufen auch in ihren weiteren Stücken ein kritisches Spiegelbild der Zeit. Anna Gmeyner kritisierte in dem Drama „Zehn am Fließband" die Rationalisierung, Eleonore Kalkowska nahm sich in „Zeitungsnotizen" der ausweglosen Situation der Arbeitslosen an, und Ilse Langner griff in der „Heiligen aus U.S.A." die Verquickung von Geschäft und Religion auf. Auch Maria Lazar und Hilde Rubinstein blieben der Zeitkritik verhaftet, doch legten sie während der Weimarer Republik keine neuen Arbeiten mehr vor.

Der Blick dieser sechs Autorinnen war nicht bestätigend auf das Vorhandene gerichtet, sondern sie träumten von einem besseren Morgen und erschraken vor ihrer Gegenwart. So phantasierten die Dramatikerinnen – am hartnäckigsten Ilse Langner – Weiblichkeitsentwürfe und Emanzipationsvorstellungen, die die Realität noch nicht einlöste. Bei den Frauen – Zuschauerinnen wie Dramatikerinnen – bestand augenscheinlich ein Bedürfnis nach Vorbildern, das auch Anna Gmeyner und Hilde Rubinstein abzudecken versuchten, indem sie starke, selbstbewußte Heldinnen erfanden. In ihren Arbeiten nahmen sie den Typus der „neuen Frau" auf. Es traten auf:

> „Heldinnen mit selbständigen Anforderungen an das Leben, Heldinnen, die ihre Persönlichkeit behaupten, Heldinnen, die gegen die allseitige Versklavung der Frau im Staat, der Familie, der Gesellschaft protestieren, die um ihre Rechte kämpfen als Vertreterinnen ihres Geschlechts."[46]

Alexandra Kollontais Beobachtung von 1920, vor allem auf die Romanliteratur ihrer Zeit bezogen, wird auch einem Großteil der Dramen gerecht, die ein Jahrzehnt später entstanden sind. Kollontais Einschätzung macht ungewollt auf einen Mangel der Texte aufmerksam. Die Heldinnen sind oft zu strahlend, zu sicher, um vor der düsteren Realität der sich abzeichnenden Krise immer glaubwürdig zu sein. Die Ambivalenz der Texte erklärt sich zum Teil aus dieser Mischung von Realitätsbezug und Phantasieproduktion, wie an den einzelnen Dramen zu zeigen sein wird.

Nahmen die Autorinnen die Realität zu sehr zur Kenntnis, gaben sie damit auch das Modell der Heldin auf und entschieden sich für ein Bild, dem die männlichen Literaten über Jahrhunderte den Vorzug gaben: der Frau als Opfer. Im Gegensatz zu den meisten ihrer Kollegen entwarfen Eleonore Kalkowska, Maria Lazar und Christa Winsloe die Frau als Opfer allerdings nicht als Gegenentwurf zum siegreichen Helden. Bei ihnen sind Frauen und Männer Opfer der Verhältnisse. Das Begehren nach Veränderung drückt sich in diesen Arbeiten vermittelter aus als in den Heldinnen-Dramen. Es ist eher zwischen den Zeilen ablesbar, in dem Wunsch, es möge keine Opfer mehr geben.

Der Traum ging nicht in Erfüllung. Die Zeitstück-Autorinnen waren unter den ersten, die die veränderten Zeitumstände zu spüren bekamen. Ihr Weg zum Erfolg endete jäh, als die Nationalsozialisten am 30. Januar 1933 die Macht übernahmen. Das Schicksal der sechs Frauen ähnelte sich deshalb nicht nur im hindernisreichen Anfang, sondern auch im Schlußpunkt ihrer Karriere.

1.1. Anna Gmeyner – eine Chronistin der Not

Anna Gmeyner, am 16.3.1904 als Tochter eines liberalen Rechtsanwalts in Wien geboren, berichtet in einem Selbstportrait, daß sie bereits als kleines Mädchen unter sozialen Ungerechtigkeiten litt: „Mit fünf Jahren weigert sie sich bis zu Tränen nach Hause zu gehen, da ihre Mutter ihr nicht sagen kann, wo der Bettler schlafen wird, den sie auf der Straße gesehen hat."[47] Das Erlebnis saß so tief, daß Anna Gmeyner es auch als Erwachsene nicht vergaß. In ihrem Exilroman „Manja" von 1938 läßt sie Heini Heidemann eine ähnliche Szene erleben.[48] Es dauerte zwar noch Jahrzehnte, ehe sie diesen prägenden Eindruck schriftstellerisch verwertete. Mit dem Schreiben begann sie allerdings be-

Anna Gmeyner 1932

reits als Zehnjährige. An Selbstbewußtsein mangelte es dem jungen Talent nicht. „Von Kindheit auf ist sie entschlossen, berühmt zu werden. So oft sie am Wiener Burgtheater vorbeikommt, fragt sie, wie es möglich sei, dort ein Stück unterzubringen.[49] Die Fünf-zehnjährige könnte dem Dramaturgen bereits drei Texte zur Auswahl vorlegen:

> „Als der Krieg ausbricht, schreibt sie zehnjährig ihr erstes Stück. Es ist sehr patrio-tisch und furchtbar traurig. Die Köchin ihrer Mutter weint richtige Tränen und sie genießt den ersten Autorenstolz. Zwei Jahre später schreibt sie ein gereimtes Stück ‚Ideal und Wirklichkeit‘, das sie mit ihren Geschwistern spielt. (...) Mit fünfzehn Jahren schreibt sie, unter dem Einfluß der Don-Carlos-Lektüre, ein großes Drama ‚Der Tyrann‘.“[50]

Nur die Köchin zollte diesen frühen Arbeiten Anerkennung. Das führte während der Pubertät zu einer Krise. „Sie findet sich häßlich, hält ihr Talent für eine Kindheitsange-legenheit, die nun für immer vorbei ist.[51] Lustlos besuchte sie das Gymnasium, ent-schloß sich dann aber doch zum Studium. An der Universität lernte die 18jährige den jungen Biologen Paul Wiesner kennen. Sie verlobten sich gegen den Willen ihrer Familien und heirateten kurze Zeit später. Doch schon bald belasteten Geldsorgen die junge Ehe. Nach der Geburt der Tochter Eva wurde die Situation noch schwieriger. Anna Gmeyner ging deshalb nach Berlin, da sie gezwungen war, um jeden Preis Geld zu verdienen. Der Umzug erwies sich als die richtige Entscheidung. Die Theatermetropole faszinierte die junge Frau so sehr, daß sie Berlin bereits nach wenigen Monaten als ihre wirkliche Heimat ansah. Doch auf ihre eigene Produktion wirkte sich die Umgebung vorerst nicht aus. Um den Lebensunterhalt zu sichern, mußte sie an einer Schule unterrichten. Außerdem gab sie Kurse für Arbeiterkinder. Da blieb kaum Zeit zum Schreiben. Die Autorin verfaßte denn auch nur einige kurze Artikel. Dennoch war das Arbeitspensum, das sie sich aufgelegt hatte, zu viel. Die Folge der Überarbeitung war eine schwere Krankheit, die sie zwang, ihre Stelle als Lehrerin aufzugeben. Sie folgte ihrem Mann Paul Wiesner nach Schottland, der einen Ruf an die Universität Edinburgh erhalten hatte:

„In Schottland sieht sie zum ersten Mal Kohlengruben und lernt das Leben im sogen. Schwarzen Land kennen. Das ist einer der schärfsten und furchtbarsten Eindrücke ihres Daseins! Sie geht auf ein paar Wochen nach Fiseshire ins schottische Grubengebiet, arbeitet in den Gruben und lebt unter den Bergarbeitern. Das menschliche Niveau dieser Menschen, die mit der allerbittersten Not zu kämpfen haben, und die sich, obwohl ihre Mahlzeiten nur aus Tee und Margarinebrot bestehen, trotzdem weigerten, von ihr eine Bezahlung anzunehmen, ergreift sie aufs Tiefste."[52]

Die Welt der Arbeiter, die Anna Gmeyner bisher nicht aus eigener Anschauung kannte, wollte sie unbedingt in dramatischen Bildern festhalten. Es entstand das Bergarbeiterschauspiel „Heer ohne Helden". Dieses Stück, das erste seit der Wiener Zeit, überzeugte nicht nur die Autorin. Ihr Kindheitstraum erfüllte sich zwar nicht. Im Dresdener Trianontheater – und nicht im Burgtheater – kam das Schauspiel am 27.10.1929 heraus. Die Resonanz auf die Uraufführung war positiv. Ein Kritiker verglich die unbekannte Autorin mit dem bereits prominenten Zeitstück-Autoren Ferdinand Bruckner. Auch in Berlin wurde man auf die neue Dramatikerin aufmerksam. Fritz Genschow, einer der Köpfe der „Gruppe junger Schauspieler", stieß auf das Bühnenmanuskript, das ihm ausgezeichnet gefiel. Doch das Deckblatt fehlte, so daß der Name der Verfasserin nicht zu ermitteln war. Er gab deshalb in einigen Zeitungen eine Suchanzeige auf, „und ein paar Wochen später meldete sich Anna Wiesner aus irgend einem österreichischen Nest. Sie bekannte sich zu ‚Heer ohne Helden'."[53] Die Proben konnten beginnen. Drei Monate nach der Uraufführung kam das Schauspiel bereits in Berlin heraus. Genschow spielte den Arbeiter Jess Jerry. Anna Gmeyner kam zur Premiere am 26.1.1930 ins Wallner-Theater.[54] Ihre Faszination für Berlin war in der Zwischenzeit nicht kleiner geworden. Sie blieb in der Theaterstadt, da sie fand, nur dort ihr Talent ausbauen zu können.

Als Dramaturgin für Erwin Piscator, der „Heer ohne Helden" in die engere Wahl für die Spielzeit seines neuen Theaters gezogen hatte, gewann sie größere Bühnenerfahrung.[55] Später arbeitete sie als Lektorin für die Filmbranche. Dort lernte sie Herbert

Rappaport kennen, der als Drehbuchautor und Komponist für Georg Wilhelm Pabst tätig war. Rappaport vertonte ebenso wie Hanns Eisler Liedtexte von Anna Gmeyner. In ihrer Lyrik griff die Autorin die Monotonie der Großstadt auf. „Es waren kesse und zugleich traurige Balladen, deren kritische Aussage sich salopp gab."[56] Sie hießen „Der Lenz im Gartenhaus", „Vom Leben, das nur einmal ist", „Der Lumpensammler", „Kientopp" oder „Der Spiesser". Die Songs zeichnet ebenso wie die Dramen Mitleid mit den Armen und Unterdrückten aus. Das kommt besonders in den Liedern, die sich mit der Situation der Schwarzen in den USA beschäftigen, zum Ausdruck. Die Gleichgültigkeit der saturierten Bürger ist dagegen häufig das Thema in den Großstadtsongs. So heißt es im „Spiesser":

> „Sie gehn am Abonnementstag ins Theater,
> Sie tun das wegen der Phantasie –
> sie haben im Fasching mal einen Kater
> Und sonst eine Lebensphilosophie.
>
> Sie lesen – wie bitte? – drei Zeitungen täglich,
> Die Nachtausgabe nicht einkalkuliert –
> Sie sind im allgemeinen verträglich,
> Durchschnittlich erotisch und leicht echauffiert.
>
> So in der Stadtbahn, bei Zeitungsartikeln
> Packt sie da niemals ein heisser Schreck?
> Sie nehmen sie nachher zum Stullenumwickeln –
> Sonst bleibt nachher in der Aktenmappe ein Fleck!
>
> Wenn sie so lesen, dass China marschiert und
> Dass irgendwo in Berlin O oder N
> Ida X an einem Abort krepiert …
> Sie meinen, es wäre nicht ihre Schuld wenn …
>
> Wenn so steht, egal wo, na z.B. in der B.Z.,
> Dass Herr Soundso irgendwo seine Fabrik
> Mit dreitausend Arbeitern plötzlich geschlossen hätt' –
> So, Sie halten nichts von Politik!"[57]

Die Frage der Arbeitslosigkeit streift die Autorin in diesem Text nur am Rande. Dagegen ist die Not der Arbeitssuchenden in ihrem nächsten Drama „Welt überfüllt" das beherrschende Thema. Angelegt ist das Stück wie ein Krimi. Ausgangspunkt ist ein Raubüberfall auf eine U-Bahn. Der Arbeiter Hans Tormann, unbeteiligter Zeuge der Tat, macht sich auf die Suche nach dem Dieb. Mildernde Umstände läßt er nicht gelten: „So ein Mann ist ein Schädling. Wer sich sowas ausdenken kann und es tut, ist ein gemeiner Verbrecher."[58] Um den zentralen Helden hat die Autorin ein reiches Figurenensemble gruppiert. Fast alle Personen des Stückes sind Opfer der Wirtschaftskrise. Ursel, eine junge Musikerin, ist gezwungen, in miesen Kneipen zum Tanz aufzuspielen. Erich, in den sie sich verliebt hat, findet als Kunstgeschichtler keine Arbeit. Seine Mutter verpfändet ihren letzten Besitz. Nelly, die Freundin von Thormann, behält ihre Stelle im Warenhaus nur, weil sie mit dem Abteilungsleiter ausgeht. Mariechen und Lieschen schlagen sich als Prostituierte durch.

Die Autorin zeichnet ein bedrückendes Bild der wirtschaftlichen Not. Die einzige Hoffnung ist die Solidarität unter den Betroffenen. Für das Stück fand die Autorin weder ein Theater noch einen Verleger. Sie vervielfältigte das Schauspiel auf eigene Kosten. Die beginnende Weltwirtschaftskrise war auch für die Dramatikerin eine schwere Zeit. Von ihrem Mann hatte sie sich endgültig getrennt. „Sie lebt mit ihrem Kind in möblierten Zimmern, kämpft mit Wirtinnen und Wanzen, nicht selten mit richtigem Hunger.“[59] Obwohl Anna Gmeyner auch als Übersetzerin arbeitete, konnte sie vom Schreiben kaum satt werden.[60] Wieder stellten sich Zweifel an ihrem Talent ein. Doch diesmal resignierte sie nicht, sondern schöpfte aus der trostlosen Gegenwart den Stoff für ein weiteres Drama. Wie schon bei ihrem Bergarbeiterschauspiel verließ sich Anna Gmeyner auch bei „Zehn am Fließband“ nicht auf fremde Schilderung, sondern ging vor Ort. Das Drama wurde „ein Fabrikstück, das das laufende Band in seiner Wirkung zum Thema hat und zu welchem sie Studien in Siemensstadt macht.“[61]

Mit zehn Arbeitern am Fließband gibt Gmeyner einen sozialen Querschnitt der ausgehenden Weimarer Republik: Juden, Kommunisten, Nationalsozialisten, unpolitische Familienväter und Arbeiterinnen treten in dem Schauspiel auf. Eine Maschine, die der jüdische Arbeiter Markowski entwickelt hat, spart Arbeitskräfte. Markowski wird an den Folgen seiner Erfindung verrückt. Die Angst um den Arbeitsplatz führt bei den übrigen zu unterschiedlichen Reaktionen. Während sich die politisch Organisierten wehren, schweigen die anderen: „Bei uns ist wieder was unterwegs. Lieber kriech ich dem Meister in den Arsch, als daß ich mich jetzt abbauen liesse.“[62] Dennoch gelingt es, eine Betriebsversammlung abzuhalten. Doch der Widerstand scheitert. Die Maschine kommt zum Einsatz. Beim Bedienen der Anlage stirbt ein Arbeiter, da die Arbeitsschutzbestimmungen in der Fabrik nicht eingehalten werden. „Dieser Tod löst Entladungen revolutionärer Spannungen aus, die schon lange im Betrieb spürbar waren.“[63]

Für das Stück, über das die Dramatikerin am 30. März 1931 mit dem Gustav-Kiepenheuer-Verlag einen Vertrag abschloß, interessierte sich in Deutschland keine bürgerliche Bühne. Rationalisierung und Arbeitslosigkeit waren jedoch Themen, die in das Repertoire der „Kolonne Links“ paßten. Arbeitslose Schauspieler hatten 1928 in Berlin diese Theatergruppe gegründet, die 1929 zur offiziellen Agitprop-Truppe der Internationalen Arbeiterhilfe aufstieg. Doch eine Inszenierung des Dramas brachte auch das Schauspielerkollektiv nicht zustande. Denn als die Truppe 1931 von einer Tournee durch die Sowjetunion zurückkam, bestand in Deutschland ein allgemeines Aufführungsverbot für Agitprop-Truppen. Deshalb beschlossen die meisten Mitglieder, in die Sowjetunion zurückzukehren, wo sie in Moskau zusammen mit russischen Schauspielern ein neues Ensemble, das „Internationale Theater“, aufbauten.[64]

Auf einer Tournee nach Magnitogorsk stellte sich die Gruppe am 10.7.1932 dem russischen Publikum vor. Das Fabrikstück Anna Gmeyners war für die Inszenierung nicht nur übersetzt, sondern anscheinend auch überarbeitet worden. Die Schauspielerin

Ilse Berend-Groa, die in dem Schauspiel eine Schwangere spielte, notierte in ihrem Reisetagebuch „Magnitogorsk" ihre Vorbehalte gegen die Eingriffe:

> „Wo ist in Deutschland ein Betrieb, in dem sich derartig starke revolutionäre Spannungen mit so entscheidender Kraft entladen? Wo sprechen in Deutschland Arbeiter mit einer solchen hinreißenden Beredtsamkeit wie unser ausgezeichneter Baschaew? Der Betrieb und die Stimmung im Betrieb wurde von uns so geschildert, wie es die russischen Genossen wünschen, daß es in Deutschland sein möge! Wie verhängnisvoll wäre es, wenn unsere russischen Freunde durch ein solches Stück dazu verführt würden, einen revolutionären Durchbruch in Deutschland zu erwarten, der meiner Meinung *gerade jetzt* nicht möglich ist."[65]

Ilse Berend-Groa behielt recht. Die Uraufführung wurde ein Mißerfolg. Weder das Stück noch das Ensemble konnten sich auf Dauer in der Sowjetunion durchsetzen. Stärker überzeugte Anna Gmeyner die deutsche Theateröffentlichkeit mit ihrem nächsten Drama. Allerdings mag diese Arbeit auch Erstaunen hervorgerufen haben, denn die sozialkritische Autorin hatte mit dem Drama „Automatenbüfett" ein Volksstück geschrieben. Schon im Titel kommt der Zeitbezug zum Ausdruck – eine Idee, die Alfred Kerr ironisch pries: „Dieses Stück ist jedenfalls nicht zu verwechseln: denn es kommt ein Automatenbüfett hierin vor. (…) Das hilft auf die Sprünge. Sehr für Dramendichter zu empfehlen."[66] Doch nicht nur das neusachliche Möbel unterscheidet Gmeyners Text vom herkömmlichen Volksstück. Ihr Drama bietet mehr als Unterhaltung. Ähnlich wie Ödön von Horváth skizziert sie ein Kleinstadtpanoptikum. Philiströse Kleinbürger beherrschen die Szene, die anfällig für nationalsozialistische Parolen sind. Grotesk überzeichnet sind auch die Frauenfiguren. Anna Gmeyner greift die gängigen Frauenbilder des Volksstücks auf, um sie ironisch abzuwandeln. In dem Drama betritt eine Eva voller Sinnlichkeit die Bühne, die allerdings gerade an ihrer erotischen Anziehungskraft scheitert. Sie setzt daher am Ende des Stückes auf eine geistige Partnerschaft zwischen Mann und Frau. Die gegenteilige Entwicklung macht die Wirtin des Automatenbüfetts durch, eine nüchterne Geschäftsfrau. Sie verfällt einem drittklassigen Hochstapler.[67]

Die Berliner Inzenierung mit Hilde Körber und Willy Trenk-Trebitsch

Mehr als die Uraufführung in den Kammerspielen des Hamburger Thalia-Theaters am 25.10.1932 beeindruckte die Berliner Inszenierung,[68] die das „Theater der Schauspieler" unter Moritz Seeler zwei Monate später im Theater am Schiffbauerdamm vorstellte.[69] Anerkennung fand die Dramatikerin mit diesem Schauspiel nicht nur bei der Berliner Presse, sondern auch bei der Jury des Kleistpreises. Bei der Vergabe des Kleistpreises 1932 an Else Lasker Schüler wurde Anna Gmeyners „Automatenbüfett" mit einer ehrenvollen Erwähnung bedacht. Die

Die Uraufführung in Hamburg mit Maria Loja, Ernst Leudesdorff, Anneliese Born und Willy Maertens. Die Regie hatte Erich Ziegel.

Entscheidung fand Monty Jacobs, nachdem er die Aufführung in Augenschein genommen hatte, mehr als gerechtfertigt:

> „Indem der Preisrichter der Kleiststiftung, der Hamburger Bühnenleiter Erich Ziegel, ein Blatt seines Kranzes der Autorin dieses Spiels überreichte, hat er den Ruf seiner Klugheit bestätigt. Denn nicht die Erfüllung, sondern die Hoffnung soll der Kleistpreis krönen."[70]

1.2. Politische Heldin contra revolutionären Arbeiter in „Heer ohne Helden"

Den wenigsten Kritikern war gegenwärtig, daß es sich bei dem Drama „Automatenbüfett" nicht um das dramatische Erstlingswerk Gmeyners handelte. Dabei hatte die Aufführung von „Heer ohne Helden" in Berlin zwei Jahre zuvor bereits vor der Premiere für Aufmerksamkeit gesorgt. Denn mit der Inszenierung stellte sich das „Theater der Arbeiter" vor. Das Ensemble wurde von der Interessengemeinschaft für Arbeiterkultur (Ifa) gegründet, die mit der KPD verbunden war. Das Spektrum der Pressestimmen verdeutlichte die politische Brisanz der Inszenierung. Der deutschnationale „Lokalanzeiger" kommentierte die Aufführung knapp: „Bolschewistischer Haßgesang im Wallner-Theater".[71] Dagegen stellte die „Rote Fahne" fest: „Dieses Stück ist revolutionär; es rollt den revolutionären Entscheidungskampf der Klassen auf."[72]

Bevor sich am 29.1.1930 der Vorhang im Wallner-Theater hob, erläuterte der Feuilletonredakteur und Dramatiker Karl August Wittfogel in einer programmatischen Rede die Intentionen des Arbeitertheaters. Alle bisherigen Versuche, ein proletarisches Theater zu schaffen, seien gescheitert. Aus Piscators Fehlern, der schließlich zum „Gefangenen seiner eigenen Parkettgäste" geworden sei, müsse man ebenso lernen wie aus Bernhard Shaws Schicksal, der sich als Sozialist zum „Narren der Bourgeoisie" machte.[73] Statt auf einen großen technischen Apparat setzte Wittfogel auf Improvisation. Er verglich die neue Bühne mit einem Feldlager, in der die Inhalte einer proletarisch-revolutionären Dichtung im Mittelpunkt stehen sollten: „Unser Theater muß einen billigen, leicht beweglichen Apparat haben. Uns handelt es sich zuerst um das *Was,* und dann erst um das *Wie.*"[74]

Die anschließende Inszenierung setzte die theoretischen Überlegungen in die Tat um. Ein Bühnenbild aus ein paar Brettern und Tüchern schuf die Illusion für „Heer ohne Helden". Der Text eignete sich offenbar für die Ziele des Arbeitertheaters. So befand Lucy von Jacoby: „Das Bergarbeiterschauspiel von Anna Gmeyner, die das Milieu von Grund auf kennt, war ein starker Auftakt."[75] Die „Rote Fahne" lobte in der ihr eigenen Diktion: „Dieses Drama fälscht die Wirklichkeit des Industriearbeiters nicht, ist nicht eine wehmütig begrenzte Elendsschilderung wie ‚Schlafstelle' von Minnich oder ‚Stempelbrüder' von Duschinski."[76] In dem Stück führt ein Grubenunglück, das der Zechenbesitzer bewußt wegen der Geschäfte in Kauf nimmt, die Bergleute und ihre Familien schließlich zur Auflehnung. Ihre Parteilichkeit mit den Bergarbeitern kommentierte die Dramatikerin so:

> „Daß es ein Tendenzstück wurde, liegt mehr an den Verhältnissen als an mir. Wenn es tendenziös genannt werden kann, immer von neuem verschleierte Wahrheiten aufzudecken, bekenne ich mich voll zum Tendenzstück."[77]

Politische Tendenz war für Anna Gmeyner jedoch nicht gleichbedeutend mit billiger Agitation. Ihr Schauspiel ist eine „ernsthafte, stille, ehrlich empfundene Milieustudie vom Elend der schottischen Bergarbeiter".[78] Das Stück ist kein Arme-Leute-Drama in der Nachfolge Gerhart Hauptmanns, sondern die Schilderung der Lebensumstände bildet den Ausgangspunkt, um die Auflehnung der Arbeiter verständlich zu machen. So schwärmte der Kritiker der „Roten Fahne": „Keine Elendsdramatik: ein Stück ohne Sentimentalitäten, ohne Phrasen, ein Stück voll proletarischer Härte und klassenkämpferischer Schärfe."[79]

Zwar entsteht auch in Gmeyners Drama ein Stück Alltagswirklichkeit. Doch beschränkt sich die Dramatikerin nicht darauf, Realität abzubilden, sondern sie ruft dazu auf, die Verhältnisse zu verändern. Der Naturalismus des Stückes ist Teil des Konzepts des Zeittheaters. Mit dem Gegenstand, den Anna Gmeyner aus der Aktualität ihrer unmittelbaren Gegenwart wählt, und der wirkungsästhetischen Dimension, die dem Drama zugrunde liegt, greift sie das Zeitstückmuster auf.

Auch im Detail unterscheidet sich Gmeyners Stück vom naturalistischen Drama. Statt ausführliche Beschreibungen der Wohnverhältnisse zu geben, wie es die Naturalisten liebten, ist Gmeyner in ihren Regieanweisungen eher verhalten. Die Dramatikerin veranschaulicht lediglich in wenigen Sätzen die Armut der Bergarbeiter: „Das Wohn-

und Schlafzimmer der Lees. Die ‚Löcher in der Wand‘, die durch große Stoffvorhänge vom übrigen Zimmer abgetrennt sind", hinter denen die Kinder schlafen.[80] Später begnügt sich Gmeyner mit dem Verweis, daß Frau Duncans Wohnung dem vorher beschriebenen Raum gleicht.

Gmeyner läßt die Betroffenen selbst aussprechen, welche Wirkung die Verhältnisse auf sie haben. Fred, der sich vom Himmel wünscht, daß er „ganz weiß" ist und man „sich richtig aufstellen" kann. (S. 14) Maggie faßt die Lage der Bergarbeiterfamilien so zusammen:

> „Wir sind eben immer so satt, daß wir grad nicht verhungern und schlafen so viel, daß wir grad nicht umfallen. Und mit 30 haben wir falsche Zähne und rote Augen und schaun wie die Heyn. Aber weggehn? Wohin denn? Mit was denn?" (S. 47)

In diesem Elend gehört das Grubenunglück zum Alltag. Anna Gmeyner hebt die Allgemeingültigkeit des Einzelfalles hervor. In einer Regieanweisung führt die Dramatikerin aus, daß die Angst um ihre Männer den Frauen „ein Gesicht" gegeben hat. (S. 4) Ihr Leid macht sie unterschiedslos.

Gegen diesen düsteren Gegenwartsbezug steht das Schlußbild. In dieser Szene zieht Gmeyner die Reaktionen der Bergarbeiter und ihrer Familien zu einer allgemeinen politischen Einsicht zusammen. Elemente des Agitprop-Theaters prägen das letzte Bild. Vor allem das „Lied der Totengräber" beschwört mit kämpferischem Pathos eine bessere Zukunft, in der den Ausgebeuteten Gerechtigkeit widerfahren soll:

> „Die Zeit muß sich erfüllen,
> Die Toten wachen auf,
> Und nicht in weißen Hüllen,
> Schwarz kommen wir herauf.
>
> Und fahren aus den Gruben,
> Hohläugig und zerfetzt,
> Den Herrn in ihren Stuben,
> Vergeht das Lächeln jetzt.
>
> Da wird nichts abgestrichen.
> Die Leben, die Ihr stahlt,
> Die werden bar beglichen,
> Einmal wird voll gezahlt." (S. 59/60)

Die letzten Strophen drücken eine Hoffnung aus, die in den vorangegangenen Bildern nur ungenügend vorbereitet worden war. Im Verlauf der bisherigen Handlung hatten es die politisch argumentierenden Arbeiterinnen und Arbeiter schwer, ihre Gefährten aus der Lethargie zu reißen. Im Schlußbild dominiert plötzlich politische Eindeutigkeit. Auch die unpolitischen Bergleute zeichnet nun ein kämpferisches Gebaren aus. Sie rebellieren ebenfalls gegen ihre Unterdrücker und fordern Rechenschaft. So entsteht der Eindruck, den Lotte H. Eisner empfand, der Schlußchor sei eine Verlegenheitslösung:

> „Empörung des Augenblicks, vom Gummiknüppel leicht niedergeschlagen, oder langsam sondierendes Verfahren der ‚Bewegung'. – Sie ist sich selbst nicht klar darüber zur Entscheidung. So hilft sie sich zuletzt mit dem programmatischen Ausblick in eine Zukunft, wo voll bezahlt werden soll."[81]

Die parteilich-sozialistische Zukunftsperspektive war wohl von der Autorin zunächst nicht in dieser Form vorgesehen. Anna Gmeyner hat zwei Versionen des Bergarbeiterschauspiels vorgelegt. In der ersten Fassung dominiert eine verhaltenere Sprache. So ist die Nachricht, die Bob nach dem Unglück im Stollen an eine Wettertür schreibt, wesentlich persönlicher und gekennzeichnet von der Angst vor dem Tod: „Magg, ich hab's nie sagen können, gut dass ich hin bin, bevor Dir die Zähne ausfallen. (…) Der Tod ist der Feind – – den Tod muß man – – – Wissen Jess, Maggie – – aufschreiben."[82] Aus Bobs Gestammel wird in der Überarbeitung eine eindeutige Botschaft an seine Genossen: „Ihr sollt hören, wissen müßt Ihr's wie's war – – – so soll kein Mensch und kein Vieh hin werden müssen – – – – ich will der letzte sein, der so stirbt, der letzte, hört Ihr?" (S. 58) Bobs Aufruf zum Kampf wird in der letzten Szene in die Tat umgesetzt. Aus dem Fragment der ersten Fassung geht nicht hervor, ob seine Botschaft Folgen haben wird.

Der politischen Eindeutigkeit fiel eine weitere Besonderheit der Urfassung zum Opfer. In der ersten Niederschrift steht eine Heldin im Mittelpunkt des Textes. Mit Maggie Lee gestaltet Gmeyner eine ungebrochene und heroische weibliche Hauptfigur. Maggie Lee, die Verlobte von Bob, führt nach seinem Tod den politischen Kampf fort. Bereits im ersten Bild tritt Maggie Lee fordernd und vorantreibend an die Sitze der bangenden Frauen und versucht, sie zum Protest aufzustacheln: „Warum lassen wir's uns gefallen?! Er schmiert uns seine Reden um die Ohren, der Atkinson; wir – –". (S. 8) Bei dieser Auflehnung erfährt Maggie die Grenze zwischen gesellschaftlicher Realität und weiblicher Identität. Da es ihr als Frau untersagt ist, in den Stollen einzufahren, um bei den Bergungsarbeiten zu helfen, ruft sie aus: „Ich möchte ein Mann sein, Herr Gott!" (S. 7)

Später ist es Maggie Lee, die den politischen Kampf trotz ihrer Trauer um den Bruder und den Verlobten nicht aus den Augen verliert. Während ihr Genosse Jess Jerry für einen Augenblick davon träumt, woanders ein leichteres Leben zu führen, holt Maggie ihn auf den Boden der Tatsachen zurück und erinnert ihn an ihre gemeinsame Aufgabe. Im Entwurf dieser Heldin, einer individuellen Utopie befreiter Weiblichkeit, bekommt das Stück phantastische Züge, die dem realistischen Duktus der übrigen Szenen zuwiderlaufen. Der Wunsch, mit Maggie eine Frau vorzuführen, die die Enge des weiblichen Lebenszusammenhangs hinter sich gelassen hat, verführt Anna Gmeyner dazu, ihrer Heldin kaum Schwächen zuzubilligen. Von dem düsteren Leben in Lochmoor läßt sich Maggie nicht unterkriegen. Im Gegenteil: Aus der trostlosen Realität zieht sie ihre Kraft zum Widerstand. Die Krise, die sie nach dem Tod von Fred und Bob durchlebt, macht sie nur noch stärker. Der persönliche Schmerz bestärkt sie in der Ansicht, sich gegen die

Ausbeuter zu wehren. Die Dramatikerin hat nur halbherzig versucht, das Bild von der starken Frau abzuschwächen. So verwickelt sie die politische Kämpferin in eine harmlose Dreiecksgeschichte. Ann, die Tochter des Ladenbesitzers, liebt Jess Jerry, einen jungen Arbeiter, der aber nur Augen für Maggie hat. Nach Bobs Tod versucht Jess, Maggie für sich zu gewinnen. Doch Maggie interessiert sich nur für Politik. Sie weist ihn deshalb zurück: „Atkinson hat zum Einfahren gezwungen? (…) Und da stehst du hier, Jess Jerry und schwatzt mit einem Mädel?" (S. 49) Ob sie seine Zuneigung je erwidern wird, bleibt offen. Diese „ziemlich überflüssige Liebesangelegenheit" erfüllt nicht den von der Autorin intendierten Zweck.[83] Anna Gmeyner unterstreicht mit dieser Fabel noch Maggies Besonderheit, die sich nicht damit zufriedengibt, einen Mann zu lieben.

Die Dramatikerin blendet die Gefühle ihrer Heldin – bis auf wenige Ausnahmen – aus der Darstellung aus. Deshalb wirkt auch Maggies Verlobter nicht wie ein geliebter Mann, sondern wie eine personifizierte Idee, die Maggie zwingt, an dem Kampf gegen die Ausbeuter festzuhalten. Maggie bezieht in dem Stück nicht nur Stellung zum Achtstundentag und Mindestlöhnen, sondern auch zum § 218. Die Frage zur Abtreibung, wie sie in dem Stück formuliert wird, ähnelt der Position, die die Kommunisten während der Weimarer Republik einnahmen. Auch Anna Gmeyner vertritt die Ansicht, daß schlechte soziale Verhältnisse einem Kinderwunsch entgegenstehen. Ihr Kind auszutragen, kommt für Maggie von Anfang an nicht in Frage. In einem Streit mit der Mutter Bobs, die ihr helfen soll, das Kind abzutreiben, wird die Diskrepanz zwischen Wunsch und Wirklichkeit lediglich angedeutet:

> „Was kann denn draus werden? Wieder einer, dem's so geht wie dem Bob oder eine, die's aushalten muß! Kinder haben, hier in Lochmoor und aufziehen im Elend und warten bis es wieder die Grube frißt. (…) Den dreckigen Lebensfetzen auch noch weitergeben! Noch einmal alles von vorn anfangen, wenn man weiß, wie's ist. Da gehört man ja geprügelt!!!" (S. 40/41)

Das ist die einzige Szene im Stück, in der auch Maggie unter der trostlosen Lebensperspektive leidet. Ansonsten übernehmen die weiblichen Nebenfiguren den Part, das Elend anschaulich zu machen. In bevorzugter Weise kommen in der frühen Fassung Frauen zu Wort, die über ihren täglichen Kampf ums Dasein berichten. Sie erzählen, daß sie ihren Kindern keine Schuhe kaufen können und kein Geld für Lebensmittel haben. Die Frauen wehren sich nicht, sie haben resigniert. Diese Figuren prägt ein realistischer Grundzug. Im Vergleich zu ihnen wirkt Maggie noch großartiger. Der Versuch, die Lebenserfahrung der Proletarierin und die Utopie einer befreiten Frau in einem Stück zu thematisieren, führt notwendigerweise zu Brüchen. Im Entwurf einer heroischen Heldin verläßt die Autorin die Realität und gestaltet eine Utopie. Sie stellt dem männlichen politischen Helden ebenbürtig eine Frau zur Seite.

Wie sehr Anna Gmeyner damit ihrer Zeit voraus war, zeigt die Aufführung im Wallner-Theater in Berlin. Die Dramatikerin mußte ihren Text für die Inszenierung bearbeiten. Maggie Lee konnte nicht so selbstbewußt auftreten, wie es die Autorin ursprünglich geplant hatte. Maggie steht nicht mehr im Mittelpunkt des Textes. Zwei männliche Helden haben die politische Kämpferin von ihrem Platz verdrängt. Bob, der Verlobte Maggies, der in der ersten Fassung Angst vor dem Sterben im abgeschnittenen Stollen haben durfte, ist nun der Held, der über seinen eigenen Untergang hinaussieht. Vor seinem Tod singt er die letzten drei Strophen des „Totengräberliedes" und macht damit deutlich, daß er zwar als Opfer des Kapitalismus, aber auch als Vorkämpfer für eine bessere Welt stirbt. Beispielhaftes Handeln führt die Dramatikerin vor allem mit Jess Jerry vor, der den Platz Bobs in der Bewegung eingenommen hat. Jess wehrt sich gegen vereinzelte Sabotagepläne, er setzt auf organisiertes Handeln der Arbeiterschaft.

Entsprechend zu den Helden steht nun auch die männliche Sicht der Verhältnisse im Vordergrund. In der frühen Fassung gibt es eine Szene, die im Grubenladen spielt, in der fast ausschließlich Frauen auftreten. Sie sprechen über ihre täglichen Sorgen und fordern Maggie auf, ihren Idealen trotz der Trauer um Fred und Bob treu zu bleiben: „Weißt Du noch, damals am Grubentor, wie Du uns angefeuert hast? War das alles nur Gerede? Jetzt, wo's Dich getroffen hat, gilt's nicht mehr?"[84] In der überarbeiteten Version gehört diese Szene den Männern, die Aktionen gegen den Grubenbesitzer planen. Die Frauen beteiligen sich nicht an der Auseinandersetzung. Maggie tritt überhaupt nicht mehr auf, lediglich ihr Vater berichtet von ihr: „Die sitzt zu Haus und heult." (S. 34)

In einem Punkt hatte die Dramatikerin die Vorlage allerdings nicht verändert. Die Dreiecksgeschichte zwischen Maggie, Ann und Jess blieb ebenso vage wie vorher. Den offenen Schluß mißbilligte der Regisseur der Berliner Aufführung, Slatan Dudow.[85] Er wollte Maggie, von deren kämpferischer Haltung in der Bearbeitung ohnehin wenig übrig geblieben war, ganz auf die traditionelle Frauenrolle reduzieren. Deshalb brachte er die Beziehung zwischen Maggie und Jess im achten Bild zu einem glücklichen Ausgang. Nachdem Jess verhaftet worden ist, geht Maggie mit den Worten auf ihn zu: „Jess! Ich warte auf dich, du!"[86] Ironischerweise wurde der Autorin der Eingriff des Regisseurs angelastet. Die Veränderung bot den Kritikern einen willkommenen Anlaß, gegen Dramatikerinnen zu polemisieren. So schrieb Lutz Weltmann:

> „Anna Gmeyners Schauspiel bot auch für primitive menschliche Dinge, die bei ihren klassenkämpferischen Genossen als ‚bürgerlich' verpönt waren, Raum: Liebe und Eifersucht. Frau ist Frau."[87]

Nicht mit einem Happy-end ließ Slatan Dudow dagegen den Protest der Arbeiter enden. In diesem Punkt radikalisierte er Anna Gmeyners Version, die den Konflikt zwischen den Bergleuten und der Polizei nur andeutete. Dudow bezog die gesellschaftliche Realität von 1930 mit ein. Den Bergarbeitern gelingt es nicht, sich mit ihren Forderungen durchzusetzen. Die Polizei rückt an und nimmt den Kopf der Bewegung, Jess Jerry, fest. Vergebens eilt der alte Lee ihm zur Hilfe. Er wird beiseite gedrängt.

Trotz der Niederlage bleibt dem Stück die Hoffnung auf eine bessere Zukunft eingeschrieben. Zuversicht vermittelt vor allem die Wandlung des alten Lee von einem unpolitischen, ängstlichen Bergarbeiter zu einem Mann, der entschlossen für seine Rechte eintritt. Lee ist die einzige Figur in dem Stück, die sich verändert. Im ersten Bild ist er noch der Befehlsempfänger, der den Anweisungen des Managers Folge leistet und die Frauen in Schach hält. Bei seinem nächsten Auftritt zeichnet Anna Gmeyner ihn schon gebrochener. Der Anblick des Grubenhemdes von seinem toten Sohn bereitet ihm offenbar Schuldgefühle. Worin sein Vergehen besteht, spricht er nicht aus, doch rechtfertigt er sich: „Ich kann nichts dafür, ich hab's ihm ja gesagt. Wenn er die Einfahrt befiehlt, was kann denn unsereiner dagegen tun, ich hab' keine Schuld." (S. 20) Weitere Nachfragen blockt er ab. Erst im fünften Bild wird Lee deutlicher: „Die haben nicht sterben müssen, die Vier." (S. 31) Der Bergmann versucht nun im Grubenladen, die Leute aufzuwiegeln. Nur mit Mühe kann ihn Jess Jerry zurückhalten: „Ein Streik ja, aber ein wilder, zu dem wir nicht bereit sind, den die Polizei niederknallt, wenn wir noch einmal auf der Erde liegen, Lee, dann ist die Bewegung für 10 Jahre tot, oder länger." (S. 33) Erst in der Schlußszene stellt sich Lee in den Dienst der Bewegung und verschweigt auch nicht mehr seinen eigenen Anteil an dem Unglück.

> „Montag nacht ist der John Lee die Abbaustrecke in der Jenny abgegangen und hat die Gasproben gemacht. Die Kanaries sind krepiert alle, auf Schritt und Tritt waren tote Ratten, das hat der John Lee dem Herrn Aktinson gesagt. Gezeigt hat er's ihm. Aber da hat's geheißen – Unsinn, Lee, wir können den Arbeitstag nicht verlieren, wie ich geschrien hab' und getobt, und zur Direktion gerannt bin, da hat man mich daran erinnert, daß ich 7 Kinder hab (…) Und statt, daß der John Lee hinausgebrüllt hätt', daß die Belegschaft in der Jenny-Zeche Bescheid weiß, statt daß er das Förderseil durchgeschnitten hätt', daß man nicht einfahren kann, hat er das Maul gehalten, das feige." (S. 54)

Der alte Lee ähnelt dem arbeitslosen Bauarbeiter Hans Thormann aus Gmeyners Schauspiel „Welt überfüllt". Beide Figuren verhalten sich zunächst systemkonform. Erst in dem Moment, in dem sie selbst betroffen sind, setzt eine langsame Wandlung ein. Lee ist wie Brechts „Heilige Johanna der Schlachthöfe" eine kritikwürdige Figur. Seinen Lernprozeß soll das Publikum nachvollziehen. In der zugespitzten Situation Anfang der dreißiger Jahre kam es dem Regisseur und seiner Autorin weniger darauf an, die bewußten Genossen in ihrer Haltung zu bestärken, sondern sie wollten die Unpolitischen gewinnen – die Mehrheit der Bevölkerung. Auch Lee ist in dem Stück keine Ausnahme. Er sorgt sich wie die meisten Bergleute lediglich um die Existenz. Gmeyner entlarvt in dem Schauspiel diese Haltung als falsch. Das Drama enthält implizit die Feststellung, daß die Katastrophe vermeidbar gewesen wäre, wenn mehr Bergleute den Gehorsam verweigert hätten. Diese Aussage läßt sich durchaus auch als Aufforderung an den zeitgenössischen Zuschauer verstehen, dem Vordringen der Nationalsozialisten Widerstand entgegenzusetzen. In ihrem politischen Gehalt ist die in Berlin aufgeführte Fassung wesentlich eindeutiger. Allerdings ist der politische Kampf fast ausschließlich eine Sache der Männer. Der politisch bewußten Heldin wird von ihren männlichen Genossen und ihrem unpolitischen Vater der Platz streitig gemacht. Es scheint fast so, als hätte Anna Gmeyner mit der zweiten Version ihres Bergarbeiterschauspiels eine Erfahrung des Exils vorweggenommen. In der Krise gibt die traditionelle Beziehung zwischen den Geschlechtern wenigstens den Schein von Sicherheit.

Ilse Langner um 1930

Alfred Kerr lobte Ilse Langner bei der Uraufführung ihres Antikriegsschauspiels „Frau Emma kämpft im Hinterland" als wackere „Penthesilesia".[88] Mit dem Spitznamen, einer Zusammenziehung der Worte Penthesilea und schlesisch, veranschaulichte der Kritiker die beiden wichtigsten Wesenszüge des Langnerschen Werkes. Als Nachfahrin der sagenumwobenen Amazonenkönigin stritt sie für die Rechte der Frauen. Doch nicht Griechenland war ihre Heimat, sondern Schlesien. Am 21.5.1899 kam Ilse Langner in Breslau zur Welt. Ihre Eltern, Helene und Erdmann Langner, unterstützten von Anfang an die schriftstellerische Begabung der Tochter. Ilse Langner entsann sich später, daß sie bereits mit sieben Jahren ihre ersten Verse formulierte. „Auch an meine ersten Erzählungen, die wirklich Erzähltes waren, nämlich Geschichten, die ich meinen Vettern und Basen in den Schummerstunden im Forsthaus bei Kanth vordichtete, erinnere ich mich."[89]

Als Tertianerin schrieb Ilse Langner den ersten Gedichtband. „Tautropfen" nannte sie das Werk, für das sie noch keinen Verlag fand. Doch ihr Vater hatte die Gedichte vervielfältigen und binden lassen. Kurze Zeit später stellte sich der erste Erfolg ein. Die „Breslauer Zeitung" druckte einige Kurzgeschichten der jungen Autorin, die Ilse Langner aus dem Abstand von mehr als vierzig Jahren als „melancholisch verdüstert" charakterisierte.[90] Das wachsende Interesse ermutigte das junge Talent. Die Siebzehnjährige legte ihr erstes Drama vor, „ein realistisches schlesisches Bauernstück".[91] Kurz vor dem Abitur verfaßte sie ein Schauspiel, das ganz dem Zeitgeist verpflichtet war, ein expressionistisches Stück gegen die Schultyrannei.

Nach der Schule arbeitete Ilse Langner zunächst als Journalistin in ihrer Heimatstadt. Ab 1919 brachte die „Breslauer Revue" die ersten Berichte. Sie rezensierte Autorenabende und besprach Bücher. Doch Breslau wurde ihr zu eng. Um ihre Berufschancen zu verbessern und neue Impulse zu erhalten, ging sie 1928 nach Berlin. Ilse Langners Artikel erschienen nun in den Blättern des Scherl-Verlages, der sie noch im gleichen Jahr in die Sowjetunion schickte. Zwar pries der „Tag" seine Mitarbeiterin als „die erste deutsche Journalistin", die nach Rußland fuhr, doch Reportagen über die Sowjetunion hatten zum Zeitpunkt von Langners Reise schon Tradition.[92] Die erste Zeitung, die Berichte aus der Sowjetunion brachte, war die „Frankfurter Zeitung", die 1918 die Serie „Im kommunistischen Rußland. Briefe aus Moskau" von Alfons Paquet veröffentlichte.[93] Sowohl die Tagespresse als auch die Wochen- und Monatszeitschriften griffen bis 1933 immer wieder dieses Thema auf. Eine Flut von Berichten und Reportagen über den sowjetischen Alltag, die neue proletarische Kultur, die Kollektivierung der

Landwirtschaft, die Frauenemanzipation und die politische Opposition wurde publiziert. Schriftsteller von Edwin Erich Dwinger über Ernst Toller, Johannes R. Becher, Friedrich Carl Weiskopf, Armin T. Wegner, Arthur Holitscher bis hin zu Egon Erwin Kisch berichteten über die Veränderungen, die in der Sowjetunion vor sich gingen.[94] Ilse Langner war sich der großen Konkurrenz bewußt, doch hoffte sie, die Sowjetunion für ihre Leser neu zu entdecken: „Viel wird täglich (…) über Rußland geschrieben, doch jede Tendenz bedingt eine beschränkte Perspektive, trübt den unbefangenen Blick."[95] Die Sonderberichterstatterin, wie sie im Vorspann der Artikel vorgestellt wurde, hatte sich viel vorgenommen. Sie wollte nicht nur „Mittlerin zwischen deutscher und russischer Seele" sein, sondern auch ihr besonderes Augenmerk auf das Leben der Frauen richten:

> „Feststellen möchte ich, ob die Russin wirklich ehrlichen Herzens, mit bewußter Freude die Lebenssphäre des Mannes teilt, seine Ideen, Kämpfe und seine Moralanschauung – oder ob sie sich ohne die Hypnose der neuen russischen Staatsethik lieber ihrer traditionellen Betätigung als Frau und Mutter im engen Familienkreise widmen würde. Hat der Begriff ‚Familie' für Rußland noch, oder nicht mehr oder schon wieder Gültigkeit?"[96]

Um diese Fragen zu beantworten, hätte sich Ilse Langner mit den russischen Frauen und Männern unterhalten müssen, doch sie beherrschte die fremde Sprache nicht. Anders als Lilli Körber, die eine der aufschlußreichsten Reportagen über den „Roten Alltag" verfaßte, blieb Langners Blick der einer Mitteleuropäerin, die die Fremdheit nicht überwinden konnte. Lilli Körber, die als Fabrikarbeiterin in den Putilow-Werken gearbeitet hatte, schrieb als Insiderin über die Verhältnisse in der Sowjetunion. Sie setzte in die Tat um, was Langner sich vorgenommen hatte: ein lebendiges Bild der Menschen, ihrer Probleme und Gedanken zu zeichnen.[97] Da Ilse Langer wohl kaum Kontakt zur Bevölkerung hatte, berichtete sie in erster Linie über die Architektur der Städte und die Landschaft. In Moskau und Odessa beeindruckte sie das bunte Straßentreiben, in Petersburg sah sie nur „Schlösser und Fabriken", in Kiew fiel ihr vor allem die Sophienkathedrale auf.[98] Wenn auch die Artikel, gemessen an den Erwartungen, die Ilse Langner geweckt hatte, enttäuschten, für sie selbst war die Fahrt ein einschneidendes Erlebnis. Sie sah später den Gewinn der Reise darin, daß sie sie bereit gemacht hatte, „aufzubegehren".[99]

Das war auch die Haltung der Heldin ihres Theaterstücks „Frau Emma kämpft im Hinterland", mit dem die Autorin zurück in Berlin reüssierte. In dem Antikriegsstück thematisiert Ilse Langner nicht das Fronterlebnis der Männer, sondern sie beschreibt die Not der Frauen während des ersten Weltkrieges. Das Schauspiel schildert die Wandlung einer Frau, die sich nach vier Jahren Krieg von ihrem heimkehrenden Mann nicht mehr in die Küche verweisen läßt. Langners weibliche Sichtweise provozierte die männliche Kritik. Alfred Kerr lobte zwar das „bewegende, wirkungsstarke, nützliche, zur Einkehr zwingende Stück", doch zeigte er sich zufrieden mit einer Regie, die die „brausende Langner-Ilse zurück in ihre Grenzen gestuppst" hatte. Frau Emma konnte nicht ganz so kämpferisch auftreten, wie es die Autorin gewollt hatte:

„Im Buch äussert sie gewissermaßen: ‚Ich zeige nicht nur, dass Frauen gleich den Männern damals kämpften und litten. Sondern ich zeige: dass euer bissel Schützengraben ein Quark war … gegen unsere Qual, gegen unsere Leistung.‘ Das ist übertrieben. Alles was recht ist! Ich bin Frauenanwalt: aber das ist übertrieben.“[100]

Wie die Dreißigjährige zu dieser Zeit lebte, deutet sie in einem zeitgenössischen Bericht an: „Jetzt bin ich eine ‚aufgestockte Frau‘, wohne direkt unter dem Dach und dichte in meinem Wolkenkuckucksheim ein neues Frauenstück.“[101] Mit der neuen Arbeit schaltete sie sich in die Diskussion um den § 218 ein. Für das Drama „Katharina Henschke“ wurde sie zwar 1930 vom Staatsbürgerinnenverband ausgezeichnet, doch die Theater bekundeten Desinteresse. Die ablehnende Haltung der Bühnen hatte gute Gründe. In dem Stück bezieht die Dramatikerin dezidierter Stellung zur Frage der Abtreibung als ihre männlichen Kollegen. Die Theaterautorin ist der Ansicht, daß nicht nur für „Miete, Brot und Kinderwagen“ gesorgt sein müsse, sondern daß es „um das Selbstbestimmungsrecht der Frauen geht“.[102]

Der Konflikt um den § 218 wird in dem Schauspiel in fünf Bildern fast ausschließlich unter Frauen ausgetragen. Katharina Henschke, eine schlesische Spinnereibesitzerin, und Olga, ihre Vorarbeiterin, vertreten die unterschiedlichsten Positionen. Der unbefriedigte Kinderwunsch der Direktorin macht es ihr unmöglich, die Notlage, in die eine Schwangerschaft ihre Arbeiterinnen stürzt, zu begreifen. Kommt sie hinter eine geglückte Abtreibung, entläßt sie die entsprechende Frau. So geschieht es im Fall Olgas. Doch die Vorarbeiterin, die Entlassungspapiere schon in der Hand, stellt Katharina zur Rede.[103] Olga appelliert vergeblich an Katharinas Verständnis, sie verliert ihre Arbeit. Daraufhin legen die Näherinnen spontan die Arbeit nieder. Katharina versucht die Frauen mit dem Versprechen, ein Kinderheim zu bauen, zur Weiterarbeit zu überreden. Doch Olga hält ihr entgegen:

„So'n Kind ist schnell rangewachsen, dann geht's in die Schule und will Anzug und Schuhe. Da wird Euch das Kinderheim wat husten, da wird sich Frau Direktor in Acht nehmen, Euch dauernden Zuschuss zu geben! (…) Solange Ihr alleine seid, habt Ihr keine Verantwortung, aber wenn Euch 'n Kind am Rock hängt, dann seid Ihr gefesselt! Dann könnt Ihr Euch nicht mehr rühren, dann ist's endgültig aus mit der Freiheit!“[104]

Um die aufmüpfigen Frauen zu bestrafen, beschließt Katharina, ihren Betrieb zu rationalisieren. Für diese Investition muß sie sich verschulden. Gleichzeitig stagnieren die Aufträge. Am Ende des fünften Bildes stehen sich die ruinierte Kapitalistin und Olga, die in der Zwischenzeit eine bescheidene Parteikarriere bei der SPD gemacht hat, noch einmal gegenüber. Die Rollen aus dem ersten Bild sind vertauscht. Katharina hat nun Angst vor ihrer ehemaligen Arbeiterin, die jedoch nicht triumphiert, sondern sie mit einer Mischung aus Großmut und Verachtung behandelt. Sie hat sogar einen Plan, was Katharina nun mit ihrem Leben anfangen soll: „Na, denn gehen Sie doch in Ihre Mühle! Aber nicht allein! Nehmen Se Kinder mit! Viele Kinder!“[105]

Langner gestaltet an dieser Stelle eine utopische Frauensolidarität, die über die Klassenschranken hinwegsieht. Die Fabrikbesitzerin und die Arbeiterin, die das ganze Stück gegeneinander gekämpft haben, versöhnen sich einzig wegen ihrer Geschlechtszugehörigkeit. Wirklichkeitsferne Züge trägt auch Olgas Parteikarriere. Ausgerechnet in der SPD bekommt sie ein Mandat als Abgeordnete. Dabei trat die Partei während der Weimarer Republik nie für eine Streichung des § 218 ein, sondern setzte 1926 nur eine Milderung der Strafe durch: Statt ins Zuchthaus mußten die Frauen nun ins Gefängnis.[106] Außerdem fällt Olga in der letzten Auseinandersetzung hinter ihre vorigen Aussagen zurück. Im Gespräch mit Katharina vertritt sie nun die Ansicht: „Jetzt wo's mir gut geht, wo ich in'ne hohe Position komme, werd' ich mir auch'n Kind leisten!"[107]

Der Schluß vereinigt zu viele Widersprüche in sich. Einige Änderungen und Striche würden die Handlung stringenter zu Ende führen.[108] Doch niemand hat sich des Stückes angenommen. Es gab nur 1930 eine Lesung im Demokratischen Frauenclub. Danach verschwand es für immer in den Archiven. Dabei hat die Dramatikerin in dem Text Probleme berührt, die nichts von ihrer Aktualität eingebüßt haben.

Mehr Erfolg hatte Ilse Langner mit ihrem nächsten Drama „Die Heilige aus U.S.A.", einem Stück über die amerikanische Sektengründerin Mary Baker-Eddy.[109] Das Schauspiel kam in Max Reinhardts Kurfürstendamm-Theater am 5.11.1931 heraus und trug der Autorin, der Direktion des Theaters und der Hauptdarstellerin Agnes Straub eine Anzeige wegen Gotteslästerung ein. Die Monatszeitschrift „Das Theater" kommentierte den Boykottaufruf der Anhänger der Christlichen Wissenschaft: „Das Kurfürstendamm-Theater wird das verschmerzen können: denn das Interesse für diese Aufführung münzt sich in einen starken Besuch um."[110] Der Protest gegen ihr Stück machte die Dramatikerin mit einem Schlag berühmt. Nicht nur das Publikum zeigte sich begeistert, auch die meisten Kritiker waren von dem Stück und der Inszenierung angetan. So schrieb Herbert Pfeiffer in der „Weltstadt":

„Als Ganzes gesehen ist das Werk eine der fruchtbarsten Anregungen. Die Titelrolle spielte Agnes Straub. Es war eine denkwürdige Leistung. Agnes Straub ist das Phänomen eines eigenen Spielstils. Wie sie ihre Gestalt entwickelte, von der hysterischen Kranken über die Rasputin-Suggestion bis zur letzten Feuerglut im Tode. Ihre letzten Auftritte waren ein grandioses Verreckenmüssen eines unbeugsamen Wollens. Es wurde zu einer tolstoischen Paraphrase über die Sinnlosigkeit des Todes. Die Aufführung wurde durch Ludwig Berger eine lebendige Beweglichkeit, der Zuschauerraum in die Aktion mit einbezogen, die mitspielenden Massen bis in die Wandelgänge des Theaters verteilt, die Schauspieler in Logen untergebracht, Telefonate bis dicht ins Parkett gerückt, Film und Reklameläufe beteiligt. Brigitte Horney, Lore Mosheim, Paul Kemp, Hermann Speelmanns und Egon Friedell waren an dieser Farbigkeit ebenso beteiligt wie die diktatorisch schrille Musik Ernst Tochs."[111]

In 13 Stationen beschreibt die Autorin Mary Baker-Eddys Weg zum Erfolg. Der Lebenslauf dieser Frau hatte für Ilse Langner exemplarischen Charakter: „Mich hat an dem Schicksal der Mary Baker-Eddy die Fabel einer durch ungeheure Willensanstrengung durchgehaltenen Karriere allein gereizt".[112] Langners Heldin geht es nur um die

Agnes Straub und Brigitte Horney in der „Heiligen aus U.S.A."

religiöse Fundierung des Geschäfts. Sie ordnet alles der Maxime des Profits unter. Am Ende des Stückes steht die Sektengründerin einem Religions-Konzern vor, der weltweit seine Niederlassungen hat.

Mit dieser Gestalt hat die Autorin eine Frau geschaffen, die die Prinzipien des Kapitalismus auf die Religion übertragen hat. Mit dem doppelten Kunstgriff, Religion mit Geld zu verknüpfen und eine Frau hinter dem Geld herjagen zu lassen, macht sie zweierlei deutlich. Einmal ist es Unsinn zu glauben, daß Religion nichts mit wirtschaftlichen und Machtinteressen zu tun hat, zum anderen sind Frauen nicht die besseren Menschen. Mit Mary Baker-Eddy führt die Dramatikerin eine Frau vor, die, wie Ilse Langner es formuliert, „vermännert" ist.[113] Der Autorin geht es erst in zweiter Linie darum, das Sektenunwesen anzugreifen. Deswegen zielt Bert Brechts Kritik daneben: „Dieses Stück ist in keiner Weise geeignet, gegen eine Kirche zu agitieren."[114] Sollte es auch nicht.

2.2. Kritik am Krieg aus weiblicher Sicht in „Frau Emma kämpft im Hinterland"

Im Gegensatz zu der negativen Heldin aus der „Heiligen aus U.S.A." entwarf Ilse Langner in ihrem Erstlingswerk „Frau Emma kämpft im Hinterland" eine positive Frauenfigur.[115] Am Beispiel von Frau Emma Müller demonstriert die Dramatikerin die Wandlung einer nationalen Patriotin zur überzeugten Pazifistin und Demokratin. Langners Schauspiel gehört damit zu den Antikriegsstücken, die am Ausgang der Republik den Weltkrieg noch einmal zu einem zentralen Thema machten, um vor einem erneuten Völkermorden zu warnen. Die aktuelle Wirkungsabsicht, in der Situation von 1914 bis 1918 die Lage Ende der zwanziger Jahre zu spiegeln, provozierte bei der Uraufführung 1929 ambivalente Reaktionen. So lobte Manfred Georg: „Eine trübe Erinnerung, gewiß, aber eine notwendige, ein Stück, das (...) in die Reihe der erzieherischen Dramen der Wolf, Minnich, Lampel usw. gehört."[116] Dagegen schäumte der konservative Kritiker des „Lokalanzeigers": „Dilettantischer Unfug war's! Veranstaltet von der aktuellen Bühne (...), die uns auch bereits einmal den Schwarzen Reichswehrmann des unseligen Oedön Horvath vorgelegt hat."[117]

Beide Rezensenten machen in ihren Besprechungen auf einen Tatbestand aufmerksam: Es waren in erster Linie Männer, die ihre Erfahrungen an der Front verarbeiteten. Gegen diese Szenen aus dem Schützengraben setzt die Autorin ihre Bilder aus der Wohnstube einer Kriegsfrau. Sie zeigt, wie der Kritiker der „12-Uhr-Zeitung" zusammenfaßte, „das Heimaterlebnis der Frau, den Kampf um die Brotkarten, den Kampf um die Rationen, den Kampf um den täglichen Kaffee."[118]

Das Drama führt vor, wie der Krieg sich auf das Leben Frau Emma Müllers auswirkt. Am Anfang des Stückes ist Langners Heldin noch weitgehend beeinflußt von der nationalen Propaganda. Im Wohnzimmer hängen nicht nur „Hindenburg und Mackensen als gewaltige Öldruckheilige an der Wand", (S. 7) sondern Frau Emma verkündet auch selbst Durchhalteparolen.

Doch die Hiobsbotschaften von der Front und die immer schlechtere Versorgungslage in der Heimat gehen an Frau Emma nicht spurlos vorbei. Nur noch mühsam unterdrückt sie ihre Ängste: „Das ist von Oben verfügt, vom Kaiser, vom Vaterland – da muß ich still halten, da darf ich mich nicht wehren, denn das wäre Auflehnung." (S. 10)

Um sich und ihre Tochter durchzubringen, ist sie gezwungen, einen Untermieter aufzunehmen. Meinhardt entpuppt sich bald als ein schmieriger Schieber, der sich an die alleinstehenden Frauen heranmacht. Als Ursel krank wird, gibt sich auch Frau Emma dem zudringlichen Untermieter hin. Der Preis, den sie dafür bekommt, sind Brot und Wurst, um ihre Tochter aufzupäppeln.

Frau Emma lernt schließlich, auf sich allein gestellt, Hamstern und Überleben. Sie läßt nach anfänglichen Skrupeln das Kind abtreiben, das ihr der Untermieter gemacht hat. Dann ergreift sie einen Beruf. Sie wird Straßenbahnschaffnerin. Als ihr Mann nach Hause kommt, der die Stube mit „Kommißgeruch und männlicher Überzeugung" füllt, ist er von seiner Frau enttäuscht. (S. 82) Denn Emma Müller macht am häuslichen Herd mobil und hält ihrem Mann vor, daß ihre Sorgen ums Überleben mit seinen Erlebnissen an der Front gleichzusetzen sind:

"MÜLLER: *(pulvert verlegen)* Hab Dich nur nicht so, wenn man Dich hört, glaubt man, Ihr allein habt gekämpft! – *(wendet sich ihr scharf zu. Sie stehen sich kämpferisch gegenüber)* Wir haben im Schützengraben gelegen. Halb verfault im Wasser, mit Toten und Ratten.

FRAU EMMA: Wir haben tatenlos zu Hause sitzen müssen und warten, immer nur warten, in Angst und Sorge um euch.

MÜLLER: Wir haben im Trommelfeuer gelegen, wir haben uns die Bajonette in den Bauch gerannt, jede Sekunde den sicheren Tod vor Augen.

FRAU EMMA: Wir haben um Brotmarken angestanden. Wir hatten kein Fett, kein Fleisch, keine Milch für die Kinder, aus einem Korn Getreide haben wir ein Brot gebacken für die ganze Familie. Jeden Tag sind wir schwächer geworden, jeder Tag hat uns Kraft ausgesaugt. Der Tod hat sich in unsere Häuser eingenistet. Wir sind an der Grippe zugrundegegangen.

MÜLLER: Wir haben die Heimat gegen die ganze Welt verteidigt! – –

FRAU EMMA: Was kümmert mich die Welt?! Ich sah nur mein Kind, meinen Mann, mein Haus. Ich kämpfe für das Leben. Ja, wir Mütter müßten den Krieg bestimmen!

MÜLLER: *(unsicher geworden, behauptet sich mit Grobheit)* Weibergeschwätz!

FRAU EMMA: *(ausbrechend)* Aber Euer Krieg war blutige Männertollheit! *(Frau und Mann wenden sich ohne Verständnis voneinander. Müller nimmt Mütze und Gewehr, Frau Emma zieht sich die grüne Dienstjacke an und setzt sich die Mütze mit entschiedenem Ruck auf)*

MÜLLER: Ich gehe zu den Kameraden in's Komitee, da werden jetzt handfeste Genossen gesucht.

FRAU EMMA: Ich gehe in den Dienst, da werden jetzt ruhige Arbeiter gesucht.

MÜLLER: *(wendet sich zu ihr)* Was hast Du für eine Uniform an? In welchen Dienst gehst Du?

FRAU EMMA: *(sachlich)* Ich bin Straßenbahnführerin. Als die Männer rar wurden, haben sie eben Frauen eingestellt.

MÜLLER: Nun sind wir aber wieder zurück, da müßt Ihr Platz machen.

FRAU EMMA: Ich gebe den Beruf nicht mehr auf." (S. 87/88)

In der Auseinandersetzung zwischen den Eheleuten spitzt Ilse Langner ihre Kritik am Krieg und an den Männern kompromißlos zu. Die Szene ist meines Erachtens die Quintessenz des ganzen Stückes. Herbert Ihering erkannte richtig, daß die Autorin das Schauspiel vor allem wegen des Streitgesprächs geschrieben habe, und er entsetzte sich deshalb über den Eingriff des Regisseurs Erich Fisch, der diese entscheidende Szene gestrichen hatte: „Der Mann tritt nicht auf. Frau Emma spricht nur irgend etwas Kitschiges zu seinem Bild an der Wand!"[119] Kurt Pinthus assistierte: „Dem Stück ist nämlich für diese Aufführung mancherlei genommen und (…) das eigentliche Ergebnis abgehackt worden."[120]

Der Regisseur verhinderte durch seine Kürzungen, daß sich der Lernprozeß Frau Emmas für den zeitgenössischen Zuschauer erschloß. In der ursprünglichen Fassung

Marija Leiko als Frau Emma (Berlin 1929)

äußert Frau Emma keine Rührseligkeiten, sondern brandmarkt das Patriarchat als Verursacher des Krieges. Allerdings hatte auch die Dramatikerin Angst vor der eigenen Courage bekommen. Deshalb läßt sie die Ehepartner schon im ersten Entwurf nicht unversöhnt auseinandergehen. Es schließt sich an den Streit noch ein kurzer Dialog an, der den emanzipatorischen Gehalt abschwächt. Auf nicht einmal einer Textseite entwikkelt Ilse Langner ihre Utopie von der veränderten Beziehung der Geschlechter. Die Frau behält ihre Selbständigkeit, der Mann arrangiert sich mit den ungewohnten Verhältnissen. Sein partnerschaftliches Einlenken ergibt sich in keiner Weise aus den vorangegangenen Szenen. Statt auf Psychologie setzt die Autorin am Ende des Stückes auf plötzliche Einsicht. Mit einem kräftigen Schlag auf die Schulter seiner Frau beendet Feldwebel Müller das Streitgespräch: „Hast recht, Emma, dann wollen wir's eben auch auf die neue Manier versuchen." (S. 89)

Die Versöhnungsgeste erinnert an den Schluß des Dramas um den § 218, „Katharina Henschke". Auch dort schwächte die Autorin ihre Aussage ab, indem sie die Gegnerinnen zu einem letzten verständnisvollen Gespräch zusammenführte. Deswegen glaube ich nicht, daß der Ausgang von „Frau Emma kämpft im Hinterland" ein Indiz für den schwarzen Humor der Dramatikerin ist, wie Inge Stephan unterstellt.[121] Meiner Meinung nach ist die Autorin aus Gründen der Anpassung hinter ihre bisherige Darstellung zurückgefallen. Dennoch hat Inge Stephan insofern recht, als daß groteske Übertreibungen zu den Stilmitteln gehören, die Ilse Langner schätzt. Die realen Bezüge in „Frau Emma kämpft im Hinterland" bricht die Dramatikerin immer wieder durch satirische Spitzen. Ein Beispiel ist die Szene, in der Frau Emma ihren Untermieter zum Geschlechtsverkehr zwingt. Zwar gibt Meinhardt den Anstoß, der für seine Schieberwaren eine Gegenleistung verlangt: „Stellen Sie sich nicht so dumm an, was werde ich schon von einer Frau verlangen! – –" (S. 44) Doch als es dann so weit ist, verwirrt ihn Emmas „eiskalte Geschäftigkeit: Nur nicht so schnell, man muß sich doch vorher ein bißchen – – gewissermaßen in Stimmung bringen. Man ist doch schließlich kein Maschinengewehr." (S. 46) Meinhardt schwankt zwischen Begierde und Abneigung. Er will nicht, daß Emma wie er aus der Liebe ein Geschäft macht. Die Szene ist eine ironische Umkehrung der Rollen. Nicht die Frau, die sich prostituiert, liefert sich dem Mann aus, sondern der Mann, der für die Liebesdienste mit „zwei Pfund Butter, einem Pfund Speck und zwei Würsten" bezahlt, ist der Passive. (S. 46)

Ilse Langner deutet das Verhalten der Frau, die ihren Mann betrügt, anders als ihre männlichen Kollegen, die die Untreue in ihren Urlauber- und Heimkehrerstücken als Verrat am Vaterland interpretierten. Aus dieser Sicht etwa schildert Friedrich Bethge in „Reims" die Ehefrau, die fremdgeht, während ihr Mann an der Front ist.[122] Emmas Seitensprung entspricht nicht dem Vergnügen, sondern der Not. Eine solche Sichtweise provozierte die männliche Kritik:

> „Es ist seltsam: wenn Frauen heute sexuelle Dinge dramatisieren, dann schwelgen sie in Überdeutlichkeit. Ilse Langner macht es zwar nicht ganz so schlimm, wie die Pionier-Ingolstädterin Marie-Luise Fleißer, aber die Art wie sie ihre Emma Müller dem Schieber zu Willen sein läßt, ist von nicht zu überbietendem Naturalismus und abstoßender Unappetitlichkeit."[123]

Auch die weibliche Nebenfigur irritiert den Rezensenten. Er attestierte dem Personal des Stückes, daß es „erklügelt" sei. „Erzeugt am Schreibtisch aus dem überreizten Hirn einer Nichtskönnerin."[124] In der Polemik steckt ein Kern Wahrheit. Ilse Langner hat die Figuren ihres Antikriegsschauspiels mit Bedacht gestaltet. In dem Drama spielt sie mit den gängigen Frauenbildern aus der männlichen Literatur. Bereits ein Blick auf das Rollenverzeichnis des Stückes bestätigt das. Neben Frau Emma treten auf: Frau Major Starke, ihre Tochter Fräulein Lotte, das Dienstmädchen Paula und Schwester Ingeborg. Diese Frauen stellen Varianten der drei Grundtypen Mutter, Krankenschwester und Prostituierte dar. Das Gegensatzpaar Heilige und Hure, dessen Langner sich hier bedient, reicht zurück bis zur reinen Marienfigur und der bösen Hexe des Mittelalters. Diese Frauentypen wandelt Ilse Langner ironisch ab und zerstört so diese Bilder. Vor allem bei den Varianten der Unschuld macht sie deutlich, in welch enge Muster die realen Frauen durch die Zuschreibungen hineingepreßt werden. Im Gegensatz zu den Entwürfen von männlichen Autoren überleben ihre Frauen als Gebende und Opfernde nicht. So scheitert Frau Major Starke ebenso wie Schwester Ingeborg.

Frau Major Starke, anfangs ebenso wie Frau Emma vom Sinn des Krieges überzeugt, hat zwei Söhne und den Mann an der Front. Erst als beide Söhne fallen, wird ihr klar, daß sie einer falschen Ideologie angehangen hat. Dieses Wissen bringt sie um den Verstand. Nun entlarvt sie den Männlichkeitswahn:

„Ihr seid ja schuld an ihrem Tode! Ihr habt sie verrückt gemacht mit Euren Parademärschen und Eurem Heldenmut, und daß der Tod am Ende kommt: das hat den Kindern geschmeckt wie ein Bonbon. Aber als sie es im Munde hatten, als sie den Tod im Leib hatten, da sind sie aufgewacht, da wollten sie ihn ausspucken, Euren Heldentod, aber es kam nur noch Blut." (S. 49)

Ähnlich wie Frau Major Starke ergeht es Schwester Ingeborg. Auch sie distanziert sich erst von ihrer Rolle, als es zu spät ist. Schwester Ingeborg opfert sich solange für die Soldaten auf, bis sie selber am Rand des Grabes steht. Sterbend erkennt sie, daß sie den falschen Weg eingeschlagen hat und hinterläßt das Vermächtnis: „Aber Ihr Frauen müßt wenigstens Frieden halten! (…) Frieden ist doch das Wichtigste zum Leben – –" (S. 57)

Eine überlebensfähige Variante der Unschuld gestaltet die Dramatikerin mit Fräulein Lotte. Eingeführt wird sie als „bleichgesichtige höhere Tochter mit Jungmädchenidealen im Herzen". (S. 119)

Doch Lotte opfert ihre Tugendhaftigkeit. Die Avancen des Untermieters machen ihr klar, „worauf's ankommt". (S. 39) Lotte durchläuft keine Wandlung im eigentlichen Sinn, sondern Langner ersetzt nur eine Stereotype durch eine andere. Aus der Heiligen ist die Hure geworden. Dabei variiert sie jedoch die gängigen Vorstellungen. So entwirft sie mit Lotte keineswegs eine dämonische Frau. Auch als Prostituierte behält Lotte einen Teil ihrer Unschuld. Ihre Sexualität ist nicht zerstörerisch, sondern sie gibt sich eher aus Mitleid hin.

Eine andere Version der Prostituierten stellt das Dienstmädchen Paula dar. Ihr geht es gar nicht um den Mann, sondern um das Kind, das sie sich wünscht: „Ich schlaf mit jedem! Ich seh ihm nicht mal ins Gesicht, mir ist es ganz gleich, ob er blond ist oder kahl, wenn ich nur endlich einmal von einem Kerl ein Kind bekäme!" (S. 80) Deshalb beginnt sie ein Verhältnis mit dem Untermieter Meinhardt, den sie verachtet: „Sobald die Soldaten wieder da sind, gehst Du hops bei mir, Du Stück Ersatz!" (S. 40) Auch in diesem Verhältnis gestaltet die Dramatikerin eine Umkehrung der sonst üblichen Rollen. Nicht Meinhardt bezahlt Paula für ihre Liebesdienste, sondern sie sichert sich die Gunst durch Lebensmittel. Bei der Heldin des Stückes behält die Autorin ebenfalls dieses Stilprinzip bei, wenn auch bei ihr die realistischen Züge überwiegen. Frau Emma vertritt nicht nur den „Topos der mütterlich-resoluten Kämpferin", sondern sie fällt in dem Moment aus dieser Rolle, als sie sich dem Schieber Meinhardt hingibt und anschließend das Kind abtreibt.[125] Während in der Szene mit dem Untermieter Witz und Ironie dominieren, ist die Frage der Abtreibung wirklichkeitsnah gestaltet.

Der Gewissenskonflikt, in dem sich Frau Emma befindet, eignet sich offenbar nicht zur Verfremdung. Die „verfilzte Moral" und mütterliche Instinkte lassen sie daran denken, das Kind auszutragen, doch ihr Wunsch nach Freiheit steht dem entgegen. (S. 68) In einem Gespräch mit Fräulein Lotte wird der Zwiespalt Emmas deutlich. Auf der einen Seite versucht sie in der Unterhaltung die Adresse einer Frau zu erhalten, die die Abtreibung vornimmt, auf der anderen Seite bekommt sie Angst vor den Anschauungen, die die freizügige Lotte vertritt:

> „Was verstehen Sie denn von Mutterschaft. Das ist was Heiliges! Daran sollten Sie Ihre grünen Weisheiten nicht versuchen. – – Wenn wir noch anfangen, daran zu rütteln, dann stürzt überhaupt alles ein. Das wäre ja eine ungeheure Revolution. Dann wären ja die Frauen auf einmal ganz frei und hemmungslos, dann brauchten wir vor nichts mehr und vor niemand mehr Angst haben! (…) Nein, nein, ich will die Adresse gar nicht wissen. Der Vater ist auch gar nicht so wichtig, – auf die Mutter kommt's an, die trägt das Kind in sich, die nährt's von ihrem Blut – –" (S. 68)

Frau Emma tritt längst nicht so entschlossen wie die Vorarbeiterin Olga aus dem Stück gegen den § 218 auf. Die Auseinandersetzung um die Abtreibung ist außerdem nur ein Teil der Nebenhandlung. Emmas Gewissenskonflikt wird mehr angedeutet als ausgeführt. Die Zuschauer erfahren erst in der nächsten Szene, wie Emma sich entschieden hat. In einer Unterhaltung mit dem Dienstmädchen Paula verrät sich Emma. Aus Eifersucht treibt Paula sie in die Enge: „Sie sind ja eine ganz rabiate Person (…)! Sie bringen kaltherzig ein Kind beiseite, und tun, als ob gar nichts wäre! Ein Verbrechen ist das, so gut wie Mord ist das!" (S. 79) Doch Emma läßt sich keine Angst einjagen. Aus den kurzen Sätzen die sie sagt, geht hervor, daß sie zu ihrem Entschluß steht – sehr zum Entsetzen der Kritiker von 1929. So fragte sich Ernst Heilborn in der „Frankfurter Zeitung": „Wofür Frau Emma im Hinterland gekämpft hat? Für die komplette Amoral."[126] Und der Rezensent des „Lokalanzeigers" ergänzte: „Und das soll das neue Frauengeschlecht sein, mit dem wir leben sollen? Wir bedanken uns dafür, Frau Ilse Langner! Gott sei Dank kennen wir es anders."[127]

Die Rezension veranschaulicht die Ängste der Kritiker vor der vermeintlichen Herrschaft der Frau. Dabei hatte Ilse Langner in dem Stück nicht nur selbstbewußte Frauen auftreten lassen, sondern außerdem vorgeführt, daß der Zusammenhalt zwischen den Frauen nicht von Dauer ist. Zwar unterstützen sie sich während der schlechten Zeiten. Das Dienstmädchen Paula versorgt die Familie der Starkes mit Lebensmitteln, Frau Major Starke sucht Trost bei Emma, der Frau eines Feldwebels. Doch schon zu diesem Zeitpunkt zeigt sich die Brüchigkeit der Solidarität. Die sozialen Unterschiede zwischen ihnen bestehen fort. Frau Major Starke wittert hinter der Feststellung, daß alle Frontkämpfer Helden seien, jüdische Propaganda, und Emma pflichtet ihr bei: „Rangordnung muß sein." (S. 19) Die Illusion, daß die Frauen eine „Familie" bilden würden, zerbricht vollends nach Kriegsende. (S. 49) Konkurrenz und Mißgunst zerstören rasch die kurze Gemeinsamkeit. Diese Erkenntnis faßt Frau Emma folgendermaßen zusammen:

Lotte Lieven und Hans Halden kämpfen um das Freßpaket

„Ach, es ist furchtbar! Ich hab gedacht, der Krieg, die Blockade hätte uns Frauen zusammengeschweißt. Ein Heer von Frauen hab ich gesehen (...). Alle Frauen habe ich als eine einzige Frau gesehen, hier im Hinterland anstehn, abmagern. Kaum aber kehren die Männer zurück, fallen wir voneinander ab. Wir achten fremde Sorgen nicht als eigene, wir beneiden, wir verleugnen uns. Wir schmeißen unser gemeinsames Herz rasch in die Müllgrube." (S. 81)

Ilse Langner kritisiert in dem Antikriegsschauspiel nicht nur die mangelnde Solidarität unter den Frauen, sondern mit den Männern, die an der Front stehen, geht sie noch schärfer ins Gericht. Die Dramatikerin macht in dem Stück Front gegen die Symbole der Männlichkeit. Sie demontiert den Helden. Weder der Major Starke, der zu seiner Truppe zurückkehrt, weil er den Wahnsinn seiner Frau und den Tod seiner Söhne nicht ertragen kann, noch Emmas Mann, der Feldwebel Müller, sind die tapferen Soldaten, die aus Liebe zum Vaterland den Tod riskieren. So erklärt Müller seiner Frau: „Auf Tapferkeit kommt's gar nicht an, sondern bloß aufs Fressen und auf die Nerven." (S. 86) Frau Emmas geiler Untermieter, der den starken Mann markieren kann, weil die Konkurrenz im Felde steht, ist die negativste Figur des Stückes. Dieser Invalide, der das Potenzgehabe eines Helden nachahmt, führt den Männlichkeitswahn ad absurdum und gibt ihn der Lächerlichkeit preis. Den blinden Gehorsam der Soldaten attackieren auch die weiblichen Figuren. Sie haben Angst vor den Konsequenzen eines solchen Verhaltens: „Sie ermorden sich selbst mit ihren Männertugenden." Emma spricht von einer „Lust am Kriege", die die Soldaten antreibe. (S. 48) Sie und die anderen Frauen verlieren im Laufe des Stückes die Hochachtung vor den kämpfenden Männern: „Ich habe nicht mehr so viel Mitleid mit ihnen, wir hier müssen auch schwer kämpfen ums Tägliche." (S. 66) Sie versagen den Männern die Gefolgschaft, eine Tatsache, die der Schieber Meinhardt als erster erkennt: „Auf die Weiber ist halt kein Verlaß. Das sind die geborenen Deserteure." (S. 51) Das erfährt vor allem Emmas Mann. In der entscheidenden Auseinandersetzung am Ende des Stückes sieht Emma in ihm einen Vertreter der patriarchalischen Gesellschaft und hält ihm vor:

> „Männer seid Ihr. Ihr stürzt Euch in den Krieg wie in einen Rausch und vergeßt alles andere darüber. Uns hier im Hinterland habt Ihr vergessen, wir konnten in Hunger und Kummer und Dreck verrecken. (...) Aber wenn ein Mann kämpfen kann, dann ist er nicht zu halten." (S. 86)

Emma erkennt in dem Krieg eine Sache der Männer, die gegen das Leben gerichtet ist. Als Mutter rebelliert sie gegen den Krieg: „Ich kämpfe für das Leben. Ja, wir Mütter müßten den Krieg bestimmen." (S. 88) Ilse Langner, die ihre Heldin diese Erkenntnis formulieren läßt, macht es sich an dieser Stelle etwas zu einfach. Denn ihre Frau Emma steht nicht außerhalb der Gesellschaft und kann somit jede Schuld von sich abschieben. Gerade sie, die in Krisenzeiten einen Mann ersetzt, stützt damit die herrschende Ordnung ebenso wie ihr Ehemann, der gegen seine Überzeugung im Feld steht. Langner setzt hier weiblichen Pazifismus gegen männliche Kriegstreiberei und übernimmt somit gängige Rollenfestlegungen.

Das steht im Widerspruch zu den Textstellen, in denen die Dramatikerin eine Befreiung aus den traditionellen Frauenbildern inszeniert. Diese Suche nach einer neuen Identität und Lebensmöglichkeit der Frau hat überdies einen spielerischen Charakter, während die Abrechnung mit den soldatischen Männern bitter ernst gemeint ist. Dieser Grundzug des Werkes fiel schon bei der Uraufführung auf. So schrieb O.A. Palitzch: „Aber zwischen traurig und Tragödie ist ein Unterschied, nämlich der zwischen Leben und Kunst."[128] Deshalb warf er der Dramatikerin mangelnde Gestaltungskraft vor. Im Gegensatz zu Palitzch finde ich, daß gerade diese eigentümliche Mischform den Text „keineswegs angestaubt" wirken läßt. Ich schließe mich der Kritik Inge Stephans an, die in dem „Witz und in der Ironie" die eigentliche Stärke des Dramas sah und füge hinzu, daß die Thematik des Stückes aktuell geblieben ist.[129]

3.1. Hilde Rubinstein – eine emanzipierte Kommunistin

Das Gefühl des Fremdseins im eigenen Land begleitete Hilde Rubinstein fast ein ganzes Leben. Der Beginn des ersten Weltkrieges wurde zu einem Schlüsselerlebnis. Eingesperrt in ihrem Zimmer verbrachte Hilde Rubinstein, die am 7. April 1904 in Augsburg geboren wurde, den ersten Kriegsmonat. Die Zehnjährige ängstigte sich, weil die Ein-

Hilde Rubinstein 1932

heimischen sie und ihre Eltern als „Russenpack" beschimpften. Der Vater war Flüchtling aus dem zaristischen Rußland, die Mutter stammte aus München. In der autobiographischen Erzählung „Als der Krieg kam …" hat die erwachsene Hilde Rubinstein ihre Eindrücke während dieser Zeit festgehalten. Das Tagebuch, das sie bereits mit zehn Jahren zu führen begann, bildete die Grundlage der späteren Bearbeitung. Die Erzählung zeigt aus der Perspektive der Ich-Erzählerin, wie sich der Krieg auf die Welt der Erwachsenen und der Kinder auswirkte. Der Bruder Fritz und die Erzählerin durften „plötzlich nicht mehr zur Schule gehen, Mama durfte nicht mehr mit der kleinen Berta spazierengehen, und Papa durfte nicht mehr zur Fabrik gehen."[130] Als die Familie schließlich die deutsche Einbürgerung erhielt, war für das Mädchen, das sich nie als Russin fühlte, die Welt wieder in Ordnung:

„Ich war sehr froh, daß ich nun kein russisches Kind mehr war. (…) Als ich zum ersten Mal als richtige Deutsche zur Schule kam, sagte ich zu unserer Klassenlehrerin, Fräulein Helmkampf: ‚Nun bin ich deutsch!' Nein, ich sagte es nicht – ich rief es laut und entzückt aus."[131]

Hilde Rubinsteins kindlicher Patriotismus unterschied sich trotz der gerade gemachten Erfahrungen in nichts von dem ihrer Altersgenossen. Sie begann einen Kriegsroman zu schreiben, den sie „Kameraden" nannte. Auch Gedichte über den Kampf der Soldaten zeugten von ihrem Glauben an den Sieg Deutschlands. Außerdem träumte sie davon, Wilhelm II. in Berlin zu sehen. Doch der Wunsch ging nicht in Erfüllung. Sie kam bis zum Ende des Krieges aus Hannover, der Stadt ihrer Kindheit, nicht heraus. Die Begeisterung für Kaiser und Vaterland begann allerdings schon bald erste Risse zu bekommen. Das Mädchen begriff, daß sie als Tochter eines jüdischen Ingenieurs, der aus der Ukraine nach Deutschland gekommen war, eine Außenseiterin bleiben würde. Die Angepaßtheit nutzte ihr nichts. Ihre Umgebung betrachtete sie nach wie vor als Fremde. Von den Spielen auf dem Schulhof schlossen sie die anderen Kinder aus:

„Auch die Kinder, besonders die Jungen, machten Krieg. Sie ‚spielten' nicht Krieg, sie machten Ernst damit, fügten sich richtige Wunden zu und errichteten ein Lazarett, wo die Mädchen Pflegerinnen waren. (…) Ich hatte mir ein Paket Watte und eine Flasche Essigsaure Tonerde gekauft von meinem Taschengeld, und eine Rote-Kreuz-Binde für den Oberarm besaß ich auch. (…) Als ich ins Lazarettzelt kam, lag da ein Junge am Boden und hatte eine Wunde an der Stirn. Ich sah, daß es Gustav war, den ich so gern mochte, und ich kniete hin und wollte ihn verbinden. Aber ein anderes Mädchen stieß mich weg und sagte, daß ich nicht hierher gehörte. ‚Aber ich hab doch dies hier mitgebracht!' sagte ich und zeigte ihr das Wattepaket und die Flasche. Sie lachte verächtlich und sagte, sowas hätten sie selbst, sie brauchten nicht meinen ‚russischen Mist'.“[132]

Auf dem Nachhauseweg beschimpften die anderen Kinder sie und ihren kleineren Bruder als „Rußkies" und „Jüddchen". Die Erfahrung saß tief. Als die Eltern 1918 nach Köln zogen, da der Vater Chefkonstrukteur bei der Deutz Motoren AG geworden war, schloß sie sich dem zionistischen Jugendbund „Blau-weiß" an. Hilde Rubinstein hatte es aufgegeben, in Deutschland eine Heimat zu suchen. Sie träumte davon, Palästina mit aufzubauen. Deshalb arbeitete sie in einer Gärtnerei, um sich Wissen über Pflanzenpflege und Gartenbau anzueignen. Gleichzeitig entdeckte sie ihre Liebe zur Malerei. Mit dem Vater, der früh dieses Interesse bei seiner Ältesten weckte, besuchte sie an den Wochenenden die Kölner Museen. Mit 17 Jahren stand ihr Berufswunsch fest: sie wollte Malerin werden. Sie studierte an der Kölner Werkschule, wo sie Meisterschülerin von Richard Seewald war, und an der Düsseldorfer Kunstakademie. 1923 ging sie für einige Monate an das Bauhaus in Weimar. Dort besuchte sie den Unterricht von Johannes Itten und Paul Klee. Die Lehren des Bauhauses blieben allerdings ohne Einfluß auf Rubinsteins Arbeiten. Ein Zyklus von Linolschnitten aus ihren Studienjahren, den sie

Das Aquarell
„Der Frauenkopf"

als Illustration zum Grimmschen Märchen „Jorinde und Joringel" anlegte, belegt eher ihre Anlehnung an den Expressionismus. Ein Stipendium ermöglichte der jungen Malerin 1925 einen Studienaufenthalt in Paris. Ihre Aquarelle aus dieser Zeit, die häufig Straßenszenen aus der Seinestadt zum Thema haben, fanden sogar das Lob der Fachpresse: „Die Blätter sind ungemein stark im Ausdruck und machen neugierig auf das fernere Schaffen der Künstlerin", hieß es 1928 bei ihrer ersten Einzelausstellung im Kunstgewerbemuseum in Köln.[133] Auch die Zeitschrift „Der Querschnitt" entdeckte das junge Talent. Dort erschienen Reproduktionen ihrer Aquarelle und Graphiken. Der Vater erlebte die ersten Erfolge seiner Tochter nicht mehr. Er war bereits 1924 gestorben und hinterließ die Familie fast mittellos.

Die wachsende Anerkennung tröstete Hilde Rubinstein nur wenig über ihre materielle Situation. Mit ihrer Malerei vermochte sie nur schwer, den Lebensunterhalt für sich und ihren Mann zu bestreiten. 1927 hatte sie den jungen Studenten der Physik O. Weinreich geheiratet, der kaum etwas zu dem gemeinsamen Haushalt beitrug. Hilde Rubinstein erinnert sich an die Zeit der beginnenden Weltwirtschaftskrise:

„Das Pfandhaus wurde die gewohnte Stätte. Man lebte von der Hand in den Mund und wußte manchmal nicht, wovon man am nächsten Tag leben sollte. Manchmal wußte man eine Woche lang nicht, wie man leben sollte. Wenn ich gerade ein Bild verkauft hatte, dann wurden die Bilder auf den Kinderwagen geladen und zu den Leuten gefahren."[134]

Das unstete Leben des Paares sah anders aus als die Zukunft, die sich Hilde Rubinstein während ihrer Zeit im Jugendverband vorgestellt hatte. Von den Zielen der zionistischen Jugendbewegung entfernte sie sich immer mehr, da sie ihr zu national fixiert war. Sie trat aus dem Wanderbund „Blau-weiß" aus. Viel mehr fühlte sie sich zur Kölner Bohème hingezogen. Die Künstler wußten zwar auch nicht, wie sie die Not überwinden, wohl aber wie sie sie vergessen konnten. Schon morgens traf man sich zum Tango. Nach dem Frühstück wurde Schach gespielt, nachmittags besuchten die Kölner die Düsseldorfer, und abends gab es ein dadaistisches Fest:

„O.W., mein Mann, hatte sich die Brust mit Tinte tätowiert. Bengalische Beleuchtung, eine dunkle Galerie. Dort stand die marmorkühle Berta, Theos Freundin, und beobachtete, besonders Theo und mich. Ein spanischer Tango und ‚Ein Mädel wie du' wurde gespielt. Ein Chaplin tanzte mit einer Siphonflasche, dort ein Schnellzeichner, ein Chorknabe, ein Schwarzwalddirndl. O.W. deklamierte ‚Anna Blume', er sagte ‚Ann Flower'. Er redete immer englisch, wenn er betrunken war, geriet dann in einen Zustand geistreicher Schizophrenie. Bertas rote Hände hingen über das Geländer. Ich lag mit Theo auf dem Sofa und er sagte, er möge Bertas Hände nicht, aber meine wären die schönsten, die es gebe. Als der Morgen dämmerte, war Berta weg und O.W. lag schlafend in einer Ecke. Auf seiner Brust hatte sich die Tätowierung mit einer Lauge gemischt. ‚Er hat vomiert' rief eine Frau. Ich ging mit Theo weg."[135]

Die Künstlerfeste verloren für Hilde Rubinstein bald an Reiz. Sie fühlte immer stärker, daß das sorglose Leben der Bohème nicht die adäquate Antwort auf die sich verschärfenden politischen und ökonomischen Widersprüche war. Deshalb trennte sie sich von ihrem Mann und verließ die Kölner Freunde. Sie ging nach Berlin, wo 1930 ihre Tochter Anna-Barbara geboren wurde. Die privaten Veränderungen korrespondierten mit einem beruflichen Neuanfang. Hilde Rubinstein wollte mit ihren Arbeiten stärker Stellung beziehen. Doch in der Malerei fehlte ihr nach eigener Einschätzung die Ausdruckskraft, sie fand ihre Werke zu anmutig. Es erschien ihr leichter, mit Worten als mit Bildern aufzurütteln. 1926 legte sie ihr erstes Drama „Winterkrieg" vor. Der Theaterverlag „Felix Bloch Erben" kaufte die dramatische Ballade in elf Szenen an, doch keine Bühne nahm sich des Erstlingswerks an. Der Dramaturg des Städtischen Theaters Leipzig verband 1931 die Ablehnung mit einem Lob: „Das Stück ist in erstaunlichem Maße optisch gesehen und bedarf viel mehr als es sonst nötig und üblich ist, der szenischen und bildlichen Gestaltung."[136] In dem Text verarbeitete die Dramatikerin – ähnlich wie in ihrer Malerei – die Einflüsse des Expressionismus. Den Titel des Stückes hat die Autorin dem Gedicht „Winterkrieg" des chinesischen Lyrikers Li-Tai-Pe entlehnt, der, obwohl ihn mehr als ein Jahrtausend von dem Aufbruch der idealistischen Revolutionäre trennen, schon ähnliche Gedanken wie die Expressionisten entwickelte.[137] Hilde

Rubinstein beschränkt sich jedoch nicht auf diese versteckte Andeutung, sie bezieht sich in dem Stück direkt auf den Kampf der Söhne gegen die Gesellschaft, ein Thema, das das Repertoire der Bühne kurz nach dem ersten Weltkrieg bestimmte. Wie ihre historischen Vorgänger erleben auch Rubinsteins jugendliche Helden die Zeit als Chaos und laufen Sturm gegen die bestehende Wirklichkeit:

> „Betrachte das Leben des Einzelnen, und du wirst dich totlachen über die Sinnlosigkeit. Wenn man Glück hat, kann man eine Anstellung kriegen und in Fabriken oder Bibliotheken oder ähnlichen Einrichtungen verschimmeln. Das nennt sich dann ‚Leben‘, von dem uns so viel erzählt wird während wir jung sind.“[138]

Rubinsteins Stück handelt von der Leere des Daseins. Vorbei die Zuversicht, mit der die Expressionisten an den gesellschaftlichen Wandel glaubten. Die Tat, die Hasenclevers Sohn so hoch schätzt, erweist sich in dem Drama der jungen Autorin als sinnlos. Bei Hasenclever richtete sich der Zorn des Sohnes noch direkt gegen den Vater. Im Vatermord gestaltete der Autor die dramatische Zuspitzung, mit der bestehenden Ordnung zu brechen. Rubinstein ist da viel allgemeiner. Sie siedelt den Konflikt zwischen Vater und Sohn nicht mehr innerhalb einer Familie an. Die Autorin gestaltet den Protest gegen die Gesellschaft so, daß er noch heute mit Beklemmung nachvollzogen werden kann. Rudolf und Georg wollen ein Signal der Verzweiflung setzen, einen Eisenbahnzug zum Entgleisen bringen und sich anschließend erschießen. Doch nach dem Terror gegen andere erkennt zumindest Georg im Augenblick des Todes den Wert des Lebens.

Hilde Rubinstein beschreibt in dem Text nicht nur die Motive der Attentäter, sondern sie gibt außerdem ein Spiegelbild der zeitgenössischen Gesellschaft. Die ersten sieben Bilder führen das Leben der gehobenen Stände, der Kleinbürger, der Prostituierten, der Studenten und Schüler vor. Es treten über fünfzig Personen auf, die Szene wechselt nach jedem Bild. Die Handlung spielt abwechselnd in einem Park, einer Kleinbürgerküche, einem Boudoir einer Generalsgattin, einer Seemannsspelunke und einer Studentenbude. Das aufwendige Bühnenbild war denn auch ein Grund für die Zurückhaltung der Theater. So begründete der Dramaturg des Staatlichen Schauspielhauses in Berlin seine Ablehnung: „Wenn ich mir trotzdem versagen muß, den ‚Winterkrieg‘ schon jetzt im Studio zur Diskussion zu stellen, so liegt es an dem umfangreichen Apparat, den dieses Stück benötigen würde.“[139] Ganz ähnlich klang die Beurteilung der Verantwortlichen der Barnowski-Bühne: „So wie es vorliegt ist es natürlich nicht spielbar, aber ich glaube nicht, daß man an ihm oder seiner Autorin auf die Dauer vorübergehen wird.“[140] Die Einschätzung erwies sich als richtig. Mit ihrem nächsten Stück „Es war einmal ein treuer Husar“ stellte sich Hilde Rubinstein schon besser auf die Gegebenheiten der Bühnen ein. So schrieb Heinrich Fischer, der 1932 an den Kammerspielen München arbeitete, der Autorin:

> „Es war einmal ein treuer Husar‘ (ich finde den Titel sehr gut) ist nach meiner Meinung eines der interessantesten und wichtigsten Stücke der letzten Zeit. Herbert Ihering, dem ich die Bekanntschaft mit Ihren Werken verdanke, weiss, dass es nicht

meine Art ist, leichtfertig in Superlativen zu sprechen. (...) Wie aus einer rein ko-
mödienhaften, übrigens reizenden Komposition langsam ein tragisches Schicksal
wächst, wie eine organisch entstehende politische Gesinnung der Hauptfigur nirgends auf Kosten ästhetischer Kräfte und Werte entsteht, das ist in seinem völlig dra-
matisch verzahnten Ineinander besonders wichtig, wenn man die Gelegenheit hat,
die dramatische Produktion mit seinem Nebeneinander von Gesinnung und Artistik
zu überblicken."[141]

Doch nicht in München reüssierte die Autorin, der Durchbruch gelang ihr in Berlin.
Nachdem Herbert Ihering im Mai noch einmal im „Berliner Börsen-Courier" auf die
Autorin hingewiesen hatte, brachte am 28. Dezember 1932 die „Junge Volksbühne" das
Stück unter dem Titel „Eigener Herd ist Goldes wert?!" heraus.[142] Außer dem Titel hatte
die Autorin auch noch den Schluß verändert. Es gab sogar drei unterschiedliche Schluß-
fassungen, was Bertolt Brecht zu der Feststellung veranlaßte, Hilde Rubinstein sei eine
„chaotische Begabung".[143] In der ersten Fassung versöhnen sich die Ehepartner, in der
zweiten trennt sich Katharina von ihrem Ehemann Helmut, und in der in Berlin gespielten Version tritt Katharina in die KPD ein.
   Der Schritt Katharinas entsprach dem ihrer Erfinderin. 1929 war Hilde Rubinstein
Mitglied der KPD geworden. Für das Programmheft der Uraufführung verallgemeiner-
te die Autorin ihre Entscheidung:

„Deshalb heraus aus den Winkeln, wo das Glück gar nicht wohnt, und mitarbeiten
für eine neue, sozialistische Gesellschaftsordnung, die allein der Frau ein menschenwürdiges Leben ermöglicht! Das sehen wir drüben, in der Sowjetunion, wo ein neuer
Frauen-Typ entsteht, der weder mit dem ‚Gretchen' noch mit dem ‚Blaustrumpf' etwas gemein hat, der dem Mann nicht nur gleichwertig zur Seite stehen will, sondern
es auch kann, kräftig, mutig, frisch und frauenhaft (...)."[144]

Den kommunistischen Kritikern der Uraufführung schmeckte das Stück zu sehr nach
Frauenemanzipation. Sie hätten wohl lieber einen proletarischen Helden auf der Bühne
gesehen. Der Ehealltag war für sie kein Thema. Deshalb konnten sie Katharinas Entschluß auch nicht nachvollziehen. So befand Alfréd Kemény in der „Roten Fahne" am
29. Dezember 1932, daß die Entwicklung der Heldin zur Genossin weder glaubwürdig
noch überzeugend sei: „Die Naivitäten der Autorin lösten einen unfreiwilligen Heiter-
keitserfolg aus, begleitet von Protestrufen des anwesenden proletarischen Publikums."[145] Und Heinz Lüdecke urteilte in der „Illustrierten Roten Post": „Katharinas
‚Weg' ist mit soviel Romantik und Pathos garniert, ihr Verhalten ist in so ungenügen-
dem Maße aus ihrer Klassenlage abgeleitet, daß sie weder als Vertreterin des Proletariats
noch (...) des Kleinbürgertums gelten kann."[146] Trotz der Einwände des Rezensenten
legte die Inszenierung den Grundstein für die beginnende Karriere Hilde Rubinsteins.
Die Dramatikerin wurde danach Mitglied im Verband der Deutschen Bühnenschriftsteller. Niemand konnte zu dem Zeitpunkt ahnen, daß die erste Aufführung in Berlin
auch zugleich die letzte für über fünfzig Jahre gewesen war.

3.2. Die Entzauberung der Liebe in „Eigener Herd ist Goldes wert?!"

Ihre eigene unglückliche Ehe hatte Hilde Rubinstein den Blick geschärft für die engen Muster der traditionellen Frauen- und Männerrollen. Mit dem Stück „Eigener Herd ist Goldes wert?!" beschrieb sie die tagtägliche Entmündigung der Ehefrau und das Herrschaftsgebaren ihres Mannes. Das Unbehagen an der Institution der Ehe hatte keine der anderen Zeitstück-Autorinnen so scharf artikuliert. Ilse Langner thematisierte zwar auch in „Frau Emma kämpft im Hinterland" die Entfremdung der Ehepartner, doch die Schwierigkeiten der Verständigung erklären sich in ihrem Drama in erster Linie aus den unterschiedlichen Erfahrungen, die die Eheleute im ersten Weltkrieg machen. Hilde Rubinstein wählt für ihre Handlung keine Extremsituation, sondern sie beschreibt den unspektakulären Ehealltag.

Zwar sind in den Text eigene Erfahrungen eingeflossen, doch das Stück ist mehr als eine dramatisierte Autobiographie. Die Gemeinsamkeiten zwischen der Heldin des Stückes und der Dramatikerin bestehen denn auch nur auf der Oberfläche. So teilt Katharina mit ihrer Erfinderin die täglichen Geldsorgen. Auch der Weg ins Pfandamt ist ihr wohlvertraut. Ihr Mann Helmut wird als „Bohème-Mensch" charakterisiert. Doch damit hören die Parallelen schon auf. Die Handlung spielt nicht unter Künstlern, sondern im Kleinbürgermilieu. Katharina ist nicht Malerin, sondern Stenotypistin. Die Dramatikerin wählt bewußt eine naive Heldin, um die Entwicklung Katharinas für die Zuschauer anschaulich zu machen. Die Autorin hat es verstanden, von ihren Erlebnissen zu abstrahieren. „Eigener Herd ist Goldes wert?!" ist kein authentisches Dokument. Die eigene Geschichte dient nur als Anregung. Das Drama erlaubt keine Selbstbespiegelung wie in der Autobiographie, sondern verlangt nach Handlung. Das Zeitstück zwingt die Autorin überdies dazu, das Einzelschicksal in ein umfassendes soziales und zeithistorisches Tableau einzubetten. Es geht Hilde Rubinstein darum, das Grundsätzliche an dem Einzelfall herauszuarbeiten.

Katharinas Emanzipation ist notwendig mit einer Entzauberung der Liebe verbunden. Die Zeile „Die Liebe ha-at keine Ende mehr" aus dem Volkslied „Es war einmal ein treuer Husar" bildet das Leitmotiv von Katharinas Lernprozeß. Im ersten Akt erscheint ihr Helmut, in dem Kostüm des treuen Husaren, wie die Verwirklichung des romantischen Traums von ewiger Liebe und Treue. Die „überaus kitschige Karnevalsstimmung in den ersten Bildern mit verkleideten Husaren und Zigeunerinnen, mit romantischen Kletterkunststücken des ‚Helden' über Dächer und Leiter ins Zimmerlein der Herzallerliebsten", sind kein Indiz dafür, wie Alfréd Kemény unterstellte, daß die Dramatikerin die „treue Husarenromantik einer Gymnasiastin noch nicht überwunden" habe.[147] Im Gegenteil: Die Autorin macht so deutlich, daß die romantischen Liebesvorstellungen auch in ihrer Gegenwart noch Bestand haben, obwohl ihnen in der Wirklichkeit jegliche Entsprechung fehlt.

Schon der zweite Akt führt Katharinas langsames Erwachen vor. Helmut liegt mehr an seinen Interessen als an einem Zusammensein mit ihr. Dennoch heirateten sie – wohl mehr dem Druck der Umgebung als ihren eigenen Bedürfnissen nachgebend. Der dritte Akt spielt ein Jahr nach dem ersten Treffen. Von der anfänglichen Liebe ist kaum noch etwas zu spüren. Nach einem Ehekrach verläßt Helmut die Wohnung, um Karneval zu feiern. Katharina bleibt mit zwei Nachbarinnen und ihrer kleinen Tochter Marianna zu Hause. Im Gespräch mit den beiden Frauen benennt sie ihr Unbehagen an der bestehenden Situation. Um der häuslichen Enge zu entfliehen, entschließt sie sich mit einer der Nachbarinnen, Weiberfastnacht auf der Straße zu feiern. Der vierte Akt zeigt Katharinas Einlieferung in ein Krankenhaus. Aus den aufgeregten Sätzen der Nachbarin geht hervor, daß sie sich vor ein Auto geworfen hat.

Die Dramatikerin tat sich schwer daran, einen Weg ihrer Heldin aus der Krise zu finden. Für den fünften Akt gibt es drei verschiedene Fassungen.[148] Die erste ist die am wenigsten überzeugende: Der Autofahrer, der den Unfall verursacht hat, erfüllt wie im Märchen die drei sehnlichsten Wünsche Katharinas: eine Arbeitsstelle, einen Platz in der Krippe für ihre Tochter und Geld für eine gemeinsame Reise mit Helmut. Daraufhin versöhnen sich die Ehepartner. Das Happy-end leuchtet mir nicht recht ein. Die Geldsorgen, die ein Anlaß der Auseinandersetzung waren, sind damit zwar beseitigt, doch die unterschiedlichen Auffassungen von Partnerschaft und Ehe bleiben bestehen. Die Dramatikerin überzeugte die Wendung in die Idylle anscheinend selbst nicht. Die handelnden Personen nehmen den glücklichen Ausgang jedenfalls nicht ganz ernst. So spricht Helmut von dem Wohltäter als „Weihnachtsmann".[149] Die zweite Version führt konsequent zu Ende, was die vorangegangenen Akte vorbereitet haben: Katharina verläßt ihren Ehemann. Die dritte Variante ergibt sich nicht ganz so schlüssig aus der Handlung. Die ökonomischen Gründe gewinnen wieder an Gewicht. Katharina setzt deshalb nach der Trennung von ihrem Mann auf gesellschaftliche Veränderungen. Sie tritt in die KPD ein, obwohl in der vorangegangenen Handlung keine politische Haltung, allenfalls ein diffuses Gefühl für Ungerechtigkeiten erkennbar war. Aus diesem Grund taten sich die Rezensenten der Uraufführung schwer, diesen Schritt Katharinas nachzuvollziehen: „Plötzlich sprudeln aus diesem Mädchen vulkanartig revolutionäre Losungen ans Tageslicht, von denen man nicht weiß, woher sie stammen. Ihre Entwicklung vollzieht sich sozusagen hinter der Bühne, und wir können nur ahnen, was die Verfasserin gemeint hat."[150]

Die Kritiker bemängelten außerdem, daß das „konkrete Dasein" des Jahres 1932 zu wenig gestaltet sei.[151] Die Beobachtung trifft zu. Die aktuelle Situation ist nur vermittelt in das Drama eingeflossen. Vom Arbeitsalltag einer Stenotypistin im Büro berichtet die Autorin nicht. Auch die Weltwirtschaftskrise sorgt nur für zusätzliche atmosphärische Dichte. Helmut, der als Journalist arbeitet, ist nicht in der Lage, die junge Familie mit seinem Schreiben zu ernähren. doch mehr als unter der materiellen Notlage leidet Katharina unter der Verantwortungslosigkeit ihres Mannes:

„KATHARINA: Ich kann nicht mal ein wärmeres Mützchen für Marianna kaufen.
HELMUT: Laß deine Mutter eins kaufen, sie ist doch so entzückt von dem Enkelkind.
KATHARINA: Und die Laken? Willst du sie nicht endlich einlösen? Unsere sind schmutzig.
HELMUT: Laß dir von deiner Mutter Laken geben. Sie hat vier Dutzend mindestens, wir nicht mal eines. Hab auch kein Geld fürs Pfandamt ..."
(S. 22)

Um die materielle Situation zu verbessern, sucht Katharina wieder eine Stellung im Büro. Doch als verheiratete Frau hat sie keine Chance. Ihr ehemaliger Chef erklärt: „Und: wir stellen aus prinzipiellen Gründen keine verheirateten Frauen an. Doppelverdienst ist asozial." (S. 26) Vor dem Hintergrund wirtschaftlicher Depression und Massenarbeitslosigkeit setzten bereits in den letzten Jahren der Weimarer Republik massive Kampagnen gegen die Frauenerwerbstätigkeit ein. Mit der Propaganda gegen das „Doppelverdienertum", die Hitler später ausweitete, sollte die Arbeitslosigkeit auf Kosten der Frauen überwunden werden. Die unteren Schichten traf es besonders hart. Das empfinden auch die Frauen in Rubinsteins Stück:

> „KATHARINA: Und der Alte sagte, ich kann es nicht verantworten, daß Sie ihr Kindchen im Stich lassen.
> WUNSCH: Aber daß ihr nichts zu fressen habt, das kann er verantworten!
> HAPT: Und sein einfaches Verdienst ist doppelt so groß wie mehrere Doppelverdienste, aber nicht asozial." (S. 26)

Die trostlose wirtschaftliche Lage verschärft den Gegensatz zwischen den Geschlechtern – auch im privaten Bereich. Während Hans Fallada in „Kleiner Mann, was nun?" die Reproduktion der Familienidylle gegen das anstürmende Arbeitslosenelend setzt, zeigt Hilde Rubinstein, daß der sichere Hort der Familie sich für die Frauen als Gefängnis erweist. Katharina ödet im Unterschied zu Falladas Lämmchen das tägliche Einerlei der Hausarbeit an. Katharina stöhnt: „Immer dasselbe! Handtücher, Putztücher, Staubtücher, schmutzige Wäsche, zerrissene Socken, beschmierte Teller, zanken, hassen, sparen, sparen, zum Pfandamt ..." (S. 2) Katharina ist keine Ausnahme. Ihre Erfahrung teilen die anderen Frauen des Stückes. Auch sie leiden unter der Enge des weiblichen Lebenszusammenhangs:

> „WUNSCH: Ich finde auch, der Mann gehört nicht ins Haus.
> KATHARINA: Die Frau auch nicht. Häuser sind bloß wegen der Kälte da.
> WUNSCH: Und wegen der Möbel. Und für'n Herd.
> KATHARINA: Eigener Herd ist Goldes wert? Hab ich noch nicht gemerkt, daß meiner Gold wert ist ..." (S. 25)

Die Erkenntnisse, die die Frauen artikulieren, gipfeln in der Forderung: „Hausarbeit sollte auch entlöhnt werden!" (S. 27) Damit geht Rubinsteins weibliches Personal weit über die Ziele hinaus, die die Sozialdemokraten und Kommunisten während der Weimarer Republik für die Frauenpolitik als wesentlich erachteten. Das Frauenbild, das der SPD-Politik zugrunde lag, umschrieb Otto Braun, Ministerpräsident von Preußen, 1920 auf einem Parteitag. Er betrachtete die Frauen als „Mütter, Träger der Sittlichkeit, als Sicherer der Familiengemeinschaft" und wandte sich gegen eine „absolute Egalisierung von Mann und Weib".[152] Zwar setzte sich die KPD für die volle Gleichberechtigung der arbeitenden Frau, die gleiche Entlohnung und das Verbot von Entlassungen verheirateter Arbeiterinnen ein, doch tastete auch sie die Familie als Institution nicht an. Nicht nur der Kapitalismus, wie Hilde Rubinstein im Programmheft meinte, hatte ein Interesse daran, die Frau an die Familie zu binden. Die Arbeiterbewegung unterschied sich in diesem Punkt nicht wesentlich. Die Familie als „Brutstätte der Revolution" sollte vor allem die Kampfkraft des männlichen Proletariers sichern.[153] An dem traditionellen Gegensatz der Geschlechter ändert sich nichts, folgerte deshalb 1984 ein Autorinnenkollektiv: „So tritt das Leben der Frauen auf als eines im Dienst der Männer, der Kinder und des sozialistischen Kampfes."[154] Das betonten auch proletarische Autoren der Zeit. So beschreibt in Walter Schönstedts Roman „Kämpfende Jugend", der zur gleichen Zeit wie Rubinsteins Stück erschien, eine junge Frau die Ziele der KPD:

„Aber das Grundlegende ist doch: Schaffung von gesunden ökonomischen Verhältnissen. Damit ist auch die sexuelle Frage gelöst. (…) Alles, was im Dienste des Klassenkampfes steht, ist für uns gut und richtig. Das andere geht uns nichts an. Und wer diese Fragen in den Mittelpunkt stellen will, stiftet Verwirrung (…) und ist auch kein guter Kommunist."[155]

Mit ähnlichen Worten brandmarkten die Kritiker die Uraufführung von „Eigener Herd ist Goldes wert?!". So befand Heinz Lüdecke wie Schönstedts Heldin: Das Stück „stiftet nur Verwirrung".[156] Die Rezensenten attestierten der Autorin deshalb, daß sie die Einstellung einer bürgerlichen Frauenrechtlerin noch nicht überwunden habe.[157] Da nutzte es auch nichts, daß sich Hilde Rubinstein im Programmheft von der Frauenbewegung distanzierte. Sie beteuerte zwar, daß „das Problem der Frau nur ein Teilproblem unseres großen Problems ist – nur zu lösen durch die Lösung des großen Problems: durch die ökonomische und soziale Befreiung des Proletariats".[158] Doch hält sie sich in dem Stück nicht an die Dogmen des klassischen Marxismus. Im Gegenteil: der sogenannte Nebenwiderspruch, mit dem die Parteitheoretiker die Frauenfrage umschrieben, wird zum bestimmenden Element der Fabel. Die Gewaltverhältnisse in der Ehe – nach der Auffassung von Walter Schönstedt eine überflüssige Frage – sind das eigentliche Thema des Stückes. Der Zusatz „Nora 1932", den Hilde Rubinstein später dem Titel beigefügt hatte, macht deutlich, daß sie den Text als ein Drama in der Tradition von Henrik Ibsen versteht. Wie ihr Vorbild gestaltet auch sie den Ausbruch einer jungen Frau aus der Ehe. Mehr als fünfzig Jahre später ringt Rubinsteins Heldin noch immer um das Recht auf Selbstverwirklichung.

Die Dramatikerin hat denn auch einige Motive ihres Vorgängers aufgenommen. Mit Katharinas zunehmender Entmündigung korrespondieren die Räume, in denen sich die Handlung abspielt. Nur der erste Akt geht auf einem freien Platz in Szene, alle weiteren Bilder verlegt die Autorin in geschlossene Räume, die Parallelen zu Noras Puppenheim aufweisen. Das Gefühl von Freiheit erleben beide Heldinnen nur im Karneval oder auf einem Kostümball. Während sich Nora als Fischermädchen verkleidete, entflieht Katharina der häuslichen Enge in der Maske einer Zigeunerin.

Hilde Rubinstein übernimmt nicht nur einige Motive von Ibsen, sie hat die Diskrepanz zwischen weiblichen Sehnsüchten und männlichen Verhaltensweisen noch weiter verschärft. Liebe gibt es in ihrem Stück nur jenseits der bestehenden Ordnung. Das erste Bild imaginiert einen solchen utopischen Zustand. Im Karneval, wo die herrschenden Regeln außer Kraft gesetzt sind, lernen sich Katharina und Helmut kennen. Katharina ist selbstbewußt und übermütig. Sie bestimmt die Regeln bei der ersten Begegnung. Doch das bleibt nicht lange so. Im weiteren Verlauf der Handlung beschreibt Hilde Rubinstein den Ist-Zustand. Schon im nächsten Bild geht Katharina vollständig in der traditionellen Rolle auf. Sie sitzt zu Hause und wartet. Der spätere Konflikt deutet sich an: „Ich arbeite und er amüsiert sich … Das nennt er dann Liebe …" (S. 11) Die ehemalige Geliebte ist gefangen in den engen Mustern einer bürgerlichen Ehe.

Die Gewalt der traditionellen Muster erweist sich als stärker als die Gefühle füreinander. Die Arbeitsteilung zwischen den Geschlechtern, die die Frau auf das Haus beschränkt, tötet die Liebe. Auch Helmut fühlt sich eingeengt. Als Katharina wissen will, wann er nach Hause kommt, antwortet er: „Weiß ich nicht. Hab dich oft genug gebeten, nicht diese Frage an mich zu richten. Du fesselst mich damit noch mehr, als ich ohnehin gefesselt bin." (S. 22) Doch im Gegensatz zu Katharina profitiert er von der herkömmlichen Rollenverteilung. Er kümmert sich nicht um den Haushalt und die Kindererziehung. Sein Beruf liefert ihm den willkommenen Vorwand, die meiste Zeit außer Haus zu verbringen. Seine Gleichgültigkeit ist kein individuelles Problem, sondern betrifft alle Männer, die im Stück auftreten. Selbst der Wohltäter, der Katharinas drei sehnlichste Wünsche erfüllt, unterscheidet sich in diesem Punkt nicht von seinen Geschlechtsgenossen.

Diese provozierende Kritik an der Männerwelt wußten die Rezensenten der Uraufführung geschickt abzuwehren. Sie befanden, daß Helmut, den Kemény als „verkrachten, liederlichen und doofen bürgerlichen Journalisten" charakterisierte, nicht typisch sei „für den Mann des werktätigen Volkes".[159] Die entscheidende Aussage des Stückes nahm er so einfach nicht zur Kenntnis. Denn Rubinstein illustriert in dem Drama keinen außergewöhnlichen Einzelfall, sondern sie weist nach, daß Helmuts Verhalten die Regel ist. Auch Katharinas Nachbarinnen haben ein gespanntes Verhältnis zu ihren Männern. Frau Hapt unterdrückt nur mühsam ihre Wut über die täglichen Reibereien, und Frau Wunsch sucht bei Katharina Zuflucht: „Da brauch ich meinen Kerl nicht zu sehen, eh er einschläft." (S. 31)

Die in dem Stück ausgesprochene Kritik betrifft nicht nur einzelne Männer, sondern die Dramatikerin unterstellt ihnen eine generelle Liebesunfähigkeit. Helmut beschreibt im ersten Gespräch mit Katharina den Prozeß, der dazu führte, daß er die Gefühle in sich abtötete. Er vergleicht sein Herz mit einem Rettich. Als Katharina ihn nicht versteht, wird er deutlicher: „Ich meine damit was Unempfindliches, Däftiges." (S. 8) Dieses Bild durchzieht wie ein Leitmotiv das Stück. Es ist in jeder Szene präsent, in der Katharina und Helmut zusammentreffen. Mit ihrer scharfen Kritik an den Männern und an der „Männlichkeit" ist Hilde Rubinstein durchaus keine Ausnahme unter den schreibenden Frauen. So stellt Regula Venske 1987 fest, daß „das wohl häufigste Männerbild-Motiv in der Literatur von Frauen die männliche Unfähigkeit zu lieben beschreibt". Das Ausmaß, in dem sich dieses Motiv durch die weibliche Literatur zieht, empfindet Venske als erschreckend.[160] Die Beobachtung trifft jedoch auf die Weimarer Republik nur mit Einschränkung zu. Vor allem die Romanautorinnen rieben sich kaum am traditionellen Rollenverständnis. Sie bewerteten die Ehe durchweg höher als den

Beruf. Ihre Heldinnen glaubten immer noch, durch den Mann „an der Welt und dem Glück teilnehmen zu können."[161] Aus diesem Grund fiel ihre Kritik an den Männern wesentlich gedämpfter aus als bei Hilde Rubinstein. Einen ähnlich scharfen Blick auf das Verhältnis der Geschlechter hatten einzig die jungen Schriftstellerinnen. Marieluise Fleißer, Irmgard Keun und Gabriele Tergit meldeten sich wie Rubinstein erst am Ausgang der Weimarer Republik zu Wort. Fleißers Prosa kommt der Aussage in „Eigner Herd ist Goldes wert?!" am nächsten. In ihren Erzählungen gibt es für Frauen nur die Alternative zwischen der erstickenden Nähe einer Liebesbeziehung oder die „Fröste der Freiheit" jenseits der Verbindung mit einem Mann.[162]

Ob es eines Tages anders wird, ob Mann und Frau sich einmal neu zusammenfinden werden, bleibt in Rubinsteins Stück eine offene Frage. Die Dramatikerin verzichtet – anders als Ilse Langner – in den späteren Fassungen auf einen versöhnenden Schluß. Katharinas Befreiung ist unlösbar mit der Trennung von ihrem Mann verbunden. Wie Ibsens Nora kann sich auch Rubinsteins Heldin nur selbstverwirklichen, wenn sie ihren Mann verläßt. Daß die neue Selbständigkeit auch ihren Preis fordert, klingt in dem Drama nur am Rande an. Von den Schwierigkeiten einer alleinerziehenden Mutter erzählt das Stück nicht mehr.

Zur Einsamkeit nach der Trennung gibt es keine Alternative. Hilde Rubinstein läßt ihre Heldin nicht daran glauben, daß sich in absehbarer Zeit ein anderes Rollenverständnis verwirklichen ließe. Die Vorstellung von einem erfüllteren Leben ist nur ohne Männer möglich. Das sehen auch Katharinas Nachbarinnen so. Die Frauen träumen bei Wein und Grammophonmusik von einem sorgenfreien Leben auf einer Insel:

„HAPT:	Man müßte auf so ne Insel, wo Bananen wachsen und Kokosnüsse und alles umsonst ist!
WUNSCH:	Nirgends ist alles umsonst.
HAPT:	Aber billiger.
KATHARINA:	Ja, Teller macht man sich aus Palmblättern und wirft sie nach dem Essen weg!
WUNSCH:	Und die Vögel auf den Palmen singen!
KATHARINA:	Und Kleider braucht man gar keine, denn es ist immer warm. (...)
HAPT:	Sind denn dort Herren?
WUNSCH:	Hoffentlich nicht!
KATHARINA:	Sag das doch nicht so ...
WUNSCH:	Männer solln nicht auf die Insel, die wolln nur schießen und Karten spielen. Das wird nicht gemacht auf der Insel."

Die Utopie vom „Neuen Mann", die in späteren Texten von Frauen eine Rolle spielen wird, taucht in dem Stück noch nicht auf. Nur zu Anfang scheint es zunächst so, als ob die Autorin mit Helmut ein positives Männerbild entwerfen würde. Helmut wirkt wie ein Bürgerschreck, der die Spießigkeit und Engstirnigkeit seiner Umgebung entlarvt. Doch im Verlauf des Stückes wird die Kehrseite seiner Unbürgerlichkeit entlarvt. Er ist verantwortungslos, betrügt seine Frau und denkt nur an seine eigenen Interessen. Sein

Gegenspieler, der Postbeamte Friedrich, ist allerdings noch weniger attraktiv. Nur Katharinas Mutter ist von ihm eingenommen, da sie eine Versorgungsehe für ihre Tochter anstrebt: „Du solltest dir einen Beamten nehmen, einen braven tüchtigen Menschen." (S. 11) Während die Autorin die Utopie vom „neuen Mann" noch nicht einmal ansatzweise ausmalt, nimmt die Gestalt der neuen Frau in dem Stück bereits Kontur an. Vor allem Katharina verkörpert diesen Frauentyp, der – so Alexandra Kollontai – „selbständige Anforderungen an das Leben" richtet.[163]

Mit ihrer weiblichen Hauptfigur nimmt Hilde Rubinstein noch einmal Bezug auf die Stücke der Expressionisten. Mit Katharina erweitert die Dramatikerin den Vater-Sohn-Konflikt, den sie bereits in dem Stück „Winterkrieg" aufgegriffen hatte, um eine weibliche Variante. Katharina rebelliert gegen ihre engstirnige, bigotte Mutter, die als Hüterin der überkommenen Sexualmoral auftritt. Ebenso wie die Väter in den Stücken der männlichen Autoren verlangt Rubinsteins Mutter von ihrer Tochter, das sexuelle Begehren zu unterdrücken. Katharina beharrt jedoch darauf, ihre Sinnlichkeit auszuleben:

> „FRAU R.: Ich warne dich! Ich sage dir, du heiratest diesen Taugenichts, diesen Faulenzer auf keinen Fall!
>
> KATHARINA: Es ist keine Rede vom Heiraten.
>
> FRAU R.: Wovon sonst? (Katharina schweigt) Willst du dich wegwerfen?! Deine Ehre in den Schmutz treten?!
>
> KATHARINA: Ich habe keine ‚Ehre'.
>
> FRAU R.: Um Gotteswillen!
>
> KATHARINA: Ich weiß nicht, was ich mir darunter vorstellen soll. Ich kenne einen Mann, der mir gefällt und dem ich gefalle. Und wir werden zusammen sein so oft wir Lust haben, wie und wann wir Lust haben." (S. 12)

Das freie Liebesverhältnis endet für Rubinsteins Heldin allerdings kurze Zeit später in der Ehe. Mit dieser Lösung entfernt sich die Dramatikerin nicht allzuweit von der Realität. Als verheiratete Frau und Mutter ist Katharina gezwungen, ihren Beruf aufzugeben. Auch damit greift die Autorin ein zentrales Problem auf. Die meisten Frauen standen in der Weimarer Republik vor der Alternative Ehe oder Beruf. Das entsprach dem Rollenverständnis großer Teile der Bevölkerung. Stellvertretend für diese Ansicht steht die Mutter Katharinas: „Haushalt, Baby und Büro – das ist zuviel." (S. 24) Doch Katharina lehnt sich gegen diese Beschränkung auf. Sie setzt bei dem Versuch, Beruf und Haushalt zu vereinbaren, auf die Hilfe ihrer Nachbarinnen. Auf die empörte Frage ihrer Muter: „Wolltest du in ein Büro, Käthe? (...) Und das Kind ...?", antwortet sie bloß: „Hätten meine Nachbarinnen abwechselnd betreut." (S. 24) Die Solidarität unter den Frauen macht die utopische Dimension des Stückes aus. Sie helfen sich gegenseitig, stehen füreinander ein, akzeptieren die Eigenheiten der anderen, ohne sich einzuschränken. Dabei sprengt Hilde Rubinstein nie die Grenzen des Wahrscheinlichen. Sie hält sich an den realistischen Stil des Zeitstücks. Die allgemeine Verständlichkeit und die soziale Wahrhaftigkeit sind ihr wichtiger als eine utopische Aussage.

Obwohl „Eigener Herd ist Goldes wert?!" kein avantgardistischer Text ist, war Hilde Rubinstein mit dem Stück ihrer Zeit voraus. Das bezeugen nicht zuletzt die wütenden Stellungnahmen der Kritiker. So ausschließlich hatte keine der anderen Dramatikerinnen die Partei der Frauen ergriffen. In ihrer Kritik am traditionellen Rollenverständnis und dem Verhalten der Männer nimmt die Autorin bereits Motive auf, die in späteren Texten von Frauen eine Rollen spielen werden. Das macht das Stück auch heute noch interessant.

4.1. Eleonore Kalkowska – Grenzgängerin zwischen zwei Kulturen

Eleonore Kalkowska mußte lange darauf warten, daß die Theaterwelt sie zur Kenntnis nahm. Als 1929 ihr erstes Stück Premiere hatte, konnte sie bereits auf eine über zwanzigjährige schriftstellerische Tätigkeit zurückblicken. Ihr literarisches Debüt gab die Autorin in Polen. Unter dem Pseudonym Ire ad Sol veröffentlichte sie 1904 den Prosaband „Głod zycia" (Hunger nach Leben) in ihrer Heimatstadt Warschau. Dort war sie am 22. April 1883 als Tochter des polnischen Architekten Emil Kalkowski und seiner Frau Maria geboren worden. Der Vater starb früh, die Mutter bestimmte die Erziehung. Da sie aus Kurland stammte, legte sie Wert darauf, daß Eleonore von Kindheit an auch Deutsch lernte. Das

Eleonore Kalkowska

Mädchen wuchs auch deshalb zweisprachig auf, weil die Mutter vorhatte, nicht immer in Warschau zu bleiben. Als Eleonore Kalkowska zwölf Jahre alt war, nahmen die Pläne Gestalt an. Für zwei Jahre lebte sie mit ihrer Mutter und ihrem Bruder Roman in Breslau. Anschließend zog die Familie nach Petersburg. Dort besuchte Eleonore Kalkowska eine deutsche Schule, die sie als jüngste Schülerin mit guten Ergebnissen abschloß. Als die junge Frau sich nun in Berlin zum Studium der Philosophie einschreiben wollte, erkannte der Rektor der Universität, Adolf von Harnack, das Zeugnis der Annenschule nicht an. Frauen waren ohnehin in Deutschland damals noch nicht zum Studium zugelassen. Da ging Kalkowska 1901 nach Paris und nahm an der Sorbonne das Studium der Naturwissenschaften auf. In Paris fühlte sie sich zunächst fremd und suchte den Kontakt zur polnischen Kolonie. Dort lernte sie den jungen Polen Marceli Szarota kennen, der in der französischen Hauptstadt Geschichte studierte. Die beiden heirateten und lebten zunächst in Paris, anschließend ein Jahr in München und schließlich in Krakau. 1904 kam die Tochter Elida Maria zur Welt.

Das Studium der Naturwissenschaften, das Eleonore Kalkowska mehr aus Trotz angefangen hatte, gab sie nun auf und wandte sich wieder dem Schreiben zu. Im gleichen Jahr, in dem ihre Tochter geboren wurde, brachte sie den Novellenband „Glod zycia" im

Selbstverlag heraus, der „hinsichtlich der behandelten Themenkreise und der angewandten Erzählweise weitgehend der literarischen Strömung des Jungen Polen verpflichtet" war.[164] Die Erzählungen kreisen auf verschiedene Art und Weise um das Thema des Todes, so schildern sie körperliche und psychische Leiden. In dem Werk drückt sich ein leidenschaftlicher Protest gegen den Tod und die Sehnsucht nach der Fülle des Lebens aus.[165] Der Novellenband blieb für mehr als dreißig Jahre Kalkowskas einzige Arbeit in polnischer Sprache. Von nun an schrieb sie auf Deutsch. Ein erneuter Ortswechsel mag diesen Entschluß gefestigt haben. Um 1908 zog das Ehepaar mit der Tochter und dem zweijährigen Sohn Ralph nach Breslau. Doch ihre schriftstellerische Arbeit stellte Eleonore Kalkowska anscheinend nicht zufrieden. Sie war immer noch auf der Suche nach dem ihr gemäßen künstlerischen Ausdruck. So besuchte sie das Reinhardt-Seminar in Berlin, um sich zur Schauspielerin ausbilden zu lassen. Als Vorbild fungierte ihre Großtante Felicitas von Westphali, die als Schauspielerin in Petersburg Triumphe gefeiert hatte. Eleonore Kalkowska gelang es nicht, an diese Erfolge anzuknüpfen. Zwar erhielt sie 1910 ein Engagement in Breslau, doch selbst ihre Angehörigen unterstützten sie kaum. Die Familie war mit Kalkowskas Entschluß nicht einverstanden und versuchte, ihren Beruf selbst vor ihren Kindern geheimzuhalten. Aus diesem Grund lebten ihr Mann und ihre Kinder zusammen mit ihrer Mutter in Görlitz.[166]

Eleonore Kalkowska genügte es auf Dauer nicht, nur fremde Texte wiederzugeben. Sie versuchte die Erfahrungen auf der Bühne schriftstellerisch zu verwerten. In dem Gedicht „Die Schauspielerin" beschreibt sie im expressionistischen Duktus die Situation vor dem ersten Auftritt:

> „Ihr ist das erste Wort. Die dunkle Masse
> Dort unten wogt noch wie ein drängend Tier;
> Es streift sie seine heiße Neubegier
> Da – mit des Bändigers kühlem Blick und Hasse
>
> Zwingt sie das Tier, daß es in Ruh' sich fasse.
> Nun ist es still um sie und über ihr,
> Und dämmernd fällt das erste Wort, nur Zier
> Und Perle noch, doch köstlich, schimmernd blasse.
>
> Da jäh – als habe nur dies Wort gehemmt
> Den inneren Quell und seine tausend Lichter,
> Fühlt sie sich selig überschwemmt
>
> Und in das Dunkle schleudert sie den Schwall –
> Der trifft die starren lauschenden Gesichter
> Als heißer Atem und als Sternefall."[167]

Eleonore Kalkowska versuchte, ihre beiden Begabungen miteinander zu verbinden. Als sie 1912 ein Engagement am Deutschen Schauspielhaus in Berlin erhielt, nahm sie die Gelegenheit wahr, auch ihre eigenen Dichtungen dem Publikum vorzustellen.[168] Die Gedichte, die kurze Zeit später unter dem Titel „Die Oktave" erschienen, verraten starkes ursprüngliches Empfinden.[169] Die Berliner Presse wurde auf das neue Talent aufmerksam. So schrieb das „Berliner Tageblatt":

„Im Choraliensaal veranstaltete gestern Frl. Eleonore Kalkowska, eine bisher wenig bekannte Künstlerin, einen Rezitationsabend. Sie las fremde und eigene Dichtungen. (…) Überall herrschte eine schöne dichterische Sprache, und oft trat eine Gedankentiefe hervor, die man in dem jungen Mädchenkopfe nicht gesucht hätte. Aus dem Zyklus ‚Frauengestalten' rief besonders das Sonett ‚Die Mutter' lebhaften Beifall hervor, und in ‚Die große Stadt' und ‚Das weite Meer' überraschte die Reife und Tiefe der Anschauung, die auf ein ganz apartes Innenleben schließen ließ. Jedenfalls trat in Eleonore Kalkowska eine eigenartige, interessante Dichterin in die Öffentlichkeit, und vielleicht kommt bald die Zeit, wo man von ihr sprechen wird."[170]

Während Eleonore Kalkowska in Berlin an ihrer künstlerischen Karriere feilte, lebte die Familie weiterhin in Görlitz. Anscheinend fand es die bald 29jährige vorteilhafter, weiterhin als unverheiratete Frau aufzutreten. Der erste Weltkrieg zementierte diesen Zustand. Marceli Szarota trat in die polnischen Truppen ein, die Mutter zog mit den Kindern nach Breslau und Eleonore Kalkowska siedelte ganz nach Berlin über.

Der erste Weltkrieg schärfte ihr politisches Bewußtsein. Eleonore Kalkowska, die in den Berliner Krankenhäusern polnische Verwundete pflegte und den Kontakt zu den Unabhängigkeitsorganisationen suchte, wurde eine erbitterte Kriegsgegnerin. Ihr Lyrikband „Der Rauch des Opfers", an dem sie seit Ausbruch des Krieges arbeitete, ist eines „der ersten und leidenschaftlichsten deutschsprachigen Antikriegsbücher".[171] Schon die Widmung „den bangenden und den trauernden Frauen zu eigen" drückt aus, daß die Dichterin die Auswirkungen des Krieges auf die Frauen beschreibt.[172] Die Gedichte lesen sich wie ein Manifest der Frauen gegen den Krieg. Bei ihrem leidenschaftlichen Appell stellt die Autorin die Welt der Frauen, die dem Leben verantwortlich sind, und die der Männer, die in den Krieg ziehen, gegenüber:

„Man tat uns dieses an und frug uns nicht!
Den großen Tod beschlossen alle Lande,
Und uns, uns frug man nicht; uns hört' man nicht,
Man löschte unser Wort so wie ein schwelend Licht,
Umloht, durchglüht von roten Hasses Brande.

Man tat uns dieses an und frug uns nicht,
Als ob wir nichts damit zu schaffen hätten,
Als ob nicht wir des Lebens einziges Tor,
Nicht wir des heiligen Stromes Betten!

Es können Männer nicht verstehn, nicht wissen,
Was töten heißt, was Sterben sehen heißt;
Sie sind von dem Drang hinweggerissen
In Zeugung und in Totschlag, und es weist

Ihr ganzes Sein zur raschen, kühnen Tat;
Sie sehn das Leben so wie einen Dom
Der Fremde, wenn er dasteht, ganz vollendet,
Doch wir, wir sind es ja, die ihn gespendet. (…)
Und heut sehn wir das Werk, das wir errichtet,
Zu viel Millionen Malen rauh vernichtet!

Wir Frauen, die wir allzu lang geschwiegen!
Doch heute war's zuviel! Es sind in uns
Die Leiden höher als der Mund gestiegen,
Sie drängen machtvoll sich aus uns heraus,
Zum Wort geworden in die Welt zu fliegen!
Wir waren Ohr, nun werden wir zum Mund.
Wir waren Aug', nun werden wir zur Hand.
Wir wollen es mit Hand und Mund verhindern,
Daß solche Blutzeit unsern Kindeskindern
Noch einmal wird!

Wir wollen, wenn die blutige Zeit verbraust,
Von Land zu Land uns an den Händen fassen,
Zu einer Kette Nimmer-wieder-lassen,
So fest, daß sie nie sprengt die Männerfaust."[173]

Mit den Gedichten, die das Leiden der Frauen beschwören, hatte Eleonore Kalkowska genau den Ton der Zeit getroffen. Der Lyrikband hatte eine ausgezeichnete Presse: „Das Buch wurde phantastisch besprochen. Meine Mutter hatte genau den Punkt gefunden, wo sich viele in der Ablehnung des Krieges einig waren", erinnert sich Kalkowskas Tochter, Elida Maria Szarota.[174] Die Resonanz auf ihre Arbeit machte der Autorin Mut, sich ganz der Schriftstellerei zuzuwenden. Ihre Liebe zum Theater prägte ihr Schreiben entscheidend. Eleonore Kalkowska verfaßte nun, da sie das Theaterspielen aufgegeben hatte, fast ausschließlich Dramen. Als erstes Stück entstand 1917 „Lelia, eine Tragödie der Liebe". Im Anschluß an einen Vortragsabend erschien eine Szene aus dieser Arbeit in der literarischen Beilage des „Berliner Tageblatts". Auf die Bühnen gelangte das Stück nicht, in dem die Autorin das Verhältnis zwischen einer Frau und dem Freund ihres Mannes ins Dichterische verklärt. Die Gefühle werden ins Symbolhafte gesteigert, die Handlung spielt auf einem Berg, „der wie ein versteinerter Sehnsuchtsschrei der Menschen in den Himmel emporragt."[175]

Die Suche nach einem anderen Leben ist das Thema der nächsten Arbeit „Der Schuldige".[176] Den Handlungszusammenhang hat die Autorin in Anlehnung an das Stationsdrama Strindbergs in Bildfolgen aufgelöst, die das Leben des Prinzen Hadubal von seiner Geburt bis zu seinem Tod veranschaulichen. Hadubals Schicksal gleicht fast dem Leidensweg Christi. Auch Kalkowskas Held nimmt die Schuld der Menschheit auf sich, um sie mit seinem Tod zu erlösen. Der ethisch-rigorose Erneuerungswille, der aus dem Drama spricht, verbindet die Dramatikerin mit anderen expressionistischen Autoren wie Barlach und Werfel. Auch die Sprache weist das Stück als zeitgebunden aus. Die unmittelbare Kraft des Ausdrucks dominiert. Um den musikalischen Charakter des Textes zu betonen, wählte die Autorin den Untertitel „eine symphonische Dichtung".[177]

Die symbolischen Übersteigerungen gehen in ihrem nächsten Drama „Am Anfang" zurück, das den Brudermord Kains an Abel behandelt. Der lyrische Anteil ist noch stark ausgeprägt in den Passagen, die sich mit dem biblischen Kern der Legende beschäftigen und in denen die Naturverbundenheit der auftretenden Personen zum Ausdruck kommt. Doch in anderen Szenen agieren die Gestalten aus dem alten Testament wie moderne Menschen. Sie haben ähnliche Probleme, leben jedoch noch in Höhlen und betreiben Ackerbau und Viehzucht. Wann Eleonore Kalkowska das Stück genau verfaßt hat, ist nicht bekannt. Ihre Tochter schätzt das Entstehungsdatum auf 1924.[178] Noch einmal griff die Dramatikerin auf religiöse Motive zurück. Sie schrieb ein Stück über ein Mädchen, das wegen seiner Liebe zu Christus Stigmamerkmale bekommt. Doch die Arbeit blieb ungedruckt.[179] Immerhin nahm der Drei-Masken-Verlag das Stück „Am Anfang" in sein Programm auf, doch kein Theater bekundete Interesse.[180]

Wie sehr die Dramatikerin unter dieser Situation litt, geht aus einem Schreiben hervor, das sie im August 1926 der dänischen Autorin Karin Michaelis schickte. In dem Brief erinnerte Eleonore Kalkowska die erfolgreiche Kollegin an das Versprechen, sich für sie einzusetzen. Dieser Bittgang fiel der Autorin nicht leicht:

„Wenn ich mich nun trotz des aufrichtigsten inneren Widerwillens doch zu diesem Schritt entschliesse, so geschieht dies aus zwei Gründen. Erstens, weil ich glaube, dass es in Fällen der Notwehr erlaubt ist, Gebote des Zartgefühls außer acht zu lassen (und es sich bei mir sogar jetzt um die Abwehr doppelter Not; seelischer und materieller Not handelt!) zweitens aber, weil ich erst kürzlich von kompetenter Seite (…) bestätigt gefunden habe, von welch immensem Einfluß auf die Gestaltung meines Schicksals ein Artikel aus Ihrer Feder sein könnte."[181]

Karin Michaelis hielt Wort. Einen Monat später erschien der Artikel „Ein Schloss und eine Dichterin", in dem die dänische Autorin von dem starken Eindruck berichtet, den sowohl die Theaterstücke als auch die Dichterin bei ihr hinterlassen haben.[182] Sie bekennt, daß sie das ungestüme Temperament der Dramatikerin anfangs verstörte:

„Eines Tages stand sie in meinem Zimmer. Ich wünschte sie dahin, wo der Pfeffer wächst. Weil sie mich Zeit und Kraft kostete. Sie redete nämlich. Redete. Nicht wie eine Frau, die ihre Zeit mit törichtem Schwatzen vergeudet. Nicht wie ein Mensch, der sich etwas vom Herzen sprechen muß. Nicht wie ein Handelsreisender, der seine Waren anpreist. Nein, so nicht. Ganz, ganz anders. Es war wie eine Explosion. Wäre sie eine Stunde länger geblieben, wäre ich eine Leiche gewesen, totgeredet. Ich sagte es ihr. Sie lächelte – und ging. Ihr Lächeln schnitt mir ins Herz."[183]

Erst nach der Lektüre der Manuskripte verstand Karin Michaelis das eigenartige Gebaren der Kalkowska. Ihr wurde klar, daß der Autorin das ermunternde Gespräch fehlte und sie sich nach Anerkennung sehnte. Die Dänin sparte deshalb nicht mit Lob für die unbekanntere Kollegin, die sie als einen der „größten Dramatiker der Gegenwart" bezeichnete. Den nachhaltigsten Eindruck hinterließ bei ihr das Drama „Die Unvollendete":

> „Es war leiser als das leiseste Spiel, es war etwas so Stilles wie der Atemzug eines schlafenden Kindes, ein herzbewegendes, schmerzliches Stück russischen Seelenlebens. Der russische Volkscharakter mit seinem ‚ohne Anfang ohne Ende' unmotiviert und selbstverständlich, undramatisch und spannend. Russisch. So wie es nur Slawen schreiben können. Nicht eine einzige geistreiche Wendung. Lauter kleine Worte, bescheiden wie die Blumen am Wege und lieblich wie die Flügel der Schmetterlinge, die über sie hinwegschweben und ihr Herzblut trinken, ohne ihnen wehzutun. Eine Aufgabe für ein vornehmes Theater, das Welt und Menschen, den kleinen Unterschied zwischen dem Zwecke des Films und des Theaters zeigen will."[184]

Karin Michaelis wird in ihrem Appell an die Theater, die Dramen der Kalkowska zu spielen, noch deutlicher und wendet sich direkt an einen der bekanntesten Regisseure:

> „Ich sah das Stück gespielt. Auf einer Drehbühne. Von Reinhardt. Das heißt nicht von jenem Reinhardt, der seine Freude daran hat, sich einen Premierenabend groß zu zeigen und dann müde verschwindet, sondern von einem neuen Reinhardt, der mit jedem Drama bis zum letzten Abend ausharrt und ihm Seele von seiner Seele einhaucht. (Obwohl hier – bei Gott – Seele genug ist!" (…) Herr Reinhardt, hören Sie …! Hier ist etwas für Sie zu machen. Aber wach müssen Sie sein. Jung müssen Sie sich fühlen können."[185]

Die Dänin beschränkte ihre Fürsprache nicht nur auf diesen Artikel. Sie setzte sich anscheinend direkt mit Reinhardt in Verbindung, denn einige Zeit später erhielt sie einen Dankesbrief von Eleonore Kalkowska, in dem diese von einem Treffen mit dem Regisseur berichtete: „Ich habe gestern eine lange Aussprache mit Reinhardt gehabt und ich hoffe, daß das latente Interesse seiner Bühnen für meine Produktionen nun in ein effektiveres Stadium übergehen wird."[186] Doch da hatte sich die Autorin getäuscht. Reinhardt dachte zwar an eine Uraufführung der „Unvollendeten" in Wien, doch der Plan scheiterte daran, wie sich Elida Maria Szarota erinnert, daß Helene Thimig, die für die Hauptrolle vorgesehen war, keine alternde Frau spielen wollte.[187] Erst am 12. März 1929 kam das Stück am Schneidemühlener Landestheater heraus.

Das russische Seelenleben, das die Autorin in der „Unvollendeten" laut Karin Michaelis so eindringlich dargestellt hatte, beschäftigte die Grenzgängerin zwischen den Kulturen weiterhin. Sie setzte sich mit der Zarin „Katharina" auseinander, die sich als deutsche Prinzessin zunächst fremd am russischen Hof fühlt. Doch „Katharina" ist für die Dramatikerin alles andere als eine Identifikationsfigur. Im Gegenteil: Sie betont die negativen Züge Katharinas. In der überarbeiteten Fassung, die ursprünglich „Der Mord von Ropscha" hieß, sind die mystischen Elemente des ersten Entwurfs getilgt. Im

„Mord von Ropscha" bekommt die Zarin noch wegen der Ermordung ihres Mannes Gewissensbisse, sie kann sich selbst nicht mehr im Spiegel sehen.[188] In der späteren Version, die 1929 in Druck ging, bereut sie die Tat nicht, sondern sieht sie als legitimes Mittel an, um zur Macht zu kommen.[189]

Mehr noch als mit der Eigenart der Russen, die sie von ihrem Aufenthalt in Petersburg gut zu kennen glaubte, widmete sich die Autorin, die in Warschau aufgewachsen war, der Sache der Polen. Sie litt unter dem antipolnischen Klima während der Weimarer Republik. Ihr Ziel war die Verständigung zwischen den Völkern. Deshalb arbeitete sie für die „Polnischen Blätter", die der Publizist und Literaturwissenschaftler Wilhelm Feldmann während des ersten Weltkrieges herausgab. Seine Zeitschrift setzt sich für die Idee der deutsch-polnischen Versöhnung ein. Später engagierte sie sich in der „Deutschpolnischen Gesellschaft."[190] Mit dem Verhältnis zwischen Polen und Deutschen befaßte sie sich auch im Oktober 1924 auf der internationalen Geschichtstagung in Berlin. Sie kritisierte dort das Verhalten beider Völker und gab zum Schluß der Hoffnung Ausdruck, daß das gegenseitige Mißtrauen überwunden werden könnte: „Ich glaube, daß im tiefsten Grunde eine starke Affinität (...) zwischen dem deutschen und dem polnischen Menschen besteht."[191]

In ihrem dramatischen Schaffen spürte Eleonore Kalkowska ebenfalls der Beziehung zwischen Deutschen und Polen nach. In ihrem Stück „März. Dramatische Bilderfolge aus dem Jahre 1848" zieht sie zwar in erster Linie eine Parallele von der Revolution 1848 zur gescheiterten Novemberrevolution 1918. Doch geht der Text nicht von ungefähr an dem Wendepunkt der deutsch-polnischen Beziehungen in Szene. Die Polen, die sich 1830 gegen Nikolaus I. erhoben, wurden zunächst als Freiheitskämpfer gefeiert. Doch als die Polen dann um 1848 für die Errichtung ihres Staates auch deutsche Ostgebiete beanspruchten, klang die Begeisterung rasch ab. An diesem Punkt setzt Kalkowskas Stück ein. Bereits im Vorspiel drückt ein Pole die Hoffnung aus, daß „ein für die Freiheit kämpfendes Deutschland fähig sein" werde, „auch Polens Freiheitsdrang zu verstehen – ja ihn zu unterstützen."[192] In einer späteren Szene wird die Befreiung des polnischen Revolutionärs Ludwig Mieroslawskis gefeiert, der seinen preußischen Mitstreitern für die Unterstützung dankt. Eine Stimme aus der Menge antwortet ihm: „Deine Leiden zu ehren, Bruder Polen, haben wir deine Pferde ausgespannt! Deine Leiden zu ehren! Deine Erlösung zu grüssen!"[193]

Während die Dramatikerin in „März" eine Utopie Gestalt werden läßt, Deutsche und Polen kämpfen mit- und nicht gegeneinander, entlarvt sie in ihrem später entstandenen Stück „Josef" die Ausländerfeindlichkeit der Deutschen. Das Drama war ein leidenschaftlicher Beitrag zum sogenannten Fall Jakubowski, einem der größten Gerichtsskandale der Weimarer Republik. Die Autorin greift in dem Stück ein Schicksal auf, das ihrem Publikum aus der Tagespresse bekannt war: Der polnische Landarbeiter Josef Jakubowski, wegen Mordes an seinem Sohn verurteilt, wurde am 15. Februar 1926 in Neustrelitz hingerichtet. Dem Todesurteil hatte ein fragwürdiger Indizienbeweis zugrunde gelegen, der lediglich durch beeidete Aussagen von Zeugen gestützt wurde, die ebenfalls zum Kreis der Tatverdächtigen gehörten. Eleonore Kalkowska nahm sich des Themas an, als der Kampf um die Rehabilitierung und um die Ermittlung der wahren

Bühnenbild von Nina Tokumbet für die Berliner Inszenierung 1928, Lessing-Theater

Täter auf dem Höhepunkt war. Ihr Drama besteht aus 22 Bildern, die den Leidensweg Josefs zwischen 1922 und seiner Hinrichtung 1926 umfassen. Die Erkenntnislücken, die über das tatsächliche Geschehen noch bestanden, füllt die Autorin durch fiktive Ereignisse, die sie so anlegt, daß sie die Unschuld Josefs unterstreichen. Sie schildert Menschen, Milieu und Vorgeschichte so ausführlich, daß sie hinterher die Unverständlichkeit der Prozeßführung nicht mehr beweisen muß. Das ist das Manko ihrer Arbeit. Wüßte der Zuschauer auch nicht mehr als die Geschworenen, hätte sie stärker daran arbeiten müssen, die Mechanismen der autoritären Justiz bloßzulegen. Aus diesem Grund kam schon der Kritiker Erich Reger zu dem Schluß:

> „Eleonore Kalkowska stellt sich das Thema nur, um es zu verwischen. Sie wirbt um Mitleid, statt an das Rechtsbewußtsein zu appellieren. Die Basis wird verschoben. Die Hauptsache ist ‚Josef' der Mensch, nicht der ‚Justizirrtum', die Institution, der ‚Fall' wird ‚Gefühl': Jakubowski als Wozzek."[194]

Überzeugender gestaltet Eleonore Kalkowska ihre Kritik am Chauvinismus. Die Autorin erhebt in dem Drama den Vorwurf, das Urteil gegen den polnischen Landarbeiter habe rassistische Ursachen gehabt. Sie begründet den schrecklichen Justizirrtum vor allem mit der Ausländerfeindlichkeit der Deutschen, die sich mit ihrer Kultur anderen Völkern überlegen glauben. Was die Schriftstellerin einem Geschworenen in den Mund legt, deckt sich mit den Ansichten mancher ihrer Zeitgenossen:

Ernst Karchow als Josef

„Ich bin übrigens fest davon überzeugt, daß eigentlich dem ganzen Dorf ein großer Dienst geleistet wird, wenn man es von diesem fremden, unsauberen Element befreit. Kam mir schon immer so, wie ein einzelner hängengebliebener, schmuddeliger Regentropfen vor."[195]

Schon im ersten Bild ist Josef der Fremdkörper, der die Dorfgemeinschaft beim Feiern des Erntedanks stört. Von einem angetrunkenen Bauern wird Josef angepöbelt und beschimpft: „Was tust überhaupt hier, Du Saupolacke!"[196] Selbst Existenzen am Rande der Gesellschaft, wie der Mörder Grund, lassen Josef fühlen, daß er als Ausländer noch unter ihnen steht: „Luder verdammtes, dreckiger Hund Du … Saupolacke Du, pfui!"[197] Josef bleibt trotzdem in dem Heidedorf, denn „Deutschland ordentlich Land, sauber Land, binktlich Land."[198] Diese Worte, die Kalkowska den Landarbeiter sprechen läßt, wirken wie Hohn, denn Josef hat keine Veranlassung, diese Qualitäten sonderlich zu schätzen, die ein Grund sind, warum die Einheimischen auf ihn herabsehen. Indem die Autorin Josef die nationalistischen Parolen nachreden läßt, gibt sie die Phrasen der Lächerlichkeit preis.

Doch seltsamerweise ging die Kritik in Deutschland nicht weiter auf diese Entlarvung ein. Hellhörig waren lediglich die rechtsradikalen Rezensenten, so Paul Fechter in der „Deutschen Allgemeinen Zeitung":

> „Was nicht hingeht, ist dies: daß die gesamte deutsche Umwelt, bis auf den Anwalt Josefs (…) lediglich aus Dummheit, Gemeinheit, Vertiertheit, Stumpfheit, Verständnislosigkeit besteht. (…) Hinter der Anti-Justiz-Komödie, über die wir langsam die Achseln zucken gelernt haben, wird die antideutsche Komödie sichtbar – und dafür haben wir kein Verständnis, sondern verbitten uns so etwas in aller Seelenruhe."[199]

Die Gerichtsszene

Während in Deutschland die demokratischen Rezensenten den Chauvinismus-Aspekt des Dramas für kaum erwähnenswert hielten, wurde in Polen dieser Gesichtspunkt sehr wohl gesehen. Der Kritiker Boy-Zelenski schrieb anläßlich der Premiere in Warschau:[200]

> „Das Stück greift über den grausamen Justizirrtum hinaus. Es trifft zugleich den empfindlichen Punkt des Deutschtums: die Kultur, die kulturelle Überlegenheit und die tiefgreifenden Mißverständnisse, die in diesem Begriff stecken können."[201]

Boy-Zelenski hob den Mut der Autorin hervor, die es geschafft habe, dieses Werk in Deutschland auf die Bühne zu bringen. Kalkowska hatte seiner Ansicht nach den einzigen Moment gewählt, in dem es möglich war, der deutschen Öffentlichkeit diesen Spiegel vorzuhalten. Und Eleonore Kalkowska hatte sogar Erfolg damit. Zum ersten Mal erlebte die Dramatikerin eine überwältigende Resonanz auf eines ihrer Stücke. Der Uraufführung in Dortmund folgten zwei Inszenierungen in Berlin und eine in Leipzig.[202] Der Aktualität des Falles ist es sicherlich zu verdanken, daß Eleonore Kalkowska ausgerechnet mit ihrer schwächsten Arbeit der Durchbruch gelang.

Die Autorin hatte es endlich geschafft. Sie fand nun Zugang zu den Theaterkreisen Berlins. So traf sie sich mit dem Kritiker Alfred Kerr und dem Regisseur Arthur Holitscher. Auch der Dramaturg des Deutschen Theaters, Arthur Kahane, stärkte ihr Selbstbewußtsein.[203] Bei so viel Ermunterung ließ ein neues Stück nicht lange auf sich warten. Zwei Jahre später bewies sie, daß sich Gegenwartsbezug und künstlerischer Anspruch nicht ausschließen müssen. Am 4. Dezember 1932 wurde ihr Drama „Zeitungsnotizen" in einer Matinee des Schiller-Theaters uraufgeführt.[204] In dem Stück dramatisierte die Autorin fünf unscheinbare Zeitungsnotizen. Die Meldungen berichten von Frauen und Männern, die in den Jahren der Wirtschaftskrise aus unbekannten Gründen Selbstmord begingen. Die Resonanz auf diesen „Totentanz 1932", wie der Kritiker der „Germania" formulierte, war überwältigend.[205] Elida Maria Szarota erinnert sich daran, daß Heinrich Mann bei der Premiere so begeistert war, daß er das Publikum veranlaßte, die Pause durchzuklatschen.[206] Anschließend schrieb er einen enthusiastischen Artikel „Die Macht des Gefühls":

„Jetzt begehen allein in Berlin in einem einzigen Monat mehr als zweihundert Menschen Selbstmord. Bis auf den Grund versteht das die Frau, die das Stück ‚Zeitungsnotizen' geschrieben hat. Frau Kalkowska steht für ihre Schwestern ein, und Worte verleiht sie der verehrungswürdigen Größe des Gefühls, die noch am ehesten die Frauen ergreift. Das weibliche Gefühl, das aber das menschliche ist, wird hier beredt; jede Szene des Stückes ist ein Aufschrei, so vernünftig und kunstgemäss sie sich abwickelt, alle zusammen ergeben die Wahrheit, das Letzte an Wahrheit, das gleich ist dem Aeussersten von Gefühl."[207]

Heinrich Mann stand mit seinem Lob nicht allein da. Das Presseecho war überwiegend positiv. Auch Emil Faktor befand im „Börsen-Courier": „Die ausgesprochene Begabung Frau Kalkowskas macht die Aufführung lohnenswert, ihre Szenenführung hat Griff. Frau Kalkowska verdient Beachtung."[208] Die Rezensenten setzten sich dafür ein, daß das Stück, das am Sonntagmorgen im Schiller-Theater nur zur Probe gelaufen war, ins ständige Repertoire übernommen werden sollte. So argumentierte Kurt Pinthus: „Eine gütige, kluge, mutige Frau schrieb ein gütiges, kluges, mutiges Werk, (...) das wir, wie auch der langanhaltende Beifall fordert, im Abendspielplan sehen wollen."[209]

Die Ermahnungen hatten Erfolg. Am 12. Dezember wurde das Stück zum ersten Mal abends gespielt. Die Direktion mußte den Entschluß zunächst nicht bereuen. Das Theater war immer voll, berichtete Eleonore Kalkowska ihrer Tochter. Doch es dauerte nicht lange, da wurden die Nationalsozialisten auf das Stück aufmerksam. Anders als Peter Martin Lampels Drama „Alarm im Arbeitslager", das etwa zur gleichen Zeit uraufgeführt wurde, zeichnet Kalkowskas Stück eine kritische Distanz zur nationalsozialistischen Ideologie aus.[210] Die Dramatikerin trat nicht wie der Zeitstück-Autor für Führerprinzip und Kameradschaft ein, sondern nahm die völkischen Phrasen aufs Korn:

> „Wir konstatieren, dass man
> Von *Volksgemeinschaft* spricht –
> Wir sehen viel *Gemeines*
> Doch die Gemeinschaft nicht! …
>
> Denn ach, die Volksgemeinschaft,
> Die lebt ja nur im Mund –
> Dieweil ein jeder rein schafft,
> Soviel es geht herein schafft –
>
> In *Seiner* Tasche Schlund,
> In *Seiner* Tasche Schlund!"[211]

Auch die anderen Songs des Stückes, von denen nur ein Bruchteil erhalten ist, enthielten, so Maria Elida Szarota, politische Anspielungen. Störtrupps erzwangen schließlich die Absetzung des Stückes.[212] Das Beispiel zeigt, wie eng der Spielraum für zeitgenössisches engagiertes Theater bereits im Dezember 1932 in Deutschland geworden war. Da konnte Eleonore Kalkowska nur noch hoffen, daß die Meldung im „Londoner Observer" der Wahrheit entsprach: „Ausländische Manager sind bereits zur Besichtigung erschienen. Einige haben diese Revue für Länder erworben, in denen das tägliche Register der Sterbefälle (…) weniger schrecklich ist."[213]

4.2. „Zeitungsnotizen" – eine Selbstmordrevue als Spiegel der Zeit

Die Orts- und Zeitangabe in dem Drama lautet zwar „Berlin 1932", doch da Eleonore Kalkowska den Schwerpunkt auf die psychische Not der Arbeitslosen legt, ist das Stück auch gut an einem ausländischen Theater vorstellbar. (S. 1) Die Autorin stellt die soziale Isolierung und die psychischen Veränderungen heraus, die mit der Arbeitslosigkeit einhergehen. Die Weltwirtschaftskrise beschränkte sich überdies nicht auf Deutschland. Auch in den anderen Industriestaaten sank die Produktion, so daß die Schlangen vor den Arbeitsämtern immer länger wurden. Aus der Masse der Arbeitslosen greift Kalkowska fünf Beispiele heraus. Im ersten Fall geht es um das Schicksal des Portiers Helbig, der mit 60 Jahren seine Stelle verliert. Zunächst schreibt er einen Bewerbungsbrief nach dem nächsten. Doch als er bei dem siebenhundertsten angelangt ist, gibt er auf. Helbig ertränkt sich zusammen mit seiner Frau im Landwehrkanal. „Der Mann gießt die Tinte, mit der er die 700 Offerten schrieb, in den Ausguß, und es ist, als sähen wir jeden Blutstropfen seines Daseins aus seinen Adern herausfließen", lobte der Kritiker des „Vorwärts" die Gestaltungskraft der Kalkowska.[214]

Das zweite Bild berichtet von dem Musiker Lutz, dessen Orchester aufgelöst wurde. Lutz, zunächst froh, endlich nur komponieren zu können, stellt bald fest, daß seine

Marta Hartmann und Hermann Heuser in „Zeitungsnotizen"

materiellen Sorgen seine Phantasie erlahmen lassen. Als ihm schließlich das gepfändete Klavier abgeholt werden soll, erhängt er sich. Die dritte Szene zeigt die Tragödie der jungen Lehrerin Inge, die ohne Arbeit und Geld sich mit Salzsäure vergiftet, da sie sich nicht verkaufen kann. Die vierte Zeitungsnotiz, die die Autorin dramatisiert, handelt vom Schicksal des Tuberkulosekranken Ernst und seiner Freundin Else, die obdachlos geworden sind, da sie die Miete nicht mehr zahlen konnten. Nach acht Tagen auf der Straße quartieren sie sich als reiche Ausländer in einem Hotel ein. „Ist das nicht komisch, daß man vom Essen einen richtigen Schwips bekommen kann", staunt Else, bevor sie das Veronal einnimmt. (S. 69) Die Schlußszene spielt im Arbeitsamt. Der Arbeiter Schütter stürzt sich dort aus dem Fenster, nachdem er erfahren hat, daß seine Frau sich umgebracht hat, weil sie ein Kind erwartete.

Die ersten vier Bilder sind jeweils zweigeteilt. Zunächst malt die Autorin die Bedingungen aus, unter denen die Protagonisten der Zeitungsnotiz leben. Sie deutet außerdem einen Ausweg aus der tragischen Situation an. Doch dann zerschlägt sich die Hoffnung auf Veränderung, und der Selbstmord erscheint als der einzige Ausweg. Nur in der letzten Szene ist dieses Strukturprinzip aufgehoben. Sie zerfällt zwar auch in zwei Hälften. In der ersten warten die Arbeitslosen auf dem Flur des Arbeitsamtes. Doch Aussicht auf Besserung besteht von Anfang an nicht. Auf die Frage eines Arbeitslosen „Ick bin nur neugierig, wie lange die janze Geschichte noch dauern soll –" antwortet ein anderer: „Da is ja noch jarkeen Ende nich abzusehen. Vorläufig wird es ja immer noch schlimmer." (S. 78) Im zweiten Teil des Bildes wird diese Aussage dann durch das Schicksal des Arbeiters Schütter untermalt. Für Schütter gibt es noch nicht einmal einen schwachen Funken Hoffnung. Er kommt bereits völlig verstört aufs Arbeitsamt, sein Selbstmord deutet sich bereits bei seinem ersten Auftritt an. Zudem ist das Schlußbild wesentlich weniger individuell ausgeformt als die vorherigen. So bleiben die Arbeitslosen – bis auf die Hauptfigur – namenlos. Auch Schütter stattet die Dramatikerin nur noch mit einigen sozialen Merkmalen aus, statt ihn wie die anderen Protagonisten mit persönlichen Ängsten und Sorgen zu versehen.

Auf diese Weise hebt Eleonore Kalkowska hervor, daß es sich in dem Stück nicht um tragische Einzelfälle, sondern um ein Massenphänomen handelt. Außerdem betont die Kreisstruktur des Dramas – jede Szene dreht sich um den Tod – die Wiederholbarkeit und Fortsetzbarkeit der Handlung. Auch die Konzeption des Bühnenbildes unterstreicht diese Absicht. Der Raum, in dem sich im Vorspiel ein anonymer Selbstmörder aus dem Fenster stürzt, soll später leer bleiben, um deutlich zu machen, daß die Reihe der Episoden weitergehen könnte.

Nicht nur vom behandelten Sujet ist Kalkowskas Text „ein Stück Gegenwart", wie die Autorin ihr Drama im Untertitel nennt, sondern auch das Bühnenbild weist die Arbeit als zeitgebunden aus. Wie zuvor schon Ferdinand Bruckner in seinem Stück „Die Verbrecher" benutzt auch die Dramatikerin das Mietshaus als einen Ort, der als Ausschnitt der Gesellschaft fungieren soll. Das Bühnenbild, das ihr für die Inszenierung vorschwebte, ähnelt dem, das Piscator für seine Toller-Inszenierung „Hoppla, wir leben" realisierte. Auch Kalkowska geht von einer Simultanszenerie aus. Die Rückwand der Bühne ist in sechs Felder unterteilt, von denen jeweils nur eines beleuchtet ist. Die Autorin setzt allerdings die Techniken und Kunstgriffe, die durch Piscator Eingang in das Theater der Weimarer Republik gefunden haben, zurückhaltender ein. So arbeitet sie zwar auch mit Projektionen und Zwischentexten, doch bei ihr erfüllen sie einen anderen Zweck. Piscator erweiterte dadurch Tollers Stück zu einem Panorama der Epoche. Bei Kalkowska dienen sie nur dem Ziel, den theatralischen Einfall, der dem Stück zugrunde liegt, zu unterstreichen. Nach dem Vorspiel erscheinen auf der glatten grauen Leinwand die Überschriften der fünf Zeitungsnotizen, die die Dramatikerin im Verlauf der weiteren Handlung lebendig werden läßt: Opfer der Arbeitslosigkeit, Tragödie eines Musikers, Absicht oder unglücklicher Zufall, Tragödie eines Liebespaares, Erschütternder Vorfall im Arbeitsamt. Die erklärenden Zeilen unter jeder Überschrift sind unleserlich, da die Buchstaben schwanken und flattern. Die Rückwand verwandelt sich nun in den Schattenriß eines Hauses. Nur die rechte Ecke wird beleuchtet: „Die Leinwand über diesem Sechstel bekommt Risse, zerfällt. Man sieht ein Stück Strasse, das Parterregeschoß eines Hauses und davor einen zusammengeballten Menschenhaufen." (S. 6)

76

Der Grund der Ansammlung: Ein Selbstmörder hat sich aus dem Fenster gestürzt. Unter den Personen, die über den Vorfall diskutieren, befinden sich die Figuren der späteren Episoden. Auch sie zeigen wenig Verständnis für den jungen Mann, der sich umgebracht hat: „Wie kann man (…) nur so etwas machen?! Das Leben ist doch so schön!" Arbeitslosigkeit lassen sie als Grund für seine Tat nicht gelten. Die junge Lehrerin Inge behauptet: „Ich bin völlig überzeugt, ein vollkommen normaler Mensch ist unfähig, Hand an sich zu legen." Der tuberkulöse Ernst ergänzt: „Für 'nen vernünftigen Menschen kommt sowas überhaupt nicht in Frage." (S. 8) Mit dieser Szene betont die Dramatikerin die Unfähigkeit, sich in das Schicksal anderer hineinzudenken und zu helfen, bevor es zum Äußersten kommt. „Allen ist Selbstmord etwas Unfassbares, bevor auch sie bei ihm angelangt sind. Solange bleiben sämtliche Selbstmorde für die Augen der bisher Verschonten stecken in den Zeilen von Zeitungsnotizen", erkannte Heinrich Mann.[215] Diese Haltung beschreibt Eleonore Kalkowska auch in dem Zeitungs-Song, der vermutlich dem Stück vorangestellt war:

> „Schleicht zu träge Dir das Blut
> Durch die Adern, durch das Herze,
> Füll es auf mit Druckerschwärze
> Aus der Tageblätter Brut!
> Schling das weisse Fleisch gespickt mit schwarzem Speck:
> Alle Langeweile – ist im Nu dann weg!
> Hier findest Du, was Dein verkapp Begehren:
> Rausch, Verrat, Giftmord, Skandalaffären –
> Blut und Dreck! (…)
> Was soll ich zuerst servieren?
> Einen kleinen Einbruch oder Mord ?
> Bitte sich nur nicht zu zieren.
> Meine Liste geht noch lange fort.
> Nur hinein ins Wimmern, Gruseln, Grausen –
> Ruhig dürfen Sie sich hier behausen,
> Denn hier bleibt alles nur ein *Wort!* "[216]

Die Sensationslust verhindert, daß die Zeitgenossen die menschliche Tragik hinter den Selbstmorden und Skandalaffären sehen. Die Autorin möchte diese Einstellung verändern. Im ersten Teil des Vorspiels formuliert sie anhand der Figur der Käthe ihr Ideal. Die junge Frau ist gerade aus dem Krankenhaus entlassen und sieht die Welt mit anderen Augen. Sie erlebt alles intensiver als sonst. Auch ihre eigene Wohnung erscheint ihr wie neu: „Und es ist mir, als sähe ich alles zum ersten Mal." (S. 3) Sie sehnt sich nach Menschen, möchte ins Grüne fahren. Doch dafür ist sie noch zu schwach. Deshalb greift sie zu den Zeitungen, die ihr die Welt ins Zimmer holen sollen: „Kleine Notizen (…), das ist's was ich brauche! (…) Ganz einfache menschliche Erlebnisse, bei denen sich man recht viel vorstellen kann." (S. 5) Ihre gesteigerte Empfindung bewirkt, daß sie sich zum ersten Mal ausmalt, welche Schicksale sich hinter den lakonischen Meldungen verbergen. Sie überwindet den „Zustand der Getrenntheit aller von allen", wie Heinrich Mann formulierte.[217] Käthes Einsicht fungiert als Vorbild für die Zuschauer:

> „Denn wir sind schuld, wenn es geschieht – sind schuld, weil wir es geschehen lassen! Weil wir uns nicht dagegen wehren! An uns liegt es, die Welt zu ändern! Fangen wir doch endlich an! Einen Platz braucht der Mensch auf der Welt – wir dürfen nicht ruhen, bis jeder ihn hat." (S. 83)

Der starke ethische Appell des Stückes fand bei der Uraufführung nicht ungeteilten Zuspruch. So bemängelte Arthur Eloesser, dem Drama fehle die „intuitive Lebenskenntnis, die an die Wurzeln gehe".[218] Eloesser vermißte weniger die einfühlsame Charakterstudie, sondern die ökonomischen Hintergründe der Weltwirtschaftskrise. So fand er es unerläßlich, daß ein Stück über die Arbeitslosigkeit auch von „Gewerkschaften, von Kommissionen, von St. Bürokratismus" und „von den Gestalten der Wirtschaft" zu handeln habe.[219] Die meisten Autoren, die sich dem Thema in ihren Dramen stellten, hielten sich nicht an diese Wünsche. Auch Richard Duschinsky, Peter Martin Lampel und Ödön von Horváth interessierten sich vor allem für die seelischen Nöte ihrer Figuren. Sie hatten einen guten Grund für ihre Wahl. Das Problem der Massenarbeitslosigkeit ließ sich für das Theater am ehesten am individuellen Schicksal festmachen. Das barg zwar auch Gefahren. So beschränkte Duschinsky 1929 das Personal in den „Stempelbrüdern" im wesentlichen auf die Mitglieder einer Familie. Damit legte er den Schwerpunkt zu sehr auf den Einzelfall, dem er überdies noch das ganze Elend der Zeit aufbürdete. Der arbeitslose Tischler Lorenz bringt sich zusammen mit seiner Frau und seinem jüngsten Kind um. Der eine Sohn landet im Gefängnis, der andere wird Strichjunge, und die Tochter befürchtet, daß der Vater ihres Kindes einer ihrer Brüder ist.[220] „Zeitstück ist nicht ein neuer, alter breithingemalter Naturalismus, seufzend und jämmerlich, mit Milieu- und Zustandsmalerei", wandte Herbert Ihering gegen diese Fabel ein.[221] Die Fehler Duschinskys vermeidet Eleonore Kalkowska in den „Zeitungsnotizen". Sie verteilt die tragischen Schicksale auf mehrere Personen, die sich untereinander nicht kennen. Zwar kennt auch die Dramatikerin in ihrem Stück nur noch Opfer. Doch ihr Stück ist zudem mehr als resignative Zustandsschilderung. Zum einen instrumentalisiert sie die individuellen Tragödien im Sinne des Zeitstücks. Sie drängt auf Abschaffung der Zustände, die ihren Figuren keinen anderen Ausweg mehr lassen, als sich umzubringen. Zum anderen dienen die Songs, die sie zwischen die einzelnen Bilder einschiebt, dazu, Abstand vom unmittelbaren Bühnengeschehen zu bekommen. Die Lieder nehmen die Themen des Stückes noch einmal auf, verdeutlichen die Handlung und regen dadurch zu weitergehenden Reflexionen an. Sie sind direkt als Mitteilung an die Zuschauer gedacht und rufen sie zur Kritik auf. Die Aggressivität, mit der die Songs vorgetragen wurden, empfand Otto Ernst Hesse als angemessen: „In dieser schreienden, oft plakatierenden Anklage blitzen dichterische Sätze auf, die einen packen. (...) Wem da nicht der frühstückvolle Magen mitsamt der Seele revoltiert, der ist wohl ein Schwein."[222] Das Stück endet mit einem Chor der Selbstmörder, der sich mit der Mahnung „Morgen liegt ihr darunter, morgen seid ihr dabei!" direkt an das Publikum wendet. (S. 83) Die Selbstmörder interpretieren ihren Tod als Mord, für den sie die Gesellschaft verantwortlich machen.

Doch Eleonore Kalkowska weiß keinen Ausweg aus der Krise. Das mißfiel vor allem den linken Kritikern: „Der Blickwinkel ihrer Bürgerlichkeit langt nur zum ‚J'accuse‘, nicht zum Aufruf, zur Flamme."[223] Das Drama zeigt einmal mehr, wie Günther Rühle konstatiert, „die Hilflosigkeit der liberalen Autoren, selbst Vorschläge für die Verbesserung der kritisierten Zustände zu machen".[224] Das Stück zielt denn auch nicht auf eine andere Gesellschaftsordnung. Der Vorschlag eines Arbeitslosen: „Warum helfen wir uns nicht selbst? Warum tun wir uns denn nich alle zusammen und dann man ran an de Läden? Ran an de Fabriken!" findet kein Gehör. (S. 77) Kalkowskas Kritik stellt nicht das gesamte gesellschaftliche System der Republik in Frage, wie Krzysztof Bartos meint. Die Dramatikerin ruft in dem Text nicht zur Revolution auf, sondern nur zu mehr Menschlichkeit. Der Konflikt des Stückes ergibt sich nicht aus dem Klassengegensatz, sondern aus dem Unterschied zwischen Hungrigen und Satten. Die meisten Opfer, aber auch fast alle Täter stammen aus dem Bürgertum. Das Anliegen des Stückes ist vor allem ethischer und kaum politischer Natur. Deswegen führt es auch zu weit, der Dramatikerin eine „gewisse Affinität" zu den Kommunisten zu unterstellen.[225]

Auch eine besondere Parteinahme für die Frauen spricht nicht aus dem Text. Gleichwohl unterscheidet sich die Darstellung der Männer- und Frauenfiguren. Das gilt sowohl für die Gestaltung der Opfer als auch der Täter. Besonders deutlich tritt der Dualismus der Geschlechter bei den Paaren zutage, die gemeinsam Selbstmord begehen. In beiden Fällen wehren sich die Frauen bis zuletzt gegen den Freitod. Die Männer haben schon eher aufgegeben. Der Portier Helbig fällt die Entscheidung nach dem 700. Bewerbungsschreiben:

„Siebenhundertmal hab ick mir vorjenommen zu schreiben, siebenhundertmal hab ick se anjefragt, ob sie wollen, det ick leben soll oder nich, die hohen und höchsten Herrschaften – siebenhundertmal haben se ‚nein‘ gesagt! Nu is et jenug. Nun hab ick jenug. Nu frag ick nich mehr. Nu tu ick den Mund nich mehr uff. (...) Nu, bin ick fertig! Und da kann keener kommen und sagen, det ick nich jenug Geduld gehabt hab ... (kurze Pause) Also, wie is et nu, Mutter, kommste mit?" (S. 21)

Diese Frage trifft seine Frau Anna unvorbereitet. Doch sie entschließt sich ebenso wie Else, ihrem Mann in den Tod zu folgen. Else und Anna sind ganz auf die traditionelle Rolle fixiert. Sie sind Gebende, die sogar ihr Leben für die Männer opfern. In beiden Fällen sind die Männer die Träger der Entscheidung, die Frauen passen sich an. Die Differenz zwischen den Geschlechtern läßt sich auf den Nenner bringen: Die Männer sind die Opfer der Verhältnisse geworden, die Frauen sind die Opfer der Opfer. Angesichts der Krise ist die Autorin nicht mehr in der Lage, den Typus der neuen Frau auszumalen. Sie greift auf die alten Rollenbilder zurück.

Das wird auch deutlich bei den Frauen- und Männerfiguren, die die Gegenseite repräsentieren. Die Frauen, die durch ihre Engstirnigkeit, ihren Egoismus und ihre Profitsucht die Verzweifelten in den Tod treiben, sind nicht ganz so negativ gezeichnet wie die

Fritz Reif und Hilde Emmel in „Zeitungsnotizen"

Männer, die in dem Stück für die bürgerliche Gesellschaft stehen. Frau Rippert empfindet die Not der Helbigs zumindest im Ansatz nach:

> „Nu sagen se mal, Frau Helbig, wenn et schon so lange her ist, dat Ihr Mann keene Arbeit nich hat, da is et ja mit die Arbeitslosenunterstützung Essig und mit die Krisenfürsorge auch … Da werden se wohl nur die paar Groschen von die Wohlfahrt bekommen … und nehmen Se mirs nich krumm, aber wovon wollen Se denn dann die Miete bezahlen?" (S. 23)

Ihr ohnehin nur geheucheltes Mitgefühl wird im Verlauf der weiteren Handlung allerdings durch ihre Sensationslust verdrängt. Sie ist nicht böswillig, sondern läßt sich leiten von einer unbewußten Gier nach dem außergewöhnlichen Ereignis. Dagegen ist sich der Gastwirt Kubalke über die Konsequenzen seines Handelns ziemlich klar. Er erniedrigt Lutz mit dem Ziel, einen billigen und fügsamen Klavierspieler zu bekommen. Mit ihm hat die Dramatikerin einen Repräsentanten der kapitalistischen Gesellschaft geschaffen, der nur am Verdienen interessiert ist. Diese Figur ist stark überzeichnet, sie wirkt zu pathetisch.

Besser gelungen ist Walter, der Freund von Lutz. An ihm demonstriert Eleonore Kalkowska die Verständnislosigkeit, mit der die Umwelt auf die Sorgen und Ängste der Arbeitslosen reagiert. Er kann nicht begreifen, daß Walter jeder Rechnung mit Angst entgegensieht und auf jedes Türklingeln mit Panik reagiert, da er befürchtet, daß das gepfändete Klavier abgeholt wird. Er vermittelt ihm schließlich den erniedrigenden Job als Klavierspieler. Noch stärker setzt sich Mela für ihre Freundin Inge ein. Sie ist sogar bereit, persönliche Abstriche zu machen. Doch auch sie kann sich nicht in ihre Lage hineinversetzen. Sie findet, daß Inge maßlos übertreibt: „Euch tut doch kein Mensch etwas!" Darauf entgegnet Inge:

> „Nein – uns tut kein Mensch etwas – er lässt uns nur ruhig liegen. Bewundernswert ruhig. Und sieht zu wie wir allmählich und sicher versinken. So hat man im Krieg den Feind in die Sümpfe gejagt und ohne weiteres Zutun seinem Schicksal überlassen" (S. 49)

An dieser Gleichgültigkeit hat sich wenig geändert. Eine Inszenierung, die den Schwerpunkt auf diesen Strang der Handlung legen würde, ließe das Drama von 1932 noch heute aktuell erscheinen. Die packende Szenenführung vermag sicher noch immer zu erschüttern. Eine andere Möglichkeit wäre es, das Zeitstück in ein historisches Schauspiel zu verwandeln. Der Untertitel würde dann nicht mehr „Ein Stück Gegenwart", sondern „Deutschland 1932" heißen. Diese Veränderung trüge dem Umstand Rechnung, daß die materielle Notlage, vor der die Arbeitslosen in Kalkowskas Text stehen, heute im Vergleich zu damals nicht mehr so existenzbedrohend ist.

5.1. Maria Lazar – Pazifistin mit dänischem Pseudonym

Maria Lazar 1933

Schon früh stand für Maria Lazar fest, daß sie Schriftstellerin werden wollte. An ihrer Begabung zweifelte niemand, wie sich ihre Mentorin Eugenie Schwarzwald entsinnt: „Es war einmal – vor ganz kurzer Zeit – in Wien ein Mädchen, von dem sagten alle Menschen, als sie noch ein Schulmädchen, und später, als sie schon eine Studentin war: ‚Die ist eine Schriftstellerin'."[226] Für ihre Erinnerungen übernimmt Schwarzwald nicht von ungefähr den Erzählgestus des Märchens. In dem Jahrzehnt nach dem ersten Weltkrieg wirkte Maria Lazar eher wie ein Aschenputtel des Literaturbetriebes: „Zehn Jahre ließ die junge Künstlerin kein Pförtchen unversucht, welches geeignet schien, den Weg zum deutschen Lesepublikum zu erschließen." Doch „alle Wege erwiesen sich als ungangbar."[227] Wie im Märchen mußte Maria Lazar erst eine Zeit der Anfechtungen durchstehen, ehe sich Ende der zwanziger Jahre ein bescheidener Erfolg einstellte.

Eugenie Schwarzwald war eine der wenigen, die sich immer wieder für die junge Autorin einsetzte. Sie hatte das Talent Maria Lazars schon entdeckt, als das Mädchen noch in ihre Schule ging. Die Schwarzwald-Schule war nicht irgendein Lyzeum in Wien, sondern Inbegriff der modernen Pädagogik. „Fraudoktor", wie Genia Schwarzwald liebevoll von ihren Schülerinnen genannt wurde, verstand es, die künstlerische Avantgarde der Zeit an sich zu binden. So hielt in ihrer Schule Adolf Loos Vorträge über moderne Architektur, Arnold Schönberg gab Kurse in Harmonielehre und Kontrapunkt und Oskar Kokoschka unterrichtete die Mädchen im Zeichnen.[228] In dieser Zeit lernte der Maler wohl auch Maria Lazar kennen, die er dann 1916 als „Dame mit Papagei" porträtierte.[229] Die Atmosphäre in der Schule faszinierte die junge Maria, die am 22. November 1885 als letztes von acht Geschwistern geboren wurde. Dort fand sie die Beachtung, die sie in der eigenen Familie vermißte. Zu Hause wuchs sie – so die Erinnerung ihrer Schwester Auguste – „von den älteren Geschwistern kaum bemerkt, heran". Deshalb fühlte sie sich als „unerwünschter Spätling". In der Schule „ging sie ihren gleichaltrigen Freundinnen gegenüber viel mehr aus sich heraus".[230] Zu ihren Mitschülerinnen zählten Alice Herdan-Zuckmayer und Helene Weigel, zu denen ihr Kontakt auch später nicht abriß.

Mit 14 Jahren schrieb Maria Lazar bereits ihre ersten Gedichte, die – so das Urteil der 23 Jahre älteren dänischen Schriftstellerin Karin Michaelis – „auf frühe Reife, Lebensüberdruß und Einsamkeitsgefühl" hindeuteten. Karin Michaelis beschreibt ihren ersten Eindruck von der frühreifen Schülerin:

„Kurz vor Ausbruch des Krieges lernte ich in Wien ein etwa vierzehnjähriges Mädchen kennen. Klein. Zart. Vornübergebeugt, als schleppte sie eine unsichtbare Last mit sich herum. Das Haar fiel in Strähnen über ein Paar brennende Augen. Ab und zu strich sie es mit einer ungeduldigen Bewegung zurück, gleich danach fielen die Strähnen wieder in die Stirn. Ihr Gang hatte einen mehr schaukelnden als wiegenden Rhythmus, als ob sie sich nach einer inneren Musik bewegte. Saß sie in einem Stuhl, sank sie in sich zusammen und wurde zu einem Nichts. Waren ihre Hände nicht eiskalt, waren sie feucht vor innerem Aufruhr."[231]

Kurze Zeit später wandelte sich der innere Aufruhr zu offenem Protest. Der erste Weltkrieg wirkte als Zäsur. Die junge Maria hatte ihr Thema gefunden. Mit Vehemenz verurteilte sie das Völkermorden. Sie brandmarkte die zerstörende und zersetzende Wirkung des Krieges. Eugenie Schwarzwald bot ihr in der Schule ein Forum, um ihre Gedichte vorzutragen. Während einer Weihnachtsfeier las sie ihre Anklagen gegen den Krieg vor:

„Es liegt eine Leiche,
eine junge Soldatenleiche,
im kalten Schnee,
die Hand, die bleiche,
ans Herz gepreßt,

so weh,

so fest,

und die Augen, die Liebe und Leben gesprochen,

starr und gebrochen."[232]

Gegen das Pathos vom Heldentod setzt Maria Lazar die Wirklichkeit auf dem Schlachtfeld. Ihr junger Soldat hat noch gar nicht richtig gelebt, sein Sterben erscheint sinnlos.
Die bürgerliche Welt, die das barbarische Völkermorden ideologisch rechtfertigte – mit
den Wertkategorien vom Vaterland und Heldentum – fand Maria Lazar immer kritik-
würdiger. Sie begann deshalb, sich literarisch mit der zeitgenössischen Gesellschaft auseinanderzusetzen. Zeit dazu hatte sie allerdings nur nachts. Die Autorin war mittlerweile von der Schülerin zur Lehrerin der Schwarzwald-Schule avanciert. Sie unterrichtete
auf dem Harthof, einem Landerziehungsheim in den Semmeringbergen, Deutsch und
Mathematik. Ihr eigentliches Leben begann – so die Beobachtung von Karin Michaelis
– eigentlich erst, wenn die Kinder schliefen: „Sie saß dann eingehüllt in ihren Bademan-
tel, die Kapuze ganz über den Kopf gezogen und – innen in der Kapuze eine kleine elek-
trische Birne. Die Welt um sie herum existierte nicht mehr. Sie schrieb an ihrem ersten
Buch *Vergiftung*."[233]

Maria Lazar, die in dem Roman zum Teil eigene Kindheitserfahrungen poetisch verarbeitet hat, greift in dem Text ihre eigene soziale Klasse an.[234] Die Abrechnung mit der
bürgerlichen Ordnung verbindet die Autorin mit den Expressionisten. In den Stücken
von Arnolt Bronnen, Walter Hasenclever und Reinhard Sorge kämpfen die Söhne gegen
ihre Väter, die für die überholte, patriarchalische Welt stehen. Auch Maria Lazar gestaltet in „Vergiftung" den Generationskonflikt, allerdings aus einer weiblichen Perspektive. In ihrem Roman reibt sich eine junge Frau an den gesellschaftlichen Normen. Ruth
entwickelt aus dem Gefühl drückender Enge die Sehnsucht nach einem besseren Leben.
Für sie verkörpert die dominierende Mutter die erstarrte Autorität, die die Familie ty-
rannisiert. Die Gefühle der Tochter sind ambivalent. Einerseits hat sie Mitleid mit der
Mutter, da sie erkennt, daß ihr die Herrscherrolle als Ersatz für ihr ungelebtes Leben
dient. Andererseits haßt Ruth sie, weil sie von ihr unterdrückt wird. Doch Ruth schafft
es, sich aus der mütterlichen Umklammerung zu lösen. Im Gegensatz zu den Vater-
mordstücken der Expressionisten endet bei Maria Lazar der Konflikt zwischen Mutter
und Tochter unblutig. Ruth steht am Ende auch nicht wie Hasenclevers Sohn als strahlende Siegerin da. Ob ihre innere Freiheit Bestand haben wird, bleibt offen. Maria
Lazars Roman ist eher ein „seelisch-zartes Gebilde",[235] die Autorin setzt anders als ihre
männlichen Kollegen nicht auf die aktionsreiche Tat, sondern auf langsame Veränderung. Doch damit traf sie nicht den Ton der Zeit. Die Rezensenten bewerteten den
Unterschied als weibliche Eigenart, die sie nicht tolerieren mochten. Stellvertretend für
die negative Kritik steht das harsche Urteil Thomas Manns, dem Karin Michaelis den
Roman geschickt hatte. Der arrivierte Schriftsteller befand, dem Buch hafte ein „pene-
tranter Weibsgeruch" an.[236] Mann legte den Roman beiseite. Sein Desinteresse war anscheinend kein Einzelfall. „Niemand wollte ihr Buch kaufen und lesen", erinnert sich
Eugenie Schwarzwald.[237]

Aus dem Mißerfolg zog Maria Lazar ihre Schlüsse. In dem Einakter „Der Henker",
der am 23. Februar 1921 an der „Neuen Wiener Bühne" aufgeführt wurde, beherrschen
Männer die Szene. Wieder hat sie einige expressionistische Motive aufgenommen. Das
Stück zeigt die letzten Stunden eines Delinquenten in der Todeszelle „mit allen Schau-
ern des Todes und allen Sehnsüchten des Lebens".[238] Der Mörder und sein Henker stehen sich in dem Drama gegenüber. Der Todeskandidat, der am nächsten Morgen hingerichtet werden soll, kann nicht begreifen, daß für die Justizbeamten sein Tod ein ganz
normaler Vorgang ist, der sich in den bürokratischen Ablauf des Gefängnisses einpaßt.
Der Henker ist sich über die Konsequenzen seines Handelns nicht mehr klar. Er verwal-
tet nur den Tod. Zu seinen Opfern hat er keine persönliche Beziehung. Doch gerade das
möchte der Mörder erreichen. Er stiftet die Dirne Anna an, den Sohn des Henkers zu
töten. Am anderen Morgen zeigt der Mörder dem Henker die blutdurchtränkte Kra-
watte seines Sohnes. Der Henker ist verzweifelt, sein Berufsverständnis macht es ihm
jedoch unmöglich, die Hinrichtung auszuführen. Der Mörder richtet sich selbst mit
dem Fallbeil. Der Henker steht in dem Drama für die alte Gesellschaft, die überwunden
werden muß. Auch er zählt zu den Vaterfiguren, denen der Angriff der Expressionisten
gilt. Die Absage an die Vaterwelt formuliert der Mörder unmißverständlich:

> „Pflicht – Pflicht – das kenn ich schon – wart Henker, ich kenne dich schon (…)
> Pflicht, das war damals – in der Ecke stehen und beten vor dem Einschlafen – der
> Vater – du – ich kenn dich – Pflicht – aus der Schule gewiesen mit Schimpf und
> Schande – der Lehrer – du – Pflicht – der General, hoch zu Ross, haben sie mir die
> Sterne heruntergerissen – auch du – und in der Kaserne der Soldat, mein Kamerad –
> immer Pflicht, Pflicht – und das war er, der Feind – gelb die Zähne, gierig rinnend
> der Blick – hat er Geld gesät und hat Geld geerntet – alles Pflicht – mir Scherben auf
> meine Strasse gestreut und die kleinen Kinder getreten. – Pflicht – bis ich ihm an die
> Gurgel gegangen bin – steht er jetzt da (…) bist du es wieder – der Feind – der Leh-
> rer – der Vater – Henker, du bist nicht allein – [239]

Die Rache des Mörders trifft den Henker nicht als Individuum, sondern als Vertreter
des Systems. In dem Stück zieht Maria Lazar keine eindeutige Grenze zwischen Gut und
Böse, Verbrechen und Normalität. Was ist der Unterschied zwischen dem Mord am
Sohn des Henkers und der Hinrichtung des Mörders? Begeht nicht der Henker gedan-
kenlos das gleiche Verbrechen, das der Mörder planvoll ausführt? Der Mörder und die
Hure, die Diffamierten der Gesellschaft, sind im Gegensatz zu ihm noch zu starken
Gefühlen fähig. Die Hure leitet die Liebe zum Mörder, den Mörder der Haß auf den
Henker. Der Henker orientiert sich selbst in seiner Verzweiflung noch an den bürokratischen Verordnungen. In der Zelle darf er den Mörder nicht töten: „Aber nicht hier –
doch nicht hier – nicht herinnen."[240] Trotz seiner Taten ist der Mörder die positivere
Figur. Er ähnelt den Aufbruchsfiguren anderer Stücke, deren psychische Getriebenheit,
so wertet es Günther Rühle, auch die Suche nach konkreten Inhalten für die Zukunft
beinhaltet: „Der Expressive (…) klagt durch seinen körperlichen Zustand zugleich gegen die Welt, in der er noch lebt. Er selbst ist Zeichen der Notwendigkeit, eine neue zu
erreichen."[241] So versteht auch Maria Lazar die Figur des Mörders, allerdings eignet er

sich nur bedingt zur Leitfigur des Aufbruchs. Nur der Tod kann ihm noch Erlösung bringen. Ihr Einakter enthält im Gegensatz zu vielen anderen Dramen der Zeit nicht mehr den Glauben an eine bessere Zukunft. Der Henker als Symbolfigur der alten Ordnung wird in dem Stück nicht überwunden. Das Personal und der Tonfall weisen den Einakter als ein Stück seiner Zeit aus. Doch Maria Lazar ist alles andere als eine Epigonin, den expressionistischen Heillehren steht sie eher skeptisch gegenüber. Das provozierte Mißverständnisse. Die Kritik wertete das Stück als „rücksichtslosen Akt" und „unangenehmen Sketch".[242]

An die Uraufführung schlossen sich keine weiteren Inszenierungen an.[243] Dieser Fehlschlag entmutigte die Autorin. Nur ihr Freundeskreis im Café „Herrenhof" gab ihr Halt. Die Schriftsteller, die dort verkehrten, wußten um die Schwierigkeiten, den literarischen Markt zu erobern. Auch Eugenie Schwarzwald sprach ihr Mut zu. Bei den regelmäßigen Treffen in ihrem Haus lernte Maria Lazar ihren zukünftigen Mann kennen. Friedrich Strindberg, „ein charmanter junger Mann und gleich Maria eifriger Sozialdemokrat", weckte ihre Aufmerksamkeit.[244] Das anfängliche Interesse verwandelte sich schnell in Liebe. 1923 heirateten die beiden, ein Jahr später wurde die Tochter Judith geboren. Doch die Ehe ging nicht gut. Friedrich Strindberg, den Auguste Lazar als eitel und oberflächlich charakterisiert, hielt sich nicht oft bei seiner Frau und Tochter auf.[245] Schon 1925 war eine Trennung abzusehen. So berichtete Eugenie Schwarzwald an Karin Michaelis: „Maria lebt vom 1. Mai bis 1. Oktober auf dem Harthof, und schreibt, man kann ruhig sagen, ohne Übereilung an einem Buch. Den jungen Strindberg liebt sie noch immer und läßt sich von ihm in übler Weise beeinflussen. Aber ich hoffe, daß sie ihn bald wegschickt und nur das Kind behält."[246] Eugenie Schwarzwalds Wunsch ging in Erfüllung. Zwei Jahre später wurde die Ehe geschieden.

Die Situation war dadurch für Maria Lazar noch schwieriger geworden. Allein hätte sie sich nun, so die Meinung ihrer Schwester, ohne weiteres durchschlagen können. Doch mit dem Kind war „das viel schwerer, zumal sie sich vorgenommen hatte, das Kind dürfte von den Sorgen nichts merken."[247]

Um Geld zu verdienen, schrieb sie für die Wiener Zeitung „Der Tag", den Grazer „Arbeiterwillen" und den Berliner „Querschnitt". Ihre Schwester Auguste bewunderte ihre Fähigkeit, aus einem Nichts „eine satirische Plauderei" zu machen. In ihren Feuilletons mokierte sich Maria Lazar häufig über die Gedankenlosigkeit ihrer Zeitgenossen.[248] In ernsteren Beiträgen ergriff sie immer wieder die Partei der Kinder. Den strengen Erziehungsmethoden stand sie ablehnend gegenüber. So polemisierte sie gegen die Prügelstrafe: „Es gibt kein Gesetzbuch für Kinderstrafen. Jeder Vater ist der Richter seiner Familie. Wodurch approbiert? Durch seine pädagogischen Fähigkeiten? Nein. Durch seine Zeugungsfähigkeit."[249] Pädagogische Kenntnisse fehlten ihrer Ansicht auch den meisten Autoren von Kinderbüchern. „Die Biene Maja" fand sie besonders mißlungen: „Die Seele der Biene Maja glich aufs Haar der einer Pastorstochter aus Wermelskirchen, ein bißchen neugierig, ein bißchen patriotisch, der Rosenkäfer machte gleich nach den ersten Seiten die reinsten Hausherrenszenen, als wohnte er in einem Berliner Vorderhaus."[250] Maria Lazar plädierte stattdessen dafür, den Kindern die Natur ohne menschliche Vergleiche nahezubringen.

Ihre spitze Feder brachte Maria Lazar die ersehnte Resonanz. Sie avancierte, so Elsa Björkmann-Goldschmidt, „zu einer der besten und meistgelesenen Mitarbeiterinnen" des Wiener „Tages".[251] Doch das war ihr nicht genug. Sie hielt weiterhin an ihren literarischen Ambitionen fest, auch wenn sich niemand für ihre Texte interessierte. Der Roman „Viermal ich" blieb ungedruckt, ein neues Theaterstück ungespielt.[252] Elsa Björkmann-Goldschmidt erinnert sich an dieses Drama, in dem ein Wiener, ein Tscheche, ein Ungar und ein Deutscher auftraten: „Jeder von ihnen wurde mit einer nationalen Eigenart ausgestattet, die sich in den Dialekten der deutschen Sprache gezeigt hat."[253]

Um ihren Lebensunterhalt zu bestreiten, arbeitete sie auch als Übersetzerin. Karin Michaelis hatte ihr die ersten Kenntnisse des Dänischen beigebracht. Maria Lazar erwies sich als eine gelehrige Schülerin, die die Sprache bald so gut beherrschte, daß sie die Werke ihrer Freundin fehlerlos ins Deutsche übertragen konnte.[254] Schwedisch und Norwegisch eignete sich die Wienerin im Selbststudium an. Mit großer Sorgfalt und sprachlichem Geschick bearbeitete sie die fremden Texte. Ihre eigenen schriftstellerischen Pläne mußte sie notgedrungen zurückstellen. Um diese Situation zu beenden, kam sie auf eine merkwürdige Idee:

> „Da beschloß sie eines Nachts – so kann man sich das vorstellen – sich ihrer schöpferischen Kraft zu entäußern, sie in eine andere Person hineinzulegen. In dieser Nacht schuf sie eine dänische Schriftstellerin und nannte sie Esther Grenen. Die sollte von jetzt an ihre Werke schreiben!"[255]

Maria Lazar wählte aus gutem Grund eine Dänin als Alter ego. Ihre Verbindung zu diesem Land bestand nicht erst seit der Freundschaft zu Karin Michaelis. Bereits als Schülerin lernte die Wienerin Dänemark kennen. Diesen Kontakt verdankte sie Eugenie Schwarzwald, die dänische Gastfamilien auftat, damit die ihr anvertrauten Kinder sich von den Schrecken des Krieges erholen konnten. Maria Lazar verbrachte einen Sommer auf einer dänischen Insel. Jahre später erkundete sie zusammen mit ihrer Schwester das Land. Gemeinsam fuhren sie bis zur nördlichsten Spitze Jütlands. Skagen war den Schwestern bereits zu touristisch, doch etwas weiter entfernt fanden sie den Ort, den sie sich vorgestellt hatten. Er hieß Grenen. „In Erinnerung an diesen Ort in den Dünen hat Maria als Schriftstellerin den Namen Esther Grenen angenommen."[256] Das dänische Pseudonym veränderte die Geschichten, die Maria Lazar erzählte. Ihre Texte spielten nun nicht mehr in Wien, sondern in Dänemark. Als das erste Manuskript fertig war, schrieb sie auf den Umschlag „Roman von Esther Grenen übersetzt von Maria Lazar".[257] Das Versteckspiel brachte endlich den gewünschten Erfolg. Der sozialdemokratische „Vorwärts" entdeckte die bisher unbekannte dänische Autorin. 1930 erschien dort der Fortsetzungsroman „Der Fall Rist".[258]

Wie es dieses Genre verlangt, entwirft die Autorin eine spannungsreiche Fabel, die reich an überraschenden Wendungen und Höhepunkten ist. Der Roman spielt auf einer kleinen Insel, die handelnden Personen sind „kleine Leute, die brav ihre Wochenarbeit verrichten und Sonntags Landpartien in die Buchenwälder machen (...) Ein fröhliches

Völkchen, das jedem seine Freude läßt. Einer kennt den anderen.“[259] Der Verlauf der Handlung enttarnt diese Idylle als falschen Schein. Maria Lazar zeichnet alles andere als eine heile Wunschwelt mit kritischem Verputz, sondern sie zeigt die bedrückende Enge der Provinz, wo jeder über die Gewohnheiten seiner Nachbarn informiert ist. Die destruktive Wirkung des Klatsches bildet ein zentrales Motiv des Romans.

Maria Lazar entlarvt in dem Roman den zerstörerischen Druck der gesellschaftlichen Normen. Ihre Frauenfiguren sind, anders als Ruth in der „Vergiftung“, keine positiven Heldinnen. Sie haben die engen Moralvorstellungen ihrer Umwelt nicht nur akzeptiert, sondern sie wirken daran mit, daß alles so bleibt. Selbst in ihrer Phantasie brechen sie nicht mit dem traditionellen Rollenverhalten.

Auch ihr nächster Roman „Veritas verhext die Stadt“ spielt in der Provinz.[260] Der größte Unterschied zu der vorangegangenen Arbeit besteht in der Form. Während die Handlung sich im „Fall Rist“ anhand fiktiver Briefe, Zeitungsausschnitte und Polizeiprotokolle entwickelte, greift die Autorin in „Veritas verhext die Stadt“ auf das personale Erzählen zurück. Der Text, wie ein Kriminalroman konzipiert, führt die Leser in eine dänische Kleinstadt. Einige Honoratioren haben anonyme Briefe erhalten, die mit „Veritas“ unterzeichnet sind. Der Blick auf die Provinz ist in diesem Roman noch düsterer als in dem vorigen. Endete der „Fall Rist“ fast mit einem Happy-end, der vermeintlich Beschuldigte kam frei, ist in „Veritas verhext die Stadt“ kaum jemandem an der Wahrheit gelegen.

Gerüchte kursierten auch über die dänische Autorin Esther Grenen. Im Gegensatz zu den Bewohnern der fiktiven dänischen Kleinstadt, interessierte sich die literarische Welt stark für die Auflösung des Falles. „Die wahrheitsliebende junge ‚Übersetzerin‘ geriet in große Seelennot“, beobachtete Eugenie Schwarzwald. Sie erfand deshalb zu der erdichteten Figur eine passende Legende. „Esther Grenen – so erzählte sie Fragern – sei eine exzentrische, geschiedene Dame von planloser Lebensführung. Als Globetrotter durchreise sie alle Länder, Briefe und Telegramme erreichten sie nicht.“[261] Dieser geheimnisvolle Lebenswandel weckte erst recht die Neugier. Die Kopenhagener Zeitung „Politiken“ wollte die neue dänische Autorin auch in ihrem Heimatland bekanntmachen. Sie telegraphierte der Übersetzerin Maria Lazar, ob sie nicht das Originalmanuskript zur Verfügung stellen könne. Die Wiener Schriftstellerin fragte bei Karin Michaelis an, ob sie jemand wüßte, der „Veritas verhext die Stadt“ ins Dänische übertragen könne. Karin Michaelis ließ sich Zeit mit der Antwort, denn sie „übersetzte bei Tag und bei Nacht und nach vierzehn Tagen gab es ein dänisches Buch von Esther Grenen“.[262] Mit Illustrationen des dänischen Zeichners Arne Ungermann erschien der Roman nun in der Sonntagsbeilage von „Politiken“. Nun begann auch in Kopenhagen das Rätselraten um die Autorin. Erst ein Jahr später lüftete Karin Michaelis das Geheimnis in einem Artikel, der der Arbeit von Maria Lazar gewidmet war:[263]

„Erst als Karin Michaelis die Geschichte persönlich erzählte, des gelungenen ‚Streiches‘ – so nennt sie ihre guten Taten – froh wie ein Kind, begriff man in Dänemark, daß die neue dänische Dichterin von der Donau stammt. Von da an war Maria Lazar das, was man ‚gemacht‘ nennt. (…) Neuerdings ist sie auch in England entdeckt worden. Im letzten Winter wurde ihr neuestes Stück, ‚Der Nebel von Dybern‘, das mit ungeheurer Gewalt vom Gaskrieg handelt, in der ‚Stage Society‘, die auch G.B. Shaws erste Erfolge sah, unter großer und echter Teilnahme des friedliebenden englischen Volkes aufgeführt.“[264]

Zu dem Zeitpunkt der Londoner Premiere galt Maria Lazar in Deutschland schon als unerwünschte Autorin. Das Drama „Der Nebel von Dybern“ gehörte zu den ersten Stücken, die die Nationalsozialisten verboten. Zwar wurde die Arbeit noch am 20. Februar 1933 in Stettin uraufgeführt, doch schon in Berlin kam keine Inszenierung mehr zustande. Nur kurzfristig schien es so, als hätte Maria Lazar, die am liebsten fürs Theater schrieb, nun endlich auch als Dramatikerin Erfolg. Die Anerkennung, die der Kritiker des „Theater-Tageblatts“ ihrem Text zollte, blieb die Ausnahme:

„Esther Grenen war es wohl nicht in erster Linie darum zu tun, ein zeitloses Kunstwerk zu schaffen, sondern sie hat den Menschen etwas zu sagen und sagt es aus ihrem mutigen, liebe- und zornerfüllten Herzen heraus auf ihre eigene Art und in ihrem eigenen Ton. Sie weiss im übrigen Menschen und Milieus zu schildern, sie erschüttert, regt zum Nachdenken an, und so hat sie zum Schluss, wie man sich auch zu einzelnem stellen mag, gewonnenes Spiel. Der Beifall war stark und ehrlich, die Dichterin mußte sich neben den Darstellern wieder und wieder zeigen. Das Theater im Reich wird sich jedenfalls mit ihrem Drama, das Intendant Hans Meißner persönlich einstudiert und mit allen Mitteln seiner stark zupackenden Regiekunst zu einem glänzenden Erfolg auch für die Darsteller geführt hatte, auseinanderzusetzen haben.“[265]

Diese Prophezeihung erfüllte sich anders als es der Rezensent erwartete. Das Stück, das „die Hitlersche Kriegspolitik fünf Minuten vor zwölf“ anprangerte, erregte das Mißfallen der nationalsozialistischen Theaterpraktiker.[266] Bereits einige Tage nach der Premiere verschwand „Der Nebel von Dybern“ vom Spielplan. Nach dem Brand des Reichstages am 27. Februar gab es auch in der Provinz keine Freiräume mehr. „Die braune Schlammflut spülte das Stück hinweg und den Theaterdirektor von seiner Stelle.“[267]

5.2. Der Kampf einer Mutter gegen das Giftgas in „Der Nebel von Dybern“

Maria Lazar blieb bei dem Angriff auf die Rüstungsindustrie ihrem Faible für Kriminalgeschichten treu. Erst nach und nach erhärten sich für die Bewohner von Dybern die Indizien, daß es sich bei dem Nebel, der ihre Stadt bedroht, nicht um eine Naturkatastrophe handelt, sondern um Giftgasschwaden.[268] Ein tatsächlicher Vorfall, der ähnlich verlaufen war, inspirierte die Autorin zu dem Drama: „Es … ist kurz nach dem unheimlichen Giftgasunglück in Belgien geschrieben – Sie erinnern sich, in der Nähe von Liège – dichte Nebelschwaden zogen durch die Stadt und erstickten die Bewohner. Zuerst dachte man, daß es ein Naturphänomen sei, aber später wurde aufgeklärt, daß es sich um Giftgas handelte.“[269] Obwohl sich die Autorin in dem Interview der Zeitschrift „Politiken" auf einen realen Fall berief, schuf sie kein Drama der Tatsachen. Sie trieb nicht wie Eleonore Kalkowska für ihre Arbeit über den Justizmord an Josef Jakubowski ein minutiöses Faktenstudium, sondern sie übernahm nur den äußeren Ablauf der Ereignisse. Zwar ist die Diktion im „Nebel von Dybern" realistisch, doch die eigentliche Handlung des Stückes ist frei erfunden. In sieben Akten schildert die Dramatikerin, wie allmählich das Mißtrauen und der Widerstand in der Bevölkerung wächst. Die Autorin gibt einen sozialen Querschnitt der Stadt Dybern. Entschlossene, ängstliche und hilflose Arbeiter und Arbeiterinnen treten ebenso auf wie Ärzte, Journalisten und der Generaldirektor der Fabrik.

Im Mittelpunkt des Dramas stehen Barbara und ihr Mann Josef, die das „Wirtshaus am Rand" betreiben. (S. 9) Der Name hat Symbolfunktion. Obwohl die Wirtsleute unter den ersten sind, die die Folgen des unheimlichen Nebels zu spüren bekommen – Barbaras Schwester Agnes stirbt an inneren Verbrennungen –, glauben sie an eine unheimliche Nebelkrankheit. Das Gerücht, daß das in der Fabrik hergestellte Giftgas die Ursache der Katastrophe ist, erreicht sie zuletzt. Der Oberst, der die Giftgasproduktion in der Fabrik leitet, hat bei seinen Experimenten bewußt den Tod einiger Einwohner in Kauf genommen. Als Barbara, die ihr erstes Kind erwartet, die Wahrheit erfährt, lehnt sie sich zum ersten Mal in ihrem Leben auf. Doch der Widerstand der Bewohner scheitert. Der Ausnahmezustand wird verhängt. Das Drama endet im Entsetzen. Barbara tötet ihr Neugeborenes, da sie nicht will, daß ihr Kind in einer Welt lebt, in der Menschen noch nicht einmal die Luft zum Atmen haben:

„Schwester, wir brauchen keine Hemdchen mehr. Und auch keine Windeln. Mein schönes Kind, mein liebes Kind. Auf einer Wiese hätte es spielen sollen. In der Sonne. Aber die Sonne da (zeigt gegen das Fenster) ist nicht echt. (Nach kurzer Pause zu den Soldaten) Was wollt ihr von mir? Was gafft ihr euch an? Was wundert ihr euch? Ihr habt wohl eure Gasmasken vergessen. Mein Kind soll keine Gasmaske tragen. Mein Kind soll nicht im Nebel ersticken. Deshalb hab ich ihm gleich (…).“ (S. 105)

Obwohl sich das Unglück in Dybern im Frieden ereignet, steht das Problem eines zukünftigen Giftgaskrieges hinter der Anklage des Stückes, der in den zwanziger Jahren soviel Angst auslöste wie später die Atombombe. Giftgas wurde nach 1918 zum Symbol der Weltvernichtung. Die alte Katherine stellt bereits in der ersten Szene den Bezug zu den Schrecken des ersten Weltkrieges her. Am Ausgang der Republik rief Maria Lazar ihrem Publikum noch einmal die Ängste und Erfahrungen ins Gedächtnis, die seit den Kämpfen um Ypern und Verdun bestanden. Sie war nicht die erste, die das Giftgas-Motiv zu gestalten suchte. Georg Kaiser erinnerte bereits 1920 im letzten Teil seiner „Gas-Trilogie" an das Grauen des Gaskrieges. Auch Peter Martin Lampel warnte 1929 in seinem Schauspiel „Giftgas über Berlin" vor den Gefahren des chemischen Kampfstoffes. Wie Maria Lazar griff auch er auf einen realen Fall zurück. Er verlegte den Hamburger Giftskandal, der 1928 zwölf Tote gefordert hatte, in die Hauptstadt. Wie brisant das Thema war, zeigt die Tatsache, daß die Aufführung des Stückes vom sozialdemokratischen Polizeipräsidenten Berlins, Karl Zörgiebel, verboten wurde. Den Eingriff rechtfertigte er mit angeblicher „Gefahr für die öffentliche Sicherheit und Ordnung".

Lampel hatte in seinem Stück dem rechten SPD-Flügel unterstellt, mit der Reichswehr zusammenzuarbeiten. Im Gegensatz zu Lampels direktem Angriff macht Maria Lazar in ihrem Drama keine identifizierbaren Schuldigen aus. Sie wehrte sich deshalb gegen den Vorwurf, ein Tendenzdrama geschrieben zu haben: „Ich habe das Hauptgewicht auf den psychologischen Aspekt gelegt und geschildert, wie die Bewohner der verwüsteten Stadt reagieren."[270] Das ist sicher richtig. Dennoch hat die Autorin kein unpolitisches Stück verfaßt. Im Gegenteil: sie nähert sich in dem Text Positionen, wie sie unter anderem von der „Internationalen Frauenliga für Frieden und Freiheit" vertreten wurden. Wie die Pazifistinnen geht auch Maria Lazar davon aus, daß Sicherheit nur durch allgemeine Abrüstung zu erreichen sei. Die Frauenliga persiflierte 1929 in einem Flugblatt die Bestrebungen, die Gasmaske als wirksamen Schutz anzupreisen und forderte: „Hundertprozentige Abrüstung von Heer, Flotte, Kampfflugzeugen, Giftgasküchen und sogenanntem Gas-Schutz. Allgemeine und totale Abrüstung oder unvermeintlicher Gifttod!"[271] Die Gefährdung der Bevölkerung durch den militärisch-industriellen Komplex, vor der in dem Flugblatt gewarnt wird, ist auch das Thema von Maria Lazars Drama. „Der Nebel von Dybern" zeigt, so urteilte der Kritiker der „B.Z. am Mittag", „an der Vollendung eines Einzelschicksals den Widersinn männlichen Strebens, auch die gefährlichsten Gewalten der Natur, wie Gift und Gas, zu beherrschen und sie im Lebenskampf der Nationen als Waffe einzusetzen."[272] Nicht nur dieser Rezensent sah in dem Stück den Kontrast zwischen männlicher Welt und weiblicher Empfindung beschrieben. Auch andere Kritiker konstatierten, daß „die Verfasserin aus der natürlichen Humanität der Frau heraus gegen die Anwendung von Giftgas zu Felde zieht."[273] Mit Hilfe des Gegensatzpaares männlich – weiblich gelingt es, die Anklage des Textes zu verharmlosen. Eigenschaften wie Emotionalität und Subjektivität, die den Frauen zugeordnet werden, legen es nahe, weder die Heldin des Stückes noch die Autorin ganz ernst zu nehmen. Von den Verabredungen über die Geschlechterdichotomie, die alle Rezensionen beinhalten, war es nur ein kleiner Schritt zu der Schlußfolgerung Hans Kafkas: „Unmöglich können so leidenschaftliche Mitkämpferinnen aus dem dichtesten Getümmel ein objektives Bild vom Ablauf dieser Schlacht machen."[274]

Dabei unterscheiden sich die politischen Aussagen von Maria Lazar nicht wesentlich von den Thesen, die Lampel in seinem Giftgasdrama entwickelte. Auch die Dramatikerin ging davon aus, daß bereits wieder für einen neuen Krieg gerüstet wurde. Die Fabrik in ihrem Stück, die für die Öffentlichkeit nur Stickstoff produziert, stellt auch Giftgas her. Im Geheimen wird an neuen chemischen Kampfstoffen experimentiert. Auch an Schutzmaßnahmen für die Bevölkerung haben die Verantwortlichen schon gedacht. Ein unterirdisches Kino erweist sich als Notkrankenhaus, das sogar mit einer Sauerstoffpumpe ausgestattet ist. Die Leiter der Fabrik befürchten, daß diese Maßnahmen bekannt werden: „Es ist unabsehbar, was geschieht, wenn man nur ahnt, worauf wir gerüstet sind. Wir dürfen uns im Frieden doch nicht wie im Kriegsfall benehmen." (S. 38) Maria Lazar macht überdies deutlich, daß diese Sicherheitsvorkehrungen völlig unzureichend sind. Die Situation spitzt sich derart zu, daß das Krankenhaus und die Sauerstoffpumpe eingesetzt werden müssen. Doch in dem unterirdischen Bunker bricht Panik aus: „Und ich gehe nicht mehr runter in diese Hölle. Dann lieber noch gleich in den Nebel hinaus. Da wird einer wenigstens gleich kaputt." (S. 31)

Wenn auch die Details in dem Stück frei erfunden sind, die Tendenz entsprach durchaus den Tatsachen. Die an der Rüstung interessierten Konzerne standen – soweit die Finanzierung abgesichert war – bereit, die illegale Aufrüstung voranzutreiben. Die demokratische Öffentlichkeit erfuhr davon nur in seltenen Fällen. So mußte 1927 der Reichswehrminister Geßler zurücktreten, weil bei einem Firmenzusammenbruch die illegalen Praktiken ans Licht gekommen waren. Doch an der Politik der Reichswehr änderten solche Skandale, so Reinhard Kühnls Fazit, nichts.[275] Als die Nationalsozialisten die Macht übernahmen, fanden sie ein gut ausgerüstetes Heer vor, das doppelt so stark war, wie es die Friedensverträge zuließen. Die Verbindung zwischen Rüstungskonzernen und Militär demonstriert Maria Lazar im „Nebel von Dybern" an der Figur des Obersten Brix und seines Assistenten Jacob Melchior, eines ehemaligen Feldwebels. Der Oberst leitet in der Fabrik die Abteilung A, in der die chemischen Kampfstoffe entwickelt werden. Seine Experimente sind so geheim, daß noch nicht einmal der Generaldirektor und sein Stellvertreter Einzelheiten wissen. Oberst Brix entzieht sich der Verantwortung, indem er zu verabredeten Treffen einfach nicht kommt. Der unheimliche Oberst scheint eher einem Thriller als einem Zeitstück entsprungen zu sein. Für ein Zeitstück, das soziale Wahrhaftigkeit verlangt, ist er die falsche Besetzung. Es wirkt nicht glaubhaft, daß das Personal des Forschungslabors einer chemischen Fabrik nur aus zwei Männern besteht. Unrealistisch finde ich es auch, daß der Vorgesetzte keine Ahnung von den Versuchen seiner Mitarbeiter hat. Zwar ist es vom Aufbau der Fabel notwendig, daß die Wahrheit erst nach und nach bekannt wird, doch die Spannung geht so zu Lasten der ebenfalls angestrebten Authentizität. Überzeugender wäre es gewesen, wenn die Verantwortlichen gemeinsam versucht hätten, den Skandal zu vertuschen und die Öffentlichkeit zu belügen. Auch um einen Grund für das Entweichen des Giftgases zu finden, ist diese Konstruktion nicht notwendig. Der aufklärerischen Intention des Dramas hätte es eher entsprochen, wenn die Autorin Fahrlässigkeit als Ursache für das Unglück angegeben hätte. Ein exzentrischer Oberst, der mutwillig seine Umgebung gefährdet, widerspricht dem realistischen Duktus der übrigen Handlung.

Besser gelungen sind Maria Lazar die Szenen, die von der Zerschlagung des Aufstandes handeln. Als die Bewohner von Dybern die Wahrheit erfahren, gehen einige zunächst – angeführt von Barbara – auf die Straße: „Man zieht los gegen das ganze Werk. Es ist nicht auszudenken." (S. 77) Die aufgebrachten Arbeiter zerstören das unterirdische Kino und versuchen vergeblich, ins Werkgelände einzudringen. Die Direktion ruft das Militär zur Hilfe. Mit Gewehrsalven und Tränengas ersticken die Soldaten den Aufstand. Die Demonstranten werden verhaftet. Nach außen ist wieder Ruhe und Ordnung eingekehrt. So vermeldet der Nachrichtensprecher im Radio:

„Und hat sich die Stimmung der Bevölkerung im allgemeinen völlig beruhigt. Mit dem plötzlich eintretenden frostklaren Sonnenhimmel schwand der beängstigende Nebel, der besonders zarten und gefährdeten Lungen verderblich war. In der Gegend von Dybern atmet man erleichtert auf, alles geht wieder fröhlich an die Arbeit, die bedauerlichen Vorfälle, deren Schauplatz das neue Kino geworden war, sollen so rasch als möglich der Vergessenheit anheim fallen und –" (S. 99)

Der Terror allein reicht in Lazars fiktiver Stadt nicht aus, um den Aufstand niederzuschlagen. Die Herrschenden steuern und kontrollieren außerdem die Presse. Mit den gezielten Fehlinformationen gelingt es, die Bevölkerung zu verunsichern. Die demokratischen Grundrechte sind außer Kraft gesetzt, wie Barbaras Verhaftung beweist: „Im Ausnahmezustand gibt es kein Pardon. Aufruhr und Brandstiftung sind schwere Verbrechen." (S. 100)

Es scheint fast so, als habe die Autorin in dem Drama die Wirklichkeit in den ersten Wochen der nationalsozialistischen Diktatur vorweggenommen. Allerdings gehörte 1932 nicht viel Prophetie dazu, solche Szenen zu entwerfen. Der Pessimismus von Lazars Stück hat seinen Ausgangspunkt in der Entwicklung der politischen Situation der Republik. Der Rücktritt der Regierung Brüning leitete im Mai 1932 die letzte Phase der Republik ein, bei den Reichstagswahlen im Juli erreichte Hitler 37,8 Prozent der Mandate. Aus diesen Gründen verzichtete die Autorin auf einen „versöhnlichen Klang" in dem Stück.[276] Maria Lazar ist angesichts der politischen Krise nicht mehr in der Lage, eine bessere Zukunft zu entwerfen. Da es der Dramatikerin besonders auf die unpolitischen Zuschauer ankam, stellte sie keine organisierte Arbeiterin in den Mittelpunkt des Theaterstückes, sondern eine naive Wirtsfrau. Barbara ist keine strahlende Heldin. Erst langsam reift ihr Entschluß zum Handeln. Selbst der Tod ihrer Schwester Agnes, die den giftigen Nebel eingeatmet hat, weckt sie noch nicht auf. Der Anstoß kommt von außen. Doch dann ist sie die erste, die die schreckliche Wahrheit formuliert: „Josef, unsere Agnes, das Kind, das Mädel ist uns ermordet worden. (…) Sie haben unsere Agnes vergiftet." (S. 56) Ihr Widerstand erwächst aus der persönlichen Betroffenheit. Sie durchschaut nicht die abstrakten Vorgänge, die ökonomischen und politischen Gründe, die hinter der Fabrikation von Giftgas stehen. Sie läßt sich von ihrem Gefühl leiten. Als Mutter rebelliert sie gegen die Kriegsvorbereitungen. Sie brandmarkt das Giftgas als eine Erfindung der Männer, die gegen das Leben gerichtet ist. Obwohl sie ihren Widerstand mit der Sorge um ihr Kind begründet, bricht sie mit der traditionellen Frauen- und Mutterrolle. Barbara entscheidet sich gegen ihr bisheriges Leben. Sie lehnt es nun ab, die Kinder, sie sich in das Wirtshaus geflüchtet haben, weiterhin zu betreuen. Sie argumentiert, daß ihr Beistand weniger den Kindern zugute kommt, sondern nur den Fabrikanten hilft, die Bewohner zu beruhigen. Der Generaldirektor versucht vergeblich, sie umzustimmen:

„GENERALDIREKTOR: In Zeiten der Not, da halten doch alle Menschen zusammen.
BARBARA: Das ist keine Not.
GENERALDIREKTOR: Herr des Himmels, wenn das keine Not sein soll.
BARBARA: Not ist, wenn der Schnee das Dach einstürzt, wenn das Wasser die Mauern wegreißt, wenn die Hitze das Getreide verdorrt, wenn die Krankheit den Menschen frißt. Wenn aber der

	Mensch selbst den Menschen frißt, ihm nichts zu leben lässt, nicht einmal die Luft, das ist nicht Not, einerlei, wen es trifft.
GENERALDIREKTOR:	(zurückweichend) Ja, was denn sonst als Not.
BARBARA:	Krieg.
GENERALDIREKTOR:	Sie werden doch nicht behaupten wollen. (…) Aber liebe Frau, Sie, die Sie doch selbst ein Kind erwarten. (…)
BARBARA:	Wenn dieses Kind einmal zur Welt kommt, dann soll keine gute Frau da sein, die ihm Kartoffeln kocht und es in einen Keller sperrt, weil draussen überall so ein – Nebel ist. Dann soll eine Frau kommen und ein Mann oder vielleicht auch viele Frauen und viele Männer, die ganz was anderes tun, wenn man ihnen die Luft verpesten und die Kinder vergiften will." (S. 60)

Statt aufopferungsvoll Leiden zu lindern, setzt Barbara auf die gemeinsame Aktion der Bewohner. Als der Widerstand scheitert, resigniert Barbara. Da sie keinen Ausweg sieht, richtet sie ihren Protest letztlich gegen sich selbst. Sie vernichtet ihr Leben und das ihres Kindes.

Barbaras Ausbruch ist ebenso gescheitert wie der Versuch der Dramatikerin, eine Alternative zu den gängigen Frauenbildern zu finden. Zunächst schien es so, als wäre der Autorin das Experiment geglückt, weder eine heroische weibliche Hauptfigur noch eine Heldin als Opfer zu entwerfen. Doch nur am Anfang des Stückes ist der Versuch gelungen. In den ersten Szenen hat die Autorin es verstanden, Barbaras Engagement aus ihrer Menschlichkeit herzuleiten, ohne sie zur omnipotenten Superfrau zu machen. Doch im letzten Akt geht sie wieder einen Schritt zurück. Barbara ist nun nur noch die leidende statt die handelnde Hauptfigur. Sie unterscheidet sich damit kaum noch von den Frauengestalten, wie sie seit Lessings „Emilia Galotti" immer wieder entworfen wurden. Barbaras Passivität unterstreicht Lazar dadurch, daß die anderen Personen des Dramas über Barbara berichten. Sie hat nur noch am Ende des Dramas einen kurzen Auftritt, in dem sie den Mord an dem Neugeborenen begründet.

Maria Lazar versteht ihr Drama als Warnung. Je düsterer die Situation in Dybern wird, umso mehr macht sie deutlich, daß ein solcher Ausgang verhindert werden muß. Indem sie das Undenkbare ausmalt, hofft sie, den Zeitgenossen die Augen zu öffnen. Barbara formuliert im vierten Akt den Ansatz der Dramatikerin: „Man muss den Menschen zeigen, was sie tun, denn vorher merken sie es nicht." (S. 81) Obwohl das Drama mit dem Tod des Kindes endet, ist das Stück keine Tragödie im klassischen Sinn. Wie andere Zeitstück-Autoren gibt auch Maria Lazar dem Sterben einen anderen Sinn. Der widernatürliche Tod ist für sie kein Gegenstand mehr für ein erhebendes Schauspiel, sondern nur noch Objekt des Zorns. „Das Zeitstück verweigert der Tragödie dadurch ihr künftiges Recht, daß es auf Abschaffung der Bedingungen drängt, die zu Tragödien führen", erkannte Günther Rühle.[277] In diesem Sinne versteht auch Maria Lazar den drastischen Schluß des „Nebels von Dybern". Das abschreckende Beispiel Barbaras vor Augen, sind die Zuschauer aufgerufen, sich nicht länger so passiv zu verhalten wie die Mehrheit der Bewohner Dyberns. Die Utopie der starken, handelnden Frau bleibt in den Text eingeschrieben. Barbaras anfängliches Handeln hat Vorbildfunktion. Nur wenn immer mehr Frauen und Männer gegen Unmenschlichkeit aufbegehren, ist es möglich, eine bessere Welt zu schaffen.

Obwohl mit Barbara eine Frau im Mittelpunkt des Textes steht, ist Maria Lazars Antikriegsdrama, im Gegensatz zu Ilse Langners „Frau Emma kämpft im Hinterland", kein reines Frauenstück. Maria Lazars Sympathie gehört nicht ausschließlich ihren Geschlechtsgenossinnen. Mit gleicher Anteilnahme berichtet sie von den Männern, die sich gegen die Obrigkeit auflehnen. Der Gegensatz zwischen Männern und Frauen ist für die Arbeit weniger signifikant als der Unterschied zwischen arm und reich, Beherrschten und Herrschern. Der Generaldirektor der Fabrik und dessen Frau, der Oberst und sein Stellvertreter, ein älterer Arzt, ein Journalist und eine Heilsarmeeschwester partizipieren mehr oder weniger an der Macht. Barbara und ihr Mann Josef, die Arbeiter Jan, Georg und Andreas, die Arbeiterin Luise, die alte Kathrine und ein junger Arzt stehen auf der Seite der Opfer. Bis auf wenige Ausnahmen ist es der Dramatikerin gelungen, auf ein simples Schwarz-Weiß-Raster zu verzichten. Bei den Negativ-Figuren ist es ihr schwerer gefallen zu differenzieren. So hat sie den Oberst Brix, seinen Assistenten Melchior und den stellvertretenden Leiter der Abteilung A, Alexis, mit keinem einzigen sympathischen Zug versehen. Zynischer Gewinngeist gilt diesen drei Schurken mehr als humane Gebote. Brix ist anscheinend über seinen Experimenten größenwahnsinnig geworden. Ein Menschenleben gilt ihm nichts. Melchior will noch aus dem Unglück Kapital schlagen. Er versucht, den Generaldirektor mit seinem Wissen zu erpressen. Alexis ist der Mann der Stunde. Er drängt von Anfang an auf die Unterstützung des Militärs: „Wir können doch nicht warten, bis sie wirklich die Fabrik erstürmen. Wir brauchen Militär, noch viel, viel mehr Militär. Ich sagte es ja gleich." (S. 84) Auf seine Anweisung werden die Anführer der Demonstration verhaftet und eingesperrt. Für ein realistisches Drama mangelt es diesen Gestalten an individueller Eigenart. Auch ihre Dialoge reduzieren sich auf Schlagworte. Mit diesen Figuren entschärft die Autorin unbeabsichtigt das Klima der Bedrohung, das sie doch wohl schaffen wollte. Als hätte sie gespürt, daß sie mit diesen Wirklichkeitsklischees – wenn sie auch kritisch gemeint sind – nur gängige Vorurteile bestätigt, hat sie es sich bei allen anderen Personen nicht so einfach gemacht. Im Gegensatz zu den drei Schurken wirkt der Generaldirektor an der Spitze der Macht wie ein Ausbund an Menschlichkeit. Er sorgt sich um die Sicherheit der Bevölkerung und zögert, Militär einzusetzen. Dieser Mann, der sich seine Entscheidung nicht leicht macht, wirkt beängstigender als seine Untergebenen, die von vornherein entschlossen sind, über Leichen zu gehen. Obwohl er die humanen Werte kennt, setzt er sich letztlich über sie hinweg. Seine Kapitalinteressen sind größer als seine moralischen Skrupel.

Ähnlich gelagert ist der Fall des Doktor Thomsen. Um seine berufliche Stellung nicht zu gefährden, ist er bereit, ein falsches Gutachten zu unterschreiben, das die Bevölkerung über die wahre Ursache des Nebels im Unklaren läßt. Ihm ist seine mangelnde Zivilcourage durchaus bewußt: „Meine Frau hat morgen eine Gallenblasenoperation. Mein einer Sohn ist ein lebenslänglicher Krüppel, der andere soll mein Nachfolger werden. Sie sind jung und mutig, Herr Kollege. Ich beneide Sie." (S. 77) Mit Thomsen hat Maria Lazar den Prototypen des Untertanen geschaffen, der sich der Obrigkeit anpaßt aus Angst vor persönlichen Nachteilen.

Im Gegensatz zu den Männern haben die beiden Frauen, die auf der Seite der Mächtigen stehen, keine bewußte Entscheidung getroffen. Um die Haltung dieser Figuren zu erklären, greift Maria Lazar zu einem weitverbreiteten Klischee. Die Frauen handeln aus Liebe. Clarisse hält als Frau des Generaldirektors zu ihrem Mann. Die Heilsarmeeschwester, die, da sie einen Typus repräsentieren soll, keinen individuellen Namen erhält, leitet die Liebe zu Gott. Wie Brechts „Heilige Johanna der Schlachthöfe" ist auch Lazars Figur Leutnant der Heilsarmee. Wie Johanna versucht auch sie, die Katastrophe mit Gebeten und heißer Suppe zu bekämpfen. Johanna, am Anfang wie Lazars Figur davon überzeugt, daß das Unglück „wie der Regen kommt", muß im Laufe der Handlung lernen, daß es Ursachen und triftige Gründen für das Leiden der Arbeiter gibt.[278] Lazars Heilsarmeeschwester bleibt dagegen eine solche Wandlung versagt. Die Konfrontation mit dem Elend ändert ihre Haltung nicht. Sie ist die einzige, die bis zum Ende des Stückes an die offizielle Version glaubt, daß es sich bei dem Nebel um eine Naturkatastrophe handelt: „Nun, da alles Missgeschick behoben scheint, da der böse Nebel endlich gewichen ist." (S. 97) Mit der Figur hat die Autorin ihre Religionskritik, die schon in dem ersten Roman „Vergiftung" anklang, weiter verschärft. Sie gibt mit dieser Gestalt ihrer Überzeugung Ausdruck, daß die Kirche, wie Reinhard Kühnl es formuliert, zur positiven Einstellung zum Thema Krieg und Militär beitrug.[279] Nicht von ungefähr macht die Dramatikerin ihre Kritik an der Heilsarmee fest, die für ihre Organisation eine militärisch anmutende Rangordnung favorisierte. Die Parallele zwischen Militär und Heilsarmee arbeitet Lazar in dem Stück deutlich heraus. Die Heilsarmee wirkt wie das kleinere Übel. Erst nachdem sie versagt hat, tritt das Militär auf den Plan: „Die Heilsarmee ist zu schwach. Ich habe es gleich gesagt. Wir brauchen Militär." (S. 40) Der Gegenspieler der Heilsarmeeschwester ist Jan, der ihr vorwirft, die Interessen des Kapitals zu vertreten. Doch Jan, der von Anfang an die Ziele der Fabrikanten benannt hat, wird verhaftet. Er tritt in den Hungerstreik und ist am Ende des Stückes genauso verzweifelt wie Barbara. Auf die Frage, weshalb er die Nahrung verweigere, antwortet er:

> „Weil gar nichts anderes mehr zu machen war. Aber sie haben mich klein gekriegt. Da muss einer gesund sein und feste Lungen haben, sonst kommt er nicht durch. Sie haben mich klein gekriegt, Josef. Ich möchte mich am liebsten ins Bett legen und gar nicht mehr aufstehen." (S. 98)

Jan richtet sich ebenso zugrunde wie Barbara. Er setzt den Hungerstreik auch nach seiner Entlassung fort. Ein anderer Arbeiter, Andreas, stirbt bei der Demonstration. Der einzige, der noch nicht aufgegeben hat, ist der junge Arzt Jonas. Doch er tritt nicht mehr auf, sondern es wird nur von ihm berichtet: „Wo Giftgas erzeugt wird, dort muss es auch einmal ausbrechen. Das sagt Doktor Jonas. Aber er kommt nicht durch damit." (S. 100) Der Widerstand der Bevölkerung scheitert auch deshalb, weil sich zu wenige wehren. Josef, der Mann Barbaras, und Georg, ein älterer Arbeiter, wiegeln von Anfang an ab und sind die ersten, die sich wieder ins Privatleben zurückziehen. Auch die Frauenfiguren hat die Dramatikerin nicht mit kämpferischen Zügen ausgestattet. Luise, die Jan liebt, hält zwar zu ihm, ergreift aber niemals die Initiative. Die alte Kathrine erkennt zwar als eine der ersten die Wahrheit, doch sie gibt auf. Auch bei ihr überwiegt der Hang zur Selbstzerstörung. Sie geht in den giftigen Nebel hinaus:

> „Mich soll keiner mehr retten. Erst haben sie mir mein Mädelchen verdursten lassen, dann haben sie mir meinen Buben vergiftet. Mir aber wollen sie auch noch eine Gasmaske aufstülpen. Ich tu nimmer mit." (S. 50)

Maria Lazar interpretiert nicht nur am Schluß des Dramas die Lage als ausweglos. Schon vorher dominiert ein pessimistischer Grundzug. Der Eindruck der Katastrophe, den das Stück erzeugt, ist niederschmetternd. Das Ausmaß der Bedrohung erscheint universell. Auch für die Mächtigen gibt es kein Entkommen. Oberst Brix und sein Assistent sterben im Giftgasnebel. Bei dem Generaldirektor und seiner Frau bleibt unklar, ob sie sich retten können. Maria Lazar gibt in dem Stück keine politische Analyse, die sie bis in die Einzelheiten differenziert. Sie bewegt sich in einfachen Denkschemata von Gut und Böse, die sie nur in Ansätzen durchbricht. Die Bedrohung stellt sie allerdings in Bildern dar, die unter die Haut gehen. Mit dem Text hat sie durchaus ihr dramaturgisches Können unter Beweis gestellt. Die aufrüttelnde Wirkung des Dramas war sicherlich ein Grund mehr für die Machthaber, das Stück zu verbieten.

6.1. Christa Winsloe – eine aristokratische Rebellin

Christa Winsloe 1933

Für die Tragödie „Mädchen in Uniform", die Christa Winsloe weltberühmt machte, griff die Dramatikerin auf einen Vorfall zurück, der sich während ihrer Schulzeit ereignet hatte. Die Manuela des Stückes „hat es in Wirklichkeit gegeben. Sie hat sich runtergestürzt und blieb für ihr Leben hüftlahm."[280] Christa Winsloe, am 22.12.1888 in Darmstadt geboren, ließ dieses Ereignis auch Jahre nach dem Schulbesuch im Kaiserin-Augusta-Stift nicht los. Die Zeit dort blieb für sie ein Alptraum. In der Anstalt herrschte ein ähnlich strenges Reglement, wie sie es in dem Drama schilderte. In dieser Schule fühlte sich das junge Mädchen fremd und verloren:[281]

> „In ganz schweren Träumen finde ich mich wieder dort umherirrend in den langen weißen Korridoren, geweckt aus tiefem Schlaf von schriller Glocke und Kommando-

Christa Winsloe mit einer Skulptur

stimmen. Hungrig eine Andacht anhörend, in Eile einen mageren Wasserkakao her-
unterjagend, – fühle wieder das Gehen zu zwei und zwei, immer in der Angst, von
rückwärts getreten zu werden oder dem Mädchen, das vor mir ging in die Füße zu
treten. Die öden Sonntage kehren wieder, wo man die merkwürdigsten Ecken auf-
suchte, um nur ein, ein einziges Mal allein oder zu zweit zu sein. Die spärlichen
Sonntage, die ich bei meiner Tante außerhalb verbringen durfte, waren lediglich mit
Essen und Schlafen ausgefüllt. Zu irgend einer Unterhaltung oder zum Vergnügen
zu müde, war ich nur darauf bedacht, mich so satt zu essen und zu schlafen, daß es
wenigstens ein paar Tage vorhielt."[282]

Mit 16 Jahren verließ Christa Winsloe das Stift, „ohne eine Ahnung zu haben, wie man
sich anzieht, ohne vom Haushalt etwas zu wissen, weltfremd, scheu und ängstlich,
schüchtern bis zum Menschenhaß."[283] Um die Lücken in der Erziehung zu schließen,
schickte ihr Vater, ein gebürtiger Engländer, sie anschließend in ein Schweizer Nobel-
internat, wo sie die richtigen gesellschaftlichen Umgangsformen lernen sollte. „Das war
ein erzieherisches Wechselbad, und was würde nun aus ihr werden? Rigide Preußin oder
Weltbürgerin?"[284]
　　Die Offizierstochter fand einen anderen Weg, ihr Leben zu gestalten. Sie wollte Bildhauerin werden und ging zum Studium nach München. Diese Wahl stieß sowohl bei

ihrer Familie als auch bei ihren Künstlerkollegen auf Unverständnis. In zwei Romanen, die sie Jahre später verfaßte, beschrieb sie die frauenfeindliche Atmosphäre in den Ateliers.[285] Eine Frau als Bildhauerin war noch immer etwas Außergewöhnliches. Sie mußte sich mit den Vorurteilen ihrer Umgebung auseinandersetzen. Christa Winsloe hoffte, in Italien ein freieres Klima zu finden. Doch Florenz enttäuschte sie: „Mit arbeiten geht es denkbar schlecht, ich werde wohl nicht mehr lange hier bleiben – ich kann hier nicht arbeiten – es gibt dazu viel zu viele Gründe, als das ich einen nennen könnte", berichtete sie im Februar 1913 an Alfred Walter von Heymel.[286]

Aus dieser für sie unbefriedigenden Situation flüchtete sie kurz darauf in die Ehe. Sie heiratete den Zuckerbaron Ludwig von Hatvany und lebte auf seinen Besitzungen in Ungarn. Ihre künstlerischen Pläne verfolgte sie weiter. So stellte sie 1918 einige ihrer Skulpturen in Budapest aus.[287] Außerdem wandte sie sich dem Schreiben zu. In einem Roman, der nie gedruckt wurde, schilderte sie ihr bisheriges Leben. Das Manuskript, das sie „Das schwarze Schaf" nannte, handelte „von einem kleinen Mädchen , (…) das in ihrer Familie, in der Schule, im Bildhaueratelier das schwarze Schaf gewesen ist, aber dann doch den richtigen Mann abbekommen hat".[288] Doch Christa Winsloes Leben blieb nicht bei diesem Happy-end stehen. Als die ungarischen Kommunisten unter Bela Kun die Großgrundbesitzer bedrohten, bekam sie es mit der Angst. Sie flüchtete „in den Zoologischen Garten und schlief ein paar Nächte in der Futterkammer neben dem Löwenkäfig".[289] Nicht nur die Revolution belastete sie. Ludwig Hatvany war wohl doch nicht der richtige Mann für sie. 1924 ließ das Paar sich scheiden. Ludwig Hatvany sorgte auch nach der Trennung für seine ehemalige Frau und sicherte so ihren Lebensunterhalt. Christa Winsloe behielt ihre ungarische Staatsbürgerschaft und zog nach München. „Sie gehörte zur Münchner Bohème, liebte die Stadt und die Menschen und verwöhnte ihre Freunde."[290]

Sie arbeitete wieder als Bildhauerin. Um die Anfeindungen zu umgehen, die ihr vorher so zu schaffen gemacht hatten, suchte sie sich eine Nische abseits vom Kunstbetrieb. Ihr bevorzugtes Motiv waren nun Tiere. Auch ihre schriftstellerischen Pläne verfolgte sie weiter. In einem Beitrag für den Berliner „Querschnitt" verband sie die beiden Künste, zu denen sie sich hingezogen fühlte. „Ich modelliere Tiere", bekannte sie 1926 in der mondänen Zeitschrift.[291] Der Text ist kein sachlicher Bericht, in dem sie über die Schwierigkeiten sich durchzusetzen informiert, sondern in einem lockeren Plauderton schreibt sie über die besonderen Probleme einer Tierbildhauerin:

„Es gibt bei der Tiermodelliererei andere Schwierigkeiten, zum Beispiel, wenn man ein einzelnes Meerschweinchen modelliert, ein recht rundes, dickes, und kommt am nächsten Tage dazu und findet anstatt eines dicken ein dünnes und vier neue. Das ist Pech!"[292]

Christa Winsloe lebte die meiste Zeit des Jahres in München. Sie hatte jedoch auch ein Atelier in Berlin. Neben der Bildhauerei widmete sie immer mehr Zeit dem Schreiben. Im „Querschnitt" erschienen noch weitere Feuilletons.[293] Außerdem ging die Vierzigjährige daran, ihr Kindheitstrauma für die Bühne zu bearbeiten. In dem Schauspiel zeigt

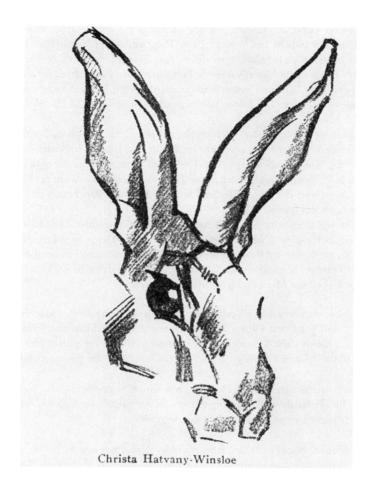

Christa Hatvany-Winsloe

die Autorin die tödlichen Folgen einer repressiven Erziehung auf. Manuela von Meinhardis, die tragische Heldin des Stückes, flieht in den Tod, als die geliebte Lehrerin sie
verleugnet. 1930 erlebte das Drama als „Ritter Nérestan" die Uraufführung in Leipzig.[294] Ganz allmählich rollte nun der Weltruhm heran. Für Berlin wurde das Drama
umbenannt und hieß nun „Gestern und heute".[295] Die starke Resonanz auf ihren Büh-
nenerstling verwirrte die Autorin, wie sich ihre Freundin Hilde Walter erinnert:

> „Christa Winsloe war zur Premiere (…) nach Berlin gekommen und reagierte auf
> den unerwartet grossen Erfolg mit heftigen Magenschmerzen. Bei Haferschleimsup-
> pe, zwischen unausgepackten Koffern und Blumenkörben voll roter Rosen, erklärte
> sie, daß alles ein Mißverständnis sei. Die guten Kritiken, die schlechten Kritiken und
> auch viele der roten Rosen, soweit sie von unbekannten Damen geschickt waren."[296]

In einem Punkt wußte sich Christa Winsloe allerdings mit den Rezensenten einig. Den meisten Kritikern mißfiel das Vorgehen des Theaterdirektors Victor Barnowsky, der kein reines Frauenstück herausbringen wollte. Aus diesem Grund ließ er eine Männerrolle in die Handlung einfügen. Viktor de Kowa gab einen Fechtlehrer, der sich in Manuela verliebt hatte. Arthur Eloesser kommentierte diesen Eingriff kurz und bündig: „Den blöde werbenden Turnlehrer laßt nur schleunigst kehrt in die Kulissen machen."[297]

Der Ratschlag wurde befolgt, doch mußte sich die Dramatikerin auch später gegen einschneidende Veränderungen zur Wehr setzen. 1931 wurde die Internatstragödie verfilmt. Für das Kino wandelte sich der Titel noch einmal, er wurde sprichwörtlich: „Mädchen in Uniform". Das internationale Preisgericht lobte das Werk der Regisseurin Leontine Sagan und des Ensembles und nannte den Film den besten der gesamten Weltproduktion des Jahres 1931.[298]

Der Film war in einer ungewöhnlichen Atmosphäre entstanden. „Mädchen in Uniform" produzierte eine unabhängige Kooperative, die Deutsche-Filmgemeinschaft. Leontine Sagan, die den Stoff bereits für das Theater an der Stresemannstraße inszeniert hatte, legte bei ihrer Regiearbeit den Schwerpunkt darauf, daß sich alle Darstellerinnen mit dem Schicksal der Manuela identifizieren konnten:[299]

> „Ich habe es vor allem dem jugendlichen Enthusiasmus aller jungen Mädchen zu verdanken, daß wir einen Film machen konnten, der Ehrlichkeit und Elan hat. Die Mädchen haben diese Geschichte ernst genommen und ihr ganzes Herz an diese kleine fiktive Manuela gehängt, die sie alle ein bißchen selbst gewesen sind."[300]

Der Einsatz machte sich bezahlt. Der Film trat seinen Siegeszug um die Welt an. Die Untertitel für die französische Fassung schrieb die Schriftstellerin Colette. Auch in den Vereinigten Staaten zeigten sich die Kritiker begeistert:

> „The National Board pries den Film ‚als einer der humansten Filme, die je gedreht wurden', die New Yorker Herald Tribune nannte ihn ‚das Drama des Bedürfnisses nach Zärtlichkeit und Verständnis im Gegensatz zur Härte eines tyrannischen Systems von Internatsherrschaft'."[301]

Nur die Autorin hatte Einwände. Obwohl Christa Winsloe am Drehbuch mitgearbeitet hatte, mißfiel ihr der veränderte Schluß. Der Film endet nicht tragisch, denn die Schülerinnen verhindern den Selbstmord Manuelas. Dieses gemäßigte Happy-end korrigierte die Dramatikerin in dem Buch zum Film, das sie anschließend verfaßte, und das eher als ein Buch gegen den Film zu lesen ist. In dem Roman „Das Mädchen Manuela" stürzt sich die Heldin wie im Stück aus dem Fenster.[302] Gegen Theaterinszenierungen, die sich auf den Filmschluß stützten, ging die Autorin rigoros vor. So drohte sie dem Leiter des Frankfurter Neuen Theaters, Arthur Hellmer, mit einer Klage, falls er ihr Stück nicht so aufführen ließ, wie sie es für die Bühne geschrieben hatte.[303] Für das Theater fand sie den tragischen Schluß unabdingbar. Die meisten Intendanten und Regisseure hielten

Margarete Melzer und Luise Ulrich in „Schicksal nach Wunsch"

sich an ihre Vorgaben. In Wien, London und Tokio wurde das Stück mit dem tödlichen Ausgang gegeben. Die Verfilmung machte Christa Winsloe mit einem Schlag berühmt. Die Autorin, die bis dahin kaum vom Schreiben und von der Bildhauerei leben konnte, verdiente nun endlich genug und erhielt sogar neue Aufträge. Doch die Dramatikerin hatte Angst, als Fachfrau für Mädchenfragen abgestempelt zu werden. Sie wollte vom Thema Heimerziehung weg und schrieb die Gesellschaftskomödie „Schicksal nach Wunsch". In dem Lustspiel, das die Kammerspiele des Deutschen Theaters in Berlin am 9. September 1932 uraufführten, bildet die Gegenwart lediglich den Hintergrund, vor dem sich die Handlung abspielt. Die „fürchterlich drückende Atmosphäre der wirtschaftlichen und politischen Zustände", wie eine Figur im Stück die aktuelle Situation charakterisiert, beunruhigt die Personen in der Komödie nicht.[304] Sie sind nur damit beschäftigt, ihre privaten Beziehungen zu verwirren. Das Stück läßt „die Wunschträume von drei Männern und zwei Frauen dieser Zeit durcheinanderspielen."[305] Eine der Frauen ist lesbisch, die Ärztin Anna Werner, die ihren Erfolg im Beruf mit Einsamkeit im Privatleben bezahlt. Sie liebt ihre Freundin Sylvia, die jedoch nur Männer im Kopf hat und Annas genaues Gegenteil ist: hilflos und unselbständig. In „Schicksal nach Wunsch" zeigt sich die Dramatikerin von einer ganz anderen Seite als bei ihrem großen

101

Bühnenerfolg. Das hatte auch seinen Preis. So benutzt sie in der Komödie Klischees, die sie in „Gestern und heute" noch bekämpft hat. Mit der Figur der Ärztin Franziska Schmitt bestätigt sie Vorurteile, die über lesbische Frauen existierten: „Franziska (...) ist im Gegenteil zu Anna ganz reizlos, eine Art moderne alte Jungfer. Eckige, unfreie, absichtlich unelegante Bewegungen. (...) Haare ausgesprochener Herrenschnitt."[306]

Nicht nur Erich Kästner mißfiel diese Anbiederung an das Publikum: „Das Lustspiel der Winsloe war, nach (...) ‚Mädchen in Uniform' eine geradezu bodenlose Enttäuschung. Dieses ‚Schicksal nach Wunsch' beliefert, nach einem netten Vorspiel, die Zuschauer einige Akte lang mit Plattitüden, und daß Dr. Rudolf Beer, fraglos ein gewiefter Kenner des Konversationsstücks, etwas Derartiges akzeptierte, ist kaum verständlich. Besonders peinlich wirkt das Ganze, weil es von vorzüglichen Darstellern gespielt wird: von Abel, Riemann, Brausewetter, der Ulrich und der Melzer."[307]

6.2. Lesbische Tragödie versus Revolte im Erziehungshaus in „Gestern und Heute"

Die gängigen Vorurteile, die Christa Winsloe in „Schicksal nach Wunsch" bediente, waren in „Gestern und heute" ein Grund für den Selbstmord Manuelas. Im Mittelpunkt des Internatsmelodrams steht die Tragödie einer lesbischen Liebe. Das Drama spielt in einem Potsdamer Stift für Töchter unbemittelter aristokratischer Offiziere. Die Oberin des Internats verkörpert den Geist von Potsdam. Preußisch bis ins Mark, gestützt auf einen Stock wie der „Alte Fritz", überträgt sie die Grundsätze der militärischen Ausbildung auf die Mädchenschule. Zucht und Ordnung lautet ihre Devise. Das sensible Mädchen Manuela von Meinhardis, das nach dem Tod ihrer Mutter in das Stift gekommen ist, leidet besonders unter der kalten Atmosphäre. Nur in Fräulein von Bernburg findet sie eine verständnisvolle Lehrerin. Aus der bloßen Schwärmerei Manuelas wird bald mehr, zumal sie meint, daß die Lehrerin ihre Gefühle erwidert.[308] Bei einer Schulaufführung von Voltaires „Zaire" übernimmt sie den männlichen Part des Ritters Nérestan. Bei der Stiftsfeier begeistert Manuela mit der Rolle sowohl die Erzieherinnen als auch ihre Mitschülerinnen. Anschließend trinkt sie zu viel Punsch und bekennt sich öffentlich zu ihren Gefühlen für Fräulein von Bernburg. Die Oberin kommt hinzu und empfindet den Auftritt als ungeheuren Skandal. Die Folgen dieses Ausbruchs sind für Manuela schrecklich. Auf Befehl der Oberin wird sie von ihrer Umwelt isoliert. Niemand darf mit ihr reden. Fräulein von Bernburg mißachtet zwar das Verbot, zieht sich aber in dem Gespräch völlig von dem Mädchen zurück und macht ihr die Anordnungen der Oberin klar. Das Schlimmste für Manuela ist nicht, daß sie bestraft wird, sondern daß sich die geliebte Lehrerin von ihr abwendet. In ihrer Verzweiflung sieht sie keinen anderen Ausweg, als sich das Leben zu nehmen.

Christa Winsloes Drama ist das einzige Bühnenstück in der Weimarer Republik, das so einfühlsam weibliche Homosexualität beschreibt. Ferdinand Bruckner und Hermann Sudermann stellten in ihren Dramen lesbische Frauen immer noch als verrucht dar. Auch außerhalb des Theaters fanden Lesben wenig Verständnis. Für die Frauenbewegung schien die Problematik nicht zu existieren. Für die Frauen galt zwar der Para-

Die Uraufführung in Leipzig

graph 175 nicht, der Homosexualität unter Männern mit Strafe bedrohte, aber das bedeutete nicht, daß die Gesellschaft Liebesbeziehungen unter Frauen tolerierte. Lesben
waren mit ihrer Art zu leben und zu lieben in den Bereich der Subkultur verwiesen.[309]
Die Diskriminierungen, denen lesbische Frauen ausgesetzt waren, berührten die breite
Öffentlichkeit nicht. Um so erstaunlicher, daß diese Demütigungen in einem Theaterstück aufgegriffen werden konnten.

Christa Winsloe hatte sich allerdings abgesichert. Das Stück thematisiert sowohl die
lesbische Liebe als auch eine Kritik am preußischen Erziehungsgeist und Militarismus.
Sie hält ihren Text in der Schwebe. Körperliche Leidenschaft kommt in dem Drama
nicht vor. Einzige Ausnahme: Ein ganz und gar unmütterlicher Kuß, zu dem sich Fräulein von Bernburg beim Gute-Nacht-Sagen hinreißen läßt. Erotische Beziehungen unter den Schülerinnen deutet die Autorin zwar an, doch lassen sie sich immer auch als
kindliche Verhaltensweisen in Sachen Liebe interpretieren. So schreiben sie sich Liebes-
briefchen und malen sich ein Herz mit den Initialen E.B. auf die Kokarde der Schul-
tracht. Die Dialoge lassen ebenfalls an Deutlichkeit zu wünschen übrig. Als Edelgard
nachfragt, warum sie nicht mehr mit ihrer Freundin sprechen darf, erhält sie von Fräulein von Kesten zur Antwort: „Manuela ist eine Verlorene. Das verstehst Du nicht. (…)
Sie ist eben, verstehst Du – sie ist milde gesagt, krankhaft." (S. 106) Das Wort lesbisch
kommt der Erzieherin nicht über die Lippen, und Edelgard zieht ratlos ab.

Der Vergleich der Urfassung „Ritter Nérestan" mit dem Theatermanuskript „Gestern und heute" läßt den Schluß zu, daß die Dramatikerin den Text für die Berliner
Aufführung entschärfte. Schon die Charakterisierung von Fräulein von Bernburg ist in
der frühen Version eindeutiger. Die Szene, in denen sich die Mädchen über den Eintritt
der Erzieherin ins Stift unterhalten, fehlt später. Als Grund für die Ehelosigkeit der Leh-

Margarete Melzer und Gina Falkenberg in „Gestern und heute"

rerin führt Ilse an: „Sie wollte sich einfach nicht küssen lassen und sagte: Männer wären ihr eklig."[310] Die Erzieherin ist zudem positiver gezeichnet als in der Überarbeitung. Fräulein von Bernburg nimmt Manuela vor der Oberin in Schutz und findet deutliche Worte. Die Behauptung der Oberin: „Manuela ist unnormal", weist sie entschieden zurück:

> „Sie wollen das so nennen – gut. Ich nenne das anders. Für mich, und da stehe ich gottseidank nicht alleine da, ist dieser Schuß Knabenhaftigkeit kein Verbrechen, im Gegenteil, aus solchen Kindern werden oft begabte, selbständige, energische, ja führende Frauen, die ihrem Geschlecht Ehre machen."[311]

Fräulein von Bernburg läßt sich von der Oberin nicht einschüchtern. Sie kündigt die Stellung und hat vor, Manuela mitzunehmen. „Sie soll nicht zugrunde gehen. – Ja, ich werde sie retten."[312] In der Bearbeitung verläßt zwar die Erzieherin ebenfalls die Anstalt, doch von einem Leben mit Manuela ist nicht mehr die Rede. Auch ihre Verteidigung für die mißliebige Schülerin fällt nun halbherziger aus: „Sie nennen es Perversität und ich – ich nenne es den großen Geist der Liebe, der tausend Formen hat." (S. 121) Es ist nicht mehr eindeutig, ob Fräulein von Bernburg über lesbische Liebe spricht, oder ob sie nur eine kindliche Schwärmerei meint.

Dennoch stellt die gestutzte Fassung ebenfalls das Verhältnis zwischen Lehrerin und Schülerin in den Mittelpunkt. Bei der Gestaltung Manuelas hat die Autorin keine Abstriche gemacht. Sie betont die Knabenhaftigkeit der Figur. Manuela äußert gegenüber ihren Mitschülerinnen, daß sie lieber ein Junge wäre. Folglich lehnt sie es auch ab, auf den schriftlichen Heiratsantrag eines Fechtmeisters überhaupt zu antworten. Sie zerreißt den Brief. Die Protagonistin des Dramas bekennt sich auch in „Gestern und heute" offen zu ihrer Liebe zu Fräulein von Bernburg. Schon nach der ersten Begegnung mit der Erzieherin äußert sie gegenüber ihrer Vertrauten Edelgard, daß sie sich in ihren Unterrichtsstunden besonders anstrengen will, damit die Lehrerin sie liebgewinnt. Auch Fräulein von Bernburg läßt sie über ihre Gefühle nicht im unklaren. Als die Erzieherin sie zu sich bestellt, um ihr ein Hemd zu schenken, bricht es aus ihr heraus: „Ich liebe Sie, ich liebe Sie so wie meine Mutter aber noch mehr, noch mehr, anders –." (S. 68) Mit einer gewissen Naivität stellt Manuela den Anspruch, ihre Liebe offen auszuleben, und gerät damit in Widerspruch zu den gesellschaftlichen Repräsentanten im Stück, der Oberin und den ihr ergebenen Erzieherinnen.

Im Gegensatz zu Manuelas Aufrichtigkeit steht das Verhalten Fräulein von Bernburgs. Sie verleugnet sowohl vor ihrer Umgebung als auch vor sich selbst ihre Liebe zu Manuela. Lediglich ihr „enttäuschter Mund", den Christa Winsloe als eines der Merkmale auswählt, mit denen sie die Person einführt, deutet eine ambivalente Haltung an. (S. 25) Aus diesem Bild spricht sowohl eine leise Resignation als auch ihre Bereitschaft zur Leidenschaft. Ihre außergewöhnliche Zuneigung äußert sich denn auch nur in nichtsprachlichen Gesten. So führt die Autorin in der Bühnenanweisung, die die Schlafsaalszene beendet, in der die Lehrerin allen Kindern Gute-Nacht sagt, aus: „Als ginge ihr die letzte Kraft aus, läßt sich Manuela in die Arme Fräulein von Bernburgs fallen, die sie auffängt, an sich drückt und ihren Mund auf den ihren preßt." (S. 50) Nur unbeabsichtigt reagiert die Erzieherin auf Manuelas Liebe. Im Gespräch mit der Schülerin selbst bekämpft sie die Zärtlichkeit, die ihr gefährlich erscheint, und versucht, sie in Güte und Mütterlichkeit abzuwandeln.

Bei Fräulein von Bernburg beschränkt sich Christa Winsloe auf die Außenansicht der Figur. Keine inneren Monologe geben darüber Aufschluß, ob die Lehrerin ihr Handeln in Frage stellt. In den Dialogen mit Manuela stellt sie lediglich heraus, daß sie Angst vor den gesellschaftlichen Konsequenzen einer solchen Liebe hat. Sie nimmt eher die Einsamkeit in Kauf als die gesellschaftliche Ächtung. Im letzten Gespräch mit Manuela hat sie sich sogar die gängigen Moralvorstellungen zu eigen gemacht: „Du darfst mich nicht so lieb haben, das ist unnatürlich, das ist … Sünde." (S. 112) Wieder

105

nur in einer Bühnenanweisung deutet die Dramatikerin an, daß Fräulein von Bernburg mit sich zu kämpfen hat. So ist ihr erster Impuls, den sie dann unterdrückt, Manuela nachzulaufen. Die Erzieherin steht nicht zu ihrer Liebe. Deswegen behandelt das Stück auch nicht, wie die amerikanische Filmtheoretikerin B. Ruby Rich unterstellt, das Coming-Out der Lehrerin.[313] Im Gegenteil: „Die Lehrerin war keine politische Heldin, sondern ein Versager. Sie ist eine Dunkellesbe, wie sie im Buche steht. Wenn Manuela aus dem Fenster ist, dann ist Fräulein von Bernburg gerettet. Das ist der bitterliche Schluß."[314]

Die Kinder haben sich die gesellschaftlichen Normen noch nicht zu eigen gemacht. Sie fällen kein Urteil über Manuela. Lesbische Beziehungen scheinen unter ihnen toleriert zu werden. So schicken sich einige Mädchen Liebesbriefe, und Oda ist ganz offensichtlich in Manuela verliebt.[315] Doch die Schülerinnen lehnen sich nicht gegen die Autoritäten auf, keine steht Manuela bei. Ebenso wie Fräulein von Bernburg beugen sie sich dem äußeren Druck.

Der streng gegliederte Aufbau des Dramas, bei dem Anfang, Höhepunkt und Ende der Auseinandersetzung deutlich markiert sind, verweist auf klassische Vorbilder, an denen sich Christa Winsloe orientiert hat. Die ausgewogene Zweipoligkeit von Spiel und Gegenspiel, Protagonist und Antagonist ist nach Volker Klotz ein Merkmal der geschlossenen Form.[316] Auch die Einheit des Raumes ist den historischen Vorläufern entlehnt. Bis auf eine Ausnahme spielen alle Szenen im Schulgebäude. Der Schauplatz des Bildes, in dem Manuela in die Rolle des Ritters Nérestan schlüpft und sich ausmalt, ihre Erzieherin zu befreien, ist der Garten. Die Weite des Ortes korrespondiert mit der Utopie, die gesellschaftlichen Tabus zu überwinden. Die formale Geschlossenheit wird auch noch dadurch unterstützt, daß Manuela fast durchgängig auf der Bühne ist.

Der Tod Manuelas orientiert sich ebenfalls an klassischen Vorbildern. Wie im bürgerlichen Trauerspiel versteht die Autorin den Tod der Heldin als Kritik an der Gesellschaft. Doch durch Manuelas Tod hat sich nichts geändert. Stärker als Eleonore Kalkowska und Maria Lazar verklärt Christa Winsloe das Sterben „mit den Augen des tragisch-empfindsamen Poeten", wie Günter Rühle formuliert.[317] Nur im Tod ist Manuela frei, nun kann sie niemand zwingen, ihre Liebe zu verleugnen. Die Dramatikerin nennt zwar auch die Schuldigen an diesem Tod. Doch die herausfordernde Frage an das Publikum, wie die bestehenden Vorurteile gegenüber lesbischen Frauen überwunden werden können, fehlt. Die Hilflosigkeit der Autorin in diesem Punkt hängt sicherlich auch damit zusammen, daß sie vor dem eigentlichen Konflikt immer wieder in Andeutungen flieht. Ein zeitgenössischer Rezensent erkannte richtig:

„Christa Winsloe (…) lehnt sich an Vorbilder an und kommt schwer von ihnen los, sie hat nicht den letzten Mut, das Thema fest anzupacken, sie läßt das eigentliche Drama nur ahnen, statt es plastisch herauszuarbeiten. (…) Die keimende Tragödie hat die Verfasserin vielleicht gefühlt, aber nicht entwickelt. Das Stück hätte ein Gegenstück zur ‚Gefangenen" werden können, aber gerade von Bourdet hätte Christa Winsloe lernen müssen, wieviel Konfliktstoff in der homosexuellen Liebe liegt."[318]

Christa Winsloes Versuch, ein Tabu zu brechen, ist im Ansatz steckengeblieben. In dem Stück reduziert sie lesbische Liebe auf eine pubertäre Erscheinung, die durch die lieblose Atmosphäre in einem Mädchenpensionat hervorgerufen wird. So meint sie selbst: „Was ich zu schildern versuchte, sind die erotischen Verwirrungen der Pubertätszeit, die kindlich reine Leidenschaft eines starken Gefühls, das im Zusammenprall mit (...) einer feindlichen Umgebung zu Vernichtung und Untergang führt.“[319] Diese Zaghaftigkeit verhalf der Dramatikerin zwar zu einem großen Bühnenerfolg. Sogar konservative Rezensenten lobten: „Was sonst in modernen Aufklärungsstücken uns öfters so anwidert – sexuelle Entgleisung – wurde hier geflissentlich ferngehalten.“[320] Doch leistet die Autorin damit den Deutungen Vorschub, die in dem Stück lediglich die weibliche Variante zu Lampels „Revolte im Erziehungshaus“ sahen: „Manuelas (...) Liebe (...) beschwört den lange schon schlummernden Konflikt zwischen altem und neuem System, zwischen Strenge und Liebe, zwischen gestern und heute herauf.“[321]

Die Kritik an dem preußischen Erziehungsideal ist in dem Stück deutlicher formuliert. In dem ursprünglichen Entwurf geht es Christa Winsloe zwar erst in zweiter Linie darum, die veraltete Pädagogik in dem Mädchenpensionat anzugreifen. Wichtig an der Umgebung ist ihr, daß sie verhindert, daß die Liebe zwischen Manuela und Fräulein von Bernburg offen ausgelebt wird. Doch wie bereits der Autorin fehlte es auch den Regisseurinnen an Mut. Bereits die Spielleiterin der Leipziger Uraufführung, Gertrude Langfelder, legte den Schwerpunkt auf die „Anklage gegen die strenge Internatszucht und gegen erzieherischen Unverstand.“[322]

„Eine Erziehungsanstalt für junge Mädchen, eingerichtet und geleitet nach dem Muster des königlich preussischen Kadettenkorps – Preisfrage: gibt es die? (...) Die Antwort (Christa Winsloe, Enkelin, Tochter, vielfache Nichte, Cousine, Schwester preußischer Offiziere erteilt sie): Ja, das gibt es! Heute! Ihr glaubt es nicht? Ihr kennt eure Republik schlecht! In Potsdam, nicht nur in Potsdam, werden die Töchter der ‚guten Familien‘ so erzogen, dass sie in schwerer Zeit, künftig Offiziere friderizianischer Prägung gebären mögen.“[323]

Der Akzent des Dramas verlagerte sich bei der Fassung für die Berliner Inszenierung noch stärker auf die Revolte gegen das preußische Erziehungssystem. Darauf deutet bereits der neue Titel „Gestern und heute“ hin. Er drückt aus, daß in dem Schauspiel eine gestrige Pädagogik angegriffen wird, die jedoch auch noch für Winsloes Gegenwart Bestand hatte. Die Oberin der Schule ist der Inbegriff des preußischen Geistes. Ihre Anordnungen erinnern an die Tagesbefehle eines Feldherrn an seine Soldaten. Die Oberin überträgt die Grundsätze der militärischen Ausbildung auf ihre Mädchenschule. Sie verlangt absolute Unterordnung, eigenes Denken wird in der Anstalt nicht gefördert:

„Nicht denken, liebe Kesten, nicht denken: gehorchen. Tradition fortsetzen. Wenn es nach mir ginge, bekämen sie wieder Feldküche. Die Verweichlichung ist unser Feind, mehr noch als der Erbfeind jenseits der Grenzen.“ (S. 41)

Obwohl in dem Stück nur Frauen auftreten, fungiert die Schule als Spiegelbild der Gesellschaft. Anhand des Mädchenpensionats, das von der Außenwelt abgeschlossen ist, treibt Winsloe die Kritik an den realen Zuständen auf die Spitze. Die Autorin sah, daß die alten Anschauungen, die mit der Revolution 1918 endlich besiegt schienen, auflebten. Seit der Verschärfung der politischen Auseinandersetzungen in der Republik wurde der Frontgeist immer wieder zitiert. Winsloe zeigt nun in dem Stück, daß nicht nur Männer das Kriegserlebnis aktivierten. Frauen standen ihnen in nichts nach. Auch sie beschworen, wie die Oberin, die Tugenden der Frontkameradschaft, obwohl sie sie nicht selbst erlebt hatten: „Auch wir bewahren eine heldische Tradition … Sie bedeutet Unterwerfung und Einordnung. Wer nicht gehorchen gelernt hat, kann nicht befehlen. Ausbrüche werden nicht geduldet." (S. 119) Anders als Sigmund Graff und Carl Ernst Hintze, die zur gleichen Zeit in ihrer „Endlosen Straße" den Männern ein Denkmal setzten, für die die Pflicht als höchste Tugend gilt, hinterfragt die Autorin diesen Begriff. Dadurch, daß sie Grundsätze einer Kaserne auf eine Mädchenschule überträgt, erreicht sie Distanz und gibt die soldatischen Tugenden der Lächerlichkeit preis. Insofern reiht sich Winsloes Stück ein in die Reihe der Dramen, die am Ausgang der Republik die zunehmende Militarisierung der Gesellschaft anprangerten.

Die Auseinandersetzung zwischen der Oberin und Fräulein von Bernburg, mit der das Stück endet, erhält in diesem Zusammenhang programmatischen Charakter. Alter und neuer Geist, Diktatur und Republik, prallen noch einmal zusammen:

„Oberin:	Bei uns sind die Revolutionen, Gott sei Dank, spurlos vorübergegangen … Wir haben treu am alten festgehalten. Wir haben hier starke, energische, harte Frauen zu erziehen, die ihrem Vaterland einmal Ehre machen sollen, keine Wildlinge, wie in den modernen Schulen. Darum geben die Eltern ihre Kinder zu uns, damit sie spartanische Zucht und Ordnung lernen. (…)
Fräulein von Bernburg:	Deshalb kommt es auch zu keinem Aufschwung. Nicht Pflege junger Mädchen ist das, sondern – Unterdrückung …
Oberin:	Fräulein von Bernburg … Ich habe soeben noch Ihren Einfluß auf die Kinder gerühmt … Ich nehme meine Worte zurück. Denn nun weiss ich, woher der Geist des Aufruhrs kommt, der plötzlich Manuela befallen hat … Aber ich lasse hier keine revolutionären Ideen aufkommen, so lange ich an dieser Stelle stehe *(stößt mit dem Krückstock auf)*, wird es das hier nicht geben:
Fräulein von Bernburg:	Ich habe das Gefühl, Frau Oberin wollen mich treffen, indem Sie Vorwürfe gegen das Kind erheben. O – ich hänge nicht an meiner Stellung, mir geht es heute um etwas ganz anderes als um die Versorgung. Sie wollen mich unterwerfen? Das wird ihnen nicht gelingen. Das ver-

suchen Sie bei den anderen Erzieherinnen, bei den armseligen, vom Leben enttäuschten, den verbitterten – es gibt ja sonderbare Gründe, Erzieherin zu werden. Aber wo ist die Führerin, an die die Kinder glauben. Die, die höher hinaufführt über sich selbst hinaus? – Die berufen ist! Nicht nur einen Beruf ausübt, die von Gott gewollt zur Erzieherin geboren ist."
(S. 119/120)

In der Schlußszene prangert die Autorin zwar recht deutlich die Grundsätze der Oberin an, doch die Position der Erzieherin bleibt verschwommen. Die Revolution, die ihr von ihrer Vorgesetzten unterstellt wird, will sie bestimmt nicht – jedenfalls nicht im Hinblick auf die Zukunft. Sie plädiert lediglich für eine humanere Pädagogik. Doch sie ist nicht bereit, für ihre Anschauungen zu kämpfen. Sie stellt sich zwar dem Wortwechsel mit der Oberin, doch danach zieht sie sich zurück. Durch ihren Weggang hat sich nichts geändert. Im Gegenteil: Die Oberin ist die Stärkere geblieben. Fräulein von Bernburg scheint fast die Position der SPD zu verkörpern, die wenig später den Nationalsozialisten die politische Bühne überließ.

Der Konflikt zwischen autoritärem und demokratischem System rückte bei der Kinoversion von 1931 gänzlich in den Vordergrund. Deshalb legt der Film das Schwergewicht auf den Kasernenalltag im Internat. Potsdam wird durch immer wiederkehrende Motive charakterisiert. Überall sind die Mädchen von preußischer Geschichte und von den Denkmälern ruhmreicher Geschichte umstellt. Das Standbild eines Soldaten und der wehrhafte Turm einer Garnisonskirche rücken häufig ins Bild.

Auch akustisch bestimmt die Garnison mit ihren Trompetensignalen vom Wecken bis zum Zapfenstreich den Tagesablauf im Mädchenpensionat. Auch die Schülerinnen bilden militärische Formationen. Der Ausgang erfolgt im Gleichschritt, und die Oberin schreitet wie ein Offizier die Front der Schülerinnen ab. Sie wirkt fast wie die Karikatur eines Feldherrrn. Doch die Oberin bleibt eine mögliche Figur, und auch das Exerzierreglement ist noch glaubhaft.

Um die Kritik am preußischen Erziehungsideal in den Mittelpunkt zu stellen, änderte Christa Winsloe zusammen mit F. D. Adams noch einmal die Textvorlage. Der Gegensatz zwischen altem und neuem Geist sollte stärker herausgestellt werden. Aus diesem Grund fügten die Drehbuchautoren eine Szene hinzu, die eine Konferenz der Lehrerinnen zum Thema hat, bei der Fräulein von Bernburg für Verständnis und Liebe plädiert, während die Oberin und ihr Anhang militärische Unterordnung fordern. Auch der Schulalltag nimmt im Film einen breiteren Raum ein.[324]

Die einschneidendste Änderung betrifft den Schluß. Der Selbstmord Manuelas wird von den Mitschülerinnen verhindert. Während abwechselnd das Rededuell Bernburgs mit der Oberin und der langsame Aufstieg Manuelas im Treppenhaus gezeigt wird, suchen die „endlich aufsässigen Mädchen" Manuela und retten sie.[325] Innerhalb der Filmhandlung ist dieses Ende durchaus konsequent. Die Kinder begehren gegen das überholte Erziehungssystem auf, und die Oberin zieht sich unter den anklagenden

Paula Denk, Ellen Schwanneke und Carla Gidt in der Berliner Inszenierung

Blicken als alte und gebeugte Frau zurück. Diese Szene deutet an, daß das autoritäre durch ein demokratisches Verhalten überwunden werden kann.

Das Ende des Films macht allerdings den Eindruck zunichte, daß die Oberin abgedankt hat. Kaum ist sie im dunklen Korridor verschwunden, ertönen die Trompeten der Kaserne. Sie haben das letzte Wort und verdeutlichen, daß 1931 die Auseinandersetzung um Disziplin, Unterwerfung und Patriotismus nicht beendet war. Der Film war also ein engagiertes Zeitstück geworden. Im Hinblick auf die Kritik an der preußischen Erziehung wurde die Vorlage radikalisiert, die Behandlung des lesbischen Liebe wurde dagegen abgeschwächt. Es lag vor allem an den Schauspielerinnen Hertha Thiele und Dorothea Wieck, daß die lesbischen Anklänge überhaupt noch so deutlich geworden sind, daß der Film sogar zu einem Kultfilm der Lesbenbewegung avancieren konnte. So lobte bereits Eduard Oskar Püttmann in der „Freundin":

„Hertha Thiele (…) fand erschütternde, sprechende Blicke und prägnante Gesten für ihre Sehnsucht nach Bemutterung, Zärtlichkeit und Leidenschaft. In Fräulein von Bernburg (Dorothea Wieck) tritt ihr das Ideal ihrer Sinne und ihrer Leidenschaft entgegen. (…) Wundervoll, namentlich in den Szenen mit Manuela, wußte Dorothea Wieck darstellerisch wie sprecherisch den Kampf zwischen ihrer Selbstbeherrschung und ihrer Veranlagung zum Ausdruck zu bringen."[326]

110

Das Lob des Rezensenten muß Carl Fröhlich, dem künstlerischen Oberleiter, ein Dorn im Auge gewesen sein.Hertha Thiele erinnert sich, daß er den lesbischen Teil der Aussage ausschließen wollte: „Was im Film an Erotik entstanden ist, geht wahrscheinlich unbewußt – denn Fröhlich hat es nicht so gewollt – von mir aus."[327]

Doch Fröhlich hätte es nicht so einfach gehabt, diesen Strang der Handlung zu unterdrücken, wenn nicht auch Christa Winsloe so zaghaft gewesen wäre. Ihre Distanzierungen und Selbstdeutungen machen deutlich, daß sie vor mehr Eindeutigkeit zurückschreckte. Dennoch bleibt „Gestern und heute" der geglückte Versuch, einem breiten Publikum ein Tabuthema nahezubringen, ohne prüde Theater- und Kinobesucher zu verstören.

Der Erfolg gab Christa Winsloe recht. Die Zeitereignisse hinderten die Autorin jedoch, an ihrer dramatischen Begabung zu feilen. Nicht nur Christa Winsloe machte die Erfahrung, daß der hoffnungsvolle Beginn bereits das Ende der Karriere einschloß. Auch für Anna Gmeyner, Eleonore Kalkowska, Ilse Langner, Maria Lazar und Hilde Rubinstein setzte die Machtübernahme der Nationalsozialisten den Schlußpunkt unter ihre Laufbahn als Bühnenschriftstellerin.

II. DAS ENDE DES AUFBRUCHS

Der Aufbruch der Frauen am Theater war mit dem 30. Januar 1933 vorbei. Die zeitkritischen Autorinnen hatten in ihren Stücken Front gegen die Symbole der Männlichkeit gemacht, indem sie die Helden demontierten, den Mann als Opfer der Verhältnisse zeigten oder starke Frauenfiguren erfanden. Dem ungebetenen Ratschlag „Sie müssen unbedingt Erbhofstücke schreiben – Blut und Boden, vor allem deutsche Scholle brauchen wir jetzt",[1] den die Dramatikerin Elisabeth Castonier erhielt, wollten auch die anderen Schriftstellerinnen nicht folgen, da sie gerade in ihren Dramen dem „auferstehenden deutschen Geist" so entschieden entgegengetreten waren.[2]

Aus diesem Grund traf manche Schriftstellerin ein „dreifacher Fluch" der Nationalsozialisten,[3] wie Käte Frankenthal klagte, die sich als Jüdin, Sozialistin und Frau verfolgt sah. Als engagierte Demokratinnen hatten sich gerade die Autorinnen von Zeitstücken bei den Machthabern unbeliebt gemacht. Die Mehrzahl von ihnen bekam auch den Rassenwahn zu spüren. Als artfremd galten die Werke der Jüdinnen Anna Gmeyner, Maria Lazar, Hilde Rubinstein und der Polin Eleonore Kalkowska. Dem Idealbild der NS-Ideologen von der deutschen Frau entsprach ohnehin keine der Dramatikerinnen. Jede von ihnen hatte sich auf ihre Weise für die Rechte der Frau eingesetzt.

Die Suffragette, die Intellektuelle war für das Hitlerregime ein Symbol der verhaßten „Systemzeit". Die „Emanzipation der Frau von der Frauenemanzipation" formulierte denn auch der Vordenker der NSDAP, Rosenberg, als das vordringlichste Ziel der Frauenpolitik.[4]

Nur vor diesem Hintergrund ist es zu verstehen, daß sich Frauen am Theater ebensowenig wie an Hochschulen oder in Führungspositionen der Behörden halten konnten. „Der Anteil der Frauen an der dramatischen Kunst", seit Mitte der zwanziger Jahre nicht mehr ganz zu übersehen, nahm wieder fast bis zum Verschwinden ab.[5] Bühnenautorinnen bekamen kaum mehr eine Chance, mit ihren Werken zu reüssieren, denn die Ideologen betrachteten mit Skepsis den Beitrag von Frauen zu „der männlich gehämmerten Form des Dramas".[6] Wer wie der Theaterautor Friedrich Bethge das Wesen des Schauspiels aus den Gesetzen des Kampfes bestimmte, für den lag die Schlußfolgerung nahe, daß Frauen zu dieser Gattung nichts beizutragen hatten. Von den Vordenkern der NS-Bewegung bekam Bethge Schützenhilfe, um die weibliche Konkurrenz verstummen zu lassen. Was sonst Neid um Aufführungstermine diktiert hatte, konnte jetzt unter dem Deckmantel der Erneuerung von Kultur und Rasse offen ausgesprochen werden.

Das Tausendjährige Reich setzte auf der Bühne allerdings nicht gleich mit Theaterdonner ein. Da einige Intellektuelle die politischen Phrasen nicht für bare Münze nehmen wollten, gab es noch Intendanten, die ihre Spielpläne wie gewohnt zusammenstellten. Anna Gmeyners Volksstück „Automatenbüfett" lief noch in den ersten Monaten der braunen Diktatur im „Deutschen Künstlertheater" in Berlin.[7] Über die Dramatikerin konnte sogar im Juni 1933 noch ein Artikel in der „BZ am Mittag" erscheinen.[8] Nur kurzlebig war allerdings der Erfolg von Maria Lazars Gesellschaftsdrama „Der Nebel von Dybern". Die neuen Wächter der Kultur richteten ihr Augenmerk zunächst auf die

Metropole Berlin, das Theaterleben in der Provinz stand nicht im Blickpunkt. So konnte Lazars Warnung vor den Gefahren eines neuen Krieges noch am 20. Februar 1933 am Stettiner Stadttheater herauskommen. Einen Tag nach dem Reichstagsbrand verschwand es dann allerdings vom Spielplan.[9] Auch die Absicht, Eleonore Kalkowskas „Zeitungsnotizen" in der Provinz herauszubringen, ließ sich nicht mehr verwirklichen. Nachdem das Stück in Berlin abgesetzt worden war, fehlte den Verantwortlichen der Mut. Schon vorher hatten rechte Kritiker ihre Einwände gegen das Stück vorgebracht, das in ihren Augen „nicht die gemeinste Gemeinheit als Nervenkitzel" auslieft: „Das Publikum ist gar nicht so versessen auf die scharfe, nach ungarischen Rezepten gewürzte Kost."[10]

Der Terror gegen Gegner des Regimes wurde nach der Machtübergabe Staatsprogramm. Anhänger der Republik und Juden mußten auch an den Theatern um ihre Existenz fürchten. Mit dem Judenpogrom vom 1. April 1933, den ersten schwarzen Listen der verfemten Autoren und der Bücherverbrennung brachten die Nationalsozialisten die letzten kritischen Stimmen zum Schweigen. Unter dem Judenpogrom mußten am Theater zunächst die Schauspielerinnen und Schauspieler leiden. Die Hetze richtete sich zwar auch gegen Intendanten, Regisseure und Autoren, doch die Mimen standen am Abend des 1. Aprils auf der Bühne und bekamen die organisierten Aktionen der „kochenden Volksseele" unmittelbar zu spüren.[11] Einige mutige Theaterdirektoren entschlossen sich, an diesem Abend nicht zu spielen. So erinnert sich die Schauspielerin Tilla Durieux:

„Am 31. März spielten wir wie alle Tage. Für den nächsten Tag, den 1. April, hatte die Regierung einen Juden-Boykott-Tag angekündigt. Nach dem ersten Akt stürzte der Direktor auf uns zu und erzählte, daß eine Demonstration geplant sei für die Vorstellung an nächsten Abend. Er beschloß, nicht mehr weiterspielen zu lassen und gab mir den dringenden Rat, mit meinem Mann abzureisen, denn nach mir und der ‚Jüdin Else Schiff-Bassermann' (…) habe man sich besonders erkundigt."[12]

Tilla Durieux verließ Berlin. Zu diesem Zeitpunkt waren Anna Gmeyner, Maria Lazar und Christa Winsloe schon nicht mehr in Deutschland. Hilde Rubinstein steckte ihre Kraft in die illegale Arbeit, und Ilse Langner stürzte sich in das Abenteuer einer Asienreise. Sie hoffte, bis zu ihrer Rückkehr sei der Spuk beendet.

Erst die Bücherverbrennung im Mai war für viele Unentschlossene das Zeichen für den Aufbruch ins Exil. Auf den Scheiterhaufen verbrannten mehr als nur die mißliebigen Manuskripte. Die Flammen waren ein Signal für das Ende der avancierten Theaterpraxis in Deutschland, die es zum ersten Mal in der Geschichte ermöglicht hatte, daß Frauen in so großer Zahl für die Bühne schreiben konnten. Mehr noch als für ihre männlichen Kollegen, denen es manchmal gelang, ihre dramatischen Ambitionen über die Zeit des Dritten Reiches zu retten, sollte dieser Einschnitt für die Frauen endgültig sein.

1. „Amazonen" gegen das Mutterkreuz

Der Vorhang für Ilse Langners 1932 geschriebene Komödie „Amazonen" hob sich im Dritten Reich nicht mehr. Das Stück mußte während der Proben für die Uraufführung im Theater an der Nürnberger Straße abgesetzt werden.

Ilse Langner läßt in ihrem Drama selbstbewußte, kämpferische Frauen auftreten, die der Rolle widersprachen, die die Nationalsozialisten in ihrem Staat für sie vorgesehen hatten. Aus Sicht des nationalsozialistischen Männerbundes mochte es nicht angehen, daß ihre Geschlechtsgenossen in ferner Vorzeit von Amazonen besiegt und von den Kämpferinnen genauso benutzt worden waren wie die Frauen in den Jahrhunderten danach von Männern.

Außerdem sind in dem Text Passagen enthalten, die sich wie Angriffe auf die nationalsozialistische Ideologie lesen. So mokiert sich die Autorin ahnungsvoll über die Großmachtsansprüche und persifliert die Meldungen über Kriegserfolge, wie sie im zweiten Weltkrieg mit Fanfarenstößen über den Reichsrundfunk tönten. Ihre Regieanweisung, die Meldungen „im Amtstil" zu sprechen, unterstreicht, daß es der Dramatikerin um die Gegenwart in der Vergangenheit zu tun ist:[13]

> „Siegerin in fünfundvierzig gewaltigen Schlachten! Unterjocherin der fünf Männervölker von den Ufern des Tigris, der Saker, Georgier, Sarmaten, Meder und Perser! Furchtbare Verwüsterin von Kaspisee bis zum Schwarzen Meer! Bergsturz und donnernde Lawine des Kaukasus! Siegreiche Königin! Heil Dir!" (S. 19)

In Langners fiktivem Frauenstaat sollen die Nachkommen dazu dienen, den Fortbestand des Reiches zu sichern. Indem die Autorin die Amazonen die politische Leitlinie der Reinhaltung der Rasse und des Bevölkerungswachstums der Nazis aussprechen läßt, macht sie den Aberwitz dieser Ideen deutlich: „Aber unsere Kinder, die sind wichtig! Die sind unsere Zukunft, der Fortbestand unseres Volkes. – Aus bestem Saft müssen sie sein, aus edelstem Blut!" (S. 17) Ähnlich verfährt die Dramatikerin an einer anderen Stelle. Die Äußerung der öffentlichen Abtreiberin Tomyris: „Auf Verhütung und Abtreibung stehen diesmal die schärfsten Strafen! Der Staat hat beschlossen, sich zu vermehren", könnte aus Hitlers „Mein Kampf" entlehnt sein. (S. 13) Dort betont der „Führer":

> „Der Staat muß (…) dafür sorgen, daß die Fruchtbarkeit des gesunden Weibes nicht beschränkt wird (…) und muß sich an Stelle dessen als oberster Schirmherr dieses köstlichen Segens eines Volkes fühlen. Seine Sorge gilt mehr dem Kind als dem Erwachsenen."[14]

Tomyris stellt in dem Stück auch einen Bezug zum aktuellen Tagesgeschehen her. Ihr Kommentar „Eine Verfassung ist gut, wenn man sie nicht braucht. Im Notfall aber –" liest sich wie eine Anspielung auf die Praxis der Notverordnungen am Ende der Weimarer Republik. (S. 27) Die Bemerkung könnte auch klarsichtig auf Langners nahe

Zukunft gerichtet sein, auf das Bestreben der Nationalsozialisten, ihrem Terror durch Gesetze den Anschein von Legalität zu geben.

Nicht nur im Kernstück, das den Amazonenmythos aufgreift, sondern auch im Vor- und Nachspiel stellt Langner einen deutlichen Gegenwartsbezug her. Im Vorspiel diskutiert eine bürgerliche Familie hitzig über die freiere Erziehung der Töchter, deren Zulassung zum Studium und deren spätere Berufstätigkeit. Zu einem Zeitpunkt, als die Nationalsozialisten unter dem Schlagwort „Doppelverdiener" die Frauen aus den qualifizierten Berufen drängten, fordert Langners Heldin, auch nach ihrer Heirat als Ärztin arbeiten zu können.

Die Heldin des Vorspiels ist eine späte Nachfahrin der Amazonenkönigin. Durch eine Ähnlichkeit der Namen unterstreicht Langner die Wesensverwandtschaft der Generation um die Jahrhundertwende mit den Heldinnen und Helden aus dem alten Griechenland. Die Hauptpersonen haben Namen mit vorausdeutendem Anklang.[15] Der Onkel Ossy (Odysseus) begrüßt seine junge, strebsame Nichte, Pentha, mit: „Servus, kleine Amazone". (S. VIII)

Pentha setzt sich wie die Amazonenkönigin gegen die Männergesellschaft zur Wehr. Die Heldin des Vorspiels kämpft zu einer Zeit, als die bürgerliche Frauenbewegung ihre ersten Erfolge verbuchen konnte. So wurden Frauen nun auch in Deutschland zum Studium zugelassen.[16] Pentha hat ihren Doktor summa cum laude gemacht und will nun als Ärztin arbeiten. Das stößt auf Widerstand bei ihrem Verlobten, der eine „Versammlung des Stammes" für nötig hält, um seine Braut über „ihre Pflichten als Frau und Mutter aufzuklären". (S. VIII) Wie die Nationalsozialisten sieht auch er die Aufgabe der Frau darin, Kinder großzuziehen und für ihren Mann zu sorgen. Über seine Egozentrik gerät Pentha so in Rage, daß sie sich allen aufgestauten Unmut über die Unterdrückung der Frau von der Seele redet und ihre Verlobung löst:

„Hier ist nicht mehr von Wahl die Rede! Meine Freiheit, mein Studium, mein Beruf! Wir Frauen lassen uns nicht einsperren! Unser Gehirn soll keine Rumpelkammer sein, sondern mindestens so von Euch geachtet und benötigt wie unser Körper." (S. XI)

Etwas von dem Wunsch nach Anerkennung ist in dem Nachspiel Wirklichkeit geworden. Im Olympiajahr 1936, in Langners naher Zukunft, sind die Zeiten der Gleichberechtigung wenigstens im Sport schon angebrochen. Die siegreiche Pilotin des Flugzeuges „Amazone" umarmt kameradschaftlich den Flugzeugführer, der mit seiner „Heros"-Maschine kurz nach ihr gelandet ist.[17] Nur im Sport durften die Frauen im Dritten Reich mit den Männern wetteifern. Die Nazis wollten die Frau zwar aufs Heim beschränken, aber gegen den Weg zum Sportplatz hatten sie nichts einzuwenden. Im Gegenteil: in der Schule, im „Bund deutscher Mädchen" und später in der NS-Organisation „Glaube und Schönheit" sollte über sportliche Betätigung eine Volksgesundung nach dem Vorbild der Germanenfrau eingeleitet werden. In diesen Zeitgeist hinein, zu dem auch Frauen als wagemutige Fliegerinnen gehörten, schrieb Ilse Langner ihr Stück. Ihr lag es allerdings fern, die Emanzipation wie die Nazis nur auf den Sportplatz zu beschränken, für sie sollte die Veränderung dort nicht stehenbleiben, sondern das gesamte gesellschaftliche Leben erfassen.

Langner siedelt ihr Drama an den Schnittstellen der abendländischen Zivilisation an. Ihre Amazonen sind die letzten freien Frauen der Matriarchatsepoche, die sich kriegerisch zu behaupten suchen. Das Frauenvolk aber verliert den Kampf, das Patriarchat siegt. Für das Vorspiel wählt sie den Zeitpunkt, an dem die Frauen der Neuzeit beginnen, die Herrschaft des Mannes in Frage zu stellen. Die Frauen und Männer des Nachspiels versuchen bereits, die alten Rollen neu zu definieren.

Der Amazonenmythos faszinierte Ilse Langner wie andere Schriftsteller auch während einer Krisenzeit. Der Fortschritt der Emanzipation war durch die Nationalsozialisten real gefährdet. Ilse Langners Hinwendung zum Mythos stützt die These Inge Stephans, daß der Stoff vor allem in Umbruchzeiten an Bedeutung gewann.[18] Nicht im Zeitdrama, sondern im Rückgriff auf den Mythos behandelt Langner die aktuelle Bedrohung. Sie macht allerdings deutlich, daß es ihr nicht um das Geschehen in der Antike geht. Ihr Drama soll als eine Parabel auf die Macht und den Kampf der Geschlechter verstanden werden, die auch für ihre Gegenwart Gültigkeit hat. Schon in ihrer ersten Bühnenanweisung stellt sie den Bezug zu ihrem Jahrhundert her:

> „Amazonen überspringen 3000 Jahre Männerherrschaft und stehen vor uns unverändert: Jung, kämpferisch, schimmernd von Sieg und Glorie (…). Scharf, schnittig, Linie und Schwung, die Heldin tritt an die Rampe: heutige Antike, nicht griechisiert, sondern verneunzehnhundertdreiunddreißigt. – Es muß ein Traum von jungem, neuartigem Leben sein: Blauer Himmel, braune Körper, silberne Waffen!" (S. II)

Langner erzählt in fünf Akten ihre Version vom Untergang der Amazonen. Hans Peter Maas betrachtet ihren Text als „dritte Penthesilea",[19] da er sich von den beiden prägnantesten Bearbeitungen des mythischen Stoffes deutlich absetzt. Die Dramatikerin gestaltet nicht wie der griechische Autor Aktinos aus Milet das Eingreifen der Amazonen in den Kampf um Troja;[20] bei ihr überfallen die Frauen die Griechen bei den Olympischen Spielen, um Partner für eine Nacht zu haben, die sie anschließend ihrer Göttin Artemis opfern. Die Begegnung zwischen Penthesilea, der Führerin der Amazonen, und Achill, dem Oberhaupt der Griechen, deutet sie anders als die Sage, in der Achill die Amazonenkönigin ersticht und sich in die Sterbende verliebt, aber auch unterschiedlich zu Heinrich von Kleist, bei dem Penthesilea den Griechenheld tötet und sich anschließend selbst den Tod gibt. Langners Komödie findet ein unblutiges Ende. Dem listenreichen Odysseus gelingt es, nachdem Achill und seine Kampfgefährten gefangen sind, die meisten der Amazonen von den Vorteilen der Zivilisation zu überzeugen. Umsonst versucht Penthesilea, ihre Untertaninnen zur Ordnung zu rufen. Ihre Gegenspielerin Prothoe wird zur Königin ernannt. Penthesilea flieht mit ein paar ihr ergebenen Frauen in die Berge. Die männlichen Bearbeiter hatten mit Penthesileas blutigem Ende auch ihre Ängste vor der alles verschlingenden, kastrierenden Frau gebannt. Ilse Langner entwirft mit ihrer Version der Amazonenkönigin kein Schreckensbild, sondern das Wunschbild einer starken, mutigen Frau.

Auf dieses Ideal hatten sich schon die Frauen der französischen Revolution bezogen. „Die männliche Reaktion auf diese Bedrohung war so einfach wie genial", findet Inge Stephan, die das Verfahren der Revolutionäre aus der Rückschau betrachtet.[21] Sie machten aus der Amazone eine Gestalt, die die republikanischen Tugenden verkörpert: Freiheit und Gleichheit. In der symbolischen Funktion wird die Frau abstrakt erhöht, während gleichzeitig die reale Frau, die der „Brüderlichkeit" „Schwesterlichkeit" hinzufügen wollte, auf der Guillotine ihr Leben lassen mußte.[22] Ernest Bornemann kommt dem Grund für diese Taktik nahe, wenn er feststellt: „Wenn man die Frau als Symbol erhöht, entledigt man sich der Pflicht, ihr auch als lebendiges Wesen Ehre zu erweisen (...)."[23] Gegen diese Tradition schreibt Langner an. Ihr Stück ist der Versuch, die antike Heldin nicht im Bild erstarren, sondern sie lebendig werden zu lassen. Penthesilea wirkt in ihrem Drama fast wie eine Schwester der Frauen aus den dreißiger Jahren. Für die Heldin des Vorspiels ist sie eindeutig ein Vorbild:

„Ja, Amazonen! Schon als Kind, wenn ich es in der Schule gelesen habe, und Du, Onkel Ossy, als Du von Griechenland kamst, hast mir erzählt von ihrem freien, herrlichen Leben, ich habe sie immer als meine Urschwestern gesehen, kühn und tapfer, nicht abhängig vom Mann, sie schlagen sich selbst durch (...)." (S. XI)

Ähnlich wie in der Gegenwart Christa Wolf mit „Kassandra" eignet sich die Dramatikerin den Mythos an, um dem zu widersprechen, was die männliche Geschichtsschreibung über die Amazonenkönigin zu berichten hat. Die Autorin macht die Problematik der Überlieferung sogar zum Thema in ihrem Stück. Penthesilea ahnt dunkel, daß die nachfolgenden Generationen ihr nicht gerecht werden: „Was bleibt schon von mir, (...) eine blutrünstige Sage!" (S. 9) Denn die männlichen Dichter werden die Taten ihrer Geschlechtsgenossen verherrlichen und deren Niederlagen beschönigen: „Wie sie es wohl in ihren Geschichtsbüchern vertuschen werden! Raub der griechischen Männer. Kein Ruhmesblatt." (S. 3)

Der Zugriff auf den Mythos bringt auch Probleme mit sich. Die Widersprüche, in die sich Penthesilea verwickelt, sind ihr zum Teil von der Überlieferung aufgezwungen. Sie trifft dann keine Entscheidung, die sich aus dem Stückablauf ergibt, sondern das historische Material diktiert ihr Verhalten.

Von dem vorgegebenen Handlungsrahmen leuchtet der Schluß noch am ehesten ein, den die Geschichte vorgegeben hat: der Frauenstaat muß untergehen. Da es für Penthesilea keine Zukunft gibt – das Patriarchat schreitet immer weiter voran – zieht sie sich in die Berge zurück. Ihre Entscheidung hat den Vorteil, daß sie überlebt und mit ihr die Vision von einer freieren Gemeinschaft. Langners Eingriff überzeugt mich mehr, als wenn sie am Tod ihrer Heldin festgehalten hätte, wie sie es in der später entstandenen Tragödie „Dido" getan hat.[24]

Auch Dido lebt an der Zeitenwende vom Matriarchat zum Patriarchat. Wie Penthesilea wendet sie sich gegen die Männergesellschaft und unterliegt. Dido überläßt aber die Zerstörung ihres Staates nicht ihren männlichen Gegnern, sondern steigt selbst auf den Scheiterhaufen und vernichtet ihr Werk.[25]

Wie problematisch es ist, bei der Bearbeitung des mythischen Stoffes den Tod der Heldin zu übernehmen, zeigt auch ein Beispiel aus der Gegenwart. Auch in Christa Wolfs Erzählung „Kassandra" stirbt die trojanische Seherin. Doch ihr Tod steht im Widerspruch zu ihrer Entwicklung. „Kassandra" ist ein Ideenmonolog, der die Utopie der Subjektwerdung der Frau behandelt. Da Kassandra nicht als Opfer dargestellt wird, muß sie aus eigenem Willen den Entschluß zum Untergang fassen. Das Motiv für ihren Tod findet Christa Wolf darin, daß es für ihre Heldin keine Perspektive nach vorne gibt. Doch das autonome Subjekt, das sich für den eigenen Tod entscheidet, ist ein schlechtes Modell. Kassandra muß sterben, aber sie tut wie „Dido" so, als wolle sie sterben. Der Entwurf, daß Autonomie für Frauen nur im Tode möglich ist, überzeugt mich nicht.

So weit geht die Königin der Amazonen nicht und bleibt dadurch glaubwürdiger. Problematisch sind andere Verhaltensweisen von Penthesilea. Die Figur hat Erkenntnisse, die sie in ihrer historischen Situation gar nicht haben kann, sie formuliert häufig die Wünsche und Anliegen ihrer Autorin. Es besteht eine Diskrepanz zwischen dem Handeln und den Gedanken der Amazonenkönigin. Als Penthesilea des Mythos muß sie die kämpferische Amazone sein, die die Männerstaaten blutig unterwirft, um Geschlechtspartner für eine Nacht zu haben. Doch Langners Figur will die alten Amazonenbräuche abschaffen, da sie „eine neue Freiheit und neue Selbständigkeit" anstrebt: die „Gemeinschaft zwischen Mann und Frau". (S. 51/52) Doch in Momenten, wo sie ihre Macht bedroht sieht, fällt sie hinter diese Erkenntnisse zurück und will die ursprünglichen Sitten wieder aufleben lassen: „Noch bin ich frei. Ein Wort von mir und ihr müßt alle sterben! Jaguare reissen sich um Eure Leiber, die Vögel ziehn Euer Gedärm durch die Luft." (S. 83) Das Schwanken zwischen den Extremen hat zur Folge, daß es schwer fällt, Penthesilea ihren Wunsch nach einem friedlichen Nebeneinander abzunehmen. Die Figur als Trägerin einer Utopie zu gebrauchen und sie gleichzeitig gegen diese Utopie verstoßen zu lassen, erzeugt logische Brüche.

Liebe bedeutet nach der Logik des Stückes immer Unterwerfung. Auch in ihrem Frauenstaat haben die Amazonen kein Verhältnis entwickelt, das auf Partnerschaft beruht. Die Beziehung zwischen Penthesilea und Prothoe nimmt nur die Abhängigkeitsverhältnisse vorweg, die in späteren Zeiten zwischen Frauen und Männern bestehen werden. Die Amazonenkönigin übernimmt den Part des Mannes, der hinaus in die Welt strebt. Prothoe verkörpert die Rolle der Frau, die sich nur über ihren Mann definieren kann. Penthesileas Einstellung: „Liebe ist nur schön, solange sie nicht stört" verletzt ihre Partnerin, die bereit ist, sich für die Liebe aufzugeben. (S. 31) Im Patriarchat hat das Verhalten von Prothoe seinen festen Platz, es entspricht der Liebe einer Frau zu einem Mann. So ist es durchaus folgerichtig, daß Prothoe sich im Verlauf des Stückes von der Amazonenkönigin ab- und einem Mann zuwendet, dem Griechenhelden Achill. An ihr gelingt Achills Experiment: Prothoe kann er zu einem Heimchen am Herd formen, so daß sie am Ende stolz verkündet: „Ja, ich bin ein Weib! Will nichts anderes sein als ein Weib (…) unter dem Schutz des Mannes." (S. 121) Ebenso wie Langner mit Prothoe eine Frau lächerlich macht, die sich nur um ihre Lieben sorgt, ist ihr Achill die Karikatur eines Helden.

Die Autorin demontiert in ihrem Stück den Helden so gründlich, daß für den Griechen keine Sympathie mehr aufkommen kann. Achill ist in dem Drama zwar ein schönes Mannsbild, das sich seiner Anziehungskraft auf Frauen bewußt ist, doch ansonsten ist er eine lächerliche Figur. Sogar sein Kampfgefährte Odysseus denunziert ihn. Er ist entsetzt, als er erkennt, welche Eigenschaften Achill zum Helden prädestinieren: „Endlich verstehe ich, warum Du ein Held bist, weil du nicht imstande bist, Gefahren zu erkennen." (S. 56) Als es Odysseus endlich gelingt, ihm ihre ausweglose Lage klarzumachen, jammert Achill nach seiner Mutter: „Dann werde ich Mama bitten, daß sie eine Sintflut schickt." (S. 60)

Achill ist in dem Drama dumm, arbeitsscheu und egoistisch. Ausgerechnet in diese Negativfigur verliebt sich die Amazonenkönigin. Penthesilea und Achill eint der Wille zur Macht, den sie auch in der Sexualität ausleben. In ihrem Verhältnis ist keiner bereit, die passive Rolle zu übernehmen, sondern sie fordern von ihrem Partner Unterwerfung. Achill wirkt wie ein Zerrspiegel, der Penthesileas Verhalten ins Groteske übersteigert. Achill fühlt sich durch die kämpferische Frau zwar in seiner Männlichkeit gekränkt, aber nicht herausgefordert. Er straft sie mit Gleichgültigkeit. Auch Kleist hat den Kampf der Geschlechter anhand des Amazonenstoffes dargestellt. Bei ihm gleichen sich Penthesilea und Achill ebenfalls in ihrer Stärke, Angriffslust und Entschlossenheit. Die passive Rolle will auch bei Kleist keiner der beiden übernehmen, doch bei ihm ist ihr Kampf blutiger Ernst.[26] Sie ringen miteinander, wem es gelingt, dem Widerpart sein Gesetz aufzuzwingen. Ilse Langner dagegen hat erkannt, daß das Gesetz falsch ist, das den einen zwingt, zu herrschen und den anderen, sich hinzugeben. Sie sucht nach einer anderen Lösung als der Unterwerfung. Ihre Penthesilea stellt fest: „Ich will (…) Achill gar nicht. Seine aufgeblasene Männlichkeit geht mir auf die Nerven." (S. 106)

In Langners Stück gibt es einen ernsthafteren Diskussionspartner für die Führerin der Amazonen. Ihr eigentlicher Widerpart ist Odysseus. An ihrer Beziehung fällt auf, daß die Liebe fehlt. Odysseus entspricht mit „schlaffer Haut", „ohne Kräfte" und „mit Bauchansatz" ohnehin nicht dem Ideal eines Geliebten, wie es die Frauen im Drama entwerfen. (S. 57) Er ist das Gegenteil von Achills „strahlendster Männlichkeit" und damit eine Figur, die ernst genommen werden kann. (S. 65) In Ansätzen strebt er ein anderes Verhältnis zwischen den Geschlechtern an:

„Was bedeutet Liebe für einen Mann in meinen Jahren!? Eine Sehnsucht oder eine Erinnerung. Eine Möglichkeit gibt es freilich auch für mich. (…) Mit ihr arbeiten. Gedanken, Werke gemeinsam denken." (S. 58)

Der „neue Mann" setzt also nur deshalb auf ein anderes Ideal, weil er alt geworden ist und nicht mehr die körperlichen Vorzüge eines Achill aufzuweisen hat. Aus diesem Grund versucht er die Amazonenkönigin mit seinem Intellekt zu besiegen. Er bezwingt sie nicht mit der Lanze wie der Achill des Mythos, sondern seine Waffe ist das Wort. Auch Odysseus kämpft um sein Überleben, denn die Führerin der Amazonen hat vor, die Griechen am anderen Morgen der Muttergöttin zu opfern. In dieser Situation greift er zu einer List. Penthesilea dagegen will ihren Gegner mit offener Gewalt überwinden.

Die Wahl der Waffen steht für die unterschiedlichen Entwicklungsstufen. Odysseus hat den Naturzustand überwunden, in dem die Gesetze und Bräuche der Amazonen herrschen. Obwohl er das Matriarchat bekämpft, sieht er doch die Nachteile der späteren Gesellschaftsordnung, in der die Frauen unterdrückt werden.

Der Odysseus des Vor- und des Nachspiels ist eher fähig, sich für die Sache der Frauen einzusetzen, da er nicht mehr real bedroht ist. Der Onkel Ossy des Vorspiels ermuntert seine Nichte Pentha, sich gegen ihren Verlobten durchzusetzen: „Bravo Kind, zeig, dass Du eine echte Amazone bist!" (S. IX) Im Nachspiel ist O. van Dysseus der Stifter des Kameradschaftspokals, der sich dafür einsetzt, daß Frauen und Männer wenigstens im Sport die Gleichberechtigung suchen:

> „Mit dem Kameradschaftspokal, meine Damen und Herren, versuche ich dem Ideal meiner Jugend, den Griechen- und Amazonenkämpfen, nach einer Epoche der Verwilderung beim Manne, der Einschnürung und Verkümmerung bei der Frau, wieder näher zu kommen. Wie Griechen sich vor Jahrtausenden in blutigen Kriegen bekämpft haben, so sollen sie (…) heute im friedlichen Miteinander ihre gegenseitigen Qualitäten erkennen und im anderen Geschlecht nicht das fremde, feindliche, sondern das kameradschaftliche, gleichberechtigte achten lernen, und der Welt auf der Basis der Gemeinschaft eine neue Blütezeit geben." (S. 131)

Schon der Odysseus im Kernstück sympathisierte mit den Amazonen: „Diese großartige Natürlichkeit! Wie dumm erscheinen mir unsere aufgeputzten Hausputten, wie verwittert das geistreiche Geschwätz unserer Hetären!" (S. 10) Doch er hatte „vitale Gründe", sich gegen die Kriegerinnen zu behaupten. (S. 124) Ihm gelingt es, die „wilden Weiber" (S. 87) in „gefügige Haustiere" (S. 37) zu verwandeln. Doch im selben Moment, als er die Königin bezwungen hat, tut es ihm um ihre „barbarische Größe" leid. (S. 87)

Penthesilea muß auch um Odysseus willen überleben, damit ihr gemeinsamer Traum nicht zugrunde geht, den sie mehr getrennt als beieinander ausfabuliert haben. Die Königin der Amazonen ist im Kernstück in weitaus stärkerem Maße als Odysseus die Trägerin der Utopie, sie ist „die Frau von Morgen". (S. 47) Sie träumt von einem neuen Leben, „eine schöne, glänzenden Ebene liegt vor mir, Friede, Gemeinschaft zwischen Mann und Frau". (S. 51) Die letzten Worte im Kernstück spricht Pentesilea, und sie gelten einem besseren Morgen:

> „Wenn wir nur unseren Kindern (…) den Traum der Stadt vererben, wenn wir ihnen weitergeben, was wir von Euch empfangen haben, wenn dann nach hundert oder tausend Jahren auch Euer vielgewandter Geist die Schalen des Lebens nicht mehr ins Gleichgewicht zu bringen vermag, wenn dann in Euren sanften Frauen der Drang *zur alten Freiheit* und *neuer Gemeinsamkeit* erwacht, wenn – – –" (S. 126)

Die Idee von einer anderen Stadt versinnbildlicht im Drama die neue Gemeinschaft zwischen Mann und Frau. Penthesilea ist von der Idee der Stadt fasziniert, sie greift sie auf und möchte, anders als sie es bei den Griechen sah, eine Stadt nach ihren Idealvorstellungen bauen, in der die Frauen nach wie vor frei sind und ihre Gemeinschaft erhalten bleibt:

> „*Eine* steinerne Schale soll hundert Frauen umschließen, alle ihre Wünsche und Bedürfnisse, Eure männliche Einzelzelle dulde ich nicht. Gruppenhäuser für die Mütter, für die Jungmädchen, Riesenveranden zum Schlafen, zum Spielen –." (S. 43)

Doch sie scheitert. Für die Amazonen, die sich fast alle dem Gesetz des Mannes beugen, gilt nun die Realität des „alten Rattennestes Andropolis" mit seinen „lächerlichen Idyllen" und „muffigen Familienabsonderungen". (S. 42f.) Sie selbst läßt sich nicht in die „dumpfen Gefängnisse ihrer Häuser" sperren, (S. 121) sie bleibt dem Nomadentum des Matriarchats treu: „Wir werden in Felsenhorsten wohnen! (...) Dort oben in der Freiheit (...)." (S. 121)

Mit der Frage des Wohnens nimmt Langners Penthesilea Gedanken auf, die von der Frauenbewegung um die Jahrhundertwende diskutiert wurden. Gegner der Berufstätigkeit der Frau formierten sich um 1900 nicht nur im bürgerlichen Lager, sondern auch in proletarischen Kreisen. Sie pochten auf die traditionellen Familienpflichten und bekannten sich zu den fortdauernden patriarchalischen Beziehungen. So erregte um 1905 ein Beitrag des Sozialdemokraten Edmund Fischer Aufsehen, der mit dem Hinweis auf die „natürliche Aufgabe der Frau" für die weitgehende Abschaffung der Frauenerwerbsarbeit plädierte.[27] Gegen diese Auffassung wandten sich die proletarischen Frauen energisch und stellten klar, daß es nicht um die Befreiung von der Erwerbstätigkeit ginge, sondern um die Beseitigung ungünstiger Arbeitsbedingungen und traditioneller Zwänge, die sich aus der bestehenden Familienstruktur ergaben. Ihre Vorschläge befaßten sich daher mit der Frage, wie die Frauen von ihren häuslichen Pflichten entlastet werden könnten. So wollte etwa die Sozialdemokratin Lily Braun diese Aufgaben auf genossenschaftliche Einrichtungen übertragen. Auch die Kinder sollten gemeinsam erzogen werden. Ihre Ideen gleichen Penthesileas Vorstellungen:

> „In einem Häuserkomplex (...) befinden sich etwa fünfzig bis sechzig Wohnungen, von denen keine eine Küche enthält, nur in einem kleinen Raum befindet sich ein Gaskocher. (...) Anstelle der fünfzig Küchen, in denen eine gleiche Zahl von Frauen zu wirtschaften pflegt, tritt eine im Erdgeschoß befindliche Zentralküche, die mit allen modernen arbeitsparenden Maschinen ausgestattet ist."[28]

Ilse Langner verklammert das Geschehen im Vorspiel und im Kernstück nicht nur durch die Ähnlichkeit der Namen, sondern auch inhaltlich, indem die utopischen Gedanken Penthesileas in der vorangestellten Szene bereits ernsthaft aufgegriffen werden. Die Abkehr von den „muffigen Familienabsonderungen" und das Ziel einer Gemeinschaft beschäftigte auch die Architekten in den dreißiger Jahren, zu der Zeit also, als die Autorin ihr Stück schrieb. Für die Mieter von Wohnblocks entwarf etwa Walter Gropius Gemeinschaftsräume und hoffte, daß die Architektur die Voraussetzungen für eine neue

Lebensform schaffen würde. Seine Vorstellungen verwirklichte er unter anderem 1930 auf der Werkbundausstellung in Paris zusammen mit den Architekten Lazlo Moholy-Nagy und Marcel Lajos Breuer.[29]

Neben der Stadt erhält auch der Traum vom Fliegen Symbolfunktion. Die weltfremde Gelehrte unter den Amazonen, Asteria, beschäftigt die Frage, warum die Vögel fliegen können und die Menschen nicht. Im Nachspiel wird dieser Traum verwirklicht. Damit ist schon ein Teil der Utopie eingelöst. Jetzt muß nur noch der andere Teil umgesetzt werden, daß Männer und Frauen zu einer neuen Gemeinschaft finden.

Der Kampf der Geschlechter, so das Credo von Ilse Langner, wurde in der Vergangenheit immer zugunsten einer Partei entschieden. Im Matriarchat herrschte die Frau, im Patriarchat bestimmt der Mann die Regeln des Zusammenseins. Bei der Frauengemeinschaft diente die Religion als Begründung für den Opferritus, in der Männergesellschaft legte das Gesetz des Mannes die untergeordnete Rolle der Frau fest. Achills Nachfahre, der Regierungsassessor Alfred des Vorspiels, pocht auf seine Rechte, die das bürgerliche Gesetz regelt. Auf die Frage: „Ein Mädchen, das Sie noch nicht einmal als Braut bändigen, wie soll das in der Ehe werden, junger Mann?" antwortet er siegesgewiß: „Wenn mir erst einmal die gesetzlichen Eherechte über meine Frau zustehen –" (S. VII)

Weder die Frauen- noch die Männergesellschaft haben die Sympathie der Autorin. Sie kritisiert beide Modelle, wenngleich ihre Anteilnahme den unterdrückten Frauen gilt. Männer als Opfer? Zum Zeitpunkt der Entstehung des Dramas war dieser Gedanke genauso ungewohnt wie heute. Sexuelle Gewalt ist seit Jahrtausenden von Männern an Frauen verübt worden. Ilse Langner bringt nun die Gegensituation ins Spiel. Im Staat der Amazonen funktioniert das Leben sozusagen seitenverkehrt. Die Frauen bestimmen über Tod und Leben, sie sind sexuell aktiv, die Männer werden sogar von ihnen vergewaltigt. Während des Rosenfestes wollen die Kriegerinnen den furchtsamen Handwerkern „echte Amazonenliebe" zeigen. (S. 69) Die Griechen sträuben sich, doch die Frauen machen ihnen klar, daß sie keine Wahl haben „(…) heute ist Liebe befohlen! Keine Widerrede! Marsch! Marsch!" (S. 70)

Dieser Szene vorangestellt ist ein Gespräch zwischen alten Amazonen: „(…) der Beutejunge meiner Tochter hat sie angefleht, wenn es ein Sohn wird, soll er nach dem Vater heißen! (…) der Unsere hat meiner Tochter einen unsittlichen Antrag gemacht! (…) Er will sie heiraten." (S. 69) Die Irritation, die die Normen des Patriarchats bei den Amazonen auslösen, führt zu einer Kritik an dieser Gesellschaftsordnung.

Ilse Langners Drama wirkt in diesem Punkt wie ein Vorläufer des 1977 erschienenen Romans „Die Töchter Egalias" der norwegischen Autorin Gert Brantenberg. Auch Brantenbergs Text enthält sowohl Kritik am Patriarchat wie am Matriarchat, wenn dort lediglich die Rollen vertauscht werden.

Wie Brantenberg macht auch die Dramatikerin deutlich, daß sich ohne Widersprüche Macht von der anderen Seite denken läßt. Sie ist genauso willkürlich wie die Gewalt der Männer über die Frauen. Wie die Männer später bewerten die Amazonen ihre Partner in erster Linie nach Äußerlichkeiten. So umschmeicheln die Jungamazonen Achill: „Gott ist der süß! Locken hat er! Goldig. (…) Was für eine weiche Haut er hat! Wie schön er riecht." (S. 33)

Den Amazonen dagegen ist ihr Aussehen nicht so wichtig. Sie tragen Leopardenfelle und lassen ihr Haar frei wehen. Sie ahnen, daß das Modediktat den Städterinnen ihre Bewegungsfreiheit nimmt: „Wie soll man in den langen Fetzen kämpfen, da stolpert man ja über die eigene Eitelkeit." Die Griechinnen sind in ihren Augen „Sklavinnen, mit goldenen Fesseln um Fuß- und Handgelenk". (S. 4) Ihr unverdorbener Blick stellt das Schönheitsideal in der Stadt bloß: „Wie die aussahen! Voll Farbe im Gesicht wie die Sarmaten neulich in der Schlacht. Aber sie zogen doch in keinen Krieg, wen wollten sie bloß erschrecken?" (S. 3)

Die Entdeckung der weiblichen Mode leitet im Drama den Übergang vom Matriarchat zum Patriarchat ein. Sie macht aus ungebändigten Frauen „armselige, rechtlose Haustiere". (S. 37) Odysseus, der Mann, erreicht die Verwandlung. Um sich und seine Kampfgefährten vor dem drohenden Opfergang zu retten, versucht er die Kriegerinnen in die weiblichen Verführungskünste einzuweisen. Mit griechischer Kleidung, Schleifen und Schminke hofft er, ihnen die Lust am Herrschen und Töten zu nehmen.

Seine List gelingt. Zwei Amazonen übertreten das Gesetz ihrer Königin, nach dem sie keine Beutestücke für sich selbst behalten dürfen. Sie schaffen eine Kiste beiseite, in der sie Waffen vermuten. Sie sind zunächst enttäuscht: „Kleider, Sandalen und Schleifen! Gold, Kämme und Weiberkram!" Doch dann begreift Hippolyta, daß die Truhe ganz andere Waffen enthält, mit denen sie auf eine ihnen unbekannte Art über die Männer triumphieren können. Jubelnd ruft sie aus: „Mode!" (S. 68)

In dem Moment, als die stolzen Kriegerinnen die sogenannten Waffen der Frauen für sich entdeckt haben, beugen sie sich dem Gesetz des Mannes. Sie verlieren ihre kämpferischen Tugenden, sie werden sanft und fügsam. Das Ende der amazonischen Lebens- und Kampfgemeinschaft bedeutet auch das Ende der Solidarität unter den Frauen. Sie kämpfen nicht mehr gegen die Männer, sondern gegeneinander um den Mann.

Das Schminken erhält in diesem Zusammenhang „eine magische Beschwörung". (S. 88) Die Amazonen verlieren dadurch ihre Identität. Sie sind keine individuellen Frauen mehr, sondern entsprechen nur noch dem Bild des Mannes von der Frau. Unter Odysseus Händen verwandelt sich Meroe mit „zauberhafter Geschwindigkeit". Die Reaktionen der anderen Amazonen auf diesen Eingriff zeigen, daß Odysseus sein Ziel erreicht hat:

„LEUKETIS: Du siehst ja ganz fremd aus, Meroe!
POPHYRIS: Er hat Dir ja Dein Gesicht weggenommen!
LEUKETIS: Wie wunderschön Du bist, Meroe!" (S. 88)

Die Szene verdeutlicht den Fortschritt der Zivilisation. Die Griechen haben verfeinerte Methoden, um der Bedrohung durch die Frauen Herr zu werden. Sie müssen nicht mehr wie die Amazonen das andere Geschlecht ermorden, sondern sie töten die Lebendigkeit der Frau ab, lassen sie im Bild erstarren. Die Männer haben die Definitionsmacht, sie legen die Rolle der Frau fest, die sich künftig auf die der Mutter und Geliebten beschränkt. Achill verspricht den Amazonen zum Trost dafür, daß sie ihre reale Macht aufgeben: „Wir wollen Euch zu Herrinnen des Lebens machen!" (S. 115)

Penthesilea drückt die Kritik der Autorin an diesem Zustand aus. Sie erkennt, daß die Frauen im Staat der Griechen als „Hüterinnen des Hauses (…) an Wiegen gefesselt" sein werden. (S. 37/115.) Mutterschaft sah bei den Amazonen ganz anders aus. Kinder zu bekommen war eine Aufgabe, die die Frauen mit Selbstverständlichkeit erfüllten, die aber nicht ihr ganzes Frausein bestimmte.

Ilse Langner macht deutlich, erst wenn es den Frauen gelingt, sich von diesen Zuschreibungen wieder zu befreien, werden sie eine eigene Identität aufbauen können. Die Pentha des Vorspiels will sich auf keinen Fall auf die Rolle der Mutter beschränken lassen. Sie sieht auch die weibliche Mode als Mittel und Ausdruck der Einengung der Frau durch den Mann an. Im Streit mit ihrem Verlobten zerrt sie wütend an ihrer Kleidung:

> „Unseren Körper, den Ihr ja auch in blödsinnige Fesseln legt! (…) Ich finde mich selbst nicht mehr in diesem Wust von Scharnieren und Haardolchen, den Wagenrädern, langen Röcken!" (S. XI)

Für die Sportlerinnen des Nachspiels ist Penthas Zorn nicht mehr so recht verständlich. In ihren Fliegerdress gekleidet, ist Mode für sie anscheinend kein Thema mehr. So sind sie dem Ziel einer freien Gesellschaft schon einen Schritt näher gekommen.

Ilse Langners „Amazonen" sind starke, kämpferische Frauen, die durch ihren Mut und ihre Körperkraft das Bild von Weiblichkeit gleich Schwäche durchbrechen. Die Dramatikerin übernimmt in ihrem Text Vorstellungen von einer matristischen Gesellschaftsordnung. Ereignisse wie etwa die Geburt sind noch kollektive Erfahrungen. Dennoch ist ihre Komödie kein positiv gemeinter Matriarchatsentwurf. Sie prangert gerade die Nachahmung männlicher Strukturen unter weiblichem Vorzeichen an. Sie entwickelt anhand des Geschlechtertausches in ihrem fiktiven Amazonenstaat eine Kritik an der Unterdrückung der Frau und am Herrschaftsgestus des Mannes. Außerdem entlarvt sie die „Mütterlichkeit" als Ideologie und zeigt, daß die Reduktion der Frau auf die Funktion der Mutter einhergeht mit der Überhöhung dieser Rolle.

Langners Stück ist ein offensiver Text über die Umkehrung der Rollen. In Langners Gegenwart entzündete sich die Phantasie der Autorinnen und Autoren kaum am Thema Geschlechtertausch. So steht ihr Drama isoliert zwischen den älteren Texten der Romantik und neueren Arbeiten. Sowohl im 18. Jahrhundert als auch in der jüngsten Gegenwart war dieses Sujet beliebt. Beide Epochen waren wie die zwanziger Jahre Umbruchzeiten, in denen die Geschlechterrollen neu definiert wurden. Schon die Romantiker thematisierten in ihren Texten die zerstörerischen Auswirkungen bürgerlicher Liebe und Ehe auf beide Geschlechter.[30] Der Wunsch nach Vertauschung der Rolle spiegelte sich stärker in ihren autobiographischen Äußerungen als in ihren literarischen Arbeiten wieder. Zur Zeit der Romantik erfaßte er sowohl Männer wie Frauen,[31] während in unserer Gegenwart Texte von Männern selten sind.[32] Die heutigen Autorinnen greifen ebenso wie Ilse Langner auf matriarchale Mythen zurück. Doch ein Vergleich der Texte zeigt, daß Langner sich nicht auf eine bloße Umkehrung der Rollen beschränkte. Während etwa Marockh Lautenschlag 1981 in ihrem Roman „Araquin" einen bloßen „Austausch des Personals" vornimmt, sie ersetzt den Helden durch die Heldin, macht es sich Langner nicht so einfach.[33] Ihr Drama ist nicht nur Anklage, es enthält auch eine Perspektive des Zusammenlebens zwischen Mann und Frau. Die Autorin skizziert die Utopie eines Lebens, wo die Polarisierung von männlich und weiblich aufgehoben ist. Sie sucht nach einem Verständnis der Geschlechterrollen jenseits patriarchalischer Festlegungen, doch eine Antwort, wie sie aussehen werden, kann sie nicht geben. Sie sagt lediglich, daß eine Umkehrung der Rollen nichts ändert. Die Utopie einer freien Liebe ist in den Text nur eingeschrieben. Ilse Langner bietet auch im Vor- und Nachspiel keine lebbare Alternative an. Ihr Stück endet mit der Feststellung: „Fliegen können sie schon miteinander, hoffen wir, dass sie jetzt auch miteinander gehen lernen!" (S. 135)

Der offene Schluß überzeugt mich mehr als das rasche Happy-end in „Frau Emma kämpft im Hinterland", das ebenfalls utopisch ist, weil es die Hoffnung ausdrückt, daß die Männer sich rasch ändern werden. Der zeitliche Abstand ermöglicht der Autorin, Distanz zu ihren Figuren zu bewahren. Sie entwirft nicht wie in „Frau Emma" und „Katharina Henschke" Heldinnen mit Vorbildcharakter, sondern sie fragt nach den Gründen, die zum Scheitern Penthesileas führten. Im Gegensatz zu den Frauenfiguren aus den Zeitdramen ist die Königin der Amazonen erschüttert von der Krise, die ihren Staat bedroht und untergehen läßt. Aus dieser Krise geht sie verändert hervor, denn sie entwirft nun ihr neues Ideal: die Gemeinschaft zwischen Mann und Frau.

Penthesilea ist zwar die Verliererin in dem Drama, doch sie endet nicht tragisch. Es macht den Reiz des Stückes aus, daß Langner den Untergang der Amazonen als Komödie darstellt. Witz und Situationskomik entstehen vor allem dadurch, daß die Autorin die Welt der Antike mit modernen Versatzstücken ausstattet. Mit diesem Kunstgriff erreicht sie, daß ohne erhobenen Zeigefinger deutlich wird, daß es ihr um die Gegenwart geht. In dem Lachen über unerwartete Redewendungen und Konstellationen schwingt oft Erkenntnis über die Realität des Patriarchats mit. So wie die Frauen in dem Stück die Männer ausbeuten, nutzen heute die Männer die Frauen aus. Es verwundert nicht, daß im Dritten Reich keine Basis mehr für eine solche Aussage war. Obwohl die Aktualität des Stückes bis heute unverändert vorhanden ist, blieben die „Amazonen" ungespielt. Auch der Appell von Max Peter Maas an die Intendanten der siebziger Jahre verhallte ungehört:

„Das ungewöhnliche Werk ruft nach einem ungewöhnlichen Regisseur! Findet er sich, dürfte uns ein Theater mit offenem Sinn für Dichtung, die Bleibendes unter neuen Aspekten umkreist, zu einem ebenso literarischen wie komödiantischen Ereignis verhelfen."[34]

2. Die Demontage des Helden in „Minus x Minus = Plus!"

Wie Ilse Langner wandte sich auch Eleonore Kalkowska von der Form des Zeitstücks in „Minus x Minus = Plus!" ab,[35] da sie das realistische Prinzip als ungeeignet empfand, um ihre Vision einer friedlichen Welt zu dramatisieren. Sie benutzte jedoch keinen mythischen Stoff als Vorlage, sondern griff Erzählmuster des Märchens auf, um ihre Utopie zu gestalten. Ihr Stück richtet sich wie das ursprüngliche Volksmärchen an Erwachsene. Nicht nur der Adressatenkreis, sondern auch einzelne Motive verweisen auf das historische Vorbild. So schildert die Autorin in dem Drama die Welt des Schlosses aus der Perspektive der armen und machtlosen Leute. Auch in ihrem Stück sind fast alle Reichen schlecht, während die Besitzlosen das Gute verkörpern. Aus dieser Darstellungsweise ergibt sich schon die Konsequenz: der Mächtige wird durch den sozial Schwachen gestürzt. Wie die meisten europäischen Volksmärchen ist Eleonore Kalkowskas Stück ein Glücksmärchen, eine Art Wunschdichtung.

Die andere Form bedeutet für die Dramatikerin nicht, daß sie ihren Wunsch nach gesellschaftlicher Veränderung aufgegeben hätte. Sie macht nach wie vor engagiertes Theater. Doch sie beklagt nicht mehr nur die schlechte Realität, sie malt auch eine bessere Zukunft aus. Ihr Bestreben in dem Drama ein Bild von der bedrückenden Wirklichkeit und von einem gerechteren Morgen zu vermitteln, sprengt die Grenzen des Zeitstücks. Wie die Expressionisten vor ihr vereint die Autorin negative Gesellschaftskritik mit einem positiv gemeinten Gegenentwurf. Mit der Entscheidung ein verschlüsseltes Drama zu schreiben, vermeidet Kalkowska Fehler von expressionistischen Dramatikern. So entwickelte Georg Kaiser das utopische Moment in seinen Stücken unmittelbar aus der Wirklichkeit.[36] Der Schriftsteller verband Szenen mit Gegenwartsbezug, die er satirisch verfremdete, mit einem hoffnungsvollen Ausgang, den er ernst meinte. Das hatte unbeabsichtigte Konsequenzen: auch seine Utopie trug parodistische Züge.

Der ästhetische Preis einer unfreiwilligen Komik, den Kaiser dafür zahlte, daß er Unvereinbares zusammenführte, bleibt Eleonore Kalkowska erspart. Sie signalisiert mit dem Rückgriff auf das Märchen von Anfang an, daß in ihrem Stück die Gesetze der Wirklichkeit außer Kraft gesetzt sind. Zu einer Zeit, als das Märchendrama in der Regel nur noch als Kinderstück während der Oster- und Weihnachtszeit im Spielplan auftauchte, knüpft Eleonore Kalkowska noch einmal an die Tradition des romantischen Theaters an, als die Autoren in ihren Märchen Gesellschafts- und Literaturkritik übten. Die Wahl dieser Form gestattet es Kalkowska, die gegensätzlichen Pole Satire und Utopie zusammenzubringen. Wie die Märchenerzähler greift sie auf das Stilmittel der Übertreibung zurück. Die Figuren in dem Drama sind nach einem strengen Schwarz-Weiß-Schema angeordnet; hier die bösen Herrschenden, dort die Guten ohne Einfluß und Macht.

Das Kontrastprinzip beherrscht nicht nur die Figurengestaltung im Märchen, sondern war auch das Darstellungsverfahren der satirischen Komödie, deren Ziel Johann Gottsched 1751 so umriß: „Allein, da es das Werk der Komödie nicht ist, einzelne Personen zu spotten (...), sondern allgemeine Thorheiten lächerlich zu machen".[37] Um diese Absicht zu verwirklichen, wurden die schlechten Eigenschaften in aller Deutlichkeit gezeigt. Überzeichnung und Verzerrung waren daher, ebenso wie in der Narrenliteratur, gängige Stilmittel.

Auch Eleonore Kalkowska arbeitet in ihrem Stück mit satirischen Übertreibungen. Wie die Komödienschreiber benutzt sie die Satire als Korrektiv, als Belehrung. Sie prangert nicht allgemeinmenschliches Fehlverhalten an, ihr geht es um die Kritik an der

Gesellschaft. Sie will die Mechanismen bloßlegen, die zu Kriegen führen und den Frieden verhindern. Aus diesem Grund agieren ihre Figuren als Vertreter politischer Mächte, auf der einen Seite der König und seine Minister, auf der anderen Seite der Narr und die Diener, die für das Volk stehen. Da die Personen in dem Stück exemplarische Eigenschaften verkörpern, machen sie auch keine Entwicklung durch. Sie bleiben im Kontext der Fabel dieselben, nur die Umstände ändern sich.

Die Konstruktion der Fabel ergibt sich aus dem Anspruch vorzuführen, daß in der Gesellschaft die Falschen das Sagen haben. Zunächst präsentiert Eleonore Kalkowska die Gesellschaft in ihrem Ist-Zustand, am Ende des ersten Aktes gelangt die Macht in die Hände des Richtigen. Im Gegensatz zum König fühlt sich der Narr, der nun regiert, gegenüber dem Volk verantwortlich. Im dritten Akt schließlich phantasiert die Autorin den glücklichen Ausgang des Experiments: Der König muß endgültig abdanken, der Narr behält seine Position – allerdings nur bis zu dem Zeitpunkt, da sein Volk für die Republik reif sein wird.

Obwohl die Dramatikerin mit dem Narren einen positiven Helden geschaffen hat,[38] läßt sie es nicht zu, daß sich die Zuschauer mit ihm identifizieren. Das verhindert sie dadurch, daß der Narr in allen Lebenslagen einen scheinbaren Gleichmut zur Schau trägt und den meisten Situationen eine komische Seite abgewinnt. Wie ihre Hauptfigur versteckt auch die Autorin ihr „blutend Herz in Spott und Hohn". (S. 10) Damit setzt sie nicht auf das Mitleid der Zuschauer, sondern auf ihre Kritikfähigkeit. Schon Ludwig Tieck benutzte in seinem „Gestiefelten Kater" (1797) Illusionsbrechung und Ironisierung als Mittel der Reflexion. Manche Erfindungen der Romantiker scheinen das epische Theater Bertolt Brechts vorwegzunehmen. Deshalb erstaunt es nicht, daß Kalkowska in ihrem Stück ähnliche Stilmittel bevorzugte.

So arbeitete sie in „Minus x Minus = Plus!" auch mit Songs, die sie in die Handlung einschob. Die Lieder nehmen die Themen des Stückes – wie Arbeitslosigkeit und Kriegsgefahr – wieder auf. Die Personen der Komödie wandeln sich vom Mitspieler zum Betrachter. Die Sänger werden, so beschreibt Bertolt Brecht später diesen Vorgang, „zu Mitwissern des Stückeschreibers",[39] der sich mit diesen Mitteilungen direkt an die Zuschauer wendet.

Eleonore Kalkowska benutzt Elemente des Schlagers und des Kabaretts.[40] In den Liedern fängt die Autorin etwas vom Lebensgefühl der zwanziger Jahre ein, das der Narr so beschreibt: „Sachlichkeit/Genauigkeit/Die Parolen unserer Zeit." (S. 5) Aggressive Sachlichkeit prägt die Diktion der meisten Songs. Mit ironischer Distanz und schnoddrigem Ton beschreibt die Dramatikerin auch romantische Sujets wie die Liebe.

Ob Eleonore Kalkowska Brechts „Dreigroschenoper" gekannt hat,[41] ist ungewiß. Auf jeden Fall bezieht sich die Autorin in ihrem Stück direkt auf Brecht. Nachdem der Narr ein Lied vorgetragen hat, kommentiert der Justizminister: „Nicht übel, Narr! Gar nicht so übel! Aber das Chanson war nicht von Dir. Es war von Brecht!" Daraufhin korrigiert ihn der Innenminister: „Sie meinen Villon, Kollege!"[42] (S. 7) Kalkowska spielt an dieser Stelle sowohl auf Brecht als auch auf dessen Vorbild, den Franzosen François Villon an.[43] Das bleiben nicht die einzigen Verweise auf Kollegen in ihrem Text. So wandelt sie den Titel von Erich Maria Remarques Antikriegsroman ab und paßt ihn der

Handlung der Szene an. Der König, der eine kriegerische Auseinandersetzung herbei-
sehnt, langweilt sich: „Im Osten nichts Neues, im Westen nichts Neues!" (S. 19) Auch
Peter Martin Lampels eindringliche Warnung vor dem Einsatz von „Giftgas über Berlin"[44] wird ebenso in den Kontext der Komödie eingebaut wie der Bezug auf Eisensteins
Film „Panzerkreuzer Potemkin".[45]

Die Hinweise auf die Werke ihrer Kollegen geschehen nicht von ungefähr. Zum einen reiht sich die Autorin damit selbstbewußt in die Reihe derer ein, deren Mahnungen
von einem breiten Publikum in der Weimarer Republik aufgenommen und verstanden
wurden. Zum anderen verdeutlicht sie damit ihr Anliegen, daß es ihr nicht um einen
sagenhaften König, sondern um die Politik ihrer Gegenwart geht.

In diesem Punkt unterscheidet sie sich von Brecht, der die Parallele zu seiner Gegenwart in der „Dreigroschenoper" vermittelter zieht. Mit diesem Verfahren grenzt sie sich
auch von den Autorinnen und Autoren ab, die in den zwanziger Jahren die Geschichts-
dramatik für sich entdeckten, um anhand von konkreten historischen Fällen Kritik an
ihrer Zeit zu üben.[46] Kalkowska greift nicht auf ein wirkliches Ereignis zurück, sondern
sie erfindet eine Geschichte, die im Mittelalter spielt. Der zeitliche Abstand dient dazu,
Distanz zum Bühnengeschehen zu vermitteln, damit die Zuschauer nicht nur die Oberfläche, sondern den Kern der Handlung wahrnehmen. In ihren Bühnenanweisungen
unterstreicht Eleonore Kalkowska, daß das Mittelalter in ihrer Komödie nur als Kulisse
dient:

> „Alles, was in der Ausstattung der Räume auf das Mittelalter hindeutet, ist in komi-
> scher Weise überbetont, so daß dem Zuschauer sofort das unernst Gemeinte, Un-
> wirkliche des Zeitkolorits auffallen muß!" (S. 1)

Die Dramatikerin verfremdet die mittelalterliche Welt auf mehreren Ebenen. So stattet
sie die Szene mit modernen Gerätschaften aus. Der Schloßherr kennt sowohl Radio und
Flugzeuge als auch zukünftige Waffen der Kriegsführung wie den „Schallsauger Pax-
mundi" (S. 30) und den „schleichenden Minenbohrer Marke Maulwurf". (S. 44) Auch
sonst hat die moderne Welt ihren Einzug gehalten. Um sich über die Vorgänge außerhalb seines Schlosses zu informieren, liest der Herrscher Tageszeitungen. Die Hof-
schranzen bestreiten ihr Fitnessprogramm beim Football-Match. Die Dialoge der mittelalterlichen Figuren sind durchsetzt mit Amerikanismen, die vor allem in der zweiten
Hälfte der Weimarer Republik beliebt waren. Kalkowskas Vorbehalte gegen dieses kri-
tiklose Nachahmen kommen pointiert in einem Lied zum Ausdruck:

> „Wir spielen ihre Stücke –
> Nicht stets zu unserem Glücke –
> Wir lieben ihre Jazze –
> Und ihres Tempos Hetze!
> (…)
> Ja, alles, was uns Freude macht,
> Das hat uns U.S.A. gebracht:

Den Charleston, Blues, Onestep und Fox,
Die Talkies, Music-Halls, den Box,
Die Smartness und das Evening-dress,
Den großen Gott – die Business!
Ja, ihrem Goldgrund von Millionen wollen
Wir allertiefste Ehrfurcht zollen!" (S. 98/99)

Der Song macht deutlich, wie die Dramatikerin ihr Stück komponiert. Indem sie ober-
flächliche Merkmale herausgreift, die sie anhäuft und dadurch verzerrt, kritisiert sie
nicht nur die Symptome, sondern stellt das kapitalistische Wirtschaftssystem mit seinen
Auswüchsen in Frage. Ähnlich verfährt sie mit den aktuellen Problemen der Weimarer
Republik. Arbeitslosigkeit, Kriegsgefahr und drohender Faschismus werden auch in den
mittelalterlichen Rahmen transportiert und überzeichnend dargestellt. Das Groteske
entsteht vor allem durch die Gegenüberstellung vom Leben am Königshof und dem des
Volkes, das der Narr in seinen Liedern besingt. So macht er dem übersättigten Schloß-
herrn den Vorschlag, den Anblick von Hungernden „als Apéritiv" zu benutzen. (S. 5)
Indem der Narr die Wünsche des Königs auf die Spitze treibt, ergreift er Partei für die
Unterdrückten.

„Nachdem es sich erwiesen hat, daß die Arbeitslosenunterstützung in ihrer jetzigen
Form eine viel zu große Belastung des Staatssäckels darstellt, möchte ich mir er-
lauben, vorzuschlagen, die Körner der Pferdeäpfel von eigens dazu dressierten, zur
Enthaltsamkeit erzogenen Sperlingen herauszupicken und sie zu Mehl für die
Arbeitslosen zermahlen zu lassen." (S. 10)

Bierernst meinen es im Gegensatz zum Narren die Vertreter der Macht, der Kultus-,
Wirtschafts-, Außen- und Kriegsminister. Sie übernehmen die Schlagworte der Rechten. So möchte der Kultusminister das Schund- und Schmutzgesetz erweitern: „Jeder,
der mit einem Menschen unter einem Dache wohnt, der jemals ein Schund- und
Schmutzbuch gelesen hat (...)" soll zur Rechenschaft gezogen werden. (S. 12) In den
zwanziger Jahren hat es tatsächlich eine Auseinandersetzung um ein Gesetz gegeben, das
darauf abzielte, Jugendliche vor „Schund- und Schmutzschriften" zu schützen.[47] Doch
da die Bestimmungen recht vage formuliert waren,[48] befürchtete eine breite Öffentlichkeit, daß eine Art Maulkorbgesetz für die Kunst geschaffen werden sollte. Unter den
Nationalsozialisten wurden dann die Ängste der Kritiker Wirklichkeit.[49]
    Mit seinem Wunsch, die deutsche Sprache von Fremdworten frei zu halten, nimmt
der Minister auch die Kulturpolitik im Dritten Reich vorweg. Nationalsozialistische
Ideologie vertreten ebenso der Kriegs- und Finanzminister, wenn sie die Juden zum
Sündenbock machen: „Tod und Verderben der volkszersetzenden Völkerverständigung
(...) Die unterstützt wird vom jüdischen Kapital!" (S. 12)
    Die Beispiele zeugen von einem fast prophetischen Blick der Autorin. Je mehr sich
die Situation in der Komödie zuspitzt, desto stärker versuchen die alten Träger der
Macht den fiktiven mittelalterlichen Staat in eine nationalsozialistische Diktatur umzu-

wandeln. Sie passen etwa die Rassenideologie der Hitlerpolitik der verschärften Lage an. Der Kultusminister sorgt sich, daß das „Kulturvolk der Elber durch eine Kreuzung mit der niederen Rasse der Tschimburen verdorben" werden könnte. Um das zu verhindern, schlägt sein Kollege drakonische Maßnahmen vor: „Jede Frau, die von nun an beim Gespräch mit einem Kriegsgefangenen ertappt wird, soll öffentlich ausgepeitscht werden! Zur gleichen Zeit soll die Prügelstrafe für alle politischen Vergehen" eingeführt werden. (S. 32)

Doch der Narr, der in dem Stück die bessere Alternative verkörpert, verhindert die Umsetzung solcher Vorstellungen. Der Narr beeinflußt die geschichtliche Entwicklung im Sinne der Autorin, die in ihrem Stück eigentlich die Situation vom Ausbruch des ersten Weltkrieges bis in ihre unmittelbare Gegenwart nachzeichnet. Die Parallelen, die sie aufstellt, sollen aufzeigen, wo die Gründe liegen, die zum Scheitern der Demokratie führten. Der Narr versucht aus der Geschichte zu lernen. So sieht er bereits die „Zeichnung der Kriegskredite" als einen Fehler an. Aus diesem Grund erstaunt es ihn auch nicht, daß lediglich ein Geisteskranker eine größere Summe gezeichnet hat: „Aber kein Wunder nach der Schachterei – wollte sagen: Schacherei mit Staatspapieren nach dem vorigen Kriegsende!"[50] (S. 33) Auch gegen die nationalsozialistische Propaganda, daß der Grund der Niederlage keine militärischen Ursachen gehabt habe, sondern der „Dolchstoß von hinten" gewesen sei, verwehrt er sich von Anfang an entschieden. (S. 36) Ebenso entläßt er nach dem gewonnenen Krieg die alte Bürokratie, obwohl die Minister bereit wären, sich den veränderten Bedingungen anzupassen: „Dann würden wir eben umlernen, mein Lieber! Das ist doch nicht schwer. Man hat uns doch erst kürzlich gezeigt, wie's gemacht wird." (S. 63)

Ein Einzelner, nicht die Masse, verhindert in dem Stück den Weg in die Diktatur. Auf das Volk setzt die Autorin nur mittelbar, in dem sie es dem Narr zur Seite stellt. Der Grund für diesen Pessimismus liegt sicherlich in den Erfahrungen ihrer Gegenwart begründet. Der Narr als Alter ego der Dramatikerin weist das Ansinnen der Republikaner, seinen Staat zu regieren, als noch nicht zeitgemäß zurück und stellt klar, daß demokratische Strukturen langsam entstehen müssen:

„Meine lieben Leute! Ich danke Euch für euren ehrenvollen Vorschlag, aber ich kann ihn leider nicht annehmen. So sehr ich grundsätzlich mit Euch einverstanden bin, glaube ich doch, daß es mir allein besser gelingen wird, das gute alte Maultier an einen rascheren Trab zu gewöhnen … Aber kommt in zehn Jahren wieder, und wir sprechen noch einmal über die Sache. Vielleicht habt Ihr inzwischen manches dazu gelernt." (S. 87)

Die harsche Zeitkritik und die Anspielungen auf den Faschismus dürften – ähnlich wie bei Ilse Langner – der Grund gewesen zu sein, daß sich in der Republik kein Theater mehr fand, die Komödie aufzuführen.

Mit dem Märchenstoff verwoben ist auch Kritik an der männlichen Zivilisation und Gesellschaftsordnung. Die Verlegung der Handlung ins Mittelalter macht deutlich, daß das Bild des Mannes als Handelnder, der über Leben und Tod entscheidet, keine Erfindung der Neuzeit, sondern Bestandteil der patriarchalischen Kultur ist. Die Komödie wird damit zu einer Abrechnung mit den Männern. Männlichkeit versteht die Autorin nicht als biologische Kategorie, sondern als ein Konstrukt der herrschenden Ideologie. Eleonore Kalkowska veranschaulicht, daß diese Denkweise den Männern zum Machterhalt diente. Der Kampf Mann gegen Mann ergibt sich als logische Folge aus diesem Weltbild, dessen letzte Konsequenz der Kampf der Völker gegeneinander ist, die stellvertretend für die Herrschenden ihr Leben lassen müssen. Um die Trauer der Überlebenden in Grenzen zu halten, werden die Opfer des Krieges zu Helden stilisiert.

Die Autorin zeigt in ihrem Stück, daß diese Ideologie zwar funktionierte, daß sie aber ansonsten ins Reich der Legenden gehört. Ihr Beweis: Sie konfrontiert das Bild mit der Wirklichkeit. Ihre Versuchsperson ist König Theodosius, der als Verkörperung des Heldenbildes dargestellt wird. Der König sieht sich selbst in dieser Tradition, als er wutentbrannt einen Lautsprecher zertrümmert, aus dem die Nachricht von Abrüstungsverhandlungen kam: „Abrüstung – ?! Halt's Maul, Idiot! (...) Wo bliebe das Heldentum? Bis zum letzten Hauch von Roß und Mann?! ...“ (S. 11)

Ein strahlender Held ist Theodosius nicht. Im Gegenteil. Wie der böse König aus dem Märchen ist er dumm, eitel und gefräßig. Macht bedeutet für ihn die Befriedigung seiner eigenen Bedürfnisse. Wie es dem Volk geht, ob es hungert oder friert, ist ihm egal, solange nur seine Tafel im Schloß vor Speisen überquillt. Aufruhr erstickt er im Keim, er erwägt die Wiedereinführung der Folter – im Text auch die Anspielung auf die zunehmenden Brutalitäten der Nationalsozialisten.[51] Über Größe und Tatkraft – Tugenden, die einen Helden auszeichnen sollten – verfügt Theodosius nicht. Sein Land wird von Feinden bedroht, er soll nun an der Spitze des Heeres in die Schlacht reiten:

„Was für ein Feind? Ich habe keinen Feind! Was soll das alles heißen? Ich habe niemandem etwas getan! (...) Ich – in Gefahr? Warum? Weshalb? ... Ich mag keinen Krieg! Ich will ein Friedensfürst sein! Was wird bloß aus uns werden –?!“ (S. 23)

Was macht er in dieser Situation? Der König schickt einen Stellvertreter. Er ernennt jedoch keinen Feldherrn, sondern er tauscht mit dem Narren die Kleider. Ohne die Attribute der Macht ist der König nur noch ein Schmierenkomödiant. Der Narr erteilt ihm denn auch den Rat: „Ich habe Dir hier einige Empfehlungsschreiben an Pariser Varietés aufgeschrieben. (...) Deinesgleichen hat dort immer einen Erfolg!“ (S. 97) Ein Schmierenkomödiant war er auch schon in der Rolle des Königs, doch da hat es niemand bemerkt, denn „beim König sieht man immer nur die Krone“. (S. 28) Das Stück führt den König nackt vor. Theodosius wirft sich zwar in die heroische Pose, doch sie gelingt ihm nicht, obwohl seine Welt im Schloß eine Mörderwelt war, die nicht nur mit den Gegnern kurzen Prozeß machte, sondern auch alles Lebendige abtötete. Theodosius selbst ist im Bild des Helden erstarrt.

Der Heldenkult rechtfertigt auch die Macht des Mannes über die Frau. Die Überlegenheit des Königs drückt sich darin aus, daß er die Königin als sein Geschöpf behandelt. Für ihn ist sie lediglich ein Statussymbol, ihre Erscheinung soll seinen Ansprüchen genügen. Folglich interessiert er sich auch nicht für sie als Mensch, sondern beachtet nur ihr Äußeres. Sie entspricht nicht seinem Schönheitsideal, da sie zu mager ist und er ihr Lächeln vermißt:

> „Warum isst Du garnicht, Aglaja? Du wirst immer magerer. Ich mag die neue Mode garnicht. In meinem Reich bleibt das Vollschlanke für die Frauen obligatorisch! Warum machst Du so ein sauertöpfisches Gesicht. Lächle! Das ist das mindeste, was ich von Dir verlangen kann." (S. 7)

Die Liebesunfähigkeit ist ein Produkt der patriarchalischen Ideologie, die der König vertritt. Er behandelt seine Frau als seinen Besitz, den er auch eintauschen kann: „Was meinst Du, ob der Krieg sich vermeiden ließe, wenn ich Aglaja ihrem Vater zurückgeben würde?!" (S. 24) Die Ideologie der bürgerlichen Liebe entdeckt er erst, als seine Macht bedroht ist, und er mit Aglajas Hilfe den Thron zurückgewinnen will: „Meine Gattin! Meine Geliebte! O meine Alkmene. Trotz allem – ja, Du bist mir treu geblieben! Nur einen – nur *mich* vermagst Du zu lieben! Ich danke Dir! – –". (S. 82) Doch auch bei diesem Auftritt ist die Königin nur Mittel zum Zweck.

Eleonore Kalkowska kritisiert auf diese Weise sowohl die Stellung der Frau im Mittelalter als auch in der bürgerlichen Gesellschaft. Freundschaft und Zärtlichkeit spielten vor Beginn der Neuzeit eine untergeordnete Rolle. Ehen wurden entsprechend dem Rang von Braut und Bräutigam arrangiert. Von da an stand die Frau unter der Herrschaft ihres Ehemannes, der absoluten Gehorsam von ihr verlangte.[52] Doch auch die bürgerliche Ideologie der Hingabe und des Opferns legte den Frauen enge Beschränkungen auf. Nun wurden sie nur über ihren Mann und ihre Kinder definiert.

In der Kritik an der Liebesunfähigkeit des Mannes und seiner Liebe zum Bild ist ein Thema vorweggenommen, das in der zeitgenössischen Frauenliteratur – dort allerdings mit Realitätsbezug – häufig bearbeitet worden ist. Kalkowskas Satire enthält jedoch keine grundsätzliche Ablehnung der Institution Ehe und den damit verbundenen Rollenklischees.[53] Die Ambivalenz des Textes in diesem Punkt wird an der Figur der Königin besonders deutlich. Die Königin leidet unter ihrer Stellung am Hof, doch ist sie eine Gefangene ihrer eigenen Wünsche geworden.

Mit ihrem Verhalten entspricht Aglaja genau der Rolle der Frau wie sie Theoretikerinnen in den siebziger Jahren gesehen haben: Die Frau ist nicht nur Opfer, sondern auch beteiligt an ihrer eigenen Unterdrückung. Diese Ambivalenz prägt auch Aglajas Leben am Hof. Die Königin wagt als Gefangene nie offenen Protest. Sie verweigert nur indirekt die von ihr geforderte Rolle, indem ihr das Lächeln zur Grimasse gerät und sie dem Schönheitsideal des Königs trotzt, sie will schlank bleiben. Sie stimmt zwar den Auffassungen des Narren zu: „Ach, ich weiss, was es bedeutet, immer lächeln zu müssen – –", (S. 16) doch die Initiative zur Kritik geht nie von ihr aus. Die einzige Stelle, wo sie Theodosius widerspricht, ist die, als er sie fallenlassen will: „Ich bin kein Bündel, das man hin und her schleudert. Ich bin Königin von Trabant und bleibe es auch!" (S. 24)

Angst um ihre Position ist der Grund, weshalb sie sich auf eine Tändelei mit dem Feind einläßt. Der Tschimbure, der in ihr Schlafzimmer eindringt, versucht ihr weiszumachen, daß er nur aus Liebe zu ihr so gehandelt habe. Sie glaubt ihm zwar nicht, gewährt ihm aber als Rückversicherung unter ihrem Bett ein Versteck: „Auch wird im Haus, das etwas auf sich hält/ 'Ne Hintertreppe stets bereitgestellt". (S. 41) Ihr Ausweg verläuft wieder über den Mann.

Besser gefällt ihr allerdings der Narr, weil er sie als Person wahrnimmt. Mit ihrer Hilfe und der Unterstützung der Diener kann sich der Narr denn auch in seiner neuen Position behaupten. Was die Königin nun für Liebe ausgibt, ist im Grunde auch nur der Nachvollzug der vorgegebenen Rollen zwischen Mann und Frau. Zunächst ist der Narr überrascht, als sie ihm unterstellt, er habe sich ihretwegen auf den Rollentausch eingelassen. Doch dann macht er gute Miene zum alten Spiel. Das hat für die Königin den Vorteil, daß sie zum ersten Mal die Regeln bestimmen kann und der Mann sich unterwirft. Allerdings emanzipiert sich Aglaja nicht wirklich, denn sie trennt sich nur schwer von liebgewordenen Vorstellungen. Phrasen und Klischees wie „O mein Gatte, mein Held" verhindern eine gleichberechtigte Partnerschaft. (S. 39) Sie definiert sich auch weiterhin über den Mann: „Es ist sehr angenehm, die Frau eines berühmten Mannes zu sein." (S. 79) Da sie nun endlich ihren Märchenprinzen gefunden hat, propagiert sie das Ideal der Treue:

> „Doch da's immer noch geschehen kann,
> Daß man glücklich ist mit *einem* Mann,
> Möchte ich – es werde frei erklärt,
> Auch ein solcher Fall hat seinen Wert –
> Drum, – klingt es Euch heute auch verstaubt, –
> Einen Einzigen zu lieben sei erlaubt,
> Jawohl: auf's Neu – *erlaubt!*" (S. 82)

Zwar verführt das Zauberwort Liebe auf der Handlungsebene des Textes die Königin zur Bescheidenheit, doch in den Liedern, die Kalkowska die Königin singen läßt, stellt sie diese Entscheidung in Frage. Das Muß der sexuellen Freizügigkeit zieht sie ebenso ins Lächerliche wie die eheliche Treue. Doch wie ein Verhältnis der Geschlechter jenseits solcher Zuschreibungen aussehen könnte, bleibt offen.

Die Königin muß auch nicht mehr offensiv um ihre Rechte kämpfen, denn der Narr läßt sie gewähren. Kalkowskas Drama klagt nicht nur das gewohnte Verhalten von Männern an, sondern die Autorin entwirft auch eine Utopie von Männlichkeit. Damit nimmt sie wiederum einige Motive vorweg, die in der Diskussion von Frauen ab den siebziger Jahren eine Rolle spielen werden.[54] Die Utopie vom „neuen Mann" verkörpert die Zentralfigur des Stückes, der Narr. Da er immer wieder als des Königs Schatten beschrieben wird, ist die Autorin bei der Gestaltung dieses Gegensatzpaares ihrem Vorhaben treu geblieben, Utopie und Realität zusammenzuführen. Der Narr hat keinen Anteil an der Gewalt der Männer. Er lebt zwar im Zentrum der Macht, doch hat er zunächst keinen Einfluß auf die wichtigen Entscheidungen. In seinen Liedern lehnt er sich gegen die Verhältnisse auf, doch seine spitze Zunge kratzt nicht am Selbstverständnis der Herrschenden, die das Volk unterdrücken. Die Weisheit des Narren hat in den Schlägen, die er bekommen hat, ihre Wurzeln. Er stülpt seinen Rock nach links auf die verkehrte Seite, um sich dadurch die Ungerechtigkeiten der Welt vor Augen zu führen. Die falsche Seite ist noch aus einen anderen Grund die angemessene. Er paßt sich damit seiner Umgebung an, die ihre Worte nie in Übereinstimmung mit ihren Taten bringt:

> „Auch dürfte im Ernst niemand daran Anstoß nehmen ... Verkehrt ist doch heute Trumpf, – wisst Ihr das nicht? Seht Euch nur um, Ihr werdet mir Recht geben! Wann pries man jemals so heiß den Frieden? ... Man baut ihn in Panzerschiffe ein! ... Wann schrie man je so dringend und laut nach Kredit? ... Man schmunzelt, daß man sich selbst nicht glauben kann! Wann pflasterte man seine Zunge mit so viel Menschlichkeitsphrasen? ...“ (S. 14)

Der verkehrte Rock verweist auch auf den späteren Rollentausch mit dem König, denn die Königskrone steht ihm ebensowenig wie der gewendete Rock. Mit dieser Geste spielt der Narr auf den Titel des Stückes „Minus x Minus = Plus!" an, den er im Text so erklärt: „Schwindel x Schwindel = Wahrheit!". (S. 74) Das sind auch die Waffen, mit denen der Narr für eine bessere Welt kämpft. Bluff, Ironie und versteckte Andeutungen sind die Mittel, mit denen er letztlich den Krieg gewinnt.

Im Gegensatz zu Theodosius verfügt der Narr über Mut und Tatkraft. Doch mit den traditionellen Mitteln der Kriegsführung scheitert er. Seine Luftflotte wird abgeschossen, der Minenbohrer versagt, und das Giftgas ist ausgegangen. In dem Moment, als er sich auf einen Zweikampf mit dem gegnerischen König einläßt, hat er das Heldenbild verinnerlicht und ist Träger der alten Herrschaft geworden. Die Autorin verdeutlicht dies, indem sie ihn mit „faschistischem Gruß" den Unterhändler verabschieden läßt. (S. 57) Der Narr muß durch das alte Heldenbild hindurchgehen, ehe er zu seinem früheren Selbstverständnis zurückfindet. Mit den Methoden des Narren gewinnt er schließlich den Kampf um die Macht. Große Pappschilder verkünden von den Zinnen der Burg: „Achtung Giftgas". (S. 68) Diese Warnung schlägt den Feind in die Flucht. Seinen Narrengrundsätzen bleibt er auch im Frieden treu.

Kalkowskas Narr nutzt – wie seine historischen Vorgänger an den Höfen im 16. Jahrhundert – die ihm zugestandene Narrenfreiheit, um ungehindert und ungestraft Wahrheiten sagen zu können. Ähnlich wie Till Eulenspiegel, der Held eines Volksbuches aus dem 15. Jahrhundert, faßt auch der Narr in Kalkowskas Stück Befehle wörtlich auf, um sie so ad absurdum zu führen. Anders als die derb-komische Bühnenfigur des Hanswurst aus den Fastnachtsspielen arbeitet der Narr aus dem 20. Jahrhundert mit hintergründiger Ironie.

Den Kampf gegen die Herrschenden nimmt in Eleonore Kalkowskas Zeitsatire ein Mann auf. Doch er entspricht nicht dem gewohnten Männerbild, er ist ein „unmännlicher Mann". Er kämpft mit den traditionellen Waffen eines Narren und damit mit Mitteln, die eher eine Frau als ein Mann einsetzt. Das könnte damit zusammenhängen, daß die Autorin den Narren als ihr Alter ego verstanden hat, der ihre Vision einer friedlichen Welt umsetzen soll. Sie äußert in ihrem Stück eine hellsichtige Kritik an einem totalitären und militaristischen Staat. Eleonore Kalkowska entwickelt ihr Wunschbild als Gegenmodell zu dem von den Nationalsozialisten propagierten Männerbild. Doch auch bei ihr ist der Mann der aktive Teil, der die Gesellschaft verändert. Die Frau gewinnt nur dadurch, daß der „neue Mann" in seiner gesellschaftlichen Praxis humaner und sozialer ist. Die Frau definiert sich nach wie vor über den Mann. In diesem Punkt bleibt Eleonore Kalkowska den gängigen Rollenvorstellungen verhaftet. Sie entwirft ebensowenig wie Ilse Langner eine positive weibliche Gegenwelt. Die Dramatikerinnen machen den Helden lächerlich. Auffällig ist, daß beide Schriftstellerinnen ihre negativen Helden mit ähnlichen Eigenschaften ausstatten: dumm und egoistisch. Zu einem Zeitpunkt, da der Frontsoldat auf dem Theater – und nicht nur dort – zu neuem Leben erwachte, widersprechen die Autorinnen dem Bild von Männlichkeit, das in den Kriegsstücken ihrer anpassungsfähigen und -willigen Kollegen vermittelt wird. Sowohl der Narr als auch Langners Odysseus lehnen Gewalt ab und setzen eher auf Listen, um ihre Ziele zu erreichen.

Im Gegensatz zu ihren Anti-Helden erreichten beide Dramatikerinnen ihre Absicht nicht: eine breite Öffentlichkeit vor den Gefahren des falschen Heldentums zu warnen und zu zeigen, daß die Utopie machbar sei. Ihre Visionen erstrahlten nie im Scheinwerferlicht eines Bühnenraumes, sondern verstaubten in Archiven. Dort liegen sie noch immer, obwohl sie nichts von ihrer Aktualität eingebüßt haben. Die Stücke unterscheiden sich wohltuend von manchen Arbeiten heutiger Romanautorinnen, die lediglich den Helden durch eine Heldin ersetzen.[55] Schon Ilse Langner hatte gezeigt, daß mit einem Rollentausch des Personals nichts gewonnen ist. Männer und Frauen sollten sich, so ihr Anliegen, aus ihren erlernten Rollen lösen. Während Ilse Langner ihr künftiges Paradies noch nicht ausmalt, werden Konturen des Idealstaates von Eleonore Kalkowska – pazifistisch, human, sozial – sichtbar. Damit läuft sie Gefahr, daß ihre Utopie nicht mehr kreativ wirken kann, sondern erstarrt.[56]

III. NACH 1933: ZEITSTÜCK-AUTORINNEN OHNE BÜHNE

Eleonore Kalkowskas und Ilse Langners friedliche Zukunftsvisionen erfüllten sich nicht. Im Gegenteil: Das politische Drama vor dem Theater nahm immer brutalere Formen an und vernichtete die berufliche Existenz der Bühnenautorinnen. Wie tief diese Verunsicherung ging, gestaltete Anna Gmeyner nicht mehr in einem Theaterstück. In dem Exilroman „Café du Dôme" der ehemaligen Dramatikerin ist bezeichnenderweise ein Bühnenkünstler die einzige Figur unter den Vertriebenen, die alle Hoffnung aufgibt.

Der Theaterproduzent Gabriel fühlt sich aufgerieben, weil ihn sein Heimatland durch Terror vertrieb und die Menschen an seinem Zufluchtsort ihm mit Gleichgültigkeit begegnen. Er sieht keinen anderen Ausweg als den Selbstmord. Die Grabrede für den toten Theaterproduzenten gerät Anna Gmeyner zu einer eindringlichen Schilderung des Alltags im Exil, in der sich sicher auch eigene Erfahrungen widerspiegeln:

> „We stroll about here, we have a hundred and one things to see to, a hundred and one plans, we are needed, everywhere people are waiting for us. We're very important, we're fine fellows! That is how we live, behaving as though the whole of Paris had been waiting for us. As though Paris were as happy to know we are here as we are when we arrive at the Gare du Nord, tears in our eyes and unable to speak for joy. In the place we came from we had only one thought – to get out, and then all would be well. But it's only when we are out that the struggle begins. We have no reserves, we have no money and no strength. We're not the heroes we ventured to think we were before we had been put so sorely to the test. We are slowly devoured on all sides, as cheese is gnawed by rats. We cannot stop reading the newspapers, there is the struggle for existence, the problem of work and getting a permit to work, our personal lives, which never run on a smooth course when there's nothing else to make existence worth while. And then it transpires that our American visas are not granted, our friends will no longer lend us money, our landlady threatens us with the police, and then comes some trifling detail, nothing of any importance now, a word, a voice, and suddenly, as though we were an empty building in which a time-bomb has always been ticking, either audibly or inaudibly, everything collapses in ruins."[1]

Die Angst um Freunde und Verwandte, die in Deutschland blieben, die Sorge um Aufenthalts- und Arbeitserlaubnis und die Not der Existenzberechtigung kannten die Dramatikerinnen ebenso wie Anna Gmeyners fiktive Figur. Das Wort, das ihnen den Lebensmut am ehesten rauben konnte, war das „Nein" eines Theaterleiters bei der Anfrage, ihr Stück aufzuführen.

Mit dem Entschluß ins Exil zu gehen, retteten Elisabeth Castonier, Anna Gmeyner, Eleonore Kalkowska, Maria Lazar, Hilde Rubinstein und Christa Winsloe zwar ihr Leben. Doch diese Entscheidung traf den Lebensnerv ihrer künstlerischen Produktion. Sie hatten kaum noch Kraft, Heldinnen und Helden für Theaterstücke zu entwerfen, da sie ihre Energie darauf richten mußten, die gewöhnlichen Schrecken eines fremden Alltags zu meistern. Häufig fühlten sie sich an ihrem Zufluchtsort isoliert. Hilde Rubinstein faßt ihre Erfahrung so zusammen:

„Emigration, eine Widrigkeit, die mehr ist als eine vorübergehende Flucht, nämlich endlos. Weil man im neuen Land zu spät anlangte, um Wurzeln fassen zu können und dem alten zu sehr entfremdet ist (…)"[2]

Zudem mußten die Autorinnen diese Schwierigkeiten aus eigener Kraft meistern. Anna Gmeyner, Maria Lazar und Hilde Rubinstein flüchteten aus Deutschland zusammen mit ihren Töchtern. Elisabeth Castonier, Eleonore Kalkowska und Christa Winsloe waren im Exil allein. Wie Anna Gmeyners fiktiver Theaterproduzent hatten sie alle keine Partner, die die Schwierigkeiten des Alltags für sie bewältigten, damit sie den Kopf zum Schreiben frei haben konnten.

Die ungehemmtere Produktion der männlichen Kollegen ist zum Teil darauf zurückzuführen, daß ihre Frauen bereit waren, die Werke der Männer wichtiger als die eigenen Arbeiten zu nehmen. Der Ratschlag, den der Theaterautor Ödön von Horváth von Franz Theodor Csokor erhielt, „lernen wir Englisch, Nähen und Kochen", blieb theoretischer Natur.[3] Die Praxis sah anders aus, das Exil zementierte die gewohnte Rollenverteilung zwischen Männern und Frauen. Die Frauen waren wieder für die Familie verantwortlich, während die Männer sich ihrer jeweiligen Bestimmung widmeten: dem antifaschistischen Kampf, einem Studium, um später in ihrem Beruf arbeiten zu können, oder der Dichtung.

Den meisten Schriftstellern fiel es schwer, künstlerische Kompromisse einzugehen. Sie griffen dankbar auf die Hilfe der Frauen zurück, die ihnen die Möglichkeit bot, „nur zu schreiben."[4] Die Frauen stellten die materielle Existenzsicherung in den Vordergrund. Deshalb waren sie bereit, Hilfsdienste zu übernehmen und bestanden nicht darauf, im fremden Land in den vertrauten Berufen zu arbeiten.[5] Die promovierte Philologin Doris Dauber berichtet:

„Dienstmädchen, Nachtwächterin in einem Irrenhaus, Paketpackerin in einem Versandgeschäft sind nicht gerade sozial hochstehende Berufe. Aber man kann die Treppe noch tiefer hinabsteigen. Und ich steige sie hinab bis zur untersten Stufe, ohne daß mir eine Perle aus der Krone fällt. Im Gegenteil: Wie bei allen früheren Berufen erweitert sich mein Horizont. Ich werde in einem Nachtlokal Klosettfrau, die einzige Verdienstmöglichkeit, die sich mir bietet."[6]

Der lockere Ton von Doris Dauber darf nicht darüber hinwegtäuschen, daß sie der soziale Abstieg manchmal an den Rand der Verzweiflung brachte. Auch die Theaterautorinnen blieben von solchen bitteren Erlebnissen nicht verschont. Sie teilten mit den anderen Frauen die Erfahrung, daß sie nicht mehr in ihrem gewohnten Beruf arbeiten konnten. Im fremden Land bot das Schreiben keine Verdienstmöglichkeit. So öffneten sich die Pforten des Königlichen Schauspielhauses in Stockholm nicht für die Dramatikerin, sondern nur für die Kantinenhelferin Hilde Rubinstein. Für 1,25 Kronen die Stunde durfte sie in der Küche das Geschirr abtrocknen, auf eine Aufführung ihrer

Stücke in diesem Haus hoffte sie vergeblich. Auch die anderen Schriftstellerinnen standen im Exil vor dem beruflichen Nichts. Eleonore Kalkowska lebte unter „ziemlich schwierigen Bedingungen" in England und Frankreich,[7] und Christa Winsloe baute in Cagnes ihr eigenes Gemüse an, um nicht zu verhungern.

Wie Doris Dauber versuchten auch die Dramatikerinnen sich Mut zu machen, indem sie ihren Kampf ums Überleben als Bewußtseinserweiterung sahen, die sich vielleicht schriftstellerisch verwerten ließ. Doch es gelang nur selten, die ungewohnten Erlebnisse literarisch zu verarbeiten. So hemmte bei Christa Winsloe die Sorge um das tägliche Brot die literarische Produktion. „Schreiben tue ich jetzt nichts ... keine Zeit", lautet ihre lakonische Auskunft an die amerikanische Journalistin Dorothy Thompson, zu der sie den Kontakt auch während der Zeit der Verzweiflung aufrecht erhielt.[8]

Da den Schriftstellerinnen der männliche Partner zum Broterwerb fehlte, die männlichen Kollegen sich aber oft auf den Lebensunterhalt durch ihre Ehefrauen verlassen konnten, entwickelte sich der Literaturbetrieb im Exil wieder zu einer Domäne der Männer, so daß die Kritikerin Ingeborg Franke 1938 zu dem Schluß kam: „Der Kreis der deutschen Schriftstellerinnen in der Emigration ist – auch hier regiert die viel strengere Auswahl (...) – ein kleiner Kreis."[9]

Ein Indiz für diese Tatsache liefern auch die Akten der Hilfsorganisation „American Guild for Cultural Freedom". Neben der Vergabe von Stipendien plante die Organisation die jährliche Verleihung eines Literaturpreises in Höhe von 5000 Dollar. Bei den eingereichten Manuskripten fällt auf, daß sich die Autorinnen – bis auf Doris Dauber – hinter einem männlichen Pseudonym versteckten. Hannah Arendt rechnete sich als Peter Schlehmihl größere Chancen aus, Carmen Bud nannte sich Hubert May, Elisabeth Castonier verwandelte sich in Paul, aus Elisabeth Karr wurde ein Humanist. Maria Lazar legte sich Hermann Huber als Tarnnamen zu, und Ilse Wolf-Kolleritz reichte ihre Arbeit als Iwo de Rivera ein.[10]

Was für den Literaturbetrieb allgemein galt, traf erst recht auf das Theater zu, das ein besonderes Sorgenkind in jenen Jahren war. Fast alle Schriftsteller, die für das Theater der Weimarer Republik geschrieben hatten, teilten die Erfahrungen der Autorinnen, daß im Exil ihre Stücke nicht mehr gespielt wurden. Es kam nur selten zu Aufführungen oder Lesungen von Dramen, die nach 1933 entstanden waren.

Keine andere literarische Produktion war von den Nationalsozialisten so unmittelbar abgewürgt worden wie die Arbeit für das weltanschaulich reich facettierte Theater. Nach dem Forschungsstand von 1971 flohen 420 Dramatikerinnen und Dramatiker – ein schmerzlicher Aderlaß für das „Volk der Dichter und Denker". Die Statistik belegt zwar, daß 724 Theaterstücke, 108 Hörspiele und 398 Filmmanuskripte und Drehbücher im Exil verfaßt worden sind.[11] Die meisten Manuskripte blieben jedoch in den Schubladen und wanderten von dort aus in die Archive. Selbst von den Dramen prominenter Autoren wie Brecht und Zuckmayer konnte nur ein Bruchteil für die Bühne inszeniert, im Radio gesendet oder für das Kino verfilmt werden. Auch Brecht schrieb im Exil die meisten seiner Arbeiten für ein imaginäres Publikum.[12] Die negative Bilanz veranlaßte Franz Carl Weiskopf in der Rückschau die Bühnenschriftsteller als die „Sorgenkinder der literarischen Emigration" zu bezeichnen:[13]

„War es schon schwer, ein deutsches Buch in der Fremde zu verlegen, um wieviel schwerer war es doch, eine deutsche Theateraufführung im Exil zustandezubringen! (…) Für eine Aufführung (…) brauchte man das Publikum auf einem Fleck und zur gleichen Zeit, und das war unter den Bedingungen des Exils fast niemals zu erzielen. (…) Ein Emigrationsverlag konnte auch in einem Hotelzimmer mit winziger Belegschaft funktionieren, doch selbst das bescheidenste Theater brauchte mehr Raum und Personal. Und wenn nach Überwindung unüberwindlich erscheinender Schwierigkeiten das Stück eines landflüchtigen Schriftstellers endlich doch aufgeführt wurde, dann war der Beifall eines begeisterten Zuschauerhäufleins das einzige Honorar, mit dem der glückliche Autor rechnen konnte."[14]

Selbst von dieser bescheidenen Ermutigung profitierten die Theaterautorinnen nicht. Die unüberwindlichen Schwierigkeiten blieben für sie im Gegensatz zu ihren etwas glücklicheren Kollegen bestehen. Beispielhaft ist der Fall Hilde Rubinsteins, die ihr Stück „Hungerstreik" dem Königlichen Schauspielhaus in Stockholm anbot, in dem sie ihre Erfahrungen in den Gefängnissen Hitlers und Stalins verarbeitete. Zunächst sah es für die Tellerwäscherin der Theaterkantine recht erfolgversprechend aus, denn das Schauspielhaus kaufte die Arbeit an. Doch die Direktion ließ das Stück nicht inszenieren, da herauskam, daß der Name der Autorin Maria Katarina Lundbäck ein Pseudonym und die Verfasserin eine unbekannte Autorin war. Noch Jahrzehnte später war Hilde Rubinstein über dieses Verhalten empört:

„Und als ich da raufkomme und die merken da, daß ich gar nicht so schwedisch bin, da hat er eben diesen ganz unvergeßlichen Satz ausgesprochen, den ich mir ganz bestimmt bis zum Tode merken werde: ‚Wir sind nicht interessiert an unbekannten ausländischen Schriftstellern.'"[15]

Die Bemerkung machte der Theaterleiter Ragnar Josephson. Ebenso distanziert verhielten sich die Intendanten in anderen Ländern, so daß Hilde Rubinstein mit ihrer Erfahrung nicht allein dastand. Anders als bei dem Dramatiker Ferdinand Bruckner, der vor 1933 bereits internationales Ansehen genoß, weckten die Namen der Bühnenautorinnen im Ausland keine Assoziationen. Einzige Ausnahme mag Christa Winsloe gewesen sein, die durch die Verfilmung ihrer Mädchentragödie bekannt geworden war. Doch auch sie verkaufte kaum eine Zeile.

Außerdem hielten die Autorinnen der Zeitstücke auch in ihren Gastländern an ihrem kritischen Impetus fest. Sie trafen auf ein einheimisches Publikum, das sich lieber unterhalten als vor den Gefahren des Faschismus gewarnt werden wollte.[16] Nur die Emigrantenensembles, die sich in über 27 Ländern bildeten, schreckten vor diesem Thema nicht zurück. Doch ihrer Theaterarbeit mangelte es oft an Kontinuität, da diesen Bühnen häufig die wirtschaftliche Grundlage fehlte. Sie war – mit Ausnahme des Zürcher Schauspielhauses – regional und zeitlich begrenzt. Deshalb mußten sich die Dramatikerinnen mit der Tatsache auseinandersetzen, daß sie ihrer „eigentlichen Basis, des Theaters und des Publikums, beraubt" waren.[17] Die Kraft, weiterhin produktiv zu bleiben, mußten sie aus sich heraus schöpfen, da die äußeren Antriebskräfte fehlten. Exiltheater beschränkte sich für die Autorinnen darin, daß sie ihre Erfolge aus der Weimarer Republik noch einmal auf der Bühne sahen. Das bedeutendste deutschsprachige Theater außerhalb des Reiches machte da keine Ausnahme.[18] Die Leitung des Zürcher Schauspielhauses, die sonst nicht vor dem Unmut der Nationalsozialisten zurückschreckte,[19] ging bei den Dramatikerinnen auf Nummer Sicher und brachte nur Bewährtes. Widerstand gegen schreibende Frauen meldeten vor allem die Theaterkritiker wieder an. So gefiel dem Rezensenten der „Neuen Zürcher Zeitung" an Anna Gmeyners „Automatenbüffet" zwar, daß es bar von „süßlicher Mondscheinlyrik" sei, doch er monierte: „Im Trüben fischen" – so hieß das Volksstück in Zürich – „ist bei allem Reichtum an wertvollen Beobachtungen und Einzelszenen doch das Stück einer Frau: es fehlt ihm an dramatischer Straffung und Disziplin".[20] Da hatte der Regisseur Leopold Lindtberg, der mit der Inszenierung am 12. September 1933 sein Debüt als Spielleiter am Zürcher Schauspielhaus gab, einen schweren Stand. Auch grandiose Schauspielerinnen wie Therese Giehse, die die Wirtin des Automatenrestaurants spielte, konnten dem Stück nicht zum Durchbruch auf der Schweizer Bühne verhelfen.[21]

So erstaunt es nicht, daß der erneute Vorstoß, ein Zeitstück einer Autorin aufzuführen, in Zürich mehr als zwei Jahre auf sich warten ließ. Doch auch der Versuch, an den weltweiten Erfolg von Christa Winsloes Internatsmelodram „Mädchen in Uniform" anzuknüpfen, scheiterte am Schauspielhaus. Den lokalen Kritiker enttäuschte das „Wiedersehen mit diesem Stück", er fand die Auseinandersetzung um „Erziehungsmethoden von gestern und heute (…) reichlich phrasenhaft-plump".[22] Der Regisseur des Stückes verzichtete bei seiner Inszenierung am 28. November 1935 auf die schauspielerische Unterstützung von Therese Giehse, obwohl die Mimin in der Rolle der Oberin an Otto Falckenbergs Kammerspielen bereits das Münchner Publikum begeistert hatte.[23] Doch Eugen Schulz-Breiden besetzte diesen Part mit Traute Carlsen, die nicht an die „Eiseskälte und schneidende Bestimmtheit" ihrer Vorgängerin herankam.[24]

Ellen Schwanneke, die Schweizer Manuela, kannte ebenfalls das Stück. Sie hatte in der Berliner Inszenierung und in der Filmversion von 1931 eine Schülerin in dem Potsdamer Stift gespielt. Auch in Buenos Aires beschäftigte sich die Schauspielerin mit dem Tragödienstoff. An der „Freien Deutschen Bühne" in Buenos Aires stand am 13. August 1946 „Mädchen in Uniform" auf dem Programm.[25] Ihre Kollegin Hedwig Schlichter, die seit 1939 in Buenos Aires lebte, war mit dem Drama noch vertrauter als Ellen Schwanneke. Sie hatte die Erzieherin Fräulein von Kesten bei allen drei wichtigen Stationen der Mädchentragödie gegeben: bei der Uraufführung in Leipzig, bei der Berliner Premiere und in der Verfilmung von Leontine Sagan.

Noch ein emigrierter Regisseur hatte mit diesem Stoff im Koffer seine Reise ins Unbekannte angetreten. Max Reinhardt brachte die Kritik an der preußischen Erziehung in die Vereinigten Staaten. 1938 gründete er in Hollywood seinen „Max Reinhardt Workshop for Stage, Screen and Radio", dessen Programm einer Theater- und Filmakademie gleichkam, „wie sie bis heute kaum existiert".[26] Dort inszenierte seine Frau und engste Mitarbeiterin, Helene Thimig, am 25. August 1941 „Girls in Uniform".[27]

Auch englische Bühnen meldeten Interesse an der Übersetzung von Barbara Burnham an. Das „Westminster Repertory Theatre" unterhielt am 22. Oktober 1934 sein Publikum mit Winsloes Melodram.[28] Das Internatsmilieu reizte außerdem die Schülerinnen der „Embassy School of Acting". Sie gaben am 29. und 30. Juli 1935 mit „Children in Uniform" eine Probe ihres Könnens.[29]

Ebenfalls in einer englischen Übersetzung brachte das Phoenix Theatre in London am 19. März 1939 Eleonore Kalkowskas „Sein oder Nichtsein" heraus. Für das Drama war die Autorin 1930 noch mit einer ehrenvollen Erwähnung des Kleistpreises ausgezeichnet worden, doch kein Theaterleiter hatte in Deutschland mehr den Mut gehabt, seinem Publikum das Schauspiel vorzustellen. In London ging die Uraufführung auf die Initiative „Sunday at eight" zurück, die die Gelder, die die Uraufführung einspielte, den Flüchtlingen aus Spanien zur Verfügung stellte.

Die Organisatoren lockten die Zuschauer mit dem Versprechen an: „Tonight you are making theatrical history by being the first audience to see one of her plays performed in English language."[30] Schon bald sollte das nächste Stück von Kalkowska folgen. Nur einige Wochen später stand am 23. April „Die Unvollendete" auf dem Programm des gleichen Theaters: „It is a drama of most memorable and poignant beauty. And – although it is too early now to make any definite announcement – it is hoped that a worldfamous actress will play the leading rôle."[31]

Auch Maria Lazars Drama „Der Nebel von Dybern" fand ein englischsprachiges Publikum. Das Stück wurde im Januar 1934 von der „Stage Society" im „Crafton Theatre" gegeben.[32] Zwölf Monate später wurde dieses Schauspiel gegen den Krieg auch in Kopenhagen gespielt. Es hieß nun „Tage over Dübern". Die Theatergruppe „Folkets Teater" hatte sich dem Werk angenommen und studierte es unter der Regie von Robert Schmidt ein. Die dänischen Rezensionen waren überwiegend lobend.[33]

Für alle später geschriebenen Arbeiten mußte Maria Lazar ebenso wie ihre Kolleginnen auf ein Echo verzichten. Weder Lazars „Blinder Passagier", Eleonore Kalkowskas Dramen, Hilde Rubinsteins Theaterstücke noch Christa Winsloes Schauspiele erreichten die Bühne.[34] Damit war den Dramatikerinnen die Chance genommen, über den „wahren Charakter" des Nationalsozialismus aufzuklären, was Klaus Mann als die eigentliche Aufgabe der Schriftsteller im Exil ansah. Außerdem ging es seiner Meinung darum, „die große Tradition des deutschen Geistes und der deutschen Sprache (…) in der Fremde lebendig zu erhalten und durch den eigenen schöpferischen Beitrag weiterzuentwickeln".[35]

Von materiellen Nöten geplagt, vom Publikum nicht wahrgenommen, blieben die meisten Dramatikerinnen in der Fremde stumm. Hineingeworfen in eine zermürbende Gegenwart, verloren sie den Antrieb, Stücke für die Zukunft zu entwerfen. In ihrem Fall stimmt die Einschätzung Curt Treptes nicht, daß auch die Theaterautoren im Exil „eine bewundernswerte literarische Produktion" entfalteten.[36] Bis auf Hilde Rubinstein und Christa Winsloe schrieben sie kaum noch Texte für die Bühnen. Einige Autorinnen versuchten Hörspiele oder Drehbücher zu verfassen. Da es leichter war, einen Verlag für ein Romanmanuskript als ein Theater zu finden, das ein Stück aufführte, wichen einige Autorinnen in die Prosa aus. Ihre Lebenswege im Exil zeugen von dem verzweifelten Bemühen, wenigstens ihre literarischen Ambitionen zu retten.

1.1. In der Fremde eher zu Hause: Eleonore Kalkowska

Die Drohung von Alfred Maderno, schon 1929 im Berliner Lokal-Anzeiger an Eleonore Kalkowska gerichtet, griffen die Nationalsozialisten nach der Machtübernahme nur zu gerne auf. Der Theaterkritiker hatte anläßlich der Premiere des „Josephs" geschäumt:

> „(…) den Fall Jakubowski jedoch (…) in einer Weise auszuschlachten, wie es hier geschah, kommt einer Herabwürdigung deutscher Moral und staatlicher Autorität gleich, für die Eleonore Kalkowska, deren Harfengesänge wir nun zu Genüge kennen, die Flötentöne beigebracht gehörten."[37]

Die Repressionen ließen nach dem 30. Januar 1933 nicht lange auf sich warten. Die Nationalsozialisten begnügten sich nun nicht mehr mit einschüchternden Worten, sondern brachten ihre Gegner mit Gewalt zum Schweigen. Kalkowskas mutiges Eintreten für die Schwachen und Unterdrückten hatte zur Folge, daß sie nach der Machtübernahme zweimal festgenommen wurde. In einem Brief der Autorin an ihre Tochter Maria Elida kommt zum Ausdruck, wie genau sich die Nationalsozialisten an die Anregung Madernos hielten. Eleonore Kalkowska schrieb, beim ersten Mal wären es die reinen Flötentöne gewesen im Vergleich mit der erneuten Verhaftung.[38] Nach der Bekanntschaft mit dem nationalsozialistischen Terror wohnte Eleonore Kalkowska bei ihrer Freundin, der Bildhauerin Milly Steger. Dieser Umzug rettete sie vor Schlimmerem. Die Künstlerin stellte nach Kalkowskas erneuter Gefangennahme eine Delegation von Deutschen auf die Beine, die den polnischen Botschafter veranlaßten, gegen die Festnahme zu intervenieren. Sein Protest hatte Erfolg: Nach 30 Stunden war Eleonore Kalkowska wieder frei.

Nach diesen Erfahrungen verließ die Dramatikerin fluchtartig Deutschland. Im Gegensatz zu den meisten Emigranten war der Schriftstellerin das Gefühl der Heimatlosigkeit wohlvertraut. Sie hatte ihr ganzes Leben als Grenzgängerin zwischen der polnischen und der deutschen Kultur gelebt. Ihr Ziel war immer die Verständigung zwischen beiden Völkern gewesen. Noch mehr als bisher spürte sie nun ihre Außenseiterrolle. Ihre Zerrissenheit färbte auch auf ihr Schreiben ab. Seit der Veröffentlichung ihres ersten Gedichtbandes „Głod zycia" 1904 hatte sie ihre Arbeiten ausschließlich in deutsch verfaßt. Nun kündigte die Schriftstellerin in Interviews an, zu ihrer Muttersprache zurückzukehren.[39] Das Drama über den unbekannten Soldaten, das sie im Auftrag der polnischen Regierung schrieb, zeugt von dieser Entwicklung. Die Freiheitskämpfer für ein unabhängiges Polen, die 1914 an der Seite Österreichs gegen Rußland kämpften, sind die Helden ihres Stückes.[40] Doch so sehr ihr die Entwicklung Polens am Herzen lag, konnte sie sich – im Gegensatz zu ihren Kindern – nicht zu einer Rückkehr in ihr Heimatland entschließen. Die fast 50jährige ahnte wahrscheinlich, daß sie sich als Polin, die deutsche Kultur liebte, auch dort fremd fühlen würde. Aus diesem Grund ging sie nach England, wo sie sich diesem Konflikt nicht hautnah stellen mußte. Sie lebte fast zwei Jahre in London. In dieser Zeit entwarf sie eine Reihe von Dramen. Sie war die einzige der Zeitstück-Autorinnen, die nicht den Versuch machte, in die Prosa auszuweichen. So kündigte sie ihrem Freund Val Gielgud 1934 an, daß sie ein Stück über

Disraeli schreiben wolle.[41] Außerdem plante sie ein Drama über den spanischen Autor Frederico Garcia Lorca, der bei der Besetzung Granadas von spanischen Faschisten am 19. August 1936 erschossen worden war.[42] Ob sie ihre Vorhaben verwirklicht hat, ist nicht bekannt, da diese Arbeiten bislang nicht nachzuweisen waren. Auch ihre Briefe aus dem Exil, die sie ihrer Tochter schrieb, gingen in den Flammen des Warschauer Aufstandes verloren. Aus dieser Zeit ist lediglich ein Hörspiel von BBC London verbürgt. „In Small Print", am 30. Oktober 1935 gesendet, ist die englische Fassung ihrer „Zeitungsnotizen".[43]

In Paris schrieb Eleonore Kalkowska ihr letztes Stück „L'Arc de Triomphe". Das Drama handelt von einem Arzt, der Krebs hat. Die ihm verbliebene Zeit möchte er nutzen, um noch ein Mittel gegen die Krankheit zu finden. Mit seiner Umwelt spricht er nicht über seinen Zustand. Jeden Tag geht der Arzt über die Champs Elysées und sieht den Triumphbogen, der für ihn ein Symbol für den Sieg über den Tod ist. In diesem Bild findet er seine Kraft. Schließlich verläßt er ohne ein Wort des Abschieds seine Angehörigen. Eleonore Kalkowska hat nach Ansicht ihrer Tochter in dem Stück alle Sentimentalitäten vermieden.[44]

Ob in dem Drama Elemente der eigenen Lebensgeschichte enthalten sind, muß offen bleiben. Die Dramatikerin Eleonore Kalkowska starb am 21.7.1937 nach einer Operation in Bern. Der Nachruf, der in der „Pariser Tageszeitung" erschien, lobte die „unermüdliche Kämpferin für den Frieden der Völker".[45] Schon der Autor von 1937 meinte, daß ihr Werk „es heute mehr denn je" verdiene, „der Vergessenheit entrissen zu werden."[46] Ein Jahr später wurde dieser Wunsch in London verwirklicht. Ihr Appell, sich für Menschlichkeit und Frieden zu engagieren, erreichte das englische Publikum noch vor dem Ausbruch des zweiten Weltkrieges.

1.2. Der Vater-Sohn- Konflikt in neuer Fassung in „Sein oder Nichtsein"

Als hätte Eleonore Kalkowska geahnt, daß ihr Aufruf zum Handeln gegen die rechte Reaktion keine deutschen Zuschauer mehr finden würde, hatte sie in ihrem Stück alle nationalen Bezüge vermieden und es so konzipiert, daß ihre Botschaft auch an ein ausländisches Publikum gerichtet sein konnte. Die Autorin wählte für ihr Drama „Sein oder Nichtsein" nicht Berlin oder München als Ort des Geschehens, sondern Paris. Nicht deutsche Nationalsozialisten bedrohen in dem Stück die Demokratie, sondern die „Action française", deren Ideen sich eng mit faschistischen Gedankengängen berührten. Antisemitismus und Ausländerfeindlichkeit gehörten auch zu dem Programm der französischen Bewegung. Mit dem Anliegen, antidemokratische Tendenzen in Frankreich aufzuspüren, machte die Dramatikerin deutlich, daß der Faschismus keine deutsche Spielart war. Sie zeigte so, daß im Nachbarland die gleichen Kräfte am Wirken waren.[47]

Die Schwächen des Dramas hängen unmittelbar mit der Entscheidung Eleonore Kalkowskas zusammen, die Handlung ihres Stückes ins Ausland zu verlegen und an einem Ort spielen zu lassen, an dem sie die Verhältnisse nicht so genau kannte. Es mangelt in dem Stück an konkreter Information. Diese Schwäche unterscheidet ihre Arbeit von Ferdinand Bruckners „Rassen" und Friedrich Wolfs „Professor Mamlock". Beide Autoren versuchten in ihren Werken, ein detailliertes Bild der Wirklichkeit in den ersten Wochen der braunen Diktatur einzufangen. Wolf strukturiert den Konflikt parallel zu den politischen Daten. Sein Drama beginnt im Mai 1932 mit der Wiederwahl Hindenburgs zum Reichspräsidenten, und endet im April 1933, dem Monat, in dem das „Gesetz zur Wiederherstellung des Berufsbeamtentums" verkündet wurde.[48] Auch Bruckners „Rassen" spielt kurz nach der Machtübernahme.[49] Eleonore Kalkowska schrieb ihr Drama bereits vor dem 30. Januar 1933. Doch über die damalige politische Situation in Frankreich klärt sie ihr Publikum nicht auf. Lediglich in der Zeitangabe „Gegenwart" deutet sie eine Beziehung zum Zeitgeschehen an, weitere Einzelheiten erwähnt sie nicht.

Die Ziele der Anhänger und Gegner der „Action française" schildert Eleonore Kalkowska kaum. Von der Organisation der französischen Nationalsozialisten erfährt man lediglich, daß sie „vom Wahne nationalen Ruhmes irregeleitete Geister" sind, die „den furchtbaren Brand" des Krieges „aufs Neue entfachen" wollen. (S. 80) Am Ende des Dramas greifen Anhänger der „Action française" in die Handlung ein. Sie bedrohen den Helden des Stückes, einen Pariser Rechtsanwalt, der eine linke Attentäterin verteidigt hat. Doch mehr als die Forderungen „Nieder mit Lefort! Nieder mit der Republik!" verraten sie nicht von ihrem Vorhaben. (S. 112) Auch die Überzeugung der engagierten Demokraten macht die Autorin nur in Ansätzen sichtbar. Sie charakterisiert die Zentralfigur des Dramas, Pierre Lefort, als „einen Vorkämpfer der allerfortschrittlichsten Ideen": „Abrüstung, Völkerverbrüderung, Pan-Europa, sozialer Ausgleich". (S. 42) Eleonore Kalkowska wendet sich mit dieser Aufzählung lediglich an die Emotionen der Zuschauer, die die Ideale der heroischen Mittelpunktfigur übernehmen sollen. So verfehlt ihr Appell im Sinne Leforts zu handeln seine aktivierende Wirkung.

Mit ihrer Absicht, die Zuschauer aus ihrer Passivität aufzustören, bewegt sich Eleonore Kalkowska durchaus im Einklang mit dem Bestreben anderer Dramatiker in der Emigration. Die wirkungsästhetische Dimension, die schon die Zeitstücke der Weimarer Republik auszeichnete, wurde besonders für die Arbeiten, die im Exil entstanden, signifikant. Bekanntestes Beispiel dieser Art von Aktivierungsdrama ist Wolfs „Mamlock", das zu den meistgespielten Stücken des Exils zählte.[50] Wolf wandte sich wie Eleonore Kalkowska in ihrem Drama vor allem an das Ausland, um vor Hitlers Politik zu warnen. Um Mitleid und Erschütterung beim Publikum zu erzeugen, verzichteten die Dramatiker auf die formal progressiven Elemente des Zeitstücks. Sie bevorzugten nun wieder eine finale Handlungsstruktur. Diese Entwicklung läßt sich auch an dem Schaffen Elenore Kalkowskas ablesen. In „Zeitungsnotizen" löste sie sich von den Mustern der – wie Brecht formulierte – „aristotelischen Dramatik". In „Sein oder Nichtsein" setzte sie wieder auf das Protagonisten-Antagonisten-Schema.

Vorbildliches Handeln führt sie anhand der Figur Pierre Leforts vor. Er ist in ihrem Drama der unerschrockene Kämpfer für Gerechtigkeit. Sein Gegenspieler ist sein Sohn Raymond, der sich nur für sein eigenes Wohlergehen interessiert. Am Ausgang der Republik greift Eleonore Kalkowska damit ein Muster auf, das das Theaterschaffen nach dem ersten Weltkrieg geprägt hatte: die Auseinandersetzung zwischen Vater und Sohn. Eleonore Kalkowska ist eine der ersten, die den Generationskonflikt noch einmal thematisiert – allerdings mit umgekehrtem Vorzeichen. Auch andere Autorinnen und Autoren geben im Exil der Generation, die nach dem ersten Weltkrieg aufgewachsen war, die Schuld am Scheitern der Demokratie. So weist Anna Seghers im „Siebten Kreuz" auf die besondere Gefährdung von Jugendlichen hin. Der Massenfaszination des Faschismus erliegen in dem Roman am ehesten die „jüngeren Leute im Dorf".[51] Ödön von Horváth greift in „Kind dieser Zeit" ebenfalls diesen Gedanken auf. Horváth läßt in dem Roman die Tragik eines jungen Mannes entstehen, der im Militär seine große Chance sieht und vaterländische Phrasen nachbetet.[52]

Die Schuldzuweisung verläuft im Exil entgegengesetzt zu der Anklage nach 1918. Dennoch lassen sich auch Gemeinsamkeiten feststellen. Mit den Expressionisten verbindet etwa Eleonore Kalkowska der Anspruch, die geistige Erneuerung des Lebens auf der Bühne zu beginnen. Kalkowskas Text ist jedoch nicht mehr von der Aufbruchsstimmung geprägt, die die Dramen ihrer Vorgänger auszeichneten. Die Autorin reagiert auf die gesellschaftliche Krise mit Resignation. Die Differenz behauptet sich auch in stilistischer Hinsicht. Ihrer Arbeit fehlen die exaltierten, nervösen Töne und die großen rhetorischen-ideologischen Gesten von Walter Hasenclever, Ludwig Rubiner und Ernst Toller, deren Protest sich als Schrei artikulierte. Eleonore Kalkowska nimmt diese Geste der Expressionisten in ihrem Drama auf, um sie als falsch zu entlarven. Arlette Toison, die in „Sein oder Nichtsein" einen Offizier der „Action française" erschossen hat, wollte wie die Söhne in den expressionistischen Arbeiten ein Signal setzen, um die Bevölkerung aufzurütteln. Mit Hasenclevers Sohn hätte auch sie sagen können: „Das ist das Einzige, dem ich rückhaltlos das Recht der Existenz bekenne: Die Tat".[53]

Mit der Figur des Pierre Leforts kritisiert die Dramatikerin den blinden Willen zur Veränderung. Mit dem Entwurf ihres Helden formuliert Eleonore Kalkowska so etwas wie ein moralisches und politisches Soll gegenüber den anderen Gestalten. Pierre Lefort steht für das leitende und fordernde Ideal, an dem sich die übrigen Figuren messen müssen. Fast anmaßend läßt die Autorin Lefort sagen:

„Im übrigen haben ich und meinesgleichen ja die Ehre als *Rechts*-Anwälte bezeichnet zu werden. Der Sprachgebrauch stellt also ohne weiteres fest, dass *wir* im Grunde die einzigen sind, die das *Recht* vertreten." (S. 17)

Der Held des Dramas hat aus diesen Gründen etwas Bewahrend-Statisches, da er sich nicht entwickelt. Von Beginn bis zum Ende des Textes ist er derjenige, der eine humane Gesellschaft verteidigt. Schon in der ersten Szene kann er seine Menschlichkeit und sein Einfühlungsvermögen unter Beweis stellen. Durch seine Aufmerksamkeit verhindert er den Selbstmord einer jungen Frau. Dieser Eingriff verweist schon auf die Eigenschaften, die ihn auszeichnen: Entschlossenheit, Wachsamkeit und Klugheit. Sein bedachtes Vorgehen unterscheidet ihn nicht nur von der hitzköpfigen Arlette, sondern auch von den expressionistischen Söhnen, die ihre heftige Revolte zudem noch auf das bürgerliche Wohnzimmer beschränkten. Leforts Handeln reduziert sich nicht auf den Kreis der Familie. Im Gerichtssaal streitet er mit mehr Erfolg als zu Hause für seine Ideale. Die

Geschworenen kann er von seiner Meinung überzeugen, seinen eigenen Sohn nicht. Aus Sicht Raymonds sind Leforts Bemühungen vergebens.

Auch die Vatermordstücke der Expressionisten behandelten das Thema der Revolution unter dem Blickwinkel des Generationskonfliktes.[54] Dieses Motiv hat Eleonore Kalkowska in ihrem Drama übernommen, wenn auch nur, um der Aussage ihrer Vorgänger zu widersprechen. In den expressionistischen Texten wirkte der Vater wie eine Schablone, die nur wenig menschliche Züge erhellte. Er repräsentierte das gesellschaftliche System und trug dafür Sorge, daß die Söhne funktionierten. Um seine Absicht zu erreichen, scheute der Vater nicht vor drastischen Erziehungsmaßnahmen zurück. Er nutzte seine Vormachtstellung, um Frau und Kinder zu drangsalieren. Den inneren Druck, den die Väter auf die Familie ausübten, deuteten die Dramatiker als Reaktion auf den Druck von außen. Sie schilderten Väter, die vom Untertanengeist beherrscht waren. „Ich habe meine Pflicht getan", sagte in Hasenclevers Stück der Vater. Bronnens Vater Fessel argumentierte in ähnlicher Weise und hob die bürgerlichen Tugenden hervor. Den verweigerten Gehorsam der Söhne faßten die Autoren als Revolte gegen die Gesellschaft auf.

Kalkowskas Vater ist das Gegenteil dieser negativ gezeichneten Autoritäten. Leforts Beziehung zu seinem Sohn Raymond ist von Liebe geprägt. Er vergöttert ihn so sehr, daß es ihm den Spott seiner Umgebung einträgt: „Hat man schon so einen verliebten Vater gesehen? (…) Es amüsiert mich, dass ein so männlicher Typus wie Du dem Jungen gegenüber schwächer ist als die zärtlichste Mutter." (S. 4/5) Im Gegensatz zu den tyrannischen Vätern der Expressionisten will er den Sohn nicht nach seinem Ebenbild formen. Doch auch Kalkowskas Figur ringt um die Identität des Sohnes. Ihr Vater verfolgt damit jedoch keine Eigeninteressen. Er strebt nicht wie Bronnens Vater Fessel danach, daß der Sohn an seiner Statt seinen Lebensplan verwirklicht. Der Konflikt im Stück ergibt sich nicht wie bei Bronnen daraus, daß der Sohn Bauer statt Rechtsanwalt als Beruf anstrebt, sondern daß Raymond überhaupt keine Perspektive für sein Leben entwickelt. Lefort gelingt es ebensowenig wie den Vaterfiguren, die die Generation zuvor entwarf, mit seinem Sohn ins Gespräch zu kommen und den Prozeß der Selbstzerstörung aufzuhalten. Er vermag den Sohn nicht von seinen Anschauungen zu überzeugen:

> „Eines aber muss ich Dir dennoch sagen: Selbst *wenn* Du recht hättest, selbst wenn ich und die anderen wirklich auf verlorenem Posten kämpften, ja selbst wenn wir insgeheim ahnten, dass all unser Mühen um ein besseres Morgen nichts ist als eine edle Narretei – keiner von uns würde auch nur eine Fingerbreite von seiner Aufgabe ablassen, denn wir *sind* nun einmal dem Gefühl der Verantwortung für das Weltgeschehen verhaftet." (S. 86)

Lefort repräsentiert an dieser Stelle die Stimme der Autorin. Der ursprüngliche Titel „Wer hat recht?" weist mit der Diskrepanz zwischen der nur rhetorischen Offenheit der Frage und der Eindeutigkeit der Konfliktführung noch stärker darauf hin, daß Eleonore Kalkowska klar Partei ergreift. Wie ihr Held hat auch die Dramatikerin Angst, daß die Bemühungen um eine humanere Gesellschaft zum Scheitern verurteilt sein könnten. Gerade deshalb ruft sie zum Handeln auf. Ihre Figur läßt sich selbst durch persönliche

146

Verluste nicht von dem Vorsatz abbringen, sich für die Schwachen und Gestrauchelten einzusetzen. Der Schluß des Stückes enthält noch einmal eine Anspielung auf die Dramen, die während und kurz nach dem ersten Weltkrieg entstanden. Der Anruf, der Lefort aus der Verzweiflung über den Selbstmord Raymonds reißt, ist eine Bitte um die Verteidigung eines Sohnes, der seinen Vater umgebracht hat. Damit widerspricht die Autorin am Ende des Dramas noch einmal ihren theatralischen Vorgängern. Der Jubelschrei des Sohnes, mit dem Bronnes Schauspiel nach dem Mord des Vaters verhallt, ist in ihren Augen fragwürdig. Der Sohn gewinnt durch den Tod des Vaters lediglich die Illusion von Freiheit. Indem Kalkowska die Handlung weiterdichtet, macht sie deutlich, daß diese Scheinfreiheit hinter Gittern endet. Sie unterstreicht damit, daß diese Söhne das falsche Objekt attackierten. Der Vatermord war eine Ersatzhandlung, die nicht die Gesellschaft veränderte. Die Bürgerwelt schien in diesen Dramen nur überwunden. Der Sohn strebte lediglich an, das zu sein, was der Vater nicht war. In dieser mechanistischen Umkehrung blieb er der alten Gesellschaft verhaftet. Die Helden der Stücke vollführten nur die abstrakte Negation, ohne etwas neues Eigenes zu schaffen.

Von diesen Söhnen hebt sich Lefort ab. Er sieht durchaus die Berechtigung zur Auflehnung. Doch die Emanzipation soll seiner Meinung nach nicht im bürgerlichen Wohnzimmer stecken bleiben, dessen Inhaber lediglich wechseln, sondern sie müßte die gesamte Gesellschaft erfassen.

Lefort ist nicht der triumphierende Held wie in den expressionistischen Dramen, sondern er ist der leidende Mensch, der trotz seiner Verzweiflung an seiner Aufgabe festhält. Wie ihre Vorgänger erhofft sich auch die Dramatikerin, daß die humane Gesellschaft von einem Einzelnen geschaffen wird. Lefort verpaßt wie die Expressionisten die Chance zur objektiven Situationsanalyse, da er sich fast ausschließlich von seinen Gefühlen leiten läßt.

An Eleonore Kalkowskas Schauspiel fesselte Ernst Heilborn, den Kleist-Preis-Richter von 1930, die „eigenartige Gestaltung eines Typs moderner Jugend".[55] Mit der Figur des Raymond liefert die Dramatikerin die Erklärung, weshalb sich die Ideale Leforts nicht durchsetzen konnten. Ein großer Teil der jungen Generation interessierte sich nicht mehr für ihre Verwirklichung. Raymonds Denken kreist lediglich um sein eigenes Empfinden. Sie zeigt mit diesem Entwurf, daß sich radikale Subjektivität für die Gesellschaft negativ auswirkt. Zur Zeit der Handlung des Dramas ist Raymond 18 Jahre alt. Er ringt um eine Identität, die sich von der seines Vaters unterscheiden soll, dessen Ideale ihm „kindisch" und „vollkommen überholt" erscheinen. (S. 42) Als Grund für sein Verhalten nennt Raymond die Erschütterung durch den Krieg, die ihm alles fragwürdig erscheinen läßt: „Verstehen Sie jetzt, dass mich immer ein Lachen schüttelt, wenn ich von der Brüderlichkeit der Menschen, ewigem Frieden und ähnlichen schönen Dingen reden höre? …" (S. 44/45) „Eine unerhört raffinierte Vernichtungstechnik" und der „Kampf aller gegen alle" flößt ihm Furcht ein. (S. 45) Angst ist sein beherrschendes Lebensgefühl. Vor Enttäuschungen versucht er sich zu schützen, indem er vorgibt, an nichts Interesse zu haben. Er stilisiert sich selbst als großen Egoisten und erkennt: „In sozialer Hinsicht" bin ich „ein durchaus minderwertiges Individuum". (S. 25) Es gelingt ihm nicht, seine innere Leere zu überwinden.

Es ist nicht überzeugend, wie Eleonore Kalkowska versucht, auf Raymond, den Vertreter der Nachkriegsgeneration, die Fronterlebnisse zu übertragen. Sie läßt ihn als Kleinkind die Feststellung von Kriegsteilnehmern aufschnappen, nicht der Krieg sei schuld an den Entsetzlichkeiten, sondern der Mensch. Das wirkt so, als wäre der Dramatikerin die Aufnahme bestimmter Motive in ihrem Stück wichtiger gewesen als die Glaubwürdigkeit ihrer Figur. Auch die Expressionisten zogen nach 1918 aus den Schrecken des Krieges den entscheidenden Impuls für ihre politische Erlöseridee. Im Gegensatz zu Raymond glaubten sie jedoch daran, daß der Mensch durch den Menschen gerettet werden könne und entwickelten die Utopie einer neuen Gemeinschaft. Der ethische Appell zur Wandlung unterscheidet sie dann auch von Raymonds Bekenntnis:

„Ich habe meine Augen und durchschaue die Menschheitsfratzen; – ich habe meine Ohren und höre den gehässigen Unterton ihrer Stimmen – ich habe meine Fingerspitzen – ich habe meine Haut mit ihren hunderttausend Poren und spüre den eisigen schneidigen Wind, der die ganze Welt durchfegt – und was Du mir immer sagen mögest an schönen Worten und Gründen *ich* kann Dir (mit aufschluchzender Stimme) nicht glauben ... *ich kann* Dir nicht glauben (mit gebrochener Stimme) ich kann an <u>nichts</u> mehr glauben." (S. 85/86)

Während Hasenclevers Sohn mit dem Lebensüberdruß nur kokettierte, ist es Raymond ernst mit seinen Suizidabsichten. Kalkowskas Sohn findet nichts, für das sich das Leben lohnt. Hasenclevers Figur wandte sich entschlossen, aktivistisch dem Leben zu, Raymonds Todessehnsucht wird immer größer.

„Und verstehst Du denn wirklich garnicht, Papa, dass es wunderschön sein kann, sich zugrunde zu richten? Vielleicht das *Einzige,* das ganz wunderschön, das Einzige, das *ganz vollkommen* ist? (...) Die heimliche, bittersüße Melodie des Untergangs ..." (S. 26)

Raymond will nichts mehr mit der Gesellschaft zu tun haben, er ist ein Scheiternder in einem radikalen Sinn. In dieser Figur drückt die Autorin eine tragische Erfahrung von spezifischer Modernität aus. Auf die Einsicht in die krisenhafte gesellschaftliche Lage kann er nur mit verzweifeltem Pathos reagieren. Während Hasenclever den Zwiespalt zwischen Lebenswillen und -überdruß in einer Figur anlegte, verteilt Kalkowska den Konflikt auf zwei Personen. Als Antipode zu Raymond versteht sie Renée, die die gegensätzliche Entwicklung durchmacht. Zu Beginn des Stückes versucht sie, sich umzubringen. Die Rettung ist Renée nicht recht, und sie wirft Lefort vor, ihr ein „aufgezwungenes Geschenk" gemacht zu haben (S. 29) Doch langsam findet sie wieder Freude am Leben, sie ist nicht mehr bereit, ihr Leben wegzuwerfen. Das Ansinnen Raymonds, gemeinsam Selbstmord zu begehen, lehnt sie ab: „Ich kann nicht sterben!" (...) Ich lebe ja erst seit ein paar Wochen." (S. 106)

Im Gegensatz zu ihm hat Renée eine Aufgabe gefunden. Sie unterstützt als Sekretärin die Arbeit von Lefort. Sie entwickelt keine eigenen Interessen, sondern macht fremde

Vorstellungen zu den ihren. Im Gegensatz zu ihrem bisherigen Leben setzt sie sich nun für die richtigen Werte ein. Doch aus eigener Kraft hätte sie diese Entwicklung nicht geschafft. Dazu bedurfte sie Leforts Hilfe, der ihr den richtigen Weg wies. Damit verhalten sich beide Figuren rollenkonform. Der Mann ist der aktive, die Frau der passive Teil.

Handelnde Frauen werden im Stück denunziert. Arlette, die politisch motivierte Attentäterin, hat ihre Tat nur begangen, weil „ihr logisches Denken vollkommen ausgeschaltet" war. (S. 58) Sylvie, die ehemalige Geliebte Leforts, die ihn mit Tricks und Drohungen zu halten versucht, ist zwar aktiv, doch mit ihr entwirft die Dramatikerin keine positive Figur, sondern ein intrigantes Frauenzimmer. Wie die Expressionisten bleibt die Autorin in ihrem Stück einer konservativen Kulturkritik verhaftet. Sie übernimmt die traditionelle Rollenverteilung zwischen den Geschlechtern. Vater und Sohn sind die männlichen Repräsentanten, die Geschichte machen beziehungsweise sich von ihr abwenden. Die Frauen in ihrem Stück bewegen dagegen nichts aus eigener Kraft.

Das mag auf den ersten Blick bei einer Autorin erstaunen. Doch Eleonore Kalkowska geht ähnlich vor wie ihre männlichen Kollegen im Exil, die im anderen Geschlecht Grundwerte wie Menschlichkeit und Gerechtigkeit verkörpert sahen. Die Frauenfiguren fungierten in den literarischen Arbeiten der Männer als Vorbild, das die Helden ermutigen sollte, im Kampf gegen den Faschismus nicht aufzugeben. Die Entwicklung der Helden der Stücke von Ferdinand Bruckner, Julius Hay, Ödön von Horváth und Friedrich Wolf spiegelte dagegen die Ängste und Zweifel ihrer Erfinder wider.[56] Bei Kalkowska dagegen ist der Held ihres Dramas, der Rechtsanwalt Pierre Lefort, nicht von Unsicherheit und Unerfahrenheit geprägt, sondern die Autorin stattet ihn mit der gleichen positiven ideellen Substanz aus, die in den Arbeiten ihrer Kollegen die Frauenfiguren vertreten.

Dennoch ist es ein wenig befremdend, wie bereitwillig Eleonore Kalkowska gängige Klischees bedient. Das Gegensatzpaar Hure und Heilige kommt ziemlich ungebrochen in ihrer Arbeit vor. Sylvia wirkt wie eine femme fatale, und Renée opfert sich als Gebende endlich sinnvoll auf. Sätze wie „Ich glaube an Ihre Heilkraft, Fräulein Legrain" machen deutlich, daß die Autorin die Figur auf die Funktion beschränkt, dem Mann Kraft zu geben. (S. 56) Es scheint fast so, als wäre die Frauenfrage angesichts der Zuspitzung der Krise kein Thema mehr. Die Rückbesinnung auf tradierte Normen gab wenigstens in einem Punkt den Schein von Sicherheit.

Die Männerfiguren gelingen der Dramatikerin zwar differenzierter, doch eine Schwäche des Textes macht sich auch bei ihrer Gestaltung bemerkbar. Die Autorin versucht, die gesellschaftliche Krise ihrer Zeit in einer möglichst zeitlosen Form darzustellen. Zwar nimmt sie Motive aus ihrer Gegenwart auf, doch glückt es ihr nur zum Teil, sie glaubwürdig auf die Figuren zu übertragen. Vor allem bei Raymond wirken die Begründungen oft wie Leerformeln, da sie sich zu wenig aus der Handlung entwickeln. Aus diesen Gründen halte ich „Sein oder Nichtsein" nicht für das „wohl beste Stück" Eleonore Kalkowskas.[57] Es ist eher ein Beispiel dafür, wie die bestehenden Ansätze in einer Zeit des nationalsozialistischen Umbruchs nicht mehr weitergedacht werden konnten.

2.1. In Schweden isoliert: Hilde Rubinstein

In den ersten Jahren der braunen Diktatur war für Hilde Rubinstein das Schreiben wichtiger als jemals zuvor in ihrem Leben. In der Zeit der Verzweiflung entdeckte sie, daß Literatur nicht nur die Aufgabe haben kann, Leser aufzurütteln, sondern daß sie auch für die Schriftstellerin die Funktion hat, den Mut nicht sinken zu lassen. Ihre Tagebücher aus den Gefängnissen Hitlers drücken aus, daß sie gegen die Angst und den Mangel anschreibt. Die Gestapo verhaftete die Schriftstellerin am 19. November 1933 in Berlin. Dort hatte sie in einer kommunistischen Straßenzelle vergeblich versucht, der nationalsozialistischen Diktatur Widerstand entgegenzusetzen:

> „Wir haben viel studiert, wir haben Marx gelesen, aber sowie dann die Illegalität anfing, d.h., als Hitler an die Macht kam, haben wir wirklich die illegale Arbeit gemacht, sind nachts weggegangen und haben Plakate geklebt und Zettel verteilt und in die Briefkästen geworfen und in diesem Stil gearbeitet. Das waren dann Fünf-Mann-Zellen, Straßenzelle nannte sich das. Ende 1933 ging dann unsere Zelle hoch. Ich kam nach Hause, ich wohnte damals am Kurfürstendamm in einem kleinen Zimmer, da kamen zwei Männer und sagten, Sie sind Mitglied der KPD, Sie sind verhaftet. Ich kam ganz munter nach Hause und hatte noch gerade Kuchen gekauft, und das war sehr enttäuschend, daß ich nun plötzlich verhaftet war. Sie brachten mich zum Alexanderplatz, da war zuerst Polizeihaft, ein paar Tage nur, einige wurden wieder entlassen, andere, z.B. ich, wurden weitergeschafft nach Moabit ins Untersuchungsgefängnis."[58]

Lange Zeit lebte Hilde Rubinstein im Ungewissen. Acht Monate nach dem Reichstagsbrand, den die Nationalsozialisten den Kommunisten anlasteten, erfuhr sie ihr Urteil: eineinhalb Jahre Gefängnis. Die Untersuchungshaft in Moabit und in der Barnimstraße wurde ihr angerechnet. Die Aufzeichnungen in ihrem Tagebuch über die Einzelhaft in Moabit und Neukölln zeigen, daß Schreiben eine Form des Überlebens sein kann. Die Schriftstellerin verfaßte ihre Texte in winzigen Lettern auf dem Papier, das sie für Briefe bekam, und versteckte sie im Strumpf oder im Zellenscheuersand.

> „24. November: Der Gänsemarsch auf dem Hof in der Ellipse nennt sich „Freistunde" – nur zwanzig Minuten und sehr bewachte. Wie die Frauen hier in den Himmel schauen! Flügel müßten einem wachsen, fliegen müßte man, die Beamtinnen lange Hälse machen und vergeblich trillerpfeifen lassen. Jedoch: ‚Drei Schritte Abstand müssen gewahrt werden!' Damit man nicht kommunizieren kann. Öfters werden es zwei Schritte, und man lernt sprechen, ohne die Lippen zu bewegen."[59]

In dieser Situation ersetzte das Tagebuch den Ansprechpartner. Ihre Notizen, die sie Jahrzehnte später veröffentlichte, sind durch das Bemühen der Autorin gekennzeichnet, ihre Identität zu wahren und sich nicht aufzugeben. Dabei stilisiert sie sich nicht zur Heldin, sie notiert: „Auch zum Martyrium kann man sich erziehen – ich will es aber nicht."[60] Schreibend gelang es ihr Abstand zu gewinnen, und dem Gefängnisleben auch seine lächerlichen Seiten abzutrotzen:

„26. Dezember: Ich denke über mein ‚Gedenkbuch' nach. Hoffentlich bekomme ich Papier. Es soll heißen: Hotel zum Goldenen Gott oder Das Behagen in der Unkultur. Alle werden darin vorkommen: Paule, wenn sie lächelt wie wenn ein Stein abbricht und herunterkollert. Aber Paule kann man nicht karikieren, sie kommt nur am Rande vor. Aurora hingegen, eine Wachtmeisterin, ist ein dankbares Objekt, wenn sie etwa zu den Schneeschippern sagt: ‚Männer! Geht fort!' Und Big Boy, wie ich den runden Inspektor taufte, wenn er mit dem Direktor zur Zellenkontrolle kommt und fragt: ‚Wie geht's?, geht's gut?' und die Antwort lieber nicht abwartet. Den Direktor nenne ich Vatermörder wegen seines hohen Kragens. Schiefbacke, die Kalfaktorische, wenn sie Braunbier (Kaffee) ausschenkt, will ich zeichnen, und auf einer Doppelseite soll die Speisekarte mit Schnörkeln stehen."[61]

Das Gedenkbuch entstand parallel zu den Tagebuchaufzeichnungen. Hilde Rubinstein bekam allerdings nur so wenig Papier, daß es lediglich Notizbuchgröße hatte. Sie nahm es nicht mit in die Freiheit, sondern schenkte es einer Genossin, die drei Jahre Haft bekommen hatte. Am 15. Mai 1935 wurde Hilde Rubinstein entlassen. Ihr erster Weg führte sie nach Köln, wo ihre Mutter mit ihrer nun fast fünfjährigen Tochter Anna-Barbara lebte. Doch der Besuch in ihrer Heimatstadt war nur eine kurze Zwischenstation auf dem Weg ins Exil. Da sie ahnte, was Juden und Kommunisten in Deutschland bevorstand, zog die jüdische Kommunistin die Emigration vor. Ihre Mutter blieb.

Zunächst fuhr Hilde Rubinstein nach Brüssel, um ihren geschiedenen Mann zu treffen. In Belgien malte und verkaufte sie Bilder, um für sich und ihre Tochter die Weiterreise über Holland nach Stockholm zu finanzieren. Freunde nahmen sie dort auf und versuchten, ihr eine Heimat auf Zeit zu schaffen. Doch sie fühlte sich fremd. Ihrem Tagebuch vertraute sie an: „Man spricht ungern in Schweden, und es ist schwer, mit Schweden Kontakt zu bekommen. Schweden ist gut für die Schweden, aber nicht für andere."[62]

Um ihrer Einsamkeit zu entfliehen, entschloß sie sich im Dezember 1936 ihren Bruder Fritz, der auch Mitglied der KPD war, in der Sowjetunion zu besuchen. Er war als Ingenieur für den Bau von Lokomotiven ins Land geholt worden. Der Bruder war in den Augen seiner Schwester ein anspruchsloser, gewissenhafter Fachmann, der bereits seit acht Jahren in der Sowjetunion lebte und der die Hungerjahre mitgemacht hatte. Zusammen mit seiner russischen Frau bewohnte er ein „ärmliches Zimmer in einer geteilten Wohnung".[63] Auf der Rückreise nach Schweden wurde Hilde Rubinstein an der Grenze angehalten, weil sie kein Ausreisevisum vorzeigen konnte. Ohne ihr Gepäck schickten sie die sowjetischen Grenzbeamten nach Moskau, wo sie eine Zeitlang bei Friedrich Wolf unterkam. Der Versuch, das Ausreisevisum zu bekommen, scheiterte. Bald erfuhr Hilde Rubinstein, weshalb sie nicht wieder aus der Sowjetunion ausreisen sollte. Sie war beschuldigt worden, „trotzkistischer Kurier" zu sein.

„Ich bin da in Moskau herumgelaufen, kam in ein großes Haus, wurde von einem Beamten zum anderen geschickt, und dann kam ich in einen großen Raum und der wurde abgeschlossen. Und dann war ich mal wieder verhaftet. Dann kam eine Frau herein, die sagte: ‚Ziehen Sie sich vollständig aus und geben Sie mir Ihre Kleider!'"[64]

Der zweite Alptraum begann. In Deutschland machte ihre Verhaftung nach der Logik der braunen Machthaber wenigstens Sinn. In der Sowjetunion aber wähnte sie sich bei Genossen, die die gleichen Ziele verfolgten wie sie. „Beim Untersuchungsrichter hängen Lenin und Stalin an der Wand – noch keine zwei Jahre ist es her, da saß ich deretwegen im Gefängnis …!"[65] Ihre Verunsicherung hing nicht nur mit den äußeren Bedingungen des Eingesperrtseins zusammen, sondern auch damit, daß ihre Identität in dieser Konstellation vollständig in Verwirrung geriet. Sie fühlte sich als Freundin der Sowjetunion, behandelt wurde sie wie eine Feindin. In dieser Situation lief sie zeitweise Gefahr, die Anschuldigungen ihres Untersuchungsrichters als berechtigt anzusehen. „Nach einem langwierigen Verhör (…) glaube ich einen Augenblick, ich sei schuldig und besinne mich ernsthaft, wem ich Nachrichten überbracht habe".[66]

In ihrer Zelle waren etwa achtzig Gefangene zusammengepfercht. Platz war kaum vorhanden. „So liegt man Leib an Leib, Fuß an Fuß. (…) Auf diese Weise hat man den Mindestwohnraum, den der Mensch haben kann: soviel wie sein Körper an Platz einnimmt."[67] Trotz der vielen Frauen war Hilde Rubinstein isoliert, denn sie sprach nur ein paar Brocken Russisch. Sie war darauf angewiesen, sich die Gespräche übersetzen zu lassen. Das wirkte sich verhängnisvoll aus, als sie nach fünf Monaten endlich ihr Urteil erhielt. Eines „Tages liest man mir mein ‚Urteil' vor, auf russisch, ich verstehe es nicht. Merke nur, daß man mich zur ‚Ausweisung' verurteilt, aber nicht warum."[68] Sie war zunächst glücklich über diese „Strafe". Doch ihre Hoffnung, am nächsten Tag entlassen zu werden, erfüllte sich nicht. Statt in die Freiheit gelangte sie wieder in eine Massenzelle. In dieser Zeit teilte ihren Leidensweg die Schauspielerin Carola Neher, die ihr Mut machte, indem sie ihr leise Brechts „Dreigroschenoper" vorsang.[69] Wieder mußte sich Hilde Rubinstein fünf Monate gedulden. Doch damit nicht genug. Danach wurde sie nach Minsk geschafft, wo weitere vier Wochen Haft auf sie warteten. Es war „die grabesähnlichste Zelle" ihrer Gefängniszeit. „Einen Monat niste ich in diesem Keller, komme nie ins Freie, sehe nie das Tageslicht, bekomme kein Buch, sehe keinen Menschen (…)".[70] Erst nun ahnte sie, daß sie die Russen nicht nach Schweden abschieben wollten, sondern ins nationalsozialistische Deutschland, weil Minsk näher an der deutschen als an der schwedischen Grenze lag. Sie hatte Mühe nicht zu verzweifeln. Schreiben gab ihr wieder Halt:

„Jetzt kann ich mich üben, nicht dem Irrsinn zu verfallen. Die Aussicht nach Nazi-Deutschland abgeschoben zu werden, ist das Schlimmste. Ich bändige mein Gedankenleben, ersinne ein Theaterstück, in welchem eine planetarische Frau Stalins Rewsin ausgesetzt wird, den sie als eine Frau Schwejk überlistet. Ich repetiere Thomas Manns ‚Tod in Venedig', den ich neulich in der großen Zelle las. Es war das einzige deutsche Buch und war sehr zerlesen. Wie farbig ist doch der Tod von Venedig gegen den Tod von Minsk!"[71]

Rewsin war der Untersuchungsrichter, der vergeblich versuchte, ihr ein Schuldeingeständnis abzupressen. Im November 1937 stand Hilde Rubinstein an der polnischen Grenze. Als der Begleitoffizier ihr ihren Paß aushändigte, wurden ihre Ängste zur Gewißheit. Dort stand: „Durchreise nach Deutschland". Das Visum, das sie zum Aufenthalt in Polen berechtigte, war zudem nur noch einen Tag gültig. Sie beschloß zu handeln. Statt nach Deutschland fuhr sie nach Warschau, wo sie bei der jüdischen Gemeinde und der schwedischen Botschaft vergeblich Hilfe suchte. Für einen kurzen Monat nahm die Verzweiflung überhand: „Ich überlege, ob ich mich vor ein Auto werfen soll, als Verletzte kann ich wohl erst einmal hierbleiben …"[72] Doch dann telegraphierte sie mit ihrem letzten Geld nach Stockholm, um einen Freund dort um Reisegeld zu bitten. Der Freund reagierte prompt. Nach vier Stunden „eines mit nichts zu vergleichenden Wartens" fühlte sie sich endlich gerettet:[73]

„Mein alter Wunsch, ohne Gepäck zu reisen, geht in Erfüllung: Ich bin gänzlich gepäck- und besitzlos. Eine freundliche Frau im Zug schenkt mir ein Paar Strümpfe, die ich vergnügt überziehe. Und auf ein Jahr nach meiner Abreise fahre ich in Stockholm mit dem Schiff vor, am 3. Dezember 1937."[74]

Hilde Rubinsteins Bruder Fritz hatte nicht so viel Glück im Unglück. Auch ihn hielten die Stalinisten in einer einjährigen Untersuchungshaft fest und verurteilten ihn zur Ausweisung. Im Gegensatz zu seiner Schwester kam er in Deutschland an. Der Autorin war es nicht gelungen, ihm ein schwedisches Visum zu verschaffen. Auch der Versuch der Schriftstellerin, für ihre Mutter Paula Rubinstein ein Einreisevisum zu besorgen, scheiterte. Nach den schwedischen Emigrationsgesetzen von 1937 galten Juden nicht als politische Flüchtlinge.[75] Die Einschätzung kam einem Todesurteil gleich. Hilde Rubinsteins Bruder wurde von den Nationalsozialisten im Konzentrationslager Sachsenhausen ermordet. Auch ihre Mutter starb in einem KZ.

Die Weigerung der schwedischen Behörden, Bruder und Mutter zu retten, störte nachhaltig ihre Beziehung zu ihrem Zufluchtsort. Die Voraussetzungen, Schweden nach diesen Erlebnissen als Heimat anzuerkennen, waren denkbar schlecht:

„Schweden ist mitschuldig an der Ermordung meiner Mutter und meines Bruders, weil es ihnen keine Einreise gewährte (für meinen Bruder nicht einmal die Durchreise), auch hat man mich nicht als gleichwertige Mitbürgerin mit meinem Beruf akzeptiert. (…) Kurz und gut: Ich habe kein Liebesverhältnis zu Schweden."[76]

Die Erkenntnis, daß das Schicksal ihrer Familie kein Einzelfall war, entfernte sie immer stärker von der Kommunistischen Partei. Nachdem sie über zehn Jahre lang Mitglied gewesen war, trat sie schließlich aus der KP aus. So kam zu den bisher erlittenen Verlusten noch die Aufgabe eines Stückes ihrer politischen Heimat. Hilde Rubinstein wollte sich an keine Gruppe mehr binden, sondern versuchen, für ihre politischen Ideale allein zu streiten.

Um dieses Ziel zu erreichen, stand ihr zunächst in ihrem Gastland die fremde Sprache im Wege. Außerdem durfte sie als deutsche Emigrantin nicht in schwedischen Zeitschriften publizieren. Damit war sie von der literarischen Öffentlichkeit ihres Gast-

landes ausgeschlossen. Die Verlage der Exilierten zahlten keine oder nur geringe Hono-
rare. Vom Schreiben konnte Hilde Rubinstein also in Schweden nicht satt werden.
Auch der Versuch, sich als Malerin eine Existenzgrundlage zu schaffen, brachte weniger
ein als erwartet. Sie erhielt zwar Auftragsarbeiten, doch mit ihren Portraits verdiente sie
sich lediglich ein Zubrot. So war sie gezwungen als Zeitungsfrau, als Schreibhilfe und als
Schnellzeichnerin in einem Vergnügungspark zu arbeiten.[77] Außerdem nähte sie für
eine Gärtnerei Kranzschleifen mit letzten Grüßen wie „Leb wohl", „Schlaf gut" und
„Ruhe sanft".

Ausruhen wollte und konnte sich die malende Schriftstellerin nicht. Im Gegenteil:
sie stürzte sich in die Arbeit. Ein bescheidener Erfolg gab ihr recht. Einige Galerien stellten Bilder von ihr aus, und sogar die Kritik bemerkte sie.[78] Auch auf der Gemeinschafts-
ausstellung „Konstnarer i landsflyt" („Künstler in der Landesflucht") war sie 1944 mit
Zeichnungen und Aquarellen vertreten. Um den emigrierten Künstlern die Gelegenheit
zu geben, sich dem einheimischen Publikum vorzustellen, war die Ausstellung unter
dem Protektorat des Prinzen Eugen Bernadotte initiiert worden. In den Besprechungen
der Veranstaltung werden neben den Arbeiten von Peter Weiss auch die Werke von
Hilde Rubinstein hervorgehoben.[79]

Doch auf die Dauer genügte der Dramatikerin der Umgang mit Farben nicht. Die
malerischen Ausdrucksmittel reichten der Künstlerin nicht aus, um vor den Gefahren
des Antisemitismus und des Nationalsozialismus zu warnen. So war es nur eine Frage
der Zeit, bis sie wieder an der Schreibmaschine saß, die sie als Honorar für ein Bild erhalten hatte. Hilde Rubinstein schätzte die Situation realistisch ein. Sie ahnte, daß es in
Schweden schwer sein würde, einen Verlag oder ein Theater für ihre Stücke zu finden.
Aus diesem Grund machte sie keine Konzessionen an den Publikumsgeschmack. Auch
das Ausweichen in die Prosa war nicht ihr Weg. Mit dem Roman „Das Mädchen vom
Mond", den sie 1940 geschrieben hatte, war sie so unzufrieden, daß sie das Manuskript
– bis auf ein Kapitel – vernichtete.

Ihr dramatisches Schaffen war zunächst davon geprägt, daß sie versuchte, dort wei-
terzuarbeiten, wo sie vor Flucht und Verfolgung aufgehört hatte. Ihre Komödie „Der
große Coup", schon 1930 begonnen, lag noch immer unfertig in der Schublade. Von
Stoff und Erzählgestus gehört das Schauspiel noch in die Zeit der Weimarer Republik.
Schauplatz der Handlung ist das Paris der zwanziger Jahre. Die Protagonisten des Stük-
kes sind Kleinbürger, die vergeblich versuchen, mit einen Versicherungbetrug an das
große Geld zu kommen.[80]

In ihrem Lustspiel klagt die Autorin das Gesellschaftssystem an, das den Benachtei-
ligten nur erlaubt, mit Tricks und Betrügereien ihren Lebensstandard zu verbessern.
Rubinsteins Kritik sprengt nirgends die Grenzen des Genres, da sie den gesellschaftlichen Kontext nur andeutet, und die atmosphärische Darstellung des Milieus überwiegt.

Nachdem 1936 noch die Komödie „Hochsaison" entstanden war, entdeckte Hilde
Rubinstein in den Kriegsjahren ihre Vorliebe für historische Stoffe. Der Rückgriff auf
die Geschichte erfolgte nicht, um vor der Realität zu fliehen, sondern um in der Vergangenheit die Gegenwart zu spiegeln. Das Zeitstück im historischen Gewand hatte schon

während der Weimarer Republik die Bühnen erobert.[81] Auf diesen Stücktypus griffen die Theaterautoren im Exil vor allem zurück, weil er ihnen Distanz zum aktuellen Geschehen vermittelte, von dem sie im Ausland abgeschnitten waren. Die Vorgänge und Veränderungen in Deutschland kannten sie nur aus den Berichten der Augenzeugen. Doch auch die Ereignisse in ihrem Gastland verfolgten sie häufig mit Abstand, da sie sich in der neuen Heimat von den Geschehnissen ebenfalls isoliert fühlten. In dieser Situation kam den Schriftstellern der historische Stoff gelegen, da er sie aus dem Dilemma befreite, durch ihr fehlendes Wissen Ungenauigkeiten zu begehen. Sie schrieben dadurch, daß sie ihre Handlung in eine andere Epoche verlegten, nicht ahistorisch, sondern es ging ihnen darum, wie Alfred Döblin formulierte, „historische Parallelen" zu finden.[82]

Der Rückgriff auf die Geschichte forderte die Kritik heraus. Als die „neben der Realismusdebatte bedeutendste literaturtheoretische Diskussion" bezeichnet Jan Hans das Für und Wider um den Geschichtsroman.[83] Auch in dieser Auseinandersetzung ergriff Georg Lukács entschieden Partei. In seiner Rezension zu Gustav Reglers „Die Saat" bemängelte er 1938, daß die meisten bürgerlichen Autoren sich mit historischen Analogien zufrieden geben würden:

„Der mitunter stark abstrakte Humanismus vieler ihrer bedeutenden Vertreter führt sie von einer konkreten Neubearbeitung der deutschen Geschichte aus dem Geiste der Demokratie weg. Sie schreiben in ihren historischen Romanen zumeist weniger eine konkrete Vorgeschichte der Gegenwart selbst, wie es der klassische historische Roman getan hat, sondern eher eine Vorgeschichte jener Ideen, die sie als die die Gegenwart beherrschenden Ideen ansehen."[84]

Die Kommunistin Hilde Rubinstein hält sich in ihren Stücken an die Vorgaben des marxistischen Theoretikers. In ihren Dramen „Die Wandlung des Doctor Martinus" (1943) und „Der Mann aus Leiden" (1944) greift sie auf die konkrete Vorgeschichte zurück. Wie schon Berta Lask und Friedrich Wolf dienen auch ihr die sozialrevolutionären Bewegungen während der Reformationszeit als Demonstrationsmaterial.[85]

In den Dramen will die Autorin die Mechanismen darstellen, die zum Scheitern von Revolutionen führen. Hilde Rubinstein geht es um die Gegenwart in der Vergangenheit. Der Zukunftsstaat, den die Bauern sich erträumen, ist 1943 nach wie vor aktuell:

„Alle Ämter sollen durch allgemeine Wahl besetzt werden, auch das königliche. Für Krieg ist Gesamtbeschluß der Gemeinde erforderlich. Wald, Wasser, Wiesen sollen frei benutzt werden, die Preise für Wein und Brot festgesetzt. Sodann allgemeine Schulpflicht, unentgeltlicher Unterricht und etliches mehr."[86]

Zwar hatte Luther mit seinen Schriften den Anstoß zu solchen Gedanken gegeben, doch mochte er später nicht daran erinnert werden. Der Konflikt zwischen ihm und Thomas Münzer, den schon Berta Lask gestaltete, prägt auch das Drama von Rubinstein. Neben ideologischen Differenzen geht es ihrem Luther auch um seine persönliche

Eitelkeit und um seinen eigenen Seelenfrieden. Um den zu erhalten, schließt er einen Pakt mit dem Teufel, der nicht will, daß die Bauern siegen, weil er befürchtet, in einem gerechten Gemeinwesen seine Macht zu verlieren. „Wenn sich Herr Omnes frei macht, ist das Himmelreich auf Erden nah. Das bedeutet für mich: Ende meiner Regierung."[87] Aus diesem Grund baut der Teufel vor. Er plant ein „tausendjähriges Reich", in dem das Volk unterdrückt wird und will etwas „Nochnichtdagewesenes in Szene setzen"[88] Luther war lediglich ein Vorfahr von einem der ihm „nicht nur ähnelt, sondern womöglich noch besser ist". Die Anspielungen auf den Faschismus beschränken sich auf diese vagen Formulierungen. Die Autorin betont jedoch in dem Drama, daß der Antisemitismus keine Erfindung ihrer Gegenwart war, sondern eine lange Tradition hatte, zu der unter anderem der Reformator beitrug. Luther ist der negative Held ihres Dramas, dem die Aufstände der Bauern zu weit gehen und der deshalb den Fürsten dient.[89]

Eine positive Figur entwirft die Autorin in „Der Mann aus Leiden". Hilde Rubinstein greift in dem Drama auf die Wiedertäuferbewegung im 16. Jahrhundert zurück.[90] Sie hält sich eng an die historischen Fakten. Die Protagonisten, Ort und Zeit der Handlung ihres Stückes stimmen mit dem geschichtlichen Ablauf überein. Um 1534 versuchten die Wiedertäufer in Münster ihre Ideale in die Realität zu überführen. Jan Bockelson, einen Schneider aus Leiden, machten sie zu ihrem König. Der Bischof beendete ihr Experiment mit Gewalt, nach 16 Monaten Belagerung gab die Stadt auf. Die Anführer wurden hingerichtet.

In ihrem Trauerspiel in fünf Akten beschreibt Hilde Rubinstein die vergebliche Anstrengung der Wiedertäufer, ihr Utopia trotz der bischöflichen Drohung zu errichten. Vor allem zwei Faktoren verursachen den Untergang des „Neuen Jerusalem", wie die Aufständischen ihre Stadt nennen. Zum einen verhindern die Mächtigen mit ihren Truppen einen anderen Ausgang, zum anderen gelingt es den Wiedertäufern nicht, die Mehrheit des Volkes von ihren Zielen zu überzeugen.

Hintergründig entwickelt Hilde Rubinstein den historischen Stoff als Parallele zum Ende der Weimarer Republik. Der Versuch der Antifaschisten, den Nationalismus abzuwehren, war aus ähnlichen Gründen gescheitert. Mit Gewalt und Terror errichteten die Nazis ebenso wie der Bischof ihr Regime. Eine Volksfront, die sich gegen die braunen Machthaber hätte zur Wehr setzen können, kam erst gar nicht zustande. Die Widerständler blieben ebenso wie die Wiedertäufer eine kleine Gruppe, die gegen die Lethargie der Masse nichts ausrichten konnte. Hilde Rubinstein sieht die Wiedertäufer als frühe Revolutionäre und nicht wie Peter Martin Lampel in seinem ebenfalls im Exil entstandenen Text als Vorläufer der Nazis an. Wie schon aus dem Titel „Das tausendjährige Reich. Schauspiel um die Gefolgschaft eines Landfremden, der Deutschland seine Weltherrschaft verhieß" nahm Lampel in seinem Schauspiel Münster als Folie, um den Nationalsozialismus und das Dritte Reich bloßzustellen.

Im Gegensatz zu Lampel bedauert Rubinstein den Untergang des „König von Zions". Die Wiedertäufer in ihrem Drama hoffen darauf, daß nachkommende Generationen ihr Erbe antreten werden. Ihr „Neues Jerusalem" wird zwar keinen Bestand haben, doch ihre Idee einer neuen Ordnung wird bleiben. Jans Schlußworte klingen verheißungsvoll:

„Und dann kommt das Neue Jerusalem von unaussprechlicher Schönheit, da keine Träne, keine Härte sein wird und das Wort gilt: siehe, ich mache alles neu …".[91]

Ebenso wie Jan in dem Stück von einem gerechteren Morgen träumt, hofften die Gegner Hitlers auf ein Ende der Diktatur in Deutschland. Rubinsteins Trauerspiel läßt sich also auch als ein Appell an die Exilierten lesen, den Mut nicht sinken zu lassen.

Der Rückgriff auf das historische Material ist nicht ohne Risiko. Die Bewegung der Wiedertäufer eignet sich nur bedingt als Vorläufer für spätere revolutionäre Entwicklungen. Die Autorin zeichnet mit viel Sympathie die Ideen der Religionsgemeinschaft nach, der es darum ging, die christliche Kirche zu ihren Ursprüngen zurückzuführen. Einige ihrer Ideale erscheinen erstaunlich zeitnah. Die Vorstellungen der Wiedertäufer von ihrem irdischen Paradies ähneln in Grundzügen der utopischen kommunistischen Gemeinschaft. Alle in der Gemeinschaft sollen bereit sein, jede Arbeit auszuführen. Niemand soll eigenen Besitz haben, sondern: „Allen wird alles gehören".[92]

Im Gegensatz dazu mutet ihre Ehe- und Familienreform anachronistisch an. Die Wiedertäufer beriefen sich bei ihrer These, daß sich mehrere Frauen einen Mann teilen sollten, auf das Alte Testament. Sie traten ernsthaft für die Vielweiberei ein. Hilde Rubinstein übernimmt auch diesen Aspekt von dem historischen Vorbild.[93] Nicht nur für die meisten Frauenfiguren wird dadurch das angestrebte Paradies nur schwer vorstellbar, auch bei ihren potentiellen Zuschauern hätte diese Aussage Befremden ausgelöst. Vor allem, weil sich die Autorin mehr mit den Wünschen der Männer als mit den Einwänden der Frauen identifiziert.

Das Verhalten wird dadurch motiviert, daß zu viele Männer gefallen sind, es also einen Frauenüberschuß gibt. Trotzdem ist Münster im Drama eine Stadt der Männer. Frauen kommen nur in Nebenrollen vor. Sie bestimmen nicht den Gang der Handlung, sondern sind allenfalls Mitkämpferinnen, die die Ziele der Männer zu den ihren gemacht haben.

Die Protagonisten des Stückes sind Jan Bockelson, Scheider aus Leiden, der zum König der Stadt ausgerufen wird, der Kaufmann Knipperdollinck und der Prediger Rothmann. Ihr Konflikt besteht darin, daß sie lernen müssen, ihren Untergang anzunehmen und nicht zu verzweifeln. Jan muß auch auf sein persönliches Glück verzichten. Elisabeth, eine der Frauen, die er liebt, ist nicht bereit, ihn mit anderen zu teilen. Sie besteht auf der Einmaligkeit ihrer Liebe. Dadurch gerät sie immer mehr in Widerspruch zu den Ideen der Wiedertäufer. Sie ist am Ende weniger denn je willens wegen der Ideale, die nicht ihre sind, Nachteile in Kauf zu nehmen. Elisabeth überprüft die Ideen der Religionsgemeinschaft daraufhin, ob sie ihr persönliches Glück bescheren. Sie gibt sich nicht mit Verheißungen für die Zukunft zufrieden. Sie will Münster verlassen, das für sie zu einem Ort des Leidens geworden ist. Den Anspruch auf individuelles Glück büßt sie mit dem Tod.

Die Herrschaft ist also weit von dem Paradies entfernt, das sich die Wiedertäufer erträumen. Die Rigorosität, mit der die Machthaber abweichendes Verhalten bestrafen, gerät in Widerspruch zu ihren humanistischen Vorstellungen und führt dazu, daß Münster eher wie eine Diktatur erscheint und nicht wie eine Idealstadt. Dadurch vermischt sich nachvollziehbares politisches Gedankengut unserer Zeit mit Ideen des Sektierertums des 16. Jahrhunderts. Die Autorin sieht sich selbst nur als Chronistin, indem sie den Gegensatz zwischen Utopie und Angst vor der Folie der Vergangenheit aufzeichnet, aber nicht verarbeitet. Das Thema Liebe in der frühkommunistischen Gesellschaft hätte besser als heiteres Zwischenspiel vor dem drohenden Untergang oder aber als Tragödie der Frauen dargestellt werden können, weil sie die eigentlichen Opfer der christlich inspirierten totalitären Gesellschaftsreform waren. Während die Männer den Zwang zur Besitzlosigkeit mit dem Besitz mehrerer Frauen kompensieren konnten, verloren die Frauen auch noch das Recht auf ihren Körper. Die Figur der Elisabeth, die sich gegen die Polygamie stemmt und einen Mann für sich beansprucht, tritt aus der Schablone des Stückaufbaus heraus, doch interessiert sich die Autorin nicht für den Konflikt dieser Figur. Hilde Rubinstein war, als sie das Stück schrieb als engagierte Kommunistin der Ansicht, daß die soziale Frage wichtiger sei als die Frauenfrage. So entstand ein bewegtes Historienbild auf dem Spannungsbogen von Politik und Religion, zu dem die Frauen lediglich den Hintergrund abgaben. Die Ablehnung der Einehe, die nur den Männern dient, läßt sich heute nicht mehr nachvollziehen. Ich weiß nicht, ob die Autorin gut beraten war, die Idee der Polygamie in ihr Stück aufzunehmen. Doch wer hätte sie in ihrer Isolation schon beraten können?

In ihrem geschichtlichen Drama „Die Teufel" beschäftigte sich die Autorin 1945 noch einmal mit Glaubensfragen,[94] dann entdeckte sie 1947 ihre eigene Geschichte als Dramenvorlage.

2.2. Eigenes Erleben als Ausgangspunkt in: „Ein Hungerstreik"

Die Erfahrungen, die Hilde Rubinstein in den Gefängnissen Hitlers und Stalins machen mußte, hat sie nicht nur in autobiographischen Aufzeichnungen festgehalten, sondern sie sind auch in ihre Theaterstücke „Ein Hungerstreik" und „Kannst Du lachen, Johanna?" eingegangen.[95] Anders als bei der Verarbeitung der Bewegung der Wiedertäufer trennten Hilde Rubinstein nun keine 500 Jahre von dem Ereignis. Doch das eigene Erleben bestimmt nicht die Handlung der Stücke. In den Dramen greift sie lediglich bestimmte Grundsituationen auf, die sie als Häftling durchlitten hat. Wie sie leiden ihre Dramenfiguren unter der ständigen Bewachung. Wenn die Wärterin das Guckloch öffnet, wenden die Frauen im Stück „geplagt den Kopf weg". (S. 4) Außerdem werden ihnen die Strumpfbänder abgenommen, und sie klagen wie Hilde Rubinstein in ihren persönlichen Aufzeichnungen über „stets rutschende Strümpfe". (S. 4) Ihre inneren Konflikte hat die Autorin auf mehrere Figuren verteilt. Anna sitzt wie die Dramatikerin wegen politischer Aktivitäten in Untersuchungshaft. Es greift jedoch zu kurz, Anna als eine Spiegelung der Dramatikerin anzusehen,[96] denn die Figur ist mehr als die Summe der autobiographischen Erlebnisse. Lisbeth macht im Stück die Erfahrung Hilde Rubinsteins, statt in die Freiheit lediglich in eine andere Zelle zu kommen. Die Dramen haben nicht die Unmittelbarkeit des Tagebuches, sondern enthalten lediglich „gewisse Gefängnis-Erinnerungen".[97] Sie sind deshalb auch nicht der Gefängnisliteratur zuzurechnen, die Sigrid Weigel so definiert, daß in den Texten die „Doppelrolle des Autors als Schreibsubjekt und als Objekt der Bestrafungsinstanz" zum Ausdruck kommt.[98] Zwar sind die Dramen von einer Betroffenen geschrieben, doch zwischen Erleiden und Beschreiben lagen mehr als acht Jahre. Zu dem Zeitpunkt wollte die Schriftstellerin nicht ihr eigenes Leben dramatisieren, sondern die eingeschlossene Gesellschaft auf die Bühne bringen. Die szenischen Anweisungen der Dramatikerin spiegeln am stärksten ihren Alltag im Gefängnis wider:

„Zelle. Bleiches Tageslicht durch das hochliegende Fenster. Das Gitter wirft kreuzförmige Schatten. (…) Zwei Pritschen mit dunklen Matratzen, grauen Decken, gelblichen Laken. Eine Pritsche ohne Bettzeug. Wandbrett mit zwei Schüsseln und zwei Löffeln. Drei Hocker. Tür mit Guckloch, darunter Brett, das herabgelassen werden kann. In der Ecke metallener Kübel mit Deckel. Die Zelle wirkt ordentlich und hoffnungslos." (S. 1)

Den Schauplatz Gefängnis hatten weder die Expressionisten noch die politischen Zeitstück-Autoren in den zwanziger Jahren so eindringlich beschrieben. Für die Expressionisten war die Zelle lediglich ein Symbol, das die innere Situation des Menschen zum Ausdruck brachte.[99] Diesen metaphorischen Charakter verlor das Zuchthaus in den Dramen der Autoren, die sich in der Weimarer Republik mit ihren Stücken für eine Reform des Strafvollzugs einsetzten. Die Dramatiker übernahmen den Part der Berichterstatter, die die Mißstände in den Haftanstalten nur registrierten. Sie schrieben nicht aus der Sicht der Betroffenen. Die Identifikation der Zuschauer erfolgte nicht mit den sozial Schwachen, sondern mit den Werten, die die Intellektuellen im Stück vertraten. So legte Peter Martin Lampel seine Auffassungen über eine Reform des Strafvollzugs dem Hospitanten in den Mund.[100] Eine vergleichbare Figur führte Karl Maria Finkelnburg in seinem Drama „Amnestie" ein. Er ließ seine Thesen durch den Kandidaten verkünden.[101]

Einen solchen Mittler zwischen sich und dem Stoff hat Hilde Rubinstein nicht nötig. Auch „Hungerstreik" ist ein Stück gegen den Strafvollzug. Daß das Strafgesetzbuch nichts mit Gerechtigkeit zu tun hat, steht für Hilde Rubinstein ebenso wie für ihre Kollegen fest. Doch die Autorin geht weiter als die Bearbeiter des Stoffes in den zwanziger Jahren. Während die Dramatiker der Weimarer Republik partielle Veränderungen im Sinn hatten, stellt sie die Praxis des Bestrafens generell in Frage.

Das hat Folgen für den Stückaufbau. Während etwa Lampel jugendliche Heiminsassen, Anhänger und Gegner der Reform in seinem Drama zu Wort kommen läßt, schränkt Hilde Rubinstein die Anzahl der Figuren ihres Textes auf drei inhaftierte Frauen ein. Das Personal des Gefängnisses bleibt unsichtbar. Die Befehle der Wärterin sind nur durch das Guckloch zu hören. Lediglich ein Arzt, der nicht mehr als zehn Sätze zu sprechen hat, betritt kurz die Szene. Rubinsteins Drama erweckt Mitgefühl mit den Inhaftierten. Die Frage, ob die Frauen Opfer der Justizwillkür oder der Verhältnisse geworden sind, spielt im Stück keine Rolle. Der Satz des jüdischen Mystikers BaalSchem „Das Böse ist kein Wesen, sondern ein Mangel", den die Autorin ihrem Stück voranstellt, unterstreicht ihre Anschauung. In der Extremsituation Gefängnis gedeihen nicht Solidarität und Mitgefühl, sondern Aggressivität und Mißgunst.

Um ihre Behauptung zu untermauern, verläßt sich die Dramatikerin nicht auf Fakten wie etwa Finkelnburg, der in seinen Vorträgen mit Zahlen zu belegen versuchte, daß das Vergeltungsstrafrecht untauglich sei, die Menge der Verbrechen einzuschränken. Aus der Statistik greift sich Hilde Rubinstein drei Fälle heraus, die sie illustriert. Allerdings tilgt sie dabei die aktuellen Bezüge. Die zeitgeschichtlichen Ereignisse dienen ihr nicht einmal mehr als Kulisse. So wird nicht deutlich, in welchem Staat ihr Gefängnis steht.

Es geht der Dramatikerin auch nicht um die Lebensgeschichte der Frauen, sondern allein um die Frage, wie sie sich während der Haft verhalten. Die Autorin beschreibt die Auswirkungen des Eingesperrtseins auf Frauen von unterschiedlichem Charakter und Temperament: Anna, Lisbeth Mauerschnitt und Filippa Großmann. Sie haben kaum Hoffnung auf eine positive Veränderung. Auf die Frage des Arztes „Wie denken Sie sich da Ihre Zukunft?", antwortet Filippa lapidar: „Hab keine …". (S. 17) Die Autorin formulierte, als sie sich in ähnlicher Lage wie ihre Dramenfigur befand: „Tiefer geht's nicht: (…) Frau – allein – in der Gefängniszelle".[102]

In der Zelle scheint die Zeit stillzustehen. Die fünf Szenen sind aneinandergereihte Bilder, die den Zustand des Gefangenseins beschreiben. Eine Handlung im eigentliche Sinne existiert nicht, das Stück ist vielmehr eine Collage von Seelenzuständen. Die Häftlinge fühlen sich so, als wären sie lebendig begraben: „Warten, warten … Besteht es aus Gedanken oder ist es ein Körperzustand …?" (S. 4) Doch damit hören die Gemeinsamkeiten zwischen ihnen auch schon auf. Die Frauen, die sich außerhalb des Gefängnisses wahrscheinlich nie begegnet wären, müssen in der engen Zelle lernen, die Eigenheiten der anderen zu akzeptieren. Wie schwer das fällt, hatte auch Hilde Rubinstein erfahren: „Zusammengepfercht mit einem Menschen, mit dem man draußen kein Wort wechseln würde … zwei in einem Klosett, mit Waschschüssel. Und man kann die Tür nicht öffnen – auch nicht einrennen."[103] Aus dem Zusammenprall ihrer Charaktere ergibt sich der Konflikt im Stück.

Die Köchin Lisbeth Mauerschnitt teilt sich zunächst nur mit Anna die Zelle. Die Gefangenschaft hat ihre Spuren bei beiden Frauen hinterlassen. Ihre Gesichtsfarbe ist „kalkgrau" und „um die Augen rum lila". (S. 7) Sie empfinden die Zeit hinter Gittern als Abkehr vom Leben. Für beide gilt Annas Feststellung: „Wir halten aus." (S. 14) Ihre Glücksebene liegt tief. „Ja, irgendetwas Herrliches macht man sich …", (S. 12) rechtfertigt Anna ihr Bestreben, sich an kleinen Dingen wie einem Sonnenstrahl zu erfreuen. Gedanken, die auf die Außenwelt gerichtet sind, helfen den Frauen den gegenwärtigen Mangel zu überbrücken. Ihre Träume über ein Leben außerhalb der Gefängnismauern verraten am deutlichsten ihr unterschiedliches Wesen. Für Lisbeth, die in der Zelle nur an „Butterkranz, Mandelsterne, Sahnekringel, Windbeutel" denkt, (S. 5) bedeutet Freiheit, daß sie sich ein Schweinskotelett braten kann, wann immer sie möchte. Für Anna ist Freiheit gleichbedeutend mit einem Waldspaziergang, bei dem das Herbstlaub unter den Füßen raschelt.

Filippa Großmann, die in ihre Zelle verlegt wird, bringt das mühsam gewahrte Gleichgewicht durcheinander. Die neue Leidensgefährtin hatte gehofft, entlassen zu werden, kam stattdessen jedoch nur in eine andere Zelle. Filippa wirkt apathisch. Ihr fehlen Annas Selbstdisziplin und Lisbeths Tagträume. Filippas Verzweiflung richtet sich gegen ihren Körper. Sie verweigert das Essen, nicht weil sie in ihrem Hungerstreik eine politische Aktion sieht, sondern weil sie sich selbst aufgegeben hat.

Filippas Protest stößt vor allem bei Lisbeth auf Unverständnis. Sie toleriert Filippas Verhalten nur so lange es ihr Vorteile einbringt, da sie ihre Suppe bekommt. Doch als sich Filippa entschließt, kein Essen mehr entgegenzunehmen, hört ihre Solidarität auf. Sie droht ihr mit Zwangsernährung.: „Du wirst sehen, wenn sie dich mit dem Gummischlauch …". Filippa ihrerseits will sie bei der Aufseherin anschwärzen: „Ich sag der Wärterin, daß du immer zwei Portionen willst, und das ist verboten." Am Ende des Wortwechsels gehen sie „fauchend aufeinander los". (S. 16) Mit Mißgunst und Empörung reagiert Lisbeth deshalb auf ihre Entlassung: „Soll sie mit Trotz erreicht haben, was wir mit Geduld nicht erreichen? Ist das Gerechtigkeit?" (S. 19) Anna wirbt vergebens um Toleranz. Auch sie mißbilligt Filippas selbstzerstörerisches Vorgehen. Doch Anna versucht, sie zu verstehen und bringt ihre Einwände eher behutsam vor.

Die Figuren der Anna, Lisbeth Mauerschmitt und Filippa Großmann stehen für drei verschiedene Versuche, sich im Gefängnis zu behaupten. In ihrer jetzigen Lage sind alle drei Frauen Opfer der Verhältnisse geworden, doch keine der Frauen erduldet nur passiv ihr Schicksal.

Sowohl Filippa als auch Lisbeth benutzen im Gefängnis das Essen – um das schon früher ihre Tätigkeit kreiste –, um ihrem tristen Alltag einen Sinn zu geben. Das Essen setzt Hilde Rubinstein als ein Bild ein, um die Frauen als Kleinbürgerinnen zu charakterisieren. Sie verdeutlicht damit sowohl ihren begrenzten Horizont als auch deren gegensätzliche Entwicklung innerhalb eines festumrissenen Rahmens.

Filippas Auflehnung nimmt selbstzerstörerische Formen an. Sie verweigert die Nahrung, weil sie sich gegen die ihr zugeschriebene Rolle zur Wehr setzt. Mit ihrem Hungern zwingt sie die Umwelt, ihre Not zur Kenntnis zu nehmen. Ihr Hilfeschrei verhallt nicht ungehört. Sie wird ins Lazarett verlegt und kommt später nach Hause. Ihre Entlassung zahlt sie allerdings mit ihrer Gesundheit: „Die vom Lazarett sagte, daß Filippa so krank war, daß sie kein Essen vertrug, daß sie alles wieder ausbrach, Schlauch, Essen, Galle, alles …" (S. 23)

Mit der hungernden Filippa nimmt Hilde Rubinstein ein Motiv vorweg, das die Frauenliteratur der siebziger Jahre prägte: vom Körper schreiben. Die Dramatikerin bringt zwar auch den Körper ins Spiel, doch geht es ihr nicht um authentische weibliche Körpererfahrung. So weist ihre Arbeit auch nur an der Oberfläche Gemeinsamkeiten mit den später entstandenen Arbeiten auf. Vor allem beim Vergleich mit den Krankheitsberichten magersüchtiger Frauen fallen zunächst Parallelen auf. Die Magersüchtige hungert, weil sie gegen die Weiblichkeitsnormen rebelliert. Filippa handelt aus einem ähnlichen Motiv. Sie ist nicht die reuige Sünderin, die für ihre Taten büßt, sondern sie empfindet die Strafe als ungerecht und zu schwer. Da sie nicht gelernt hat, sich zu wehren, trägt sie wie die Magersüchtige den Konflikt über ihren Körper aus. Doch im Gegensatz zu etwa Maria Erlenbergers „Der Hunger nach Wahnsinn" von 1977 hat der Bericht über Filippas Hungern keinen subjektiven Charakter, da die Autorin aus der

Distanz von der Verweigerung berichtet. Sie wertet Filippas Verhalten nicht. Ihr Hungerstreik ist weder die Geschichte einer Krankheit noch eine politische Aktion. Das hat zur Folge, daß auch die Zuschauer sich Filippas Verweigerung nicht erklären können.

Lisbeth wirkt wie das genaue Gegenteil von Filippa. Während Filippa nichts mehr ißt, kann Lisbeth nie satt werden und memoriert die Rezepte ihrer Lieblingsgerichte. Für sie sind die Gedanken an Essen ein Ersatz für nichtgelebtes Leben. Auf Annas Frage „Was denken Sie, Fräulein Mauerschmitt? Sie sehen so zärtlich aus …“, gibt sie zur Antwort: „Wiener Schnitzel! Werden in Eigelb und geriebenem Brot paniert, und zuletzt Kapern mit Zitronenscheiben …“. (S. 8) Ihr gefällt es, „ans Unerreichbare zu denken“, (S. 20) denn sie sucht Ablenkung, da sie sich nicht mit der Realität auseinandersetzen will.

Lisbeth und Filippa bleiben Einzelgängerinnen, die aus ihrer individuellen Betroffenheit nur bedingt eine Sensibilität für das Leiden der anderen entwickeln. Beide scheitern mit ihren Strategien. Lisbeth bleibt weiter in Haft. Filippa wird zwar entlassen, doch verläßt sie das Gefängnis als ein Wrack. Es erstaunt, daß die politische Dramatikerin den Hungerstreik nicht als ein Mittel ansieht, um sich offensiv gegen diese Art von Strafvollzug zu wehren.

Vorbildliches Handeln führt Hilde Rubinstein anhand der Figur Annas vor. Ohne viel Worte steht sie ihren Mitgefangenen zur Seite und empfindet sowohl für Lisbeth als auch für Filippa Mitleid. Anna reibt sich nicht sinnlos auf. Sie ordnet sich der Gefängnisroutine unter, ohne sich aufzugeben. Sie flüchtet sich nicht in ferne Tagträume, sondern bleibt realitätsverbunden. Im Gegensatz zu den anderen Frauen definiert sich Anna nicht über ihren Körper, sondern über ihren Intellekt. Annas Verhalten macht noch einmal den Gegensatz zur gegenwärtigen Frauenliteratur deutlich. Wie für Anna ist auch für die Autorin der Eintritt in die intellektuelle Sphäre damit verbunden, daß sie von ihrem Körper, also auch von ihrem Geschlecht, absieht.

Als Stützte dient Anna die Fragestellung „Sie können unseren Körper einsperren, aber nicht unseren Geist …“, der als Leitfaden für die meisten politischen Gefangenen bis in die Gegenwart fungierte.[104] Warum Anna im Gefängnis sitzt, wird zwar nicht explizit ausgesprochen, doch ihre Ansichten legen nahe, daß sie aus ideologischen Gründen eingesperrt ist. Ihre ungebrochene Identität scheint sie aus ihrer Zugehörigkeit zu einer politischen Kultur zu beziehen.

Die unterdrückte Lebenssehnsucht kommt lediglich in ihrer Naturverbundenheit zum Ausdruck. Wie für die politischen Gefangenen Vera Figner und Rosa Luxemburg erhält für Anna die Natur während der Gefangenschaft eine zentrale Bedeutung. Sie freut sich über eine Blume im Gefängnishof und stellt sich die Freiheit vor allem in Naturmetaphern vor.[105] Das ist der einzige Bereich, in dem sie sich Emotionalität erlaubt.

Die Dramatikerin veranschaulicht mit den drei Frauenfiguren den Gegensatz zwischen kriminellen und politischen Gefangenen. Auch Anna hat wie die anderen Angst zu verkümmern, doch hält sie besser aus, da sie ein Ziel vor Augen hat. Die drei Frauen unterscheiden sich nicht nur in ihrem politischen Bewußtsein, sondern auch in ihren Vorstellungen, die sie über Männlichkeit und Weiblichkeit entwickeln. Lisbeth und Filippa geraten so heftig aneinander, weil sie sich ähnlicher sind, als es zunächst erscheint. Beide gingen in ihrem bisherigen Leben in traditionellen Frauenberufen auf. Während Lisbeth als Köchin fremde Familien versorgte, stand für Filippa der Sohn im Zentrum ihres Handelns. Im Gefängnis inszeniert sie sich als liebende Mutter, die sich für den lungenkranken Sohn geopfert hat, doch wird ihr Vorgehen schon auf der Handlungsebene als Taktik entlarvt. In Wirklichkeit schmuggelte sie nicht, wie sie den anderen erzählte, um ihren Sohn mit „Butter und Sahne" zu versorgen, (S. 11) sondern um ihre Schulden zu bezahlen.

Auch Lisbeth bricht nicht offen aus der traditionellen Rolle aus. Nach außen wahrt sie den Schein, die Erwartungen zu erfüllen: „Und überhaupt will ich für meinen Mann Essen kochen". (S. 7) Im anschließenden Gespräch mit Anna konkretisiert sie dann ihre Vorstellungen. Ihr Traummann ist ein pensionierter Beamter. Sie stellt klar, daß diese Versorgungsehe nichts mit Liebe zu tun hat: „Und den werde ich betrügen von hinten und von vorn". (S. 8) Der kleinbürgerlichen Liebesideologie huldigt Lisbeth nur in der Phantasie. Sie liebt Geschichten nach dem Muster der Groschenromane voller Liebesleid und Schmerz. Sie macht jedoch keinen Versuch, ihre Träume zu verwirklichen.

Auch im Bereich der Sexualität zählen für Lisbeth nur Fakten. Von Anna fordert sie Einzelheiten: „Wie oft pro Woche haben Sie zusammen geschlafen?" (S. 20) Wie eine Voyeurin zieht sie Befriedigung aus fremden Erlebnissen, die ihre eigene Empfindungslosigkeit überspielen sollen. Als Anna nicht reagiert, stellt sie ihr eine frühere Mitgefangene als Vorbild hin:

„Sie sind so gräßlich sentimental! (...) Da sollten sie meine vorige Zellengenossin gehört haben, die Scheuerfrau im Hotel war, was die alles zu sehen und zu hören bekam ...! Und das hat sie mir wiedererzählt. Einmal kam ein Paar ..." (S. 21)

Für Anna ist Sexualität nicht das Wichtigste an einer Beziehung zu einem Mann. Sie stellt sich den fernen Geliebten nicht im Bett vor, sondern: „Ich denke meistens wie er am Küchentisch saß, mit seinem Rollkragen, und wie er die Pfeife aus dem Mund nahm, wenn ich hereinkam ...". (S. 21) Im Gegensatz zu Lisbeth reduziert Anna das Verhältnis der Geschlechter weder auf Sexualität noch auf die Ehe. Für sie gibt es noch etwas anderes. Doch wie sie sich im Einzelnen die Beziehung zwischen Frauen und Männern vorstellt, führt sie nicht aus. Dieser Punkt bleibt genauso vage wie Annas gesellschaftliches Engagement.

Die Dramatikerin läßt bewußt Leerstellen. So bleibt ebenfalls unklar, warum Anna am Ende des Stückes entlassen wird. Die offenen Fragen sind meines Erachtens ein Indiz dafür, daß Hilde Rubinstein die erfahrene Krise im Exil für den Text nutzbar machte. In dem Stück zeigt sie eine gelungene Alternative zu dem Konzept auf, das die anderen Autorinnen favorisieren. Statt eine autonome fiktive Modellwelt zu entwerfen, organisiert sie nur den äußeren Rahmen der Handlung. Sie faßt das Stück wie ein wissenschaftliches Experiment auf, um etwas über die Welt herauszufinden.

Auf diese Weise ist ihr ein zeitloses Stück voller Eindringlichkeit über den trostlosen Alltag im Gefängnis gelungen. Dem schwedischen Lektor Gösta M. Bergmann ist zuzustimmen, der die Menschen- und Milieuschilderung ausgezeichnet fand, doch bleibt abzuwarten, ob die leisen Töne auch im Theater das Publikum erreichen. Das Stück wurde nicht auf seine Bühnenwirksamkeit getestet. Bergmanns eindringlicher Appell fand kein Gehör: „Das Stück wäre es wert, aufgeführt zu werden, auf der kleinen Bühne des Dramatischen Theaters, die das gegebene Forum sein würde."[106] So erhielt die Autorin nie die Chance, ihre Arbeit aus der Distanz eines Zuschauerraumes zu betrachten und zu überprüfen. Der Intendant des Schauspielhauses in Stockholm, der Bergmanns Gutachten angefordert hatte, zog seine Zusage zurück, als Hilde Rubinstein die Aufführung mit ihm besprechen wollte. Die Dramatikerin war über die Reaktion so enttäuscht, daß sie eine satirische Fortsetzung zu „Hungerstreik" schrieb. Der Titel „Kannst Du lachen, Johanna?" betont die Verbindung beider Einakter. Die Melodie des populären Schlagers summten schon Anna und Lisbeth in ihrer Zelle. In dem Nachspiel nimmt Hilde Rubinstein die Fäden des bisherigen Geschehens wieder auf. Lisbeth, die als einzige weiterhin in Haft blieb, steht nun im Zentrum des Stückes. Um ihre Ängste und Gefühle darzustellen, gestaltet die Autorin die Handlung als einen Alptraum Lisbeths. Sie phantasiert, daß der Untersuchungsrichter ihre Figur mitten in der Nacht besucht und verhört. Er versucht mit verschiedenen Tricks, Lisbeth zu dem Geständnis zu veranlassen, ihre Arbeitgeberin vergiftet zu haben. Seine Methoden erinnern an das Vorgehen des russischen Beamten Rewsin, der von der Autorin ein Geständnis erpressen wollte. Wie Rewsin versucht auch der Untersuchungsrichter im Stück, die Gefangene mit Versprechungen und Drohungen einzuschüchtern.

Die Köchin leugnet die Tat, so daß ihm am Ende nichts anderes übrigbleibt, als sie zu entlassen. Doch die Welt draußen hat sich verändert. Lisbeth findet sich in der Freiheit nicht mehr zurecht, da sie sich mit dem Chaos einer Nachkriegsgesellschaft auseinandersetzen muß. Im Gegensatz zu Anna, die die ungeschützte Weite der engen Zelle vorzieht, sehnt Lisbeth sich nach Sicherheit und geordneten Verhältnissen. Sie legt ein fingiertes Geständnis ab, um in die Abgeschiedenheit des Gefängnisses zurückkehren zu können. Mit der Entscheidung ihrer Heldin verdeutlicht Hilde Rubinstein, daß es Sicherheit nur um den Preis des Stillstands geben kann. Der Schluß legt nahe, daß zur Entwicklung auch bittere Erfahrungen gehören. Auf diese Weise schrieb sich die Dramatikerin ihre Enttäuschung über die Ablehnung von „Hungerstreik" von der Seele. Zwischen den Zeilen schimmert ihre Entscheidung durch. Trotz der zeitweisen Entmutigung wollte sie nicht den Weg einer Lisbeth gehen. Deshalb entwarf sie auch weiterhin Stücke für eine bessere Zukunft.

3.1. Pendlerin zwischen Alter und Neuer Welt: Christa Winsloe

Christa Winsloe

„Ich möchte so gerne etwas schreiben das alle Menschen mit Schreck erwachen, eine furchtbare Warnung vor dem Kommenden. Vor Krieg, Dummheit und Wahnsinn. Aber ich bin so talentlos, Dotto. Ich habe nur die Wut in mir, nicht die Kraft. Man soll das Maul weit aufreissen und schreien das das grosse Elend und die Unkultur siegt, aber man muss auch eine Stimme haben, warum Dotto, bin ich kein MANN? Ich leide an meinem Leid und der Impotenz kein Lautsprecher zu sein. Gieb mir einen Mann der brüllt für mich. Hinein in die faulen Menschen die Vogelstraußpolitik betreiben. Ich seh das ja hier, an den vielen „Kleiner Mann was nun," Leuten. Sie wollen schlafen. Sie wollen nicht, ach, verzeih, ich höre schon auf, Du weißt ja, das die Welt, unsere Welt dahingeht, und ich brauch Dir, mein Liebling, das nicht zu sagen. Mein Strampeln ist eine lächerliche Geste so wie der Krabb gegen den Ocean ... verdammt überflüssig und vergeblich."[107]

In dem Verzweiflungsbrief Christa Winsloes an ihre Freundin Dorothy Thompson deuten sich schon die Motive an, die der deutschen Schriftstellerin während der nationalsozialistischen Diktatur zu schaffen machten. Obwohl sie bei einem Badeurlaub in Virginia ausspannen wollte, konnte sie ihre Gedanken nicht vom bedrohten Europa lösen. Bereits im Sommer 1933 hatte die Autorin den Zufluchtsort erreicht, von dem die Verfolgten auf dem Kontinent später träumen sollten: Sie war in Amerika. Doch der Weg in die Neue Welt führte zu einer ersten Krise, die sich in den Briefen, die sie an Dorothy Thompson richtete, deutlich ablesen läßt. Ihre Zerrissenheit zwischen alter und neuer Heimat kam in den Texten zum Ausdruck. Um sich schneller einzugewöhnen, wollte sie sich mit ihrer Freundin in deren Muttersprache verständigen. Doch die englischen Formulierungen gelangen Christa Winsloe noch nicht so recht. Sie produzierte ein deutsch-englisches Kauderwelsch. In manchen Texten überwiegt die eigene Sprache, in anderen das unvertraute Englisch. Die amerikanische Kolumnistin, die lange Jahre in Europa gelebt hatte, fand Winsloes Stil sicherlich amüsant. Die Schriftstellerin registrierte ihre eigene Arbeitsweise jedoch eher mit Befremden, denn der Versuch, sich in einer Fremdsprache verständlich zu machen, wirkte sich unmittelbar auf den Prozeß der künstlerischen Kreativität aus. Winsloes Ausdruckskraft verlor an Schärfe und Prägnanz. Manchmal mußte sie in beiden Sprachen nach dem treffenden Wort suchen. Selbst Briefe, die sie nur in Deutsch abfaßte, spiegeln ihre Probleme wider. Orthographie und Interpunktion wurden immer eigenwilliger, je länger sie in Amerika lebte. Einem Schicksalsgefährten im Exil, Klaus Mann, klagte sie ihr Leid. Sie berichtete ihm von ihrem Kampf mit den Worten. In einem Schreiben an ihn bemerkte sie bestürzt, daß ihr Deutsch immer scheußlicher werde und bat ihn um Nachsicht.[108]

Wie tief ihre Verunsicherung ging, wird auch daran deutlich, daß sie glaubte, als Frau keinen wichtigen Beitrag gegen den Nationalsozialismus leisten zu können. Gerade sie, die bisher einen wesentlichen schöpferischen Impuls daraus gezogen hatte, sich an der traditionellen Frauenrolle zu reiben, übernahm nun die Gedanken der konservativen Kulturkritiker. Christa Winsloe reagierte damit auf die Schwierigkeit, trotz der veränderten Verhältnisse produktiv zu bleiben. Die Erkenntnis, mit ihrer Arbeit die politische Situation nicht beeinflussen zu können, führte zu starken Selbstzweifeln.

Obwohl die Klage an Dorothy Thompson den Anschein erweckt, ging die Autorin nicht so weit, ihr eigenes Werk völlig in Frage zu stellen. Sie versuchte, aller Skepsis zum Trotz, die Funktion des Lautsprechers zu erfüllen, der seine Umwelt aus der Trägheit aufschrecken sollte. Bereits seit Beginn der Nazidiktatur beschäftige sich die Autorin mit neuen literarischen Entwürfen, doch neben der Gegenwart erwies sich auch die Vergangenheit als Hemmnis. Der Erfolg der „Mädchen in Uniform" verhinderte, daß sich Christa Winsloe auch mit anderen Themen durchsetzen konnte. Zwar war das Erscheinen ihres Romans – neben der Freundschaft mit der Thompson – der Grund für Winsloes frühen Aufbruch in die USA.[109] Die Autorin hoffte, mit dem preußischen Stoff in Amerika bekannt zu werden, denn das Internatsmelodram sollte nicht ihre einzige Veröffentlichung in der neuen Heimat bleiben. Deshalb trat sie der „Authors League" bei und konzipierte mehrere Texte.[110]

Amerika war allerdings schwerer zu erobern, als sie gedacht hatte. Sie erlebte zwar, daß sie als Bestseller-Autorin hofiert wurde. So brachten amerikanische Rundfunkanstalten kurz nach dem Erscheinen von „Girls in Uniform" Sendungen mit der deutschen Schriftstellerin.[111] Doch ihre Bekanntheit wirkte sich nicht verkaufsfördernd auf die Veröffentlichung ihrer aktuellen Themen aus. Wie stark sie resigniert hatte, ist an einem Brief abzulesen, in dem sie sich bei der amerikanischen Kolumnistin für die Übersetzung einer ihrer Texte bedankte, den die „Saturday Evening Post" drucken wollte. Christa Winsloe konnte ihr Glück kaum fassen: „I'm to happy for any words. (…) Darling do your realize, yes you do of course, what this means to me. (…) Natürlich bin ich stolz. (…) Lieber Gott ich habe jetzt so viel Courage, jetzt."[112]

Solche Ermutigung blieb die Ausnahme. Die meisten ihrer Projekte entstanden nur auf dem Papier. Erschwerend kam hinzu, daß sie die Sprache nicht ausreichend gut beherrschte. Sie brauchte immer jemand, der ihre englischen Artikel korrigierte. In dieser Lage griff sie nach jedem Strohhalm. Verzweifelt dachte sie auch daran, den Text eines Freundes für den Film zu bearbeiten, dem Medium, in dem sie bisher ihren größten Erfolg gehabt hatte. Doch das Skript gefiel ihr nicht:

> „Alien Corn ist ein schlechtes Stück und ich denke nicht daran das ich einen Film mache in welchem ich gezwungen bin Polly und den albernen alten Damrosch zu besingen. Was geht mich diese Familie an, meine Liebe hat Grenzen.
>
> Was … Sidney nach Europa auf sechs Monate, und ich in Hollywood mit seinem Stück?"[113]

Die Abneigung gegen den Stoff war stärker, Christa Winsloe verfolgte ihre Hollywood-Pläne vorerst nicht weiter. Entmutigt entschloß sie sich nach mehr als acht Monaten

Aufenthalt, ihr Glück doch wieder in der Alten Welt zu suchen. Sie schiffte sich am 3. Januar 1934 schweren Herzens wieder nach Europa ein.[114] Schon auf der Überfahrt jammerte sie: „Ach, ich möchte weiter reisen … Ägypten, Griechenland … mit dem Schiff … den Nil hinauf … weit weg von Hitler und nicht hin …"[115]

Aus ihrem Unbehagen zog die Schriftstellerin allerdings neue schöpferische Impulse. Die Schiffsreise inspirierte sie zu einem Roman. Ihrem persönlichen Leidensweg gab Christa Winsloe in „Passeggiera" die Form eines Happy-ends. Sie hoffte wohl, einen melancholischen Liebesroman eher verkaufen zu können als die Geschichte einer gebrochenen Frau.[116] Winsloes Heldin genießt die Überfahrt und ist froh darüber, daß sie ihre Identität verlieren darf und einem der Seeleute angehört. Lediglich in einigen Passagen klingen die Gedanken der Autorin an. So erscheint der jungen Frau des Romans ebenso wie Christa Winsloe Reisen als erstrebenswerter Zustand:

„(…) so ein paar Wochen nichts tun, als auf einem Schiff liegen, in einem Liegestuhl, nur ins Wasser sehen … das müsste schön sein, und das Gefühl immer weiter, immer weiterwegzukommen von dem Dreck und den Sorgen, die man hier hat! Weg vom Geldverdienen. Nichts arbeiten müssen. Weg von den Zeitungen und Mietern und Bars und dem schlechten Alkohol …"[117]

In der Fiktion wie im Leben erfüllte sich dieser Wunschtraum nur für eine befristete Zeit. Wie sich Winsloes Heldin im Alltag wieder zurechtfindet, bleibt offen, der Roman schließt mit dem Ende der Reise. Doch da begann der Leidensweg der Autorin. Zunächst suchte sie Zuflucht bei dem Verleger Kurt Wolff und seiner Frau Helen, die sich oberhalb von Nizza ein Haus gemietet hatten und zahlende Gäste aufnahmen.[118] In dieses Refugium zog sich im Winter 1934 auch der Dramatiker Walter Hasenclever zurück. Zusammen mit ihm schmiedete Christa Winsloe Zukunftspläne:

„Hase nimmt mit Schwester und Schwager Haus in St. Tropez. Da bis dahin Kurt ein Baby hat … verliert sein Haus an Charme für mich. Ich sage, ich geh nach Amerika, aber Hase sagt, nee, du wohnst mit Dorothy oben in der ersten Etage im schönsten Zimmer, eins Du, eins Dotto. (…) und im Herbst gehn wir zu Hatvany nach Budapest."[119]

Nun, da sie Amerika den Rücken gekehrt hatte, erschienen der Pendlerin zwischen der Alten und Neuen Welt die Vereinigten Staaten wieder verheißungsvoll. Zum einen vermißte sie ihre Freundin, zum anderen zeigte sich erst jetzt, daß die Bemühungen der vergangenen Monate nicht völlig vergeblich gewesen waren. Ihre treue Übersetzerin und Agentin Dorothy Thompson telegraphierte erste Erfolge, und Winsloe schöpfte neuen Mut.[120]

Sie schrieb zwölf Kurzgeschichten für amerikanische Radioanstalten und entwickelte eine Idee für einen weiteren Roman.[121] Doch ihr Enthusiasmus hielt sich in Grenzen, da ihr empfindsame Ansprechpartner wie Dorothy fehlten. Auch an der französischen Riviera blieb sie fremd. Plötzlich vermißte sie sogar den vertrauten bayrischen Dialekt ihrer Münchner Umgebung. Vielleicht sollte sie nach Zürich fahren, um wenigstens Schwyzer Deutsch zu hören? Schließlich war ihre Sehnsucht größer als ihre Vernunft, und sie reiste nach München, wo sie immer noch ihr Haus besaß. Schon in den ersten Tagen notierte sie Widersprüchliches aus der bayrischen Metropole. Auf der einen Seite stellte sie fest: „Gut das ich zurückkam, und mir ist gut, und bei Allem, ist dies HEIMAT und die Menschen sind gut".[122] Andererseits bemerkte sie:

> „Es wendet sich hier alles als sei ein Wind in am Boden liegende Blätter gefahren und habe sie gewendet, gewirbelt, sie auf den Kopf gestellt, aber manche sind liegengeblieben. (...) Alle Beziehungen sind anders. Man geht umher wie ein Entdecker. Auf Schritt und Tritt wird man überrascht. Nichts ist da wo es früher war und niemand ist so wie er früher war. Man hat das Gefühl das eine Verinnerlichung vor sich gegangen ist, die für die Zukunft von ungeheurer Wichtigkeit ist."[123]

Christa Winsloe dachte zunächst daran, an dieser Verinnerlichung teilzunehmen. Sie plante, ihr Haus so umzubauen, daß sie sich im obersten Stockwerk einnisten und von den Mieteinnahmen aus den anderen Etagen leben könnte. Sie träumte davon, sich dort wie in ein „Schneckenhaus" zurückzuziehen und keine Zeitung zu halten.[124] Doch für eine Autorin, die nach außen wirken wollte, war das ein unmögliches Unterfangen. Das zeigte sich bereits, als sie versuchte, die unverfängliche Katzenbalggeschichte „Fritz und Friederike" zu verkaufen. Monty Jacobs, der Feuilletonredakteur der „Vossischen Zeitung", wollte sie zwar drucken. Doch bevor er die Kurzgeschichte in Satz geben konnte, geriet er selbst in die Schußlinie der Nationalsozialisten. In den gleichgeschalteten Blättern erschienen Schmähartikel gegen den Theaterfachmann.[125] Auch „Mädchen in Uniform" hatte den Argwohn der neuen Machthaber geweckt. Die Liebe unter Frauen, die Winsloe zum Thema macht, widersprach ihrem Ziel, die Steigerung der Geburtenrate zu propagieren. Der Roman, in dem die Autorin das gemäßigte Happy-end des Films wieder aufhob, durfte in Deutschland nicht mehr erscheinen. Der Exilverlag Allert de Lange knüpfte in Amsterdam an den Erfolg des Films an.[126] Für 1934 war sogar eine zweite Auflage in Holland geplant.[127]

Auch andere Texte von Christa Winsloe blieben im nationalsozialistischen Deutschland ungedruckt. Auf die erste Manuskriptseite der Skizze „Das Raubmörderherz" notierte die Autorin „verboten".[128] Winsloes kurzer Text erweckt Mitleid mit einem Raubmörder, der sich aus falsch verstandener Kameradschaft zu einem Einbruch verleiten ließ. Die lebenslange Strafe, die ihn erwartet, ist in den Augen der Schriftstellerin inhuman, da es der Justiz nur um den Abschreckungseffekt gehe. Doch Kritik am Strafvollzug war bei den Nationalsozialisten nicht mehr gefragt.

Obwohl sie bereits ein Opfer der geistigen Gleichschaltung geworden war, fühlte sich die Schriftstellerin wegen der Sprache noch an Deutschland gebunden. Fast beschwörend heißt es in einem Brief an Dorothy: „Ich hatte schon wieder Lust ein Schiff zu besteigen. Aber für meine Arbeit ist es nicht gut. Ich muß in Deutschland sein."[129] Doch so recht wohl war Christa Winsloe nicht. Sie hielt sich mehrere Fluchtmöglichkeiten offen. Zum einen konnte sie jederzeit ihren Ex-Mann, den ungarischen Zuckerfabrikanten Ludwig Hatvany, in der Nähe von Budapest besuchen. Zum anderen entwickelte sie den Plan, sich eine kleine Wohnung in Italien einzurichten, da die italienischen Faschisten bei der Gleichschaltung des intellektuellen Lebens nicht dieselbe mörderische Konsequenz bewiesen wie das deutsche Regime:

> „Ich habe jetzt sehr viele Möbel übrig und könnte leicht eine Wohnung (…) in Italien möblieren … zwar nur mit eisernen Betten, aber das ist für dort sehr gut. Schränke und zwei große Sessel wären da. (…) Ich könnte, wenn ich es als Umzugsgut erkläre alles zollfrei hinaus kriegen. Ich muß nur eine Adresse haben, wo es hingeht. Vielleicht sollten wir eine Etage mieten in Portofino oder Margerita."[130]

Nicht Portofino wurde Christa Winsloes italienisches Domizil. Ihre Wahl fiel zunächst auf Florenz. Dort beendete sie ihr pazifistisches Schauspiel.[131] Doch auch die Stadt am Arno entwickelte sich nicht zur festen Bleibe. Die Spuren ihres Lebens nach 1933 sind genauso verstreut wie die Zeugnisse ihres literarischen Schaffens. Die Autorin pendelte zwischen Italien, Ungarn, Österreich und Deutschland hin und her. Die Erscheinungsorte ihrer Werke sind auch nicht an Ländergrenzen gebunden. Die englische Modezeitschrift „Dress" veröffentlichte den Aufsatz „Heath hat on the wrong foot".[132] Die Katzenbalggeschichte, die die deutschen Leser nicht mehr erreichen konnte, kam ebenfalls in England unter dem Titel „Cats face" heraus.[133] Dorothy Thompson kündigte an, daß der kurze Text auch in den Vereinigten Staaten gedruckt werden sollte. In Frankreich erschien ihre preußische Internatstragödie in der Zeitschrift „Annales"[134]

Ihre dramatischen Versuche aus dieser Zeit fanden im Gegensatz zu ihrer Prosa keine Interessenten. Zwar erwähnt Christa Winsloe, daß sich Georg Marton nach ihrem „Occultismusstück" erkundigt habe, doch nahm der Wiener Bühnenverleger das Drama nicht in sein Programm auf.[135] Auch das Angebot, einen Werfelstoff in filmische Bilder zu übersetzen, zerschlug sich, ehe es recht ausgesprochen wurde, weil sich die Autorin im Herbst 1934 erneut auf den Weg nach Amerika machte.[136] Grund für den erneuten Aufbruch war allerdings keine konkrete Arbeitsmöglichkeit, sondern eine neue Liebe. Bei den Salzburger Festspielen hörte sie im August zum ersten Mal den Bariton Ezio Pinza Mozarts Don Giovanni singen. Sie schrieb einen enthusiastischen Essay über seinen Auftritt unter der Leitung von Bruno Walter.[137] Als der Sänger eine Gastspielreise in die USA antrat, folgte sie ihm, doch Pinza war ihre Begeisterung suspekt. Nach Pinzas Auftritt in Chicago fuhr Christa Winsloe alleine an die Westküste.[138] Sie wollte ihr Glück in Los Angeles versuchen. Verwundert stellte sie fest: „Zu denken das ich so aufeinmal in Hollywood landete wie ein Landstreicher … so per Zufall."[139]

Winsloe war eine der ersten Hitlerflüchtlinge, die sich auf das Risiko einließ, ohne konkrete Absprachen ihr Glück in der Filmbranche zu versuchen. Nur wenige Künstler, die aus Deutschland vertrieben worden waren, kamen bis 1938 in die amerikanische Filmmetropole. Die meisten von ihnen reisten zudem noch mit einem festen Vertrag nach Kalifornien, da die Arbeitsmöglichkeiten in Hollywood begrenzt waren.[140] Deutschsprachige Autoren, Regisseure und Schauspieler kamen nur in festumrissenen Genres unter. Wie in der Stummfilmzeit verpflichteten sie die Studiobosse in der Regel nur, um Kostümfilme zu drehen, die sich von den amerikanischen Durchschnittsproduktionen durch ihr europäisches Flair abheben sollten.[141]

Trotz dieser eingeengten Möglichkeiten hoffte Christa Winsloe auf ihre Chance. Da sie im Englischen immer noch unsicher war, kam ihr die arbeitsteilige Produktionsweise in Hollywood zugute. Da die Produzenten an die Dialoge nur amerikanische Autoren heranließen, blieb für Ausländer immerhin die Möglichkeit offen, Handlungsskizzen zu entwerfen. Ihre Schwierigkeiten mit der fremden Sprache glaubte Christa Winsloe so zu umgehen. Nach einem Gespräch mit Leontine Sagan, der Regisseurin von „Mädchen in Uniform", hoffte die Autorin auf einen Vertrag. Sagan, die sich bereits einige Zeit in Hollywood aufhielt, riet ihrer Leidensgefährtin, selbstbewußt aufzutreten: „She told me not to be too bescheiden … that there were people who could not talk a word of English and pretended to write it."[142]

Mut machte Christa Winsloe auch ihr Agent, der ihre Entwürfe an die Filmstudios vermitteln sollte: „Marlow sagt das es nicht länger dauert wie eine Woche und ich habe Arbeit … ich habs nicht eilig … das Hotel ist nett … aber Hollywood ist scheußlich."[143] Der Zweckoptimismus ihres Agenten erfüllte sich nicht, Winsloes Geduld wurde auf eine harte Probe gestellt. Zwar hatte die Dramatikerin schon an der Filmfassung ihrer Internatstragödie mitgewirkt und weitere Drehbücher verfaßt, doch anders als von Vicki Baums „Menschen im Hotel" waren die Studiobosse von „Mädchen in Uniform" kaum beeindruckt.[144] Selbst Ernst Lubitsch, der bereits seit 1922 als Regisseur in Hollywood arbeitete, interessierte sich kaum für das Talent Christa Winsloes. Zunächst hatte er keine Zeit, sie zu empfangen. Als dann ihr Agent ihm den Entwurf für ein Drehbuch schickte und die Antwort auf sich warten ließ, notierte sie mutlos: „Von Lubitsch nix, ich glaube, er ist gestorben."[145] Die Resignation hielt auch an, als sie endlich sein Urteil erreichte. Zwar fand er das Manuskript „awfully well written", aber die Handlung war ihm zu ernst und verwickelt. Lubitsch erinnerte sie an den amerikanischen Publikumsgeschmack: „people want entertainment".[146] Konsequent arbeitete Christa Winsloe das Manuskript um. Eine Freundin unterstützte sie dabei, mehr Unterhaltung in die Story zu bringen: „Charlotte hilft mir, das Diana mspt ohne Selbstmord komödienhafter zu gestalten. Mir ist alles recht, was das anbelangt, ich glaube sie hat ganz gute Ideen dafür."[147]

Zudem war Christa Winsloe entschlossen, die Nischen zu nutzen, die Hollywood den exilierten Autoren bot. Sie hoffte mit Filmideen, die auf deutsche Schauspieler zugeschnitten waren, zum Erfolg zu kommen.[148] Sie dachte sich Handlungsskizzen für Marlene Dietrich und Francis Lederer aus:[149]

„I tried to think out the figure for Lederer and I have the feeling that it would be nice … just wrote a scene where he builds the car himself and loving every detail … etc. All that has to be explained to the public, will be explained to him, by french Chauffeurs, Huren und Boxern"[150]

Die französischen Chauffeure, Huren und Boxer wurden nie auf Zelluloid gebannt, sondern blieben Entwürfe auf dem Papier. Zwar kaufte die Filmgesellschaft R.K.O. die

Skizze an, doch dort verstaubte die Filmidee im Archiv.[151] Solche frustrierenden Erfahrungen gehörten zum Alltag eines Schriftstellers in Hollywood. Die Zahl der abgewiesenen Manuskripte überstieg die Zahl der angenommenen bei weitem. Ungewöhnlich an Christa Winsloes Fall war lediglich, daß eine Frau sich die Abfuhr holte. Die Besetzungslisten der Studios sahen Frauen eigentlich nur als weibliche Stars und Statisten vor. Männer agierten als Produzenten, Regisseure und Drehbuchautoren. In dieser extrem männlichen Welt baute Christa Winsloe auf die Solidarität der wenigen Frauen, die sich trotzdem durchgesetzt hatten:

> „Gertrud Azna is the only woman director and writer in Hollywood and she made the picture Nana … which was good, and John, my assistant worked with her. John took the script for Dietrich to her and she will see me tomorrow. She think it is great … and a lot of good in it."[152]

Christa Winsloes Erwartung erfüllte sich nicht. Gertrud Azna beschränkte ihren Zuspruch auf ermunternde Worte, nicht auf Taten. Das Dietrich-Manuskript landete vermutlich ebenso wie die Lederergeschichte in einer Schublade für abgewiesene Entwürfe. Diese Fehlschläge zermürbten die Autorin. Zwar zeitigte ihre Hartnäckigkeit einen gewissen Erfolg:

> „Die Leute von Heward Lelan … melden sich und reissen sich nun, da ich jemand anderes habe sämtliche Beine nach mir aus … wieder so eine dumme Situation … aber ich werde bei meiner Alten Tante bleiben und werde mit ihr für den ersten Film abschliessen sodas ich nachher zu Selznick übergehen kann, denn ich will es mit dieser sehr guten Firma nicht verderben."[153]

Doch um ihre Filmskripte riß sich trotzdem niemand. Die Sicherheit eines Vertrages bedeutete nicht, daß nun ihre Ideen realisiert worden wären. Nach weiteren Mißerfolgen schrieb Winsloe entnervt an Dorothy Thompson:

> „I had a complete brakedown yesterday. (…) Soll ich bleiben? Soll ich diesen aussichtslosen blöden Kampf weiter mitmachen? (…) Soll ich ein Haus nehmen an einem Ort den ich hasse … ist das nicht paradox? An einem Ort wo mich Unglück hingeführt hat und Unglück verfolgt?"[154]

Christa Winsloe rang sich schließlich zu einem Kompromiß durch. Sie mietete sich zwar ein Haus in der Pinehurst Road, da das Leben in Hollywood billig war. Doch wandte sie sich immer mehr vom Filmgeschäft ab. Statt Handlungsskizzen schrieb sie wieder Prosa, und die düstere Stimmung verflog:

> „Aber seit ich arbeite ist mir die ganze Wichtigkeit von Hollywood in nichts verflossen. Meine Geschichte wird die Geschichte des Jungen der seine Homosexualität bekämpft. Ich erzähle wie er dazu kam in seinem einsamen Abruzzendorf und einem

Priester den man offenbar aus guten Gründen dorthin versetzt hat. Ich bin so glücklich wieder bei meinem Thema zu sein. Und fühle das ich nur dann gut bin. Die Sache ist in einer Linie mit Manuela und meinem Buch. Buch ist jetzt bei Hertha die streicht und frisiert, dann geht es zum Übersetzen.["155]

Mit dem Buch, das gerade bei ihrer Berliner Freundin Hertha von Gebhardt zum Übersetzen ist, meint die Autorin den Roman „Life begins", an dem sie seit ihrem ersten Amerikaaufenthalt arbeitete.[156] Es ist die Geschichte der jungen Bildhauerin Eva-Maria, die langsam lernt, zu ihrer lesbischen Identität zu stehen.[157] Den anderen Roman, der sie schließlich vom Filmgeschäft ablenkte, nannte Winsloe „Halbe Geige".[158] Im Gegensatz zum tragischen Ende der „Mädchen in Uniform" gibt es – etwas Hollywood blieb im Kopf zurück – ein Happy-end. Mit diesem Text ließ sich die Autorin auf ein besonderes Wagnis ein. Denn sie beschrieb nicht die Gefühle von Frauen, sondern griff die Probleme von Homosexuellen auf. Damit verletzte die Schriftstellerin gleich zwei Tabus. Sie machte die gleichgeschlechtliche Liebe zum Thema ihrer Arbeit und versuchte auch noch als Frau, die Liebe zwischen Männern zu erzählen. Als Experten für männliche wie weibliche Sexualität waren bisher immer nur Männer aufgetreten. Während Schriftsteller wie Ferdinand Bruckner, Hermann Sudermann und Frank Wedekind lesbische Frauen auf die Bühne brachten,[159] kam es keiner Autorin in den Sinn, die Welt der schwulen Subkultur mit ihren Bars, Absteigen und Hotels zum Gegenstand ihrer Literatur zu machen. So weit geht auch Christa Winsloe nicht. Ihr Roman suggeriert, daß die Liebe, die Männer Männern entgegenbringen, in ihrer Eigenart den Gefühlen zwischen Frauen gleichzusetzen ist. Mario, der Junge aus dem Abruzzendorf, wirkt wie das männliche Gegenstück zu der Hauptfigur aus „Life begins". Mario ist wie Eva-Maria eher mädchenhaft-scheu und verleugnet zunächst seine Empfindungen. Winsloes Text ist weit davon entfernt, den bereits 1914 formulierten Anspruch Kurt Hillers nach einem „unsymbolische(n), unzweideutige(n), aufrichtige(n) Homosexuellenroman" einzulösen. Solche Schreibweise schloß nach Hillers Auffassung auch die „rücksichtslose Offenlegung der grobsinnlichen Komponenten" ein.[160] Deutlichkeit in der Darstellung der homoerotischen Liebe ist ohnehin nicht Winsloes Stil. Schon in ihrem Internatsmelodram sind alle Textstellen, die sich mit Manuelas lesbischen Neigungen beschäftigen, mehrdeutig. Sie können immer auch als kindliche Schwärmerei für eine Lehrerin ausgelegt werden. Auch die Dialoge in den späteren Texten sind alles andere als unverblümt, sondern schreiben eher die Tabus weiter fort. Antonio will Marios „Freund", „Kamerad", und „Bruder" sein, aber nicht sein Liebhaber.[161] Das Wort homosexuell fällt in der Beziehung zwischen den beiden auch nicht. Die Zartheit, mit der Christa Winsloe Gefühle andeutet, ist schon bei einer Frauenfreundschaft schwer nachvollziehbar, unter Männern wirken die Andeutungen jedoch fast grotesk.

Der Autorin ist es nicht gelungen, sich in diese männliche Welt hineinzuversetzen. Besser glückte es ihr, Identitätsprobleme von lesbischen Frauen darzustellen. Wie Christa Winsloe kommt auch ihre Heldin aus „Life begins" nach München, um Bildhauerei zu studieren, doch die Autorin verarbeitet in dem Text nicht lediglich ihre Erlebnisse. Die Distanz, die dadurch entsteht, daß die Autorin in der dritten Person von Eva-Marias Liebessehnsucht erzählt, wirkt noch heute wohltuend, besonders im Vergleich zu der Larmoyanz und Wehleidigkeit der autobiographischen Frauenliteratur der siebziger Jahre. Dennoch begeht auch Christa Winsloe den Fehler, ihre Eva-Maria den Leserinnen als Identifikationsfigur und Vorbild anzubieten. Um das Leben ihrer Heldin zu entwerfen, übernimmt die Autorin auch Strukturelemente des Bildungs- und Künstlerromans. Ließ sich „Das Mädchen Manuela" noch als Anti-Bildungsroman lesen, da der Text aufzeigte, wie eine Persönlichkeit zerstört wird, hält sich die Schriftstellerin nun eng an die Vorgaben des Genres. Wie beim klassischen Vorbild verfolgt sie die Entwicklung ihrer Protagonistin. Sie beschreibt deren Studienanfänge in Schwabing bis zu dem Zeitpunkt, an dem Eva-Maria ihren eigenen Stil gefunden hat. Am Ende des Romans erhält die Künstlerin die Zusicherung: „You're an artist (…) I know that ‚it' will come to you sooner or later, indeed it's there already."[162]

Stärker noch als für die künstlerische Laufbahn Eva-Marias interessiert sich die Schriftstellerin für die mühevolle Suche ihrer Heldin nach einer glücklichen Beziehung. Eva-Marias privater Bildungsgang führt über Freundschaft und Liebe zu Männern schließlich zu einer lesbischen Identität. Jede Erfahrungsstufe ihrer Heldin hat die Autorin in einer Kapitelüberschrift festgehalten. Damit unterstreicht sie die Gesetzmäßigkeit der Entwicklung. Diese Grundkonzeption ist durch die literarischen Vorbilder vorgegeben. Die Frage ist allerdings, ob solch ein Aufbau geeignet ist, die Schwierigkeiten deutlich zu machen, mit der eine Frau zu kämpfen hat, die sich zu ihrem Lesbischsein bekennen will. Die Autorin unterwandert zwar die vorgeprägten Formen, denn das Ziel ihres Romans ist nicht mehr die allseits entwickelte Persönlichkeit, die ihre Aufgabe in der Gemeinschaft bejaht und erfüllt. Winsloe malt das Gegenteil aus: eine Persönlichkeit, die den Erwartungen der Gesellschaft nicht nachkommt und ihrer subjektiven Liebessehnsucht nachgibt. Doch auch sie entwirft eine strahlende Heldin, die nach vielen Umwegen zu sich selbst und der Frau, die sie liebt, gefunden hat. Das Happy-end verstellt den Blick auf die gesellschaftlichen Diskriminierungen, mit der lesbische Frauen damals wie heute zu rechnen hatten.

Überdies ist es Christa Winsloe nicht gelungen, deutlich zu machen, weshalb Eva-Maria ihren Schwabinger Kreis verließ, nach Assisi floh und sich dort seelischen Trost von einem Priester holte. Welche Erkenntnisse es ihrer Protagonistin von nun an ermöglichen, zu ihrer lesbischen Liebe zu stehen, hat die Autorin nicht vermitteln können.

Für Eva-Maria ist der Kampf zu Ende, ihr „Leben beginnt". Für die Autorin galt das nicht. Ihr Leben in Hollywood endete. Resigniert stellte sie mit 47 Jahren fest:

„Das ist nur zu schaffen, (…) wenn man von einer Erfolgswelle getragen dort ankommt; sehr jung und gesund muss man sein, um das alles auszuhalten, denn es ist unvorstellbar hart. Ich bin zu alt und zu verwöhnt, ich kann das nicht mehr leisten."[163]

Der Härte Hollywoods konnte Winsloe nicht mehr standhalten. Vorbei war es mit der selbstaufgelegten Disziplin, die sie dazu gebracht hatte Artikel wie „Why I love it: America" zu schreiben. Müde und enttäuscht kehrte Christa Winsloe endgültig nach Europa zurück.[164] Auch der Roman „Life begins" erschien nicht mehr in den USA, sondern 1935 in England.

Doch in Hitler-Deutschland hielt es die Schriftstellerin auch nicht lange aus. In Amerika lähmte die fremde Umgebung ihre Schaffenskraft, in München verstummte sie aus Angst vor den Nationalsozialisten. Vor dem politischen Druck floh sie zu ihrem Ex-Mann, Ludwig Hatvany, der sich in seinem Palais in Budapest eine demokratische Insel geschaffen hatte. Klaus Mann, der seinen Freund Hatvany dort erlebte, schreibt darüber:

> „Eine ‚innere Emigration' – im Hause meines Freundes Hatvany habe ich erfahren, daß es dergleichen gibt. Man befand sich dort in einer Oase der Geistesfreiheit und des Widerstandes, mitten im Machtbereich des totalitären Staates. Wie rührend! Wie imposant! (…) Die innere Emigration, mit der ich in Ungarn in Berührung kam und von deren Vorhandensein in Italien man mir berichtete, hatte sie ihre Vertreter auch in der unbetretbaren Zone, dem verlorenen Vaterland?"[165]

Christa Winsloe hatte ihr Münchner Heim in der Kunigundenstraße 38 zu einem ähnlichen Hort der heimlichen Geistesfreiheit ausgebaut. Mit ihrem ungarischen Paß, den sie seit ihrer Heirat mit Ludwig von Hatvany besaß, fühlte sie sich in den ersten Jahren der Diktatur relativ sicher. Der Paß erlaubte ihr Auslandsreisen, mit denen sie nicht nur ihre Sehnsucht nach neuen Eindrücken befriedigte. Sondern sie nutzte die Beweglichkeit auch aus, um Gefährdeten zu helfen. So entkam Kathi Mühsam, deren Mann Erich die Nazis im Konzentrationslager ermordeten, mit Winsloes Beistand nach Prag. Auch die Journalistin Hilde Walter, die sich dieser Hilfeleistung entsann, hatte Christa Winsloe eingespannt:[166]

> „Sie kümmerte sich um Freunde im Konzentrationslager, half ungeschickten und gefährdeten Menschen über die Grenze, schickte Geld an Emigranten im Ausland und benutzte ihre eigenen Auslandsreisen zur Vermittlung politisch gefährdeter Briefe und Nachrichten. Ich habe sie wiederholt für solche Aufgaben in Anspruch genommen und niemals eine schlechte Erfahrung gemacht."[167]

Ungehindert reiste Christa Winsloe auch im Herbst 1938 mit ihrem Auto von München nach Frankreich. In Paris erwartete sie keine politische, sondern eine künstlerische Aufgabe. Der Filmregisseur Georg Wilhelm Pabst hatte sie als Drehbuchautorin engagiert, weil er einen Film mit vielen jungen Mädchen machen wollte. Pabst, der bei „Mädchen in Uniform" als künstlerischer Oberleiter fungierte, suchte eine Spezialistin für Mädchenseelen. Christa Winsloe war also wieder einmal bei ihrem Thema. Sie arbeitete ein knappes Jahr an der Vorlage, Ende August 1939 lief der Film „Jeunes filles en détresse" in den Pariser Kinos an. Die Geschichte eines Kindes, dessen Eltern in Scheidung leben, erwies sich allerdings nur als „Abklatsch" des preußischen Melodrams.[168] Nicht nur die Verrisse trugen dazu bei, daß die Kinobänke leer blieben. Auch die Zeitereignisse hielten das Publikum vom Besuch der Filmtheater ab. Drei Tage nach der Premiere begann der Krieg: Die deutschen Truppen fielen in Polen ein. Niemand interessierte sich mehr für den Kummer eines kleinen Mädchens.

Ein radikaler Schnitt in Winsloes Leben hatte zu einem Szenenwechsel geführt, bei dem sich die Deutsche mit dem ungarischen Paß plötzlich jenseits der Front wiederfand. Sie machte das Beste daraus und flüchtete vor ihrem Mißerfolg und dem Fliegeralarm in der französischen Hauptstadt nach Südfrankreich, wo sie zudem mit weniger Geld auskam als in Paris. In Cagnes, in der Nähe von Nizza, fand sie zunächst Ruhe zum Schreiben. Die Dreharbeiten hatten bei ihr den Wunsch ausgelöst, sich wieder der Dramatik zuzuwenden, aber die Zeitereignisse nicht an sich herankommen zu lassen. Vor der beängstigenden Gegenwart floh sie in einen ahistorischen Stoff. Die 51jährige wählte für ihre Gesellschaftskomödie „Der Schritt hinüber" eine etwa gleichaltrige Frau als Heldin.[169] Die geschiedene Amelia Herfort hat Angst vor ihrem Lebensabend: „(...) ich bin älter als mein Alter, weil ich nicht gebraucht werde."[170] Ein jüngerer Liebhaber verscheucht vorübergehend ihre Depression. Doch die Beziehung ist nicht von Dauer. Am Endes des Stückes versucht sich Amelia mit ihrem Alleinsein abzufinden.

Im Gegensatz zu ihrer Heldin hatte Christa Winsloe keinen Anlaß darüber zu klagen, nicht gebraucht zu werden. Sie unterstützte voller Elan die wenigen Emigranten, die sich unter der Vichy-Regierung noch in Südfrankreich aufhalten konnten. Vor allem für Nazi-Gegner, die noch gefährdeter waren als sie selbst, erbat sie sich Hilfe von Dorothy Thompson. So trugen die Schecks der amerikanischen Antifaschistin mit dazu bei, den Schriftsteller Franz Blei in Sicherheit zu bringen.[171] Auch andere Nöte linderte die Thompson aus der Ferne. Winsloes dringliche Bitten verhallten nicht ungehört:

> „Falls irgendeine Möglichkeit besteht uns ... ich meine damit eine ganze Gruppe von Emigranten um mich herum, für die ich koche und sorge ... ein Paket zu senden via red cross ... Reis, Barleypowder in jeder Form, Fleischkonserven, Zucker, Fett in Büchsen, Fischkonserven etc. Fleischextrakt und Schokolade und Cakes, das wäre eine unsagbare Freude für einen Haufen blasser Menschen und ein paar Kinder von Gefangenen in Deutschland, um die ich mich zu kümmern übernommen habe."[172]

Doch auf die Lebensmittelpakete aus Übersee konnte sich Christa Winsloe nicht verlassen. Es war nur noch eine Frage der Zeit, bis auch Amerika in den Krieg eintrat. Das war zwar im Sinne beider Frauen, denn Christa Winsloe unterstützte ohne Vorbehalte das Engagement der Thompson, die sich für einen Kriegseintritt der USA einsetzte: „Darf ich Dich bitten, nicht nur ich, meine Freunde, meine Nachbarn, meine kleine Stadt, meine arme Luxusprovinz, mein Land, Deinen Einfluß geltend zu machen für die arme gute Sache?"[173] Als ihr Wunsch in Erfüllung ging, war sie von den geistigen und materiellen Zuwendungen abgeschnitten. Christa Winsloe mußte nun ihren Lebensunterhalt aus eigener Kraft bestreiten. Die Schriftstellerin versuchte, sich als Gärtnerin über Wasser zu halten:

> „Ich arbeite im Garten und pflanze Kartoffeln an. (...) ich bekam 10 Kilo zum Anbau in meinem Garten. Ich hacke schönen englischen Rasen auf, um sie zu setzen ...

aber der Mist fehlt mir, und es kommt vor, daß ich in Pantoffeln ohne Strümpfe mit noch unfrisierten Haaren auf die Straße renne mit der Kohlenschaufel in der einen und dem Abfalleimer in der anderen Hand, um einen Haufen Pferdeäpfel zu retten für meinen Garten."[174]

Außerdem gestand die Autorin ihrer Freundin in den Staaten: „Es ist keine Lust deutsch zu schreiben, wenn man gedruckt werden will."[175] Die Möglichkeiten, im englischsprachigen Ausland zu veröffentlichen, waren seit Kriegsbeginn eingeschränkt. Christa Winsloe konnte ihrem amerikanischen Agenten 1940 noch eine Novelle schicken. Die Geschichte einer Amerikanerin, die einen Italiener heiratet, war ihr letzter Text, den die Zensur passieren ließ. Ihr Tierkinderbuch, das von einem Affen handelt, der einen Menschenzoo im Dschungel aufmacht, erfreute nur diejenigen, die im Haus der Autorin ein- und ausgingen.[176] „Die Manuskripte häufen sich zu Bergen", klagt Christa Winsloe in einem Brief an ihre deutsche Freundin Hertha von Gebhardt, „und man bleibt dennoch stumm."[177] Dennoch ist es gerade die schriftstellerische Arbeit, die sie davon abhält, völlig zu verzweifeln. „Natürlich kommt man sich lächerlich vor, so den Kopf in den Sand der Fantasie zu stecken, aber es muß ja auch nach dem Krieg Bücher geben und auch Theaterstücke."[178] Christa Winsloes Flucht in die Phantasie war erstaunlich produktiv. Die erste Niederschrift eines neuen Stückes war im Sommer 1942 fertig. Es hieß „Georg versteht das nicht":

> „Personen: Georg, der Mann, Eva, seine junge Frau, Annemarie, die Freundin (etwas älter und Beichtvater für alle), Schwiegermutter, Glucke und Amme, sehr originell … Alle diese Weiber machen es Georg schwer … Mein Thema, Frau braucht Frau … Kannste Dir vorstellen, wie ich schwelge … Das Baby im Hintergrund ist leider sehr schattenhaft … Kannste Dir auch denken, aber das Publikum wird es mir danken."[179]

Auch die nächste Arbeit – an der ihr gefiel, daß sie „nicht als Erlebnis in der Vergangenheit steckt, sondern furchtbar ‚heutig'" ist – konzipierte sie in erster Linie für zukünftige Zuschauer. In dem Text behandelte sie „das Geschehen in einem Camp von Kinderflüchtlingen in Finnland".[180] Mehrere Erzählungen, Filmscripts, ein Sketch und weitere Bühnenstücke stammen ebenfalls aus der Zeit der Verzweiflung. „Falls ich das Kriegsende erlebe, steh ich mit einem Haufen Material da … sonst freun sich die Erben", stellte Christa Winsloe zufrieden fest.[181] Doch ihre Hoffnung erfüllte sich nicht: Fast alle Texte gingen auf der Flucht verloren: Die meisten Manuskripte „muß ich hierlassen, den zukünftigen Bomben preisgeben, weil man kein Frachtgut annimmt und sie als Gepäck zu schwer sind. Gott hab sie selig."[182]

Als der Krieg 1944 Südfrankreich erreichte und Christa Winsloe ihr Häuschen in Cagnes verlassen mußte, faßte sie einen ähnlichen waghalsigen Plan wie die Heldin ihrer Kurzgeschichte, die in Männerkleidern die Flucht aus dem Lager versucht. Solche Geschichten waren nicht das Produkt einer überschäumenden Phantasie. Schon 1918 hatte die Schriftstellerin die ungarischen Unruhen zeitweise in der Futterkammer eines

Löwenkäfigs überstanden. Jetzt erschien ihr die Höhle des Löwen der sicherste Ort. Die „Veteranin verschiedenster Bürgerkriege", als die sie Hilde Walter erschien, erwog, nach Deutschland zurückzukehren, um dort das Kriegsende abzuwarten.[183] Zunächst bemühte sie sich um die Einreiseerlaubnis nach Deutschland. In den ersten Junitagen war sie ihrem Ziel nahegekommen. Aus Cluny, wo sie seit Beginn des Jahres wohnte, erhielt ihre Freundin Hertha von Gebhardt einen Jubelbrief: „Ich habe es erreicht, ich komme in den allernächsten Wochen nach Erledigung letzter Formalitäten nach München."[184]

Im Sommer und Herbst 1944 hatte sich ihre geliebte „Luxusprovinz" in ein Land des Schreckens verwandelt. Ein amerikanischer Offizier, der in dieser Zeit an der französischen Mittelmeerküste stationiert war, entsetzte sich über den offenen Terror, der zwischen Toulouse und Nizza herrschte. Nach seiner Einschätzung nutzten die Gunst der Stunde vor allem Kriminelle, verwahrloste Jugendliche und politische Abenteurer, die durch das Land zogen. Donald B. Robinson berichtete später:

> „Die bewaffneten Banden rasten in Autos, aus denen sie die Türen entfernt hatten, mit herausgehaltenen Maschinenpistolen durch die Ortschaften und schossen auf jeden, der sich nicht sofort von ihnen anhalten und ausfragen ließ. Vor allem fanden und suchten sie persönliche und politische Gegner, die auf diese Art beseitigt werden konnten."[185]

Am 10. Juni 1944 fand man in der Nähe von Cluny die Leichen von zwei Frauen, die später als ungarische Baronin deutscher Abstammung und als Schweizer Schriftstellerin identifiziert werden konnten: Christa Winsloe und ihre Freundin Simone Gentet. Der Todesschütze, ein Mann namens Lambert, versuchte sich nach der Befreiung Frankreichs in einer Gerichtsverhandlung mit der Schutzbehauptung reinzuwaschen, er habe im Auftrag des französischen Marquis gehandelt. Seine Aussage verwandelte sich auf dem Wege nach New York in eine Tatsache. In einem Artikel der deutschsprachigen „Volks-Zeitung" stand am 2. Juni 1946, daß Christa Winsloe „nach dem Rückzug der Nazis aus Frankreich von Mitgliedern der F.F.I. verhaftet und auf der Stelle erschossen wurde." Dem Text Hilde Walters ist noch die Ungläubigkeit über die „grausige Nachricht" anzumerken. Die Journalistin suchte verzweifelt nach Gründen, die zu der „Hinrichtung" geführt haben könnten, und entschuldigt damit als erste den Täter.[186] Hilde Walter hatte ihr Urteil immerhin noch mit einem Fragezeichen versehen, Klaus Mann formulierte schon weniger vorsichtig: „Gleichfalls hingerichtet: meine Freundin Christa Hatvany-Winsloe (...), diese von der französischen ‚résistance'. In ihrem Riviera-Haus sollen deutsche Offiziere versteckt gewesen sein."[187] Auf Klaus Manns Konjunktiv verzichteten die Nachgeborenen völlig. Im bibliographischen Handbuch der deutschen Exil-Literatur von 1983 heißt es: „Christa Winsloe was executed by the French Résistance for having had contacts with German officers".[188] Auch Dorothy Thompson unternahm nichts, um ihre Freundin zu rehabilitieren, obwohl sie die Wahrheit schon ziemlich früh wußte. Ihre Nachforschungen dienten nur ihrer eigenen Beruhigung, sie stand nicht auf, um die Ehre Christa Winsloes zu retten. Dabei hatte sie schon im Dezember 1946 vom französischen Botschafter in den Vereinigten Staaten erfahren:

„Christa Winsloe (…) was not captured by the maquis but murdered by a man named Lambert, who killed her, falsely pretending that he was fulfilling orders from an underground movement. In fact Lambert was nothing but an ordinary criminal. He is now in jail (…), where he is arraigned under the charge of wilful murder."[189]

Lambert wurde vor dem französischen Gericht von dem Mordversuch aus Mangel an Beweisen freigesprochen. Der Ermordeten haftet bis heute der Makel einer Tat an, die sie nie begangen hat.[190]

3.2. Rollentausch als Alternative in „Heimat in Not"

Das Manuskript „Heimat in Not" machte Christa Winsloes ruhelose Odyssee während der ersten Jahre des Nationalsozialismus mit. Bereits im Frühjahr 1933 dachte die Dramatikerin daran, ein pazifistisches Schauspiel zu schreiben. Doch sie kam mit der Arbeit nicht voran. Im April besprach sie in Italien ihre Gedanken mit Franz Werfel. Als sie im Herbst in Virginia war, hatte das Stück noch immer keine konkreteren Formen angenommen.[191] Es existierte erst als Idee:

„Mehr und mehr sehe ich ein, das es darauf hinaus laufen müßte zu sagen: Wer will, wer braucht den Krieg, wer macht ihn, warum? Wie war es 1914, und wie ist es heute? Nicht viel Krieg, nur lose. Nicht ein zusammenhängendes Stück, sondern wie die alte Revuetradition ist … ein Paar. Vielleicht eine Frau, die einem Mann alles zeigt und die dann darüber sprechen als Publikum. Wie der Teufel den Faust führte, so die Weisheit den Tor: Soldaten.
Vielleicht der fürs Vaterland Gefallene, der die Welt sehn will, das wofür er gestorben ist, und dann sieht wie für Unsinn weiter gestorben wird."[192]

Bis die Autorin die endgültige Fassung konzipierte, hatte sich der Grundgedanke mehrmals verändert. Einige Monate später fand sie bereits ihren ersten Entwurf „schauderhaft" und kam zu dem Schluß: „Ich muss die Sache ganz anders anfangen … dabei habe ich Angst, das ich das nicht kann."[193] Eine Version, mit der sie soweit zufrieden war, daß sie sie Dorothy Thompson zur Begutachtung schicke, stellte sie schließlich in Florenz her.[194] Die Arbeit wurde formal nicht so progressiv wie ursprünglich geplant. Nicht lose Szenen kennzeichnen das Stück, sondern es besteht aus fünf Bildern, die den Akten des traditionellen Dramenaufbaus entsprechen. Die Autorin hält sich eng an das pyramidale Bauschema der klassischen Stücke, das eine finale Handlungsstruktur kennzeichnet. Der dritte Akt bildet auch in ihrem Text die Mittelachse, von der aus der Konflikt einer Lösung zusteuert.

Ihre Darstellung des Kriegsalltags ist indes alles andere als konventionell. „Heimat in Not" schildert nicht den Krieg aus der Perspektive des Schützengrabens wie es der erste Entwurf vorsah. Statt Soldaten bestimmen Frauen die Szene. Eine Frau in Männerkleidung ist die Heldin. Die Männer sind nur Nebenfiguren. Die Autorin benutzt sie lediglich, um den Krieg dort sichtbar zu machen, wo die dauernden Folgen zu spüren sind, in der Heimat. Damit greift die Schriftstellerin ein Muster auf, das die Zeitstück-Autorinnen schon zu Beginn der dreißiger Jahre erfolgreich erprobt hatten. Auch Ilse Langner und Rosie Meller erinnerten mit ihren Dramen über die Ängste und Nöte der Frauen am Ausgang der Weimarer Republik an die Schrecken der Jahre 1914 bis 1918, um vor einem erneuten Völkermorden zu warnen.[195] Die Aufgabe, den Krieg als Reflex zu zeichnen und die Verstümmelungen in der Psyche deutlich werden zu lassen, stellte die Autorinnen vor Schwierigkeiten. Die Stücke litten vor allem am Anfang an einem Zuviel an Idyll und einem Zuwenig an Grauen.[196] In dieser Gefahr schwebt auch Winsloes Text. Ihre Szenen spielen in einem kleinen ungarischen Dorf, das selbst noch 1917 vom Krieg fast unberührt erscheint.

Das Morden an der Front ist fern. Zwar sind die Männer bis auf die Greise und Krüppel eingezogen, doch geht das Leben im Dorf unter den veränderten Bedingungen seinen gewohnten Gang: die Äcker müssen gepflügt, die Saat gesetzt, die Ernte eingebracht und das Vieh versorgt werden. Die Bewohner nehmen den Krieg wie eine Naturkatastrophe hin: „Krieg muß sein (…) Wenn die's machen, so wissen sie wohl auch warum."[197]

Die Naivität der Bäuerinnen wird von der Autorin eingesetzt, weil sie offenbar aus dem Kontrast den Schrecken gestalten wollte. Ein junger Fremder, der im Dorf um Arbeit nachsucht, und die Soldaten, die von der Front zurückkommen, beenden das Idyll.

Der 23jährige Pista ist so ganz anders als die Männer, mit denen die Frauen sonst zu tun haben. Er stellt den Frauen nicht nach; er scheint im Gegenteil, vor körperlichen Berührungen geradezu zurückzuschrecken. Schon beim ersten Zusammentreffen mit Marcsa, auf deren Hof er dann bleibt, ist er ängstlich darauf bedacht, ihr nicht zu nahe zu kommen. Er verhüllt sein Gesicht und „man hat den Eindruck, dass er sich nicht sehen lassen will. Er richtet sich dann auch auf, um dem Lichtschein der Laterne zu entgehen." (S. I,25)

Obwohl Pista Distanz wahrt, greift er doch in Marcsas Leben ein. Ausgelöst durch seine bohrenden Nachfragen macht sie sich eigene Gedanken über den Krieg. So klar hatte sie bisher noch nicht ihr Unbehagen artikuliert. Mit ihrem Lernprozeß steht sie nicht allein da. Auch die anderen Frauen verlieren – angeregt durch Gespräche mit Pista – den Stolz auf ihre kämpfenden Männer.

Kaputte Kriegsheimkehrer verstärken die Desillusionierung der Frauen. Die Figur des János steht stellvertretend für diejenigen Soldaten, die den Krieg nur als seelische Krüppel überlebten. Die grausame Realität an der Front hat auch die Beziehung zu seiner Frau Marcsa verändert. Den blinden Gehorsam, unter dem er beim Militär gelitten hat, fordert er nun von ihr. Er kompensiert seine Erniedrigung, in dem er sich in der Heimat als Herr im Haus aufspielt. Marcsa steht dem Ausbruch an Gewalt, der ihr Leben bedroht, fassungslos gegenüber. Hilflos muß sie mitansehen, wie János innerhalb kurzer Zeit ihre Anstrengungen der vergangenen Jahre zunichte macht, den Hof zu erhalten. Marcsas Angst reizt ihn nur noch mehr, vor allem weil er sieht, daß Pista ihr zur Seite steht. Es kommt zum tödlichen Konflikt zwischen den vermeintlichen Rivalen. Pista ersticht den Kriegsheimkehrer mit der Mistgabel. Die Dorfbevölkerung sieht in der tödlichen Auseinandersetzung die Rivalität um eine Frau, da Pista als Marcsas Liebhaber gilt. In dieser Situation kann Pista die wirkliche Identität nicht mehr geheimhalten. Sie ist eine Frau in Männerkleidern. Schlagartig ändert sich die Stimmung zu ihren Gunsten. Die Frauen verbünden sich mit ihr gegen den Gendarmen:

„PISTA:	*(bestimmt)* Nein, ich wollte keine Frau sein, weil Krieg ist, ich wollte keinen Bräutigam haben, keinen Sohn … das hättet ihr sehen sollen, wie mein Bruder da lag, tot, und meine Mutter … wie sie die Leiche angesehen hat … da wars aus mit mir, da habe ich just die Kleider genommen vom Joszi und seine Papiere. Und wie die Mutter mich gesehen hat, hat sie geglaubt, der Joszi lebt noch … aber ich bin weg, damit sie's nicht merkt … jetzt ist sie im Irrenhaus und glaubt, der Joszi lebt noch –
FRAUENSTIMMEN:	Schrecklich Die Arme, ja wenn so der Sohn hin ist … Der soll einen doch ernähren, wenn man alt wird –
PISTA:	Dafür hat sie gearbeitet, dafür gehungert, dafür gefroren, ihr ganzes Leben lang, dass sie dann meinen Bruder so … und niemand mehr, der für sie sorgt …
GENDARM:	*(einlenkend)* Man muss doch Opfer bringen fürs Vaterland …
FRAUENSTIMMEN:	Aber wir haben ja nichts mehr, Wir haben alles hergegeben: Mein Mann …
ALTE FRAU:	Meine Söhne …
MÄDCHEN:	*(mit kleinem Kind)* Unser Vater …
VIELE:	Alle … alle … keiner kommt wieder …
GENDARM:	Ich weiss, ich weiss, es ist schlimm für euch. Aber es ist doch Krieg, es wird ja auch mal wieder anders werden …
ALTE FRAU:	Ach, das erlebe ich nicht mehr …
ANDERE FRAUEN:	Wir auch nicht … niemand …
GENDARM:	Aber ihr müsst doch Geduld haben, die Männer draussen müssen ja auch aushalten …
FRAUEN:	Wir haben keinen Krieg gewollt …
ANDERE:	Wir wollen Frieden haben …
GENDARM:	*(verzweifelt)* Aber ich kann doch keinen Frieden machen.
FRAUEN:	Ach, ihr Mannsbilder, ihr wollt immer raufen. Die Männer haben den Krieg gemacht … Die Männer habens gewollt …
ALLE:	Ihr, ihr …" (S V,5 – V,6)

Von der Schlußszene aus betrachtet, ist „Heimat in Not" das Antikriegsstück geworden, das Christa Winsloe in ihren Briefen Dorothy Thompson ankündigte. Doch der gesamte Text ist längst nicht so eindeutig, wie es das letzte Bild nahelegt. Die Dramatikerin verknüpft in ihrem Text eine zunächst konventionell erscheinende Liebestragödie mit einem Bericht über das Leben der Frauen im Krieg. Doch keinen der beiden Stränge der Handlung führt die Autorin konsequent vom Anfang bis zum Ende. Das Liebesmelodram hört zu dem Zeitpunkt auf, als das Drama gegen den Krieg für die Schriftstellerin an Wichtigkeit gewinnt. Der Agitationscharakter der Schlußszene legt die Vermutung nahe, daß die Autorin ihr Stück als einen Appell für den Frieden verstanden wissen wollte.

Doch erschließt sich der Protest des letzten Bildes aus den vorangegangenen Akten? Christa Winsloes Drama spielt wie Ilse Langners Stück „Frau Emma kämpft im Hinterland" im Kriegsjahr 1917. Die Jahresangabe bleibt allerdings der einzige Hinweis in Winsloes Text auf die konkrete Situation. Die Naivität ihrer Figuren ist auch die Herangehensweise der Autorin. Ihr Bestreben, „nicht viel Krieg" zeigen zu wollen, wirkt sich als Manko aus.[198] Winsloes Schauspiel ist merkwürdig zeitlos. Wären da nicht die vereinzelten Ausbrüche der heimkehrenden Männer über die Grausamkeiten, die sie an Maas und Marne erlebten, „Heimat in Not" könnte auch zu jeder anderen Zeit in Szene gehen.

Verstärkt wird dieser Eindruck noch durch die farbenprächtige Kulisse eines ungarischen Dorfes, wo Zigeunermusik und bunte Trachten die Erlebnisse an der Front verblassen lassen. Den trostlosen Alltag hinter der Front macht Christa Winsloe auf diese Weise erträglich. Die Welt der Bäuerinnen verändert sich kaum. Im Gegensatz zu Ilse Langners Frau Emma sind sie von den Einschränkungen des Krieges – bis auf die fehlenden Männer – kaum betroffen. Frau Emma wandelte sich von der nationalen Patriotin zur entschiedenen Pazifistin, weil sie die Entbehrungen am eigenen Leib erfuhr. Hunger, Kälte und Angst waren ihre Lehrmeister.[199] Keine der Frauen von „Heimat in Not" macht eine vergleichbare Entwicklung durch. Aus diesem Grund trägt die Handlung den Sprung von der ländlichen Idylle zum offenen „Aufruhr" kaum, wie der Gendarm den Protest der Frauen bezeichnet. (S. V,6) Die politischen Forderungen wirken aufgesetzt, da dem Personal des Dramas der Erfahrungshintergrund fehlt, um zu solchen Aussagen zu gelangen.

An dem letzten Akt stört mich nicht nur das plötzliche Einvernehmen unter den Frauen, das von der Handlung nur ungenügend vorbereitet ist, sondern auch das simple Erklärungsmuster, das die Autorin anbietet: „Die Männer haben den Krieg gemacht!" (S. V, 6) Winsloe, die ihren Bäuerinnen diese Worte in den Mund legt, macht es sich an dieser Stelle recht einfach. Die Autorin setzt hier weiblichen Pazifismus gegen männliche Kriegstreiberei und läßt somit das männliche gegen das weibliche Prinzip antreten. Dabei benutzt sie gängige Rollenfestlegungen. Der Mann steht für die Aggression und die Frau für das Leben.

Sieht man sich nun die Frauenfiguren in ihrem Stück näher an, fällt auf, wie merkwürdig unlebendig sie erscheinen. Sie wirken eher wie personifizierte Ideen und nicht wie gestaltete Charaktere. Sollte es der Dramatikerin noch um etwas anders als um die realen Lebenserfahrungen der Frauen im ersten Weltkrieg gegangen sein? Auf den ersten Blick gleicht das weibliche Personal von „Heimat in Not" den Heldinnen der Dramenliteratur, die seit dem 18. Jahrhundert von Männern entworfen worden sind. Das Repertoire der Frauenbilder, das der männlichen Phantasie entstammt, läßt sich in den meisten Fällen auf das Gegensatzpaar Heilige und Hure zurückführen, das bis zur reinen Marienfigur und der bösen Hexe des Mittelalters zurückreicht. Diese Prototypen weiblicher Helden sind Angst- und Wunschprojektionen ihrer Erfinder, die sich an der Sexualität entzünden. Im Bild der Jungfrau wird die Sexualität tabuisiert, von der Frau abgespalten. Im Bild der Hexe wird die dämonische, zerstörerische Kraft, die Bedrohung durch das Rätsel Frau, gestaltet.

Die Dramatikerin übernimmt in ihrem Text nur die eine Hälfte des Gegensatzpaares. Aus dem Vorrat der Bilder greift sie zwei Varianten des Heiligenbildes heraus: die Unschuld und die Mutter. Marcsa repräsentiert in Winsloes Drama den Figurentypus der Unschuld. „Weiss, blass wie eine Nonne" erscheint sie den anderen Frauen im Stück. (S. I,19) Die lebenslustige Káto wirft ihr vor, daß sie sich „krank" macht, da sie nie lacht oder singt, sondern viel betet. (S. I, 20) Noch in ihrer Hochzeitsnacht hat sich Marcsa ihre Jungfräulichkeit bewahrt, da ihr Mann zu betrunken war, um seinen ehelichen Pflichten nachzukommen.

Wie in den Texten der bürgerlichen Dramatiker ergibt sich der Konflikt im Stück aus der Probe der Unschuld auf ihre Tugend.[200] Marcsa muß hart arbeiten, um den Hof zu erhalten. Um ihr das Leben zu erleichtern, schlägt ihr der 60jährige Miklós vor, einen russischen Kriegsgefangenen anzufordern. Doch Marcsa lehnt ab, weil „die anderen Weiber alle mit ihren Russen schlafen und sich Kinder machen lassen". (S. I,5) Sie will um jeden Preis ihrem János die Treue halten, der für sie „der schönste Mann in Tura" ist. (S. II, 15)

In Winsloes Text beginnt – anders als in den bürgerlichen Dramen – die Leidensgeschichte der Unschuld erst mit der Heimkehr des Mannes. Den Anfechtungen vorher hat sie ohne innere Konflikte widerstanden. János, der in dem Drama die patriarchalische Ordnung verkörpert, verlangt, über den Körper seiner Frau verfügen zu können:

> „Marcsakind, kleine Marcsa ... ich lehrs dich, wie man liebt, wie man gut sein muss zu seinem Mann ... du kannst ja nichts dafür, dass du so dumm bist ... und wie eine Prinzessin so wartest, bis man dich bedient (...). Ja, du wirst schon wollen, ich zwing dich schon, dass du willst, ich kann alles machen mit dir, was ... ich will ..."
> (S. IV,19)

János überträgt die Gesetze des Krieges auf das Verhältnis der Geschlechter. Für ihn ist die Beziehung zu Marcsa ein Kampf, bei dem er sich als der Stärkere fühlt. Er wirkt wie ein Zerrbild des patriarchalischen Mannes, bei dessen Gestaltung Christa Winsloe ebenso wie bei ihren Frauenfiguren das Rollenklischee auf die Spitze treibt.

Seine aggressive Sexualität entspricht nicht Marcsas Vorstellung von Liebe. Sie kann zwar noch nicht benennen, wie sie sich ein Zusammensein zwischen den Geschlechtern vorstellt, aber sie weiß genau, was sie nicht will. Sie beugt sich nicht mehr dem Gesetz des Mannes. Doch bleibt sie in der Auseinandersetzung mit ihm passiv. Die eigentliche Konfrontation mit ihm überläßt sie Pista.

An dem Stereotyp der Mutter zeigt Christa Winsloe ebenso wie an dem der Unschuld, wie illusorisch die männlichen Definitionen sind. Auch bei der Figur der Mutter

Entwurf des Bühnenbildes von Christa Winsloe

entwickelt sich die Handlung, indem die Autorin durchspielt, was aus Frauen wird, die das Wunschbild ernstnehmen und nach ihm leben wollen. Mári hat ihre Rolle als hilfloses Wesen, das ohne einen Mann nicht existieren kann, so verinnerlicht, daß sie eher einen russischen Kriegsgefangenen aufnimmt als gar keinen Mann im Hause zu haben. Die Schriftstellerin deutet das Motiv der Untreue völlig anders als es in den Heimkehrerstücken von Männern gesehen wird. Der Seitensprung mit dem Feind entspringt nicht der Lust, die Frauen erfüllen damit nur die ihnen zugeschriebene Rolle: „Kinder muß man doch haben." (S. I, 13)

Die Haltung der Mütter in Winsloes Schauspiel verträgt sich eher als die der Unschuld mit dem Strang der Handlung, der die pazifistische Sehnsucht der Verfasserin zum Ausdruck bringt. In ihrem Verhalten sieht die Autorin ein utopisches Potential, denn auf diese Weise proben sie die Völkerverständigung:

> „Eigentlich sollten alle ungarischen Mädchen Russen heiraten und die Russinnen lauter Ungarn (…). Du, Marcsa, und die Serbinnen lauter Deutsche und die Deutschen lauter Franzosen – huu – stelle dir die Kinder vor! (…) Die Kinder würden keinen Krieg mehr machen –" (S. II, 14)

In der Realität des Stückes scheitern die Mütter mit ihrem Konzept ebenso wie Marcsa. Sie halten auch in der Krisensituation an den einmal verinnerlichten Rollenfestlegungen fest. Sie passen ihr Verhalten nicht der veränderten Lage an. Sie wollen Kinder um jeden

Preis – auch vom Feind. Damit geraten sie in Widerspruch zur herrschenden Ideologie. Doch ihre Stellung als Frau in der Gesellschaft definieren sie nach wie vor über ihre Mutterrolle. Aus diesem Grunde ist es nur konsequent, daß die Beziehungen zu ihren Männern ebenso zerbrechen wie die von Marcsa zu János. Mári liebt eigentlich immer noch ihren Mann Béla, der seit drei Jahren keinen Heimaturlaub mehr hatte. Deshalb hat sie ein Verhältnis mit dem russischen Kriegsgefangenen Sascha angefangen und ein Kind von ihm bekommen. Als sie die Nachricht vom Tod ihres Mannes erhält, heiratet sie ihn. Doch sie wird nicht glücklich, denn der neue Mann hat die alten Fehler: (...) wenn man der Mann von der Frau ist, dann ist man nicht mehr der Knecht." (S. III, 3) Auch Kátos Beziehung zu dem Gefangenen Fedja ist nicht von Dauer. Bei der ersten Gelegenheit, die sich ihm bietet, wagt Fedja die Flucht, und Káto ist wieder alleine.

Winsloes Abrechnung mit den Männern läßt keine geglückte Beziehung zu. Die Autorin baut die Handlung ihres Schauspiels so auf, daß sie der Behauptung des 60jährigen Miklós in der ersten Szene zuwiderläuft:

„Recht hat sie, die Frau braucht einen Mann, und der Mann braucht eine Frau, da ändert sich nichts, und das ändert niemand. Das ist immer so gewesen und bleibt so. Da kann kein Krieg nichts machen und kein Friede." (S. I, 14)

Am Ende des Dramas sind alle Frauen – bis auf die unglückliche Mári – alleine. Eine positive Alternative zu der Welt der Männer und ihrem bisherigen Leben können die Frauen noch nicht denken. Die Frauen haben sich gegen das patriarchalische Gesetz aufgelehnt, doch die Hoffnung auf eine neue Ordnung, in der Männer und Frauen zu ihrem Recht kommen könnten, malt die Autorin nicht aus. Den Männern, die nicht dem patriarchalischen Ideal entsprechen, mißlingt das Zusammenleben mit den Frauen. Da ist zunächst einmal Fedja, der in der Liebesbeziehung zu Káto der passive Teil ist. Sie betrachtet ihn als Objekt, das sie den anderen Frauen vorführt. Fedja läßt sich zwar diese Behandlung eine Weile gefallen, doch dann verschwindet er. Im Gegensatz zu ihm hat sich Béla nicht der veränderten Situation angepaßt. In der Auseinandersetzung mit János ergreift er Marcsas Partei und macht auch seiner Frau keine Vorwürfe, daß sie einen Russen geheiratet hat, weil sie ihn für tot hielt. Doch für seine defensive Haltung ist kein Platz in Winsloes Dorf. Er lehnt es ab, bei seiner Frau zu bleiben, die ihn immer noch liebt. Stattdessen geht er zurück an die Front, um dort den Tod zu suchen.[201]

Das Stück schließt damit, daß die Frauen das Gesetz in ihre Hand nehmen. Sie überreden den Gendarmen, der noch als einziger Vertreter der alten Ordnung in die Handlung eingreift, zugunsten Pistas auszusagen. Welche Rolle die übrigen Männer in dem Dorf der Frauen einnehmen sollen, bleibt unklar. Der Protest der Frauen erschöpft sich in der Rebellion gegen das Gestern. Die Frage, wie ein besseres Morgen für beide Geschlechter aussehen könnte, bleibt offen. Der Ansatz nach einer positiven Lösung des Geschlechterkonflikts muß unterbleiben, weil die Autorin zwar die Entzauberung der Frauenbilder der männlichen Phantasie für die Zuschauer inszeniert, doch die meisten ihrer Figuren lösen sich auf der Handlungsebene nicht von ihrer Rolle. Sie stehen nicht für einen positiven weiblichen Gegenentwurf. Weder Marcsa noch Mári gelangen als Personen des Dramas zu einer neuen Kontur.

Pista ist die einzige Figur, die offen mit der traditionellen Frauenrolle bricht. Sie wählt sich eine männliche Maske, um der Enge des weiblichen Lebenszusammenhangs zu entfliehen. Mit Pista formuliert Christa Winsloes ihr weibliches Ideal. Mit dem Kleiderwechsel legt Pista ihre alte Identität nicht völlig ab. Als positiv besetzte weibliche Eigenschaften bewahrt sie sich Einfühlungsvermögen und Mitleid, als männlich besetzte Tugenden gewinnt sie Stärke, Entschlossenheit, Mut und Tatkraft hinzu.

Damit ihr Anliegen deutlich wird, gestaltet die Autorin die männliche Verkleidung ihrer Figur nur an der Oberfläche. Die Leser ahnen deshalb schon bei ihrem ersten Auftritt, was die Bewohner erst in der Schlußszene erfahren: Pista ist eine Frau in Männerkleidung. Die Autorin will Unvereinbares zusammenbringen. Auf der einen Seite möchte sie das ideale Verhältnis zwischen zwei Frauen ausmalen, auf der anderen Seite nicht gegen Tabus verstoßen. So wählt sie eine Form, von der sie meint, daß sie sich aus diesem Dilemma befreien kann. Die männliche Maske Pistas läßt immer auch die Deutung zu, daß es sich nicht um eine gleichgeschlechtliche Beziehung handelt. Dafür spricht auch das Ende des Dramas. In dem Moment als Pista ihre wahre Identität preisgibt, interessiert sich die Dramatikerin kaum mehr für das Verhältnis ihrer Protagonistinnen. Schon „Mädchen in Uniform" ließ die zwei Lesarten Kritik an der preußischen Erziehung oder lesbische Tragödie zu. Doch während sie bei ihrem Erfolgsstück die Handlungsfäden miteinander verwoben hat, schließen sie sich in „Heimat in Not" aus.

Die Pista-Handlung läuft im Grunde dem Teil der Fabel zuwider, der die Auseinandersetzung um Krieg und Frieden zum Thema hat. Die omnipotente Superfrau untergräbt das pazifistische Anliegen Christa Winsloes. Ihre weibliche Gegenwelt orientiert sich im Grunde an männlichen Vorbildern. Auch Pista nimmt eine herausragende Rolle ein, und maßt sich das Recht an, über Leben und Tod zu entscheiden. Damit unterscheidet sie sich kaum noch von János – der Mord an ihm bringt das sinnfällig zum Ausdruck. Der Bruch im Text entsteht dadurch, daß Christa Winsloe in der Pista-Handlung dem Ideal einer anderen Frau Gestalt verleiht. Doch dieses Ideal bezieht sie auf eine konkrete Situation: den ersten Weltkrieg. Die Vision vom Frieden und die einer nicht mehr friedfertigen Heldin vertragen sich nicht.

Christa Winsloe ist es nicht gelungen, in dem Exil-Drama das erprobte Muster ihres Erfolgsstückes noch einmal aufzunehmen. Der Versuch, ihre wichtigsten Anliegen zusammenzubringen, gelang nicht. Warum sollte der Wunsch nach Frieden und Emanzipation in der Literatur glücken, da er in der Realität zum Scheitern verurteilt war? Christa Winsloes Versagen ist mehr als die individuelle Unfähigkeit einer Dramatikerin. Das verworrene Drama ist Ausdruck einer verworrenen Zeit. Das Stück spiegelt die Verfassung einer Schriftstellerin wider, deren politische Heimat in Not geriet und die deshalb in ihren literarischen Texten keine gültigen Antworten mehr auf die drängenden Fragen der Zeit fand. Die Ungleichzeitigkeiten und Brüche, die sie erlebte, konnte sie auch in der Fiktion nicht mehr glätten. Zu einem Zeitpunkt als alle Entwürfe brüchig geworden sind, gesteht Christa Winsloe ihre Ratlosigkeit ein. Die Schwäche der Arbeit sehe ich nicht in der Tatsache, daß Winsloes fiktive Welt nicht mehr funktioniert, sondern darin, daß die Dramatikerin die Erfahrung der Krise nicht bewußt in ihren Text einbaut.

4.1. Flucht unter das dänische Strohdach: Maria Lazar

Maria Lazar in Dänemark

„Erzähl, erzähl, berichte, warne, so lange es noch Zeit sein kann" fordert in Maria Lazars erstem Exilroman „Leben verboten" Elsa Frey ihren Vater auf. Mit diesem Appell beschreibt die Schriftstellerin auch die Rolle, die die Literatur im Exil nach ihrer Ansicht zu erfüllen hatte.[202] Maria Lazar wollte mit ihren Arbeiten die Weltöffentlichkeit über die Unmenschlichkeiten des nationalsozialistischen Regimes aufklären. Die Chancen, das Theater in den Gastländern als moralische Anstalt zu nutzten, schätzte sie gering ein. Doch auch in der Prosa ließ sich der Anspruch schwerer verwirklichen, als sie es erwartet hatte. „Død eller levende", die dänische Fassung von „Leben verboten" blieb unveröffentlicht. Lazar, die die Arbeit im Sommer 1933 in Thurø bei ihrer Freundin Karin Michaelis fertiggestellt hatte, fand an ihrem Zufluchtsort keinen Verlag. So kursierte der Roman nur unter ihren Freunden. Trotz der fehlenden Anerkennung als Schriftstellerin erschienen Maria Lazar ebenso wie ihrer Schwester Auguste das skandinavische Land als

„Paradies der Freiheit".[203] Das „dänische Strohdach", wie Brecht in seinen Svenborger Gedichten formulierte, wurde für die Flüchtlinge zur Metapher für Geborgenheit.[204] Zusammen mit Brecht und seiner Familie hatte Maria Lazar bereits im Frühsommer 1933 auf Karin Michaelis Sommerresidenz Unterschlupf gefunden. Auguste Lazar erinnert sich an den „sonderbaren Sommer, den das Häufchen Emigranten und ihre Freunde auf der Insel Thurø verbrachten":

„Es war ein schöner, warmer Sommer. Die kleine Insel im blauen Sund grünte und blühte, die Rosen gediehen in jenem Jahr besonders prächtig, sie prangten in allen Gärten. (…) ‚Tyskene' aber, die Deutschen, waren in Gedanken noch mehr in der Heimat als auf Thurö, waren halb verwundert, daß ihnen die Flucht gelungen war; lauschten über die Grenze hinüber auf jede Nachricht, auf die Botschaften aus den Gefängnissen und Lagern, die irgendwie durchsickerten; fast jeder sorgte sich um Freunde und Genossen. (…) Immer schien es noch nicht faßbar, daß die Wirklichkeit Wirklichkeit war. Vielleicht war Bertolt Brecht der einzige auf der Insel, der unbestechlich klar und unbarmherzig logisch die Lage ganz so einschätzte wie sie war."[205]

Auguste Lazar empfand „Furcht" vor Brechts „scharfem Verstand", ihre Schwester dagegen fühlte sich von dem analytischen Geist angezogen.[206] Sie schloß sich enger an Brecht und seine Familie an, und unterstützte Helene Weigel, die sie bereits aus der gemeinsamen Schulzeit in Wien kannte, bei Behördengängen. Außerdem half sie ihr, das Bauernhaus, das die Brechts in Skovsbostrand auf der Insel Fünen gekauft hatten, wohnlich einzurichten.[207] Auch Brecht griff auf ihre Hilfe zurück. Welche Arbeiten sie für ihn erledigte, ist nicht mehr genau festzustellen. Sie führte wohl einen Teil seiner Korrespondenz, wie ein Brief des marxistischen Theoretikers Karl Korschs beweist, den er im Mai 1934 aus London an Maria Lazar schickte:

„Liebe Maria, Dieser Brief ist eigentlich nicht für Sie, obwohl ich Ihnen bestimmt in den nächsten Tagen auch ausführlich schreibe. Aber zunächst bitte ich Sie, meine Grüße Ihren Freundinnen, Helli und Berta zu bestellen. (…) So zahlreich waren ja auch meine Briefe und Karten nicht gewesen. Immerhin habe ich zwischen dem langen Brief vor 4 – 6 Wochen, wo ich die für die 3-Groschennovelle bestimmte Einlage über das Problem *Ihrer Barbara im letzten Akt* beigefügt hatte und dessen Ankunft ich bis heute nicht bestätigt bekommen habe, (…) mehrfach (…) geschrieben. Nun möchte ich erst einmal wissen, was angekommen ist."[208]

Korsch verschlüsselt seinen Brief aus Angst vor deutschen Spitzeln. Mit der Freundin Berta meint er Bertolt Brecht, Handarbeiten sind das Synonym für Manuskripte. Mit dem „Problem Ihrer Barbara im letzten Akt" bezieht er sich auf die Heldin aus Lazars Theaterstück „Der Nebel von Dybern", das kurz vor dem Brand des Reichstages in Stettin noch aufgeführt werden konnte.[209] Lazars Barbara hat ein ähnliches Problem wie Brechts Polly aus der „Dreigroschenoper": Beide Frauen entscheiden sich gegen ihr Kind. Zur Zeit des Briefwechsels schrieb Brecht gerade an der Prosafassung seines Erfolgsstückes. Damit er den Konflikt seiner Heldin realitätsnah darstellten konnte, versorgte Korsch seinen Freund mit Stellungnahmen englischer Ärzte zur Empfängnisverhütung und Abtreibung, die der Autor dann für das Kapitel „Fünfzehn Pfund" benutzte.[210]

Wie Brecht wandte sich Maria Lazar in Dänemark zunächst der Prosa zu. Ein bescheidener Erfolg gab ihr Recht. Die Zeitschrift „Socialdemokraten" brachte einige Kurzgeschichten der Autorin.[211] Auch für den Roman „Leben verboten" interessierte sich schließlich ein Verlag. Die Arbeit erscheint ein Jahr nach der Machtübergabe bei Wishart & Co. in London.[212]

„No right to live" hieß der Roman in der Übersetzung. In dem Text spielt Maria Lazar auf das Los der Emigranten an. Obwohl sie ihre Arbeit bereits in den ersten Monaten des Exils beendete, nimmt sie in dem Roman eine Erfahrung vorweg, die früher oder später alle Flüchtlinge machen sollten, und die Bert Brecht zu der bitteren Erkenntnis veranlaßte: „Der Paß ist der edelste Teil von einem Menschen."[213] Der Held ihres Romans, der Bankier Ernst Ufermann, verliert mit seinen Papieren, die ihm von einem Unbekannten gestohlen werden, auch seine Identität. Sein Ausweis scheint Sinnbild seiner bürgerlichen Existenz zu sein, ohne ihn hat er sein Recht auf Leben verwirkt.

Die Machtübernahme beeinflußte indirekt das Romangeschehen. Die Schriftstellerin sah sich veranlaßt, ihren ursprünglichen Entwurf für die englische Ausgabe zu aktualisieren. Der jüdische Rechtsgelehrte Frey, der in der deutschen Fassung lediglich schwankte, ob er sein Heimatland verlassen soll, erfährt nun die Konsequenzen seines Zögerns. Seine Tochter Elsa wird von nationalsozialistischen Studenten zusammengeschlagen, weil sie in einer Vorlesung über die These gelacht hatte, die französische Literatur sei minderwertig. Elsa verläßt daraufhin Österreich, Vater und Schwester werden folgen.[214]

Im ersten Entwurf ängstigte sich der Vater vor den Drohungen der Nazis, in der englischen Version ist seine Tochter das Opfer. Maria Lazar unterstreicht mit dieser Veränderung, daß emanzipierte Frauen die Nazis ebenso wie männliche Regimegegner zu fürchten hatten. Die Stimmen derjenigen, die den Frauen selbständiges Handeln und Denken absprechen, mehren sich: „What's a woman doing at the University, anyway? She ought to stay at home and learn cooking."[215] Auch in ihren publizistischen Texten aus der gleichen Zeit empörte sich die Autorin über die Rolle, die die Frauen im Dritten Reich einnehmen sollten. In einer Filmbesprechung in der „Neuen Weltbühne" erkannte sie:

„Genau betrachtet, ist der höchst uninteressante Film van de Veldes ‚Liebe, wie die Frau sie braucht', ein sehr interessantes Zeitdokument. Die heillose Verwirrung der Gegenwart, die aus Zukunftsangst in eine Vergangenheit flüchtet, deren Kostüm ihr ja doch nicht mehr passen will, wird an ihm offenbar. Aus der Liebe, wie eine Frau sie braucht, wird eine Moral, wie Hitler sie braucht."[216]

In ihrem Roman bezieht die Autorin nicht so pointiert Stellung wie in dieser Kritik. Sie übernimmt wohl die Schlagworte der Nationalsozialisten, doch sie benennt nicht die

188

Ursachen, die dazu geführt hatten, daß die Hitler-Ideologen Frauen wieder an Heim und Herd binden wollen. Maria Lazar wollte jedoch keine soziologische Untersuchung schreiben, sondern einen Fortsetzungsroman. Sie wählte dieses Genre, da sie mit amüsanten Geschichten bereits Erfolg gehabt hatte. 1930 hatte die dänische Zeitung „Politiken" ihre Story um ein Postfräulein gebracht.[217]

Auch im Unterhaltungsteil der Zeitung verliert die Autorin ihr Ziel nicht aus den Augen: die Agitation gegen die Nazis. Doch appelliert sie nicht an den Verstand ihrer Leser, sondern an deren Gefühl. Das ergibt eine geschickt konstruierte politische Gebrauchsliteratur. Mit dem Roman will sie die Leser so fesseln, daß sie „vergessen, rechtzeitig aus dem Zug auszusteigen".[218] Um Spannung zu erzeugen, übernimmt sie in „Leben verboten" Elemente des Kriminalromans. Doch ist die Fabel, die sie erzählt, nur recht begrenzt in der Lage, ein sachliches und historisches Bild der Krise der ausgehenden Republik zu geben. Im Detail bemüht sich Maria Lazar um eine wirklichkeitsgetreue Schilderung. Doch die Handlung ist so phantastisch, daß sie in Widerspruch zu den realistischen Einsprengseln gerät.

Ernst von Ufermann, Inhaber eines angesehenen Berliner Bankhauses, muß zu einer Krisensitzung nach Frankfurt fliegen, um den Bankrott seiner Firma aufzuhalten. Er kommt dort nie an, da ihm seine Papiere von einem mysteriösen Unbekannten am Flughafen gestohlen werden. Nicht gerade zwingend setzt Maria Lazar bei dem angesehenen Bürger mit guter Adresse den Verlust der Papiere mit der Demontage seiner Persönlichkeit gleich. Aus dem tatkräftigen Bankier wird ein passiver Beobachter.[219]

Um die zentrale Gestalt baut Maria Lazar ein vielfältiges Handlungsgeflecht auf. Wie es der Fortsetzungsroman verlangt, führt sie ständig neue Figuren ein, die nach einem kurzen Auftritt nicht wieder in Erscheinung treten. Ihre Personenschilderung wirkt deshalb recht holzschnittartig, denn sie stattet ihr Personal lediglich mit sozialen Merkmalen aus. Ihre Dialoge lesen sich fast wie melodramatische Spruchbandtexte. Die Nationalsozialisten treten wie Mitglieder einer kriminellen Organisation auf, die durch dunkle Geschäfte und Morddrohungen die Macht erlangen will. Durch die „Welt der Kolportage", die Maria Lazar zeigen wollte, war das Wesen des Faschismus kaum zu erfassen.[220]

Trotzdem baute die Autorin weiterhin auf dieses Genre, da sie die Chancen gedruckt zu werden, im Unterhaltungsteil einer Zeitung höher einschätzte als auf dem Buchmarkt. Auch in ihrem nächsten Roman, „Die Eingeborenen von Maria Blut", den sie um 1935 in Kopenhagen beendete, beschäftigte sie sich mit dem Rechtsruck in Österreich. Ihre Schwester Auguste verfolgte die vergeblichen Bemühungen, einen Verleger für die neue Arbeit zu finden:

> „Sie hat es österreichischen wie Schweizer Verlage angeboten; keiner wollte es drucken. Ein Schweizer Verleger schrieb ihr einen begeisterten Brief darüber, doch könnte er die Herausgabe nicht riskieren, schon aus dem Grunde, weil der ‚Markt' dafür zu eng geworden wäre."[221]

Maria Lazar gab die Hoffnung nicht auf. Mit dem Manuskript bewarb sie sich um den Literaturpreis der „American Guild for Cultural Freedom", einer Hilfsorganisation, die sich die „Erhaltung der deutschen Kultur" in der Emigration zur Aufgabe gemacht hatte. Neben der ersehnten Empfehlung an einen Verlag, lockte die Autorin auch der Preis von 5000 Dollar. Bevor sich die Jury auf die Preisträger einigen und das ausgelobte Geld ausbezahlt werden konnte, hatte sich das Kuratorium schon wieder aufgelöst.[222]

Da die ehemalige Theaterautorin mit ihrem Wechsel zur Prosa nur begrenzt Erfolgt hatte, wandte sie sich wieder der Dramatik zu. Zusammen mit ihrem Freund Ernst Fischer, einem Redakteur der Wiener „Arbeiterzeitung", arbeitete sie ihren Fortsetzungsroman „Der Fall Rist" zu einem Lustspiel um.[223] „Die Weiber von Lynö" nannte das Autorenpaar die Bühnenfassung.[224] Trotz des Lokalkolorits und des sehr behutsamen Umgangs mit der Gegenwart interessierte sich kein dänisches Theater für das Stück.[225]

Als sich Maria Lazar nach diesem Mißerfolg wieder an die Schreibmaschine setzte, nahm sie kein Blatt mehr vor den Mund. In dem Drama „Der blinde Passagier" kritisierte sie 1938 die Flüchtlingspolitik ihres Gastlandes. Held des Stückes ist ein jüdischer Arzt, der aus Wien fliehen mußte. Zu Beginn des Dramas befindet sich der Arzt in einem deutschen Hafen. Er wird verfolgt und springt ins Wasser. Ein dänisches Schiff nimmt ihn auf. An Bord befindet sich eine Familie, die über den unerwarteten Gast alles andere als erfreut ist. Der Vater und der Verlobte der Tochter wollen ihn der dänischen Polizei übergeben, der Sohn und die Tochter können sie nicht davon überzeugen, dem Fremden zu helfen:

„VATER:	‚Herrgott im Himmel, was willst du eigentlich von mir?'
SOHN:	‚Daß du den Mann einschmuggelst in unser Land.'
VATER:	‚Das kann ich nicht. Das wäre gegen das Gesetz.'
SOHN:	‚Welches Gesetz?'
VATER:	‚Unser Gesetz.'
SOHN:	‚Kann es unser Gesetz sein, wenn es Menschen vernichtet?'
VATER:	‚Wieso vernichtet?'
SOHN:	‚Er ist kein Einzelner, hat er gesagt. Er ist ein Schicksal. Da sind noch Tausende, Hunderttausende, die untergehen sollen. Und es werden Millionen werden.'
VATER:	‚Ich verstehe das nicht.'
SOHN:	‚Doch, du verstehst es. Aber du fürchtest dich.'
VATER:	‚Ich mich fürchten? Wovor soll ich mich fürchten?'
SOHN:	‚Vor keiner Polizeistrafe und vor niemandem bei uns im Land. Du fürchtest dich vor jenen, die einen Wehrlosen ins Wasser jagen, die Gewalt verkünden, die Bosheit und den Haß. Du duckst dich schon heute vor ihnen, weil du weißt, daß alles nicht so weitergehen kann, und daß einmal die große Abrechnung kommt."
VATER:	‚Welche Abrechnung?'
SOHN:	‚Glaubst du, daß unter deinem Schiff allein dann keine Minen schwimmen werden?'
VATER:	‚Was meint der Junge nur?'
TOCHTER:	‚Er spricht vom Krieg.'"[226]

Für den jüdischen Arzt kommt jedoch jede Hilfe zu spät. Er glaubt nicht daran, daß der Sohn seinen Vater umstimmen wird und erschießt sich während der Debatte. Mit dem Tod ihres Helden erhebt die Autorin Anklage gegen die Flüchtlingspolitik Dänemarks, die immer restriktiver wurde. 1938, in dem Jahr als Maria Lazar ihr Drama schrieb, debattierte das Parlament über die Frage, ob das Asylrecht geändert werden sollte. Die Anhänger einer rigideren Fremdenpolitik setzten sich durch. Die Verschärfung des Gesetzes hatte Konsequenzen. Vom 1. Juli bis zum 1. Oktober hatten 291 von 527 Flüchtlingen – wie Lazars jüdischer Arzt – vergeblich versucht, in das Land einzureisen.[227]

Nach dem Überfall deutscher Truppen am 9. April 1940 war Dänemark kein „Paradies der Freiheit" mehr. Maria Lazar hatte das kommen sehen und rechtzeitig ihre Koffer gepackt. Zusammen mit ihrer Tochter Judith war sie am 2. September 1939 nach Stockholm gezogen. Durch ihre Heirat mit Friedrich Strindberg besaß sie einen schwedischen Paß. „Nie", schrieb sie in ihrem ersten Brief aus Schweden an ihre Schwester, „war ihr das Herz so schwer gewesen wie bei diesem Abschied von Dänemark".[228]

Ihr Schmerz bestärkte sie jedoch nur in der Absicht, weiterhin literarisch gegen die Nazi-Diktatur zu kämpfen. Das Theater erschien ihr nicht mehr als das geeignete Forum. Nach dem Desinteresse der Bühnen an dem „blinden Passagier" wollte die Autorin kein weiteres Drama mehr schreiben. Nicht einmal die schwedische Verfilmung ihres Romans aus der Weimarer Republik, „Veritas verhext die Stadt", gab ihr den Auftrieb, sich wieder an ein Stück zu setzen.[229] Maria Lazar wandte sich zunächst den aktuellen Massenmedien zu und schrieb eine Reihe von Artikeln für schwedische und schweizerische Zeitschriften, in denen sie vor allem auf die politische Entwicklung in Österreich einging.[230] Die meisten ihrer scharfsinnigen Analysen blieben allerdings unveröffentlicht. Die österreichische Emigrantin fand nur schwer Anschluß an die literarische Öffentlichkeit in Schweden. Zum einen beherrschte sie die Sprache ihres neuen Gastlandes nur ungenügend. Zum anderen war sie nicht gewillt, ihre Aussage abzuschwächen, um gedruckt zu werden. Vergebens versuchte die schwedische Schriftstellerin Elsa Björkmann-Goldschmidt, ihre Freundin, zu Kompromissen zu überreden: „Viele Freunde haben ihr angeboten, ihre Zeitungsartikel zu übersetzen (...), aber Maria hat sich geweigert, sich nach unseren Zeitungsgewohnheiten zu richten, sowohl was die Länge der Beiträge als auch deren Ton betraf."[231]

Als Journalistin konnte Maria Lazar den Lebensunterhalt für sich und ihre Tochter nicht bestreiten. Sie wandte sich an ihren geschiedenen Mann um Hilfe. Mit seiner Unterstützung konnte sie Judith in ein Internat schicken, da sie ihr die tägliche Ungewißheit nicht zumuten wollte. Sie selbst lebte – so der Eindruck von Elsa Björkmann-Goldschmidt – „recht spartanisch".[232] Die mangelnden Schwedischkenntnisse standen ihr im Weg, um eine andere Arbeit zu finden. Schließlich wiesen die schwedischen Behörden ihr eine Tätigkeit in einem Archiv zu. Elsa Björkmann-Goldschmidt erinnert sich:

„Das war eine besondere Form der Unterstützung, die man den Flüchtlingen gegeben hat. Die schwedischen Institutionen gewannen dadurch wertvolle Arbeitskräfte

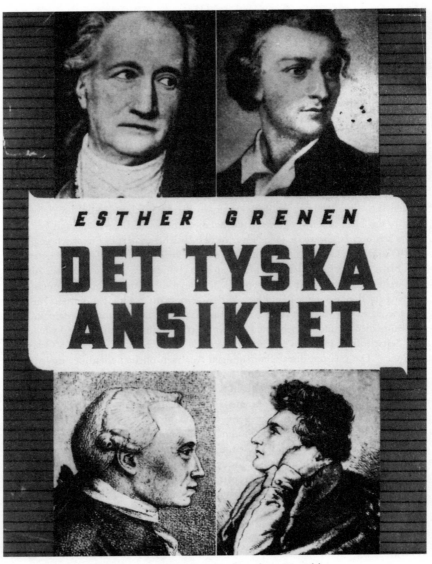

„Det tyska ansiktet" (S. 50). Vorderer Umschlag

für wenig Geld. Sie arbeiteten in Museen und Bibliotheken oder ähnlichen Stellen, wo sie zwar nicht gut bezahlt wurden, aber doch eine sehr nette Arbeitsstelle hatten. (…) Ermuntert von dem britischen Kulturattaché Peter Tenan hat sie mit einer Riesenarbeit angefangen: einer Sammlung deutscher Zitate."[233]

192

Auch diese Zitatensammlung „Det tyska Ansiktet" („Der deutsche Janos") diente dem Ziel, die Unmenschlichkeit des Nationalsozialismus anzuprangern.[234] In dem Text konfrontiert Maria Lazar Auszüge aus Werken deutscher Dichter und Philosophen mit Texten aus der Gegenwart des Dritten Reiches. Ihre „Technik erzielt geradezu mörderische Wirkung, wenn Gegensatzpaare wie Schopenhauer – Hitler, Lichtenberg – Rosenberg, Bismarck – Hans Johst und Grillparzer – Göring auftauchen."[235] Auch Schiller dient ihr als Beispiel für vergangene Ideale:

„Eine der merkwürdigsten Staatsbegebenheiten, die das sechzehnte Jahrhundert zum glänzendsten der Welt gemacht haben, dünkt mir die Gründung der niederländischen Freiheit. (…) Groß und beruhigend ist der Gedanke, daß gegen die trotzigen Anmaßungen der Fürstengewalt endlich noch eine Hilfe vorhanden ist, daß ihre berechnetsten Plane an der menschlichen Freiheit zu Schanden werden, daß ein herzhafter Widerstand auch den gestreckten Arm des Despoten beugen, heldenmütige Beharrung seiner schrecklichen Hülfsquellen endlich erschöpfen kann."

Schillers Gedankengängen, die er in seiner Abhandlung „Geschichte des Abfalls der vereinigten Niederlande von der spanischen Regierung" formuliert hat, stellt Maria Lazar die Wirklichkeit in Holland unter deutscher Besatzung gegenüber. Sie zitiert aus einer Bekanntmachung, die im Juli 1942 in den deutschen Zeitungen veröffentlicht wurde.

„Während der letzten Zeit hat der Feind wegen der bevorstehenden Niederlage, die ihm im Osten droht, in vermehrter Ausstrahlung von Radiosendungen und Verbreitung von Flugblättern die Bevölkerung in den von Deutschen besetzten Gebieten im Westen zur Sabotage aufgerufen. Um unbesonnene Elemente vor solchen Handlungen zu warnen, habe ich, um die Durchführung meines militärischen Auftrages zu sichern, eine große Anzahl von Landeseinwohnern als Geiseln nehmen lassen. Die Geiseln werden in Anspruch genommen, falls es zu Sabotagehandlungen der Bevölkerung kommt. Sie haften mit ihrem Leben. Es liegt in der Hand der Bevölkerung, durch besonnenes Verhalten und durch Mitwirken bei der Verhinderung von Sabotageunternehmungen aller Art Sicherheit für das Leben der Mitbürger zu schaffen, die als Geiseln festgesetzt sind. Die Liste über die Geiseln wird veröffentlicht."[236]

Die Bevölkerung leistete trotz der grausamen Einschüchterung Widerstand – ein Umstand, den Maria Lazar in ihrem letzten veröffentlichten Werk aufgriff. Nicht die Holländer, sondern die Dänen wehren sich in ihrem Roman „Det kom af sig selv" (Es kam ganz von selbst) gegen die deutschen Besatzer.[237] Die Autorin hob in ihrer Arbeit, die sie in einer Mischung aus Schwedisch, Dänisch und Deutsch schrieb, vor allem die beispiellose Rettungsaktion der Juden hervor. Der Titel spielt auf die „unpathetische Haltung" der Dänen an, die ihr Handeln „mit einem fast entschuldigenden ,das kam von selbst'"abtaten.[238] Maria Lazars Freund, der Schriftsteller Aage Dons übertrug ihre Huldigung an den wachsenden Widerstandswillen in korrektes Dänisch. Der Roman konnte nach Kriegsende 1946 in Kopenhagen herauskommen. Aage Dons schätzte den von ihm übersetzten Text: „Wie alles, was Maria schrieb, war es eine fesselnde Arbeit; sie erlebte aber kaum das milde Schicksal, das sie verdiente."[239] Eine Resonanz auf ihre Werke blieb selbst in Skandinavien fast ganz aus. Weder ihre Zitatensammlung, auf die sie besonders stolz war, noch ihre Exilromane erlebten eine zweite Auflage.[240]

Nach dem Mißerfolg mit ihren Dramen und der mäßigen Beachtung ihrer Romane wandte sich Maria Lazar am Ende ihres Lebens wieder der Lyrik zu, dem Genre, mit dem sie ihre literarische Laufbahn begonnen hatte. Überdies erschienen ihr Gedichte besonders geeignet, ihrer Sehnsucht und ihren Ängsten Ausdruck zu geben. Das Kriegsende, für das sie mit ihren Werken gestritten hatte, war für sie mit Leid verbunden. Sie wurde schwerkrank. Sie litt unter einer Neubildung in der Hypophyse, Morbus Cushing.[241] Weder in England, wo sie ein Jahr bei ihrer Schwester Auguste verbrachte, noch in Schweden konnten ihr die Ärzte helfen. In den Gedichten setzte sie sich mal leise klagend, mal humorvoll mit ihrer Situation auseinander. Schon mit ihrer Schwester hatte sie darüber gesprochen, „sich gewaltsam von ihrem Leiden zu befreien" – ein Gedankengang, den sie auch in ihrer Lyrik aufgreift:[242]

„Februar 1948

Dem souveränen Lebenstrieb
zulieb
werd ich nicht gern
nun auch noch subaltern.

Zu betteln, daß vom reichen Tisch der Welt
ein Bröselchen für mich entfällt
sei mir erspart:
es ist nicht meine Art.

Gegeben ist mir doch, daß ich entscheide
wie lang ich leide.
Noch steh ich selber für mich allein,
noch kann ich selber sagen: nein!"[243]

Maria Lazars Entschluß kommt bereits in diesen Zeilen zum Ausdruck. Einen Monat später, am 30. März 1948, starb sie durch eigene Hand in ihrer Wohnung in Stockholm.

4.2. Der Blick aus dem Exil auf Österreich in „Die Eingeborenen von Maria Blut"

Erst am Ende ihres Lebens erscheint der Wechsel der Form nicht in erster Linie von äußeren Umständen diktiert. Die Sprunghaftigkeit, die Maria Lazar in den ersten Jahren ihres Exils verschiedene literarische Gattungen ausprobieren ließ, erklärte sich eher aus der historischen Situation als aus einer inneren Entwicklung. Das Exil zwang die Dramatikerin ebenso wie ihre Kolleginnen – wollte sie nicht gänzlich auf Resonanz verzichten – in die Prosa auszuweichen. Wie schwer der Theaterautorin der Abschied von der Bühne gefallen war, enthüllt eine Passage aus ihrem zweiten Exilroman „Die Eingeborenen von Maria Blut", den die Zeitschrift „Das Wort" 1937 veröffentlichte.[244] Die Schriftstellerin inszenierte ihre Arbeit – die die Redaktion der Sparte Lyrik und Prosa zuordnete – wie ein Theaterstück. Der Einstieg erinnert in seiner Prägnanz und Kürze an eine Bühnenanweisung: „Schauplatz: ein Wallfahrtsort in Oberösterreich. Zeit: vor Dollfuß und Hitler".[245] Eher wie ein Einakter als ein Kapitel aus einem Roman ist auch der weitere Text angelegt. Der sechs Seiten lange Auszug besteht nur aus Dialogen. Die wörtliche Rede wird weder eingeleitet noch kommentiert. Nur die Gespräche treiben die Handlung voran und geben Aufschluß über die auftretenden Personen. Erst mit der Zeit gewinnt das Geschehen in dem Wallfahrtsort Kontur. Maria Blut feiert das 700-jährige Jubiläum. Festredner, begeisterte und kritische Zuschauer kommentieren das Ereignis auf dem Marktplatz. Die Dialoge verraten die politische Grundhaltung der Gesprächspartner. Sozialisten, Konservative, Monarchisten und Nationalsozialisten geben ihrer Überzeugung Ausdruck. Die Szene schließt mit der Betrachtung eines Redners, die an die Blut- und Bodenideologie der Nazis erinnert.[246] Den Auszug für die Vorveröffentlichung hat Maria Lazar später unverändert für die endgültige Fassung übernommen.[247] Die Redaktion des „Wortes" hatte den Ausschnitt wohl ausgewählt, weil er im Romangeschehen den Wendepunkt markiert – die Nazis erhalten einen immer größeren Zulauf. Zentrale Figur des Romans ist der Arzt Gustav Lohmann. Lazar führt die Figur ein, indem sie Lohmann aus der Sicht der Bevölkerung schildert:

> „Da rennt er, der Doktor, was ist er denn so aufgeregt, und das Hemd hat er offen, gehört sich das, und die Lederhosen an einem Sonntag –"
>
> ,Ja wissens denn nicht, den Herrn Pfarrer, den Pater Lambert, der Schlag hat ihn getroffen oder so was, bei der Hitz.'
>
> ,Um Gottes willen!'
>
> ,Im Refektorium ist er gelegen, ganz wie tot. War aber auch eine große Hochzeit mit Champagner und so, bei der Hitz.'
>
> ,Daß aber da den Lohmann holen?'
>
> ,Der Primarius war nicht zuhaus und der Brunnbacher auf einer Autotour, da ist der Kirchendiener halt weitergelaufen, was hätt er sonst auch tun sollen.'
>
> ,Nein, nein, das gehört sich nicht, daß sie den Lohmann holen. Den Lohmann zum Pfarrer. Der wird ihm nicht helfen. Und überhaupt, habens gesehen: mit einem offenem Hemd."[248]

Ganz ohne verbindende Erzählerbemerkungen kommt Maria Lazar nicht aus. Immer beschränkt sie die Beschreibungen jedoch auf wenige Sätze, um dann wieder zur wörtlichen Rede zurückzukehren. Auch für weiterreichende Reflexionen greift sie auf ein Stilmittel zurück, das auch für das Drama konstitutiv ist: den inneren Monolog. Das Geschehen in der Kleinstadt wird nicht von einem Erzähler kommentiert, sondern immer aus dem Blickwinkel der Figuren dargestellt. So analysiert Lohmann nach einem Streit im Wirtshaus die nationalsozialistische Ideologie vom Herrenmenschen:

„Ein österreichischer Mensch, hat er gesagt, der Herr Hofrat. Was ist denn das, ein österreichischer Mensch? Die Votruba, die sie davonjagen, weil sie die Zuständigkeit nicht hat, das Kind, das sie trägt, das nicht zur Welt kommen darf, ist das ein österreichischer Mensch? Wer ist nicht alles ein österreichischer Mensch? Der Pater Lambert, der fünf grade sein läßt, der tote Erzherzog, die schwachsinnige Exzellenz und ihre Neunteufel, die Notburga, die kleine Heilige, und ihr Bruder, der Vinzenz, der Narr, der Krowott mit seinem Papagei, der Peperl, der nie gesund werden kann, der alte Jud, der Meyer-Löw, der Bettler, den der Gendarm abführt, ist denn nicht jeder ein österreichischer Mensch?" (S. 245)

Maria Lazar blendet die Meinung des Hofrats und des Arztes gegeneinander, ohne explizit Partei zu ergreifen. Innerhalb des Romangeschehens findet die Ansicht des Hofrats immer mehr Anhänger, Lohmann kämpft auf verlorenem Posten. Maria Lazar ist nicht die einzige, die im Exil das auktoriale Erzählen aufgibt. Dieser Verzicht, so die Beobachtung Walter Benjamins, war für das Schreiben der modernen Autoren grundlegend.[249]

Die Autorin malt in ihrem Text ein düsteres Bild der Provinz. Die nationalsozialistische Ideologie, das ist die Quintessenz ihrer Arbeit, fällt gerade im dörflichen Bereich auf fruchtbaren Boden. Der „Aufstand der Landschaft" gegen die Metropole war eine Tatsache, die erstaunlich selten in der Exilliteratur thematisiert wurde.[250] Neben dem frühen Deutschlandroman „Der Kopflohn" von Anna Seghers, den Texten von Adam Scharrer und Oskar Maria Graf ist Maria Lazars Arbeit eine der wenigen Beispiele, die nationalsozialistischem Denken und Handeln auf dem Land nachspürt.[251]

Die Fabel ihres Romans zeigt, wie bereitwillig die Kleinstädter die völkische Ideologie übernehmen, da sie den bereits vorhandenen Ressentiments entgegenkommt. In einer „Querschnittsanalyse der politischen und sozialen Strukturen" – wie sie auch Anna Seghers im „Kopflohn" angewendet hat – führt Maria Lazar die Bevölkerung vor.[252] Den verarmten Adel, die Kirche, den Bürgermeister, den Oberlehrer, den Gastwirt und einige Kaufleute stellt sie als tatsächliche oder potentielle Anhänger der Nazis dar. Kommunistische Arbeiter und Dienstboten, der sozialdemokratische Arzt Gustav Lohmann und der jüdische Rechtsanwalt Meyer-Löw mit seiner Familie sind die Opfer dieser Entwicklung. Auf dem Höhepunkt der Weltwirtschaftskrise spitzt sich die Situation in Maria Blut zu. Die Fabrik, die bis vor kurzem Konserven herstellte, steht vor der Pleite. Ihr Besitzer hofft, den Bankrott dadurch aufzuhalten, daß er statt Konserven ein Wundermittel produzieren läßt, „die Raum- und Urkraft des Herrn Kapeller". (S. 56) Die meisten Bewohner fallen wie der Unternehmer auf den Schwindler herein und verlieren ihr letztes Geld. Ihre Sorge um die tägliche Existenz macht sie anfällig für Heilslehren – „auch in der Politik" wie Meyer-Löw erkennt. (S. 62) Die Nationalsozialisten können diese Situation nutzten.

Am Fall ihrer fiktiven Stadt arbeitet die Autorin heraus, daß in Zeiten sozialer Unsicherheit der Wunsch nach einer einfachen und plausiblen Erklärung der Zustände wächst. Den komplexen Zusammenhängen der hochentwickelten Gesellschaft, die Maria Lazar nicht ganz überzeugend an den Vorgängen in der Fabrik demonstriert, setzen die Nazis ein einfaches Freund-Feind-Schema entgegen. Aus diesem Grund gewinnen Begriffe wie Heimat und Vaterland wieder an Bedeutung:

>,,... denn was im Alltag lange getrübt und manchmal schier verschüttet schien, jetzt wird es klar: das österreichische Wesen, wie es im Plane Gottes gedacht ist. Was dem nicht entspricht, gilt nicht. Nach ihm bilde sich der Mensch, er werde seinem Urbild ähnlich. Ahnengeist steht hinter uns, Vätergeist, der die beglückende Gewißheit gibt, die in dem Worte liegt: Heimat, Vaterland, Österreich.'" (S. 177)

Dieses Weltbild, das Doktor Brunnbacher, ein Widersacher Lohmanns, in seiner Festtagsrede skizziert, heizt den Haß gegen alles Fremde und gegen die Außenseiter an. Demokraten werden diskriminiert, Nazi-Gegner verlieren ihre Existenz, Lohmann wird wegen illegaler Abtreibungen der Prozeß gemacht, Meyer-Löw mußt seine Rechtsanwaltspraxis schließen, dem kommunistischen Arbeiter Wipplinger wird gekündigt, seine Schwägerin Toni Vrotoba ausgewiesen und die Köchin Anna Neunteufel wegen Waffenbesitz verhaftet.

Der Anspruch, ein umfassendes Bild der Zeit zu geben, verbindet Maria Lazar mit anderen Autorinnen und Autoren des Exils. Im Gegensatz zu vergleichbaren Arbeiten schränkt sie das Personal ihres Romans nicht auf eine überschaubare Gruppe ein, sondern porträtiert die Kleinstadt schlechthin. Das bleibt nicht ohne Folgen für den Aufbau. Im Gegensatz etwa zu Feuchtwanger, der seine Figuren in „Geschwister Oppenheim" auf die Angehörigen einer Familie beschränkt, verzichtet Maria Lazar oft darauf, die divergierenden Handlungsfäden zusammenzubringen.[253] Sie setzt das Schicksal ihrer Figuren in erster Linie durch die äußeren Ereignisse in Beziehung. Anders als etwa auch Anna Gmeyner, die ihre Episoden aus den unterschiedlichen Gesellschaftssphären durch die Freundschaft der Kinder verknüpft, schafft Maria Lazar keine innere Verbindung.[254] Sie zeigt statt dessen die Reaktionen ihrer Personen auf die gleichen Ereignisse.

Noch in einem weiteren Punkt unterscheidet sich ihr Roman von den Mustern, die im Exil immer wieder aufgegriffen wurden. Im Gegensatz zum Großteil der emigrierten Autoren orientiert sich Lazar nicht an den real-historischen Ereignissen. So verwandten einige Schriftsteller den Kampf der Arbeiter von Wien, Linz und Bruck 1934 gegen den Austro-Faschismus als Vorlage für ihre Bühnenstücke, Romane und Novellen. Friedrich Wolf, Anna Seghers und Oskar Maria Graf griffen auf die Februaraufstände zurück.[255] Dagegen hält sich Maria Lazar nicht an äußerlich faßbare Ereignisse, sie verfremdet sogar die historischen Daten. Sie überträgt Vorgänge wie den Brand des Reichstages, der den Vorwand für die Verfolgung der innenpolitischen Opposition lieferte, in das ländliche Milieu. Im Roman geht nun nicht das Parlament in Flammen auf, sondern die Konservenfabrik, die erst vor kurzem ihre Produktion einstellen mußte. Wie im nationalsozialistischen Deutschland setzt der Brand das Signal, die Kritiker zum Schweigen zu bringen. Den Nazis in Maria Blut gelingt es ebenso wie Hitler, für die Brandstiftung ihre Gegner verantwortlich zu machen: „(...) die Kommunisten haben es gemacht, natürlich nur die Kommunisten. Eine großartige Idee, eine hervorragende Idee." (S. 199) Bis ins Detail hält sich die Autorin an die Vorgänge in der Reichshauptstadt. In Berlin mußte der Holländer Marinus von der Lubbe für die Tat büßen. In der oberösterreichischen Kleinstadt wird als Schuldiger ein Bettler ausgemacht, von dem niemand weiß, wo er herkommt. Auch in Maria Blut sollen im Anschluß an den Brand Grundrechte und Verfassungsnormen außer Kraft gesetzt werden:

> „Und weil wir eben bei den Bettlern sind, ich hab da längst so meine eigenen Gedanken. Nicht nur Gedanken, beinahe schon ein Programm. (…) Alle diese arbeitsscheuen Elemente kommen in ein eigenes Lager. Ein Bettlerlager. Und dann wird gearbeitet. Schneeschaufeln. Straßenbau. Doktor, Sie glauben es nicht, aber ich schaff ihnen die größte und vornehmste Autostraße aus nichts. Und wissen Sie auch, wie sie heißt? Die Nibelungenstraße. Am schönsten deutschen Strom die schönste Straße." (S. 221)

Der Zweck dieser Parallele ist klar. Maria Lazar, die die nationalsozialistische Machtübernahme ins Exil getrieben hatte, möchte mit ihrer Arbeit dazu beitragen, in Österreich eine ähnliche Entwicklung zu verhindern. Sie will ihren Landsleuten die faschistische Gefahr bewußt machen. Doch die Frage ist, ob die Form ihres Romans dieser Absicht gerecht wird. In „Die Eingeborenen von Maria Blut" transportiert die Autorin die deutschen Ereignisse in die österreichische Provinz. Das Verfahren, dem aktuellen Stoff einen fremden Kontext zu unterlegen, benutzte auch Brecht. Indem er die zeitgenössischen Verhältnisse vereinfachte und in eine andere Umgebung legte, gelangt es ihm, die Vorgänge hinter den Vorgängen sichtbar zu machen. Im „Dreigroschenroman", dem ersten größeren Werk, das er im dänischen Exil schrieb und abschloß, überträgt Brecht faschistische Losungen in die Londoner Gangsterwelt. Sein Maceath ist eine Führernatur, die ihrem Auftreten einen staatstragenden Einschlag gibt. Die Analogie zur jüngsten deutschen Geschichte ist in „Der aufhaltsame Aufstieg des Arturo Ui" noch ausgeprägter, das 1941 in Finnland entstand. In dem Stück nimmt Brecht das Chicago Al Capones als Folie, um die nationalsozialistische Bewegung im verkleinerten Modell einer Gangsterkarriere zu spiegeln.[256] Jede der 17 Szenen hat ihre historische Entsprechung: von der Wirtschaftskrise über den Reichstagsbrandprozeß, die Ermordung Röhms und die Liquidierung der SA, die Ermordung Dollfuß' bis zum Beginn des zweiten Weltkrieges.

Während es Brecht gelang, von den realen Vorkommnissen zu abstrahieren und zu allgemeingültigeren Aussagen vorzustoßen, beschreibt Lazar die Symptome nur an der Oberfläche. Ihr Vergleich läuft dabei Gefahr, im Klischee stecken zu bleiben. Lazars Parallele erzeugt unbeabsichtigte Komik, die der aufklärerischen Intention zuwiderläuft. An der Figur des arbeitslosen Kellners Vinzenz wird die Schwäche besonders deutlich. Als Vorbild für die Gestalt hat Maria Lazar offensichtlich Hitler vor Augen gehabt. Vinzenz sieht in ihm „seinen großen und mächtigen Bruder". (S. 93) Doch damit nicht genug. Die Autorin konstruiert in ihrem Roman eine Ähnlichkeit im Aussehen und in der Biographie des realen und des fiktiven Nationalsozialisten. Wie Hitler hängt Vinzenz „eine fette Haarsträhne (…) in die Stirn." (S. 75) Auch Vinzenz strebt zunächst eine künstlerische Laufbahn an. Statt Maler will Lazars Held allerdings Musiker werden, doch er besteht die Aufnahmeprüfung an der „ehemaligen kaiserlich-königlichen Akademie für Musik" nicht. (S. 78) Wie Hitler, der nach einem Gasangriff im ersten Weltkrieg kurzzeitig erblindete, verliert auch Vinzenz für einige Wochen sein Augenlicht. Als würden diese Entsprechungen nicht reichen, erfindet Maria Lazar noch ein verwandtschaftliches Verhältnis zwischen der Figur der Zeitgeschichte und der ihres Textes. Vinzenz' Mutter ist eine Cousine des „Führers", allerdings heißt in der fiktiven Welt des Romans Hitlers Vater Krückelgruber, statt Schicklgruber:[257]

> „Wenn du so weitermachst, du wirst auch so einer wie dem Krückelgruber, meinem Onkel, sein Adolf. Der hat auch nie was lernen wollen, obwohl sie ihn in die Realschul gschickt haben, zu nichts hat er getaugt, Künstler hat er werden wollen, der Depp, dann ist er verkommen und jetzt reißt er das Maul auf und treibts mit den Hakenkreuzlern. Gesessen ist er auch. Und wenn ich das verfluchte Buch noch einmal bei dir find, steht nichts als Blödsinn drin und auf dem Bild oben, da glotzt er so wie du –" (S. 166)

Mit der Darstellungsweise setzt Maria Lazar Hitler herab, verkleinert und verniedlicht ihn. Doch welche Funktion der Hitler-Doppelgänger für den Text hat, bleibt im Dunkeln. Im Gegensatz zu Arbeiten, die ebenfalls dieses Motiv aufgreifen, entwickelt sich aus der Ähnlichkeit zwischen Vinzenz und Hitler nicht der Konflikt. Anders als Ernst Lubitsch in seinem Film „Sein oder Nichtsein" und Feuchtwanger in „Der falsche Nero" inszeniert die Autorin das falsche Spiel nicht.[258] Vinzenz weiß zunächst – ähnlich wie der jüdische Friseur in Chaplins „Der große Diktator" – nichts davon, daß er Hitler gleicht.[259] Als er es bemerkt, ergeben sich daraus keine Konsequenzen für die Handlung.

Vinzenz ist überdies ein solcher Popanz, daß sein Scheitern auf der Hand liegt – ein Wunschtraum der Autorin? Der Doppelgänger ist nur ein unscheinbares Mitglied der Ortsgruppe von Maria Blut. Er beteiligt sich an den Aktionen, aber er denkt sie sich nicht aus. Nach der Brandstiftung fällt der Verdacht auf ihn, die Tat verraten zu haben. Die Gruppe zieht eine mörderische Konsequenz: Vinzenz wird erschossen.

Dieser Schluß erzeugt Ratlosigkeit. Will Lazar mit dem Tod ihres arbeitslosen Kellners wie Brecht in „Arturo Ui" demonstrieren, daß der Sieg der Nationalsozialisten aufgehalten werden kann? Doch dieser Annahme steht die allgemeine Entwicklung in Maria Blut entgegen. Vinzenz wird zwar beseitigt, doch die Nazis gewinnen immer mehr Macht. Auch die Lesart des Textes, Vinzenz als gutgläubigen SA-Mann zu verstehen, der von seiner Partei verraten wurde, geht kaum auf.[260] Dazu betont Lazar zu stark seine Ähnlichkeit mit Hitler.

Maria Lazars Arbeit enthält Elemente eines realistischen Zeitromans, einer Parabel und einer Satire. Die Gestalten sind zudem noch in ein Schwarz-Weiß-Raster gepreßt. Weiß sind die Demokraten aus dem Zeitroman, Schwarz die Nazis aus der Satire. Dabei entsteht kein einheitliches Gebilde. Mit einer ähnlichen Schwierigkeit mußte sich auch Brecht auseinandersetzen. In den „Arturo Ui" baute er eine Szene ein, die dem Duktus des übrigen Stückes zuwiderläuft: Eine realistisch gemeinte „blutüberströmte Frau" macht Ui alias Hitler für den Mord an ihrem Mann verantwortlich.[261] Das Pathos ihrer Anklage sprengt den Rahmen der Satire – vielleicht der Grund, warum diese Szene im Theater häufig nicht gespielt wird. An ihre Grenzen stößt die antifaschistische Satire immer dann, so die Beobachtung von Uwe Naumann, wenn „sie die Totalität der sozialen und politischen Realität von Faschismus erfassen will (...).“[262] Das ist auch die Erklärung für den Bruch in Lazars Arbeit, weil die Autorin ebenso wie Brecht und Klaus Mann „die aggressive satirische Kritik an den Faschisten mit Passagen verknüpft (...), in denen ohne jede Satire die Nazi-Gegner dargestellt werden.“[263] Vor allem die Passagen, in denen der jüdische Rechtsanwalt Meyer-Löw im Gespräch mit Lohmann die Ursachen für den Erfolg der Nazis benennt, widersprechen dem Schreibkonzept der übrigen Arbeit.

Meyer-Löw wird fast zur alttestamentarischen Gestalt erhöht. Ebenso wie Meyer-Löw führt die Autorin die Widerstandskämpfer, den Arbeiter Karl Wipplinger, die Köchin Anna Neunteufel und das Dienstmädchen Toni Vrotuba, als vorbildliche Gestalten vor. Mitleid statt Entlarvung heißt Lazars Devise bei den Nazi-Gegnern.

Bei den weniger positiv gemeinten Gestalten verläßt sich Maria Lazar stärker auf die Kunstmittel der Satire. So demaskiert sie den Wunsch nach Anpassung des jungen Rechtsanwaltes „Daniel Meyer (nur Meyer und nicht Meyer-Löw, man braucht doch keinen Doppelnamen)“. (S. 265) Auch bei Lohmann verzichtet die Autorin nicht völlig auf ihre spitze Feder. Vor allem seine fehlende Bereitschaft zum Handeln stellt sie mit dem Seziermesser der Satire bloß. Lohmann ist ebensowenig wie der Sozialdemokrat Otto Bauer aus Wolfs Stück „Florisdorf“ eine Figur mit Vorbildcharakter, sondern sein Auftreten fordert Kritik heraus.[264] Wie Meyer-Löw erkennt er zwar auch die Ursachen der politischen Entwicklung. Obwohl er persönlich betroffen ist, seine Söhne werden zu Nazi-Anhängern, ihm selbst laufen die Patienten weg, greift er nicht ein. Zu spät setzt er auf politische Aktionen. Lohmann, der in Wien an einer „Einheitsfrontversammlung“ teilgenommen hat, will nun auch in Maria Blut den Nazi-Terror bekämpfen. (S. 278)

Wie Maria Lazar mit erhobenem Zeigefinger deutlich macht, daß ihr Anti-Held zu diesem Zeitpunkt schon jede Chance verpaßt hat, wirkt sehr symbolisch. Bei der Heimreise steigt er in den falschen Zug, der ohne Halt bis zur Grenze fährt. Als er Maria Blut passiert, will der Arzt den Speisewagen aufsuchen und fällt aus dem Zug. Mit dem überspitzten Bild bringt die Schriftstellerin ihre pessimistische Ansicht über die politische Situation zum Ausdruck – das unterscheidet sie von Friedrich Wolf, der zur gleichen Zeit die positive Perspektive der Volksfront ausmalt.

Nur in einem Punkt entscheidet sich Lohmann rechtzeitig. Seine Haushälterin Toni war ungewollt schwanger geworden. Trotz innerer Skrupel verhilft ihr Lohmann zu einer falschen Diagnose, die es ihr ermöglicht, in Wien einen Arzt aufzusuchen:

„Das Mädel hat ihm leid getan, das war es. Ist ein anständiger Kerl, die Toni. Lebt mit einem im eigenen Haus, sorgt für das Mittagessen und für die Kinder, soll man sie da zugrunde gehen lassen? Und dabei ist sie nicht die einzige. Und eine Dummheit war es doch. Überhaupt, Gustl, was geht es dich an. Hast immer deine Nase in viel zuviel hineingesteckt. Verschreib du den Leuten ihre Pulver, schick sie ins Spital, zweiter Klasse, dritter Klasse, wie es sich gerade trifft, (...) und wenn wieder einmal ein Mädel kommt oder eine Frau, die nicht mehr weiter kann, das sechste, das siebente, wo nimmt man nur Brot her und Milch – ja, allen kann man nicht helfen, wenn man nämlich ein Kammerdiener ist, ein Kammerdiener für die regierenden Herrschaften, eine Art Leibarzt für die sogenannten besseren Leute – pfui Teufel, Gustl." (S. 242)

Den zögernden unentschlossenen Arzt gibt Maria Lazar der Lächerlichkeit preis. In Lohmanns Gedanken mischt sich immer wieder die Stimme der Schriftstellerin, so wenn sie seine Haltung als „Leibarzt für die sogenannten besseren Leute" charakterisiert. Das Leid der Frauen nimmt sie dagegen ernst.

Lohmanns mißglückte Rechtfertigung verweist auf eine weitere Besonderheit der Arbeit. Maria Blut ist eine Welt der Männer. So radikal hat keine der anderen Autorinnen auf eine Heldin verzichtet. Selbst beim Frauenthema Abtreibung überwiegt der männliche Blickwinkel. Der Oberlehrer Reindl, der Pfarrer und der Bürgermeister bestimmen die Entwicklung in der Kleinstadt, Meyer-Löw, Lohmann und Wipplinger sind ihre Widersacher. Die Frauen sind nur Nebenfiguren. Auch bei ihrer Gestaltung behält die Autorin das Stilprinzip bei, die Anhängerinnen der Nazis und die konservativen Monarchistinnen lächerlich zu machen, die politischen Gegnerinnen der Nazis jedoch ohne Übertreibung darzustellen. Die alte Exzellenz, die vom verblichenen Glanz des Hauses Habsburg träumt, die schwatzhaften Kleinbürgerinnen, die geltungssüchtige Tochter des Fabrikbesitzers und eine junge Gläubige beschreibt sie mit beißendem Spott. Die Sorgen und Nöte Tonis schildert sie dagegen voller Anteilnahme. Hanni, die Tochter Lohmanns, wirkt wie ein positives Gegenbild ihres Vaters. Ihr fehlt seine Bedächtigkeit, sie handelt ohne lange zu überlegen. Sie ist die einzige, die seine Zurückhaltung offen kritisiert: „Mein Vater, das ist auch so ein Vernünftiger. Der wartet ab, daß es anders wird. Aber es wird nicht anders." (S. 240)

Mit Alice formuliert Maria Lazar noch ein weiteres weibliches Ideal. In ihren kurzen Auftritten fungiert die Geliebte des Arztes fast als Sprachrohr der Autorin. Als Lohmann zaudert, hält sie ihm entgegen, nicht nur er habe Feinde. Auf seine ängstliche Frage „Ja, was macht man denn da?" antwortet sie kurz und knapp: „Sich wehren." (S. 154) Sie ist es auch, die ihn zur Einheitsfrontversammlung mitnimmt.

Weshalb Maria Lazar ihr Frauenideal nicht zur Heldin erhoben hat, läßt sich nur vermuten. Wahrscheinlich ging es ihr darum, die nationalsozialistische Diktatur als Männerstaat zu kennzeichnen, die die Stellung der Frau auf den häuslichen Bereich reduzierte. Insofern hatte die Machtübernahme die Frauen doppelt getroffen. Sie wurden politisch entmündigt und emanzipatorisch ins 19. Jahrhundert zurückgeworfen. Im „Nebel von Dybern", noch in der Weimarer Republik entstanden, hatte die Schriftstellerin ihre pazifistische Haltung noch durch eine Heldin vertreten lassen. Inzwischen waren Frauen von der politischen Bühne ausgeschaltet. Diese bittere Erfahrung übertrug die politische Autorin auf ihren Dialogroman. Auch im Wechsel von der Dramatik zur Prosa spiegeln sich die Zeitumstände wider. Die Dialoge in dem Roman, der stark an ein Theaterstück erinnert, sind – bis auf Ausnahmen – der Umgangssprache feinfühlig nachempfunden. Nach Form und Stil hätte der Roman literarische Anerkennung verdient. Der schlichte Aufbau der Handlung, die wenig überzeugende Darstellung des Doppelgängers und die charakterliche Überzeichnung der Nationalsozialisten machen den Text allerdings nur zu einem bedrückenden Zeitdokument, das unfreiwillig vor Augen führt, wie schwer die künstlerischen Ambitionen im Exil zu realisieren waren. Für Maria Lazar wird die Krise zu einer Grunderfahrung, die in eine Krise der Literatur zurückschlägt. Eine kontinuierliche Romanfiktion ist angesichts der erlebten Gegenwart nicht mehr möglich. Ähnlich wie Christa Winsloe mißlingt auch Maria Lazar der Versuch, ihre wichtigsten Anliegen zusammenzubringen. Es glückt der Autorin nicht, die Darstellung der demokratischen Hoffnungsträger mit einer Warnung vor den Nazis zu verbinden.

5.1. Vom sozialen Engagement zur Mystik: Anna Gmeyner

Die radikalen Veränderungen, die der Wechsel vom nationalsozialistischen Berlin ins demokratische Paris mit sich brachte, wirkten sich auch auf die schriftstellerischen Pläne Anna Gmeyners aus. In der französischen Hauptstadt wurde aus der Dramatikerin eine Drehbuchautorin. Der Schritt ins filmische Metier gelang wie von selbst. Der Regisseur Georg Wilhelm Pabst, dessen Film „Kameradschaft" von Gmeyners „Heer ohne Helden" beeinflußt zu sein scheint,[265] engagierte im Sommer 1933 die geschätzte Kollegin.[266] Gmeyner brachte die geeigneten Voraussetzungen mit: Für den Film, der in einem Wiener Mietshaus spielen sollte, schwebten Pabst ähnlich sparsame Akzente vor, wie sie die Autorin von der Bühne her gewohnt war. Das Drehbuch basierte zudem noch auf einem Theaterstück des Ungarn Ladislaus Bus-Fekete.

Der Schauplatz der Handlung ist auf den Aktionsrahmen eines mehrstöckigen Gebäudes eingeengt, den die Kamera nie verläßt. „Du haut en bas" – von oben nach unten – folgt sie den Akteuren auf ihren Wegen durchs Treppenhaus. Wie zuvor schon Emile Zola in seinem Roman „Pot baille" benutzt auch Pabst das Mietshaus als einen Ort, an dem er die unterschiedlichen Charaktere zusammentreffen lassen kann und so fast einen Querschnitt der Gesellschaft einfängt.[267] Doch anders als seine früheren Filme „Die freudlose Gasse" und „Westfront 1918" ist seine neue Arbeit nicht nur Anklage, sondern auch Unterhaltung.[268] Der Film schwankt zwischen populistischer Komödie und ernsthafter Milieuschilderung. Damit ging Pabst genau den Weg seiner Drehbuchautorin. Auch Anna Gmeyner hatte in ihrem Stück „Automatenbüfett" ihre Gesellschaftskritik mit Witz und Situationskomik verbunden. Die Dramatikerin verstand also aus eigener Erfahrung die Absicht ihres Regisseurs und lieferte ihm eine Vorlage, „deren Heiterkeit sich nirgends als falsch erweist und die von so hervorragenden Schauspielern so gut gelaunt gespielt" wird, „daß man sich gerne davon anstecken läßt".[269] Ihre Zusammenarbeit überzeugte die französischen Kritiker:

> „Pabst hat (…) einen romantischen, amüsanten und köstlichen Film gedreht und damit erneut die erstaunliche Wendigkeit seiner Einbildungskraft bewiesen (…). Charles Boulla (Jean Gabin) ist ein im ganzen Haus, im ganzen Viertel und in ganz

Österreich hochberühmter Fußballspieler. (…) Er ist der Liebling der Damen, nicht nur der Aufwaschfrauen, Köchinnen und Näherinnen, sondern auch der ‚Bürgerlichen‘ im Haus. Der Hausbesitzer Binder (Mauricet) und seine Frau (Margot Lion) wohnen im ersten Stock. Er ist ein Schürzenjäger, sie ein Mannweib (…). Milly Mathis, Frau Binders Köchin, ist die Geliebte von Herrn Bodeletz (Michel Simon), einem unerschütterlichen Bohemien, der seine Miete nicht zahlen kann und sich von ihr aushalten läßt. Herr Berger (Vladimir Sokoloff) wiederum betreibt eine Arbeitsvermittlung. Er schickt Frau Binder ein junges Mädchen aus gutem Hause, Maria von Ferstel (Janine Crispin), die nach einigen Schicksalsschlägen bereit ist, bis zu ihrer Anstellung im Lehrerberuf als Zimmermädchen zu arbeiten. Charles Boulla verliebt sich leidenschaftlich in die junge Lehrerin, die seine wie Binders Annäherungsversuche zurückweist, sich unendlich korrekt benimmt und, wie könnte es anders sein, keinerlei Vorwürfe verdient.“[270]

Der Film schließt mit einem Happy-End. Das ergab sich für die Autorin nicht. Vergeblich klopfte sie bei den französischen Produzenten an. Ein Exposé, das sie zusammen mit ihrem Freund Paul V. Falkenberg schrieb, fand keinen Abnehmer. Die beiden Schriftsteller hatten in ihrer Skizze ihre Exil-Erfahrung verarbeitet, wonach die Existenz von einem Paß abhängt, ein Thema, das auch Maria Lazar beschäftigt hatte. Das Autorenpaar entwarf die Geschichte eines Mannes, der ständig auf der Flucht ist, da ihm ein Hochstapler seine Papiere gestohlen hatte. Die Straße ohne Ende – „La Route sans Fins“ – nannten Gmeyner und Falkenberg ihre Gemeinschaftsarbeit. Dieser Titel könnte auch ein Bild für die vergeblichen Versuche der beiden deutschen Flüchtlinge sein, einen Produzenten für ihr Exposé zu interessieren.[271]

Anna Gmeyner zog die Konsequenzen. Weil es offenbar keinen Bedarf für aktuelle politische Filmstoffe gab, schrieb die Autorin eine zeitlose Liebesgeschichte, die sie in Schottland ansiedelte. Dort hatte sie sich schon 1930 zu ihrem Bergarbeiterstück „Heer ohne Helden“ inspirieren lassen. Statt kämpferischer Szenen schuf sie nun eine harmlose Dreiecksgeschichte zwischen einem jungen Matrosen, seiner ehemaligen Geliebten und einer Prostituierten. Tatsächlich konnte Anna Gmeyner die Erzählung 1934 auch gedruckt sehen – in 15 Folgen der deutschen Emigrantenzeitschrift „Pariser Tageblatt“.[272] Das wertete Paul V. Falkenberg als Ansporn, den Stoff zu einem Drehbuch zu verarbeiten.[273] Doch den Geschmack der Produzenten hatte Falkenberg offenbar nicht getroffen.[273] Weder in Frankreich noch in Hollywood gelang es, die Arbeit zu verkaufen.

An diesem Beispiel läßt sich erkennen, wie schwierig es für die emigrierten Autorinnen und Autoren war, sich auf den Bedarf in einem fremden Land einzustellen. Der Nachteil namenlos und ohne Verbindung zu den einheimischen Medien zu sein, potenzierte noch die berufsspezifischen Zweifel am eigenen Werk. Jedes abgewiesene Manuskript bedeutete eine Reihe von immer wiederkehrenden Fragen. Gaben Ressentiments gegen Ausländer den Ausschlag für die Ablehnung oder landete es wegen mangelnder Protektion, wegen des politischen Inhalts, wegen fehlender Qualität wieder auf dem Schreibtisch des Absenders? Bei den Schriftstellerinnen kam noch ein weiteres Moment zum Tragen: Vorbehalte gegen die Kreativität von Frauen.

Anna Gmeyner entzog sich durch die Heirat mit dem russischen Religionsphilosophen Jascha Morduch diesem Kreislauf aus Hoffnung und Enttäuschung. Nach mehr als einem Jahr in Paris begrub sie ihre Erwartungen und setzte darauf, in London neu anzufangen. Ihr Mann besaß die britische Staatsbürgerschaft, so daß sich das Ehepaar ohne Schwierigkeiten in England niederlassen konnte. Die neue Umgebung wirkte sich auf ihr künstlerisches Schaffen produktiv aus. Anna Gmeyner plante einen Roman, in dem sie die Voraussetzungen beschreiben wollte, die es den Nationalsozialisten ermöglicht hatten, in Deutschland an die Macht zu kommen. Ihre ersten Entwürfe zu „Manja", an denen sie bereits seit 1934 arbeitete, erschienen ihr als das Reifeste, was sie bisher geschaffen hatte.[274] Das motivierte sie, wieder für den Film zu schreiben.

Nach dem anfänglichen Pariser Erfolgsrezept suchte Anna Gmeyner auch in London den Kontakt zu deutschen Emigranten. So verkehrte sie mit der Schauspielerin Sibylle Binder, dem Mimen Fritz Kortner und dem Regisseur Berthold Viertel, der ebenfalls von Paris in die britische Hauptstadt gekommen war. Besonders Viertel machte Gmeyner Mut, da er sich für ihre schriftstellerischen Arbeiten interessierte. So plante er, ihre Theaterstücke aus der Weimarer Republik „Welt überfüllt" und „Automatenbüfett" zu verfilmen.[275] Obwohl diese Projekte nicht verwirklicht wurden, half der Autorin der künstlerische Zuspruch. Doch Viertel beschränkte seine Hilfe nicht nur auf ideelle Unterstützung. Als er 1936 für die Gaumont-British den Film „The Passing of the Third Floor Back" nach dem Schauspiel vom K. Jerome drehte, holte er Anna Gmeyner als Co-Autorin.[276] Die Arbeit bedeutete für sie den Einstieg ins englische Filmgeschäft. So wurde sie auch engagiert, um das Drehbuch für einen politischen Film zu schreiben. „Pastor Hall" sollte nach dem Drama von Ernst Toller gedreht werden, das er über den Kampf der Kirche gegen den Nationalsozialismus verfaßt hatte.[277] Doch die Zensurbehörde erhob in der Phase der britischen Beschwichtigungspolitik gegenüber Hitler Einspruch, da sie Anti-Nazi-Propaganda befürchtete.[278] Als Roy Boulting den Film endlich 1940 realisieren konnte, lebte die Schriftstellerin schon nicht mehr in der britischen Hauptstadt. Vor den deutschen Bomben flüchtete sie aufs Land nach Berkshire.

Der Umzug bedeutete mehr als einen weiteren Ortswechsel. In der Abgeschiedenheit, ohne Kontakt zu deutschen Emigranten, zog Anna Gmeyner nun einen Trennungsstrich unter ihr bisheriges Leben. Sie vertiefte sich immer mehr in die Religionsphilosophie ihres Mannes. Am Anfang ihrer Ehe hatte sie nur schwer Zugang zu seiner Lehre gefunden.[279] Je länger die Zeit der Verzweiflung andauerte, um so mehr fühlte sie sich von seinen Gedankengängen angezogen. In den Wirren und der Unsicherheit des Exils schien ihr die Flucht in die Mystik Halt zu geben.

Dieser Wandel hinterließ auch in ihrem Werk seine Spuren. Schon in ihrem Roman „Manja", aus dem sie bei der Gründung des „Freien Deutschen Kulturbundes" in London vorgelesen hatte, deuten sich die spirituellen Elemente an, wenn auch nur am Rande.[280] Für die fünf Kinder, die eine utopische Gemeinschaft bilden, wird das Sternbild der Kassiopeia zu einem Symbol für ihren Zusammenhalt. Noch aber weist die männliche Hauptfigur die Flucht in die Religion zurück:

„Am Anfang von allem steht der Menschenkindertraum vom Paradies. Rehe und

Gras und Blumen, Menschen, die sich lieb haben, und ein Himmel voller Sterne darüber. Es ist schwer, davon loszukommen, und manchmal holen einen die Kinderträume zurück. Sehr wenige werden ganz erwachsen."[281]

Mehr Gewicht erhalten die mystischen Momente in Gmeyners zweitem Roman „Café du Dôme", der das Exil selbst zum Gegenstand hat.[282] In dieser Arbeit beeinflußt die Mystik schon einen Handlungsstrang, den die Autorin in das vielfältige Geschehen ihres Romans eingebaut hat. Die Figur des russischen Philosophen Glebov weist Parallelen zu Anna Gmeyners eigener Entwicklung auf. Glebov, der im Exil an seinem Hauptwerk „On personal Socialism" arbeitet, hofft zwar immer noch auf eine menschlichere Welt, aber er glaubt nicht mehr, daß sein Ideal mit Mitteln der Politik zu erreichen sei. Der Philosoph, der sich als Rationalisten bezeichnet, sucht nach neuen Wegen. Wenngleich er der Endzeitvision seiner religiösen Freunde noch nicht zustimmt, provoziert er mit seiner passiven Haltung die politisch motivierten Emigranten. Die Autorin bezieht – im Gegensatz zu ihren früheren Werken – nicht Stellung, sondern schildert nur die konträren Ansichten.[283] Die Beobachtung, die Walter Benjamin anhand von Döblins Roman „Berlin Alexanderplatz" machte, trifft auch auf Anna Gmeyners Text zu. Die Krise des Exils führte zu einem Verzicht auf bewährte Erzählmuster. Der auktoriale Kommentar fehlt in dem Roman, da auch der Erzähler „unberaten ist und keinen Rat geben kann".[284]

Leidenschaftslos berichtet Anna Gmeyner vom Schicksal der Emigranten in Paris. Dabei zeichnet sie ein episoden- und farbenreiches Gemälde des Lebens der Vertriebenen und Verfolgten. Ein reiches Ensemble von sozial, psychologisch und intellektuell differenzierten Gestalten vermitteln die spannungsreiche Atmosphäre im Paris der dreißiger Jahre.

Die Episodenfülle findet ihren strukturierenden Kern darin, daß die Figuren des Romans immer wieder den gleichen Ort aufsuchen, das Café du Dôme. Damit greift Anna Gmeyner ein ähnliches Bild auf wie zuvor Feuchtwanger in seiner Wartesaal-Trilogie: das Kaffeehaus als Wartesaal für diejenigen, die vom Leben enttäuscht sind. Während Feuchtwanger das Motiv allerdings auf die gesellschaftliche Entwicklung bezog, meint die Autorin damit nur das individuelle Schicksal.

Das vielgestaltige Handlungs- und Problemgeflecht macht Anna Gmeyner außerdem dadurch überschaubar, daß sie es um eine spannende Fabel herum aufbaut. Es ist das Schicksal Nadia Schuhmachers, die nach Paris flüchten konnte, während ihr Mann Peter in Dachau inhaftiert ist. Nadia versucht von Paris aus, ihrem Mann zu helfen. Auch die deutschen Kommunisten unternehmen Anstrengungen, Peter Schumacher zu befreien.

Martin Schmidt, bei dem die Fäden der illegalen Arbeit zusammenlaufen, kennt diese Pläne und sucht die Bekanntschaft Nadias. Anna Gmeyner deutet bereits bei der ersten Begegnung an, daß Nadia und Martin miteinander harmonisieren. Bei ihrem Treffen im Café du Dôme wird allerdings auch deutlich, daß die Hindernisse für mehr als Sympathie recht groß sind. Sowohl Nadia als auch Martin sind feste Bindungen eingegangen, die sie nicht lösen können und wollen.

Nadias Mann kommt schließlich unter merkwürdigen Umständen frei. Er weigert sich, über seine Erlebnisse zu sprechen. Martin, den Peters Schweigen zunächst mißtrauisch machte, überredet die insgeheim geliebte Frau, in diesem Konflikt zu ihrem Mann zu halten. Als Nadia schwanger wird, steht ihr Zusammenleben erneut vor einer Zerreißprobe.

Auch Peters Verhältnis zu seinen deutschen Genossen wird gespannter. Die Indizien erhärten sich, daß bei seiner Flucht Naziagenten mitwirkten. Um die Wahrheit zu ergründen, begibt sich Martin schließlich ganz in Peters Hand: Er verrät ihm geplante illegale Aktionen in Deutschland, an denen er selbst beteiligt ist. Nadia erhält schließlich einen Beweis, daß ihr Mann mit den Nazis kollaboriert. Er leugnet nichts, erfleht jedoch ein letztes Mal ihre Unterstützung. Sie ist bereit, ihm unter der Bedingung zu helfen, daß er Martin rettet, der nach Deutschland gefahren ist. Doch Martin befindet sich bereits in den Fängen der Gestapo. Nadia bricht zusammen, doch mit Hilfe ihrer Freunde erholt sie sich soweit wieder, daß sie das Leben so wie es ist, annehmen kann. Der zeitgenössische Rezensent Jan Lustig lobte den Roman gerade wegen seines Endes:

„Und es ist dieser Schluß, der das ganze Unternehmen adelt. Wenn die Heldin, aus der tiefen Nacht politischer Wirrnis, besudelter Liebe und grenzenloser Einsamkeit, in das Licht eines frühen Morgens tritt und von einem Hügel, der Paris beherrscht, langsam, mit ruhigem Schritt in die erwachende Stadt heruntergeht, so erinnert das im Fanfarenton an einen berühmten Romanschluß Balzacs. Aber es ist eine Fanfare in Moll, beseligend und sanft zugleich: das klare ‚Ja‘, das eine Frau, trotz allem dem Leben zu antworten hat.“[285]

Im Gegensatz zu Jan Lustig finde ich, daß das Ende die Schwäche des Romans deutlich macht. Es zeigt noch einmal die stoische Annahme eines unabwendbaren Schicksals. Für Nadia ist – wie für die meisten Frauengestalten, die die Autorin im Exil entwirft – das Warten zum Inhalt ihres Lebens geworden.[286] So kann sie sich auch erst für einen der Männer entscheiden, als es zu spät ist. Die Schriftstellerin zeichnet ihre zentrale Frauengestalt recht passiv, den Gang der Geschichte bestimmen wie bei Maria Lazar die Männer. Lediglich am Ende darf Nadia für eine diffuse Menschlichkeit eintreten.

Anna Gmeyner entschloß sich selbst zum Zeitpunkt der Veröffentlichung von „Café du Dôme" zu einem folgerichtigen Schritt. Sie nahm endgültig Abschied von den politischen Idealen, wie sie im Roman noch der Kommunist Martin Schmidt vertreten konnte. Esoterik und religiöse Poesie erscheinen ihr von nun an attraktiver als sozialistische Theorien. Auf der Flucht vor der politischen Realität, die sie nicht beeinflussen konnte, stellte sie wahrscheinlich alles in Frage, was sie bislang geschrieben hatte. Ihre Selbstzweifel wirkten sich zerstörerisch auf ihre literarische Produktivität aus. Anna Gmeyner legte keine neue Arbeit mehr vor, sondern stellte ihre schöpferische Kraft ganz in den Dienst des Werkes von Jascha Morduch. Zusammen mit ihm schrieb sie nun Theaterstücke, die unveröffentlicht blieben.[287] Nach seinem Tod 1950 war es für einen Neuanfang zu spät. Sie verfaßte wohl wieder eigenständige Beiträge, die jedoch nur von dem Bruch mit der Vergangenheit zeugen. Ihre historischen Biographien, ihre Erzäh-

lungen und ihre Lyrik sind ohne das Gedankengebäude ihres Mannes nicht vorstellbar.[288]

5.2. „Manja" – eine Chronik des Leidens

Anna Gmeyners Schicksal nach 1933 zeigt noch deutlicher als die Lebenswege der anderen Dramatikerinnen, wie schwer es den Frauen fiel, in der Unsicherheit des Exils ihre
Selbständigkeit zu behaupten. Die Autorin griff in einer Krisensituation – nicht nur in
der Fiktion wie etwa Eleonora Kalkowska – auf die traditionellen Rollenerwartungen
zurück. Sie suchte Halt an der Seite eines Mannes und fand ihn um den Preis der eigenen Karriere. Als hätte der Schriftstellerin ihre künftige Entwicklung als Vorlage ge-
dient, hatte sie hellsichtig in ihrem Exilroman „Manja" die Frauen als doppelt bedroht
beschrieben.[289] In der Arbeit schildert Gmeyner die Frauen als Opfer der Opfer. Das
Leben der Gegnerinnen und Anhängerinnen des neuen Regimes gleicht sich in einem
Punkt: Sie unterstützten lediglich die Arbeit ihrer Männer. Anna Gmeyner liefert in
ihrem Roman ein Zeugnis darüber, wie sehr sich das Leben nach 1933 für Frauen und
Männer wandelte. Am Schicksal von fünf Familien verfolgt sie den Weg in die national-
sozialistische Diktatur. Ihr Blick zurück umfaßt die gesamte Zeitdauer der Weimarer
Republik und die Anfänge der Gleichschaltung. Damit gehört „Manja" zu der großen
Gruppe der Deutschlandromane, die eine zentrale Stellung in der Exilliteratur einnehmen.[290]

Als einer der ersten Schriftsteller hatte Lion Feuchtwanger in „Geschwister Oppenheim" dieses Genre gewählt und damit das Grundmuster für viele später entstandene
Werke vorgegeben.[291] Wie Feuchtwanger versteht sich auch Anna Gmeyner als Chronistin ihrer Zeit. Während sich Feuchtwanger auf die Zeit von November 1932 bis zum
Spätsommer 1933 beschränkt, rückt Anna Gmeyner stärker die Vorgeschichte des Dritten Reiches in den Mittelpunkt. Der Roman ist damit einer späteren Exil-Phase zuzu-
ordnen, in der die Autorinnen und Autoren die Ernennung Hitlers zum Reichskanzler
nicht mehr als isoliertes Phänomen betrachteten, sondern als ein Glied in der Kette einer langfristigen Entwicklung.[292] Gmeyner versucht ebenso wie andere Schriftsteller die
Ursachen zu benennen, an denen die Demokratie scheiterte. Der Satz der liberalen Intellektuellen im Roman „Der Gedanke an Deutschland ist wie ein böser Traum" erklärt
auch das Anliegen Gmeyners, die die deutsche Geschichte im Exil nicht losläßt. (S. 168)
Aus der Rückschau findet sie so prägnante Bilder für das „neudeutsche Chaos", daß
Berthold Viertel ihre „große Einbildungkraft" pries. Er lobte ihr Vermögen, „tausend
Details" im Gedächtnis zu behalten wie „das Tapetenmuster in einer Berliner Pension,
die Gänge und Türen in einer deutschen Gebärklinik, und eine halb abgebrochene
Mauer auf einem Hügel, drunten aber den Fluß im wechselnden Licht".[293]

Um ein möglichst umfassendes Bild der jüngsten Entwicklung zu geben, strebt
Gmeyner wie Feuchtwanger mit ihren Figuren gesellschaftliche Repräsentanz an. Ihre
fünf Familien vermitteln einen Querschnitt der Bevölkerung und der politischen Positionen am Ausgang der Republik. Gmeyner beschränkt sich nicht darauf, fünf Einzel-

schicksale darzustellen, sondern sie verknüpft die Episoden der Familien auf vielfältige Weise. Wie so etwas gemacht wird, hatte sie schon beim Drehbuch zu „Du haut en bas" ausprobiert. Doch anders als in der Kinokomödie schränkt sie die Handlung in dem Roman nicht auf die Vorgänge in einem Haus ein. In der „roten Mietskaserne am Ende der Stadt" bringt sie lediglich zwei Familien unter. (S. 36) Dort wohnt der klassenbewußte Proletarier Ernst Müller, der schon während der Weimarer Republik in seiner Fabrik für eine „bessere Ordnung" kämpft und dafür die Quittung bekommt, häufig arbeitslos zu sein. (S. 39) Seine Frau Anna, die die Familie mühsam als Wäscherin durchbringt, lernt damit zu leben, den Mann in ständiger Gefahr zu wissen. Im Dritten Reich kommt Müller ins Konzentrationslager. Eine Treppe über den Müllers zieht eines Tages die Ostjüdin Lea ein, die ihre drei Kinder schutzlos sich selbst überlassen muß, da sie sich selbst nicht helfen kann. Ihr Mann, der galizische Händler Leo Meicrowitz, versucht vergeblich, in einer anderen Stadt eine Existenz zu gründen.

Nur einige Blocks entfernt lebt die Familie des stellungslosen Vertreters Anton Meißner, der den Juden die Schuld für sein eigenes Versagen gibt und der nach 1933 zum SS-Schergen aufsteigen wird. Meißners Karriere nach der Machtübergabe bedroht sowohl die großbürgerliche Familie des Bankiers Max Hartung, der seine jüdische Abstammung verleugnet, als auch die bürgerliche Familie des Arztes Ernst Heidemann, der sich seinen humanistischen Idealen verpflichtet fühlt.

Die Verbindung dieser fünf Kreise stellt die Autorin vor allem über die gleichaltrigen Kinder der Familien her. Karl Müller, Franz Meißner, Harry Hartung, Heini Heidemann und Manja, die Tochter Leas, sind trotz der Klassengegensätze und der unterschiedlichen Ansichten ihrer Eltern Freunde. „In dem sehr schönen Motiv der sich über alle unmenschlichen Beziehungen der Großen hinwegsetzenden treuen Kinderfreundschaft" liegt ein „sicheres Fundament der Komposition" fand schon Inge von Wangenheim 1938.[294] Berthold Viertel attestierte: „Dass die Gemeinschaft der Kinder mit ihrem Idealismus (…) der Tollhausgemeinschaft der Erwachsenen (…) gegenüber gestellt, mit ihr Zug um Zug konfrontiert und kontrastiert wird, das ist der gute Griff dieses Buches."[295] Noch heute beeindruckt, wie Anna Gmeyner durch das Konstruktionsprinzip der Kontraste die Zerschlagung einer humanen Gesellschaft überdeutlich werden läßt, indem sie als Gegenwelt dazu den natürlichen Umgang der Kinder schildert. Die Naivität der Kinder stellt die Unmenschlichkeit der nationalsozialistischen Wirklichkeit bloß, weil sie „alles in frischester Unmittelbarkeit erfahren."[296]

Die Kinder sind die Hoffnungsträger. Liebe und Phantasie erweisen sich in ihrem Bund stärker als die familiäre und soziale Prägung. Doch die Utopie läßt sich nicht aufrechterhalten. Die Gemeinschaft der Kinder zerbricht an den Härten der braunen Diktatur. Im Spiegelbild der fünf Familien erfaßt die Autorin nicht nur „den Werdegang Deutschlands" in den Jahren 1920 bis 1934 – wie es die Verlagsankündigung von 1938 verheißt – sondern sie stellt Gewalt, Bedrohung, Unrecht und Ohnmacht immer auch aus der Sicht der Kinder und Frauen dar.[297] Das hat Folgen für die Konstruktion der Fabel. Gmeyner betrachtet die Historie aus der Perspektive der Bevölkerung und beschreibt, wie die Zeitgeschichte den Alltag verändert. So schildert sie die Auswirkungen der Inflation anhand von Friedas Haushaltsbuch und dem zunehmenden Antisemitismus spürt sie auf der Straße nach, wo bereits das Einkaufen für Manja und ihre Brüder zum Spießrutenlaufen wird. Der Wert ihrer Arbeit liegt darin, daß sie den Alltag nicht ignoriert, wie es Hans Mayer Feuchtwanger vorwarf, sondern ihm breiten Raum gibt.[298]

Dieses Vorgehen brachte Anna Gmeyner manches Mißverständnis der Kritik ein. Bereits Inge von Wangenheim, die Rezensentin von 1938, machte der Autorin zum Vorwurf, daß sie mit ihren Gedanken zum Faschismus noch nicht fertig sei.[299] Fast identisch hört sich der Einwand Wolfgang Krämers an, der fast fünfzig Jahre später immer noch „Elemente einer Faschismustheorie" vermißt.[300] Diese Einschätzung wird dem Anliegen Anna Gmeyners nicht gerecht. Ihre politische Sehschärfe beweist sich gerade darin, daß sie bereits in den dreißiger Jahren ihre Diagnose der Zeit nicht auf die objektiven Triebkräfte des Faschismus begrenzt, sondern daß sie ihr Augenmerk auf einen Problemkomplex richtet, der erst in der neueren Forschung zum Thema wurde, auf die psychologischen und sozialen Wurzeln des Faschismus. Diese Intention verbindet Anna Gmeyner mit ihrer Kollegin Irmgard Keun, deren Bücher ebenso den alltäglichen Faschismus darstellen.[301]

Dieser Aspekt veranlaßte Berthold Viertel in seiner Kritik von 1938 von einem „Frauenbuch" zu sprechen.[302] Als „bizarren Einfall einer Frau" wertete er überdies den Auftakt der Handlung.[303]

Anna Gmeyner begann ihre Studie über den Faschismus in Deutschland mit der Schilderung von den Nächten, in denen die fünf Kinder gezeugt wurden, die das Gegenmodell einer humanen Gemeinschaft verkörpern. „Die Nächte der Liebe, des Hasses, des Abenteuers, der Gewohnheit und Vergewaltigung" sind Kommentare zur Zeitgeschichte aus weiblicher Perspektive, sie „spiegeln den gesellschaftlichen Zustand: Ausbeutung der Frau, wie sie zur Struktur des Ganzen gehört."[304] Der Romananfang ist deshalb nicht – wie Viertel unterstellt – als sonderbarer Einstieg der Autorin in ihr Thema zu verstehen, sondern er stimmt auf den Grundtenor des Buches ein: Die Schriftstellerin macht die sich zuspitzende Krise am Ausgang der Weimarer Republik in den Alltagserfahrungen von Männern, Frauen und Kindern nachvollziehbar. Die Art und Weise, in der die Autorin die intimen Beziehungen schildert, gibt auch Auskunft über das Frauenbild, das Gmeyner in ihrem Roman entwirft. Den „Geschlechtsakt in seinem individuellen Verlauf" bestimmen die Männer, keine der Frauen entwickelt ein eigenes Begehren und wird selbst aktiv.[305]

Im Gegensatz zur kämpferischen Maggie Lee aus Gmeyners Bergarbeiterstück „Heer ohne Helden" rüttelt keine der weiblichen Figuren in „Manja" an den Grenzen, die ihr Geschlecht ihnen setzt.[306] Auf den ersten Blick entsprechen die Frauenfiguren in dem Exilroman den traditionellen Weiblichkeitsmustern von Liebe, Aufopferung und Fürsorge. Für ihre eigenen Rechte, für ein besseres und bequemeres Leben kämpfen sie nicht. Sie setzen sich in erster Linie für andere, besonders für ihre Männer und Kinder, ein. Gmeyners weibliches Personal ist „dem Bild von der natürlichen mütterlichen Liebe, einer jenseits aller Klassen, aller politischen Haltungen und aller Individualität liegenden Potenz sehr nahe".[307]

Doch mit ihren Frauenfiguren entwirft die Schriftstellerin keine idealtypischen Charaktere, sondern sie gibt ihnen realistische Züge. Gmeyners Figuren sind keine „nach

Maß zugeschnittenen Ideenträger" befand der Rezensent Andor Gabor 1938. Ihm gefiel, daß ihre Gestalten ein „volles, reichhaltiges, widerspruchsvolles Leben" führen. Sie erscheinen so, „wie es aus ihrem vom Schriftsteller gegebenen Charakter, aus ihrer gesellschaftlichen Lage und aus der gesellschaftlichen Entwicklung Nachkriegsdeutschlands folgt."[308] Die Autorin macht die Zwischentöne sichtbar, Eindimensionalität ist ihre Sache nicht. Ihre Frauenfiguren sind weder engelhaft gut noch abgrundtief böse. Die Autorin unterläuft das stereotype Frauenbild auch, indem sie den eigenen Anteil der Frauen an ihrer Opferrolle thematisiert. Dies gelingt ihr am eindrucksvollsten bei der Gestalt von Hilde. Für ihren Mann, den Kommerzienrat Max Hartung, ist sie nur ein schönes Bild. Hilde entspricht seiner Vorstellung, doch der Preis dafür ist hoch. Vor lauter Langeweile und Unausgefülltheit flüchtet sie schließlich in den Wahnsinn. Sie ist eine „Gefangene" ihrer eigenen Aufstiegswünsche geworden: „Zu Hause waren wir sehr arm, (…) dann kam Hartung nahm mich heraus und dann habe ich das große Leben geführt." (S. 117/141) Auch Lea erhofft sich von ihrer Heirat mit dem Galanteriewarenhändler Meicrowitz eine Verbesserung ihrer sozialen Lage. Er verspricht der geliebten Lea „Kleider aus Seide", doch dieser Traum scheitert an der Realität Nachkriegsdeutschlands. (S. 106) Lea muß sich und ihre Kinder alleine durchschlagen. Doch sie ist dieser Aufgabe nicht gewachsen. Sie flüchtet in den Alkohol und läßt ihre Tochter Manja für die Familie sorgen.

Ebenso werden Frieda Meißners Erwartungen nach ihrer Heirat enttäuscht. Ihr Mann entpuppt sich als schlagender Haustyrann, der sein berufliches Versagen an der Familie ausläßt. An dieser Figur entwickelt die Autorin hintergründig ihre Kritik am nationalsozialistischen Frauenbild. Frieda entspricht scheinbar diesem Ideal: Sie opfert sich für Mann und Kinder auf. Außerdem übernimmt sie die Schlagworte der Nazis, um damit – ähnlich wie ihr Mann – ihre eigene Erniedrigung zu kompensieren. Ihr hilfloser Haß, den sie nicht gegen Anton zu richten wagt, entlädt sich an ihrer sozialdemokratischen Nachbarin. Doch Friedas Lage verbessert sich nach der Machtübernahme nur äußerlich. Zwar muß sie nun nicht mehr jede Ausgabe überdenken und kann ins Vorderhaus umziehen, doch die Gewaltverhältnisse innerhalb der Familie sind die gleichen geblieben. Sie kann weder sich selbst noch ihre Kinder vor dem brutalen Zugriff ihres Mannes schützen.

Bei den positiven Heldinnen des Romans fällt es der Autorin schwerer, dem Klischee der Mutter, die nur für andere da ist, zu entkommen. Da sowohl Hanna Heidemann als auch Anna Müller mit einem ebenbürtigen Gefährten belohnt werden, reiben sie sich nicht an den patriarchalischen Gewaltverhältnissen, sondern entsprechen der traditionellen Rolle. Anna ist „eine seelengute Proletenfrau, welche die übersprudelnde Milch ihrer Brust gern dem Säugling der nicht stillen könnenden Jüdin spendet und ihren letzten Bissen (…) mit der Hungernden teilt".[309] Auch Hanna kümmert sich in erster Linie um das Wohlergehen anderer. Nicht mit einer der Mütter, sondern mit Manja führt die Schriftstellerin vor, was Frauen in letzter Konsequenz von den Nazis zu befürchten haben. Manja, „die in ihrer tief sozialen Charakteranlage, ihrer reinen Denkungsart, in ihrem großmütigen Herzen die wahrste und tiefste Menschlichkeit in dieser verdunkelten Zeit verkörpert", ist die zentrale weibliche Identifikationsfigur des

Romans.[310] Zum einen sind die Manja-Passagen Bindeglieder, die die Episoden der fünf Familien verknüpfen. Zum anderen konkretisiert sich in ihrem Fall die wachsende Bedrohung, der auch die anderen weiblichen Figuren ausgesetzt sind.

Manjas Entwicklung läßt sich als Anti-Bildungsroman lesen. Anna Gmeyner führt vor, wie eine starke Persönlichkeit von den „neudeutschen" Verhältnissen allmählich zerstört wird.[311] Manja, das armselige ostjüdische Mädchen, erfährt den Terror der Nationalsozialisten im Gegensatz zu ihren gleichaltrigen Freunden auch als sexuelle Gewalt. Der Rassenwahn richtet sich gegen ihren Körper. Menstruationsflecken auf ihrer Unterwäsche geben den Anlaß für antisemitische Ressentiments ihrer Lehrerin: „Daß eine noch nicht Dreizehnjährige blutet, hat etwas Verdorbenes, Gieriges, Unsauberes, das mit dem zynischen rafferischen Element ihrer Rasse geheimnisvoll zusammenhängt." (S. 248) Manja, an der Schwelle vom Kind zur Frau, wird zum Objekt der sexuellen Begierde des jungen Nazis Martin. In seinen Augen ist sie Freiwild, die faschistische Ideologie dient ihm als Rechtfertigung, Manja zu vergewaltigen. Was die täglichen Diskriminierungen nicht vermocht hatten, gelingt der brutalen, männlichen Gewalt. Manja erleidet jenes Trauma, „das allen Juden zuzufügen des Reitpeitschen-Streichers Vorsatz und Mission ist. Sie kommt darüber nicht hinweg. Sie geht in den Fluß."[312] Im Gegensatz zu den Jungen und Männern, die die Schikane und Folter, der sie ausgesetzt sind, eher noch widerstandsfähiger macht, zerbricht Manja an der sexuellen Demütigung. Die Gewaltherrschaft der Nazis wirkt sich auf die Frauen zerstörerischer aus als auf die Männer.

Das wird vor allem an der Figur des liberalen Arztes Ernst Heidemann deutlich, dessen Entwicklung entgegengesetzt zu der Manjas verläuft. Auch Heidemann empfindet angesichts der zunehmenden Gewalt die eigene Machtlosigkeit, doch verändert ihn diese Erfahrung positiv. Der zögernde Intellektuelle, der sich dem Humanismus verpflichtet weiß, entschließt sich erst angesichts der realen Bedrohung durch die Nazis, sein Einzelgängertum aufzugeben und mit den anderen Verfolgten, den Kommunisten und den Arbeitern gegen den Faschismus zu kämpfen. Im Gegensatz zu Inge von Wangenheim, die den Figuren jegliche Entwicklung abspricht, finde ich, daß Heidemann sich allmählich verändert.[313] Sein Prozeß politischer Erkenntnis macht Heidemann neben Manja zur anderen Hauptfigur des Romans. Die Konsequenz aus seiner Einsicht benennt Heidemann in einem Dialog mit dem Kommunisten Ernst Müller: „Ich werde bei euch sein und ich gehöre zu euch". (S. 338) Doch diese Annäherung findet nur in den Köpfen der Männer statt. Angesichts der gescheiterten Volksfrontpolitik konnte die Autorin mit der Verständigung zwischen dem kommunistischen Arbeiter und dem liberalen Intellektuellen nur mehr einen Wunsch formulieren. Ihre eigenen geschichtlichen Erfahrungen sprachen dagegen, ihn im Roman Gestalt werden zu lassen.[314]

Ohne Illusionen betrachtete sie auch die Stellung der Frau in diesem Prozeß. Da die Machtübernahme die Emanzipationsbemühungen beendete, ist die Autorin nur konsequent, daß sie ihre politischen Vorstellungen auf eine männliche Figur projiziert. Bezeichnenderweise gibt sie Heidemann auch schon ein Stück Exilerfahrung mit auf den Weg. Der Arzt lebt vor 1933 einige Monate lang in einem Lungenkurort in der Schweiz und blickt von draußen auf die Entwicklung in Deutschland. Doch 1934 entschließt sich Heidemann zum Bleiben, zur inneren Emigration: „Wir leben in einer Zeit, in der man in die Katakomben muß. Nicht sich verstecken, sich bewahren". (S. 345) Den Romanfiguren fällt der Entschluß zu emigrieren schwerer als ihrer Erfinderin. Die fünf bitteren Jahre in der Fremde spiegeln sich nicht zuletzt darin wider, daß Anna Gmeyner das Exil nur als allerletzten Ausweg ansieht, um dem Zugriff der Nationalsozialisten zu entkommen. Sowohl Heidemann als auch Müller bleiben in Deutschland. Zur Flucht entschließt sich nur Max Hartung. Doch auch er geht erst in dem Moment ins Exil, als er um sein Leben fürchten muß. Der Bankier Hartung ist die ambivalenteste Figur in dem Roman. Er ist „zwar gefräßig, aber nicht immer", er „ist zwar bösartig, aber nicht in jeder Minute des Tages", er „ist zwar auf seine Interessen bedacht, kann aber auch anders."[315] Hartung, der „90 Prozent des Antisemitismus immer unterschrieben hat", dient sich zunächst dem Nazi-Regime an. (S. 289) Auch sein Sohn Harry soll sich anpassen und in der Hitlerjugend mitmarschieren. Hartungs Plan mißglückt. Meißner, sein ehemaliger Portier, will ihm seine Macht zeigen. So ist aus dem Täter Hartung, der mit seinem Geld Waffen für die Reichswehr finanzierte, am Ende ein Opfer geworden.

Meißner will sich für die Jahre seiner Ohnmacht rächen. Er haßt die Juden, Kapitalisten, Sozialdemokraten und Kommunisten, doch seine Gründe dafür fallen recht fadenscheinig aus. Die Unterstellung eines „internationalen Judenkomplotts" liefert ihm lediglich den Vorwand, seine – wie Theodor W. Adorno formulierte – eigenen aggressiven Intentionen mit Hilfe von Projektionen zu rechtfertigen.[316] (S. 64) Mit Meißner liefert Gmeyner das Portrait eines aktiven Nazis, der als Modell für die spätere Studie Adornos über den „autoritären Charakter" fungieren könnte. Seine Charakteristik, daß der autoritäre Typ „soziologisch gesehen (...) in hohem Maße typisch für den unteren Mittelstand" sei, entspricht genau Anna Gmeyners literarischer Deutung des Phänomens.[317] Als Grund für Meißners Machtbesessenheit benennt die Autorin die Situation des Kleinbürgers, der gegen seinen sozialen Abstieg kämpft. Gmeyners Bilder bannen die ranzige Enge der Verhältnisse. Man vermeint die Kleinbürgerlichkeit zu sehen und zu riechen, wenn sie die winzige Wohnung der Meißners hinstrichelt:

„(...) denn ihr Mann liebt es nicht, wenn irgendwelche Spuren davon da sind, daß Tilde im Eßzimmer schläft. Das wird überhaupt nicht erwähnt. Man nimmt an, daß irgendwo noch ein Kinderzimmer da ist, wie es sich gehört, durch den langen Korridor von den Vorderzimmern getrennt. Auch Mariechen schläft offiziell nur vorübergehend bei den Eltern, weil sie so zart ist. Darum darf kein Kleidungsstück im Eßzimmer sein, das Sofa muß bedeckt sein mit der glattgestrichenen Ripsdecke, auf der in einer Reihe, die drei grünen Kissen liegen. Und wenn Anton Meißner ein Kinderstrümpfchen auf einem Stuhl liegen sieht, dann geht er darauf zu, als wäre es eine Klapperschlange, hält es hoch und sagt: ‚Wie kommt ein Kinderstrumpf ins Eßzimmer?' An einem solchen Morgen erbricht Mariechen ihre Milch und Tilde bekommt eine vier in der Schule." (S. 26)

Als strammer Nationalist darf Meißner endlich seinen versteckten Aggressionen auch außerhalb seiner eigenen vier Wände freien Lauf lassen. Die faschistische Ideologie dient ihm als Rechtfertigung, seinen lautlosen Familiendespotismus in politische Gewalt umzusetzen. An seinem Schreibtisch, „schwarz und groß wie ein Schlachtfeld", repräsentiert er die neue Macht:

„Fern die Tage (...), da er in Zorn und Haß viele gewalttätige Dinge verübte. Jetzt genügt ein Druck auf eine Klingel, ein Wort ins Telefon, eine Bemerkung, ganz ohne Anstrengung, und ein Apparat, fein und gewaltig, wie ein Mikrofon, verstärkt, führt aus, gibt weiter." (S. 322)

Für die Beschreibung des faschistischen Machtapparates findet die Autorin ein treffendes Bild. Ihr Blick ins Innere des nationalsozialistischen Staates erhellt unbeabsichtigt auch eine Besonderheit ihres Schreibens. Die Autorin ist sich ihrer Ausdruckskraft in der Prosa nicht sicher. Sie verläßt sich nicht auf kurze und prägnante Darstellungen, sondern sie wiederholt oft den gleichen Sachverhalt mit anderen Worten. Dabei gelingen ihr manchmal, wie die Szene in Meißners Büro verdeutlicht, sprachliche Bilder „von kühnster Wahrheit und Schönheit". Doch der Roman enthält auch, so Viertel, „gestaute Sätze mit manchmal verbogenen Konstruktionen". Ihr Stil trägt nach Ansicht Viertels „die Kennzeichen eines epischen Erstlingswerkes, in dem ursprünglich dramatisches Talent sich in gleichmäßigem Fluß zu bringen trachtet."[318] Die Handschrift der ehemaligen Bühnenautorin ist auch an der Sicherheit, mit der sie die Dialoge gestaltet, ablesbar. Die Gespräche dienen in ihrem Roman nicht nur zur Ausschmückung, sondern wie in einem Theaterstück bringen sie die Geschichte voran und erklären sie. Selbst bei Rückblenden greift die Autorin auf die wörtliche Rede zurück.

So läßt sie sich Heidemann an den Feldwebel seiner Kompanie so erinnern, als würde sich die Auseinandersetzung von 1918 in seiner unmittelbaren Gegenwart zutragen. Auch die Schauplätze des Romans verweisen auf das Theater. Es sind fast überwiegend geschlossene Räume. Die Handlung findet meist in einer Wohnung, im Krankenhaus, im Gerichtssaal, in der Schule und in einer Gefängniszelle statt. Selbst der Treffpunkt der Kinder, eine abgebrannte Mauer im Freien, ist gut als Bühnenbild vorstellbar. Mit der Beschränkung auf die Innenräume findet die Dramatikerin außerdem ein treffendes Bild, um den veränderten Handlungsspielraum der Frauen zu kennzeichnen. Die nationalsozialistische Ideologie verwies die Frauen wieder ins Haus, öffentliche Plätze waren den Männern vorbehalten.

Doch nicht nur formale Parallelen verraten die Dramatikerin. Die Wahl des Genres macht auch unter inhaltlichen Gesichtspunkten Sinn. Mit „Manja" setzte Anna Gmeyner die Tradition des Zeitstückes in der Prosa fort. Der Anspruch an die Literatur, handlungsorientierte Aufklärungsfunktionen wahrzunehmen, erstreckte sich im Exil – neben den Dokumentarformen – vor allem auf den Zeitroman. So war es nur konsequent, daß die Autorin nach 1933 diese Gattung für sich entdeckte. Wie in ihren Stücken bevorzugte sie auch in der Prosa eine konventionelle Schreibweise. Anders als für etliche ihrer Schriftstellerkollegen ist der Roman für sie kein Genre, das auch formal die Krisenerfahrung widerspiegelt. Avantgardistische Techniken wie sie Brecht oder Döblin benutzten, waren schon in der Weimarer Republik Gmeyners Sache nicht. Trotz dieser Einschränkung ist „Manja" ein „außerordentlich reines und interessantes Buch", wie Andor Gabor schon 1938 hervorhob:

> „(...) mit ihrem Roman beweist sie, daß die deutsche Literatur viel verloren hat durch ihr Schweigen, denn Anna Reiner gehört zur ersten Garnitur, sie gehört zu jenem nicht allzu weiten Schriftstellerkreis, dessen Werke nicht nur dank dem ‚verarbeiteten Material', sondern auch dank der künstlerischen Fähigkeiten des Verfassers, bleibenden Wert besitzen."[319]

Gabor bedauerte damals nur, daß Anna Gmeyner zeitweise verstummt war. Tatsächlich hatte sie sich mit „Manja" für immer von ihren deutschen Lesern verabschiedet. Die Hoffnung Inge von Wangenheims, die noch „manches wesentliche Buch" von der Schriftstellerin erwartete, erfüllte sich nicht.[320] Ihr Neubeginn mit religiöser Erweckungsliteratur machte den Verlust der politischen Schriftstellerin nur noch größer. Wie einschneidend und fatal sich das Exil auf das literarische Werk auswirkte, dafür ist Anna Gmeyner ein tragisches Beispiel. Mit Abstand verfolgte die Autorin die zögernde Wiederentdeckung ihres Werkes Ende der achtziger Jahre in der Bundesrepublik. Anfang 1991 ist Anna Gmeyner in einem Altersheim in Schottland gestorben.

6.1. Opposition im Verborgenen: Ilse Langer

Ungebrochener als die meisten Dramatikerinnen, die ins Exil gingen, überstand Ilse Langner die Zeit der nationalsozialistischen Diktatur. Zwar spürte auch sie die „Einkerkerung in eine" ihr „widerstrebende Doktrin", doch war sie nicht so unmittelbar bedroht wie die Jüdinnen Anna Gmeyner, Maria Lazar, Hilde Rubinstein und die Polin Eleonore Kalkowska.[321] Es reichte allerdings aus, daß sie in ihren Stücken vehement die traditionellen Weiblichkeitsmuster in Frage stellte, um ins Visier der nationalsozialistischen Kulturwächter zu geraten. „Emanzipation von der Frauenemanzipation ist die erste Forderung", formulierte Alfred Rosenberg und stellte damit klar, daß Langners Themen im Dritten Reich als unerwünscht galten.[322] So war es nur konsequent, daß Goebbels die Uraufführung ihrer Komödie „Amazonen" verhinderte. Auch Ilse Langners andere Bühnenstücke fielen in die Kategorie des „zersetzenden Schrifttums".[323]

Trotz der persönlichen Anfeindung scheint die politische Dramatikerin vor der Wirklichkeit des Dritten Reiches zunächst die Augen verschlossen zu haben. Ihre Bereitschaft, die Zeichen der Zeit zu beschönigen, irritiert bei einer Autorin, die vorher gesellschaftliche Mißstände attackiert hatte. Wahrscheinlich aus Angst vor Repressalien schweigt sie sich nach der Rückkehr von ihrer ersten Asienreise darüber aus, wie sie die veränderte Umgebung wahrnahm. In Ilse Langners autobiographischen Berichten finden sich lediglich Beschönigungen. So bezeichnet sie die ersten Terrormaßnahmen, mit denen die Nazis ihre Macht sicherten, als „politische Querelen".[324]

Langners Widerspruchsgeist war gedämpft. Sie hatte aufgrund der „Querelen" bereits die Bühne als politisches Forum verloren. Die Angst, mit einem generellen Publikationsverbot belegt zu werden, verhinderte deutlichere Worte. Die Autorin bangte um ihre schöpferische Kraft, wenn sie von den Möglichkeiten zu publizieren völlig abgeschnitten sein sollte. Der Preis erschien ihr zu hoch. Zudem war ein aktives Eingreifen in die Politik schon vor 1933 nicht ihre Sache gewesen. Sie sah die Kunst als ihre Waffe an, mit der sie für eine bessere Welt stritt. Die Haltung erklärt, daß sie sich nach der Machtübernahme politischer Demonstrationen enthielt.

Die Schriftstellerin sah ihre Rolle nicht im Widerstand, sondern als Chronistin ihrer Zeit: „Jetzt kommt es nur noch darauf an, zu überleben, damit wir eine lebendige Brücke bilden können zu denen, für die später, alles was wir erleiden, ein unglaubwürdiges Gerücht sein wird."[325]

Das „Bild von der windstillen Mitte des Taifuns", mit dem Reinhold Grimm das Lebensgefühl der inneren Emigration beschreibt, dürfte auch dem „Urerlebnis" Ilse Langners entsprochen haben.[326] „Ich will mich nicht zum Märtyrer machen lassen auf einem Gebiete, das mich nichts angeht" begründete Oskar Loerke seinen Entschluß, das Treuegelöbnis für Hitler zu unterzeichnen.[327] Ähnliche Argumente wie sie Loerke formulierte, der im Fischer-Verlag die Theaterstücke Langners betreute, gaben wohl auch für die Autorin den Ausschlag, dem Reichsverband deutscher Schriftsteller beizutreten.[328] Als Berufsschriftstellerin sah sich Ilse Langner zu diesem Schritt genötigt. Selbst der Kommunist Johannes R. Becher riet seinen Autorenkollegen, Mitglied im Verband zu werden, allerdings mit einer anderen Motivation: Die Mitgliedschaft sollte als Deckmantel für illegale Tätigkeiten dienen.[329] Ob bewußte Taktik oder Angst Langners Verhalten diktierte, ist im Nachhinein nicht mehr zu entscheiden.

Zudem machte sich die Dramatikerin zu diesem Zeitpunkt über die Dauer der nationalsozialistischen Herrschaft die gleichen Illusionen wie die meisten Emigranten. Die Vertriebenen hofften, so beobachtete der Schriftsteller Leonhard Frank, „Hitler würde sich nicht länger als ein paar Monate an der Macht halten können."[330] Fast wortwörtlich formulierte Klaus Mann in seiner Autobiographie: „Ein paar Wochen, ein paar Monate vielleicht, dann mußten die Deutschen zur Besinnung kommen und sich des schmachvollen Regimes entledigen."[331] Anders als Mann glaubte Langner jedoch „für den Augenblick besser" in Deutschland aufgehoben zu sein.[332] Die Autorin biederte sich nicht dem Geschmack der neuen Machthaber an. In ihren Werken widersprach sie weiterhin den Zielen der nationalsozialistischen Politik – auch um den Preis, nicht veröffentlicht zu werden. Ihre Kritik konnten die Kulturwächter kaum tolerieren, wie es mit den Werken der bürgerlich-konservativen Autoren geschah. Die humanistische Gesinnung, die diese Schriftsteller vertraten, kratzte nur wenig am Selbstverständnis der Nazis. Im Gegenteil, die Tatsache, daß die Veröffentlichung solcher Arbeiten möglich war, erfüllte sogar eine Alibi-Funktion. Ihr Erscheinen erweckte die Illusion, daß die staatliche Zensur nicht so streng gehandhabt werde. Dieser Zusammenhang veranlaßte Thomas Mann zu der Ansicht, daß „Bücher, die von 1933 bis 1945 in Deutschland überhaupt gedruckt werden konnten, weniger als wertlos und nicht gut in die Hand zu nehmen" sind. „Ein Geruch von Blut und Schande haftet ihnen an."[333] Autoren wie Walter von Molo und Frank Thieß, die nach 1945 reklamierten, den eigentlichen Widerstand geleistet zu haben, gaben den Anlaß für Manns böse Worte.[334] Die Tatsache, daß die Literatur, die zwischen 1933 und 1945 in Deutschland entstand, durchaus unterschiedlich war, ahnte bereits Franz Carl Weiskopf 1939. Er kam zu der Ansicht, es gebe „Halb- und Dreiviertelgebräunte, literarische ‚Mischlinge‘, Schein-Gleichgeschaltete, Überwinterer, Abseitige, Einsame" und „Wetterfahnen".[335] Die geistige Opposition, die aus Langners Werken spricht, sprengt fast Weiskopfs Kategorien. Weder die Flucht vor der Wirklichkeit, wie sie die Vertreter der naturmagischen Dichtung propagierten, noch der geschichtsfeindliche Skeptizismus eines Gottfried Benn waren ihre Sache. Wie Marie Luise Kaschnitz, Erika Mitterer und Gerhart Hauptmann schöpfte auch Ilse Langner während der „furchtbaren Hitlerzeit" aus der griechischen Mythologie, die sie als Gleichnis benutzte.[336] Langer stellte ebenso wie Hauptmann einen Bezug zur Zeitgeschichte her.[337] Die Welt der Antike diente ihr als Spiegel für die Gegenwart. Im historischen Gewand glaubte sie, die Themen Krieg und Frieden und Emanzipation der Frau allgemeingültiger als in ihren Zeitstücken darstellen zu können. Diese Absicht verbannten die meisten ihrer Texte in die Schublade und ordnet sie dann doch einer Sparte Weiskopfs zu, den Einsamen.

Trotzdem harrte die Autorin weiter in Deutschland aus. Ähnliche Gründe, die Christa Winsloe in der Fremde veranlaßten, sich nach Deutschland zurückzusehnen, bewogen Ilse Langner von vornherein zum Bleiben.[338] Auch sie befürchtete, im Ausland den Antrieb zum Schreiben zu verlieren – ein Einwand, der so unbegründet nicht war, wie die Lebensläufe der anderen Dramatikerinnen gezeigt haben. Gerade die Autorinnen und Autoren, die sich in der Weimarer Republik Zeitthemen verschrieben hatten und damit auf die Umgangssprache angewiesen waren, litten stark unter der erzwungenen Trennung. Das Exil gefährdete ihr Lebenswerk. Leonhard Frank fand für die traumatische Erfahrung einen einprägsamen Vergleich: Der Schriftsteller „spielte in der Emigration auf einer Geige aus Stein, auf einem Klavier ohne Seiten".[339] Auch Hilde Rubinstein teilte mit ihm die Angst, die Worte nicht mehr zum Klingen zu bringen. Sie litt im Exil unter der bitteren Erfahrung vom „lebendigen Strom der Muttersprache" abgeschnitten zu sein:[340]

„Man gehört in das Land, dessen Sprache man gelernt hat, dessen Sprache man von Kindheit aus kann, die Sprache ist eine sehr, sehr nahestehende und eine zärtliche Angelegenheit, die liebt man mehr als den besten Liebhaber. Man gehört zusammen mit seiner Sprache."[341]

Genau das waren auch Ilse Langners Empfindungen. „Ich kann ohne unsere Sprache nicht leben", vertraute sie ihrem Tagebuch an.[342] Leben umfaßte für die Schriftstellerin mehr als nur die materielle Absicherung, sondern sie meinte damit ihre schöpferische Existenz. Die Kraft, ihre Visionen in literarische Bilder zu bannen, glaubte sie nur in ihrer gewohnten Umgebung zu haben, die zudem den Vorteil bot, daß sie sich ganz auf ihr Schreiben konzentrieren konnte. In Berlin sorgte ihr Mann Werner Siebert für ein ständiges Auskommen. Im Gegensatz zu Marieluise Fleißer, für die sich das „Mausloch" der Ehe als private Hölle entpuppte, fand Ilse Langner Sicherheit in der Gemeinschaft mit ihrem Mann.[343] Werner Siebert erwies sich als sensibler Förderer ihrer Kunst,

Ilse Langner 1933 in Singapur

er scheint der ideale „Karrierebegleiter" gewesen zu sein.[344] Er schränkte ihre Eigenstän-
digkeit nicht ein, im Gegenteil, er unterstützte sie, wie sich bei einer gemeinsamen
Asienreise zeigte:

„Doch in Singapor bereits entschied ich meine Allein-Weiter-Reise; da mein Mann
von seiner Firma zurückgerufen wurde. Verständnisvoll fragte er: ‚Willst Du weiter-
fahren?' — ‚Ja!' – rief ich. Und ich fuhr."[345]

Das verwirrende Kaleidoskop von Eindrücken, die während der Reise auf Ilse Langner
einstürzten, ließ sie die Entwicklung in Deutschland für eine Zeit lang vergessen. Ein
anderer Kulturkreis zog sie in seinen Bann. Die Autorin erkundete „mit Schiff, Zug,
Maultier, Sänfte, Elefant und Kamel, Eselchen und Pferd (…) Peking, ‚die purpurne
Stadt' – Hangchow, das zerstörte Königsparadies – Kanton, den immer unruhigen
Rührtopf des Südens – (…) japanische Parkhaine und altersbraune Tempel unter Euka-
lyptus bei Kyoto und Nara".[346] Wie für andere Frauen vor ihr, bedeutete auch für Ilse
Langner Reisen Flucht und Befreiung.[347] Um die Flut der Eindrücke zu verarbeiten hielt
Langner den lyrischen Zauber chinesischer Landschaftskunst, die volkreichen Gassen
und die heiteren Teestuben in einem Tagebuch fest. Schreibend bewältigte die Europäe-
rin die Abenteuer ihrer Reise. Die Fahrt bedeutete nicht nur die erwünschte Erholung
von der tristen Wirklichkeit Berlins, sondern die fremde Umgebung verunsicherte Ilse
Langner. Die Autorin litt zunehmend unter ihrer Einsamkeit. Das Tagebuch ersetzte in
dieser Lage den Dialogpartner. Wie Hilde Rubinstein, der ihre Aufzeichnungen in einer

217

Gefängniszelle halfen, während der Haft nicht zu verzweifeln, meisterte auch Langner anhand ihrer Notizen eine Situation, die ihr zuweilen bedrohlich erschien:

> „Ich war so einsam, daß die Stadt mich wie ein Kristallschrein umschloß. Die braunen Häuser und die uralten Tempel starrten mich grimassenhaft an. Wenn ein schwerer Regen nachts herniederbräche, müßten sie zersplittern mit einem dumpfen Knall, und ich würde aufwachen; aber das Wachsein wäre vielleicht noch schlimmer als mein trauriger Traum, in dem ich so mit weichen Knien durch die japanische Stadt strich, halb Schiff mit flauem Segel, halb Fledermaus. Meine Seele fand kein Zuhause."[348]

Das Problem des Europäers, „seine Behauptung oder sein Versinken in asiatischer Lebensweise" durchzieht wie ein roter Faden die Arbeit.[349] Die Spontaneität der ersten Niederschrift hat die Autorin auch für die spätere Veröffentlichung nicht geglättet. Eine Fülle von Momentaufnahmen kennzeichnet ihren Text. Im „Gionsfest", das ein Jahr nach ihrer Reise in der „Neuen Rundschau" publiziert wurde, führt die Autorin ihre Leser ohne Übergang von einer Szene zur nächsten. Fünf Jahre später veröffentlichte die gleiche Zeitung, die vor allem nicht-faschistische Literatur druckte, einige Seiten aus Langners „Chinesischem Tagebuch".[350] Bereits zwei Jahre zuvor war die Autorin mit ihrem Chinaroman „Die purpurne Stadt" hervorgetreten, in dem sie ihre eigenen Erlebnisse zu einem fiktionalen Geschehen verdichtet hatte.[351] Die Heldin des Romans, die junge Deutsche Gloria Raschfahl wirkt wie ein Alter ego der Autorin. Auch sie erlebt China als fremdes berauschendes Märchen. Zwischen dem Erscheinen des Romans und der Bruchstücke ihrer Tagebücher lagen Jahre. Der Zeitabstand verdeutlicht, wie eng der Spielraum für die Autorin Ilse Langner im nationalsozialistischen Deutschland geworden war. Selbst die meisten ihrer Reiseberichte blieben unveröffentlicht, sie fanden erst nach dem zweiten Weltkrieg ihre Leser.[352]

Die Erlebnisse ihrer Reise hielt die Autorin fast ausschließlich in der Prosa fest.[353] Obwohl sich die Zuschauerin Ilse Langner vom Kabuki-Theater und den No-Spielen fesseln ließ, blieb die Stilisierung und die volkstümliche Gestaltung der japanischen Bühnenkunst ohne Einfluß auf die eigene Arbeit der Dramatikerin. Nicht in Asien, sondern in Griechenland fand die Autorin nach ihrer Rückkehr den Stoff für zahlreiche Stücke. Bereits Ende 1932 hatte sich Langner in „Amazonen" dem antiken Mythos spielerisch genähert. Die Faszination für die starken, kämpfenden Frauen wie Penthesilea und Klytämnestra , die in den antiken Dichtungen nur Nebenfiguren sind, überdauerte die Asienreise. Über ein Jahrzehnt schöpfte die Autorin aus dem „Fluchbereich der griechischen Mythologie" ihre Themen.[354] Aus dem Sagenkreis des trojanischen Krieges entspringen die Stücke „Der Mord in Mykene", „Klytämnestra", „Iphigenie kehrt heim" und „Dido".

Bei ihrer Aneignung geht Ilse Langner ebenso wie Christa Wolf davon aus, „daß der ideologische Überbau der patriarchalischen, hellenistischen Kultur in einem jahrhundertelangen Einschmelzungsprozeß Erinnerungen an matriarchalische Strukturen tilgte".[355] Ilse Langner kommt bei ihrer Beschäftigung mit dem griechischen Mythos zu

Rückschlüssen, wie sie auch Max Horkheimer und Theodor W. Adorno 1944 im amerikanischen Exil formulierten. Der Mythos dient ihr ebenso wie den beiden Theoretikern als Beispiel, um zu zeigen, daß das abendländische Denken, das das autonome Subjekt begründete, einen hohen Preis forderte: „Furchtbares hat die Menschheit sich antun müssen, bis das Selbst, der identische, zweckgerichtete, männliche Charakter des Menschen geschaffen war (...)."[356] Für Ilse Langner läßt sich die fortschreitende Zivilisation als eine Geschichte der Kriege lesen. Im „Gesetz der Schlacht und des Schlachtens" konstituiert sich dann auch die Linie des männlichen Erzählens.[357] Heldenkult, Krieg und Verdrängung des Weiblichen hängen eng miteinander zusammen. Ebenso wie die Überlieferung, die Krieger zu Helden macht, läßt sie auch die Frauenfiguren im Bild erstarren. Diese Entwicklung beschreibt Christa Wolf so: „Das lebendige Gedächtnis wird der Frau entwunden, ein Bild, das andere von ihr sich machen, wird ihr untergeschoben: der entsetzliche Vorgang der Versteinerung, Verdinglichung am lebendigen Leib."[358] Gegen diese Verdinglichung, die mit der hellinistischen Kultur ihren Anfang nahm, wendet sich Langner, eine Blickrichtung, die auch die Gegenwartsautorin aufnimmt. Langner begreift ihre zentralen Frauengestalten „als Überlebende des Matriarchats, die in der vom Manne geprägten Epoche mit ihren Eroberungskriegen und Vorherrschaftsträumen zerbrechen".[359] Wie schon in „Amazonen" siedelt die Autorin ihre späteren Dramen am konfliktreichen Übergang vom Matriarchat zum Patriarchat an. Lagner erzählt in den Texten von dem verlorenen Kampf der Frauen. Sie unternimmt damit bereits in den dreißiger Jahren den Versuch einer weiblichen Geschichtsschreibung, mit der sie die Figuren aus den engen Zuschreibungen der Überlieferung befreit. Mit den Entwürfen früherer Interpreten teilen Langners Heldinnen nur die Rahmenhandlung. So entspricht ihre „Dido" weder der Gestalt der griechischen Sage, die sich auf dem Scheiterhaufen verbrennt, weil sie vor den Nachstellungen des König Jabars nicht sicher ist, noch der Fassung des Römers Vergil, in der sie aus enttäuschter Liebe zu Aeneas den Flammentod sucht. Langners Dido repräsentiert am Anfang des Dramas die „Große Mutter", eine friedvolle Herrscherin, die den Krieg als zerstörerisches Männergeschäft ablehnt:

> „Hier Karthago ward zur neuen Heimat,
> Göttin-Königin erstand ich herrlich,
> Friedvoll wuchs ein wunderbares Land.
> Doch jetzt zwingt mich Männerwillkür, mir das
> Listerworb'ne Gut durch Krieg zu sichern.
> Drei, die heil'ge Zahl verschwor sich, männlich,
> Feindlich wieder mich, niemals geahnte
> Ängste spür' ich, wenn Du mich nicht stärkst,
> Jarbas, der Gätuler, drängt mit Krieg mich,
> Weil ich seine läst'ge Werbung abwies."[360]

Didos Gebet an die Göttin Cybele veranschaulicht schon den Konflikt der Königin. Um ihre Herrschaft zu sichern, muß sie ihrem eigenen Gesetz untreu werden und stellt damit selbst das Reich des Friedens, das sie mühsam aufbaute, in Frage. Doch sie hofft darauf, „im Krieg den Krieg" zu vernichten. (S. 1)

In ihrem Text entwirft Langner nicht das Zeitalter des Matriarchats, sondern sie zeichnet das Bild einer Übergangsgesellschaft. Da der Autorin als Alternative zum Männlichkeits- nicht der Weiblichkeitswahn vorschwebt, ersetzt sie nicht den alten Mythos durch einen neuen. Langners Dido hat bereits aus eigener Kraft das Matriarchat überwunden. Als Symbol für diese Entwicklung fungiert im Stück die Tatsache, daß Dido ihrem Sohn einen Namen gibt. Er erhält durch sie seine männliche Individualität. Der Chor, der das alte Mutterrecht repräsentiert, sieht in diesem Akt bereits das kommende Unheil begründet: „Männlicher Name schmeckt uns gar seltsam / Bitter wie Schierling, / Süßlich wie Gift. / Rief sie ihn niemals, / Wär er nicht berufen, / Spannt er die Flügel, / Flieht er das Nest." (S. 83)

Langners Figur reibt sich wund an dem Versuch, eine Existenz außerhalb der zerstörerischen Gegensätze zu finden: „Ich entsage meiner Alleseinheit, / Spalte mich in Zweiheit und bereich're / Um den ebenbürt'gen Mann die Welt". (S. 84) Didos Ziel ist – wie das der Autorin – die „kreative Harmonie der Geschlechter".[361] Doch Dido muß mit ihrer Utopie scheitern. Es gibt für sie keinen Ausweg aus der Geschichte zunehmender Herrschafts- und Gewaltverhältnisse. Mit einer ebenbürtigen Gefährtin weiß Aeneas nichts anzufangen. Wie der Achill aus den „Amazonen" sucht auch er eine Frau, die zu ihm aufschaut. Aus diesem Grund verläßt er Dido und wendet sich Myrrhis zu, die in ihm den Helden verehrt. Didos Utopie ist nicht lebbar. Auch der Sohn wendet sich gegen die Mutter. Er vollendet, was Aeneas begann: „Jetzt zerstöre ich das Reich der Mütter!" (S. 93) Nur im Tod kann Dido ihre innere Unabhängigkeit bewahren. Ihr Abschiedsmonolog liest sich wie eine düstere Prophezeiung kommender Schlachten.

> „Aeneas!!
> Erst im Sohn hast Du mich ganz verraten!
> Doch der Trug, den Du ins Herz ihm pflanztest,
> Kehr' sich unheilvoller gegen Dich selbst. –
> Männervölker, Schwerter in den Händen,
> Stürmen Bruder mordend aneinander,
> Und des schmalen Meeres Wogen, die Dich
> Von mir tragen, die Ihm jetzt noch Grenze
> Deuten, seien Eure blut'ge Brücke.
> Eure Städte präsht'ge Herrschersitze,
> Eurer Schwerter blitzgebor'ner Zauber
> Richte Euer Schwert!" (S. 100)

Die Schrecken, die Dido weissagt, gewannen für Ilse Langners Gegenwart eine bedrohliche Aktualität. Die „Schwerter in den Händen" waren durch noch gefährlichere Waffen ersetzt worden. Das Grauen des trojanischen Krieges war gering gegen das Leid, das ein erneutes Völkermorden in Europa heraufbeschwören sollte. Die Beschäftigung mit dem Atridenstoff bedeutete für die Dramatikerin auch, sich dem Entsetzen zu stellen.

Bereits 1938 malte sie in „Iphigenie kehrt heim" das Bild einer vom Krieg verwüsteten Stadt, in der die Bewohner hungern und frieren. Auch mit dem 1941 geschriebenen Drama „Orpheus findet Eurydike" setzte die Autorin die Reihe der Stücke fort, in denen sie die griechischen Mythen bearbeitete. „Die Lust des Menschen am Zerstören", die sie während des zweiten Weltkrieges beobachtete, war der Anlaß ihrer negativen Utopie. Die Unterwelt, in der Orpheus Eurydike trifft, mutet an wie ein Bunker nach einem Atomschlag:

> „Ein dritter Krieg vernichtet Baum und Mensch und treibt die Überlebenden zu künstlichen Bäumen in künstlichem Licht unter der Erde, wo Orpheus, vom Wind eingeschleust durch einen Luftschacht, in den grell erhellten Straßen der Prostituierten begegnet, die Dichtung feilbietet, – wo denkmalhaft ein Flugzeug errichtet ist, das seine, höchste Geschwindigkeit übertreffend, stille steht, – Sprache ist abgeschafft, die Zahl drückt das Benötigte aus."[362]

In dieser Atmosphäre gedeiht kein Leben mehr. Auch die Liebe zwischen Orpheus und Eurydike hat in der düsteren Umgebung keine Zukunft. Orpheus will Eurydike, die bei Langner Priesterin und Lichtbringerin ist, an die Oberwelt entführen. Doch wie im Mythos scheitert er. Die Luftschächte, durch die er in die Unterwelt eindrang, schließen sich, ehe er Eurydike zur Oberwelt mit sich emporziehen kann. Die Autorin skizzierte nur die Rahmenhandlung des Textes. Die Details feilte sie nicht aus, da der Krieg Schreibtischarbeit unmöglich machte.[363]

Die Zeitumstände verhinderten ebenfalls, daß die Stücke ihren Weg auf eine Bühne fanden. Auch ausländische Intendanten setzten sich nicht für mißliebige deutsche Autoren ein. Selbst persönliche Kontakte nutzten nichts. Leontine Sagan, die Christa Winsloes „Mädchen in Uniform" zum Durchbruch verholfen hatte, sah keine Möglichkeit, den Erfolg mit einem anderen Frauenstück in England zu wiederholen. In ihrer Ablehnung an Ilse Langner warb sie um Verständnis für ihre Situation: „Mit deutschen Stücken ist es hier sehr schwer. Niemand liest deutsch, Rohübersetzungen sind meistens so entmutigend, es muß schon ein ganz bekannter Erfolg im Ausland sein, damit sich die Herren entschließen, davon zu schnüffeln."[364]

Deutsche Theaterleiter hatten ohnehin Bedenken. So mußte zurückhaltendes Lob bei privaten Lesungen den Applaus eines Premierenpublikums ersetzen. Oskar Loerke, der Lektor des Fischer-Verlages, ermunterte Ilse Langner zur Weiterarbeit, als sie ihm ihr Stück „Dido" vorstellte, an dem sie gerade schrieb. Doch „Dido" zu drucken, erschien ihm 1938 zu riskant. So überdauerte das Versdrama die Wirren der Zeit nur in einem einzigen vollständigen Exemplar. „Iphigenie kehrt heim" wurde zwar verlegt, doch von keinem Theater angenommen. Lediglich das Reussische Theater in Gera brachte am 20. Oktober 1937 das Stück „Der Mord in Mykene" heraus.[365] Solche Freiräume waren in Einzelfällen sicherlich auch noch 1937 möglich. So konnte etwa der Regisseur Jürgen Fehling, der der deutschen Kulturführung nicht ins Konzept paßte, auch weiterhin inszenieren.[366] In Bochum setzte der Intendant Saladin Schmitt seinen expressionistischen Stil fort.[367] Das Hamburger Thalia Theater beschäftigte den Büh-

nenbildner Otto Gröllmann, obwohl er nicht Mitglied der Reichskulturkammer war.[368]
Die Schauspielerin Inge Stolten faßt die Atmosphäre an den Bühnen zwischen Widerstand und Anpassung zusammen: „Im Theater lebten wir in doppelter Hinsicht in einer
anderen Welt. Das zeigte sich schon an Äußerlichkeiten. Niemand grüßte mit Heil Hitler (…)"[369] Was für das Theater der Metropolen galt, traf erst recht auf die Bühnen der
Provinz zu. Nachdem der erste „Frühlingswind der nationalsozialistischen Revolution
reinigend durch den Tempel Thalias" gefahren war, konnten ab 1935 systemkritische
Autoren in zweitklassigen Häusern unterschlüpfen.[370] Direkt unter den Augen des
Reichspropagandaministers kamen solche Wagnisse jedoch – mit Ausnahme von
Gründgens Staatstheater – kaum zustande. Die Ankündigung von Georg Bonte, nach
der Premiere in Gera sollten in Berlin Langners „Amazonen" gezeigt werden, erwies sich
als bloßer Wunschtraum.[371]

6.2. Die antike Herrscherin als Widerstandsfigur in „Der Mord von Mykene"

Trotz der gewissen Freiräume in der Provinz sicherte sich Ilse Langner zusätzlich ab. Sie
beherzigte den Ratschlag Brechts, der seine Kollegen im nationalsozialistischen Deutschland mahnte, die Wahrheit mit List zu verbreiten.[372] Die Autorin wählt zur Tarnung
einen mythischen Stoff. Ihr Entwurf weist zumindest an der Oberfläche Gemeinsamkeiten mit den Vorstellungen der völkischen Ideologen auf, wie Literatur sein sollte. Die
Nazis hatten, ebenso wie die unangepaßte Schriftstellerin, die Welt der Antike für sich
entdeckt. Bereits in seiner kulturpolitischen Parteitagsrede von 1933 maß Hitler den
eigenen heroischen Lebensversuch an dem in seinen Augen nicht minder heroischen der
Griechen und Römer.[373] Hitlers Chefideologe Alfred Rosenberg propagierte eine Wie-
dergeburt des Griechentums:

> „Das Griechentum ist ein einziger Protest des neuen Lebens gegen das ekstatische,
> chthonische, dunkle Dasein der Völkerschaften Vorderasiens. Apollon heißt, in ei-
> nem Namen zusammengefaßt, dieses uns wesensverwandte Griechentum. Es heißt
> Vernunft des Maßes … ein Zusammenwirken von Seele und Leib, von Wille und
> Vernunft … eine konkrete, herrliche Lebensgestalt."[374]

Aus der Perspektive des Dritten Reiches enthielt die „attische Tragödie (…) jenen mit
der Struktur des germanischen Geistes identischen Menschentyp, der bereit sei, letzte
Entscheidungen, wenn die Götter schweigen, in sich selbst auszutragen und die heroische Haltung über alles zu setzen."[375] Aus diesem Grund fungierten nicht nur für Rosenberg die griechischen Heroen als Vorbild für die deutsche Kunst. Mit diesen Vorstellungen deckt sich Langners Entwurf der antiken Welt nicht. Im Gegenteil: Sie benutzt
den Mythos nicht, um die Gestalt des Helden zu gewinnen, sondern um das heroische
Zeitalter, dessen Beginn Klytämnestra als Augenzeugin erlebt, in Frage zu stellen. Das
Denken der Heroen, das Rosenberg beispielhaft erschien, betrachtet die mykenische
Herrscherin in Langners Stück als „feindlichen Geist". (S. 3) Sie verweigert ihrem Sohn,
dieser Tradition zu folgen: „In meinem Haus herrscht Frieden. Auch der Königssohn

222

soll nicht mit Schwertern unnütz klirren und Lüste, streitsüchtige, wecken, die ich durch zehn Jahre verbannte mit Vernunft und Bedacht."[376]

Klytämnestras Anliegen bezieht sich nur scheinbar auf den trojanischen Krieg. Die Autorin benutzt die Heldin als Spiegel für ihre Gegenwart, die mit ihren verstärkten Rüstungsanstrengungen die eigene Zukunft auf Spiel setzte. Die klarsichtige Herrscherin von Mykene verweigert sich einer Geschichte der Kriege, der tödlichen Maschinerie von Sieg und Niederlage. Ähnlich wie Frau Emma in Langners Erstlingswerk sieht die griechische Königin den Krieg als „sinnlos" und „zerstörend" an, da er zwar das Land „um Legenden reicher, aber um Männer und Wohlstand ärmer macht. (S. 2) Langners antike Heldin scheut keine offenen Worte, um ebenso wie ihre Leidensgenossin aus dem ersten Weltkrieg den Krieg als „blutige Männertollheit" zu brandmarken.[377]

Da sich die pazifistische Absicht nur schwer mit der Überlieferung vereinbaren läßt, ist es nur konsequent, daß Langner dem vielerzählten Mythos eine neue Sichtweise abgewinnt. Die Schriftstellerin des 20. Jahrhunderts widerspricht mit ihrer Deutung einer Tradition, die bis zu dem griechischen Dichter Homer zurückreicht. In der Literatur seit der Antike erscheint Klytämnestra als eine zwielichtige Gestalt. Der Anteil, den sie am Tod ihres Mannes Agamemnon hat, ist unklar. Homer macht in seiner „Odyssee" ihren Geliebten Aegisth für die blutige Tat verantwortlich. Dieser Interpretation widerspricht Homers Landsmann Pindar drei Jahrhunderte später. Er sieht die Königin als treibende Kraft an. Mit ihrer Neigung zu Aegisth und ihrem Haß auf Agamemnon, der ihre Tochter Iphigenie vor der Abfahrt nach Troja geopfert hat, begründet er den Mord. Der Gegensatz zwischen Homer und Pindar durchzieht auch die Arbeiten der nachfolgenden Generationen bis hin zu den Epigonen des 19. Jahrhunderts. Klytämnestra kommt in den Werken entweder als aktive Täterin oder als passive Leidende vor, die es Aegisth überläßt, zu handeln.[378]

Obwohl Klytämnestra als Frau mit dem Dolch eigentlich die Muster der traditionellen Weiblichkeit durchbricht, deutete schon Aischylos das Verhalten der Königin als rollenkonform. Selbst mit dem Mord bestätigt sie ihre Rolle als Mutter und Frau, da sie sich für den Tod ihrer Tochter und für die Untreue ihres Mannes rächt. Auf diese Weise gelang es den männlichen Bearbeitern, ihre Angst vor der aggressiven Frau zu bannen.[379] Die Scheu vor starken, handelnden Frauen, die noch Gerhart Hauptmann 1942 geschriebenes Drama „Agamemnons Tod" prägt, ist Ilse Langner fremd. Sie sieht ihre Heldin weder als infame Gattenmörderin noch als Opfer einer ihr aufgezwungenen Tat. In ihrer Liebe zu Aegisth, die die meisten Bearbeiter als Motiv für den Mord anführen, findet Langner auch nicht die Erklärung für die Tat. Die Haltung Langners Klytämnestra zu ihrem Geliebten ist merkwürdig emotionslos. Sie schätzt an ihm, daß er sie gewähren läßt: „Du bist mir fast unentbehrlich (...), gibst mir Raum zum Atmen, Freiheit zu handeln. du schränkst mich nicht ein, wie ein strenger Gemahl es tät, – doch lieben?!" (S. 31) Stärker sind ihre Gefühle für Agamemnon, „heisse Begierde" fühlt sie bei seiner Heimkehr. (S. 42) Doch die Liebe zwischen den beiden gleichstarken Partnern ist nicht lebbar. Agamemnon entspricht – im Gegensatz zu Aegisth – dem gängigen Männerbild. Agamemnons Machtanspruch ist stärker als seine Liebe, er will die Herrscherin in eine Ehefrau zurückverwandeln.

Langner entwirft mit Klytämnestra eine Widerstandsfigur, die nach Alternativen zur fortschreitenden Patriarchalisierung sucht. Doch das Matriarchat, ebenso auf Unterdrückung ausgelegt, ist für sie kein Ausweg. Klytämnestra identifiziert sich deshalb nicht mit der Muttergöttin, der „Meisterin der Tiefe", sondern sie betet zu „Hera. Die Herrscherin neben dem Herrscher. Der Gleichberechtigten, Staatenlenkenden". (S. 22) Sie weist Aegisth zurecht, der die „Große Mutter" verehrt: „Um Deine Würde – und Dein Hiersein auch ferner noch zu sichern, sollst Du fortan Apoll's des Sonnengottes Opfer leiten. - Denn das dunkle Greuel habe ich ausgetilgt vom Tageslicht." (S. 21) Der Befehl Langners Klytämnestra ähnelt Gedankengängen, die Christa Wolf fast fünfzig Jahre später formulierte:

> „Zurück zur Natur' also, oder, was manchen für das gleiche gilt, zu frühen Menschheitszuständen. Liebe A., das können wir nicht wollen. ,Erkenne dich selbst', der Spruch des delphischen Orakels, mit dem wir uns identifizieren, ist eine Losung Apolls; keiner Göttin einer undifferenzierten Epoche hätte dieser Satz einfallen können (...)."[380]

Das autonome Subjekt, das erst im Patriarchat entstand, möchte auch Ilse Langner nicht missen. Doch der Fortschritt galt nur für das männliche Individuum. Gegen diese Einseitigkeit, die menschliche Individuation nur als patriarchale begreift, setzt sich Langners Klytämnestra zur Wehr. Sie möchte verhindern, daß die Entwicklung ausschließlich den Männern zugute kommt, und der Prozeß der Erkenntnis mit dem Ausschluß der Frauen aus der Geschichte einhergeht. Weder der „uralte Mutterkult", der nur das Stammeskollektiv kennt, noch das Patriarchat, das nur das männliche Selbst hervorbringt, erscheint ihr erstrebenswert. (S. 11) Sie sucht nach einem dritten Weg. Ihre Klytämnestra versucht während ihrer Regierungszeit, eine Alternative jenseits der „ungeheuren Gegensätze" zu finden. (S. 23)

Am Anfang des Stückes scheint ihr diese Utopie geglückt. In Abwesenheit ihres Mannes ist es ihr gelungen, den Staat zu neuer Blüte zu treiben. Dabei hat sie die Fehler der männlichen Herrscher vermieden. Im Gegensatz zu Agamemnon, den seine kriegerische Politik auf die Schlachtfelder vor Troja geführt hat, betrachtet sie den Frieden als Grundlage des humanen Lebens. Den Traum von einer Stadt, der Penthesilea in Langners Komödie „Amazonen" vorschwebte, hat Klytämnestra in dem späteren Stück aufgegriffen und verwirklicht. Die Büffelweiber, ihre „Riesinnen" sind seßhaft geworden.[381] Den Plan, „Getreide anzubauen im Drittel des bisherigen Weidelandes" heißt selbst der Rat der Alten gut. (S. 9)

Dennoch herrscht die Königin nicht unumstritten. Viele Bewohner Mykenes, allen voran ihre Kinder Orest und Elektra, würden lieber dem „weniger guten Rat vom Mann" folgen. (S. 8) Ihre Macht wird also nicht nur von außen durch die Rückkehr Agamemnons bedroht: Sie muß sich trotz ihrer Erfolge auch innerer Feinde erwehren. An der Spitze der Gegner steht ihre Tochter Elektra, die auch ihren Bruder Orest im Sinne des Vaters erzieht. Sie betet zu „Pallas Athene, Tochter des Zeus, Vatertochter, ohne Mutterblut" und bekennt: „Ich bin ein Mädchen, darum verehr' ich den Helden am höchsten." (S. 49) Doch ihrer Mutter ist nicht „alles Männliche (...) zuwider", wie ihr die Tochter unterstellt, sondern nur die Lust der Männer am Kampf und am Töten. (S.3) Doch Elektra versteht das Ansinnen ihrer Mutter nicht, da sie dem „selbstlosen, opfermütigen Heldentum" huldigt. (ebd.) „Die Furie des Krieges", als der sie Klytämnestra erscheint, gefährdet schon vor der Rückkehr des Vaters das Reich des Friedens. (S. 4)

Die Heimkehr Agamemnons treibt den Konflikt, den der erste Akt vorbereitete, auf die Spitze. Agamemnon nähert sich zwar seiner Frau zunächst nicht in der Pose des Siegers. Im Gegenteil: Er lobt ihre Regentschaft: „Was wir als männliches Geschäft gerühmt, lenkt sie mit weiblich-weiser Art geruhsam weiter. Seid stolz auf Eure Mutter, die große, kluge Frau." (S. 39) Der König denkt vorerst „großmütig". (S. 45) Im Gegensatz zu seiner Tochter hat er die Konsequenzen einer kriegerischen Ideologie am eigenen Leibe erfahren. Auch Klytämnestra, die sich darauf vorbereitet hatte, in ihrem Mann den Gegner zu sehen, tritt ihm zunächst nicht kämpferisch gegenüber. Die Harmonie zwischen den Ehepartnern scheint ungetrübt: „Vergessen Schmerz und Hass, die innigen Tage unser Vermählung erneuern sich schöner noch, da jeder heiss in Not und Leid erkannte, wen er umarmt.–" (S. 41)

Doch die folgenden Szenen widerrufen das rasche Happy-end, das der Aussöhnung zwischen Frau Emma und ihrem aus dem ersten Weltkrieg heimgekehrten Mann, dem Feldwebel Müller, gleicht. Agamemnon ist unfähig, seine Eifersucht auf Aegisth zu unterdrücken. „Menschenunmögliches" fordert seiner Ansicht nach Klytämnestra, wenn sie auf einer Liebe ohne Einschränkung besteht. Daraufhin präzisiert sie: „Männern Unmögliches", da sie über seine Affären großzügig hinwegsieht. (S. 73)

Eine dauerhafte Annäherung wird außerdem dadurch erschwert, daß Agamemnon die Regierungsgewalt nicht mit seiner Frau teilen will. Die neugewonnene Stärke seiner Frau macht ihm Angst: „Ich fürchte fast, käm es zum Kampf mit Dir, dass ich Dir unterliegen würde!" (S. 47) Aus diesem Grund strebt er danach, die „Last des Herrschens" künftig alleine auszuüben. (S. 49) Doch Klytämnestra wehrt sich:

„Kein Augenblick, und schenkten ihn die Sterne im glücklichen Kristall wird mir je recht sein, diesen Platz, den ich mir schwer erwarb, still zu verlassen und wieder Weib zu sein, in nichts von jenen unterschieden, die ich zehn Jahre lang in meinem Sinn gelenkt." (S. 50)

Um ihren Widerstand zu überwinden, macht Agamemnon schließlich den Vorschlag gemeinsam zu regieren: „Du kluge Herrscherin, teilst nun den Ehrensitz des hohen Königshauses mit mir. Wir herrschen miteinander und Deine Weisheit, meine Kriegserfahrung erhebt das Volk erst zur Vollendung." (S. 63)

Doch die Übereinkunft hat keinen Bestand. Elektra verstärkt das Unbehagen ihres Vaters an der Abmachung. Zum einen schürt sie seine Eifersucht, zum anderen bestätigt sie seine Ängste: „Herrscht Ihr gemeinsam, herrscht sie bald allein, – denn sie ist klug und mächtig und das Volk an sie gewöhnt." (S. 78) Agamemnon beschließt, zu handeln und seine Frau wegen Untreue vor Gericht zu stellen. Er hofft, daß es ihm so gelingt, ihr Selbstbewußtsein zu brechen, so daß sie in ihr „alte(s) Ich" zurückkehren wird.

Doch das Gegenteil ist der Fall. Mit der Entscheidung beschwört er seinen Untergang herauf. Seinen Verrat wird die Königin mit tödlicher Rache vergelten. Vergebens versucht Aegisth, sie von dem Mord abzuhalten. Ihr Entschluß ist „unumstößlich". (S. 107) Sie fordert von Aegisth den Dolch, um die Tat auszuführen. Doch Aegisth wehrt ab: „Lass mich das Furchtbare für dich vollbringen." (S. 112)

Das Drama endet in Entsetzen. Aegisth, unfähig mit seiner Schuld zu leben, sucht Zuflucht bei Klytämnestra. Doch die Königin wirkt wie versteinert, sie kann ihn nicht mehr schützen. Elektra erkennt in ihr die Mörderin des Vaters und hofft darauf, daß ihr Bruder Orest, der mit den Büffelweibern abgezogen ist, die Täter zur Rechenschaft ziehen wird:

> „Gerettet der Rächer. Ich erkenne mein Ziel! Aus dem Blute der Väter erwachsen die Söhne, es nährt sie, es stärkt sie zur späteren Vollendung. – Hass, wie Du mich krönst und verschönst! Hass, unermüdlich schür' ich die Flamme! Hass, wachhalten für ihn, dem die Tat bleibt." (S. 116)

Der Schluß erscheint mir problematisch. Die Autorin, die sonst so frei mit dem Mythos umgeht, hält sich mit dem blutigen Ausgang eng an die historische Vorlage, die eigentlich gar nicht ins Weltbild von Langners friedlicher Herrscherin paßt. Sie, die den Frieden sichern wollte, bringt den Tod. Mit der Tat bestätigt sie nur die zerstörerischen Gegensätze, die sie vorher kritisiert hatte, und gibt die Suche nach einem dritten Weg auf.

Zwar muß Klytämnestra scheitern, da Ilse Langner kein feministisches Märchen, sondern ein Gleichnis auf ihre Gegenwart schreiben wollte. Die Autorin verbindet ihre Kritik an der Spätform des Patriarchats mit der Kritik seines Beginns. Zu dem Zweck eignet sie sich den Mythos neu an, führt ihn zurück in „die (gedachten) sozialen und historischen Koordinaten", wie Christa Wolf diesen Vorgang beschreibt.[382] Ähnlich wie die Gegenwartsautorin begnügt sich auch Langner nicht mit der Historisierung des Mythos, sondern sie erklärt das Handeln ihrer Figuren ebenfalls aus psychologischer Sicht. Diese beiden Momente vertragen sich nicht. Sie geraten sogar in Widerspruch zueinander. Das Scheitern ist Klytämnestra durch den historischen Ablauf aufgezwungen. Für sie gibt es keine Perspektive nach vorne, das Patriarchat schreitet immer weiter voran. Doch Langner stellt die mykenische Herrscherin nicht als Opfer der Zeitumstände dar, sondern ihre Heldin führt durch ihr Versagen den Untergang herbei.

An Langners Entwurf gefällt mir dagegen, daß die Autorin den Gegensatz zwischen Klytämnestra und Agamemnon nicht auf den simplen Nenner weiblicher Pazifismus gegen männliche Kriegstreiberei bringt. Ihre Heldin sprengt die traditionellen Muster von Weiblichkeit. Mit Klytämnestra widerspricht die Autorin der Ansicht, daß Frauen friedfertiger und weniger aggressiv als Männer seien. Damit argumentiert Langner ähnlich wie nach dem ersten Weltkrieg die Frauenrechtlerin Mathilde Vaerting, die 1921 formulierte:

> „Nach unserer heutigen Auffassung von der Eigenart des weiblichen Geschlechts müßte man unter der Frauenherrschaft eine besonders starke Neigung zum Frieden

vermuten. Die Geschichte aber zeigt, daß es sowohl friedliebende als kriegerische und eroberungslustige Frauenstaaten gegeben hat, ganz ebenso wie es auch bei den Männerstaaten der Fall ist."[383]

Den Gegensatz, den Langner bei der Zeichnung ihrer Figur ebenso wie Mathilde Vaerting abstreitet, führt sie jedoch auf der Handlungsebene des Stückes wieder ein. Der Konflikt ergibt sich gerade aus den unterschiedlichen Regierungsformen Agamemnons und seiner Frau. Gegen die Politik des Königs, die auf Eroberungen abzielt, setzt Klytämnestra ihre friedenssichernde Politik. Damit sind die Widersprüche, in die sich die Heldin verwickelt, vorprogrammiert. Eine friedliche Lösung ist unmöglich, doch wäre Klytämnestra glaubwürdiger geblieben, hätte ihre Autorin sie nicht zu einem so blutrünstigen Ausgang geführt.

In der Komödie „Amazonen" hatte Langner bereits durchgespielt, daß das Gegenteil von der mordenden Königin nicht die schwache und hilflose Frau sein muß. Mit Penthesileas Flucht in die Berge bleibt die Utopie eines friedlichen Zusammenlebens besser gewahrt als im „Mord in Mykene". Im Gegensatz zu Klytämnestra verstößt die Amazonenkönigin nicht gegen ihre Erkenntnisse. Doch muß die mykenische Herrscherin gerade im Zusammenhang mit den anderen Frauengestalten aus Langners antiken Dramen gesehen werden. Auch Penthesileas und Didos erstrebtes Reich der Freiheit läßt sich nicht verwirklichen, weil die Frauen mit ihren eigenen Ambivalenzen bereits in den patriarchalischen Herrschaftszusammenhang eingebunden sind. Mit den drei Heldinnen hat die Autorin verschiedene Fallbeispiele geliefert, wie sich Frauen zu ihrer Ausgrenzung aus der Geschichte verhalten. Der tödliche Ausgang in „Dido" und im „Mord in Mykene" wirken nicht überzeugend. Das „Dido"-Stück enthält die These, daß weibliche Autonomie nur im Tode möglich ist. Klytämnestra bestätigt durch ihre Tat die Gesetze ihres Mannes, weil sich ihr Handeln nun nicht mehr von seiner kriegerischen Ideologie unterscheidet. Auch mit der Penthesilea-Gestalt hat die Autorin vorgeführt, daß Frauen die Opfer der fortschreitenden Patriarchalisierung wurden, ohne daß die Amazonenkönigin in gleicher Weise aktiv an ihrem Untergang mitwirkt.

Mit der gespielten Fassung des „Mord in Mykene" war auch die Autorin noch nicht ganz zufrieden. Doch sie stellte nicht grundsätzlich das Konzept des Stückes in Frage, sondern sie feilte vorwiegend an der Form. So befolgte sie den Ratschlag Oskar Loerkes: „Schreiben Sie's noch einmal in Versen, die Verse schimmern ja schon durch".[384] Ihre überarbeitete Version orientiert sich stärker als der erste Entwurf an den Regeln der klassischen Ästhetik. Die Sprache wirkt nun „erhaben und einfach zugleich".[385] Die Versform vergrößert den Abstand zu den Figuren. Klytämnestra erscheint so weniger als eine Gestalt, die zur Identifikation einlädt. Der Blick wird damit nicht so sehr auf das individuelle Versagen der Königin gelenkt, sondern stärker auf die historischen Koordinaten. Außerdem gelang es der Autorin, für die korrigierte Fassung etliche Aussagen zu präzisieren. So gewinnt das Streitgespräch zwischen Elektra und Klytämnestra an Deutlichkeit. Auf die Forderung ihrer Tochter, Aegisth zu verbannen, antwortet die Königin in der ersten Version eher verschwommen: „Recht hat Du. Wir brauchen ihn nicht, doch grade darum dürfen wir lässig ihn dulden. – Im Grunde, Elektra, sind Männer mir nicht recht wichtig." (S. 6) In der Bearbeitung stellt die Königin dagegen klar, daß Aegisth für sie deshalb anziehend ist, weil er dem gängigen Männlichkeitsbild nicht entspricht: „Von uns geführt sind Männer gut und nützlich".[386] Auch Orest, der in dem „Mord in Mykene" nur zwei kurze Auftritte hatte, ist nun stärker in die Handlung eingebaut.

Die Druckfassung weist die Autorin noch stärker als das ursprüngliche Manuskript als eine Schriftstellerin aus, der es gelang, sich während „der furchtbaren Hitlerzeit" weiterzuentwickeln.[387] Ihr Werk gewinnt „seine schöpferische Eigenart" zu einem Zeitpunkt, „als in den dreissiger Jahren der politische Druck in Deutschland gebieterisch ansteigt".[388] Damit gehört Ilse Langner neben Hilde Rubinstein, die ins Exil ging, zu den Ausnahmen unter den Zeitstück-Autorinnen.

Für die anderen Dramatikerinnen gilt eher das Gegenteil. Die politische Krise verhindert, daß ihr Werk ein eigenständiges Profil behält. Es gelingt ihnen bestenfalls, die theatralischen Modelle, die sie bereits in der Weimarer Republik entwickelt haben, auf die Bedingungen des Exils zu übertragen. Eleonore Kalkowska, Maria Lazar und Christa Winsloe greifen in ihren Dramen das Muster des Zeitstücks aus der Endphase der Republik wieder auf. Auch Anna Gmeyner und Maria Lazar bleiben in ihren Texten der aufklärerischen Intention verhaftet. Mit ihren Deutschland- und Exilromanen setzen sie die Tradition des Zeitstücks in der Prosa fort. Dabei gelingen ihnen wie Anna Gmeyner mit „Manja" bemerkenswerte Leistungen. Doch ist sicher nicht nur die Faszination für das Werk ihres Mannes schuld daran, daß Gmeyner in der Folgezeit verstummt. Ihre schöpferische Kraft, die sich noch aus den Quellen der Vergangenheit speist, ist erschöpft, nachdem sie zwei Romane vorgelegt hat.

Nicht nur die Form, auch die Frauen- und Männerbilder legen von der bitteren Erfahrung Exil Zeugnis ab. Die Autorinnen zeichnen – bis auf Christa Winsloe – immer seltener selbständige Frauen, die die traditionelle Rollenverteilung in Frage stellen. In Kalkowskas „Sein oder Nichtsein", Gmeyners „Manja" und „Café du Dôme" und Lazars „Die Eingeborenen von Maria Blut" sind Frauen wieder für den Alltag zuständig, während die Männer Geschichte machen. Hilde Rubinstein unterscheidet sich von ihren Kolleginnen schon durch die Menge an theatralischen Texten, die sie trotz aller Widerstände produzierte. Ihre Gestaltungskraft wuchs – ebenso wie die Langners – in der Zeit der Verzweiflung. Ihre Jugend trug sicherlich mit dazu bei, daß sie ihre schöpferische Antriebskraft nicht verlor. Sie war gerade 31 Jahre alt geworden, als sie Deutschland verließ, während Christa Winsloe zu diesem Zeitpunkt bereits ihren 45. und Eleonore Kalkowska ihren 50. Geburtstag hinter sich hatten. Ilse Langner gehörte auch zur jüngeren Generation. Außerdem lernte sie nie die materiellen Härten und existenziellen Sorgen der Emigrantinnen kennen. Sie konnte sich auch während der nationalsozialistischen Diktatur ganz auf ihr Schreiben konzentrieren.

IV. KEIN NEUANFANG:
DIE DRAMATURGIE DER DEUTSCHEN NACHKRIEGSZEIT

„Wenn ich zum Fenster hinausblicke, starren mich auf der anderen Straße die freien Löcher und zerbrochenen Fassaden der ausgebrannten Häuser an: ein Anblick, der dem Rückwanderer in den ersten zwei Wochen das Herz stillstehen läßt, an den er sich aber bald wie alle anderen so sehr gewöhnt, daß sein Auge darüber hinweggeht, als wäre alles in bester Ordnung. Was will man machen, wenn die Zerstörung die Normalität, die Unversehrtheit das Anormale ist? Übertragt getrost dieses Bild der äußeren Zerstörung auf den seelisch-sittlichen Zustand der Mehrheit der Bevölkerung, dann habt Ihr einen ungefähren Begriff von den Aufgaben, die sich mit den Worten ‚Wiederaufbau‘, ‚Erneuerung‘, ‚geistige Gesundung‘ und so weiter verbinden.“

Die Charakterisierung der Trümmerlandschaft und der Mentalität der Überlebenden nahm Walter Langhoff in einem Text vor, der in der „Neuen Zeitung“ vom 18. Februar 1946 erschien. Im Vorspann des Artikels heißt es zur Person des Autors: „Langhoff, der lange Jahre in der Emigration, und zwar als Schauspieler in Zürich gelebt hatte, war der erste, der nach der Besetzung Deutschlands wieder bei uns auftauchte. Es trieb ihn heim. Jetzt wirkt er als Generalintendant der Städtischen Theater Düsseldorfs. Den Brief, den wir dem ‚St. Galler Tageblatt‘ entnehmen, richtete er an die in Zürich verbliebenen Freunde und Kollegen des dortigen Schauspielhauses.“

Mehr noch als über die Ruinen erschrak Langhoff über den Zeitgeist. Die Schrecken der Vergangenheit deckten die Überlebenden mit dem Mantel des Schweigens zu. Froh, dem Inferno des zweiten Weltkrieges entronnen zu sein, stellte sich kaum jemand den Fragen nach den Ursachen. Langhoff suchte vergeblich nach Mitarbeitern für die kulturelle Erneuerung und zog in seinem Brief die entmutigende Bilanz, daß das „alte, enge Denken“ noch vorherrschend sei. Es fehle das Bewußtsein „von der Katastrophe, in die das deutsche Volk gefallen ist, von der Mitverantwortung jedes Einzelnen.“[1] Eine ähnliche Sicht drängte sich Theodor W. Adorno auf. Auch er sah bereits 1945 die Gefahr, daß „die historische Dimension des Bewußtseins“ ausfallen könnte.[2] Damit meinte er nichts anderes als das Vergessen von Auschwitz.[3] Die erste Trümmerspielzeit bestätigte die Befürchtungen der beiden Emigranten. „Kein Theater der Zeit“, faßte der Kritiker Friedrich Luft die Tendenzen bei der Spielplangestaltung zusammen.[4] Sein Münchner Kollege Alfred Dahlmann hielt die Chance einer Neuorientierung für „völlig verfehlt, wenn man weiterhin so tut, als ob nichts gewesen wäre, kein 1933 und kein 1945“.[5]

Die Unfähigkeit zu trauern grassierte – auch auf dem Theater. Die Spielzeit 1945/46 fand überdies noch weitgehend unter Ausschluß der emigrierten Schauspieler, Regisseure und Autoren statt. So waren Alfred Bassermann, Elisabeth Bergner, Bert Brecht, Ernst Deutsch, Tilla Durieux, Fritz Kortner, Erwin Piscator und Berthold Viertel noch nicht zurückgekehrt. Hilde Rubinsteins Exil währte noch fast vierzig Jahre. Sie war die einzige der von Hitler vertriebenen Dramatikerinnen, die sich ihre Lebenskraft und ihre theatralischen Ambitionen über die Zeit des Nationalsozialismus hinaus bewahren konnte.

Es blieb nicht ohne Konsequenzen, daß die emigrierten Theaterleute noch fehlten. „An keiner deutschen Kulturinstitution wird so deutlich wie an der Entwicklung des Theaters nach 1945, daß es wirklich weder eine Wende noch einen Nullpunkt gegeben hat, sondern eine erstaunliche und erschreckende Kontinuität", stellt der Dramaturg Peter Mertz aus dem Abstand von vierzig Jahren fest.[6]

Symptomatisch für den Auftakt der ersten Trümmerspielzeit erscheint auch die Tatsache, daß sie weitgehend unter Ausschluß der Frauen stattfand. Die Wieder- und Neuentdeckungen beschränkten sich auf männliche Autoren.[7] Weder Eleonore Kalkowskas „Sein oder Nichtsein", Maria Lazars „Blinder Passagier" noch Christa Winsloes „Heimat in Not" kamen auf die Nachkriegsbühnen. Hilde Rubinstein versuchte vergeblich von Schweden aus, ein Theater für ihre Werke zu interessieren. Auch Ilse Langner warb fast ohne Erfolg für ihre Arbeiten.[8] Nur auf einigen Matineen erreichte die Autorin ihr Publikum. So las Langner im Mai 1946 in Berlin Auszüge aus ihrem Drama „Iphigenie kehrt heim". Zwar schwärmte der Kritiker in der sowjetisch lizensierten „Täglichen Rundschau": „In wechselnden Rhythmen voll farbigen sprachlichen Reizes, ernsthaft und heiter zugleich, von der Dichterin temperamentvoll vorgetragen, rief ihr Werk, dessen Zeitnähe doch auch seelische Tiefenströmungen der Antike im Geist Gerhart Hauptmanns heraufbeschwört, den dankbaren Beifall des zahlreichen und erlesenen Auditoriums hervor."[9] Das Lob weckte das Interesse des Aufbau-Verlages. Doch selbst als „Iphigenie kehrt heim" zwei Jahre später gedruckt vorlag, überzeugte es weder in der SBZ noch in den Westzonen einen Intendanten.[10]

Das Beispiel Ilse Langners zeigt, daß auch in der SBZ der Spielraum auf dem Theater von Anfang an begrenzt war. Mit ihren Stücken paßte die Autorin nirgendwo ins kulturpolitische Konzept. Die ziemlich unverblümte Zeitkritik, die sie in dem Drama „Heimkehr" übt, war im Westen nicht gefragt, aber auch im Osten mochte sich niemand um die Arbeit kümmern. Daran waren wohl in erster Linie die Traumszenen und metaphysischen Elemente in dem Text schuld. Sie widersprachen dem geforderten Realismus. Langners Stück erschien den Verantwortlichen als aufrichtiger, wenn auch „sehr verworrener" Versuch „der Abrechnung mit der faschistischen Vergangenheit."[11] So sehr sich die kulturpolitischen Konzepte in Ost und West unterschieden, in einem Punkt glichen sie sich auf fatale Weise: Die Zeitstück-Autorinnen der Weimarer Republik blieben vergessen.

In der kulturellen Anfangsphase der DDR spielten Emigranten eine wesentliche Rolle.[12] Das galt auch für das Theater. Trotzdem war es für die Exilautoren – mit Ausnahme Brechts – schwierig, den abgerissenen Kontakt zum Publikum wiederherzustellen. So erfuhr Friedrich Wolf, daß seine Erfolge am Deutschen Theater für die spätere Entwicklung fast folgenlos blieben. Seine Stücke, in der ersten Nachkriegsphase noch häufig inszeniert, waren später in der DDR kaum noch gefragt.[13] Ähnlich erging es Gustav von Wangenheim. Dahinter steckte eine Wende in der Kulturpolitik, die den radikalen Wechsel vom Nationalsozialismus zum Sozialismus deutlich machen wollte. Ein Rückgriff auf die Tradition der Weimarer Republik paßte nicht in dieses Konzept. Herbert

Ihering, zeitweise Dramaturg am Deutschen Theater, formulierte die Vorbehalte: „Nur durch Erneuerung der Substanz kann das Theater, kann die Kunst verjüngt werden."[14] Der angestrebte Neuanfang hatte für die Zeitstück-Autorinnen einschneidende Konsequenzen. Selbst Ihering, der sich vor 1933 für die Arbeiten Anna Gmeyners, Ilse Langners und Hilde Rubinsteins stark gemacht hatte, setzte sich nur noch zaghaft für ihre Texte ein.

Den Bruch mit der Vergangenheit forderte auch Walter Ulbricht auf der zweiten Parteikonferenz der SED: „Im Mittelpunkt des künstlerischen Schaffens muß der neue Mensch stehen, der Kämpfer für ein einheitliches Deutschland, der Aktivist, der Held des sozialistischen Aufbaus".[15] Das Diktat der Partei legte die Dramatiker auf drei Themenkomplexe fest: die „neue Lebenswirklichkeit im demokratischen Nachkriegsdeutschland, die marxistische Durchleuchtung der Geschichte und die Vorgänge in den imperialistischen Staaten".[16]

Schon der räumliche Abstand machte es Ilse Langner und Hilde Rubinstein unmöglich, den Alltag in der DDR zu gestalten. Auch die Stücke, in denen die beiden Dramatikerinnen die Gefahren eines Atomkrieges beschwören, lassen sich schwer ideologisch vereinnahmen. Ihre Texte enthalten nicht die geforderte Abgrenzung vom „Klassenfeind", Hinweise auf einen konkreten Staat unterbleiben ganz. Langner stellt in „Cornelia Kungström" die Frage nach der Verantwortung der Wissenschaft ins Zentrum ihrer dramatischen Aussage, Rubinstein entwirft in „Null Uhr Null" ein düsteres Szenario nach einem Atomschlag. Ein kämpferisches Stück aus der Produktion gab es nur von Anna Gmeyner. Doch der Text über den Streik der schottischen Bergleute galt als verschollen. Eleonore Kalkowska und Maria Lazar ergriffen in ihren Stücken zwar Partei für die Unterdrückten, doch „die marxistische Durchleuchtung der Geschichte" fehlte. Vergebens bemühte sich die Tochter Kalkowskas, Maria Elida Szarota, das letzte Stück ihrer Mutter „L'Arc de Triomphe" an einem Ostberliner Theater unterzubringen.[17] Ilse Langner und Christa Winsloe konnten schon gar nicht mit einem sozialistischen Helden dienen, ihnen lag vor allem an einem weiblichen Blickwinkel. Am ehesten hätten noch Hilde Rubinsteins Dramen aus der Zeit der Bauernkriege in das enge Konzept gepaßt. Doch für diese Texte interessierte sich merkwürdigerweise keine Bühne. Das „Theater des Friedens" in Halle brachte 1958 lediglich die Komödie „Der große Coup" heraus. Die Autorin spießte zwar in dem Stück „Vorgänge in den imperialistischen Staaten" auf, doch setzt sie in dem Drama auf das Lachen als Mittel der Erkenntnis. „Der große Coup" ist ein Versicherungsbetrug, mit dem Kleinbürger im Paris der dreißiger Jahre versuchen, an das große Geld zu kommen. Den gesellschaftlichen Hintergrund deutet die Dramatikerin nur an. Ihre handelnden Figuren sind keine strahlenden Helden, sondern kleine Schwindler, die nur an sich selbst denken.[18] Zwar überarbeitete die Autorin das Drama für die Uraufführung, doch änderte sie nicht den Ton ihrer Komödie, deren erste Fassung sie bereits in den dreißiger Jahren abgeschlossen hatte. Die „Schalkhaftigkeit", mit der Rubinstein sich ihrem Thema nähert, blieb erhalten.[19] Der Dramaturg Rolf Thieme rechtfertigte im Programmheft die Entscheidung des Theaters. Als hätte er die späteren Schwierigkeiten vorausgesehen, betonte er, daß die Komödie eine wichtige gesellschaftliche Aufgabe zu erfüllen habe:

„Solange aber unseren Menschen die echte Fröhlichkeit fremd ist, solange sie mit einem billigen Amüsierbetrieb zufrieden sind, solange wird die Komödie ihre für unsere Zeit wichtigste Aufgabe nicht lösen können: die Menschen durch Heiterkeit zum Nachdenken zu bringen, ihnen mit Humor die Wahrheit zu sagen, sie zu bessern."[20]

Schon der Intendant verstand das Anliegen seines Dramaturgen nicht. Nach der Uraufführung, mit der Hilde Rubinstein zufrieden war, setzte er das Stück mit der Begründung ab, „es sei nicht politisch genug".[21] Auch die Kritiker mochten die Komödie nicht. Hans Walkhoff störte sich in den „Mitteldeutschen Nachrichten" an den leisen Tönen von Rubinsteins Anklage. Ihm schwebte ein plakativerer Schluß vor: „Auf die Anklagebank (...) gehört eigentlich das Gesellschaftssystem des Kapitalismus."[22] Ein gutes Wort für die Autorin legte Herbert Ihering ein, der allerdings nur den Text, nicht die Aufführung kannte. Er schrieb einen ermutigenden Brief an die Dramatikerin und eine Beschwerde an das Kultusministerium. Doch „Der große Coup" kam nie wieder auf eine Bühne der DDR.[23]

Die Versäumnisse in der Bundesrepublik erwiesen sich als ebenso gravierend wie die Hemmnisse in der DDR. Die Gründe für die Ausgrenzung glichen sich teilweise. Die junge Generation, die die Literatur nach dem Krieg in Westdeutschland prägte, fand ihre Vorbilder eher in Frankreich und Amerika als bei den deutschen Emigranten. Die Einwände, die Hans Werner Richter bereits 1946 vorbrachte, ähnelten Iherings Bedenken: „Jede Anknüpfungsmöglichkeit nach hinten, jeder Versuch, dort wieder zu beginnen, wo 1933 eine ältere Generation ihre kontinuierliche Entwicklungslaufbahn verließ, (...) wirkt (...) wie eine Paradoxie."[24] Mit seinem Verdikt leistete Richter einer Nullpunkt-Ideologie Vorschub und legte so den ersten Grundstock zum Ausschluß der exilierten Autoren.

Der in der Bundesrepublik immer stärker zunehmende Antikommunismus versperrte zudem den Zugang zu den Texten der Schriftsteller, die vor Hitler geflohen waren. Auf dem Höhepunkt des Kalten Krieges sahen sie sich dem Vorwurf ausgesetzt, Staatsfeinde zu sein. Die Ressentiments verhinderten für Jahrzehnte, daß die Literatur der Weimarer Republik und des Exils ernsthaft rezipiert werden konnte. Das politische Klima begünstigte in den fünfziger Jahren die marktbeherrschende Stellung der Schriftsteller, die Mertz zu den „lauten inneren Emigranten" zählt.[25]

Die Auswirkungen waren auch auf dem Theater spürbar. Die Spielpläne zeigten – im Gegensatz zu denen der DDR – eine Neigung zur politischen Enthaltsamkeit. Nicht nur auf Ilse Langners und Hilde Rubinsteins Schreibtisch häuften sich die abgelehnten Manuskripte. Fritz Erpenbeck, der für das Januar-Heft der Zeitschrift „Theater der Zeit" den „Brief an einen jungen Dramatiker" geschrieben hatte, konnte sich nach der Veröffentlichung vor Einsendungen ungespielter neuer Stücke kaum retten.[26] Die Themen der Manuskripte geben den Trend der Spielpläne nicht wieder:

„Nur rund zehn der eingesandten Arbeiten waren deutliche Fluchtversuche vor der Gegenwart und ihren Problemen. (...) Dann aber kam die große Gruppe des Zeitstücks (…). Die Inhalte verteilen sich in groben Umrissen folgendermaßen. Etwa die Hälfte der Stücke behandelt das Thema des Rückkehrers. Die andere Hälfte besteht zu ziemlich gleichen Teilen aus Antikriegsstücken, Schilderungen von Evakuiertenleid und Versuchen, den illegalen Widerstand gegen den Nazismus zu dramatisieren. Zu erwähnen sind noch zwei Arbeiten mit dem Thema: Arbeitende Frau und Gleichberechtigung der Frau.“[27]

Frauenfragen waren schon gar kein Thema für die Theater. Zuckmayers und Borcherts Abrechnungen mit der Vergangenheit wurden gerade deshalb toleriert, weil sie trotz des beschworenen Pazifismus auch das Fronterlebnis, die Männerordnung der Soldaten und die Kampfgemeinschaft gestalteten. Die Trümmerfrau, die in den vierziger Jahren Männerarbeit verrichtete, war im Gegensatz zu ihrer Leidensgefährtin aus dem ersten Weltkrieg als Dramenheldin nicht gefragt. Ilse Langner, die ihr in dem Stück „Heimkehr“ ein literarisches Denkmal gesetzt hatte, sandte ihr Manuskript vergeblich an die Theater. Das Frauenbild, das die Autorin in dem Drama entwirft, paßte erst recht nicht mehr in die Zeit des beginnenden Wirtschaftswunders.

Ihre nonkonformen Heldinnen hatten keine Chance. Das wird an den Reaktionen auf eine Veranstaltungsreihe deutlich, die der Verband deutscher Bühnenschriftsteller 1951 ins Leben rief. Die Organisation initiierte ein Forum, auf dem „die in Theaterkreisen verbreitete lapidare Unwahrheit, es gebe keine spielenswerte Stücke lebender Autoren“ widerlegt werden sollte.[28] Ilse Langner eröffnete mit einer Lesung aus „Heimkehr“ den Zyklus. Der Kritiker des „Tagesspiegels“ bekannte ziemlich ehrlich: „Fraglich bleibt nur, ob Trümmermilieu und Geisterstimmen heutige Theaterbesucher noch ansprechen. Das Stück hat (…) seine Stunde verpaßt.“[29] Sein Kollege vom „Kurier“ versteckt die Tatsache, daß ihm sechs Jahre nach Kriegsende eine Heldin nicht gefällt, die sich ohne Scheu der Vergangenheit stellt, hinter ästhetischen Kategorien. Edwin Montijo argumentiert:

„Das Textbuch der dramatischen Dichtung ‚Heimkehr‘ von Ilse Langner umfaßt 137 Seiten. Das geht an keinem Theaterabend auf. Die Szene wechselt zwanzigmal zwischen realen und irrealen (…) Schauplätzen. (…) Das fordert die Überbühne und ist auch auf ihr kaum zu verwirklichen. (…) Wer, möchte er schon wirklich glauben, daß dies zu spielen sei, vermag noch zu glauben, daß es auch ein Publikum finde! Hierzulande nicht mehr, einstweilen wenigstens bestimmt nicht mehr. Und es ist gar nicht verwunderlich, daß Erwin Piscator dieses Stück für eine Aufführung in New York vorbereitet, für Breiten jenseits des Erlebnisses.“[30]

Erwin Piscator interessierte sich nicht für Langners Stück, weil er seine New Yorker Bühne um deutsches Flair bereichern wollte, sondern weil ihm „Heimkehr“ als einer der wenigen Texte erschien, die die jüngste Geschichte aufarbeiteten. Piscator bezeichnete das Drama „als das beste von allen Dramen“, die er in der letzten Zeit gelesen habe.[31] Der Regisseur bescheinigte der Autorin, daß ihm der Stückaufbau gefallen habe.[32] Piscator bewies denn auch, daß die 137 Seiten Vorlage einer Inszenierung nicht im Wege standen. Er strich vor allem die surrealen Szenen und kürzte so den Text auf 76 Seiten – ein übliches Verfahren, auch die Stücke klassischer Autoren werden selten in voller Länge gespielt. Auf seine New Yorker Studiobühne gelangte das Stück dennoch nicht. Bevor Piscator das Projekt realisieren konnte, wurde er vor den McCarthy-Ausschuß geladen, um sich für „unamerikanische Aktivitäten" zu rechtfertigen. Das gab den Ausschlag für seine Rückkehr nach Deutschland. Langners Text packte er in seine Koffer, doch konnte er gegen den allgemeinen Trend nur bedingt etwas ausrichten. Er schaffte es nicht, das Stück an einem Theater durchzusetzen. Es entstand lediglich eine Hörspielfassung unter seiner Regie, die der Nordwestdeutsche und der Bayrische Rundfunk im Frühjahr 1953 ausstrahlten. Der Text beschäftigte ihn auch noch nach den Aufnahmen:

„Jedenfalls bedauere ich mehr und mehr (…), dass ich dieses schöne Stück frisch wie ich es empfand, damals in New York nicht hatte inszenieren können. Sehr Vieles, was in dem Stück ‚gesehen', kann durch das Gehör nicht zur vollen Wirkung gebracht werden."[33]

Piscator kommt zu der Einschätzung, daß die „objektiven Verhältnisse" zur Zeit nicht günstig für die Kunst seien. Das bekamen auch die Regisseure und Schauspieler zu spüren, die sich nach 1945 für Christa Winsloes Schauspiel „Mädchen in Uniform" einsetzten. Vorbehalte gegen ein Zeitstück gaben wieder den Ausschlag. Christa Winsloes Schauspiel wurde wie Ilse Langners Arbeit vorgeworfen, daß es seine Stunde verpaßt habe: „Die breitausgesponnenen ‚Probleme' riechen nach Mottenpulver, und die manchmal schwüle Atmosphäre wirkt beklemmend. Das sind jedenfalls nicht die Frauenfragen, die uns interessieren (…)", kommentierte Mechthild Herbst die Aufführung des Hamburger Schauspielhauses im April 1949.[34] Daß der Stoff nichts von seiner Aktualität eingebüßt hatte, bewies Paul Walter Jacob fast zur gleichen Zeit an seinem deutschsprachigen Theater in Buenos Aires. Im Unterschied zu Mechthild Herbst fand Jacob in dem Schauspiel durchaus ernstzunehmende Probleme. Er machte in seiner Inszenierung deutlich, daß Winsloes Schauspiel Fragen aufwarf, die man sich in Hamburg lieber nicht stellte:

„Christa Winsloes packendes Schauspiel, (…) das mit seiner Eindringlichkeit in die kalte Kasernenatmosphäre eines preussischen Mädchen-Instituts hineinleuchtet, deckt schonungslos das ganze falsch verstandene Spartanertum einer starr reaktionären Gesinnung auf, das nicht nur die Kleider, sondern auch die Seelen der armen Zöglinge uniformieren will. In diesen weiblichen Kadettenanstalten wird die böse Saat gelegt, die dann später so herrlich aufgehen sollte. Hier werden die zukünftigen Mütter jenes ‚dritten' Reiches erzogen, die das Unheil in die zivilisierte Welt tragen halfen."[35]

Auch nach seiner Rückkehr setzte sich Jacob in der Bundesrepublik für das Schauspiel ein. Als Intendant der Städtischen Bühnen in Dortmund, die er zwölf Jahre leitete, legte er im Sprechtheater ohnehin einen Schwerpunkt auf Werke von Exilautoren. Neben

Dramen von Stefan Zweig, Carl Zuckmayer, Walter Hasenclever, Bert Brecht, Georg Kaiser, Ferdinand Bruckner und Nelly Sachs stand auch Christa Winsloes „Mädchen in Uniform" auf dem Spielplan.[36] Willem Hoenselaars, der das Melodram am 31. Januar 1953 in Dortmund inszenierte, hielt sich eng an den Rahmen, den sein Intendant bereits in Buenos Aires abgesteckt hatte. Wie Jacob legte auch er den Schwerpunkt auf eine mißglückte Erziehung. Eine tragische Liebe zwischen zwei Frauen vermochte er in dem geschilderten Konflikt nicht zu sehen. Unmißverständlich heißt es im Programmheft, „daß das Stück ‚Mädchen in Uniform' heute noch wie vor 22 Jahren aktuell ist und nichts Krankhaftes schildert in der Anlage des Wesens und Charakters der Hauptperson".[37]

Die ehemaligen Emigranten waren die einzigen, die sich für die Stücke der politischen Dramatikerinnen interessierten. In Ostberlin forschte Helene Weigel nach den Arbeiten ihrer Schulfreundin Maria Lazar.[38] Doch sie hatte ebensowenig Erfolg wie Piscator, den „Heimkehr" nicht losließ. Als er 1962 die Volksbühne in Berlin übernahm, dachte er immer noch daran, Langners Stück zu inszenieren.[39] Doch stand er selber im Kreuzfeuer der Kritik, so daß er von dem Plan wieder Abstand nahm. An den doppelten Tabuverstoß, seine Vorstellungen vom engagierten Gegenwartstheater an dem Stück einer Frau zu demonstrieren, wagte er sich nicht. Seine Autoren hießen Rolf Hochhuth, Heinar Kipphardt und Peter Weiss. Das Dokumentartheater ließ – im Gegensatz zu seinem historischen Vorläufer, dem Zeitstück – nur Männer zu Wort kommen.[40]

So stapelten sich auf Langners Schreibtisch die Absagen der Bühnen, die der Autorin in dürren Worten mitteilten, daß ihre Stücke nicht in das geplante Programm der nächsten Spielzeit paßten. Ob Vorbehalte gegen Dramatik von Frauen den Ausschlag gaben, sprach niemand aus. Ihre Ablehnung begründeten die Dramaturgen in der Regel mit den Erwartungen des Publikums.[41] Deutlicher noch als sie trugen die Kritiker ihre Bedenken gegen Stücke von Frauen vor. Das erlebte Ilse Langner im März 1955 nach der Uraufführung ihres Dramas „Cornelia Kungström" in der Berliner „Tribüne":[42]

> „Ein schweres Thema – und nach der Premiere ist man versucht zu sagen: für eine Frauenseele – noch dazu eine so lyrisch kraftvoll aufgeblühte – kein dogmatisches Anliegen, kein Objekt lustvoller Kunst, kein subjektives Entzücken. Ein quälendes, peinigendes Stück mit einer Serie von handlungsunfähigen Figuren, denen szenisch kein Auslauf gegönnt wird."[43]

Die Autorin, die am Beispiel einer Frau die Verantwortlichkeit des Wissenschaftlers im Atomzeitalter auf die Bühne bringt, wiesen die Rezensenten zurecht. Für eine „Dichterin ist der Stoff zu schwer" kommentierte der Weser-Kurier in Bremen. Als Dramatikerin habe Ilse Langner, die so „zwingende Lyrik, so starke China-Bücher schrieb", versagt.[44] Ihre Prosaarbeiten dienen als Beweis dafür, daß die Schriftstellerin nicht gänzlich unbegabt sei, sondern sich nur das falsche Genre ausgewählt habe. Der Autorin wird ebensowenig wie ihrer Titelheldin verziehen, daß sie gegen die Rollenschranken verstößt. „Cornelia Kungström (...) kann niemand glauben, daß sie aus der Reihe der Hahn, Fleming, Planck und anderer stammt."[45]

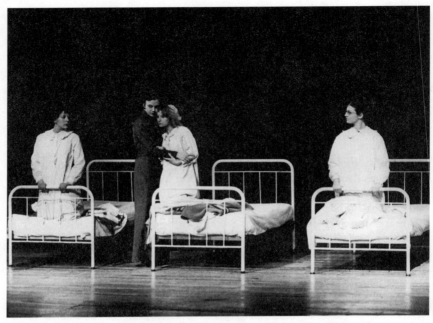

„Mädchen in Uniform" an der Freien Volksbühne Berlin. Es spielten v. li: Christine Bess-
ler (Komtesse Mengeberg), Elisabeth Ebeling (Fräulein von Bernburg), Regine Lamster
(Manuela von Meinhardis) und Jutta Graeb (Ilse von Westhagen)

Die harsche Kritik blieb nicht ohne Folge. Dreißig Jahre mußte Ilse Langner warten, bis
eine Bühne sich noch einmal an den Versuch wagte, „Cornelia Kungström" herauszubringen. Am Stadttheater Pforzheim inszenierte der Regisseur Jan Frisco Meyer am 12.
Februar 1985 die Tragödie. Doch es wurde nur ein Achtungserfolg:

> „Ilse Langners Tragödie um eine Formel, die geheimgehalten werden muß, damit die
> Menschheit nicht untergehe, 1955 uraufgeführt, wird weiterhin im Schatten jener
> Komödie stehen, die wenig später ihren Siegeszug um die Welt angetreten hatte: ‚Die
> Physiker' von Friedrich Dürrenmatt, 1962 uraufgeführt, haben der Chemikerin Ilse
> Langners das Nachsehen gegeben."[46]

Daran hat sich bis heute nichts geändert. Die Tatsache, daß es auch 1985 nicht möglich
war, den eigenständigen Wert der Arbeit anzuerkennen, zeigt, daß das Theater bis in
die Gegenwart eine Männerdomäne blieb. Noch 1989 stellte die Schauspielerin und
Dramatikerin Gundi Ellert fest: „Frauen im Theater als Autorinnen, Regisseurinnen,
Theaterleiterinnen kamen so gut wie nicht vor. Das beginnt jetzt langsam anders zu
werden."[47]

236

„Frau Emma kämpft im Hinterland" im Stadttheater Pforzheim

Doch der Wandel kam für die Zeitstück-Autorinnen zu spät. Ilse Langner hatte inzwischen resigniert: „Da der S. Fischer-Bühnenvertrieb sich (…) nicht mehr um meine Stücke bemühte, ich selbst aber neue Arbeiten für wichtiger hielt, als mein eigener Manager zu sein, geriet ich (…) in Vergessenheit."[48] Hilde Rubinstein konnte von Schweden aus noch weniger erreichen.

Einzelne Initiativen bewirkten nichts. Zumal die Theater weit davon entfernt waren, die Lebendigkeit und Aktualität der Dramen herauszustellen. Das abschreckende Beispiel des Filmremakes von „Mädchen in Uniform" deutete bereits 1958 die Richtung der Auseinandersetzung an. Der Kostümfilm, in dem die Schauspielerinnen Romy Schneider, Lilli Palmer und Therese Giehse glänzten, war in seiner Unverbindlichkeit kaum mehr zu überbieten. Statt sozialer Anklage bot die Neuauflage den Zuschauern nur „Internats-Folklore", urteilte ein französischer Kritiker.[49] Die Wiederaufführungen des Schauspiels in den siebziger Jahren hoben sich kaum von der mißglückten Filmfassung ab. Sie erschienen ohne Ausnahme als „Ausgrabungen aus der Mottenkiste".[50] So prangerte Friedrich Luft den vorläufig letzten Versuch einer Inszenierung des Melodramas in Berlin an: „Auch unsere Bühnenphilologen müssen erkennen: Nicht alles, was vor fünfzig Jahren Furore machte, bei weitem nicht alles, kann heute vor Gähnen schützen. Vorsicht!"[51] An die spektakuläre Aussage des Stückes traute sich an der „Freien Volksbühne" 1976 niemand heran. Der Regisseur Hartmut Gehrke legte – wie gehabt – den Schwerpunkt auf die Schilderung des Internatslebens, statt die Schule nur als feindliches Milieu anzusehen, das die Liebe zwischen zwei Frauen verhindert.[52]

Die Wiederentdeckung der Stücke Ilse Langners, Anna Gmeyners und Hilde Rubinsteins blieb ebenso halbherzig und entschädigte die Autorinnen kaum für die Versäumnisse der letzten vierzig Jahre. Die Aufführungen von Langners „Frau Emma kämpft im Hinterland" und „Cornelia Kungström" im Stadttheater Pforzheim und den Städtischen Bühnen Münster waren allenfalls historisierende Inszenierungen.[53] Das gilt auch für die Aufführung von Anna Gmeyners „Automatenbüffet" im Mai 1991 am Mecklenburgischen Landestheater Parchim. Werner Schulze-Reimpell urteilte: Das Stück „wirkt heute ziemlich harmlos, hat aber viele Bezüge zur aktuellen Situation vor Ort. Die Stuttgarter Regisseurin Katharina Kreuzhage akzentuierte das allerdings nicht und begnügte sich recht geschickt mit dem unterhaltsamen Ausstellen von Kleinstadtgeklüngel und Kräwinkelei."[54] Hilde Rubinstein erfuhr zu ihrem 80. Geburtstag eine Art späte Wiedergutmachung in der DDR. „Lobet den Zorn" hieß ein Programm mit Rubinstein-Texten, die Schauspieler des Berliner Ensembles rezitierten.[55] Neben Gedichten stellten sie 1984 den Einakter „The yellow rose of Texas" nach 29 Jahren zum ersten Mal dem Publikum vor. Fünf Jahre später zog auch die Bundesrepublik nach. Zu ihrem 85. Geburtstag veranstaltete das „Ensemble-Theater" in West-Berlin eine Lesung ihrer frühen Dramen.[56] Ihr Drama „Das tiefgefrorene Reh" wurde zwar am 7. August 1984 vom Sender Freies Berlin als Hörspiel ausgestrahlt, doch bis heute nahm kein Theater die Herausforderung an.

Von den vereinzelten Wiederaufführungen ging kein Signal für die vergessenen Autorinnen aus. Die bühnenpraktische Aufarbeitung der Werke Anna Gmeyners, Ilse Langners, Hilde Rubinsteins und Christa Winsloes steht ebenso noch aus wie die Entdeckung der Stücke Eleonore Kalkowskas und Maria Lazars.

1.1. Texte gegen das Vergessen: Hilde Rubinstein

Der räumliche Abstand machte es Hilde Rubinstein noch schwerer als Ilse Langner, den Anschluß an das gesellschaftliche und literarische Leben in beiden deutschen Staaten zu finden. Trotz des offensichtlichen Nachteils blieb sie noch fast vierzig Jahre in Schweden, dessen Staatsbürgerin sie im August 1947 geworden war. Unmittelbar nach dem Kriege gaben familiäre Gründe den Ausschlag. Ihre Tochter Anna-Barbara, die inzwischen 15 Jahre alt geworden war, fühlte sich mehr als Schwedin denn als Deutsche, so daß Hilde Rubinstein ihr keinen Ortswechsel zumuten wollte. Zudem sah sie selbst einer Rückkehr in ein Land, in dem ihr Bruder und ihre Mutter im KZ umgebracht worden waren, mit gemischten Gefühlen entgegen. Schweden war für Hilde Rubinstein lange Zeit das kleinere Übel:

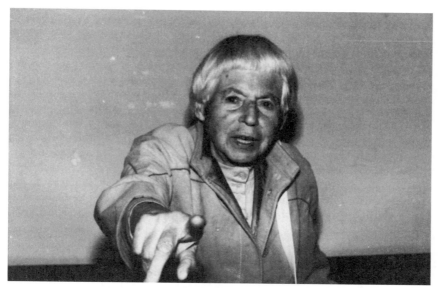

Hilde Rubinstein

„Daß ich dennoch nicht nach Deutschland aufbrechen konnte, ist eine (…) Frage, die ich mir selbst nicht beantworten kann. Obwohl ich mich in Schweden wie ein toter Tisch, auf Eis gebettet, fühle, obwohl meine Isolierung von Jahr zu Jahr wächst, bin ich nicht imstande, wegzugehen. Ich bleibe, wenngleich ich, immer im Bewußtsein meiner Subjektivität, dieses Land hasse. Ein verlagerter Haß, der eigentlich Deutschland zukommen müßte? Kaum."[57]

Hin- und hergerissen zwischen ihrem Exil und dem Land ihrer Herkunft, fühlte sich die Dramatikerin nirgends zu Hause. Die Empfindung der Heimatlosigkeit führte dazu, daß sie sich an ein ständiges Provisorium gewöhnte. Sie lebte wie auf Abruf:

„Seit 31 Jahren habe ich meine 1-Zimmerwohnung nicht eingerichtet, weil ich immerzu glaubte, daß ich wieder nach Hause fahre, eines Tages. Als Zuhause betrachte ich natürlich Deutschland. Ich kann es nicht mit dem Dritten Reich identifizieren. Sowie aber eine Gelegenheit zur Übersiedelung sich bietet, schrecke ich zurück, gerate ich in Panik."[58]

Die Entwicklung in der Bundesrepublik und der DDR verfolgte sie aus der Ferne recht genau. Mit Mißtrauen sah sie, daß in der Ära Adenauers wirtschaftlicher Wohlstand mehr galt als die Bewältigung der Vergangenheit. Gegen dieses Vergessen wandte sich Hilde Rubinstein in ihren Texten. Ihr Schreiben ist nach 1945 wesentlich geprägt von den Erfahrungen der Judenverfolgung während des Dritten Reiches:

„Für mich ist ‚Jude-sein' eher ein abstrakter Zustand. Ich vergesse diese angebliche Tatsache dauernd, weil ich mich nicht in ihren Kategorien bewege. Freilich wird jeder Jude oft oder selten und meistens schmerzlich daran erinnert, daß er es ist. Man ist schließlich zum Juden geprügelt worden."[59]

Hilde Rubinstein mußte nach dem Krieg erleben, daß sich nur die Opfer, nicht aber die Täter dem Grauen des Nationalsozialismus stellten. Die Autorin beschäftigte sich vor allem mit zwei Themenkomplexen. Sie fragte nach den Ursachen von Unterdrückung und Unmenschlichkeit ebenso wie nach dem Verhalten der Täter in der Gegenwart. Ihre Mahnungen erreichten nur bedingt die deutschen Leser, an die sie eigentlich gerichtet waren. So erschien bis heute nur ein Kapitel aus dem Bericht „Besuch beim armen Bruder", den sie dem Gedenken ihres Bruders Fritz widmete.[60] In dem Auszug beschreibt Hilde Rubinstein ihr Entsetzen beim Besuch im ehemaligen Konzentrationslager Sachsenhausen, in dem ihr Bruder umgekommen war. Sie stört sich an den Reaktionen der Besucher:

„Die gehen hier herum, fragen und schwatzen wie auf einem alten Schloß, dies ist eine von vielen Sehenswürdigkeiten! Hier müßte jemand predigen, ein Niemöller, ein Albert Schweitzer ... ich bin sonst nicht für Predigten, aber hier – ja."[61]

Ihr Aufruf zur Besinnung verhallte ungehört, die Mehrzahl der Bevölkerung wollte nicht an die Verbrechen des Nationalsozialismus erinnert werden. Doch genau das tat die Schriftstellerin immer wieder. Ihre Texte waren Klage und Anklage zugleich, wie das Gedicht „Fragen an Dich":

> Dein Bruder war Soldat und
> starb im Drahtverhau?
> Mein Bruder war nicht Soldat und
> starb im Drahtverhau –
> der war
>   elektrisch
>
> Dein Vater bekam keinen Grabstein?
> Mein Vater bekam einen Grabstein –
> der wurde
>   umgeschmissen
>
> Deine Mutter liegt im Massengrab?
> Meine Mutter liegt nicht im Massengrab –
> sie wurde
>   verwertet[62]

In den drei fast gleich langen Strophen gelingt es der Autorin, ihren persönlichen Schmerz in ausdrucksstarke Bilder umzusetzen. In dem Gedicht geht es nicht mehr um individuelles Leid, sondern um das kollektive Schicksal der Juden im Dritten Reich, die selbst um einen würdevollen Tod gebracht wurden. Durch die Gegenüberstellung der verschiedenen Todesarten verdeutlicht die Autorin das Ausmaß der Unmenschlichkeiten. Rubinsteins prägnante Fragen erschienen 1958 in der Zeitschrift „augenblick", die von Max Bense herausgegeben wurde.[63] Bense war einer der wenigen, der sich für die unbequeme Autorin einsetzte. Er machte sich auch für andere Werke Rubinsteins stark.

Drei Jahre später publizierte er in seiner Zeitschrift den Einakter „The yellow rose of Texas". Der Text, bereits 1956 geschrieben, handelt nicht von Country-Musik, wie der Titel nahelegt, sondern von dem Gebrauchsgegenstand Seife. Erst das drastische Schlußwort enthüllt die makabere Beschaffenheit der Seife und verrät, daß skrupellose Geschäftsleute dabei sind, Restbestände aus dem Nazischrecken zu verkaufen: „Ich wasche mich nicht mit Juden", schlägt ein ehemaliger Kriegskamerad das Angebot des Kaufmanns Joller aus.[64] Um die Kontinuität herauszuarbeiten, die vom Dritten Reich ins Nachkriegsdeutschland führte, findet die Autorin verstörende Bilder. Die Schärfe, mit der sie die mangelnde Vergangenheitsbewältigung attackiert, konsternierte die Redakteure und Lektoren in den Verlagen. Sie zogen eine vernichtende Konsequenz: Kaum eine ihrer Arbeiten wurde gedruckt. So lehnte es der Kiepenheuer & Witsch-Verlag 1957 ab, ihren Roman „Der Marmorzwerg" zu publizieren.[65]

Max Bense bliebt neben Alfred Andersch einer der wenigen Mentoren der Schriftstellerin. Andersch hatte 1956 die Erzählung „Der Brautschleier" für seine Zeitschrift „Texte und Zeichen" ausgewählt. In einem Brief an die Autorin pries er den Text als ein „kleines Meisterwerk".[66] Er konnte Hilde Rubinstein nicht lange ein Forum bieten, denn kurze Zeit später stellte die Zeitschrift das Erscheinen ein. Die Verantwortlichen anderer Periodika teilten Anderschs Begeisterung nicht.

Die Schweden waren hellhöriger für ihre Themen. Der literarische Erfolg stellte sich deshalb zunächst in ihrem Exil ein. 1946 reichte sie das Stück „Kärleken sitter i taket" („Schmetterling oder Die Liebe sitzt an der Decke") bei einem Preisausschreiben des Dramatikerstudios Brita von Horn ein. Rubinstein wurde mit einer Auszeichnung bedacht. 1952 beteiligte sie sich wieder an einem literarischen Wettbewerb. Für den Roman „Atomskymning", unter dem Eindruck von Hiroshima entstanden, erhielt sie von der Jury des Verlages „Folket i Bild" den ersten Preis. In dem Text, den Rubinstein unter dem schwedischen Pseudonym Katarina Brendel eingereicht hatte, warnt sie eindringlich vor den Gefahren eines Atomkrieges. In dem Roman gestaltet sie die Schreckensvision, der Holocaust von Auschwitz könne seine Fortsetzung im atomaren Holocaust finden.

Zwei Jahre später sandte sie ihre Erzählung „Uteveckling" („Herrn Engelberts Entwicklung") zur Begutachtung ein. Mit dem Manuskript knüpfte sie an ihre früheren Erfolge an. Sie erhielt den Novellen-Preis der Zeitschrift „Clarté".[67] In dem Text arbeitet die Schriftstellerin den Konflikt zwischen dem 22jährigen Ich-Erzähler und dem skrupellosen Geschäftsmann Engelbert heraus, der gerade seinen 55. Geburtstag feiert. Der jüngere macht dem älteren Mann Vorwürfe, weil der den Idealen seiner Jugend untreu geworden ist. Engelbert erinnert sich ungern an seine „Sturm- und Drangperiode", als er noch Menschlichkeit höher bewertete als Leistung.[68] Seiner Ansicht nach müßte alle Jugend „zugrunde gehn" und „ausgewischt werden".[69] Doch er kann seinen Kontrahenten nicht davon überzeugen. Im Gegenteil: Der Student, der als Sprachrohr der Autorin fungiert, mißbilligt Engelberts Verhalten und schwört sich, wenn er selbst eine solche Entwicklung an sich feststellen sollte, „dann – dann erschieße ich mich".[70]

Die Zeitschrift, die den Preis ausgelobt hatte, veröffentlichte die Erzählung 1954. Deutsche Publikationen waren nicht an einem Nachdruck interessiert. Dabei hoffte Hilde Rubinstein immer noch auf deutsche Leser, da die fremde Sprache für sie nur ein Ersatz blieb:

> „Wahr bleibt für ewig, daß ich in Augsburg geboren bin, also in Deutschland, und daß ich in Deutschland die erste (die bessere) Hälfte meines Lebens ansässig war. Daß Deutsch die mir enorm teure Muttersprache ist. Daß ich also mit Deutschland verwandt bin – verwandt wie die Münze mit dem Prägestock."[71]

Aus diesem Grund sandte die Autorin ihre Manuskripte auch weiterhin an deutsche Verlage. Sie übersetzte den Roman „Atomskymning", der in Schweden 1953 in einer Auflage von 80.000 Exemplaren gedruckt worden war, in ihre Muttersprache. Die Debatte um die Wiederaufrüstung und die Bewegung „Kampf dem Atomtod" hätten ihrem Thema eigentlich auch in den deutschsprachigen Ländern Beachtung sichern müssen. Doch in der Bundesrepublik und der DDR fand sich kein Verlag. Die deutsche Fassung erschien schließlich 1960 in der Schweiz.

Mit dieser Lösung war die Autorin nicht zufrieden, vor allem, weil der Lektor des Scheffel-Verlages eigenmächtige Veränderungen an dem Manuskript vorgenommen hatte. Sein Eingriff führte zu grammatikalischen und syntaktischen Fehlern. Hilde Rubinstein fand die Veränderungen so gravierend, daß sie die eigene Arbeit nicht mehr erkannte. Ihren Zorn teilte der Schweizer Schriftsteller Kurt Marti, der in seiner Kritik von einem „literarischen Bastard" sprach:

> „Hilde Rubinstein (...) schreibt besser als ‚Atomdämmerung' geschrieben ist. Die Verkrüppelung ihres Textes hat sie in ihrem Ansehen und in ihrer Ehre als Autorin geschädigt. Es besteht Gefahr, daß man sie bei uns auf Grund dieses Bastardwerkes als zweitrangig klassiert. Das jedoch darf nicht sein. (...) Dabei ist es schade, daß vor diesem Werk – um der Autorin willen – gewarnt werden muß, während es – um seiner Botschaft willen – nachdrücklich empfohlen und gelesen werden sollte."[72]

Der Stoff ließ Hilde Rubinstein nicht los. Wenn es ihr schon nicht gelungen war, einen seriösen Verleger zu finden, so hoffte sie, mit einem Theaterstück zum gleichen Thema endlich ihr Publikum zu erreichen. Nach der Romanvorlage entstand das Drama „Null Uhr Null".[73] Menehat, der Ort der Handlung, ist eine Stadt, die nach dem Abwurf einer Atombombe nur noch aus Ruinen besteht. Ein künstlicher Park aus Papierblumen ersetzt die natürliche Vegetation. Genauso zerstört wie die Umwelt sind die Menschen, die in Menehat leben. Im Kontrast zu der düsteren Umgebung steht die fast arkadische Landschaft, aus der Robert, der Held des Stückes, kommt. Robert ist Maler, dessen

Mutter seit dem Atomangriff auf Menehat verschollen ist. Eine Meldung in der Zeitung, daß in dem verseuchten Gebiet Atomversuche stattfinden sollen, weckt in Robert den Entschluß zum Handeln. Er will in die Geschehnisse eingreifen und das Schicksal seiner Mutter ergründen.

Im Verlauf der Handlung wird Robert mit mehreren Typen von Tätern konfrontiert, die in unterschiedlicher Weise schuldig geworden sind. Schon im Zug lernt er einen Orthopäden kennen, für den das Elend der Menschen in der zerstörten Stadt nur ein Geschäft ist. Ohne Skrupel zieht er aus der Notlage der Opfer seinen Gewinn, ohne ihre Leiden wirklich lindern zu können. Das entspricht den Vorgaben von Marius Müller, dem Leiter der Militärkommission. Mit diktatorischen Maßnahmen sorgt er für Ruhe und Ordnung. Er und seine Helferin repräsentieren den Typus des KZ-Mörders beziehungsweise der KZ-Wärterin. Ihnen steht die Figur des Piloten Spritty gegenüber, den die Verantwortung für seine Tat einholt. Er war einer der Piloten, die den Befehl ausgeführt haben, Menehat zu bombardieren. Seine Schuld betäubt Spritty – ebenso wie die Leiden der Bewohner – mit Branntwein. Seine Tat sühnt er schließlich dadurch, daß er eine Delegation von hohen Militärs, die sich für erneute Atomversuche in der Stadt einsetzt, in den Tod fliegt. Vergeblich blieb sein Versuch, die kranken Bewohner zum Protest anzustacheln. Auch Robert spürt, daß seine Kraft zum Widerstand immer geringer wird. Er ist am Ende bereit, aufzugeben und mit der Stadt unterzugehen. Doch eine Art gute Fee zwingt ihn zur Heimreise.

Robert beschließt, seine Erlebnisse in Menehat aufzuzeichnen. Doch stellt sich für ihn die Frage, was Kunst gegen die Verhältnisse ausrichten kann. Es geht ihm um mehr, als nur ein Abbild von der Zerstörung zu geben:

„Man soll nicht den Hexensabbath der Unnatur auffahren lassen, auch nicht in der Kunst. Freilich kann man einwenden: Der Hexensabbath ist das Spiegelbild unserer Zeit, denn auch im Spiegel kann das Häßliche nicht schön sein. Aber (...) das häßliche Spiegelbild gutheißen und genießen, das ist befremdend! Oder muß auch das als zeitmäßiges Geschehen betrachtet werden ...?[74]

Eine Ästhetik des Häßlichen liegt Robert ebenso fern wie eine heitere Kunst. Kunst hat nach seiner Auffassung einen festumrissenen Auftrag: Sie soll mit dazubeitragen, die Welt zu verändern. Seine Frau formuliert die Aufgabe, die sich der Schriftsteller stellen muß, so:

„Sprich ihnen ganz einfach (...) von Menehat. Dort ist alles, was vermieden, was ausgemerzt werden muß. Menehat sollst du ihnen vor Augen halten und niemand, der es gesehen hat, wird es sich wünschen."[75]

Ebenso wie Robert, der Maler und Schriftsteller, kam Hilde Rubinstein zu dem Schluß, daß Kunst Mahnung und Warnung sein sollte. Auch in ihrer weiteren literarischen Produktion blieb sie diesem Grundsatz treu.

Die Auseinandersetzung mit der atomaren Gefahr gewann für Hilde Rubinstein immer mehr an Wichtigkeit. Je mehr sich die Situation des Wettrüstens zuspitzte, desto pessimistischer wurden ihre Warnungen. Ein Happy-end konnte sich die Dramatikerin, wie es noch in „Null Uhr Null" anklang, nun nicht mehr vorstellen. Ihr vorläufig letztes Stück zu diesem Thema heißt „Nichts". Wie bereits der Untertitel andeutet, „Der Neutronenbombe mit Kratzfuß zugeeignet", imaginiert Hilde Rubinstein in dem Einakter ein Weiterleben nach dem dritten Weltkrieg. Die Handvoll Menschen, die der atomaren Katastrophe entging, wirkt merkwürdig unlebendig. Einzig Molly ist noch nicht „nullifiziert", wie die Autorin den Zustand der Figuren nennt. Molly kämpft um das Recht auf ein menschenwürdiges Leben. Ihre Unangepaßtheit wirkt auf die anderen Personen des Stückes bedrohlich. Deshalb schmeißen sie Molly aus dem Fenster des 17. Stockwerkes eines Hochhauses.[76]

1.2. Die negative Utopie als Warnung in „Das tiefgefrorene Reh"

Ähnliche Hoffnungslosigkeit prägt das Drama „Das tiefgefrorene Reh". In dem Stück, zwischen 1969 und 1973 entstanden, entwirft Hilde Rubinstein wieder das Szenario eines atomaren Holocausts. Der Kampf zwischen den feindlichen Machtblöcken USA und Sowjetunion führte zur vollständigen Vernichtung: „Ja, hurra! Wir haben Hektare Asche besiegt und Millionen Leichen! Wir sind Besitzer von Milliarden Baumstümpfen!"[77] Nur in ein paar unterirdischen Atombunkern haben einige Menschen die Katastrophe – vorerst – überlebt. Die Erkenntnis, daß bei einem Atomkrieg die Überlebenden die Toten beneiden würden, setzt die Autorin in dramatische Bilder um. Sie erinnerte zu einem Zeitpunkt an den nuklearen Overkill, als sich viele ihrer potentiellen Zuschauer mit dem Paradox eingerichtet hatten, daß die Entspannung auf dem atomaren Gleichgewicht beruhen sollte. Im Zuge der friedlichen Koexistenz verlor die Vision vom Ende der Menschheit an Schrecken. Das blieb nicht ohne Konsequenzen auf die Literatur in der Bundesrepublik. Die Warnutopien, meist unmittelbar unter dem Eindruck von Hiroshima geschrieben, waren seit Ende der sechziger Jahre kein Thema mehr.[78]

Rubinsteins zeitliche Distanz zur Debatte um die Wiederaufrüstung und der Bewegung „Kampf dem Atomtod", in deren Folge die ersten literarischen Auseinandersetzungen mit dem Atomkrieg entstanden waren, verschafft ihr eine größere Souveränität als den Schriftstellern, die mit ihren Texten unmittelbar in das aktuelle Geschehen eingreifen wollten. Raimund Kurscheid unterteilt die fiktionale Atomliteratur dieser Jahre in drei Gruppen: in Werke, die sich auf die konkrete Tagespolitik beziehen, in Arbeiten, die sich an historischen Situationen orientieren und solche, die ein fiktives Szenario beschreiben.[79] In Kurscheids Analyse schneiden die fiktiven Texte am schlechtesten ab, da sie der Gefahr einer Ästhetisierung des Schreckens am wenigsten entkommen können. Das entscheidende Problem besteht seiner Ansicht nach im Stoff, „im Prinzip ist es unmöglich, daß Nicht-Vorstellbare darzustellen".[80] Diese Schwierigkeit umgeht Hilde Rubinstein auf eine denkbar einfache Weise. Ihr Stück geht einige Tage nach dem totalen Vernichtungskrieg in Szene. Die Personen des Dramas haben sich in einen unterirdischen Atombunker gerettet, der mit Sehrohren ausgestattet ist, die einen Blick in die verwüstete Oberwelt erlauben. „Auf der Mattscheibe erblickt man eine weißliche Ebene mit dünnem dunklem Geröll, worin einige Gestalten bewegungslos liegen. Der Himmel ist ebenso ausdruckslos leer wie die Erde." (S. 117)

Angelegt ist das „Tiefgefrorene Reh" wie eine Familientragödie von August Strindberg. In Schweden hatte Hilde Rubinstein ihre Kenntnisse über den Dramatiker der Jahrhundertwende vertieft. Sie nutzte ihre schwedischen Sprachkenntnisse, um den Autor im Original zu lesen. Die Übersetzungen, die sie kannte, erschienen ihr danach unbefriedigend. So übertrug sie den Roman aus der Stockholmer Bohème „Das rote Zimmer", mit dem Strindberg 1879 bekannt geworden war, ins Deutsche.[81]

Für das Drama gegen den Atomkrieg stand Strindbergs „Totentanz" Modell. Den Kern des Figurenensembles bilden auch bei Rubinstein vier Personen aus zwei Generationen. Aus Strindbergs Kapitän Edgar und seiner Frau Alice, die sich in einem Festungsturm auf einer Schäreninsel verschanzt haben, ist bei Rubinstein das amerikanische Ehepaar Johnson geworden, das sich mit seinen Kindern Gaby und Jossy in einen Atombunker gerettet hat. Bei dem schwedischen Dramatiker setzen die Kinder den tödlichen Tanz des Hasses ihrer Eltern fort. Bei der deutschen Theaterautorin ist der Haß tödlicher Verzweiflung gewichen. Das Motiv des Tanzes greift Hilde Rubinstein direkt auf und nimmt damit Bezug auf ihr Vorbild: „Es gibt einen Totentanz – der ist sehr aktiv!" läßt sie eine ihrer Figuren sagen. (S. 85) Strindbergs Ehehölle, Symbol für eine gescheiterte Gemeinschaft, treibt die Dramatikerin des 20. Jahrhunderts – darin Samuel Beckett ähnlich – ins Allgemeine.

Wie bei Beckett sind auch Rubinsteins Figuren mit sich, mit dem Tod, dem sie entgegenwachsen, und mit der ablaufenden Zeit allein. Sie inszenieren ihren Untergang als Spiel: „Wir sollten es uns noch für eine Weile angenehm machen, wenigstens erträglich. Du hast immer so herrlich Theater spielen können, Schwester – spiel noch ein Weilchen." (S. 115) Während Rubinstein die Sätze ihren Figuren in den Mund legt, um sie im Verlauf der Handlung als falsch zu entlarven, macht Beckett sich die Ansicht zu eigen. Er versteht das Leben als Theater. Seine Dramen lassen sich daher nur schwer deuten, denn ihre Pointe besteht darin, daß sie nichts anderes sind als Spiele. Die Dramatikerin sieht dagegen das Spiel nicht als Selbstzweck an. Ohne Schulmeisterei soll ihr Spiel vom Ende der Welt Denkanstöße geben. In dem Essay „Spielend leben" führt sie aus: „Das rechte Spiel ist (…) etwas aus der Tiefe Steigendes, der Natur Gemäßes, die Entwicklung Förderndes, die Phantasie Beflügelndes. Man kann ,schöpferisch' spielen – das Kind (…) ist hier Vorbild."[82]

Auch von den progressiven Formelementen, die Strindberg und Beckett favorisierten, distanziert sich die Dramatikerin. Die Handlung ist mehr oder minder nach den alten Regeln gestaltet, die Gustav Freytag im 19. Jahrhundert formulierte. Einleitung, Steigerung, Fall oder Umkehr und Katastrophe, die er als wesentliche Momente des Dramas festlegte, sind ansatzweise noch im „Tiefgefrorenen Reh" erkennbar.[83]

Der erste Akt zeigt den verzweifelten Versuch von Herrn und Frau Johnson, im unterirdischen Atombunker den Anschein von Normalität zu wahren. Während sich ihre erwachsenen Kinder mit Glückspillen und erotischen Spielen betäuben, wahren die Eltern – zumindest an der Oberfläche – stoische Ruhe. Gaby und Jossy wissen, daß sie auf den Tod warten, während ihre Eltern noch immer davon ausgehen, daß sie der Katastrophe entkommen sind. Frau Johnson sorgt sich um die Behaglichkeit des Bunkers, ihr Mann pocht auf seine väterliche Autorität. Nur langsam gestehen sie sich die verzweifelte Lage ein. Um sich abzulenken, planen sie eine Kostümparty, einen „Trockenbierverlobungsball". Frau Johnson will mit der Feier außerdem erreichen, daß Gaby und Jossy sich anderen Partnern zuwenden und von ihren erotischen Spielen ablassen: „Jossy könnte sich zum Beispiel mit Elfrida verloben und Gaby mit Maxwell (…)." (S. 79) Der Bunkerball verläuft im zweiten Akt zunächst nach Wunsch. Für die älteren Paare artet er dann zu einer Sexorgie aus. Die Jungen schauen dem Treiben ihrer Eltern angewidert zu:

> „GABY *lacht:* Und dein Papa will unbedingt unter Frau Nonettis Rock, wenigstens mit der Pfote, während deine Mama auf Herrn Nonettis fettem Schenkel reitet!
>
> MAXWELL: Gewiß. Und wir wollen nicht desgleichen tun.
>
> JOSSY: Das könnten wir auch gar nicht, denn wir *sind* anders." (S. 95)

Im Gegensatz zu ihren Eltern sind die Jungen nicht mehr in der Lage, ihr Wissen mit Sex und Alkohol zu betäuben. Sie wollen nicht mehr auf den Tod warten, sondern nehmen ihr Ende im dritten Akt selbst in die Hand. Gaby ersticht Elfrida, Jossy tötet Gaby, und Maxwell erschießt die übrigen Ballbesucher mit einem Maschinengewehr. „Danach setzt er die Gasmaske vors Gesicht und verläßt den Raum, ohne die Tür hinter sich zu schließen. Auf der Mattscheibe sieht man ihn über die Ebene schreiten und verschwinden." (S. 120)

Das allgemeine Sterben am Ende erinnert an den kollektiven Selbstmord, mit dem Wolfgang Weyrauch sein Hörspiel „Die japanischen Fischer" 1955 enden ließ. Die Fischer, die Opfer der radioaktiven Verseuchung nach einem Atomversuch wurden, verstehen ihren Tod als einen Appell an das Weltgewissen.[84] Auch Hilde Rubinstein setzte auf die Signalwirkung des Entsetzens. Indem sie das blanke Nichts ausmalt, ruft sie zur Tat auf. Die Zuschauer sollen sich – im Gegensatz zu den Figuren des Stückes – nicht der Illusion hingeben, daß es in einem Atomkrieg Überlebende geben könnte.

So hoffnungslos war noch keines der Dramen Hilde Rubinsteins zu Ende gegangen. Allenfalls in ihrer Lyrik hatte sich die Autorin so radikal mit den Visionen des Atomkrieges auseinandergesetzt. Die schnörkellose, oft ans Lakonische grenzende Sprache der Dialoge im „Tiefgefrorenen Reh" erinnert an den Tonfall der Gedichte. Auch in ihrer Lyrik versucht die Autorin, das Unvorstellbare vorstellbar zu machen. In „Hochzeit der Toten" wird ihre Herangehensweise schon aus der Überschrift deutlich. Sie mischt Worte, die angenehme Assoziationen hervorrufen, wie Hochzeit, mit solchen, die negative Konnotationen haben, wie Tod.[85] Wie in den drei Strophen des Gedichtes treiben auch in dem Stück die aus dem Alltag gewonnenen Bilder das Entsetzliche auf die Spitze. Um das Grauen deutlich zu machen, reicht der gewohnte Sprachschatz nicht aus. Deshalb sucht die Autorin nach neuen Ausdrücken. So erfindet sie als Parallele zu „entlaubt" Adjektive, die sich auf Blumen und Menschen beziehen: „Der Hunsrück ist entlaubt, entblumt, entmenscht – abgemenscht." (S. 116)

Die Schreckensvision, der Holocaust von Auschwitz könne seine Fortsetzung im atomaren Holocaust finden, die ihre Prosa entscheidend bestimmte, greift Hilde Rubinstein in dem Drama nur am Rande auf. Während ihr Roman „Atomdämmerung" davon geprägt war, daß die Autorin die beiden Formen der Vernichtung in einen unmittelbaren Zusammenhang stellte, beschränkt sie sich in dem Stück auf eine Andeutung.[86]
Einer der Väter – bezeichnenderweise einer der Täter – stellt die Verbindung her. Um
sich von der gegenwärtigen Situation abzulenken, schlägt er vor:

> „Es gibt viel Effektiveres zur Belebung, zum Beispiel eine Multihinrichtung, richtige
> Großaktion, Scheiterhaufen! Aber ein Scheiterhaufen *aus* Menschen, nicht bloß *für*
> Menschen. Ja, das gab es, mein eigner Papa war da dienstlich verpflichtet – oder aber
> eine beherzenswerte Großaktion gegen Nigger und Rothäute, unser Cu-Clux-Clan
> …" (S. 119)

Es gibt nicht nur Verbindungslinien zu Hilde Rubinsteins Lyrik und Prosa, sondern
auch zu ihren frühen Stücken. Wie in dem Drama „Hungerstreik", in dem sie ihre Haft
unter Hitler und Stalin verarbeitete, legt sie auch ihr Drama gegen den Atomkrieg wie
ein wissenschaftliches Experiment an. Sie sperrt die Personen statt in eine Zelle nun in
einen Bunker, um herauszufinden, wie sich die Gefangenschaft in dieser extremen Situation auswirkt. Die Autorin bringt auch im „Tiefgefrorenen Reh" die eingeschlossene
Gesellschaft auf die Bühne.[87] Rubinstein greift damit ein Muster auf, das für das absurde und existenzialistische Theater signifikant ist.
     Die engagierte Zeitkritik, die auf Veränderungen abzielt, trennt die marxistische Au-
torin Hilde Rubinstein jedoch von den Dramatikern des Absurden. Das „Tiefgefrorene
Reh" ist ein Denkmodell, das politische Lehren vermitteln will. Das Absurde der Handlung ergibt sich nicht aus einer gleichnishaften Situation, sondern aus dem Aberwitz der
Gegenwart, den die Autorin konsequent zu Ende denkt. Ihr Drama führt die These,
daß ein Atomkrieg begrenzt zu führen sei, ad absurdum. Dieselbe Überzeugung, wie sie
später im „Appell der Schriftsteller Europas" 1982 zum Ausdruck kam, prägt das Stück:

> „Die Menschheit soll jetzt an den verbrecherischen Gedanken gewöhnt werden, daß
> ein begrenzter Atomkrieg führbar sei – mit neuen Raketen, Neutronenbomben,
> Marschflugkörpern etc. Wir setzen dagegen: Mit Atomwaffen ist kein begrenzter
> Krieg führbar; er würde die ganze Welt vernichten."[88]

Rubinsteins Drama zeigt die zerstörerische Konsequenz einer solchen Politik auf. Für
die Endzeit im Atombunker führt die Dramatikerin politische und ökonomische Gründe an: „Um diese ökonomischen Werte nicht zu verspielen, haben sie sich selbst ver-
spielt." (S. 92) In der Auseinandersetzung zwischen den Eltern und ihren Kindern
arbeitet die Autorin heraus, daß ein Wirtschaftssystem, das sich nur an maximalen Pro-
fiten orientiert, das Überleben der Menschheit aufs Spiel setzt: „Der optimale technische Fortschritt war die absolut einzige Treibkraft … Und führte zu dem maximalen
technischen Effekt – den wir hiermit erleben." (S. 93). Wirtschaftliche Interessen, so die

These der Autorin, bestimmen auch die Politik. Jene „kalifornischen Kreise", die in dem Stück als Synonym für die Wirtschaftsbosse verwandt werden, schrecken selbst vor einem Mord nicht zurück:

> „JOSSY: Wie habt ihr das eigentlich gedeichselt mit dem Präsidenten, der eine
>   Kleinigkeit besser, für euch aber schlechter war?
> HERR NEVER: Wie bitte? gedeichselt …?
> MAXWELL: Jossy meint, auf welche Weise ihr ihn umgebracht habt." (S. 110)

Hilde Rubinstein kritisiert nicht nur das Credo der älteren Generation. Die Einsicht der Studenten, daß „die Waffenlosen à priori im Irrtum" sind, läßt die Autorin nicht als Entschuldigung gelten. (S. 94) Auch die Jungen haben versagt. Ihre politische Praxis blieb wirkungslos, da sie nicht versuchten, Verbündete zu finden: „Wir hätten uns Bundesgenossen schaffen müssen. Immerhin, daß wir recht hatten, beweist dieser unser Tod. (…) Wir hätten natürlich das Industrieproletariat gewinnen müssen." Die Dramatikerin setzt das Versagen der Jungen mit dem Versagen der Arbeiterparteien 1933 gleich. Nur mit dem „totalen und simultanen Generalstreik" hätten sie ihrer Forderung nach der „mondialen Abrüstung" Nachdruck verleihen können. (S. 96) Auf den konkreten Anlaß, der die atomare Auseinandersetzung ausgelöst hat, geht die Autorin nicht näher ein. Schon im „Hungerstreik" hatte sie das Zeitlose der Isolierung herausgearbeitet und der Versuchung widerstanden, Hitler und Stalin als die eigentlichen Kerkermeister zu entlarven.

Die Figuren des Dramas sind der Versuch, Realitäten auf die Spitze zu treiben. Hilde Rubinstein entwirft keine individuellen Charaktere, sondern Typen. Anders als bei dem Stück „Eigener Herd ist Goldes wert?!" aus der Weimarer Republik gehört Hilde Rubinsteins Sympathie jetzt nicht mehr ausschließlich den Frauen.[89] In dem Essay „Frauenlob" kommt sie 1975 zu dem Schluß, daß es zwar kein Land gebe, „in dem die Frau dem Mann völlig gleichgestellt" sei.[90] Doch in der Tradition der orthodoxen Marxisten ordnet sie die Frauenfrage der Klassenfrage unter:

> „Eigentlich (…) sind beide Geschlechter nicht auf Rosen gebettet. (…) Deswegen sollte quer revoltiert werden, nicht längs. Die physiologische Front ist eine falsche Front. Man fühlt sich eigentlich nicht denen zugehörig, die die gleichen Geschlechtsmerkmale haben, sondern denen, die die gleiche Gesinnung haben."[91]

Diese Überlegung gab auch den Ausschlag für die Anlage der Figuren im „Tiefgefrorenen Reh". Die gleiche Gesinnung eint die Kinder auf der einen, die Eltern auf der anderen Seite. Die alten Johnsons und ihre Freunde sind die Vertreter des Kapitalismus, die mit ihrer Profitsucht das Ende der Welt herbeigeführt haben. Zu dem eindimensionalen Charakter von Herrn Johnson paßt die Weigerung, zwei Müllmänner in seinem Bunker aufzunehmen: „Die liegen einem fern. Und alle, die es versäumt haben, sich beizeiten was Eignes zu bauen und dann bei andern unterkriechen wollen." (S. 79)

Von den negativ gezeichneten Eltern heben sich die Studenten ab. Bei ihrer Charakterisierung hat Hilde Rubinstein Ideen und geschichtliche Erfahrungen aus den späten sechziger Jahren und aus dem Umkreis der Studentenbewegung verarbeitet. Wie die historischen Vorbilder stellen auch Gaby, Jossy und Maxwell im Stück die Frage nach der Schuld ihrer Eltern. Doch ihre Vorwürfe prallen an den Älteren ab. „Wir haben alles für euch getan, alles haben wir geopfert, Tag und Nacht gearbeitet, ein Vermögen haben wir geschaffen – für euch", hält Frau Johnson den Kindern entgegen. Und ihr Mann ergänzt: „Auf keine Weise ist es unsre Schuld, daß wir hier sitzen (...)." (S. 88)

Der dramatische Konflikt entwickelt sich in erster Linie aus der Rebellion der Kinder gegen ihre Eltern. Der Unterschied zwischen den Generationen ist für die Fabel konstitutiv. Doch in den Text eingeschrieben ist auch der Gegensatz zwischen Frauen und Männern. Die Ehe der Johnsons funktioniert nach der traditionellen Rollenverteilung. Der Mann ist für das Geschäft, die Frau für die Familie zuständig. Der Mann akzeptiert seine Frau nicht als gleichwertige Gesprächspartnerin: „Es lohnt sich nicht, mit dir zu sprechen." (S. 78) Ihr Denken kreist nur um Mann und Kinder. Dabei sorgt sie sich um das Wohl ihrer Angehörigen, ignoriert aber soweit wie möglich die Tatsache, daß ihrer aller Leben bedroht ist. Den Streit zwischen ihrem Mann und den Kindern, der die häusliche Ordnung gefährdet, versucht sie auf ihre Weise zu schlichten: „Jetzt sind wir aber – ich meine: jetzt trinken wir Kaffee, Kinder." (S. 84)

Die patriarchale Autorität ihres Ehemannes stellt sie nicht in Frage. Im Gegenteil: „Sprich ein Machtwort (...), William!" (S. 80) Bei wichtigen Entscheidungen bittet sie ihn erst um Erlaubnis, denn „sonst schimpfst du hinterher wieder, daß ich was Unpassendes getan hab!" (S. 81) Nur ein einziges Mal wagt sie leisen Widerspruch. Sie kritisiert die Entscheidung ihres Mannes, die Müllmänner nicht in den Bunker zu lassen. Da ihr Tätigkeitsfeld sich auf die häusliche Sphäre beschränkt, ist sie weniger als ihr Mann dem gesellschaftlichen Druck ausgesetzt gewesen. Deshalb konnte sie sich in Ansätzen ein humanitäres Denken bewahren.

An der gewohnten Rollenverteilung ändert auch der Kostümball nichts. Zwar wechseln die Ehepaare ihre Partner, doch die Männer diktieren weiterhin die Regeln des Zusammenlebens. So bestimmt Herr Hilter: „Alle nachher in ein Zimmer und reihum, bitt ich mir aus!". Ob sein Wunsch auch den Bedürfnissen der Frauen entspricht, bleibt unklar. Sie passen sich zwar der neuen Situation an. Doch möchten sie nach außen den Schein wahren: „Wir wollen den Kindern kein schlechtes Beispiel geben." (S. 109)

Während die Dramatikerin bei der Darstellung der Ehepaare den gesellschaftlichen Ist-Zustand satirisch überzeichnet, formuliert sie mit den Geschwistern Gaby und Jossy ihr Ideal von der Beziehung der Geschlechter. Der Bruder-Schwester-Inzest dient in dem Drama nicht zur Charakterisierung der degenerierten Gesellschaft. Vielmehr erhält das Motiv im „Tiefgefrorenen Reh" ebenso wie in der Literatur der Romantik und der Jahrhundertwende die Dimension des Utopischen. Am Beispiel der Geschwisterliebe gestaltet Hilde Rubinstein einen uralten Menschheitstraum: die Aufhebung der Gegensätze zwischen den Geschlechtern. Mann und Frau sind nicht mehr zwei Wesen mit unterschiedlichen Eigenschaften, sondern sie verschmelzen zu einer Einheit. „Du weißt, daß wir zwei eins sind, Liebste ...", beschreibt Jossy im Stück den Zustand der Symbiose. (S. 103) Am Beispiel von Bruder und Schwester läßt sich die Idee der Geschlechtereinheit besonders gut konkretisieren, da das verwandtschaftliche Verhältnis bereits eine

Wesensgleichheit voraussetzt. Die Gemeinsamkeit zwischen Gaby und Jossy betont die Dramatikerin noch durch die äußere Erscheinung: „Sie haben die gleiche Haartracht, auf die Schultern hängend, notdürftig gestutzt." (S. 82)

Der Androgyn, die Mischform des Weiblichen und des Männlichen, die in der Symbiose der Geschwister erreicht wird, gehört in den Bereich des Mythischen. Die Götter Isis und Osiris, Kronos und Rea, Zeus und Hera waren Geschwister, die die Ehe eingingen. Der Verbotscharakter einer solchen Verbindung entstand erst später. Das Inzesttabu ist auch für Gaby und Jossy in Rubinsteins Drama kein Thema. Es spielt bei der inneren Dynamik ihrer Beziehung keine Rolle. Das Verbot wird an die beiden von außen herangetragen. So empört sich ihre Mutter: „Schlafen, so fest, dicht nebeneinander. Das gehört sich doch nicht ... Bruder und Schwester ...!"(S. 80) Und die von den Eltern bestimmte Verlobte Jossys assistiert: „Solche Beziehungen mit einer Schwester ... Das tut man doch nicht, Jossy!" (S. 99) Auf der realen Ebene des Textes bedeuten die „Liebesakte" der Geschwister, daß sie sich gegen die Welt der Eltern und deren Gesetze formieren. (S. 99)

Das Ideal des Androgynen, auf das die Symbiose abzielt, meint mehr als einen individuellen Protest. Die Sehnsucht nach Einheit, nach Verbindung der Gegensätze und ihrer Überwindung beinhaltet die Suche nach dem verlorenen Ursprung. Gert Mattenklott erweitert diesen Gedanken ins Gesellschaftsutopische:

> „Das Androgyn ist die im Kult, dem Mythos, der Kunst vorgestellte Utopie des Ursprungs, des Ziels, die in der Befreiung von den Zwängen und Abhängigkeiten des in seiner sexuellen Rolle (...) definierten Menschen, die Leugnung einer isoliert genitalen Sexualität, das Bild erweiterter Lebensmöglichkeiten."[92]

Der Verzicht auf Rollensymbolik und Geschlechtertypologie kann vor dem Hintergrund des drohenden Untergangs im „Tiefgefrorenen Reh" nur ansatzweise gelingen. Die Einheit zwischen den Geschwistern wird ständig von den anderen Figuren im Stück bedroht. So soll sich Gaby mit Maxwell, Jossy mit Elfrida verloben. Die Geschwister nähern sich zwar den ihnen bestimmten Partnern an, doch letztlich kehren sie immer wieder zueinander zurück.

Das Thema der Geschwisterliebe faszinierte im Verlauf der Jahrhunderte vor allem männliche Bearbeiter, die häufig das Verhältnis der Geschwister parallel zu den traditionellen Rollenzuweisungen strukturierten. In den meisten Texten hat die Schwester die Funktion, dem Bruder zur Vollkommenheit zu verhelfen. Noch in Musils „Mann ohne Eigenschaften" erhofft sich Ulrich von seiner Schwester Agathe Erlösung. Sie soll den Mangel, den er empfindet, ausgleichen.[93]

Hilde Rubinstein setzt der männlichen Sehnsucht ihre eigene entgegen. Sie organisiert das Verhältnis zwischen Gaby und Jossy nicht nach der traditionellen Struktur zwischen den Geschlechtern. Am Beispiel der Berufe, die die Geschwister ursprünglich ergreifen wollten, verdeutlicht die Dramatikerin, daß sie sich bereits von den überkommenen Rollenzuweisungen gelöst haben. Gaby studierte vor dem Atomkrieg Jura, ihr Bruder Agrarwissenschaft. Die Frau setzt stärkter auf Rationalität, der Mann fühlt sich mehr der Erde verbunden. Gaby sucht denn auch die Nähe zu ihrem Bruder, sie ist der aktivere Teil in der Beziehung. Die Vereinigung mit ihm bedeutet für sie, daß sie der Hoffnungslosigkeit ihres Daseins für eine Weile entfliehen kann. In der zugespitzten Situation kann letztlich nur der Tod Erlösung bringen. So ist es nur konsequent, daß Jossy am Ende des Dramas Gaby ersticht.

Das Experiment einer anderer Beziehung zwischen Mann und Frau ist gescheitert. Ob es eine lebbare Alternative gegeben hätte, läßt der Text offen. Hilde Rubinstein liegt mehr an der negativen als an der positiven Zukunftsvision. Die Gedanken zu einem anderen Verhältnis der Geschlechter sind in dem Drama nicht so in sich abgeschlossen wie die zur Politik und Ökonomie. Ob die politischen Lehren des Stückes überhaupt so deutlich werden, wie die Autorin es sich wünscht, ist fraglich. Denn die Faszination des Schauspiels geht weniger von der Analyse als von dem dramatischen Modell einer eingeschlossenen Gesellschaft aus. Das macht zugleich den Reiz des Stückes aus. Es ist von allem Zeitbedingten so entkleidet, daß das „Tiefgefrorene Reh" noch heute gespielt werden könnte.

2.1. Gedanken zur Versöhnung: Ilse Langner

Das Nachkriegselend ließ den Gegensatz zwischen den Geschlechtern für Ilse Langner in den Hintergrund treten: „Frau und Mann verschmolzen zu einem Leidwesen. Sie flohen miteinander, zueinander", erkannte die Dramatikerin. „Ein Mensch versuchte dem anderen Menschen beizustehen – oder auch ihn zu verraten."[94] In den meisten Arbeiten, die die Autorin nach dem zweiten Weltkrieg vorlegte, warf sie die Frage nach der Schuld auf. Die Heldinnen und Helden ihrer Texte stellen sich der Verantwortung – eine Haltung, die die Schriftstellerin auch von ihren Zeitgenossen erwartete. Ihre Dramen und Romane haben dennoch einen versöhnlichen Charakter. Ilse Langner setzte auf die heilende Kraft des Leidens und glaubte an die Wandlungsfähigkeit des Menschen.

Der Wunsch, aktiv zur Veränderung beizutragen, ließ die Dramatikerin nicht ruhen. Sie schrieb unmittelbar nach Kriegsende, so beobachtete Ingeborg Drewitz, „wie im Rausch".[95] Nachdem sie dreizehn Jahre lang an den Versfassungen von „Klytämnestra" und „Iphigenie kehrt heim" gefeilt hatte, entstanden nun kurz hintereinander die neuen Arbeiten. „Sie war besessen von der Emotion, an einer Zeitenwende zu stehen", begründete Ingeborg Drewitz die ungeheuere Schaffenskraft.[96] Das Ende der nationalsozialistischen Diktatur bedeutete für die Schriftstellerin das Ende der Angst und der verdeckten Redeweise. Die Welt der Antike als Tarnung hatte ausgedient. Sie konnte ihren Stoff wieder aus der unmittelbaren Gegenwart schöpfen. Im Drama, in der Prosa und in der Lyrik beschrieb sie ihre Eindrücke von der Zeitenwende.

Ilse Langner, die in ihren Tagebüchern die Eindrücke von exotischen Reisen festgehalten hatte, protokollierte auf der Flucht aus dem zerbombten Berlin das Elend: „Die Flüchtlinge aber – enthaust – verkamen auf den Landstraßen zu Landstreichern. Ihr bürgerlicher Anstand war zwischen Küche und Bad verblieben. Angst trieb sie: Über die

Ilse Langner nach dem zweiten Weltkrieg in Paris

Elbe."[97] In dieser Zeit füllt sie Hunderte von Seiten in kleinen Merkheften. Diese Notizen bilden den Ausgangspunkt für die literarische Auseinandersetzung.

Unmittelbar nach der Rückkehr ins „zertrümmerte Berlin" setzte sich Ilse Langner an die Schreibmaschine.[98] Die ungesicherte Existenz, den „lähmenden Zerfall", den sie rund um sich wahrnahm, wollte sie in ihrer Dichtung festhalten.[99] Die Ruine erschien ihr wie vielen Zeitgenossen als Wahrzeichen der neuen Zeit. In Gedichten beschwört die Autorin expressiv-balladenhaft die Schutthalden der Städte.[100] Die lyrische Kurzform bot den Vorteil, daß Ilse Langner diese Arbeiten auch gedruckt sehen konnte. Die zahlreichen neu gegründeten Zeitschriften waren dankbare Abnehmer. Längere Prosatexte und Theaterstücke fanden nur schwer einen Verlag. Lediglich aus dem dokumentarischen Roman „Flucht ohne Ziel" erschien ein Kapitel.[101] Auch das Theaterstück „Himmel und Hölle" gelangte nicht an die Öffentlichkeit. Die fehlende Resonanz entmutigte die Schriftstellerin. Deshalb blieb das erste Drama, in dem sie das Chaos der letzten Kriegswochen gestaltet, nur „Stück-Werk".[102]

Das unfertige Manuskript ist der Versuch der Autorin, die Leidensgeschichte der Frauen im Kriege fortzuschreiben. „Himmel und Hölle" handelt wie „Frau Emma kämpft im Hinterland" von den Frauen und Männern, die die Auswirkungen des Krieges in der Heimat erleben. Die Zentralgestalt des Stückes, bei der die verschiedenen Handlungsfäden zusammenlaufen, erinnert mit ihrer Bestimmtheit an die Heldin aus dem Erstlingswerk. Die Gegenüberstellung von Frauen und Leben einerseits und Männern und Krieg andererseits, die schon in der frühen Arbeit anklang, ist in dem Nachfolgestück noch ausgeprägter. Die Schuldzuweisung ist eindeutig: „Die Männer sind schuld an allem! Sie bringen uns den Tod!"[103]

Hatte die Dramatikern mit Frau Emma die Wandlung einer Frau zur Selbständigkeit vorgeführt, so zeigt sie nun eine im Kern mütterliche Frau, die ganz in der traditionellen Rolle aufgeht. Sie ist der Typ der resoluten Kämpferin, die ihre Kraft für andere einsetzt. Diese Mutter, die in ihrer Typisierung keinen Namen erhält, rüttelt im Gegensatz zu ihrer Leidensgenossin aus dem ersten Weltkrieg nicht an den Grenzen, die das Geschlecht ihr setzt. Mit der Heldin aus „Himmel und Hölle" nimmt die Autorin Frau Emmas Aufbruch zurück, der ihr nun fragwürdig erscheint. Die Welt wurde, so ihre Beobachtung, durch die Teilhabe der Frauen an der gesellschaftlichen Praxis nicht friedvoller. Im Gegenteil: Die Frauen strebten danach, sich den Männern anzugleichen. Das ist in den Augen der Dramatikerin ein Irrweg. Sie setzt dagegen auf die Andersartigkeit der Frau. Nicht nur in ihren Stücken, sondern auch in einem Artikel zum internationalen Frauenkongreß in Paris 1947, gibt sie der Hoffnung Ausdruck, daß die Frauen als Mütter künftig gegen jeden Krieg rebellieren würden:

„Das Gemeinsame aller Frauen, das unabänderlich durch technischen Fortschritt und technischen Zerstörungswahn hindurch der mütterliche Trieb zum Leben und die Verantwortung für die eigenen und die Kinder aller Mütter geblieben ist, tritt trotz seiner weltalten Bestätigung mit neubelebter Urkraft ins Bewußtsein. Im Banne politischer Machtlosigkeit verdichtet sich dennoch das Gefühl der Gewißheit, daß der Lebenswille der Frau zuletzt jede Vernichtung fruchtbar überdauern wird."[104]

Noch in einem weiteren Punkt hat die Dramatikerin ihre Aussage abgeschwächt. Im Gegensatz zu dem Erfolgsstück aus der Weimarer Republik besteht das Personal der neuen Arbeit fast zu gleichen Teilen aus Frauen und Männern. Wie Ilse Langner selbst flüchten die Figuren des Textes vor den Bomben in Berlin auf das Land. Dabei entstehen Bilder von bestürzender Eindringlichkeit: das Lager der Flüchtlinge auf den Elbwiesen und in den Wäldern, ständig bedroht durch Tiefflieger, die entlassenen Häftlinge aus dem KZ und die desertierenden Soldaten, die sich im Wald verstecken, Bäuerinnen und Bauern, die die Vagabunden der Landstraße mit Mißtrauen beäugen, ewig Gestrige und die Verfolgten der Diktatur. Hinter den Einzelschicksalen wird der Zusammenbruch eines Volkes sichtbar. Jeder ist sich selbst der Nächste. Spitzeleien und Denunziationen sind an der Tagesordnung. Menschliche Beziehungen gehen in die Brüche.

Obwohl das Drama drei Akte hat, gibt es keinen Spannungsbogen im eigentlichen Sinn. Die Stationen der Flucht bestimmen den Aufbau. Auch den Schluß des Dramas diktiert die Zeitgeschichte. In Wörlitz erleben die Figuren des Stückes die Befreiung. Nun etabliert sich aus dem Chaos eine neue Ordnung. Als Symbol für die neue Zeit wird am Ende des Stückes ein Kind geboren. Das Drama endet versöhnlicher als alle anderen Stücke, die die Autorin bis zu diesem Zeitpunkt geschrieben hatte. Das Reich des Friedens und der Freiheit, das die Heldinnen in den anderen Texten nur ersehnen, scheint in greifbare Nähe gerückt. Diejenigen, die das Entsetzliche überstanden haben, fühlen sich frei für ein neues Leben.

Das Stück mutet wie ein Versuch der Autorin an, ihre Ideen zu ordnen. Vieles ist nicht gestaltet, sondern wirkt wie eine erste Niederschrift. Der aufgestaute Stoff ließ sich noch nicht bändigen. Die Dramatikerin war wohl selbst mit dem Ergebnis nicht zufrieden, denn sie vollendete die Arbeit nicht. Einige Motive griff sie später wieder auf. Der Zyklus der Trümmerdramen „Von der Unverwüstlichkeit des Menschen" entstand zwischen 1946 und 1950 in rascher Folge hintereinander. Auch in „Heimkehr", „Carneval" und „Angst" behandelt Ilse Langner die unmittelbare Nachkriegszeit. „Carneval" scheint das Gegenstück zu „Himmel und Hölle" zu sein. Der Blick auf das Nachkriegselend war in dem ersten Stück des Zyklus realistisch. In „Carneval" ist nur die Kulisse wirlichkeitsnah. Das Stück spielt vor „zertrümmerten Häusern mit hochragenden, brandgeschwärzten Fassaden".[105] Ein schwarzgebrannter toter Baum breitet seine Äste über die Szene. Die Handlung wirkt wie ein Traum. Manuelo, ein Maskenmacher, breitet bunte Fetzen über Trümmer und Mauerreste. Die Figuren des Stückes schlüpfen auf Manuelos Anweisung in Masken. Es ist ein buntes, verwirrendes Treiben, das noch um einige Personen erweitert wird, die vom Himmel heruntergekommen sind: der Marschall der Luft, die Königin von Ägypten, die Prinzessin von Hohenneudorf, ein Physiker und ein Pilot. Für alle wird das Kostüm zum Schicksal, da es ihre geheimen Leiden und Wünsche ausdrückt. Jeder möchte mit dem Piloten am anderen Morgen in den Himmel aufsteigen, um die Zentnerlast der Sorgen hinter sich zu lassen. Doch nur den selbstlos Liebenden gelingt es. Im surrealen Geschehen der Nacht bekundet sich, so die Autorin, „die ewige Tragödie der Menschheit, die selbst noch zwischen Trümmern für ein geringes Teilhaben am Glück die schaurigste Zukunft auf sich nimmt":[106]

„Dieses konsequente und illusionslose Maskenspiel von den Herzen, die aus dem Elend heraus sich verwandeln und vertauschen wollen und ihre unzulängliche Kraft spüren, dieses Spiel von der Verwandlung des Fleisches (…), spricht Ilse Langners Gedanken aus, von der ihre zeitwache Lyrik in der Sammlung ‚Zwischen den Trümmern' bestimmt ist: ‚Tut ab die Hoffart! / Wir sind alle eingeengt / In das Chaos der Zeit …'"[107]

Ilse Langner unternahm noch einen weiteren Versuch, das Chaos der Zeit im Drama einzufangen. „Heimkehr", für das sich Piscator lebhaft interessierte, wirkt wie eine Synthese aus den bereits vorgestellten Trümmerdramen. Die surrealen und die wirklichkeitsnahen Momente bringt sie zu einer gelungenen Mischung. Real ist die zentrale Fabel des Stückes. Helene Müller, die vor den Bomben auf Land geflüchtet war, und ihr Mann Helmut, ein junger Soldat, kehren 1945 nach Berlin zurück. Der Stationsweg der

Prüfungen, bis das Ehepaar zueinander gefunden hat, bildet den roten Faden. Die Probe, die die beiden Liebenden bewältigen müssen, ist ihnen von den Toten auferlegt worden. Die einarmige Frau, die auf diesem Exempel insistiert, erinnert an die Mutter aus „Himmel und Hölle“. Sie fühlt sich den Lebenden verantwortlich und möchte erreichen, daß die Schrecken der Vergangenheit nicht umsonst gewesen sind. Helene und Helmut bestehen die Anfechtungen. Ihnen gelingt ein Neuanfang. Die Liebe besiegt den Haß.

Die Vergangenheit wird im eigentlichen Sinn nicht bewältigt, sondern eher zurückgelassen. Zwar erkennen die Figuren ihre früheren Fehler, doch das neue Leben ist wichtiger als der Blick zurück. In einem Gespräch zwischen Helmut und einem alten Juden wird diese Haltung besonders deutlich:

> „HELMUT: Bist ein alter Jud.
> ISRAEL: Bist ein junger Soldat.
> HELMUT: Sind beide mit dem Leben davongekommen.
> ISRAEL: Wollen darum das Leben nicht einfach fortwerfen. (…) Nehmen Sie sich zusammen. (…) Kann ich dafür? Können sie dafür? Nein! Aber für das, was nun kommt, sind wir verantwortlich, denn nun wissen wir aus eigener Erfahrung, wozu der Mensch fähig ist.
> HELMUT: Was könnte ich schon tun?
> ISRAEL: Ein sauberes Leben führen.
> HELMUT: Wenn das genügt –“[108]

Der Gedanke der Versöhnung zwischen Tätern und Opfern der NS-Diktatur, der in „Heimkehr“ anklingt, bestimmt das letzte der Dramen aus dem Zyklus. Das Stück „Angst“ schrieb Ilse Langner 1949. Zum einen verstand sie die Arbeit als eine Hommage an ihre Freundinnen Mary Schneider-Braillard und Rosel Scharnberg, die das Konzentrationslager überlebten. Zum anderen regte der Friedenskongreß der Frauen in Paris 1947 die Dramatikerin zu dem Stück an. Auch dort traf sie Überlebende des Holocausts. Ihre eigenen Anschauungen fand sie bei einer Französin bestätigt, die sich um die Verfolgten des NS-Regimes kümmerte: „Mit dem Ausspruch: ‚Fini est fini‘ schließt sie Vergangenheit ab, die Zukunft gehört dem Leben.“[109] Auch die Frauen in Langners Drama klagen nicht an, sondern setzen wie die einarmige Frau in „Heimkehr“ auf die alles verzeihende Kraft der Liebe. Wie Hilde Rubinstein in dem Roman „Der Marmorzwerg“ gestaltet auch Ilse Langner in „Angst“ die schwierige Beziehung zwischen einer Jüdin und einem Deutschen, der schuldig geworden ist. Während Rubinstein in ihrem Text den inneren Zwiespalt der Frau deutlich werden läßt, den ehemaligen Feind zu lieben, scheint Nelly in Langners Drama solche Selbstzweifel nicht zu kennen. Außerdem ist Rubinsteins männliche Figur ein ehemaliger Hitlerjunge, dem aufgrund seiner Jugend vergeben wird. Dagegen wußte Langners SS-Mann Kurt um die Konsequenz seiner Taten. Zwar sind die Liebenden in Langners Stück zunächst entsetzt, als sie die Vergangenheit des anderen erfahren. Doch das Stück endet mit ihrer Versöhnung:

„KURT: Wenn Du mich doch annehmen würdest. Wenn Du mich doch wieder als Mensch anerkennen würdest. –

NELLY: Wir wollen großmütig miteinander sein. Wir wollen vergessen und vergeben. Du mir meine Leiden –

KURT: Wie soll ich Dir Deine Leiden vergeben, für die ich Dich doch um Vergebung anflehen muß!

NELLY: Das Leid, das ich Dir mit meinem Leiden antue.

KURT: Du bleibst bei mir?

NELLY: Ich bleibe bei Dir. Ich habe nicht eine Hölle ohne Mitleid durchlitten, um hart und unerbittlich zu werden.

KURT: Dann wage ich es. Ich habe erkannt, daß Reue allein nicht genügt. Öffentlich muß es geschehen. Was man vor aller Augen verbrochen hat, muß man vor aller Augen sühnen. Eine heimliche Last bliebe sonst zurück und wir würden niemals klar und sauber im Leben stehen können.

NELLY: Du willst dich freiwillig stellen?

KURT: Um mit Dir leben zu dürfen.

NELLY: Du hast keine Angst?

KURT: Ich habe keine Angst mehr.“[110]

Der Sprung von den KZ-Greueln in die private Liebesidylle überzeugt nicht. Dennoch wirft die Autorin in dem Stück Fragen auf, die die Mehrheit ihrer Zuschauer nach dem Krieg nicht hören wollte. Immerhin spricht sie den SS-Mann nicht gänzlich frei, sondern läßt ihn in dem Drama seine Verantwortung erkennen.

Das Vergessenwollen um jeden Preis war Ilse Langners Sache nicht. Deshalb wurde sie nicht recht heimisch im „Wirtschaftswunderjahrzehnt“.[111] Sie fuhr wie „ein Weberschiffchen zwischen Paris und Berlin hin und her“.[112] In Paris, wo sie an der Sorbonne Vorträge hielt, fühlte sie sich fast zu Hause: „Unvorstellbares Heimkehrergefühl, als ich nahe dem Champs-Elysées im kleinen Hotel direkt vor meinem Fenster einen hohen Baum entdecke.“[113]

Als wichtigstes Ergebnis der französischen Jahre betrachtet Ilse Langner die Roman-Tetralogie „Von der Unverwüstlichkeit des Menschen“, die in Frankreich während der ersten Hälfte des 20. Jahrhunderts spielt. Der Titel, den die Autorin schon für die Trümmerstücke wählte, versinnbildlicht ihre Hoffnung, daß die positiven Kräfte des Lebens die negativen des Untergangs besiegen mögen. Als erster Band erschien der „Sonntagsausflug nach Chartres“, den die Schriftstellerin als ihr persönlichstes Buch bezeichnet.[114] Sie erzählt darin die Geschichte der Ladenbesitzerin Janine und ihres Neffen Gaston, die während der deutschen Besatzung für den Marquis arbeiten.[115] Im dem Nachfolgeband „Die Zyklopen“, für den sie 1960 mit der Willibald-Pirckheimer-Medaille ausgezeichnet wurde, behandelt Langner das Problem des Menschen im Atomzeitalter. Ein Reaktor in der Provence wird zum Entscheidungspunkt: mit ihm oder gegen ihn leben – ein Ausweichen ist nicht möglich. Es geht in dem Roman um die Verantwortung des Menschen, die atomare Katastrophe zu vermeiden. Als Irrweg erscheint Ilse Langner die Einäugigkeit, das Zyklopenhafte: „Der Künstler darf nicht nur

Künstler sein, der Wissenschaftler nicht mehr nur Wissenschaftler und die Fromme nicht mehr nur fromm".[116] Bislang unveröffentlicht blieben die beiden Bände „Das Perlmuttkästchen" und „Vive la Guerre". Sie spielen in Paris am Anfang des Jahrhunderts und „enthüllen die verwesenden Wurzeln einer Gesellschaft, die unter dem Ritual aufoktroyierter Förmlichkeit Betrug, Feigheit, Intrige verbarg. – – Krieg und Diktatur kündigen sich an."[117]

Ilse Langners Aufenthalt in Paris inspirierte sie auch zu neuen Theaterstücken. Der Existenzialismus und das moderne französische Theater beeinflußten die Autorin. Bereits die 1949 entstandenen Dramen „Petronella" und „Der venezianische Spiegel" künden von ihrer Beschäftigung mit der französischen Schule. In der ein Jahr später geschriebenen Paris-Trilogie und dem Malerstück „Rettet Saint-Julien-Le-Pauvre" bestimmten wieder surreale Momente, die schon in den Trümmerdramen anklangen, die Handlung. In den „Drei Pariser Stücken" beherrschen wie so oft bei ihr weibliche Figuren die irreale Szene. Als Heldinnen wählt die Dramatikerin Frauen, die von der Zerrissenheit der modernen Welt geprägt sind. Langner zeichnet sie hilflos-zart wie in „Sylphide und der Polizist", aktiv-entschlossen wie in „Die Witwe" oder vom Leiden geprägt wie in „Métro. Haute couture de la mort".[118]

In den Dramen geht es um die Abgründe der menschlichen Seele. „Sylphide und der Polizist", eine balladeske Liebesromanze in Moll, spielt in einem Pariser Hinterhof. Dort wird Sylphide von ihrem krankhaft eifersüchtigen Mann vor der Außenwelt verborgen. Einziger Lichtbick in dem monotonen Alltag ist ihre Liebe zu dem Polizisten Felix. Als der Metzger, der Sylphides Kerkerdasein nicht mehr ertragen kann, ihren Mann erschlägt, ist sie frei für die Ehe mit dem Geliebten. Doch sie geht in ein neues Gefängnis. Die Schwestern des Polizisten nehmen sie in ihren altjüngferlichen Gewahrsam. „Die Witwe" aus dem zweiten Pariser Stück war ebenfalls zu Lebzeiten ihres Mannes, eines Bildhauers, seinen Launen ausgesetzt. Doch sie rächt sich. Sie bringt ihn nicht nur um, sondern sie zerstört seine Werke. Danach stellt sie sich dem Gericht seiner Freunde, die jedoch den Skandal vertuschen wollen. Nicht der grausame Mord, sondern der Tod, der Erlösung vom Leiden bringt, ist das Thema von „Métro", dem letzten Stück der Trilogie. Die unterirdischen Gänge der Métro sind riesige Grabkammern, in denen sich die Menschen aufs Sterben vorbereiten. In drei Bildern stellt Ilse Langner das Leben der Freundinnen Angèle und Geraldine gegenüber. Angèle, 13. Herzogin von Madrien Court, verlor im Krieg ihre Familie. Die Gutsfrau Geraldine dagegen hat von den Bombennächten auf dem Land nichts mitgekriegt. In den Verliesen des Todes treffen sie sich wieder. Vergebens versucht Geraldine, ihre Freundin zu überreden, mit ihr ins Leben zurückzukehren. Sie geht allein „heim. Dort ist Leid als neue Währung noch nicht eingeführt".[119]

Der Hang zum Metaphysischen, den Ernst Alker den Dramen attestiert, kam in der Bundesrepublik am ehesten an.[120] Im März 1952 wurde „Sylphide und der Polizist" in Oberhausen uraufgeführt. Im Dezember des gleichen Jahres inszenierte Benno Hattesen an den Städtischen Bühnen das Märchen vom Verhängnis der erfüllten Wünsche, den „Venezianischen Spiegel".[121] „Es braucht durchaus kein Zeitstück zu sein", stellte die Kritik befriedigt fest.[122] Doch Ilse Langner behagte das Lob anscheinend nicht.

Zwar schrieb sie noch einige Dramen, die den eingeschlagenen Weg fortsetzten: „Die Schönste", „Die Puppe" und „Salome".[123] Doch nach Berlin zurückgekehrt wandte sie sich wieder den Problemen der Gegenwart zu. Ihr Lebensthema „Frau im Krieg" holte sie ein. Sie bearbeitete es – wie ihr schien – in „zeitgemäßer Form: „Welche Entscheidung würden emanzipierte Frauen – in männlicher Art erzogen über die Existenz oder die Auslöschung der Menschheit treffen, sollte ihnen die Entscheidung aus ihrer Forschung erwachsen?"[124] In der Prosa hatte sie die Frage bereits beantwortet. Der Roman „Die Zyklopen" harrte auf die Drucklegung. Das Stück „Die große Zauberin", noch vor dem zweiten Weltkrieg entstanden, war Ilse Langners erster Versuch, die Problematik im Drama darzustellen.[125] Nun feilte sie an einer neuen Fassung. Ingeborg Drewitz besuchte die Autorin während dieser Arbeitsphase:

> „Ich sehe sie vor mir, wir sitzen im Garten in Wilmersdorf unweit der russischen Kirche und der Moschee, in den Sommerbäumen spielt der Wind. Vor mir auf dem Tisch liegt das Manuskript des Romans „Die Zyklopen". Sehen Sie's mal durch! hatte sie mich gebeten. Ich tat es mit der Strenge der jungen Autorin. Unterdessen ging sie immer wieder ins Haus, um nach ihrem schwerkranken Mann zu sehen, kam zurück, sah mir über die Schulter, ganz selbstverständlich in ihrem Vertrauen."[126]

Das Vertrauen Ilse Langners in die deutsche Theaterszene wurde 1955 enttäuscht. Die Uraufführung der aktualisierten Version der „Großen Zauberin" fiel bei der Kritik durch. Zudem überschattete der Tod ihres Mannes, Werner Siebert, der einige Monate zuvor gestorben war, die Premiere. Der Mißerfolg der Inszenierung und das ungewohnte Alleinsein verleideten der Autorin Berlin. Doch sie brauchte Zeit, bis sie den Entschluß faßte, 1963 nach Darmstadt zu ziehen, wo sie in der Stille der Künstlerkolonie ungestört arbeiten konnte. „Ich habe ein gutes heimatliches Gefühl in Darmstadt, nachdem ich so oft zu den Tagungen der Akademie hiergewesen bin", begründete sie den Schritt, das Haus in Berlin aufzugeben.[127] In Darmstadt entstand das Spätwerk der Autorin. Von dort brach sie auch zu ihren letzten großen Reisen auf. Im Auftrag des Goethe-Instituts hielt sie 1966/67 Vorträge in den USA, in Kanada, Japan, Indien, Südost- und Vorderasien, Griechenland, Italien und der Türkei. 1968 vertrat sie die Bundesrepublik bei der Kultur-Olympiade in Mexiko-City. 1972 fuhr sie noch einmal für ein Jahr nach Asien, und 1975 bereiste sie Ostafrika.

In die Darmstädter Zeit fielen auch die zahlreichen Ehrungen, die sie am Ende ihres Lebens für die jahrzehntelange Mißachtung entschädigen sollten. Zum 70. Geburtstag zeichneten sie die Stadtväter mit der Johann-Heinrich-Merck-Ehrung aus. Fünf Jahre später erhielt sie das Bundesverdienstkreuz. 1980 bekam sie den Eichendorff-Literaturpreis des Wangener Kreises und die Goldmedaille Pro Humanitate des West-Ost-Kulturwerkes. Ein Jahr später wurde ihr das Große Verdienstkreuz verliehen. Zu ihrem 85. Geburtstag schließlich wurde ihr die Goethe-Plakette „für besondere Verdienste im kulturellen Leben des Landes Hessen" zugesprochen. Die Auszeichnungen können nicht darüber hinwegtäuschen, daß Ilse Langner eine Randfigur des Literaturbetriebes geblieben ist. Zwar wurde sie als tapfere Moralistin respektiert, doch ihre Romane fanden nur schwer einen Verlag, ihre Stücke keine Bühne. Am 16. Januar 1987 ist Ilse Langner in Darmstadt gestorben. Sie hatte, so Ingeborg Drewitz bitteres Fazit, „begriffen, daß sie nicht dazu gehörte." Dabei wäre es nicht nur ein Gewinn für die Frauenbewegung gewesen, wie Ingeborg Drewitz meint, „sich mit der Langnerschen Deutung der Frau in den verschiedenen Kulturepochen auseinanderzusetzen".[128]

2.2. Eine Chemikerin als Vorbild in „Cornelia Kungström"

Ob die Szenen von Ilse Langners Dramen in der zeitgenössischen Wohnküche („Frau Emma kämpft im Hinterland"), in der Burg des mykenischen Könighauses („Klytämnestra") oder im zerstörten Berlin („Heimkehr") spielen, immer stehen Frauen im Mit-

Heinz Giese als Erik und Hilde Weißner als Cornelia bei der Uraufführung Berlin 1955

telpunkt. Deshalb gehört Ilse Langner für Ingeborg Drewitz zu den Frauen, „die zur Erhellung des Wesens Frau mehr beigetragen haben als Sozialstatistiken und Auswertungen von Intelligenzquotienten erbringen können".[129] Zu einer der interessantesten Arbeiten, in denen Ilse Langner die Frage aufwirft, ob Frauen sich in Krisensituationen anders verhalten als Männer, zählt das Drama „Cornelia Kungström". Das Stück um den Gewissenskonflikt einer Wissenschaftlerin sieht die Autorin als einen Eckpfeiler ihrer dramatischen Produktion an.[130] Fast fünfzig Jahre lang beschäftigte sie sich mit dem Problem einer Chemikerin, die für ihre Forschungsergebnisse im Positiven wie im Negativen verantwortlich ist.

Auf das Thema stieß Ilse Langner während der Pariser Weltausstellung 1937. Die 38jährige Autorin, die auf der Schau die neuesten Entdeckungen und Erfindungen sah, erschrak „vor dem aberwitzigen Prometheusfeuer der Technik".[131] Dieses unmittelbare Entsetzen prägt die Novelle „Rodica", die sie im Anschluß an die Ausstellung zu schreiben begann. Ein teures Modellkleid, aus Nitrozellulose gearbeitet, wird für die Heldin der Liebesromanze zum Verhängnis. Das Kleid fängt Feuer, und Rodica stirbt an den Verbrennungen. Als ein „Attentat der Technik" bezeichnet der Arzt, der in der Situation machtlos ist, den Tod.[132]

Das Für und Wider der naturwissenschaftlichen Forschung behandelt Langner in dem Drama „Die große Zauberin", das zur gleichen Zeit entstand, differenzierter als in der Novelle. Die holländische Chemikerin Cornelia Withuys entdeckt ein synthetisches Nähr- und Heilmittel. Bei ihren Forschungen stößt sie, als sie die Formel abwandelt, auf einen „zerstörerischen Zwilling" des „nützlichen Eiweiß".[133] Während die Professorin für ihre Heilmittel den Friedenspreis erhält, beginnt das Giftgas bereits zu wirken. Ein Arbeitsloser, der aus der Abfallgrube des Labors ein totes Kaninchen geholt hat, das mit der Kultur infiziert wurde, stirbt einen qualvollen Tod. Die Wissenschaftlerin steht nun vor der Entscheidung, ob sie ihre Versuche abbrechen soll. Ihr Mann, der die Forschungen seiner Frau vermarktet, und ihr Jugendfreund, der sie finanziert, lassen sie in dieser Situation allein. Das Kriegsministerium beginnt sich bereits für die Ergebnisse ihrer Arbeit zu interessieren. Doch die Chemikerin vernichtet ihre Aufzeichnungen. In der ersten Fassung beharrt die Dramatikerin am stärksten auf dem Anderssein ihrer Heldin. In dem Moment, als die Naturwissenschaftlerin erkennt, daß sie nicht nur Forscherin, sondern auch liebende Frau ist, hat sie die tödliche Formel vergessen. Die schriftlichen Notizen verbrannte sie schon vorher.

In der überarbeiteten Fassung „Schwarz-Weiße Magie", Ende der vierziger Jahre geschrieben, geht es nun um die Krebsheilung. Viele Motive aus dem ursprünglichen Entwurf hat die Dramatikerin wieder aufgenommen. An dem Grundkonflikt der Chemikerin, die in dieser Version Cornelia Kungström heißt, hat sich gegenüber dem Schauspiel von 1938 nichts geändert. Die Gewissensentscheidung der Naturwissenschaftlerin wird jedoch stärker von familiären Problemen überschattet. Als Frau und Mutter hat Cornelia versagt, wird sie nun auch noch als Wissenschaftlerin Schuld auf sich laden? In „Schwarz-Weiße Magie" ist der optimistische Grundzug ausgeprägter als in den anderen Bearbeitungen. Die Hoffnung, die den Friedenskongreß 1947 in Paris prägte, daß ein Zusammenschluß der Frauen künftige Kriege verhindern könnte, hat

Ilse Langner in dem Schauspiel Gestalt werden lassen. Die Arbeiterinnen der Kung-ström-Werke unterstützen Cornelia bei ihrer Entscheidung. Sie streiken und organisie-ren Protestversammlungen, als das Gerücht aufkommt, es würde neben dem Heilmittel auch tödliches Gift in der Fabrik hergestellt. Cornelia sieht in den Frauen das eigene Gewissen verkörpert. Sie geht schließlich zur Polizei und meldet den Vorfall mit dem verwesten Kadaver, der den Tod des Arbeiters ausgelöst hat.

Die Entscheidung gegen die todbringende Entdeckung ist nun auch eine Entschei-dung gegen ihren Sohn Erik, der nur an das Recht des Stärkeren glaubt. Der Abenteurer wittert die Macht, die seine Mutter in den Händen hält. Er will ihr das Geheimnis der bakteriologischen Waffe entlocken, um es für seine Zwecke einzusetzen. Heimlich foto-grafiert er die todbringenden Formeln. In der ausschlaggebenden Auseinandersetzung mit seiner Mutter wird er jedoch von ihr überwunden. Cornelia erpreßt die Herausgabe des Films. Sie droht ihm, das Gift sonst an sich selber auszuprobieren. Erik gibt auf: „Ich kapituliere! Zum Muttermörder tauge ich nicht. Leb wohl!"[134] Anders als in dem Schauspiel „Die große Zauberin" hat die Heldin den Entschluß gegen den Tod aus der Retorte aus eigener Kraft gefällt. Die endgültige Trennung vom Sohn macht sie frei für neue Aufgaben. „Ich bin an einen neuen Anfang gestellt", erkennt die Wissenschaftlerin und nimmt die Berufung zur Überwachung des staatlichen Gesundheitswesens an.[135]

In der späteren Variante „Cornelia Kungström" verdichtet Ilse Langner das Problem der Verantwortung der Forschung zur Mutter-Sohn-Tragödie. Erik ist der extreme Ge-genspieler Cornelias, der die Verlockung zum Bösen verkörpert, während seine Mutter, vor die entscheidende Wahl gestellt, sich auf die humanen Ideale der Wissenschaft be-sinnt. Erik vertritt nun allein die Positionen, die vorher auf mehrere Personen verteilt waren. In dem Schauspiel von 1938 lockte der Abgesandte des Kriegsministers Cornelia zur Weiterarbeit: „Ihnen werden Staatsmittel zur Verfügung gestellt, um Ihre Erfindun-gen schrankenlos auszuarbeiten. Sie werden die geschätzteste Persönlichkeit unseres Staates werden."[136] Im Drama „Schwarz-Weiße Magie" ist der Jugendfreund und Ban-kier Niels von der Perspektive eines „schwarzen Kungström-Werkes" fasziniert. In der endgültigen Bearbeitung werden der Ehemann und der Jugendfreund zu Marionetten Eriks.

Der Sohn, der seine Mutter um jeden Preis dazu bringen will, das tödliche Gift zu entwickeln, ist nun nicht mehr so einfach zu überwinden. Die wichtigste Änderung be-trifft deshalb den Schluß. Cornelia erschießt Erik mit dessen Pistole, da er nicht bereit ist, die entwendete Formel zurückzugeben. Das blutige Ende erinnert an die antiken Stücke der Autorin. Cornelia erscheint ihrem Sohn denn auch als „giftbrauende Urmut-ter".[137] Wie eine mythische Figur aus der Vorzeit entscheidet sie über Leben und Tod. Doch der Mord an Erik deutet ebenfalls auf eine Erfahrung von erstaunlicher Moderni-tät hin. Es ist nicht mehr möglich, schuldlos zu bleiben. Cornelia muß wählen zwischen der Schuld am Tod des Sohnes und der Verpflichtung der Menschheit gegenüber.

Noch in der zugespitzten Fassung von 1955 hält die Dramatikerin an dem Grund-satz fest, der schon die erste Annäherung an das Thema prägte. Langners Appell an das Verantwortungsbewußtsein der Forscher geht in allen Bearbeitungen davon aus, daß es möglich sei, die Vernichtung aufzuhalten. Das optimistische Vertrauen in die Kraft des Individuums verbindet Ilse Langner mit dem amerikanischen Romancier William Faulkner, der im Programmheft der Uraufführung zitiert wird, um Langners Ansatz zu stützen:

„Ich glaube, der Mensch wird nicht nur überleben, er wird Sieger bleiben. Er ist unsterblich, nicht nur weil er allein von allen Geschöpfen eine unerschöpfliche Stimme hat, sondern weil er eine Seele hat, einen Geist, der des Mitgefühls, des Opfers und des Duldens fähig ist. Es ist die Aufgabe des Schriftstellers, von diesen Dingen zu schreiben. Es ist sein Vorrecht, dem Menschen das Dulden zu erleichtern, in dem er sein Herz erhebt, indem er ihn an den Mut und die Ehre und die Hoffnung und den Stolz und das Mitgefühl und das Erbarmen und an das Opfer erinnert, die der Ruhm seiner Vergangenheit waren."[138]

Auch Ilse Langner will ihren Zuschauern Mut machen. Das Stück zeigt einen Ausweg aus der Katastrophe. Das unterscheidet die Autorin von Friedrich Dürrenmatt, der sich 1962 in den „Physikern" ebenfalls der Frage nach der Verantwortung der Forschung stellte. In seinem Stück ist es nicht mehr möglich, das Wissen zurückzunehmen. Bei dem Schweizer Autoren gelangt die Vernichtungsformel in den Besitz einer wahnsinnigen Irrenärztin, die sie geld- und machtgierig wie Langners Erik ausnutzen wird.

Sowohl Langner als auch Dürrenmatt liefern mit ihren Stücken eine Kritik an dem Fortschrittsoptimismus der modernen Forschung. Die Differenz zwischen Dürrenmatts pessimistischer Geschichtsphilosophie und Langners optimistischem Glauben an den Humanismus behauptet sich auch in stilistischer Hinsicht. Während Dürrenmatt den Schock als Reizmittel entdeckt, setzt Ilse Langner in „Cornelia Kungström" wie in den meisten ihrer Arbeiten auf traditionelle Formen. Die Handlung entwickelt sich nach den klassischen Regeln. Sie steigert sich langsam bis zum tödlichen Konflikt.

Doch auch bei Langner hat sich das dramatische Genre verändert. Obwohl das Stück mit dem Tod eines Menschen endet, ist der Text von der Autorin nicht als Tragödie konzipiert. Ein optimistischer, aufbauender Grundzug zeichnet das Drama aus. Auf Langners Arbeit trifft ebenso wie auf Dürrenmatts Komödie die Beobachtung Theodor W. Adornos zu, daß die literarischen Gattungen sich im Zeitalter der Massenvernichtung „verfransen: So wenig Kunst mehr heiter ist, so wenig mehr ist sie, angesichts des Jüngstvergangenen, ganz ernst."[139]

Die trübsinnige Komik, die Dürrenmatt anstrebt, und die aufbauende Tragik, auf die Langner setzt, wirken sich auch auf das Personal der Stücke aus. Während es bei Langner die fast omnipotent anmutende Heldin gibt, die den Gang der Geschichte positiv beeinflußt, zeigt Dürrenmatt die absolute Ohnmacht seiner Physiker. Dürrenmatts Gestalten haben keine Chance mehr, Helden zu sein. Sie planen weder aktiv den Untergang, noch können sie die Entwicklung aufhalten. Sie sind allenfalls Objekte, anonymen politischen Mächten ausgeliefert.

Der Unterschied zwischen Friedrich Dürrenmatt und Ilse Langner erklärt sich zum einen aus den unterschiedlichen Erfahrungen zweier Generationen. Langner legte den letzten Entwurf ihrer Tragödie noch vor dem Höhepunkt des Kalten Krieges vor, der dazu führte, daß die feindlichen Machtblöcke sich mit immer selbstmörderischeren Waffen ausrüsteten. Zwar wird in den aktualisierten Fassungen von der Atom- und der Neutronenbombe geredet, doch das Wissen um die Gefahr der vollständigen Vernichtung der Welt beeinflußte die Fabel nur unwesentlich. Die meisten Veränderungen beschränken sich auf Details. In der ersten Fassung erfindet die Chemikerin ein neues Giftgas. Das Entsetzen über den Schrecken des ersten Weltkrieges ist in der frühen Variante ebenso wie in den Giftgas-Stücken aus der Weimarer Republik von Lampel und Maria Lazar präsent. Später entdeckt Lagners Heldin dann eine neue bakteriologische Waffe. Doch die Reaktion der Forscherin bleibt in allen Varianten vergleichbar. Bedeutendster Unterschied: Im Schauspiel von 1938 taucht der Sohn Erik noch nicht auf. Die Trennung und der Tod Eriks in den späteren Bearbeitungen haben auf die Heldin eine ähnliche Wirkung. Das persönliche Opfer sieht Cornelia als notwendig an, um den Weltuntergang aufzuhalten. Die Katastrophe findet in Langners Stück im Gegensatz zu Hilde Rubinsteins „Tiefgefrorenem Reh" nicht statt. Die apokalyptische Beklemmung wird bei Hilde Rubinstein zum bestimmenden Element der Handlung. Ihr Drama ist deshalb ebenso wie Dürrenmatts Text atmosphärisch dichter.

Wie in den meisten ihrer Dramen spiegelt Ilse Langner die grundsätzliche Thematik im exemplarischen Einzelschicksal. Dabei läuft das Stück über weite Teile Gefahr, ins Familienmelodram abzuleiten und damit das eigentliche Problem zu stark ins Private zu verlegen. Vielleicht hängt diese Schwäche mit dem Versuch der Autorin zusammen, die Verantwortung der Wissenschaft am Beispiel einer Frau abzuhandeln. Dabei ist interessant, daß die Dramatikerin in ihrer Arbeit von anderen Prämissen ausgeht als die männlichen Autoren, die die gleiche Thematik bearbeiten. Bei Dürrenmatt verkörpern die Männern die positiven Kräfte. Auch Heinar Kipphardt gestaltet in seinem szenischen Bericht „In der Sache J. Robert Oppenheimer" das Ideal einer männlichen Verweigerung.[140] Bei Kipphardt besteht das gesamte Personal des Stückes – die Mitglieder des Sicherheitsausschusses, Ankläger, Verteidiger und Zeugen – aus Männern. Anders als Dürrenmatt benutzt Kipphardt nicht den Gegensatz zwischen den Geschlechtern, um Gut und Böse zu veranschaulichen. Der Schweizer Theaterautor entwirft mit der Irrenärztin Fräulein Doktor Mathilde von Zahnd die Schreckensvision einer handelnden Frau. Die dämonische Frau, die den Männern Tod und Verderben bringt, reizte durch die Jahrhunderte hindurch immer wieder die männlichen Bearbeiter.

Der geschlechtsspezifische Subjektivismus, der Dürrenmatt eine negativ gemeinte weibliche Figur entwerfen läßt, führt bei Ilse Langner zu einem völlig anderen Resultat. Die Dramatikerin verteilt die guten und bösen Eigenschaften der Geschlechter genau entgegengesetzt. Im Gegensatz zu den positiven Helden ihrer Kollegen ist es bei ihr eine weibliche Figur, die Widerstand leistet. Die Männer dagegen sind fasziniert von den politischen und den ökonomischen Möglichkeiten des Todes aus der Retorte.

Das Schwarz-Weiß-Raster, das Langner nur mit der Gestalt des Geheimrates Forbius durchbricht, führt dazu, daß die Figuren merkwürdig unlebendig wirken. Sie entwickeln lediglich als Ideenträger Kontur. Auf der einen Seite stehen der moralisch mißratene Sohn Erik, sein Vater Thomas, dem es einerlei zu sein scheint, ob er Arzneimittel oder tödliches Gift verkauft, der Jugendfreund Niels, dem es ebenfalls nur um seine

Geschäfte geht, und das alte Faktotum Jensen, der nur für die Wissenschaft lebt. Einzig Cornelias Tochter Karin ist dem Leben zugewandt. Sie hat sich dem biologischen Gartenbau verschrieben, da sie der Künstlichkeit aus der Retorte den natürlichen Kreislauf des Lebens entgegensetzen will. Ihr Verlobter, der in den früheren Varianten ebenfalls eine Gegenposition zu Cornelia bezieht, ist seit der gespielten Fassung von 1955 nur noch in den Gesprächen der auftretenden Personen präsent.

Die Heldin des Stückes muß sich zwischen den Gegensätzen, die die Nebenfiguren verkörpern, entscheiden. In ihr sind zunächst beide Seiten gleich stark vertreten. So erscheint sie ihrem Sohn als „Heilspriesterin" und als „giftbrauende Urmutter". (S. 263/ 261) Diese Charakterisierung macht deutlich, daß Ilse Langner den Konflikt der modernen Wissenschaftlerin in ein mythisches Tragödienmuster preßt. Doch mit der Chiffre der Großen Mutter, die Leben nimmt und Leben gibt, verstellt Ilse Langner eher das Problem der Biochemikerin, als daß sie es erhellt. Die mythischen Anklänge und symbolischen Verweise geraten in Widerspruch zu der angestrebten Aktualität.

Heutig ist der Strang der Handlung, der Cornelia Kungströms Problem, zwischen Familie und Beruf zu wählen, behandelt. Cornelia erfährt, daß es unmöglich ist, gleichzeitig in der Forschung Spitzenleistungen zu erbringen und ein intaktes Privatleben zu haben. In der Fassung „Schwarz-Weiße Magie" spricht Cornelia am deutlichsten aus, welchen Preis sie für ihre Karriere bezahlen mußte:

> „Ich bin mir bewußt gewesen, daß es für mich das Doppelleben, Frau und Mutter, und auf der anderen Seite Wissenschaftlerin zu sein, nicht gibt – aber es hat mich gequält. Glaubst du, kleines Mädchen, ich hätte nicht das Verlangen gehabt, mit meinen Kindern durch den Garten zu laufen und für meinen Mann, soweit er selbst überhaupt noch für die Ehe existierte, eine richtige Frau zu sein? Aber ich hatte keine Illusionen, ich habe mich mit meinen beiden Händen an meinen Schreibtisch geklammert und weiter gearbeitet."[141]

Diese Erkenntnis Cornelias hat Ilse Langner in der endgültigen Fassung gestrichen. Doch führt die Dramatikerin mit ihrer Heldin nicht – wie es dem Kritiker Edwin Montijo erschien – „eine exemplarisch erfolgreiche Frau" vor, deren „Auszeichnung (…) beweist, was Frauen erreichen können, wenn sie ihre natürlichen Daseinsbedingungen und Lebenserwartungen zugunsten einer denaturierenden Vermännlichung aufgeben."[142] Im Gegenteil: Ilse Langner beharrt auch in diesem Stück wie schon in dem Erstlingswerk „Frau Emma kämpft im Hinterland" auf einer grundlegenden Differenz zwischen den Geschlechtern. Ernst Johann charakterisierte 1979 diesen Wesenszug ihrer Arbeit und stellte fest, daß für die Dramatikerin „die Frau im Plane der Schöpfung gar nicht gleichberechtigt sein kann. ‚Andersberechtigt', dies wäre eher ihr Wort." Die Autorin „denkt unaufhörlich über das Geheimnis der anderen Gesetzlichkeit nach, welcher die Frau unterworfen ist."[143] Langner selbst spricht von einem „Scheinsieg" der Emanzipation, wenn sie sieht, daß Frauen sich den Männern angleichen.[144] Deshalb entwirft sie auch mit der Chemikerin keine Frau, die sich männlichen Verhaltensweisen angepaßt hat. Das Anderssein Cornelia Kungströms stellt sich erst im Verlauf der Handlung heraus. Wie Frau Emma verhält sich auch Cornelia Kungström zunächst systemkonform. Sie betreibt Wissenschaft um der Wissenschaft willen. Erst Erik, der die mörderische Mikrobe für seine Zwecke mißbrauchen will, macht ihr unbeabsichtigt die Tragweite der Entdeckung bewußt. „An Krieg hab' ich noch nicht gedacht," antwortet sie auf seine Vorschläge fassungslos. (S. 261) Wie Frau Emma fühlt sich auch die Chemikerin dem Leben verantwortlich. Das unterscheidet sie von den männlichen Figuren Thomas, Niels und Erik, die nur daran interessiert sind, die Erfindung auszubeuten.

Der Text geht aber in der Gegenüberstellung von Frauen und Leben einerseits und Männern und Vernichtung andererseits nicht auf. Cornelia Kungström rebelliert nicht mehr wie die Heldin aus Langners Erfolgsstück aus der Weimarer Republik als Mutter gegen den Krieg. Parteinahme für das Leben bedeutet für sie nicht die Übernahme der traditionellen Frauenrolle.

Auch die Gestalt des Geheimrates Forbius ordnet sich nicht in das Schwarz-Weiß-Muster der anderen Figuren ein. Erst in der endgültigen Fassung wird der Konflikt zwischen dem alten akademischen Lehrer und seiner Schülerin zum Kernstück der dramatischen Aussage. Zunächst erweist sich Forbius als ein Anhänger des Positivismus. Auf die Frage seiner Schülerin nach der Verantwortung der Wissenschaft antwortet er noch völlig überzeugt:

„Aber Wissenschaft? – Hat sie überhaupt mit dem Leben zu tun? Irrtum. Solange wir im Umkreis des Guten und des Bösen bleiben, hängt uns der Bazillus Nächstenliebe an – erst wenn wir in der Abstraktion, im Jenseits von Moral und menschlicher Verpflichtung unsere Rechenspiele, unsere Experimente bedingungslos, liebe Kungström, rücksichtslos durchführen, handelt es sich um echte Wissenschaft." (S. 252/253)

Sein Ratschlag lautet denn auch: „Blindlings vorwärts! Dieser Zufall bedeutet eine Aufforderung an Sie!" (S. 254) Doch als ihn seine Schülerin in die Forschungsergebnisse einweiht, stellt er die wissenschaftliche Tradition, zu der er sich Zeit seines Lebens bekannte, in Frage. Sein Ideal der zweckfreien Forschung ist in dieser Situation nicht mehr aufrecht zu erhalten. Forbius entzieht sich der Mitverantwortung an dem tödlichen Geheimnis seiner Schülerin durch Selbstmord. Sein Freitod stärkt Cornelia in der Entscheidung, die Formeln für das Gift zu vernichten: „Ich habe mich schuldig genug gemacht, weil ich es entdeckte im Jenseits. Nun habe ich das größte Unglück verhütet, indem ich es wieder ausgetilgt habe für die Wirklichkeit." (S. 269)

Der Wunsch der Autorin, ein Stück zu schreiben, das im Zeitalter des atomaren Overkill Hoffnung vermitteln soll, ließ sie zum ersten Mal eine Figur erfinden, deren Vorbildcharakter nicht mehr in Frage gestellt wird. Das Bild, das Langner von ihrer Heldin entwickelt, hat nichts mehr mit den geschichtlichen Erfahrungen von Frauen gemein. Das starke weibliche Geschlecht ist, wie Sigrid Weigel feststellt, „im Zuge der Durchsetzung patriarchalischer Gewaltverhältnisse verdrängt, deformiert und zerstört worden."[145] Diese Realität leugnet Langners Text ebenso wie die Tatsache, daß die Metapher der Heldin im Zeitalter der atomaren Massenvernichtung obsolet geworden ist. Ein Einzelner kann den Prozeß der Geschichte nicht mehr aufhalten. Vor der

Erkenntnis Dürrenmatts, daß das, was einmal gedacht worden ist, nie mehr zurückgenommen werden kann, scheut die Dramatikerin zurück. Langners positive Utopie bleibt in ihrer Ausdrucksstärke auch hinter Hilde Rubinsteins negativer Warnung zurück.

Dennoch: Eine Regie, die den Mut hätte, Kürzungen und Neuakzentuierungen vorzunehmen, könnte dem Stück neue Aspekte abgewinnen. Der Strang der Handlung, der das Problem der Wissenschaftlerin am Kreuzweg der Erkenntnis behandelt, müßte gestrafft werden. Die eigentliche Stärke des Textes sehe ich in der Art und Weise, wie Ilse Langner die gesellschaftlichen Veränderungen der Rolle der Frau beschreibt. Das Drama der Frau, die zwischen Familie und Beruf wählen muß, hat in seiner Aktualität nichts eingebüßt.

V. SCHLUSSBETRACHTUNG

Die Autorinnen der Zeitstücke sind die Opfer einer Zeit geworden, vor der sie in ihren Stücken vergeblich gewarnt hatten. Anna Gmeyner wollte ihr Publikum für soziale Gerechtigkeit sensibilisieren und geriet selbst an den Rand des Existenzminimums, Eleonore Kalkowska schrieb gegen die Todesstrafe und wurde verhaftet, Ilse Langner engagierte sich für die Gleichberechtigung und mußte mitansehen, wie im Dritten Reich die erreichten Rechte wieder beschnitten wurden, Maria Lazar warnte vor den Gefahren der Aufrüstung und erlebte den zweiten Weltkrieg krank und hilflos in Schweden, Hilde Rubinstein trat in ihren Dramen für die Schwachen und Unterdrückten ein und erlitt das Schicksal einer Verfolgten in der Sowjetunion, Christa Winsloe stritt gegen die Diskriminierungen lesbischer Frauen und bekam die Intoleranz der Nationalsozialisten zu spüren, die ihre Schriften auf den Index setzten. Trotz Exils und innerer Emigration hielten die Dramatikerinnen am Schreiben fest. Doch ihr Versuch, sich wenigstens literarisch zu behaupten, muß in erster Linie als eine Geschichte des Scheiterns gelesen werden. Im Nachhinein erwies sich die Öffnung der Bühnen der Weimarer Republik für Frauen als kurze Periode des Aufbruchs, die nicht lang genug war, um die jahrhundertelangen Traditionen zu verändern. Für die gerade entdeckten Zeitstück-Autorinnen war der hoffnungsvolle Beginn bereits das Ende ihrer Karriere. Nur kurz profitierten sie von dem gesellschaftlichen Wandel während der Weimarer Republik, der sich auch auf das Theater auswirkte.

1918 begann der Aufbruch in eine emanzipatorische Praxis. Die Situation nach Kriegsende bedeutete für die Frauen etwas qualitativ Neues. Es ging nun darum, die erreichten Rechte in die Tat umzusetzen. Frauen machten als Politikerinnen, Intellektuelle und Künstlerinnen von sich reden. Die Möglichkeit zu Gruppenbildungen nutzten erstmals auch die Künstlerinnen. Sie gründeten Organisationen, die sich zum Ziel gesetzt hatten, die Kunst von Frauen zu fördern. So rief Ida Dehmel 1926 den „Bund Hamburgischer Künstlerinnen und Kunstfreundinnen" ins Leben. Nur einige Monate später entstanden in der gesamten Republik Zusammenschlüsse nach dem Hamburger Muster, aus denen sich die „Gemeinschaft Deutscher und Österreichischer Künstlerinnenvereine aller Kunstgattungen" (Gedok) herausbildete.[1] In dem Verband waren Schriftstellerinnen, Schauspielerinnen, Tänzerinnen, Malerinnen, Bildhauerinnen, Komponistinnen und Kunsthandwerkerinnen organisiert. Wie fruchtbar eine solche Zusammenarbeit war, zeigt das Beispiel Eleonore Kalkowskas, die in der Ortsgruppe Berlin tätig war. Die Komponistin Grete von Zieritz vertonte ihre Lieder, die Bildhauerin Milly Steger schuf eine Büste und die Malerin Grete Münzer-Neumann fertigte ein Portrait der Dramatikerin an.

Neben Eleonore Kalkowska war noch eine andere Theaterautorin in der Berliner Gruppe aktiv: Alice Stein-Landesmann.[2] Christa Winsloe engagierte sich im Kreis der Berliner Bildhauerinnen.[3] Auch Ilse Langner nutzte die Chance, die Gruppenbildung den Frauen bot. Im „Club berufstätiger Frauen" las Tilla Durieux ihr Stück „Katharina Henschke".

Die Ermutigung wirkte sich auch direkt auf das Theater aus. Allerdings dauerte es fast ein Jahrzehnt, ehe die Frauen das Theater als Ort der Auseinandersetzung für sich nutzbar machen konnten. Die Zeitverzögerung läßt sich am ehesten mit einem Blick auf die heutige Situation erklären. Obwohl die Frauenbewegung in der Bundesrepublik ihren Höhepunkt längst überschritten hat, arbeiten erst seit einigen Jahren Frauen verstärkt in Regie und Dramaturgie. Es braucht seine Zeit, ehe qualifizierte Frauen herangewachsen sind. Deshalb vollzog sich Ende der zwanziger Jahre der Einstieg der Regisseurinnen und Dramatikerinnen fast parallel.

Den Theaterautorinnen kam damals ein weiterer Umstand zugute. Das Theater war so stark wie nie zuvor an Gegenwartsthemen interessiert. Das Genre, das dieses Bedürfnis am besten abdecken konnte, war das Zeitstück. Bedingt durch die Resonanz, die das Zeitstück erfuhr, schwand die Ehrfurcht vor der dramatischen Form. Die Texte mußten sich nicht an den Meisterleistungen der Klassik messen lassen. Dadurch wurde die Hemmschwelle, für das Theater zu schreiben, heruntergesetzt und junge Talente stärker gefördert.

Die Dramatikerinnen profitierten außerdem von der Tatsache, daß das Zeitstück wenig Prestige genoß. Für Frauen verlief der Zugang zu den verschiedensten Künsten meist über die am wenigsten anerkannte Gattung. Diese Rolle nahm in den zwanziger Jahren das Zeitstück ein, das zwischen traditionellen und avantgardistischen Formen anzusiedeln ist. Es ging den Autorinnen und Autoren dieser Stücke nicht darum, neue Schreibweisen zu erproben, sondern sie bedienten sich aus der Fülle des Formenkanons, der zu diesem Zeitpunkt Bühnenschriftstellern zur Verfügung stand. Inhaltlich hatte das Genre durchaus etwas Neues zu bieten. So radikal hatte die Gegenwart auf der Bühne noch nicht Einzug gehalten, die Probleme der Zeit waren in der Vergangenheit vermittelter in die Dramen eingegangen.

Die Aktualität begriffen die Zeitstück-Autorinnen als Herausforderung, um ihre Erfahrungen in die Texte einzubringen. Sie benutzten das Genre, wie Christa Winsloe in „Mädchen in Uniform", um autobiographische Erlebnisse in den Dramen zu verarbeiten, oder wie Ilse Langner und Hilde Rubinstein, um politischen Forderungen der Frauen Ausdruck zu verleihen. Anna Gmeyner, Maria Lazar und Eleonore Kalkowska versahen in ihren Arbeiten die Zeitthemen mit frauenspezifischen Schwerpunkten.

Anna Gmeyner, Ilse Langner und Hilde Rubinstein ging es um mehr als ein bloßes Abbild der Realität. Die Autorinnen versuchten, eine utopische Ebene einzubeziehen. Sie berichteten nicht nur von der Unterdrückung und dem Leiden der Frauen, sondern deuteten auch an, wie diese Zustände überwunden werden könnten. Aus diesem Grund entwarfen sie Heldinnen, die sich von der Krise, die sie erlebten, nicht unterkriegen ließen, sondern dadurch nur noch stärker wurden. Das erklärt die zum Teil unbefriedigenden Enden der Dramen. Doch auch das gegenteilige Modell, die Frau als Opfer vorzuführen, hatte seine Schwachstellen. Eleonore Kalkowska, Maria Lazar und Christa Winsloe verstanden den Tod ihrer Heldinnen zwar als Anklage gegen die Gesellschaft, doch blieben ihre Protagonistinnen stärker den traditionellen Frauenbildern verhaftet, mit ihren Klischees von unendlicher Duldsamkeit, Opferbereitschaft und Demut. Einen dritten Weg, die Frau weder als Opfer noch als Heldin zu entwerfen, ging keine der Autorinnen. Dennoch brachten die Schriftstellerinnen einen neuen Ton in die dramatische Literatur. Sie nahmen in ihren Texten bereits eine Fülle von Motiven vorweg, die als Merkmal der „Frauenliteratur" verstanden werden, allerdings setzten sie sie anders als heutige Autorinnen um.

Wie diese Suche nach neuen Ausdrucksmöglichkeiten weitergegangen wäre, läßt sich nur vermuten. Die Dramen Ilse Langners und Eleonore Kalkowskas, Anfang der dreißiger Jahre geschrieben, deuten einen Wandel an. Die Theaterautorinnen behielten zwar den kritischen Duktus bei, doch veränderten sich die Texte. Die Probleme der Gegenwart gestalteten sie allgemeingültiger. Im historischen Kostüm thematisierten sie nun die Fragen der Zeit. Meines Erachtens gehören Ilse Langners „Amazonen" und Eleonore Kalkowskas „Minus x Minus = Plus!" zu den besten Stücken, weil die Autorinnen ihre Themen nicht nur aus der Perspektive der unmittelbaren Betroffenheit umsetzten.

Zu einem Zeitpunkt, da der Frontsoldat auf dem Theater – und nicht nur dort – zu neuem Leben erwachte, widersprachen die Autorinnen dem Bild von Männlichkeit, das in den Kriegsstücken ihrer anpassungswilligen Kollegen vermittelt wurde. Sowohl Kalkowskas Narr als auch Langners Odysseus lehnen Gewalt ab und setzen eher auf Listen, um ihre Ziele zu erreichen. Im Gegensatz zu ihren Anti-Helden erreichten beide Dramatikerinnen ihre Absicht nicht: eine breite Öffentlichkeit vor den Gefahren des falschen Heldentums zu warnen.

Eleonore Kalkowskas und Ilse Langners friedliche Zukunftsvisionen erfüllten sich nicht. Im Gegenteil: Das politische Drama vor dem Theater nahm immer brutalere Formen an und beendete den Aufbruch der Autorinnen in die Männerdomäne Theater. Wie suspekt den Nationalsozialisten ein weibliches Anliegen war, zeigt die Tatsache, daß Langners „Amazonen" eines der ersten Bühnenstücke war, das Goebbels verbot. Anna Gmeyner, Eleonore Kalkowska, Maria Lazar, Hilde Rubinstein und Christa Winsloe zogen die Konsequenzen: Sie gingen ins Exil. Ilse Langner blieb in Deutschland, doch auch sie verlor ihre Existenz als Bühnenautorin.

Mehr noch als für ihre männlichen Kollegen, denen es manchmal gelang, ihre dramatischen Ambitionen über die Zeit des Dritten Reiches zu retten, sollte dieser Einschnitt für die Frauen endgültig sein. Diese Tatsache zeigt, daß die Veränderungen während der Weimarer Republik nur an der Oberfläche stattgefunden hatten. Es gab in den zwanziger Jahren keine umfassende Liberalisierung, sondern nur vereinzelte Nischen, die die Frauen für sich nutzen konnten. Der theoretische und literarische Selbstfindungsprozeß der Frauen umfaßte überdies nur eine kurze Phase. Er war längst noch nicht abgeschlossen, sondern begann gerade erst, als er jäh gestoppt wurde.

Diese Gründe erklären, warum die Literatur und vor allem das Theater im Exil wieder zu einer Männerdomäne wurden. Zwar teilten auch die Männer die Erfahrung der Dramatikerinnen, im Exil vor dem beruflichen Nichts zu stehen. Kaum eine Bühne interessierte sich für deutschsprachige Stücke. Gegenwartsthemen waren schon gar nicht gefragt. Zu dem Verlust des Genres kamen die ständigen Unsicherheiten des Exils hinzu. Doch hatten die Theaterautoren häufig Partnerinnen, die aufopferungsvoll das Werk ihrer Männer unterstützten, und die dafür sorgten, daß sie den Kopf zum Schreiben frei hatten. Das Exil zementierte die traditionelle Rollenverteilung. Die schreibenden Frauen hatten keine Männer, die für sie den Lebensunterhalt bestritten. Hineingeworfen in eine zermürbende Gegenwart, verloren die Autorinnen den Antrieb, Stücke für zukünftige Zuschauer zu entwerfen. Bis auf Hilde Rubinstein und Christa Winsloe schrieben sie nur noch selten Texte für die Bühnen.

Die wenigen Dramen aus der Exilzeit sprechen eine beredte Sprache über die Schwierigkeiten, weiterhin literarisch tätig zu sein. Die Krise, die die Autorinnen erlebten, kommt in den Arbeiten zum Ausdruck. Die Abbrüche, der Wechsel des Genres, das Verstummen, das beharrliche Festhalten an alten theatralischen Modellen sind Reflexe auf die extreme Situation. Die Texte spiegeln die Unsicherheiten der Verfasserinnen wider. Die Frauen schafften – im Gegensatz zu einigen Männern – nicht mehr den großen literarischen Entwurf. Für die Autorinnen wird die Krise zu einer Grunderfahrung, die in eine Krise der Literatur zurückschlägt. Die ungewollten Brüche in den Texten machen, so Walter Benjamin, auf die Not des Erzählers aufmerksam, „der in seiner Einsamkeit (...) sich über seine wichtigsten Anliegen nicht mehr exemplarisch aussprechen kann, selbst unberaten ist und keinen Rat geben kann."[4] Die Frauen reagierten auch deshalb sensibler auf die Krisenhaftigkeit des Exils, weil sie sie unmittelbarer als die Männer erlebten.

Auch die Frauen- und Männerbilder legen von der bitteren Erfahrung des Exils Zeugnis ab. Die Autorinnen zeichneten immer seltener selbständige Frauen, die die traditionelle Rollenverteilung in Frage stellen. Frauen sind wieder für den Alltag zuständig, während die Männer in den Texten Geschichte machen. Die Rückbesinnung auf tradierte Normen gab wenigstens in einem Punkt den Schein von Sicherheit.

Ilse Langner überstand die innere Emigration besser als ihre Kolleginnen, obwohl die äußeren Bedingungen noch drückender waren. Kritische Autoren wurden bereits 1933 zum Schweigen gebracht. Nicht die emanzipierte Frau, sondern die Mutter entsprach dem verordneten Ideal der Nazis. Mißliebig, von aller Möglichkeit zu veröffentlichen abgetrennt, fand Ilse Langner dennoch zu neuen Formen, da sie das hatte, was den Dramatikerinnen im Exil fehlte: einen Mann, der ihr Werk unterstützte, einen Freundeskreis, der Anteil an ihrer Arbeit nahm, und einen Lektor, der sie weiterhin beriet. Langners Stücke im antiken Gewand lassen nichts von der Regression um sie herum ahnen. Für die Dramatikerin bedeutete die Hinwendung zum Mythos keine Flucht, sondern sie ging in diesen Dramen dem gleichen Problem nach, das bereits ihre Zeitstücke kennzeichnete: dem Verhältnis der Geschlechter.

An diesem Konflikt zwischen Frauen und Männern hat sich bis heute wenig geändert. Auch Hilde Rubinsteins Themen sind zeitlos geblieben. Dennoch fanden die Werke auch nach dem Ende der nationalsozialistischen Diktatur nicht ihren Weg zur Bühne. Dafür gibt es meines Erachtens eine Reihe von Gründen. Zunächst einmal bedeutete das Jahr 1945 in vielerlei Hinsicht keinen Neuanfang, sondern Kontinuitäten wurden weitergeschrieben. Das zeigte sich besonders krass am Theater. Ilse Langners und Hilde Rubinsteins vergebliche Versuche, sich Gehör zu verschaffen, beweisen, wie tiefgreifend die Bewußtseinseinbrüche und Verniemandungsprozesse durch den Nationalsozialismus anzusetzen sind – in beiden deutschen Teilstaaten. Langner und Rubinstein blieben unbequeme Autorinnen, die sich in ihren Dramen mit der jüngsten Vergangenheit auseinandersetzten. Im Unterschied zu ihren männlichen Kollegen ging es ihnen auch immer um einen weiblichen Blickwinkel, eine Sichtweise, die auf Unverständnis im Kulturbetrieb stieß. Das macht den eigentlichen Unterschied zum Theater der Weimarer Republik aus, das vor allem in seiner letzten Phase den Frauen ein Forum bot. An der Tatsache, daß niemand Ilse Langner und Hilde Rubinstein ermutigte, kann festgemacht werden, daß die Bundesrepublik und die DDR nicht an die Liberalisierungen und Veränderungen des Theaterbetriebes der Weimarer Republik anknüpften.

ANMERKUNGEN

Literaturgeschichte als Spurensuche

1 Kafka, Hans: „Dramatikerinnen – Frauen erobern die Bühne", in: Die Dame, Berlin Januar 1933, S. 17.
2 Diese Forschungslücke schloß erst 1988 Renate Wall mit ihrem Nachschlagewerk: „Verbrannt, verboten, vergessen. Kleines Lexikon deutschsprachiger Schriftstellerinnen 1933 – 1945", Köln 1988. Eleonore Kalkowska und Hilde Rubinstein fehlen allerdings auch in dieser verdienstvollen Arbeit.
3 Röder, Werner (Hrsg.): Biographisches Handbuch der deutschsprachigen Emigration nach 1933, 2 Bde, München 1980.
4 Deichmann, Hans: Leben mit provisorischer Genehmigung, Wien 1988.

Einleitung

1 Gmeyner, Anna: Heer ohne Helden, Berlin o.J., S. 7.
2 Kafka, a.a.O.
3 Schweckendieck, Birgit: Das bürgerliche Zeittheater in der Weimarer Republik, Köln 1974; Jaron, Norbert: Das demokratische Zeittheater der späten 20er Jahre, Frankfurt/M. 1981; Koebner, Thomas: „Das Drama der Weimarer Republik", in: Handbuch des Deutschen Dramas, hrsg. von Walter Hink, Düsseldorf 1980, S. 401 – 417. Wächter, Hans Christof: Theater im Exil, München 1973; Durzak, Manfred: Die Deutsche Exilliteratur 1933 – 1945, Stuttgart 1973; Röder, Werner, a.a.O. Die Liste der Arbeiten, in denen die Schriftstellerinnen kaum Beachtung finden, ließe sich beliebig fortsetzen. Als weitere Beispiele seien noch genannt: Winkler, Lutz (Hrsg.): Antifaschistische Literatur, Königstein 1979; Spelk, John M. (Hrsg): Deutsche Exilliteratur seit 1933, Bern, München 1976; Midell, Eike u.a.: Exil in den USA, Frankfurt/M. 1980; Mennemeier, Nobert/Trapp, Fritjoff: Deutsche Exildramatik 1933 – 1950, München 1980; Schneider, Hansjörg: Stücke aus dem Exil, Berlin (DDR) 1984; Elfe, Wolfgang u.a.: Deutsche Exilliteratur und Exildrama, Frankfurt/M. 1977.
4 Selbst Autoren, die sich zum Ziel gesetzt haben, an die Leistungen von Dramatikerinnen zu erinnern, machen da keine Ausnahme. Vgl. Tax, Sissi: marieluise fleißer – schreiben, überleben…, Basel, Frankfurt/M. 1984, S. 70; Bartos, Krzystof: „Eleonore Kalkowska: Josef und Zeitungsnotizen", in: Theatrum Europaeum., hrsg. von Richard Brinkmann u.a., München 1982, S. 592.
5 Vgl. Anhang "Dramen von deutschsprachigen Theaterautorinnen".

1 Kafka, Hans: „Dramatikerinnen – Frauen erobern die Bühne", in: Die Dame, Berlin Januar 1933, S. 17.
2 „Hoppla, wir leben" wurde am 3.9.1927 durch die 1. Piscator-Bühne am Nollendorfplatz aufgeführt; den „Kaufmann von Berlin" inszenierte die Piscator-Bühne am 6.9.1929; die „Gruppe Junger Schauspieler" brachte die „Revolte im Erziehungshaus" am 2.12.1928 heraus. „Cyankali" hatte am 6.9.1929 in Berlin Premiere und „Die Affäre Dreyfuß" am 24.11.1929.
3 Rühle, Günther: Theater in unserer Zeit, Frankfurt/M. 1976, S. 83.
4 Ebd., S. 91.
5 Vgl. Wege, Carl: „Zeitstück", in: Theaterlexikon, hrsg. von Manfred Brauneck und Gérard Schneidlin, Reinbek bei Hamburg 1986, S. 1067, und Schneider, Hubertus: „Das Zeitstück. Probleme der Justiz", in: Weimarer Republik, hrsg. vom Kunstamt Kreuzberg und dem Kölner Institut für Theaterwissenschaft, 3. verb. Auflage Berlin 1977, S. 835ff.
6 Vgl. Schweckendieck, Birgit: Das bürgerliche Zeittheater in der Weimarer Republik, Köln 1974, S. 26ff.
7 Jaron, a.a.O., S. 1.
8 Wolf, Friedrich: „Kunst als Waffe", in: Cyankali § 218. Eine Dokumentation, Berlin 1986, S. 105.
9 Piscator, Erwin: „Das Zeittheater in der Krise", in: ders.: Das Politische Theater und weitere Schriften von 1915 bis 1966, Reinbek bei Hamburg 1986, S. 263.
10 Wege, Carl, a.a.O., S. 1067.
11 Angermayer, Fred A.: „Soll das Drama eine Tendenz haben?" In: Die Szene. Blätter für Bühnenkunst, Berlin 18 (1928). S. 324.
12 Vgl. Werckshagen, Carl: „Vom Rührstück zum Lehrstück", in: Die Szene 21 (1931), H. 5, S. 148.
13 Wolf, a.a.O., S. 107.
14 Fischer, Heinrich: „Das Zeittheater (aus einem Rundfunkvortrag)", in: Die Szene 20 (1930), H. 12, S. 344.
15 Kalkowska, Eleonore: „Einführung", in: Der Zuschauer. Blätter des Lessing-Theaters, Berlin 5 (1929), H. 21, S. 1.
16 Kerr, Alfred: „Eleonore Kalkowska: ‚Josef'", in: Mit Schleuder und Harfe, München 1985, S. 457.
17 Wedderkopp, Hermann von: „Wandlungen des Geschmacks", in: Der Querschnitt, Berlin 7 (1926), S. 498.
18 Rühle, a.a.O., S. 102.
19 Jaron, a.a.O., S. 35.
20 Vgl. Möhrmann, Renate: „Gibt es eine feministische Theater, Film- und Fernsehwissenschaft?" In: Inspektion der Herrenkultur, hrsg. von Luise Pusch, Frankfurt/M. 1983, S. 93.
21 Mann, Erika: „Frau und Buch", in: Bubikopf. Aufbruch der Frauen in den Zwanzi-

gern, hrsg. von Anna Rheinsberg, Darmstadt 1988, S. 12.

22 Fleißer, Marieluise: „Das dramatische Empfinden bei den Frauen", in: Die Szene. Blätter für Bühnenkunst, Berlin 20 (1930), H. 1, S. 8.

23 Hoppe, Else: „Die Frau als Dramatikerin", in: Die Literatur, Leipzig 31 (1929), S. 564.

24 Kaus, Gina: „Die Frau in der modernen Literatur", in: Die literarische Welt, Berlin 5 (1929), H. 11, S. 1.

25 Fleißer, a.a.O., s. 8.

26 Kaus, a.a.O.

27 Ebd.

28 Ebd.

29 Langner, Ilse: „Jede Frau im Alltag eine Dramatikerin", in: Die Zeit, Hamburg 26. 9. 1958, S. 23.

30 Fleißer, a.a.O., S. 9.

31 Ebd.

32 Urstadt, Caroline: „Frauen als Dramatikerinnen", in: Der Scheinwerfer, Essen 4 (1931), H. 9, S. 16.

33 Brief von Eleonore Kalkowska an Hannes Küpper vom 5. Februar 1931. Das Schreiben befindet sich im Hannes-Küpper-Nachlaß im Deutschen Literaturarchiv in Marbach.

34 Die Redaktion versah den Artikel von Caroline Urstadt mit dem Zusatz: „Mit nachstehendem Beitrag eröffnen wir über das Thema ‚Frauen als Dramatikerinnen' die Diskussion, die wir in den nächsten Heften fortsetzen werden". Nach der Absage von Kalkowska erschienen jedoch in den nachfolgenden Nummern keine weiteren Arbeiten zu dem Thema.

35 Credé, Carl: § 218 – Gequälte Menschen, Berlin 1930; Rehfisch, Hans José: Der Frauenarzt, Berlin 1928.

36 Kafka, Hans: „Dramatikerinnen – Frauen erobern die Bühne", a.a.O., S. 17.

37 Ihering, Herbert: „Das Automatenbüffet", in: Berliner Börsen Courier, 29.12.1932.

38 Werckshagen, Carl: „Theater im Reich und Avantgarde", in: Die Szene, Berlin 20 (1930), H. 11, S. 323.

39 Fingal, Stefan: „Die Matineenpest", in: Die Weltbühne, Berlin 11.3.1930, S. 392.

40 F.: „Frau Emma kämpft im Hinterland", in: Deutsche Allgemeine Zeitung, Berlin 6.12.1929.

41 Trotz, Stefan: „Notizbuch", in: Berliner Herold, 21.4.1929.

42 Piscator, Erwin: „Das Zeittheater in der Krise", a.a.O., S. 264ff.

43 Piscator, Erwin: Das politische Theater, neubearbeitet von Felix Gasbarra, Reinbek bei Hamburg 1962, S. 233.

44 Vgl. die ausführliche Untersuchung von „Heer ohne Helden" im Kapitel „Politische Heldin contra revolutionären Arbeiter".

45 Die Premiere war am 4. April 1931.

46 Kollontai, Alexandra: Die neue Moral und die Arbeiterklasse, Berlin 1920, Nachdruck Münster 1977, S. 9/10.

47 „Eine Chronistin der Zeit", in: B.Z. am Mittag, Berlin 17.6.1933. Der Text ist ohne Angabe eines Verfassers veröffentlicht, vermutlich hat ihn Anna Gmeyner selbst geschrieben, denn er enthält viele persönliche Details.

48 Gmeyner, Anna (Pseud. Anna Reiner): Manja, Amsterdam 1938. Neudruck Mannheim 1984.

49 Eine Chronistin, a.a.O.

50 Ebd.

51 Ebd.

52 Ebd.

53 Anonym: „„Automatenbüfett' wird geprobt. Eine neue Autorin: Anna Gmeyner". (Theaterinstitut Köln)

54 Es spielten: Friedrich Gnas (John Lee), Maria Leiko (Frau Lee), Renée Strobow (Maggie Lee), Reinhold Nietschmann (Fred), Walter Morgenthal (Jackie), Ernst Busch (Bob Duncan), Lotte Lieven (Frau Duncan), Jacob Schöpf (Der alte Mac), Ilse Traschgold (Ann), Otto Walchis (Manager Aktinson), Bernd Bausch (Pastor Brody), Olaf Barutzki (Jok Gilchrist), Sascha Caron (Frau Gilchrist), Hans Eik (Joe Brown/Polizeileutnant), Grete Kaiser (Frau Murray), Maria Marnoff (Frau O'Brian), Fritz Genschow (Jess Jerry), Henry Talmer (Frau Jerry), Erhard Stetner (Smith), Edith Halser (Frau Smith) u.a. Das Bühnenbild schuf Wolfgang Böttcher, die Regie führte Slatan Dudow.

55 Piscator, Erwin: Das politische Theater (1929), neubearb. von Felix Gasbarra, Reinbek bei Hamburg 1962, S. 233.

56 Klapdor-Kops, Heike: „Und was die Verfasserin betrifft, laßt uns weitersehen", in: Gedanken an Deutschland im Exil, Internationales Jahrbuch für Exilforschung, Bd. 3, hrsg. von Thomas Koerbmer u.a., München 1985, S. 318.

57 Das Manuskript befindet sich in der Nachlaßrepositur Rappaport in der Stiftung Deutsche Kinemathek in Berlin.

58 Gmeyner, Anna: Welt überfüllt, S. 20. Das Typoskript trägt den Vermerk „Sämtliche Rechte nur über den Autor zu erwerben" Weder ein Erscheinungsjahr noch -ort sind angegeben.

59 Eine Chronistin, a.a.O.

60 Im Kürschner 1928 ist angegeben, daß sie Übersetzungen aus dem Englischen besorgte. (S. 1268)

61 Eine Chronistin, a.a.O.

62 Es ist lediglich der zweite Akt erhalten geblieben. Das Fragment des Typoskripts liegt in der Sammlung Rappaport im Schriftgutarchiv der Stiftung Deutsche Kinemathek, Berlin. Das Zitat stammt von Seite 16.

63 Bernd-Groa, Ilse: Reisetagebuch Magnitogorsk, 1932. Das Typoskript befindet sich in der Akademie der Künste in Ost-Berlin im Archiv Darstellende Kunst.

64 Vgl. Damarius, Helmut: Über zehn Meere zum Mittelpunkt der Welt. Erinnerungen an die „Kolonne Links", Berlin (DDR) 1977, S. 235ff.

65 Berend-Groa, a.a.O.

66 Kerr, Alfred: „Das Automaten-Buffett", in: Berliner Tageblatt, 29.12.1932 (Abendausgabe).

67 Gmeyner Anna: Automatenbüfett. Ein Spiel in drei Akten mit Vorspiel und Nachspiel, Berlin 1932.

68 Es spielten Maria Loja (Frau Adam), Ernst Leudesdorff (Adam), Anneliese Born (Eva) und Willy Maertens (Pankratz). Der Hinweis stammt aus: Greven, Ernst August (Hrsg.): 110 Jahre Thalia-Theater Hamburg, Hamburg 1953, S. 57.

69 Die Premiere der Berliner Aufführung war am 25.12.1932. Bis zum 11.2.1933 ist das Stück ununterbrochen im Theater am Schiffbauerdamm gelaufen. Im März (1. – 13., und 19. – 26.), im April (16. und 17.) und im Mai (21. – 27.) stand es dann im Deutschen Künstlertheater auf dem Programm. Es spielten: Agnes Straub (Frau Adam), Heinrich Heilinger (Adam), Hilde Körber (Eva), Willy Trenk-Trebitsch (Pankratz), Fritz Odemar, Friedrich Gnas, Walter Kepich, Hedwig Schlichter, Hannemann, Lohde, Adolphi, Wemper, Zibell, Rosen u.a. Die Regie führte Moritz Seeler, das Bühnenbild schuf Traugott Müller, die Musik schrieb Rudolf Göhr.

70 Jacobs, Monty: „Automatenbüfett", in: Vossische Zeitung, Berlin 29.12.1932.

71 F.S-s.: „Bolschewistischer Haßgesang im Wallner-Theater", in: Berliner Lokalanzeiger, 27.1.1930.

72 Anonym: „Ein revolutionäres Bergarbeiterstück: „Heer ohne Helden", in: Die Rote Fahne, Berlin 28.1.1930.

73 Jacobs, Monty: „Theater der Arbeiter", in: Vossische Zeitung, Berlin 28.1.1930.

74 Jacobi, Lucy von: „Heer ohne Helden", in: Tempo, Berlin 28.1.1930.

75 Ebd.

76 Die Rote Fahne, a.a.O.

77 Die moderne Dramatikerin. Sieben Kurzbiographien, in: Funkstunde, H. 7, Berlin 14.2.1930, S. 195.

78 Bab, Julius: „Heer ohne Helden", in: Hannoversches Tageblatt, 30.1.1930, S. 7.

79 Anonym: „Heer ohne Helden", in: Die Rote Fahne, Berlin 25.1.1930.

80 Gmeyner, Anna: Heer ohne Helden, Berlin o.J. (Alberti-Verlag), S. 16. Die nachfolgenden Zitate aus dem Stück werden fortlaufend im Text nachgewiesen.

81 Eisner, Lotte H.: „Heer ohne Helden", in: Filmkurier, Berlin 27.1.1930.

82 Von der frühen Fassung sind nur die ersten sieben Bilder erhalten geblieben. Der Durchschlag des Typoskripts bricht am Ende des siebten Bildes ab. Das Fragment befindet sich in der Sammlung Rappaport im Schriftgutarchiv der Deutschen Kinomathek, Berlin. Das Zitat stammt von S. 20/21.

83 F.S-s.: „Bolschewistischer Haßgesang im Wallner-Theater", in: Berliner Lokalanzeiger, 27.1.1930.

84 Vgl. frühe Fassung, a.a.O., S. 32.

85 Slatan Dudow (1903 – 1963) gab mit dieser Inszenierung sein Debüt als Regisseur.

86 Heer ohne Helden (8. Bild), in: Berlin am Morgen, 23.1.1930.

87 Weltmann, Lutz: „Theater der Arbeiter", in: Volkszeitung, Berlin 27.1.1930.

88 Kerr, Alfred: „Ilse Langner: ‚Frau Emma kämpft im Hinterland'", in: Berliner Tageblatt, 6.12.1929.

89 Langner, Ilse: „Über mich selbst", in: Schlesien. Vierteljahreszeitschrift für Kunst, Wissenschaft und Volkstum, Würzburg 4 (1959), S. 97.

90 Ebd., S. 98.

91 Ebd.

92 Langner, Ilse: „Ich reise nach Rußland", in: Der Tag, Berlin 31.3.1928.

93 Alfons Paquets Berichte erschienen 1919 als Buch.

94 Vgl. Hertling, Victoria: Quer durch. Von Dwinger bis Kisch, Königsstein/Ts. 1982.

95 Ich reise nach Rußland, a.a.O.

96 Ebd.

97 Körber, Lilli: Eine Frau erlebt den roten Alltag, Berlin 1932.

98 Langner, Ilse: „Sowjet-Stadt ohne Lächeln", in: Der Montag, Berlin 14.4.1928; dies.: „Odessas Glanz und Wandel", in: Der Tag, Berlin 13.4.1928; dies.: „Schlösser und Fabriken", in: Der Tag, Berlin 12.6.1928; dies.: „Kiew, Stadt der Kirchenfestungen", in: Der Tag, Berlin 22.7.1928.

99 Langner, Ilse: Mein Thema und mein Echo. Darstellung und Würdigung, hrsg. von Ernst Johann, Darmstadt 1979, S. 10.

100 Kerr, Alfred, a.a.O.

101 Die moderne Dramatikerin. Sieben Kurzbiographien, in: Funkstunde, Berlin 14.2.1930, S. 195.

102 Mein Thema und mein Echo, a.a.O., S. 13.

103 Langner, Ilse: Katharina Henschke, Berlin 1930, S. 28.

104 Ebd., S. 47.

105 Ebd., S. 47.

106 Vgl. Kühnl, Reinhard: Die Weimarer Republik, Reinbek bei Hamburg, 1985, S. 164.

107 Katharina Henschke, a.a.O., S. 130.

108 Der Verzicht auf die Versöhnungsgeste am Schluß wäre eine solche Änderung.

109 Ausgangspunkt und Grundlage der 1867 von Mary Baker-Eddy gegründeten „Christian Science" waren die Gedanken des Heilpraktikers Phineas P. Quimby, der die Welt in Wirklichkeit und Illusion unterschied. Baker-Eddy entwickelte die Ideen Quimbys weiter. Organisatorisches Zentrum der Sekte ist die 1879 von Baker-Eddy gegründete Mutterkirche in Boston. Die erste Gemeinde in Deutschland wurde 1899 durch Maria Schön in Hannover ins Leben gerufen. 1957 existierten in der Bundesrepublik 37 Churches und 57 Societies in 72 Städten. Vgl.: J. Höfer/K. Rahner (Hrsg.): Lexikon für Theologie und Kirche, Freiburg 1958, Sp. 1157 – 1127 und K. Galling (Hrsg): Lexikon für Theologie und Religionswissenschaft, Bd. 1, Tübingen 1957, S. 1132. Langner läßt in ihrem Stück die historischen Gestalten auftreten, etwa Quimby und Sibyl Wilbur, die aus ihrem Buch „Das Leben der Mary Baker" zitiert.

110 Anonym: „Sektierer und Gesundbeter", in: Das Theater, Berlin November 1931, S. 100.

111 Pfeiffer, Herbert: „Die Heilige aus USA", in: Die Weltstadt, Berlin 9.11.1931.

112 Langner, Ilse, zitiert nach: „Nacht-Debatte über die ‚Heilige aus U.S.A.‘“, in: B.-Z. am Mittag, Berlin 21.11.1931.

113 Mein Thema und mein Echo, a.a.O., S. 9.

114 Brecht, Bert, zitiert nach: Nacht-Debatte, a.a.O.

115 Langner, Ilse: Frau Emma kämpft im Hinterland, Chronik in drei Akten, Neudruck Darmstadt 1979, S. 57. Die nachfolgenden Zitate aus dem Stück werden fortlaufend im Text nachgewiesen.

116 Georg, Manfred: „Brotmarken-Tragödie. Ein Drama aus dem Hinterland.“, in: Tempo, Berlin 6.12.1929

117 F.S.-s: „Mitternachts-Alpdruck“, in: Lokalanzeiger, Berlin 4.12.1929. (Theaterinstitut Köln)

118 nbg.: ‚Frau Emma kämpft im Hinterland“, in: 12-Uhr-Zeitung, Berlin 5.12.1929

119 Ihering, Herbert: „Frau Emma kämpft im Hinterland“, in: ders.: Von Reinhardt bis Brecht, Bd. 2, Berlin 1958, S. 461.

120 Pinthus, Kurt: „Das Kriegsstück einer Frau“, in: 8-Uhr-Abendblatt, Berlin 6.12.1929

121 Stephan, Inge: „Weiblicher Heroismus: Zu zwei Dramen von Ilse Langner“, in: Frauenliteratur ohne Tradition? Neun Autorinnenportraits, hrsg. von Inge Stephan, Regula Venske und Sigrid Weigel, Frankfurt/M. a.M. 1987, S. 177.

122 Bethge, Friedrich: Reims, Berlin 1934. Bethge erzählt in seinem Stück die Geschichte des Sergenten Jakusch, der, irritiert durch Gerüchte über die Untreue seiner Frau, die Front verläßt und sich wegen Desertation vor einem Kriegsgericht verantworten muß.

123 Knopf, Julius: „Frau Emma kämpft im Hinterland“, in: Berliner Börsen-Zeitung, 5.12.1929

124 Ebd.

125 Klapdor-Kops, Heike: „Dramatikerinnen auf deutschen Bühnen“, in: theaterzeitschrift, Berlin 9 (1984), S. 71.

126 Heilborn, Ernst: „Schwank im Ernst und Ernst im Schwank“, in: Frankfurt/M.er Zeitung, 5.12.1929

127 F.S-s., a.a.O.

128 O.A.P.: „Frau Emma kämpft im Hinterland“, in: Vossische Zeitung, Berlin 6.12.1929

129 Stephan, Inge, a.a.O., S. 177.

130 Rubinstein, Hilde: „Als der Krieg kam …“, in: Tribüne 14, 1975, H. 53, S. 6170.

131 Ebd., S. 6171.

132 Ebd.

133 Neue Gesellschaft für Bildende Kunst e.V., Berlin (Hrsg.): Das verborgene Museum, Berlin 1987, S. 246.

134 Rubinstein, Hilde, zitiert nach Klaus Selbig: „Nachwort“, in: Tiefgefrorenes Reh. Stücke. Lyrik. Prosa, Berlin (DDR) 1987, S. 217.

135 Rubinstein, Hilde, zitiert nach Hajo Steiner: „Meine Heimat ist meine Sprache.“

Portrait der Schriftstellerin Hilde Rubinstein, Feature des Deutschlandfunks Köln vom 18. Juni 1988.

136 Brief des Städtischen Theaters Leipzig von 1931. Das Schreiben befindet sich im Besitz Hilde Rubinsteins.

137 Der chinesische Lyriker Li-Tai-Pe lebte von 701 bis 762. Gero von Wilpert bezeichnet ihn „als dem Expressionismus wahlverwandt". Vgl. Gero von Wilpert (Hrsg.): Lexikon der Weltliteratur, Bd. 1: Autoren, Stuttgart 1963, S. 973.

138 Rubinstein, Hilde: Winterkrieg. Dramatische Ballade in elf Bildern, 1925/26 (Ms. unveröffentlicht), S. 87.

139 Schreiben vom Staatlichen Schauspielhaus Berlin an den Verlag Felix Bloch Erben vom Juni 1932. Das Schreiben befindet sich im Besitz Hilde Rubinsteins.

140 Brief von der Barnowski-Bühne Berlin von 1931. Das Schreiben befindet sich im Besitz Hilde Rubinsteins.

141 Brief Heinrich Fischers an Hilde Rubinstein von 1932. Das Schreiben befindet sich im Besitz Hilde Rubinsteins.

142 Ihering, Herbert: „Die bekannte Ausrede", in: Berliner Börsen-Courier, 20.5. 1932.

143 Mehlmann, Anneliese: Künstler und Mensch: Hilde Rubinstein, Stockholm 1970, S. 6.

144 Rubinstein, Hilde im Programmheft der Uraufführung, zitiert nach: Ludwig Hoffmann (Hrsg.): Theater der Kollektive. Proletarisch-revolutionäres Berufstheater in Deutschland 1928 – 1933. Stücke, Dokumente, Studien, Bd. 1, Berlin (DDR) 1980, S. 324.

145 Kemény, Alfred: „Eigener Herd ist Goldes Wert?!", in: Die Rote Fahne, Berlin 29.12.1932, zitiert nach Hoffmann, a.a.O., S. 325.

146 Lüdecke, Heinz: „Junge Volksbühne", in: Illustrierte Rote Post, 1/1933, zitiert nach Hoffmann, a.a.O., S. 327.

147 Kemény, a.a.O., S. 325.

148 Es existiert nur noch die erste, versöhnende Fassung, der Hilde Rubinstein den Titel „Es war einmal ein treuer Husar" gegeben hatte. Die späteren Bearbeitungen sind verschollen.

149 Rubinstein, Hilde: Es war einmal ein treuer Husar, Berlin 1932 (unveröffentlichtes Manuskript), S. 42. Die nachfolgenden Zitate werden fortlaufend im Text nachgewiesen.

150 Lüdecke, a.a.O., S. 327.

151 Kemény, a.a.O., S. 325.

152 Zitiert nach Kühnl, Reinhard: Die Weimarer Republik, Reinbek bei Hamburg 1985, S. 164.

153 Ketelhut, Barbara u.a.: „Die Familie als Brutstätte der Revolution. Familienpolitik der Arbeiterbewegung", in: Geschlechterverhältnisse und Frauenpolitik, hrsg. vom Projekt Sozialistischer Feminismus, Berlin 1984, S. 113.

154 Ebd., S. 128.

155 Schönstedt, Walter: Kämpfende Jugend, Berlin 1932, zitiert nach: Schütz, Erhard: Romane der Weimarer Republik, München 1986, S. 171.

156 Lüdecke, a.a.O., S. 327.

157 Kemény, a.a.O., S. 325.

158 Rubinstein im Programmheft der Uraufführung, a.a.O., S. 324.

159 Kemény, a.a.O., S. 325.

160 Venske, Regula: Mannsbilder – Männerbilder, Konstruktion und Kritik des Männlichen in zeitgenössischer deutschsprachiger Literatur von Frauen, Hildesheim 1988, S. 51.

161 Soltau, Hilde: Trennungs-Spuren. Frauenliteratur der zwanziger Jahre, Frankfurt/ M. 1984, S. 206.

162 Fleißer, Marieluise: Avantgarde, in: Gesammelte Werke, Bd. 3, Frankfurt/M. 1972, S. 120.

163 Kollontai, Alexandra: Die neue Moral und die Arbeiterklasse, Berlin 1920, Nachdruck Münster 1977, S. 9.

164 Bartos, Krzystof: „Eleonore Kalkowska: Josef und Zeitungsnotizen", in: Theatrum Europaeum, hrsg. von Richard Brinkmann u.a., München 1982, S. 592.

165 Vgl. Sierotwinski, Stanislaw: „Eleonore Kalkowska (1883 – 1937)", in: Przeglad Humanistyczny 2, Warschau 1966, S. 145 – 159. Auszüge aus diesem Aufsatz hat mir Ryszard Makowski übersetzt.

166 Ebd.

167 Kalkowska, Eleonore: „Die Schauspielerin", in: Die Jugend, 21, 1916, S. 696.

168 Diese Information entnahm ich einer vierseitigen Druckschrift über Eleonore Kalkowska, die im Kalkowska-Bestand der Akademie der Künste, Berlin, aufbewahrt wird.

169 Kalkowska, Eleonore: Die Oktave, Berlin 1912.

170 Berliner Tageblatt vom 15.3.1912, zitiert nach der vierseitigen Druckschrift, a.a.O.

171 Lexikon deutschsprachiger Schriftsteller von den Anfängen bis zur Gegenwart, hrsg. von Günther Albrecht u.a., Bd. 1, 2. überarb. Aufl. Leipzig 1972, S. 440.

172 Kalkowska, Eleonore: Der Rauch des Opfers. Ein Frauenbuch zum Kriege, Jena 1916, S. 2.

173 Ebd., S. 88f.

174 Gespräch mit Elida Maria Szarota in Wolfenbüttel am 22.2.1986.

175 Kalkowska, Eleonore: Lelia, eine Tragödie der Liebe, in: Der Zeitgeist, Literarische Beilage des Berliner Tageblatts, 16.7.1917.

176 Kalkowska, Eleonore: Der Schuldige. Ein erster Entwurf des Stückes befindet sich im Kalkowska-Bestand der Akademie der Künste, Berlin.

177 So begründet Eleonore Kalkowska den Untertitel in einem Schreiben an Karin Michaelis vom 24. August 1926. Der Brief befindet sich im Karin-Michaelis-Nachlaß der Königlichen Bibliothek von Kopenhagen.

178 Gespräch mit Elida Maria Szarota, a.a.O.

179 Gespräch mit Elida Maria Szarota am 3.5.1986 in Wolfenbüttel.

180 Der Drei-Masken-Verlag hat in seinem Archiv keine Vorkriegsbestände mehr. Im Kalkowska-Bestand befindet sich nur ein früher Entwurf. Es ist anzunehmen, daß die gedruckte Fassung sich davon unterscheidet.

181 Brief von Eleonore Kalkowska an Karin Michaelis, a.a.O.

182 Der Artikel erschien in der Wiener „Neuen Freien Presse" und im „Berliner Tageblatt". Eleonore Kalkowska erwähnt in ihrer Korrespondenz, daß der Text außerdem noch in dänischen und norwegischen Zeitungen erschien.

183 Michaelis, Karin: „Ein Schloß und eine Dichterin", in: Neue Freie Presse, Wien 26.9.1926.

184 Ebd. Das Stück ist zwar im Drei-Masken-Verlag erschienen, doch die Arbeit gilt als verschollen.

185 Ebd.

186 Brief von Eleonore Kalkowska an Karin Michaelis vom 15.1.1928. Das Schreiben befindet sich im Karin-Michaelis-Nachlaß in der Königlichen Bibliothek Kopenhagen.

187 Gespräch mit Elida Maria Szarota am 22.2.1986 in Wolfenbüttel.

188 Kalkowska, Eleonore: Der Mord von Ropscha, o.J. Das Manuskript befindet sich im Kalkowska-Bestand, a.a.O.

189 Kalkowska, Eleonore: Katharina. Ein Stück Welttheater, Berlin 1929.

190 Polnische Blätter. Zeitschrift für Politik, Kultur und Soziales, hrsg. von Wilhelm Feldmann, H. 84, Berlin 25.1.1918. Kalkowskas Übersetzung des „Kordian" ist vollständig abgedruckt in: Mickiewicz-Blätter, H. 23/24, Heidelberg 1963. In Heft 23 befindet sich auch eine kurze biographische Notiz. Ein Teil der Übersetzung erschien bereits im letzten Jahrgang der „Polnischen Blätter".

191 Kalkowska, Eleonore: „Polen und Deutschland. Randglossen zur Psychologie beider Völker", in: Die ewige Revolution, hrsg. von Siegfried Kawerau, Berlin 1925.

192 Kalkowska, Eleonore: März. Dramatische Bilderfolge aus dem Jahre 1848, Strassburg 1928, S. 20.

193 Ebd., S. 139.

194 Reger, Erich: „Josef oder ein Justizirrtum", in: Berliner Börsen-Courier, 19.3.1929.

195 Kalkowska, Eleonore: Josef. Eine Zeittragödie in 22 Bildern. Das Stück liegt lediglich als Bühnenmanuskript in der New Yorker Public Library vor. Das Zitat stammt von Seite 44.

196 Ebd., S. 3.

197 Ebd., S. 33.

198 Ebd., S. 12.

199 Fechter, Paul: „Volksbelustigung am Sonntag", in: Deutsche Allgemeine Zeitung, Berlin 16.4.1929.

200 Mit „Josef" eröffnete das Theater Ateneum in Warschau im September 1929 seine neue Spielzeit. Die Übersetzung besorgte Josef Brodzki, die Regie führte Janusz Strachocki, der zugleich den Titelhelden spielte.
Die Übersetzung beurteilte die Tochter der Autorin, die in Frankfurt/M. promoviert hatte, äußerst negativ. So schrieb sie 1939 zusammen mit ihrem Mann, dem Literaturkritiker Rafal Marceli Blüth eine neue Fassung in polnische Sprache. Der Zeitpunkt der Übersetzung war allerdings schlecht gewählt – wenige Wochen nach dem Einmarsch der deutschen Truppen in Polen. Elida Maria Szarota: „Wir

wohnten im Botschaftsviertel, die Gestapo überraschte uns bei der Arbeit." Die Übersetzung und das Original wurde beschlagnahmt, Rafael Marceli Blüth wurde verhaftet. Der Literat wurde „wegen Verstoßes gegen die Verordnung über das Verbot von Waffenbesitz vom 12.9.1939 und wegen Plünderung" erschossen. Seine Frau blieb verschont, weil sie schwanger war. (Vgl. Szarota, Tomasz: Warschau unter dem Hakenkreuz, Paderborn 1985, S. 21.)

201 Boy-Zelenski: Flirt z Melpomenq. Wieczór dziewiaty, Warschau 1930, S. 107 – 114, zitiert nach Sierotwinski, a.a.O.

202 Die Dortmunder Uraufführung fand am 14. März 1929 statt. Die Darsteller waren: Paul Warschwaski (Josef), Lina Ziegler (Witwe Beinig), Fritzi Datz (Marie), Helmut Gaick (Gustav); Joachim Limann (Paul/Landjäger), Friedrich Kohn (Henrik), Emil Binder (Kreuz), Karl Knaak (Kreischer), Margaret Fahrbach (Witwe Stoß), Lore Semmt (Frau Heken); Georg Feuerherd (Gerichtspräsident), Erwin Althauser (Oberstaatsanwalt), Rudolf Schündler (Richter), Reinhold Lütjohann (Verteidiger), Max Bändler (Apotheker), Eduard Bading (Bauer Redlich/Klempner), Walter Kulisch (Wärter Recht), Ida Rabenau (Krugswirtin). Die Regie führte Hans Preß.

In Berlin spielten am 14.4.1929 im Theater am Bülowplatz folgende Darsteller: Ernst Karchow (Josef), Dora Gerson (Marie), Grete Bäck (Witwe Stoss), Fränze Roloff (Witwe Beinig), Armin Schweizer (Henrik), Erich Thormann (Gustav), Ernst Ginsberg (Kreischer). Regie: Alfred Tostler, Bühnenbild: Nina Tokumbet.

Die Gruppe Junger Schauspieler brachte das Drama am 12.8.1929 im Lessingtheater heraus. Es spielten: Ernst Karchow (Josef), Walpurga Gmür (Marie), Frigga Braut (Witwe Stoss), Rolf Müller (Henrik), Werner Pledatz (Verteidiger), Ludwig Roth (Oberstaatsanwalt), Gerhard Wilnert (Gerichtspräsident), Alfred Schäfer (Mörder Grund). Regie: Hans Deppe. Die Rollenbesetzungen habe ich den Rezensionen entnommen, deswegen sind sie nicht vollständig.

Am 26.11.1929 kam das Stück am Leipziger Schauspielhaus heraus.

203 Gespräch mit Elida Maria Szarota in Wolfenbüttel am 3.5.1986.

204 Die Inszenierung der Uraufführung besorgte Heinz Dietrich Kentler, das Bühnenbild schuf Edward Suhr, die technische Leitung hatte Hans Sondheimer. Es spielten: Marga Dietich (Käthe), Werner Kepich (Paul), Walter Firner (Der Tod/Paul), Hermann Heuser (Portier Helbig), Marta Hartmann (Frau Helbig), Walter Blum (Fritz), Helene Hariel (Frau Rippert), Fritz Reiff und Lotte Sommerfeld (Kinder), Mil Konstantinov (Lutz), Erich Strömer (Oestler), Karl Hannemann (Gastwirt Kubalke), Harry Flatow (Gasmann), Louis Borel, Gert Grellmann, Ludwig Hilmers, Karl Zollern (Werkstudenten), Arthur Eugens (Schupo), Inge Conradi (Lehrerin), Elfriede Borodin (Mela), Rosa Pategg (Vermieterin), Reinhold Köstlin (Der joviale Herr), Erich Gühne (tuberkulöser Angestellter), Erika Praetorius (Else), Hans Cornelius (Meyer), Ludwig Hilmers (Hoteldiener), Hellmuth Bergmann (Schütter), Arthur Eugens (Aufseher), Rolf Brandt, Gert Grellmann, Ludwig Hilmers, Karl Zollern (Arbeitslose). Das Programmheft der Aufführung befindet sich im Kalkowska-Bestand, a.a.O.

205 W.H.: „Kalkowska: ‚Zeitungsnotizen'", in: Germania, Berlin 6.12.1932.

206 Gespräch mit Elida Maria Szarota in Wolfenbüttel am 22.2.1986.

207 Mann, Heinrich: „Die Macht des Gefühls", in: Berliner Tageblatt, 12.12.1932.

208 Faktor, Emil: „Zeitungsnotizen", in: Berliner Börsen-Courier, 5.12.1932.

209 Pinthus, Kurt, im Acht-Uhr-Abendblatt, zitiert aufgrund der durch den Crescen-do-Theaterverlag angefertigten Zusammenstellung von Rezensionen über die Aufführung im Schiller-Theater, die sich im Kalkowska-Bestand befindet.

210 Lampel, Peter Martin: Alarm im Arbeitslager, Schauspiel in drei Akten, Leipzig 1933.

211 Kalkowska, Eleonore: Zeitungsnotizen, Berlin 1933, S. 10. Die nachfolgenden Zitate werden fortlaufend im Text nachgewiesen.

212 Gespräch am 22.2.1986, a.a.O.

213 Zitiert nach der Zusammenstellung des Crescendo-Theaterverlages, a.a.O.

214 M.H.: „Dichtende Dame – dichtende Frau. Studio-Aufführungen", in: Vorwärts, Berlin 5.12.1932.

215 Mann, Heinrich, a.a.O.

216 Der Zeitungs-Song befindet sich im Kalkowska-Bestand der Akademie der Künste.

217 Mann, Heinrich, a.a.O.

218 Eloesser, Arthur: „Zeitungs-Notizen", in: Vossische Zeitung, Berlin 5.12.1932.

219 Eloesser, Arthur: „Stempelbrüder", in: Vossische Zeitung, Berlin 3.10.1929.

220 Duschinsky, Richard: Die Stempelbrüder. Eine Tragödie unter Arbeitslosen, Berlin 1929.

221 Ihering, Herbert: „Die getarnte Reaktion", in: Der Kampf ums Theater, Berlin (DDR) 1974, S. 345.

222 Hesse, Otto Ernst: „Zeitungsnotizen", in: B.-Z. am Mittag, Berlin 5.12.1932.

223 P.M.: „Zeitungs-Notizen", in: 12-Uhr-Blatt, Berlin 5.12.1932.

224 Rühle, Günther: „Die neuen Grundlagen", in: Zeit und Theater 1925 – 1933, Bd. 3: Von der Republik zur Diktatur, Frankfurt/M., Berlin, Wien 1980, S. 34.

225 Bartos, a.a.O., S. 602.

226 Schwarzwald, Eugenie: „Esther Grenen, oder: Wie kommt eine Wienerin zum Erfolg?", in: Neue Freie Presse, Wien 15.5.1934.

227 Ebd.

228 Vgl. Deichmann, Hans: Leben mit provisorischer Genehmigung. Leben, Werk und Exil von Dr. Eugenie Schwarzwald (1872 – 1940), Wien 1988, S. 77ff. und Herdan-Zuckmayer, Alice: Genies sind im Lehrplan nicht vorgesehen, Frankfurt/ M. 1981, S. 34ff.

229 „Die Dame mit Papagei" befindet sich in der Nationalgalerie Stuttgart.

230 Lazar, Auguste: Arabesken. Aufzeichnungen aus bewegter Zeit, Berlin (DDR) 1968, S. 53/54.

231 Michaelis, Karin: „En Afsloring" (Eine Enthüllung), in Politiken, Kopenhagen 24.3.1932, zitiert nach Nielsen, Birgit S: „Maria Lazar. Eine Exilschriftstellerin aus Wien", in: Text & Kontext, Kopenhagen/München 1983, S. 143.

232 Zitiert nach Lazar, Auguste, a.a.O., S. 56.

233 Michaelis, Karin, a.a.O.

234 Lazar, Maria: Die Vergiftung, Wien/Leipzig 1920.

235 Schwarzwald, Eugenie, a.a.O.

236 Mann, Thomas: Tagebücher 1918 – 1921, hrsg. von Peter de Mendelssohn, Frankfurt/M. 1979, S. 420.

237 Schwarzwald, Eugenie, a.a.O.

238 Anonym, in: Elsner, Richard (Hrsg.): Das deutsche Drama, Berlin 4 (1921), H. 4, S. 217.

239 Lazar, Maria: Der Henker, München 1921, S. 22.

240 Ebd., S. 45.

241 Rühle, Günther: „Der Ausbruch", in: Zeit und Theater 1913 – 1925, Bd. 1: Vom Kaiserreich zur Republik, Frankfurt/M., Berlin, Wien 1980, S. 29.

242 Anonym, a.a.O., S. 217.

243 Zwar gibt Nielsen in ihrem Aufsatz an, daß das Stück mit Erfolg sowohl in Deutschland als auch in Österreich aufgeführt worden sei, (S. 149) ich konnte jedoch im Deutschen Bühnenspielplan keine weitere Inszenierung finden.

244 Ebd., S. 3.

245 Lazar, Auguste, a.a.O., S. 58.

246 Brief von Eugenie Schwarzwald an Karin Michaelis vom 17. Juli 1925, zitiert nach Deichmann, a.a.O., S. 221.

247 Lazar, Auguste, a.a.O., S. 58.

248 Lazar, Auguste, a.a.O., S. 59. In ihren Memoiren erwähnt Auguste Lazar die Artikel „Rettet den Wisent" und „Tod in Sachsen", die ihre Schwester für den „Tag" geschrieben hatte.

249 Lazar, Maria: „Familienjustiz", in: Arbeiterwille, Graz 29.12.1932.

250 Lazar, Maria: „Waldemar Bonsels und das deutsche Insekt", in: Der Querschnitt, Berlin 7 (1926), H. 7, S. 543.

251 Tonbandprotokoll eines Gespräches mit Elsa Björkmann-Goldschmidt, das die Dokumentationsstelle für neuere österreichische Literatur aufzeichnete, S. 1. (s. FDSt. Tb. Nr. 186 vom 22.5.1968).

252 Lazar, Auguste, a.a.O., S. 60.

253 Björkmann-Goldschmidt, a.a.O., S. 4.

254 Sie übersetzte unter anderem den Roman „Nielsine. Die Mutter" (Zürich 1936).

255 Schwarzwald, Eugenie, a.a.O.

256 Lazar, Auguste, a.a.O., S. 163.

257 Schwarzwald, Eugenie, a.a.O.

258 Grenen, Esther: „Der Fall Rist. Zeitungsausschnitte, Dokumente, Protokolle", in: Vorwärts, Berlin, 47 (1930), H. 147 – H. 187.

259 Ebd., H. 149.

260 Grenen, Esther: „Veritas verhext die Stadt", in: Weltspiegel, Beilage des Berliner Tageblatts, 15. März 1931ff.

261 Schwarzwald, Eugenie, a.a.O.

262 Schwarzwald, a.a.O. „Veritas forhekser Byen" erschien 1931 in Kopenhagen. In Schweden kam der Roman 1932 heraus.

263 Michaelis, Karin, a.a.O.

264 Schwarzwald, Eugenie, a.a.O.

265 Kl: „Der Nebel von Dybern' von Esther Grenen (Stadttheater Stettin)", in: Theater-Tageblatt, Berlin 23.2.1933. Unter der Regie von Hans Meißner spielten Maria Wimmers (Barbara) und Knut Hartwig (Josef). Außerdem wirkten mit: Ilse Hirt, Otto Panning und Anselm Alberty.

266 Lazar, Auguste, a.a.O., S. 154.

267 Ebd.

268 Grenen, Esther: Der Nebel von Dybern. Berlin 1932, S. 52. Alle weiteren Zitate aus dem Stück werden fortlaufend im Text nachgewiesen.

269 Lazar, Maria: „Veritas hekser videre" (Veritas hext weiter) Interview mit der Dramatikerin, in: Politiken, Kopengangen 17.6.1933, zitiert nach Nielsen, a.a.O., S. 154.

270 Ebd.

271 „Internationale Frauenliga für Frieden und Freiheit: Die modernen Kriegsmethoden und der Schutz der Zivilbevölkerung", in: Frauen gegen den Krieg, hrsg. von Gisela Brinker-Gabler, Frankfurt/M. 1980, S. 277.

272 Schr.: „Der Nebel von Dybern", in: B.Z. am Mittag, Berlin 21.2.1933.

273 Theater-Tageblatt, a.a.O.

274 Kafka, Hans: „Dramatikerinnen – Frauen erobern die Bühne", in: Die Dame, Berlin Januar 1933, S. 41.

275 Kühnl, Reinhard: Die Weimarer Republik, Reinbek bei Hamburg 1985, S. 63.

276 H.A.: „Esther Grenen: ‚Der Nebel von Dybern'", ca. 24.2.1933, (Theaterinstitut Köln).

277 Rühle, Günter: Theater in unserer Zeit, a.a.O., S. 98.

278 Brecht, Bertolt: Die heilige Johanna der Schlachthöfe, 10. Aufl. Frankfurt/M. 1975, S. 15.

279 Kühnl, a.a.O., S. 62.

280 Gramann, Karola; Schlüpmann, Heide; Seitz, Amadou: „Gestern und heute", Interview mit Hertha Thiele, in: Frauen und Film, Nr. 28, Berlin 1981, S. 32.

281 Brief von Christa Winsloe aus New York an Dorothy Thompson. Das Schreiben befindet sich im Dorothy-Thompson-Nachlaß in Syracuse.

282 Winsloe, Christa: „Zu meinem Stück", im Programmheft der Uraufführung des Leipziger Schauspielhauses vom 30.11.1930. Der Text befindet sich im Kölner Theaterinstitut.

283 Ebd.

284 Reinig, Christa: „Über Christa Winsloe", in: Mädchen in Uniform, Neuauflage München 1983, S. 241.

285 Winsloe, Christa: Halbe Geige, o.J. und Life begins, London 1934. „Halbe Geige" befindet sich im Thompson-Nachlaß in Syracuse. Zu beiden Texten vgl. das Exilkapitel.

286 Brief von Christa Winsloe an Alfred Walter von Heymel vom Februar 1934. Das Schreiben wird im Deutschen Literaturarchiv in Marbach aufbewahrt.

287 Vgl.: Anonym: „Hatvany Ferenc és Hatvany Kriszta kiállitása az Ernst-Múzeumban", in: Vasárnapi Újság, 13.1.1918.

288 Reinig, a.a.O., S. 241.

289 Walter, Hilde: „Was hat Christa Winsloe getan?" In: Neue Volkszeitung, New York, 1.6.1946.

290 Ebd.

291 Hatvany-Winsloe: „Ich modelliere Tiere", in: Der Querschnitt, Berlin 6 (1926), H. 3. S. 219.

292 Ebd., S. 221.

293 Hatvany-Winsloe, Christa: „Ich fliege Sturz", in: Der Querschnitt, Berlin 6, (1926), H. 12, S. 907 – 909; „Ich und der Fremdenverkehr", in: Der Querschnitt, Berlin 7 (1927), S. 712; „Italien", in: Der Querschnitt, Berlin 8 (1928), S. 295; „Wenn Möpse schlafen", in: Der Querschnitt 8 (1928), S. 714.

294 Bei der Uraufführung in Leipzig am 30.11.1930 führte Gertrude Langfelder die Regie. Es spielten Hertha Thiele (Manuela), Cläre Harten, Nora Nickisch und Annemarie Rochhausen (Edelgard). Die Rollenbesetzungen habe ich den Rezensionen entnommen.

295 Die Regie im Berliner Theater an der Stresemannstraße führte Leontine Sagan. Zunächst wurde Gina Falckenberg für die Rolle der Manuela verpflichtet, später übernahm Hertha Thiele diesen Part. Ferner spielten: Emilie Unda (Oberin), Thila Hummel (Manuelas Tante), Ellinor Büller (Prinzessin), Luscha Wendt (Gräfin Kernitz), Margarete Melzer (Fräulein von Bernburg), Margarate Sachse (Fräulein von Gärschner), Hedwig Schlichter (Fräulein von Kesten), Lisi Schwerbach (Mademoiselle Oeuillet), Agnes Strotmann (Miß Evans), Ilse Winter (Marga von Rasso), Ellen Schwanneke (Ilse von Westhagen), Paula Denk (Ilse von Treitschke), Barbara Pirk (Lilli von Kattner), Ilse Vidor (Oda von Oldensleben), Carla Gidt (Edelgard Komtesse von Mengsberg), Hildegard Dreyer (Mia von Wollin), Alexandra Schmitt (Elise), Elisabeth Dischinger (Hanni), Erna Cramer (Johanna).

296 Walter, Hilde, a.a.O.

297 Eloesser, Arthur: „Gestern und heute", in: Vossische Zeitung, Berlin um den 7. April 1931 (Theaterinstitut Köln).

298 Walter, Hilde, a.a.O.

299 Regie führte wieder Leontine Sagan. Es spielten Dorothea Wieck (Fräulein von Bernburg), Hertha Thiele (Manuela), Emilia Unda (Oberin), Hedwig Schlichter (Fräulein von Kesten), Ellen Schwanneke (Ilse von Westhagen), Gertrud de Lalsky (Manuelas Tante), Marte Hein (Großherzogin), Lene Berdolt (Fräulein von Garschner), Erika Mann (Fräulein von Atems), Annemarie von Rochhausen (Edelgard), Margarete Reschke (Oda) u.a.

300 Zitiert nach: Bandmann, Christa, Hembus, Joe: Klassiker des deutschen Tonfilms 1930 – 1960, München 1980, S. 47.

301 Kracauer, Siegfried: Von Caligari zu Hitler, Frankfurt/M. 1984, S. 239.

302 Winsloe, Christa: Das Mädchen Manuela, Amsterdam 1934.

303 Anonym: „„Gestern und Heute' contra ‚Mädchen in Uniform'", 27.5.1932 (Theaterinstitut Köln).

304 Winsloe, Christa: Schicksal nach Wunsch, Berlin/Wien 1932, S. 60.

305 Kafka, Hans, a.a.O., S. 17.

306 Schicksal nach Wunsch, a.a.O., S. 39.

307 Kästner, Erich: „Berliner Theaterstart", in: ders.: Literarische Publizistik 1923 – 1933, Bd. 2, Zürich 1989, S. 285.

308 Winsloe, Christa: Gestern und heute, Schauspiel in drei Akten und zwölf Bildern, Berlin, Wien, Budapest 1930, S. 68. Die nachfolgenden Zitate werden fortlaufend im Text nachgewiesen.

309 Vgl. Meyer, Adele (Hrsg.): Lila Nächte – Die Damenklubs der zwanziger Jahre, Köln 1981.

310 Winsloe, Christa: Ritter Nérestan, Schauspiel in drei Akten, Berlin, Wien 1930, S. 18.

311 Ebd., S. 117.

312 Ebd.

313 Rich, Ruby B.: „From Repressive Tolerance To Erotic Liberation", in: Jump Cut, No. 24/25, Chicago, March 1981.

314 Reinig, Christa, a.a.O., S. 243.

315 Mia wird von Fräulein von Bernburg erwischt, als sie einen Liebesbrief liest, den ihr Josie Blei geschickt hat. (S. 33) Nach der Theateraufführung geht Oda auf Manuela zu, „umarmt sie, küßt sie überzärtlich, fährt mit ihren Händen an ihrem Körper auf und ab, sucht ihre Brust unter ihrem Wams, dann leise: ‚Du, süß warst Du, wahnsinnnig süß, bitte schließen wir Freundschaft, laß' mich bei Dir sein – darf ich neben Dir sitzen bei Tisch?' (S. 76) In den beiden deutschen Filmversionen erhält die Figur Oda stärkeres Gewicht. Eifersüchtig verfolgt sie Manuela und ist diejenige, die sie bei der Oberin verpetzt.

316 Klotz, Volker: Geschlossene und offene Form im Drama, München 1969, 10. Aufl. 1980, S. 25ff.

317 Rühle, Günther, a.a.O., S. 34.

318 Anonym: „Gestern und heute" (Theaterinstitut Köln).

319 Winsloe im Programmheft zur Leipziger Aufführung, a.a.O.

320 F.S-s.: „Christa Winsloe: ‚Gestern und heute'", in: Der Tag, Berlin o.D. (Theaterinstitut Köln).

321 ap: „Mädchen in Uniform", in: Vossische Zeitung, Berlin 28.11.1931 (Abendausgabe).

322 H.N.: „Ritter Nérestan" (Theaterinstitut Köln).

323 W.K.: „Christa Winsloe: Ritter Nérestan", 9.12.1930 (Theaterinstitut Köln)

324 Neu eingefügt ist eine Szene, die eine Unterrichtsstunde bei Fräulein von Bernburg zeigt, und eine andere, die die Schülerinnen am Sonntagvormittag beim Strümpfestopfen vorführt. Aus den Sätzen der Oberin während der Abendandacht: „Trotz strengster Überwachung habe ich erfahren, daß Briefe ohne vor-

herige Absage zur Durchsicht eingesteckt werden und unberechtigte Klagen über das Stift enthalten", ist eine eigenständige Handlung geworden. (S. 39) Die aufmüpfige Ilse von Westhagen schreibt einen Brief, in dem sie sich bei ihren Eltern über das schlechte Essen beschwert. Er gelangt in die Hände der Oberin. Ilse wird bestraft, sie darf an der Theateraufführung nicht teilnehmen. Sie versucht auszureißen, doch Fräulein von Bernburg fängt sie vorher ab.

325 Kracauer, a.a.O., S. 516.
326 Püttmann, Eduard Oskar: „Mädchen in Uniform", in: Die Freundin, Berlin 20.1.1932.
327 Graman, Karola, Schlüpmann, Heide, Seitz, Amadou: „Interview mit Hertha Thiele", in: Frauen und Film, Nr. 28, Berlin 1981, S. 32.

II. Das Ende des Aufbruchs

1 Castonier, Elisabeth: Stürmisch bis heiter, München 1964, S. 212.
2 So lautete der Untertitel von Erwin Guido Kolbenheyers Schauspiel „Gregor und Heinrich", das der Dramatiker 1933/34 schrieb.
3 Frankenthal, Käte: Jüdin, Intellektuelle, Sozialistin, Frankfurt/M., New York 1981, S. 1.
4 Rosenberg, Alfred: Der Mythos des 20. Jahrhunderts, München 1934, S. 512.
5 Überschrift von Lucy von Jacobis Ausführungen im „Neuen Weg", Nr. 20, Berlin 1927, S. 386.
6 So Bethges Ausführungen, zitiert nach Rühle, a.a.O., S. 52.
7 Die Information stammt aus dem Bühnenspielplan, Berlin 1932/1933, S. 100, 117, 129.
8 B.Z. am Mittag, Berlin vom 7. Juni 1933.
9 Lazar, Auguste: Arabesken, Berlin/DDR, S. 154.
10 Anonym: „Zeitungsnotizen", in: Das Theater, Berlin 13 (1932), H. 12, S. 200.
11 Castonier, a.a.O., S. 196.
12 Durieux, Tilla: Meine ersten neunzig Jahre, München, Berlin 1971, S. 333.
13 Die nachfolgenden Zitate aus „Amazonen", Berlin 1932, werden fortlaufend im Text nachgewiesen.
14 Hitler, Adolf: Mein Kampf, München 1927, Bd. 2, S. 37f.
15 Die Namen der Amazonen im Kernstück übernimmt Ilse Langner zum Teil von Kleist: Asteria, Meroe und Prothoe. Thermodessa, Hippolytha, Melanippe, Klonia, Bremusa, Derimache, Eurande deuten darauf hin, daß sie sich auch von Schwabs „Sagen des klassischen Altertums" inspirieren ließ.
16 Die ersten deutschen Akademikerinnen gingen zum Studium in die Schweiz, wo seit 1840 die Universitäten für Frauen offen waren. In Deutschland wurden Frauen seit den 90er Jahren als Gasthörerinnen zugelassen, die ordentliche Immatrikulation wurde etwa in Preußen bis 1908 abgelehnt. Dieses Jahr gilt auch für die übrigen Länder des Deutschen Reiches für die allgemeine Zulassung zum Studium.

17 Elly Beinhorn (1907 geb.) überflog 1931 als erste Pilotin Afrika. Sie mußte in der Sahara notlanden, erreichte nach einem 90-Kilometer-Marsch Timbuktu. Im gleichen Jahr flog sie mit ihrer Klemm-„Argus" (80 PS) nach Australien. 1936 heiratete sie den Rennfahrer Bernd Rosemeyer.

18 Vgl.: Stephan, Inge: „Da werden Weiber zu Hyänen ...", in: Feministische Literaturwissenschaft, hrsg. von Inge Stephan und Sigrid Weigel, Berlin 1984, S. 23-42. Inge Stephan belegt ihre Behauptung an der Literatur des 18. Jahrhunderts.

19 Maas, Max Peter: „Die dritte Penthesilea", in: Mein Thema und mein Echo, hrsg. von Ernst Johann, Darmstadt 1979, S. 127.

20 Der griechische Dichter Aktinos aus Milet erfand vermutlich das Amazonenmotiv. Seine Fassung ist jedoch nur erhalten durch die Nacherzählungen der Römer, etwa die von Properz.

21 Stephan, Inge, a.a.O., S. 27.

22 Olympe de Gouge, die 1791 ihre Erklärung der Rechte der Frau verfaßte, wurde 1793 durch die Guillotine hingerichtet.

23 Bornemann, Ernest: Das Patriarchat, Frankfurt/M. 1975, S. 367.

24 Langner, Ilse: Dido, Tragödie in drei Akten, Ms. 1938/41.

25 Didos schreckliches Ende hat Langner der „Aeneas" von Vergil entnommen. Bei Vergil bringt sich Dido jedoch aus enttäuschter Liebe um, weil Aeneas sie verläßt und nach Italien segelt.

26 Kleists Achill träumt davon, die Amazonenkönigin „durch die Straßen häuptlings" mit sich „zu schleifen". (S. 342) Penthesileas Wunsch steht dem des Griechen in nichts nach: „Ich will zu meiner Füße Staub ihn sehen". (S. 343) Die Zitate sind aus: Kleist, Heinrich von: Werke, Bd. 1, München/Wien 1982.

27 Fischer, Edmund: Die Frauenfrage, in: Sozialistische Monatshefte, 1905, 1. Bd., S. 258 – 266.

28 Braun, Lily: „Reform der Hauswirtschaft", in: Frauenarbeit und Beruf, hrsg. von Gisela Brinkler-Gabler, Frankfurt/M. 1979, S. 275.

29 Nerdinger, Winfried: Walter Gropius, Bauhaus-Archiv, Berlin 1985, S. 22/23.

30 Vgl. etwa die Arbeiten von E.T.A. Hoffman, Tieck, Novalis und Wackenroder.

31 So schreibt Karoline von Günderrode 1801 an ihre Freundin Gunda Brentano: „Warum ward ich kein Mann! Ich habe keinen Sinn für Weiberglückseligkeit." Ganz ähnlich liest sich eine Textstelle in einem Brief Schleiermachers von 1804: „Wenn ich je mit einem Wunsch spiele, so ist es mit dem, eine Frau zu sein". (Karoline von Günderrode: Der Schatten eines Traumes. Gedichte, Prosa, Briefe, Zeugnisse von Zeitgenossen, hrsg. von Christa Wolf, Darmstadt/Neuwied 1979, S. 140./ J. Jonas und W. Dilthey (Hrsg.): Aus Schleiermachers Leben. In Briefen, Berlin 1960, Bd. 1, S. 403.

32 Vgl. Günter de Bruyn: „Geschlechtertausch", in: Frauen in der DDR, hrsg. von Lutz-W. Wolff, München 1976, S. 198ff.

33 Weigel, Sigrid: Die Stimme der Medusa. Schreibweisen in der Gegenwartsliteratur von Frauen, Dülmen-Hiddingsel 1987, S. 311.

34 Maas, Max Peter, a.a.O., S. 135.

35 Kalkowska, Eleonore: Minus x Minus = Plus!, Berlin 1930. Die nachfolgenden Zitate werden im Text nachlaufend nachgewiesen.

36 An Kaisers Schauspiel „Himmel Hölle Erde" von 1919 wird besonders deutlich, zu welchen inhaltlich und ästhetisch bedenklichen Konsequenzen es führt, wenn der Autor vom Boden der geschilderten Tatsachen den Absprung in die Utopie schaffen will. Da Kaiser trotz Satire und Abstraktion eigentlich Realist bleibt, ist der Ausgang des Stückes nur noch phantastisch.

37 Gottsched, Johann: Critische Dichtkunst, Leipzig 1751, S. 640.

38 Im Gegensatz zur Narrenliteratur entwirft Eleonore Kalkowska einen positiven Helden. Besonders im Spätmittelalter wurde der Narr zu einer beliebten Figur in Schwänken und Fastnachtsspielen. Auch die damaligen Dichter strebten durch Polemik und Karikatur Belehrung und Besserung an.

39 Brecht, Bertolt: Versuche, H. 14, S. 116.

40 Für wieviele Songs aus dem Stück Musikbegleitung vorliegt, ist nicht bekannt. Die Abschrift des Amerika-Songs in der Akademie der Künste, Berlin, enthält die Bemerkung „vertont von Grete von Zieritz". Grete von Zieritz, 1899 geboren, war mit Eleonore Kalkowska befreundet. Nach Angabe der Komponistin vertonte sie auch die Texte von Kalkowskas Vogelliedern. Sie wollte jedoch ihren Namen mit dem ihrer Freundin nicht öffentlich verbunden sehen, da Zieritz sie für eine „Edelkommunistin" hielt. Vgl.: Vom Schweigen befreit. Internationales Komponistinnenfestival Kassel vom 20. – 22.2. 1987, hrsg. von der Bevollmächtigten der Hessischen Landesregierung, S. 38 – 40.

41 1928 wurde die Dreigroschenoper im Berliner Theater am Schiffbauerdamm uraufgeführt.

42 Der Lyriker Villon lebte im 15. Jahrhundert. Nie zuvor waren in der französischen Literatur Liebe und Haß, Tod und Vergänglichkeit so unmittelbar zum Ausdruck gekommen. Seine Balladen sind frech, zynisch und erschütternd.

43 Auch Brecht hatte sich in seinem Stück „Baal" auf seine Vorbilder bezogen. Die Werke des Dichters Baal werden in Beziehung gesetzt zu den Arbeiten Verlaines und Wedekinds. Vgl. Baal, Frankfurt/M., 11. Aufl. 1981, S. 13.

44 Uraufführung im Theater am Schiffbauerdamm. Die Gruppe Junger Schauspieler hatte das Stück einstudiert.

45 Mit „Panzerkreuzer Potemkin" gelang es dem russischen Regisseur Sergej M. Eisenstein (1898 – 1948), das Drama der russischen Revolution von 1905 so einzufangen, daß der Zuschauer den Bezug zur Oktoberrevolution herstellen mußte. Nachdem der Film in Deutschland unter dem Titel „Das Jahr 1905" am 21.1.1926 – Lenins Todestag – während einer Gedenkfeier im Schauspielhaus in Berlin zum ersten Mal gezeigt werden konnte, ließ ihn die Reichswehr zweimal hintereinander verbieten, ehe er endgültig freigegeben wurde. In dem Film machte Eisenstein die Masse zum historischen Helden.

46 Ein Beispiel für dieses Verfahren ist das Stück „Affäre Dreyfus" von Hans José Rehfisch und Wilhelm Herzog. Am Beispiel des Justizfalles, der sich im Frankreich des 19. Jahrhunderts ereignet hatte, klagen sie den Zustand der Justiz, die Kastenmoral

der Militärs und den zunehmenden Antisemitismus in der Weimarer Republik an. Ähnlich verhält es sich auch mit den Arbeiten von Berta Lask (Thomas Münzer), Alfons Paquet (Fahnen) und Friedrich Wolf (Der arme Konrad).

47 Der erste Entwurf des „Gesetzes zur Bewahrung der Jugend vor Schund- und Schmutzschriften" wurde dem Reichstag im Dezember 1926 vorgelegt. Ein gutes Jahr später wurde der Entwurf mit geringfügigen Änderungen verabschiedet. SPD und KPD hatten dem Gesetz nicht zugestimmt.

48 Die Befürchtungen entstanden unter anderem dadurch, daß der Gesetzesentwurf verdächtige Lücken aufwies. So erfolgte keine Definition, was „Schund" und „Schmutz" sei.

49 Vgl. die erste schwarze Liste, die am 16.5.1933 im Börsenblatt für den deutschen Buchhandel veröffentlicht wurde.

50 Ich nehme an, daß ein Tippfehler im Manuskript die Ursache für die Ungereimtheit an dieser Stelle ist. Schlachterei ergäbe mehr Sinn und würde auf das Völkermorden im ersten Weltkrieg anspielen.

51 „König: Was?! Die Folter nicht zeitgemäß, … In der Neu-Blüte der Fememorde?! …" (S. 13)

52 Vgl. Shulamith, Shalar: Die Frau im Mittelalter, Hamburg 1982; Banditer, Elisabeth: Die Mutterliebe, München 1984.

53 Die engen Beschränkungen der traditionellen Frauenrolle werden in fast allen neueren Veröffentlichungen angeklagt. Im Gegensatz zur Königin bei Kalkowska proben die Heldinnen der Romane allerdings den Ausbruch, der ihnen – vor allem in den Autobiographien – gelingt. Die Autorinnen heute neigen eher zu naiven Heroisierungen und schnellen Utopien. Kalkowskas Königin dagegen nimmt die Widersprüche in der neuen Ordnung gar nicht erst wahr.

54 In der Gegenwartsliteratur finden sich allerdings fast keine positiv gemeinten Entwürfe von Männlichkeit. Die Suche nach der Utopie vom neuen Mann „fördert in erster Linie Defizite zutage, Defizite realer Männlichkeit ebenso wie Defizite weiblicher Phantasie". Vgl. Venske, Regula: Mannsbilder – Männerbilder, Hildesheim/Zürich/New York 1988, S. 300.

55 Vgl. Lautenschlag, Marockh: Araquin, Frankfurt/M. 1981.

56 Weigel, Sigrid: „Mit Siebenmeilenstiefeln zur weiblichen All-Macht oder die kleinen Schritte aus der männlichen Ordnung. Eine Kritik literarischer Utopien von Frauen", in: Feministische Studien 1, 1985, S. 147.

III. Nach 1933: Zeitstück-Autorinnen ohne Bühne

1 Gmeyner, Anna: Café du Dôme, London 1941, S. 300.

2 Rubinstein, Hilde, zitiert nach Mehlmann, Anneliese: Künstler und Mensch: Hilde Rubinstein, Stockholm 1970, S. 7.

3 Csokor, Franz Theodor: Zeuge einer Zeit. Briefe aus dem Exil 1933 – 1950, Wien/München 1964, S. 37/38.

4 Viertel, Salka: Das unbelehrbare Herz, Hamburg/Düsseldorf, 1970, S. 376.

5 Vgl. Kreis, Gabriele: Frauen im Exil. Dichtung und Wirklichkeit, Düsseldorf 1984.

6 Dauber, Doris: Eine Nacht – ein Leben, Buenos Aires 1945, S. 190.

7 Bartos, Kryztof: „Eleonore Kalkowska: Josef und Zeitungsnotizen. Ein Beitrag zur Geschichte des Zeittheaters in der Weimarer Republik", in: Theatrum Europaeum – Festschrift für Elida Maria Szarota, hrsg. von Richard Brinkmann u.a., München 1982, S. 592.

8 Brief von Christa Winsloe an Dorothy Thompson von 1941. Er befindet sich im Dorothy-Thompson-Nachlaß in Syracuse/USA.

9 Franke, Ingeborg: „Manja", in: Das Wort, Heft 12, Moskau, Dezember 1938, S. 136.

10 Vgl. Kreis, Gabriele, a.a.O., S. 143.

11 Zahlenangaben nach Curt Trepte: „Deutsches Theater im Exil der Welt. Ein Übersichtsbericht über die Tätigkeit deutscher Theaterkünstler in der Emigration von 1933 – 1946", in: Protokoll des II. Internationalen Symposiums zur Erforschung des deutschsprachigen Exils nach 1933 in Kopenhagen 1972, hrsg. vom Deutschen Institut der Universität Stockholm, Stockholm 1972, S. 522. Bereits Trepte schätzt die Zahl der tatsächlich im Exil entstandenen Werke höher ein, als die Angaben, die ihm 1972 über die dramatische Produktion zur Verfügung standen.

12 So gelangten weder „Herr Puntila und sein Knecht Matti" (1940), „Der aufhaltsame Aufstieg des Arturo Ui" (1941), „Die Gesichte der Simone Marchard" (1941), „Schwejk im zweiten Weltkrieg" (1943) und „Der kaukasische Kreidekreis" (1944/45) im Exil zur Aufführung. Doch Brecht hatte auch Erfolge vorzuweisen. Sein Agitationsstück „Die Gewehre der Frau Carrar" (1937) wurde neben der Szenenfolge „Furcht und Elend des Dritten Reiches" (1938) eines der meistgespielten Dramen der Emigration. Beide Arbeiten waren zeitpolitisches engagiertes Theater und wurden in der Regel von Exilbühnen inszeniert. Brecht hatte in beiden Arbeiten dem Umstand Rechnung getragen, daß die Ensembles der Emigration mit eingeschränkten Mitteln arbeiten mußten.

13 Weiskopf, Franz Carl: Unter fremden Himmeln. Ein Abriß der deutschen Literatur im Exil, Berlin 1948, S. 27.

14 Ebd.

15 Hilde Rubinstein im Gespräch mit Hajo Steinert. Ders. „Meine Heimat ist meine Sprache. Portrait der Schriftstellerin Hilde Rubinstein", Feature des Deutschlandfunks Köln vom 18. Juli 1988.

16 Lustspielautorinnen überwanden eher diese Schwierigkeiten. Gina Kaus' Komödie „Gefängnis ohne Gitter", die nur das Thema Heimerziehung, nicht aber den Ton von den Zeitstücken übernahm, wurde am 28.11.1936 im Zürcher Schauspielhaus inszeniert; Vicki Baums „Summer Night" kam am 2.11.1939 in New York auf die Bühne. Vgl. Mittenzwei, Werner: Das Zürcher Schauspielhaus 1933 – 1945, Berlin (DDR) 1979, S. 67 und Huder, Walter (Hrsg.): Theater im Exil 1933 – 1945, Berlin 1973, S. 153.

17 Mennemeier, Franz Norbert/Trapp, Frithjof: Deutsche Exildramatik 1933 – 1950, München 1980, S. 25.

18 Vor 1933 machte das Zürcher Schauspielhaus provinzielles Theater, doch nach der Machtübernahme hob sich das Niveau durch bedeutende deutsche Regisseure und Schauspieler. Es entstand ein antifaschistisches Ensemble von seltener Geschlossenheit. An diesem Theater wurde eine Reihe von Dramen uraufgeführt, die im Exil entstanden waren. Inszeniert wurden unter anderem die Brecht-Stücke „Mutter Courage und ihre Kinder", „Das Leben des Galilei" und „Der gute Mensch von Sezuan", Else Lasker-Schülers schon vor 1933 entstandenes Drama „Arthur Aronymus und seine Väter", Georg Kaisers Arbeiten „Soldat Tanaka" und „Floß der Medusa", Carl Zuckmayers Werke „Bellmann" und „Des Teufels General" und Ferdinand Bruckners „Denn seine Zeit ist kurz". Vgl. Mittenzwei, a.a.O.

19 Die Nationalsozialisten protestierten vor allem gegen die Inszenierung von Bruckners „Rassen" und Friedrich Wolfs „Professor Mamlock", die in der Spielzeit 1933/34 für Aufregung sorgten.

20 wit: „„Im Trüben fischen"", in: Neue Zürcher Zeitung, 154. Jg., Zürich 13. September 1933.

21 Neben Therese Giehse spielten in der Aufführung Erwin Kaiser, Josef Zechell, Hermann Wlach und Leni Marenbach. Das Bühnenbild entwarf Hermann Sieg. Der künstlerische Nachlaß von Leopold Lindtberg befindet sich in der Westberliner Akademie der Künste.

22 wti: „Mädchen in Uniform", in: Neue Zürcher Zeitung, Zürich 29. November 1935 (Abendausgabe).

23 Die Premiere war am 16.6.1932 in München. Regie führte Wolfgang Liebeneiner.

24 Neue Zürcher Zeitung, a.a.O. In weiteren Rollen zu sehen waren Ellen Schwanneke (Manuela), Sybille Binder (Fräulein von Bernburg), Grete Heger, Marta Hartmann, Lotte Lieven und Walpurga Gmür.

25 Am 20. April 1940 eröffnete die Freie Deutsche Bühne mit dem Unterhaltungsstück „Jean" von Bus-Fekete ihr Programm. Zehn Spielzeiten lang – von 1940 bis 1949 – leitete Paul Walter Jacob dieses Exiltheater, das mit vielen Schwierigkeiten zu kämpfen hatte, die sich zum Teil schon aus seiner Lage ergaben. So waren geeignete deutschsprachige Theatertexte in Buenos Aires schwer zu bekommen, und der Besucherstamm war relativ klein. Jacob führte auch häufig Regie, so unter anderem bei „Mädchen in Uniform". Vgl.: Naumann, Uwe (Hrsg.): Ein Theatermann im Exil: P. Walter Jacob, Hamburg 1985, S. 136. Neben Ellen Schwanneke in der Hauptrolle spielten Hedwig Schlichter (Oberin), Hansi Schottenfels (Fräulein von Bernburg), Lilli Roneg (Fräulein von Kesten), Susi Mayer (Mademoiselle Oeuillet), Edith Obersky (Ilse von Westhagen), Hanna Danzsky (Edelgard), Lilly Wichert (Christa von Rasso), Inge Ralph (Großherzogin), Gertrud Guarin (Gräfin Kennitz), Gerti Hellmer (Manuelas Tante), Maria Hollmann (Hanni), Evelyn Baer (Elise) und Esther Lispky (Johanna). Das Bühnenbild schuf Jacques Arndt. (Aus: Freie Presse, Buenos Aires, 15.8.1946)

26 Huder, a.a.O., S. 37.

27 Ebd., S. 181.

28 Programmheft des Westminster Repertory Theatre. Als Darstellerinnen wirkten un-

294

ter anderem mit: Nan Muro (Oberin), Brenda Harvey (Exzellenz von Ehrenhardt), Norah Caulfield (Manuela), Joyce Bland (Fräulein von Bernburg) und Ethel Ramsay (Fräulein von Kesten).

29 Programmheft der Embassy School of Acting. Bei dieser Aufführung wirkten mit: Eileen Delamere (Oberin), Cicely Eve (Exzellenz von Ehrenhardt), Jean Ridley (Manuela), Elizabeth Western (Fräulein von Bernburg) und Madeline Durrant (Fräulein von Kesten).

30 Das Zitat stammt aus dem Programmheft für die Aufführung, das sich im Kalkowska-Bestand der Akademie der Künste Berlin (Ost) befindet. Unter der Regie von Robert Atkins spielten Gyles Isham (Maitre Pierre Lefort), Peter Glenville (Raymond), Eadie Palfrey (Gaston Lafitte), Lucille Lisle (Silvie Moineau), Sylvia Coleridge (Germaine Rivière), Alan Goford (Raoul Radou), Kathleen Boutall (Marie), Stephan Joseph (Jean, Diener bei Lefort), Alain Broadhurst (Arzt) und Arthur Wilkinson (Polizeikommissar).

31 Ebd., S. 9. Ob die geplante Aufführung stattfand, konnte ich nicht ermitteln.

32 Vgl. Nielsen, Birgit S.: „Maria Lazar. Eine Exilschriftstellerin aus Wien", in Text & Kontext. Zeitschrift für germanistische Literaturforschung in Skandinavien, Kopenhagen/München 1983, S. 155.

33 Vgl. Kela Kvan: „Deutsches Exiltheater", in: Deutschsprachiges Exil in Dänemark nach 1933, hrsg. von Ruth Dinesen u.a., Kopenhagen/München 1986, S. 195.

34 Vgl. die biographischen Kapitel, die sich mit den Arbeiten der Autorinnen näher beschäftigen.

35 Mann, Klaus: Der Wendepunkt, München 1981, S. 335.

36 Trepte, a.a.O., S. 521.

37 Maderno, Alfred: „Wieder ein Theaterskandal", in: Berliner Lokalanzeiger, 15.4.1929.

38 Gespräch mit Elida Maria Szarota am 22.2.1986 in Wolfenbüttel.

39 Sierotwinski, Stanislaw: „Eleonore Kalkowska (1883 – 1937)", in: Przeglad Humanistyczny, Warschau 1966, Nr. 2, S. 157.

40 Die Arbeit gilt als verschollen.

41 Brief an Val Gielgud vom 2.10.1934 (BBC/London).

42 Programmheft der Aufführung „To be or not to be" vom 19. März 1939, S. 3.

43 Brief der BBC/London vom 8.6.1988 an die Verfasserin.

44 Gespräch mit Elida Maria Szarota, a.a.O.

45 G.J.: „Die Kämpferin Eleonore Kalkowska", in: Pariser Tageszeitung II, Nr. 426, 1937, S. 3.

46 Ebd.

47 Kalkowska, Eleonore: Sein oder Nichtsein, Schauspiel in 5 Akten und einem Vorspiel, Berlin 1931. Die nachfolgenden Zitate aus dem Stück werden fortlaufend im Text nachgewiesen.

48 Wolf, Friedrich: Professor Mamlock, Leipzig 1985.

49 Bruckner, Friedrich: Die Rassen, in: Rühle, Günther (Hrsg): Zeit und Theater, Bd. 6: Diktatur und Exil, Frankfurt/M., Berlin, Wien 1980, S. 501ff.

50 Wolf schrieb den „Mamlock" eigentlich für Gustav Wangenheims Truppe 1931. Doch da das Ensemble sich auflöste, verzögerte sich die Uraufführung. Sie fand erst im Februar 1934 in Warschau unter dem Titel „Der gelbe Fleck" statt. Alexander Granach spielte die Hauptrolle. Es folgten unter anderem Inszenierungen in Tel Aviv, Zürich und Moskau.

51 Seghers, Anna: Das siebte Kreuz, Darmstadt/Neuwied 1975, S. 61. Die Textstelle zeigt, daß Anna Seghers die Jugendlichen besonders anfällig für die nationalsozialistische Ideologie hält: „Überhaupt hätten die jüngeren Leute im Dorf, Burschen und Mädchen ihren Eltern genau erklären können, warum das Lager da sei und für wen, junge Leute, die immer alles besser wissen wollen – nur daß die Jugend in früheren Zeiten das Gute besser wissen wollte, jetzt aber wußten sie das Böse besser." Im Gegensatz zu Eleonore Kalkowska führt Seghers allerdings auch vor, daß diese Entwicklung veränderbar ist. An der Figur des Landwirtschaftsschülers Fritz Hellwig demonstriert die Autorin die Chance einer Neuorientierung.

52 Horváth, Ödön von: Kind dieser Zeit, Frankfurt/M. 1985. Horváth nimmt stärker als Anna Seghers den Konflikt zwischen Vater und Sohn auf. So läßt er seinen Helden formulieren: „Die Generation unserer Väter hat blöden Idealen von Völkerrecht und ewigem Frieden nachgehangen und hat es nicht begriffen, daß sogar in der niederen Tierwelt einer den anderen frißt. Es gibt kein Recht ohne Gewalt. Man soll nicht denken, sondern handeln. Der Krieg ist der Vater aller Dinge. Ich habe mit meinem Vater nichts mehr zu tun." (S. 19) Im Verlauf der Handlung kehrt sich der Gegensatz zwischen Vater und Sohn allerdings um. Der Jüngere gewinnt Abstand zur Nazi-Ideologie, der Ältere dagegen erweist sich als anfällig für die vaterländischen Parolen.

53 Hasenclever, Walter: Der Sohn, Drama in fünf Akten, München 1917, S. 96.

54 Vgl. Reiner Johannes Sorge: Der Bettler (1912), Walter Hasenclever: Der Sohn (1914) und Arnolt Bronnen: Vatermord (1920).

55 Heilborn, Ernst: „Kleist-Preis 1930", in: Die Literatur, H. 3, Dezember 1930, S. 121/122.

56 Vgl. Bruckner, Ferdinand: Die heroische Komödie, in: Historische Dramen, Berlin/ Weimar 1948; Hay, Julius: Kamerad Mimi, Berlin/DDR 1950; Horváth, Ödön von: Dorf ohne Männer, in: Gesammelte Werke, Bd. 10, Frankfurt/M. 1988; Wolf, Friedrich: Das trojanische Pferd, in: Gesammelte Werke, Bd. 4, Berlin/DDR 1960.

57 Albrecht, Günther u.a. (Hrsg.): Lexikon deutschsprachiger Schriftsteller von den Anfängen bis zur Gegenwart, 2. überarbeitete Auflage, Bd. 1, Leipzig 1972, S. 440.

58 Hajo Steinert: „Meine Heimat ist meine Sprache. Portrait der Schriftstellerin Hilde Rubinstein", Feature des Deutschlandfunks Köln vom 18. Juli 1988.

59 Rubinstein, Hilde: „Gefangenschaft. Notizen aus dem Gefängnis unter Stalin und Hitler", in: Tribüne 9, Zeitschrift zum Verständnis des Judentums, hrsg. von Elisabeth Reisch, 1970, H. 36, S. 3918.

60 Ebd.

61 Ebd., S. 3924.

62 Äußerung Hilde Rubinsteins, zitiert nach Klaus Selbig, Nachwort; in: Hilde Rubinstein, Tiefgefrorenes Reh. Stücke, Lyrik, Prosa. Berlin (DDR) 1987, S. 221.

63 Gefangenschaft, a.a.O., S. 3929.

64 Äußerung Hilde Rubinsteins, zitiert nach: Steinert, a.a.O.

65 Gefangenschaft, a.a.O., S. 3928.

66 Ebd., S. 3929.

67 Ebd., S. 3933.

68 Ebd., S. 3932.

69 Bei der Berliner Uraufführung im Theater am Schiffbauerdamm sollte Carola Neher eigentlich die Rolle der Polly spielen. Doch bei den Proben war sie mit der Rolle unzufrieden, so daß die weibliche Hauptrolle umbesetzt werden mußte. Für Carola Neher sprang Roma Bahn ein. In der Verfilmung des Stoffes übernahm Neher dann den Part der Polly. In sowjetische Gefangenschaft geriet sie, so Hilde Rubinstein, „weil sie – obwohl nicht Parteimitglied – einer Aufforderung, Parteibeiträge zu zahlen, nachkam. Daraus machte man die Anschuldigung, sie habe sich ‚hinterlistig in die Partei einschleichen wollen'. Auch hatte sie irgend einen Brief übermittelt – leichtsinnig fand sie, aber dafür zehn Jahre hinter Sargdeckeln ...!?" (Rubinstein, Gefangenschaft, a.a.O., S. 3934). Carola Neher war zusammen mit ihrem Mann, dem deutsch-rumänischen Ingenieur Anatol Becker verhaftet worden. Beide wurden zu zehn Jahren Arbeitslager verurteilt. Die Strafe wurde damit begründet, daß das Ehepaar Kontakt zu Erich Wollenberg hatte, der, wie Rubinstein als trotzkistischer Kurier gebrandmarkt wurde. Anatol Becker wurde 1937 im Lager erschossen. Carola kam in ein Arbeitslager in der Steppe des nördlichen Kasachstan, halb verhungert erlitt sie dort einen Typhusanfall. Nach dem Abschluß des Hitler-Stalin-Paktes sollte sie auch nach Deutschland ausgeliefert werden, doch sie wurde in ein sowjetisches Lager zurückgebracht. Die Gründe für dieses Verhalten sind unklar. Am 26. Juni starb Carola Neher an Typhus im Lager Sol-Iletzk im Gebiet von Orenburg. Laut der Akten des Lagers starb sie an unbekannter Todesursache. Dieser Eintrag, der häufig dazu benutzt wurde, die Todesursache zu verschleiern, hat in einigen Quellen zu der These geführt, daß die Schauspielerin durch einen Genickschuß getötet worden sei. Carola Nehers Sohn, der im Alter von einem Jahr von seiner Mutter getrennt wurde, konnte 1975 in die Bundesrepublik ausreisen. (Vgl. Leggewie, Claus: „Auch ein deutsches Schicksal: Vom Gulag ins KZ", in: Frankfurter Rundschau 9.9.1989.)

70 Rubinstein, Gefangenschaft, a.a.O., S. 3936.

71 Ebd.

72 Ebd., S. 3937.

73 Ebd.

74 Ebd.

75 Die schwedische Regierung änderte ihre Haltung gegenüber den rassisch Verfolgten des Dritten Reiches erst im Herbst 1941. Die Wende in der Flüchtlingspolitik kam allerdings zu spät, denn zu diesem Zeitpunkt hatte die deutsche Regierung ein Ausreiseverbot für Juden erlassen.

76 Vgl. Müssener, Helmut: „„Meine Heimstatt fand ich hoch im Norden' – ‚Schweden ist gut – für die Schweden'. Aspekte geglückter und mißglückter Integration in Schweden nach 1933", in: Frühwald, Wolfgang/Schnieder, Wolfgang (Hrsg.): Leben im Exil. Probleme der Integration deutscher Flüchtlinge im Ausland. Hamburg 1981, S. 49.

77 Mehlmann, Anneliese: Künstler und Mensch: Hilde Rubinstein. Stockholm 1970, S. 13.

78 Vgl. ebd., S. 12.

79 Vgl. Müssener, Helmut: Exil in Schweden. Politische und kulturelle Emigration nach 1933. München 1974, S. 296.

80 Rubinstein, Hilde: Der große Coup, oft umgearbeitete Komödie.

81 Schon die Geschichtsstücke Berta Lasks und Friedrich Wolfs während der Weimarer Republik besaßen einen hohen politischen Aussagewert. Ähnlich verhält es sich mit dem Drama „Die Affäre Dreyfus" von Rehfisch und Herzog, das einen Justizskandal im Frankreich des 19. Jahrhunderts nachzeichnet. Die Autoren klagten damit die Justiz der Weimarer Republik an.

82 Döblin, Alfred: „Der historische Roman und wir", in: Das Wort, Moskau 1936, wieder abgedruckt in: Loewy, Ernst (Hrsg.): Exil, Bd. 3, Frankfurt/M. 1982, S. 880.

83 Hans, Jan: „Historische Skizze zum Exilroman", in: Brauneck, Manfred: Der deutsche Roman im 20. Jahrhundert, Bd. 1, Bamberg 1976, S. 250/251.

84 Lukács, Georg, zitiert nach Jan Hans: „Literatur im Exil", in: Sozialgeschichte der deutschen Literatur von 1918 bis zur Gegenwart, hrsg. von Jan Berg u.a., Frankfurt/M., 1981, S. 451.

85 Auf die deutschen Bauernkriege griff Wolf schon 1923 im „Armen Konrad" zurück. Berta Lasks Stück „Thomas Münzer – Dramatisches Gemälde des Deutschen Bauernkrieges von 1525" wurde 1925 in Eisleben uraufgeführt.

86 Rubinstein, Hilde: Die Wandlung des Doctor Martinus, Schauspiel in fünf Akten (Ms., unveröffentlicht) 1943, S. 47.

87 Ebd., S. 85.

88 Ebd., S. 86.

89 Die Wandlung Luthers beschäftigte Hilde Rubinstein immer wieder. Auch in ihrem Aufsatz „Blutaltar um die Ecke" kommt sie 1974 auf Luthers Einverständnis mit der Gewalt der Fürsten zurück. Sie zitiert einen Brief Luthers, in dem er schreibt: „Die Bauern wollen auch nicht hören; da muß man ihnen die Ohren aufkneuffeln mit Büchsensteinen, daß die Köpfe in die Luft springen …" (Rubinstein, vgl. Anm. 34, S. 213).

90 Rubinstein, Hilde: Der Mann aus Leiden, Trauerspiel in fünf Akten, in: dies.: Tiefgefrorenes Reh. Stücke, Lyrik, Prosa, Berlin (DDR) 1987, S. 7 – 74.

91 Ebd., S. 74.

92 Ebd., S. 11

93 Die Wiedertäufer in Münster strebten danach, ihren Vorbildern im Alten Testament nachzueifern. Sie predigten, daß die Frauen den Männern untertan und gehorsam

sein sollten. Diese Idee, die so neu wirklich nicht war, bereitete den Gedanken der Vielweiberei vor. Am 23. Juli 1534 verkündete Rothmann, der auch in Rubinsteins Stück als Prediger auftritt, die Einführung der Vielweiberei. Das Vorhaben stieß auf Widerstand in der Stadt und führte zur ersten inneren Krise. Doch letztlich setzten sich die Anhänger durch, da sie ihre Gegner mit brutaler Gewalt verfolgten. Die unverheirateten Frauen waren nach den nun geltenden Gesetzen verpflichtet, eine Ehe einzugehen und zwar möglichst schnell. Gerhard Brendler kommt zu den Schluß: „Es besteht also Ehezwang bei freier Gattenwahl". (Vgl. ders.: Das Täuferreich zu Münster 1534/35, Berlin 1966, S. 133.)

94 Von dem Drama existieren verschiedene Fassungen.

95 Hungerstreik, 5 Szenen 1945 (Ms., unveröffentlicht); Kannst du lachen, Johanna? Nachspiel zu Hungerstreik 1949 (Ms., unveröffentlicht). Die nachfolgenden Zitate aus den Stücken werden fortlaufend im Text nachgewiesen.

96 Mehlmann, a.a.O., S. 28.

97 Brief von Hilde Rubinstein an die Verfasserin vom 18.2.1989.

98 Weigel, Sigrid: „Und selbst im Kerker frei …!" Schreiben im Gefängnis. Zur Theorie und Gattungsgeschichte der Gefängnisliteratur (1750 – 1933), Marburg/Lahn 1982, S. 18.

99 Vgl. den Einakter von Maria Lazar „Der Henker".

100 Peter Martin Lampels „Revolte im Erziehungshaus" wurde von der „Gruppe Junger Schauspieler" im Berliner Thalia-Theater am 2.12.1928 uraufgeführt. Regie führte Hans Deppe.

101 Uraufführung in Berlin im Theater am Bülowplatz (19.1.1930). Der Regisseur war Günther Stark.

102 Gefangenschaft, a.a.O., S. 3918.

103 Ebd.

104 Vgl. Heinrich, Brigitte: „Knasttagebuch", in: Jahrbuch Politik 7, hrsg. von Wolfgang Dreßen, Berlin 1976, S. 101.

105 Vgl. etwa auch die Lyrik, die Ernst Toller im Gefängnis schrieb. Mond, Wolken, Wälder, Bäume, Blumen und Vögel fungieren auch für ihn als eine Art sinnlicher Ersatz.

106 Abschrift eines Gutachtens des Kritikers Gösta M. Bergmann, das Hilde Rubinstein vom Königlichen Dramatischen Theater in Stockholm zugeschickt wurde.

107 Undatierter Brief an Dorothy Thompson. Auf der ersten Seite ist in einer anderen Handschrift die Jahreszahl 1933 vermerkt. Es kann sein, daß diese Ergänzung von Dorothy Thompson stammt, denn sie hatte ihre Papiere durchgesehen und sortiert, um ihre Biographie zu schreiben. Die Briefe Winsloes befinden sich im Dorothy-Thompson-Nachlaß der George Arents Research Library der Universität von Syracuse/USA. Dort hatte Dorothy Thompson studiert.

108 Undatierter Brief an Klaus Mann. Christa Winsloe erwähnt in ihrem Schreiben, daß sie Manns „Mephisto" brillant gefunden habe. Manns Exilroman erschien 1936. Der Brief befindet sich in der Handschriften-Sammlung der Stadtbibliothek München.

109 „Girls in Uniform" erschien 1933 bei Chapmann & Hall. Winsloe berichtet in einem ihrer Briefe an D. Thompson, daß „das Buch (...) am 25ten September herauskommen" sollte. (Brief aus dem Hotel „The Princess Pat" mit dem Vermerk August 1933). Auch die Verfilmung des Stoffes beschäftigte sie weiterhin. Anscheinend versuchte sie, noch zusätzliches Geld für die englische Fassung zu bekommen. Der Text ist nicht eindeutig formuliert, ihr Englisch ist zumindest mißverständlich: „I got a little depressed by the visit of the Geschäftsleute – but I think the Filmpeople really had no right to put English words an (?) the Film and there might be a chance of my getting same money out of this after all ...". (Undatierter Brief aus New York)

110 Undatierter Brief. Es ist das letzte Schreiben Christa Winsloes aus Virginia. Sie berichtet darin, daß sie am nächsten Tag nach New York aufbrechen werde, um über Verträge zu verhandeln. Ob es sich dabei um ihren Roman „Girls in Uniform" handelt oder um ein Stück, geht aus dem Brief nicht klar hervor.

111 Undatierter Brief aus New York. „Girls in Uniform" ist bereits erschienen, denn Winsloe berichtet von einer Kritik des Romans, die in der Saturday Review abgedruckt war.

112 Undatierter Brief aus New York. Er ist auf dem gleichen Briefpapier geschrieben wie die anderen Briefe aus New York. Der Aufdruck „The Cosmopolitan Club, 122 East Street, New York City" ist auch auf diesen Seiten zu lesen.

113 Undatierter Brief aus New York, etwas später geschrieben als der vorige, denn Winsloe hat nun das Drehbuch ausgelesen und kommt zu einem endgültigen Urteil.

114 Undatierter Brief kurz vor ihrer Überfahrt. Nach Amerika eingeschifft hatten sich Dorothy Thompson und Christa Winsloe am 29. März 1933. Das Datum geht aus einem Brief hervor, den Winsloe ein Jahr später an die amerikanische Journalistin schickt: „Budapest the 29th of march which seems to be the date of our sailing to New York".

115 Undatierter Brief von der Überfahrt, einige Stunden vor der Ankunft in Gibraltar verfaßt.

116 Winsloe, Christa: Passeggiera, Amsterdam 1938. Unter der Überschrift „Das tut man nicht" erschien ein Auszug des Romans bereits 1937 in der „Pariser Tageszeitung". (II, Nr. 510)

117 Ebd., S. 14.

118 Vgl. Wolff, Kurt: Briefwechsel eines Verlegers 1911 – 1933, Frankfurt/M. 1980, S. XLIX.

119 Undatierter Brief von der Riviera. Im März 1934 brachte Helen Wolff ihren Sohn Christian in Nizza zur Welt. Auch die Tage der Wolffs an der französischen Küste waren gezählt. Sie zogen ein Jahr später nach Italien, wo sie sich bis 1938 in der Nähe von Florenz niederließen. Hasenclever wohnte auch dort bei ihnen. Christa Winsloe wird die Wolffs wohl an ihrem neuen Zufluchtsort besucht haben, denn auch sie hielt sich einige Zeit in Florenz auf. Dort beendete sie ihr pazifistisches Schauspiel. (Vgl. Anm. 25)

120 Aus Christa Winsloes Brief geht nicht hervor, um was für eine Arbeit es sich handelt. Sie erwähnt lediglich den Titel: „Soeben am Sonntagmorgen kam Dein Kabel mit der schönen Nachricht, daß Babu verkauft werden soll. Ich ahne nicht was das Red Book ist, und was es nur ungefähr zahlen könnte. (…) Das Du Arbeit haben sollst an Babu tut mir natürlich leid. Du armes Tier … das wird Dir keinen Spaß machen … und ich bin doch so froh drüber, und werde alles herrlich finden was Du tust.“

121 Brief aus Nizza mit dem handschriftlichen Vermerk 5.2.1934.

122 Undatierter Brief aus München.

123 Ebd.

124 Brief aus München mit dem handschriftlichen Vermerk 27.4.1934.

125 So wurde in der „Deutschen Kultur-Wacht“, den Blättern des Kampfbundes für Deutsche Kultur, gegen jüdische Verlagsdirektoren und Journalisten bei Ullstein gehetzt: „(…) Monty Jacobs, der Feuilletonredakteur der Vossischen Zeitung, der ein Anbeter der Novemberliteratur ist, die sein Haus erzeugte, und alle anderen Juden, sie sich einen ‚Namen‘ als Vertreter des politisch und kulturell erniedrigten Deutschlands gemacht haben, sind in ihrer Bonzenexistenz geblieben.“ (Heft 12, 133, S. 14) Der Schmähartikel hatte Konsequenzen. Monty Jacobs, einer der prominentesten Kritiker, erhielt Schreibverbot. Nach Christa Winsloes Darstellung arbeitete er im März 1934 noch für die „Vossische Zeitung“. Am 15.4.1934 berichtet sie, daß er ihr die Katzenbalggeschichte aus den Händen riß.
Erst 1938 emigrierte Jacobs (* 5.1.1875 in Stettin) nach England. In London begleitete er die Theaterarbeit des Freien Deutschen Kulturbundes mit konstruktiver Kritik. Jacobs starb am 29.12.1945 in London.

126 Winsloe, Christa: Das Mädchen Manuela, Amsterdam 1933.

127 Undatierter Brief Winsloes aus Berlin (etwa im März geschrieben).

128 Winsloe, Christa: Das Raubmörderherz. Typoskript o.J.. Das Original befindet sich in der Handschriften-Sammlung der Stadtbibliothek München.

129 Brief aus Berlin von Christa Winsloe handschriftlich mit dem Zusatz versehen: „15.III.34 (vor einem Jahr reisten wir nach Portofino).

130 Undatierter Brief aus Budapest.

131 Auf dem Manuskript gibt die Autorin als Adresse an: Via di San Leonardo 37, Firenze.

132 Undatierter Brief aus Berlin.

133 Brief aus München mit dem handschriftlichen Vermerk 27. April 1934.

134 Brief aus Nizza mit dem handschriftlichen Vermerk 5. Februar 1934.

135 Brief vom 15.3.1934.

136 Undatierter Brief aus Salzburg.

137 Winsloe, Christa: Ezio Pinza = Don Giovanni: keine Kritik, Salzburg 1934. Ein Durchschlag des Essays befindet sich in der Universität von Syracuse.

138 Undatierter Brief, den Christa Winsloe im Zug nach Hollywood schrieb.

139 Undatierter Brief aus Hollywood. Sie hat ihn wohl im Winter 1934 verfaßt, denn sie bemerkt, daß die Hitze zu „so unnatürlicher Zeit“ erschlaffend sei.

140 Die Einwanderer, die bis 1938 ankamen, machten nur etwa 15 Prozent der Ge-
samtzahl der deutschsprachigen Filmleute aus, die in Hollywood Zuflucht such-
ten. Die erste große Emigrationswelle traf nach dem Einmarsch der deutschen
Truppen in Österreich in Amerika ein. Seit Anfang des Krieges war ihre Zahl stark
angewachsen. Die Angaben schwanken zwischen 6.000 und 25.000 Flüchtlingen,
die sich in Los Angeles niedergelassen hatten.

141 Bereits 1920 erzielte Ernst Lubitsch mit seinem Kostümfilm „Madame Dubarry"
(1919) in den USA einen beachtlichen finanziellen Gewinn. Die Beliebtheit des
Films brachte den Regisseur und seinen Star, Pola Negri, nach Hollywood. Auch
die Filme von Dimitri Buschowetzki und Paul Wegener wurden zu Kassenschla-
gern in Amerika.

142 Undatierter Brief Christa Winsloes aus Hollywood.

143 Undatierter Brief Christa Winsloes aus Hollywood.

144 „Träume am Tag" in der Übersetzung „Day-dreams" scheint so ein Drehbuch zu
sein. Winsloe läßt sich nie näher über den Inhalt aus, sondern erwähnt nur, daß
Kurt Wolff von dem Text begeistert war.

145 Undatierter Brief aus Hollywood.

146 Undatierter Brief aus Hollywood. Christa Winsloe erwähnt in dem Schreiben zum
ersten Mal, daß sie sich ein Haus mieten möchte.

147 Undatierter Brief aus Hollywood. Ob es sich bei der „Diana" vielleicht um eine
amerikanisierte Manuela handelt, konnte ich nicht klären.

148 Als Sachverständige wurden die deutschen Emigranten vor allem bei der Produktion der Anti-Nazi-Filme eingesetzt, die erst ab 1942 ein Thema für Hollywood
wurden. Horak schätzt in seiner Veröffentlichung „Fluchtpunkt Hollywood", daß
in etwa sechzig Fällen emigrierte Produzenten, Regisseure oder Drehbuchautoren
an dem Zustandekommen dieser Filme mitwirkten. (S. 27)

149 Als Franz Lederer 1932 (* 6.11.1899) in die USA kam, paßte er seinen Vornamen
der neuen Umgebung an. Bis 1952 spielte er in einer Reihe von Kinofilmen mit,
danach drehte er hauptsächlich fürs Fernsehen.

150 Undatierter Brief aus Hollywood.

151 Undatierter Brief aus Hollywood.

152 Undatierter Brief aus Hollywood.

153 Später geschriebener Zusatz eines Briefes, den sie zum überwiegenden Teil bereits
auf der Zugfahrt verfaßt hat. David O. Selznick (1902 – 1965) wurde 1931 Pro-
duktionsleiter bei R.K.O., seit 1933 arbeitete er bei Metro-Goldwyn-Mayer. 1936
gründete er eine unabhängige Produktionsgesellschaft. Zu der Zeit, zu der Winsloe mit ihm zu tun hatte, war er also bei MGM.

154 Undatierter Brief aus Hollywood.

155 Brief vom 23.1.1935 aus Hollywood.

156 Hertha von Gebhardt (*2.2.1896 in Leipzig) interessierte sich für Frauenfragen.
Sie war die Präsidentin der Berliner Vereinigung der Soroptimisten und schrieb
Romane, Jugendbücher und Drehbücher. Einige ihrer Werke sind: Das singende
Knöchlein (1927), Das Kind aus Saal IV (1929), Bettine (1937), Christian Voss

und die Sterne (1947), Die Kinderwiese (1947) und Hannes mit dem Schlüssel (1952).

157 Winsloe, Christa Life begins, London 1935.

158 Winsloe, Christa: Halbe Geige, Hollywood o.J. Das Typoskript befindet sich im Dorothy-Thompson-Nachlaß in Syracuse (USA).

159 Wedekind beschreibt die Liebe der Gräfin Geschwitz zu Lulu in der „Büchse der Pandorra" zwar als aufopferungsvoll, doch lastet auf ihr, so der Autor, „das furchtbare Verhängnis der Unnatürlichkeit". Von diesem Vorurteil kann sich auch Hermann Sudermann in seinem Schauspiel „Die Freundin" nicht lösen, das im September 1929 im Residenztheater in Berlin aufgeführt wurde. Für Ferdinand Bruckner ist Liebe ohnehin etwas Krankhaftes. Auch bei ihm gibt es in „Krankheit der Jugend" eine lesbische Gräfin, die ihrem Selbstmordverlangen am Ende des Stückes nachgibt. In den Dramen werden lesbische Frauen als verrucht und dekadent dargestellt.

160 Hiller, Kurt: „Wo bleibt der homoerotische Roman?", in: Jahrbuch für sexuelle Zwischenstufen, Bd. 14, 1914, S. 338ff., zitiert nach: Eldorado. Homosexuelle Frauen und Männer in Berlin 1850 – 1950, Berlin 1984, S. 100. Kurt Hiller war neben Magnus Hirschfeld einer der politischsten Mitarbeiter des Wissenschaftlich-humanitären Komitees, der ersten Organisation, die die Interessen Homosexueller vertrat. Außerdem war Hiller der expressionistischen Literaturszene verbunden. Er schrieb Gedichte und Essays. In seiner Autobiographie „Leben gegen die Zeit" setzte Hiller nach dem zweiten Weltkrieg seine eigenen Ansprüche in die Tat um. Vor allem in dem zweiten Band „Eros" (1973) scheute er sich nicht davor, intime Details darzustellen.

161 Halbe Geige, a.a.O., S. 223.

162 Life begins, a.a.O., S. 318.

163 Christa Winsloe, zitiert nach: Neue Volks-Zeitung, New York 1. Juni 1946.

164 Winsloe, Christa: „The country t'is of thee". Die Übersetzung ihres Aufsatzes, den sie überschrieben hatte: „Why I love it: America", befindet sich im Dorothy-Thompson-Nachlaß in Syracuse/USA.

165 Mann, Klaus: Der Wendepunkt, München 1981, S. 422.

166 Hilde Walter (1895 – 1876) besuchte die Soziale Frauenschule in Berlin und arbeitete bis 1918 als Sozialarbeiterin. Ihr soziales Engagement führte sie zum Journalismus. Sie schrieb zunächst für den literarischen Teil der „Deutschen Allgemeinen Zeitung" und für das „Berliner Tageblatt". 1927 wurde sie Hilfsredakteurin an der Weltbühne für Ossietzky. Nach der Verhaftung ihres einstigen Chefs durch die Nationalsozialisten setzte sie sich im Freundeskreis Carl von Ossietzky für die Befreiung Ossietzkys aus dem Konzentrationslager ein. Im November 1933 war sie selbst so stark gefährdet, daß sie nach Paris flüchtete, wo sie auch nach Kriegsbeginn blieb. 1940 wurde sie wie alle Emigrantinnen ohne Kinder im Lager Gurs interniert. Nach ihrer Entlassung gelang ihr mit Hilfe eines Notvisums die Einreise in die USA. In New York arbeitete sie für die „Neue Volks-Zeitung" und gründete eine Agentur für Exilautoren. 1952 kehrte sie nach Berlin zurück.

167 Walter, Hilde: „Was hat Christa Winsloe getan? Die Dichterin von ‚Mädchen in Uniform' in Frankreich erschossen", in: Neue Volks-Zeitung, New York 2. Juni 1946.

168 Toeplitz, Jerzy: Geschichte des Films, Bd. 3, München 1980, S. 186.

169 Die Handlung des Stückes ist in das Jahr 1938 verlegt. Zu diesem Zeitpunkt ist die Autorin 49 Jahre alt, die Heldin ihres Dramas ein Jahr jünger.

170 Winsloe, Christa: Der Schritt hinüber, Stockholm o.J., S. 4.

171 Brief an Dorothy Thompson vom 14. März 1941. Als Adresse gibt Christa Winsloe an: 12 rue du Piolet, Cagnes s/m. Franz Blei hatte endlich seine Visa erhalten und wollte nach Marseille fahren, aber „niemand konnte ihm die Reise bezahlen". Mit Dorothy Thompsons Unterstützung erreichte er New York. Dort starb er am 10.7.1942. Auch Walter Hasenclever lebte einige Zeit in Cagnes. In seinem autobiographischen Roman „Die Rechtlosen" beschreibt er das Emigrantenleben in dem Dorf. Eine der Figuren des Textes hat entfernte Ähnlichkeit mit Christa Winsloe. Die Angelika des Romans ist Künstlerin, sie hat eine Katzenbalggeschichte geschrieben, lebt mit einer Freundin zusammen. Allerdings ist die Romanfigur erst 26 Jahre alt. Sie ist Malerin und nicht wie Christa Winsloe Bildhauerin. Statt eines ungarischen Passes besitzt Angelika die Schweizer Staatsangehörigkeit, die sie vor dem Zugriff der französischen Behörden schützt.

172 Ebd.

173 Brief vom 31. März 1941.

174 Die Textstellen, die den Garten betreffen, stammen aus zwei Briefen Winsloes. Der eine ist nicht datiert, der andere wurde am 14. März 1941 geschrieben.

175 Brief an Dorothy Thompson vom 8. Juli 1941.

176 Brief vom 14. März 1941.

177 Brief an Hertha von Gebhadt, 13.12.1942, zitiert nach Claudia Schoppmann (Hrsg.): Im Fluchtgepäck die Sprache. Deutschsprachige Schriftstellerinnen im Exil, Berlin 1991, S. 114.

178 Brief an Hertha von Gebhadt, 4.5.1944, zitiert nach Schoppmann, a.a.O., S. 114.

179 Brief an Hertha von Gebhadt vom Sommer 1942, zitiert nach Schoppmann, a.a.O., S. 123.

180 Brief an Dorothy Thompson vom 8. Juli 1941. Ob es sich bei der Arbeit um den gleichen Text handelt, den Christa Reinig in ihrem Nachwort zur Neuauflage des Romans „Mädchen in Uniform" (München 1938) erwähnt, habe ich nicht ermitteln können, da Christa Reinig sich weigerte, ihre Quellen offenzulegen. Sie spricht in ihrem Essay von einem Stück und erwähnt die Jahresangabe 1943. Meine Nachforschungen nach diesem Text blieben in den Archiven der Bundesrepublik, Österreichs, der Schweiz, Großbritanniens und den USA vergeblich.

181 Brief an Hertha von Gebhadt vom Dezember 1942, zitiert nach Schoppmann, a.a.O., S. 124. Zu nennen wären noch die in Ungarn spielende Erzählung „Pischta" – wahrscheinlich eine Prosafassung von „Heimat in Not", das Bühnenstück „Sylvia und Sybille", das Manuskript „Recht auf Lazarus" und ein Stück, das zur Zeit der Kreuzzüge spielt.

182 Brief an Hertha von Gebhadt vom 19. Februar 1944, zitiert nach Schoppmann, a.a.O., S. 128.

183 Walter, Hilde, a.a.O.. Ganz so ausgefallen war Christa Winsloes Plan nicht. Auch Irmgard Keun kehrte – allerdings mit falschem Paß – aus Holland nach Deutschland zurück und überlebte in Köln.

184 Gebhardt, Hertha von, zitiert in einem Brief vom 1.6.1946 an Dorothy Thompson aus dem letzten Schreiben Winsloes, das sie erhielt.

185 Ronbinson, Donald E.: „Blutbad in Frankreich", in: New Yorker Notizbuch, Neue-Volkszeitung, New York 10. August 1946.

186 Walter, Hilde, a.a.O..

187 Mann, Klaus, a.a.O., S. 567.

188 Röder, Werner (Hrsg.): International Biographical Dictionary of Central European Emigrées 1933 – 1945, Vol. II, Part 2, München 1983, S. 1250.

189 Brief des französischen Botschafters Henri Bonnet vom 7. Dezember an Dorothy Thompson.

190 Da ich die Akten über die französische Gerichtsverhandlung nicht einsehen konnte, stütze ich mich bei diesem Punkt auf die Darstellung Christa Reinigs im Nachwort zur Neuauflage des Romans „Mädchen in Uniform". Sie spricht allerdings von fünf Tätern, der französische Botschafter erwähnt nur Lambert. Ich folge der Darstellung des Botschafters.

191 Brief aus Portofino an Dorothy Thompson. Handschriftlicher Vermerk 17.4. 1933.

192 Winsloe schrieb den Brief auf dem Papier des Hotels „The Princess Pat" in Virginia Beach. Handschriftlicher Vermerk 14. August 1933.

193 Brief aus Nizza mit dem handschriftlichen Vermerk 2.2.1934.

194 Winsloe, Christa: Heimat in Not, undatiertes Bühnenmanuskript.

195 Langner, Ilse: Frau Emma kämpft im Hinterland, Berlin 1930, und Meller, Rosie: Die Weiber von Zoinsdorf, Wien/Berlin 1932. Während Langners Stück in einer Großstadt spielt, wählt Rosie Meller ebenso wie Winsloe ein Dorf als Ort der Handlung. Auch Mellers Bäuerinnen müssen in den Kriegsjahren die Feldarbeit allein erledigen. Sie gewinnen dadurch ein neues Selbstbewußtsein. Ihre neu gewonnenen Rechte wollen sie nicht mehr an ihre heimkehrenden Männer abtreten. Doch am Ende von Rosie Mellers Stück ist der alte Zustand wieder hergestellt. Um das zu erreichen, gleitet das Drama ins Irreale ab. Die Verfasserin setzt gleich zwei Feuersbrünste ein, damit die Frauen zur Besinnung kommen und die Männer ihre alte Autorität wieder erlangen.

196 Die Auseinandersetzung der Dramatiker mit dem ersten Weltkrieg begann schon einige Jahre vorher. Arnolt Bronnen verarbeitete bereits 1924 in der „Katalanischen Schlacht" sein Entsetzen über das Völkermorden. Auch Gerhard Menzel beschrieb 1928 in „Toboggan" Fronterlebnisse. Auch sein Stück war ein Appell gegen den Krieg. Sigmund Graff und Carl Ernst Hintze nahmen in ihrer „Endlosen Straße" 1930 nicht mehr so eindeutig Stellung. Ihr Drama, das meistgespielte Kriegsschauspiel, verdammte weder den Krieg noch verherrlichte es ihn. Doch wie

Herbert Ihering feststellte, war es für diese Neutralität schon zu spät. Friedrich Bethge zeigte im gleichen Jahr (Uraufführung 26.2.1930 in Osnabrück) in „Reims" vor allem die Kameradschaft an der Front.

197 Winsloe, Christa: Heimat in Not, a.a.O., S. I,6. Die nachfolgenden Zitate aus dem Schauspiel werden fortlaufend im Text nachgewiesen.

198 Vgl. Brief an Dorothy Thompson vom 14. August 1933, a.a.O..

199 Vgl. das Kapitel „Kritik am Krieg aus weiblicher Sicht", in „Frau Emma kämpft im Hinterland".

200 Vgl. vor allem Lessings „Emilia Galotti" (1772).

201 Die ursprüngliche Hauptfigur hat sich im Verlauf der Arbeit an dem Schauspiel in eine unscheinbare Nebenfigur verwandelt. In einem frühen Brief an Dorothy Thompson spricht Winsloe noch von dem Helden, „der die Welt sehen will, das wofür er gestorben ist." (Brief a.a.O.) Diese Beschreibung trifft auf Béla zu. Sein Tod stellt sich als Irrtum der Militärbehörde heraus. Er kehrt in sein Dorf zurück. Dort verblüfft er die Bäuerinnen mit seinen pazifistischen Ansichten. Nicht erst der Krieg lehrte ihn, „daß für Unsinn (…) gestorben wird", sondern er war von Anfang an dagegen. (Brief, ebd.) Er macht den Frauen Vorwürfe, daß sie ihre Männer ohne Widerspruch an die Front ziehen ließen und ihnen auch noch „Sträussel an die Mütze" gesetzt haben, als wären sie Ochsen. (S. IV, 10)

202 Im deutschen Typoskript des Romans „Leben verboten" mahnt die Tochter ihren Vater, den jüdischen Rechtsgelehrten Frey: „Ich bitte dich, reis ab, so bald du kannst, bleib fort so lang es geht, komm überhaupt nicht mehr zurück, nimm als Programm ein Manifest: An all, die feigen und gleichgültigen Herzens sind! Erzähl, erzähl, berichte, warne so lang es noch Zeit sein kann. Und laß dich nicht zum Schweigen bringen, auch wenn man dir nicht glauben will." In der englischen Übersetzung fehlt diese Passage. Da Birgit S. Nielsen, die als erste Wissenschaftlerin über die Autorin gearbeitet hat, nicht bereit war, ihre Quellen offenzulegen, bin ich gezwungen, diese Textstelle aus ihrem Aufsatz zu zitieren. Vgl. Nielsen, Birgit S.: „Maria Lazar. Eine Exilschriftstellerin aus Wien", in : Text & Kontext, Kopenhagen/München 1983, S. 162. Meine Nachforschungen nach Maria Lazars Tochter, Judith, in England blieben ohne Ergebnis. Ein Adresse, die sich in der Akademie der Künste in Berlin befand, wo der Nachlaß Lazars Schwester Auguste liegt, erwies sich als veraltet. Auch über die Association of Jewish Refugees in Great Britain, die mich bei meinen Recherchen unterstützte, kam ich nicht weiter. Ebenso befanden sich im Brecht-Weigel-Nachlaß keine Dokumente, die verwertbar gewesen wären. Nachforschungen in den Bibliotheken Wiens, der Schweiz und Englands blieben ebenso ohne Ergebnis. In der Universitätsbibliothek in Kopenhagen blockte Willy Dähnhardt alle Nachfragen ab.

203 Lazar, Auguste: Arabesken. Aufzeichnungen aus bewegter Zeit. Berlin (DDR) 1968, S. 136.

204 Brecht formulierte 1939 in der Vorrede zu den Svendborger Gedichten:
„Geflüchtet unter das dänische Strohdach, Freunde
Verfolg ich euren Kampf. Hier schick ich euch

Wie hin und wieder schon, ein paar Worte, aufgescheucht
Durch blutige Gesichte über Sund und Laubwerk.
Verwendet, was euch erreicht davon, mit Vorsicht!
Vergilbte Bücher, brüchige Berichte
Sind meine Unterlage. Sehen wir uns wieder
Will ich gern wieder in die Lehre gehn."

(Brecht, Bertolt: Svendborger Gedichte, Frankfurt/M. 1973, S. 7)

205 Lazar, Auguste, a.a.O., S. 165.
206 Ebd.
207 Vgl. Mittenzwei, Werner: Das Leben des Bertolt Brecht oder Der Umgang mit den Welträtseln, Frankfurt/M. 1987, S. 493ff.
208 Brief von Karl Korsch an Maria Lazar vom 14.5.1934, zitiert nach: Brecht – Korsch. Aus einem unveröffentlichten Briefwechsel aus dem Exil, in: Alternative, hrsg. von Hildegard Brenner, 18. Jg. 1975, Heft 105, S. 245.
209 Vgl. das Kapitel "Der Kampf einer Mutter gegen das Giftgas".
210 Brecht, Bertolt: Der Dreigroschenroman, Berlin (DDR) 1978, S. 79ff.
211 Lazar, Auguste, a.a.O., S. 166.
212 Den Roman übersetzte Gwenda David.
213 Brecht spitzte 1940/41 seine Erfahrungen in den Flüchtlingsgesprächen auf folgende Schlußfolgerung zu: „Der Paß ist der edelste Teil von einem Menschen. Er kommt auch nicht auf so einfache Weise zustand wie ein Mensch. Ein Mensch kann überall zustandekommen, auf die leichtsinnigste Art und ohne gescheiten Grund, aber ein Paß niemals. Dafür wird er auch anerkannt, wenn er gut ist, während ein Mensch noch so gut sein kann und doch nicht anerkannt wird." (In: Gesammelte Werke, Prosa 2, Frankfurt/M. 1967, S. 1383) Klaus Mann kam in seiner Autobiographie zu einer ähnlichen Schlußfolgerung: „Ohne Paß kann der Mensch nicht leben. Das scheinbar unbedeutende Dokument ist in Wahrheit ebenso kostbar wie der Schatten, dessen Wert der arme Peter Schlemihl erst so recht begriff, als er sich seiner leichtfertigerweise entäußert hatte." (Wendepunkt, a.a.O., S. 345)
214 Der deutsche Ursprungstext hat mir leider nicht zur Verfügung gestanden. Birgit S. Nielsen erwähnt jedoch diese Fassung in ihrer Ausarbeitung. Da Maria Lazar ihre Texte zunächst in ihrer Muttersprache geschrieben hat, gehe ich davon aus, daß die deutsche Version eher verfaßt worden ist, zumal für den englischen Text eine Übersetzerin angegeben ist. Die Inhaltsangabe, die Nielsen wiedergibt, deckt sich in den von mir angeführten Punkten nicht mit der englischen Ausgabe.
215 Grenen, Esther: No right to live, London 1934, S. 151.
216 Grenen, Esther: „Van de Veldes Film", in: Die neue Weltbühne, Prag, Wien, Zürich, Jg. 2, Nr. 15, 13. April 1933, S. 467.
217 Maria Lazar schrieb „Veritas verhext die Stadt" in den zwanziger Jahren auf Thurø. Nachdem der Roman 1931 im „Berliner Tageblatt" erschienen war, meldete die Zeitschrift „Politiken" ebenfalls Interesse an. Der Roman war im „Tageblatt" als Arbeit der dänischen Autorin Esther Grenen ausgewiesen, Maria Lazar fungierte

lediglich als Übersetzerin. Karin Michaelis half ihrer Freundin, das Pseudonym noch eine Weile zu wahren. Sie fertigte in aller Eile eine dänische Version an. „Veritas forhekser Byen" hieß der Roman in der Übersetzung.

218 Nielsen, a.a.O., S. 136.

219 Vgl. No right to live, a.a.O., S. 155ff.

220 Nielsen, a.a.O., S. 156.

221 Lazar, Auguste, a.a.O., S. 166.

222 Vgl. Kreis, Gabriele: Frauen im Exil, Düsseldorf 1984, S. 144.

223 Ernst Fischer schrieb seit 1927 für die „Arbeiter-Zeitung", die auch gelegentlich Artikel von Maria Lazar brachte. In seiner Autobiographie „Erinnerungen und Reflexionen" erwähnt Fischer Lazar nicht, sondern nur ihren Mann Friedrich Strindberg. Zusammen mit Strindberg hatte er bereits 1920 das Theaterstück „Der Skandal" verfaßt. Die Aufführung des Dramas verhinderte die Polizei. Fischer, der zum linken Flügel der Sozialdemokratie gehörte, trat nach dem Sieg des Austrofaschismus im Februar 1934 der KPÖ bei. Kurze Zeit später emigrierte er nach Prag, arbeitete dann im Untergrund in Österreich und ging 1938 in die Sowjetunion. 1945 kehrte er nach Wien zurück.

224 Zum Inhalt des Stückes vgl. den Fortsetzungsroman „Der Fall Rist" in dem biographischen Kapitel über Maria Lazar.

225 Nach den Angaben von Nielsen befindet sich im Nachlaß von Maria Lazar ein Soufflierbuch der „Weiber von Lynö" aus Graz. Die Bühnenjahrbücher der Jahrgänge 1934 bis 1940 verzeichnen jedoch keine Aufführung. Auch in den Annalen des Stadttheaters Graz findet sich kein Hinweis auf eine Inszenierung.

226 Nielsen, a.a.O., S. 170.

227 Petersen, Hans Uwe: „Die dänische Flüchtlingspolitik", in: Deutschsprachiges Exil in Dänemark nach 1933. Zu Methoden und Einzelergebnissen, hrsg. von Ruth Dinesen u.a., Kopenhagen/München 1986, S. 92.

228 Lazar, Auguste, a.a.O., S. 167.

229 Der Regisseur Per Lindberg verfilmte 1941 den Roman „Veritas verhext die Stadt", nachdem der Roman um ein Postfräulein in Schweden erschienen war. Maria Lazar und Lindberg schrieben gemeinsam das Drehbuch. Lazars Freundin, Elsa Björkmann-Goldschmidt, erinnert sich an die Zusammenarbeit: „Es war eine sehr interessante Zeit, und Maria wurde gleichzeitig von seiner Frau, Stine Lindberg, liebevoll aufgenommen. Sie wurde ihre treue Freundin und Stütze. Aber das Filmunternehmen fiel in eine völlig unausgeglichene Zeit von Per Lindberg. Trotz genialer Ideen wurde der Film ein klarer Mißerfolg." Vgl. Tonbandprotokoll eines Gesprächs mit Elsa Björkmann-Goldschmidt, das sich in der Dokumentationsstelle für neuere österreichische Literatur in Wien befindet. (s. FDSt. Tb. Nr. 186 vom 22.5.1968)

230 In Schweden entstanden unter anderem die Essays „Aber das ist ja Propaganda", „Streichen, streichen, alles streichen", „Made in Austria", „Was ist österreichische Kultur" und „Im Auftrage von Goebbels' Nachfolger".

231 Tonbandprotokoll, a.a.O., S. 7.

232 Ebd., S. 8.
233 Ebd., S. 9.
234 Grenen, Esther: Det tyska ansiktet, Stockholm 1943.
235 Müssener, Helmut: Exil in Schweden, München 1974, S. 315.
236 Zitiert nach: Ruppelt, Georg: Schiller im nationalsozialistischen Deutschland. Der Versuch einer Gleichschaltung, Stuttgart 1979, S. 163.
237 Grenen, Esther: Det kom af sig selv, Kopenhagen 1946.
238 Lazar, Auguste, a.a.O., S. 381.
239 Aage Dons in seinen Erinnerungen, zitiert nach dem Katalog der Ausstellung: „Geflüchtet unter das dänische Strohdach. Schriftsteller und bildende Künstler im dänischen Exil nach 1933", hrsg. von Willy Dähnhardt und Birgit S. Nielsen, Heide 1988, S. 50.
240 Elsa Björkmann-Goldschmidt gibt Maria Lazars Ungeduld die Schuld am Mißerfolg der Zitatensammlung. Schon nach zwei Wochen Wartezeit forderte sie das Manuskript von einem Verleger zurück: „Das Buch mußte sofort erscheinen! Dann traf sie auf einen anderen Feuergeist, Tyre Nyrmann, und der war bereit, gleich mit der Sache anzufangen. Sie haben gemeinsam den formalen und inhaltlichen Aufbau einer feinen Ausgabe erarbeitet. Es lag nur daran, daß es in einem ganz kleinen Verlag herausgekommen ist, der für diese Art von Literatur keinen Vertriebsapparat besaß. Das Buch wurde an Kiosken, an Straßenecken und auf Märkten verkauft. Aber der Preis, damals 8 Kronen 50 Öre, war viel zu hoch für diese Verkaufsstellen (…)". Vgl. Tonbandprotokoll, a.a.O., S. 10.
241 Lazar, Auguste, a.a.O., S. 379.
242 Ebd., S. 381.
243 Ebd., S. 402.
244 Grenen, Esther: „Das Jubiläum von Maria Blut", in: Das Wort, Heft 2, Moskau Februar 1937, S 68 – 73.
245 Ebd., S. 68.
246 Ebd., S. 73.
247 Grenen, Esther: Die Eingeborenen von Maria Blut, Rudolfstadt 1958, S. 170ff.
248 Ebd., S. 5. Die nachfolgenden Zitate aus dem Roman werden fortlaufend im Text nachgewiesen.
249 Benjamin, Walter: „Die Krisis des Romans. Zu Döblins ‚Berlin Alexanderplatz'", in: Gesammelte Schriften, Bd. 3, Frankfurt/M. 1972, S. 230ff.
250 Stapel, Wilhelm: „Der Geistige und sein Volk. Eine Parole", in: Deutsches Volkstum. Jg. 12, Heft 1, Januar 1930, S. 5 – 8, zitiert nach: Berlin – Provinz. Literarische Kontroversen um 1930, hrsg. von Jochen Meyer, Marbach 1985, S. 11.
251 Vgl. Seghers, Anna: Der Kopflohn (1933), Scharrer, Adam: Die Maulwürfe (1933) und Das Leben meiner Mutter (1940 engl., 1947 dtsch.).
252 Kaufmann, Bd. 10, S. 550, zit. nach: Jan Berg u.a.: Sozialgeschichte der deutschen Literatur von 1918 bis zur Gegenwart, Frankfurt/M. 1981, S. 436.
253 Vgl. Feuchtwanger: Geschwister Oppenheim, im Abschnitt über Anna Gmeyners „Manja".

254 Vgl. das nachfolgende Kapitel über Anna Gmeyers „Manja".

255 Graf, Oskar Maria: Der Abgrund (1936), Seghers, Anna: Der Weg durch den Februar (1935) und Der letzte Weg des Koloman Wallisch (1936), Wolf, Friedrich: Florisdorf (1934).

256 Brecht schrieb das Stück „Der aufhaltsame Aufstieg des Arturo Ui" 1940 im finnischen Exil. Es ist zu seinen Lebzeiten weder aufgeführt noch veröffentlicht worden.

257 Hitlers Vater Alois (*6.7.1837) trug bis zu seinem 39. Lebensjahr den Namen seiner Mutter, Schicklgruber. 1876 machte er eine Erbschaft, die an die Bedingung geknüpft war, den Namen des Erbonkels Hüttler anzunehmen. Aus Hüttler machte Alois Hitler. (Vgl. Hauner, Milan: Hitler. A Chronology of his life and time, London 1983, S. 1.) Die Anspielung in Lazars Text auf den Namen Schicklgruber war in den dreißiger Jahren besser verständlich als heute. Viele Intellektuelle benutzten wie Klaus Mann in seinen Memoiren statt Hitler den Namen Schicklgruber, um ihn lächerlich zu machen. (Wendepunkt, a.a.O., S. 325) Maria Lazar ging in ihrem Spott noch einen Schritt weiter, indem sie den Namen von Hitlers Vater zu Krücklgruber verballhornte.
Nach einem Gasangriff in der Nacht zum 14. Oktober 1918 erblindete Hitler kurzzeitig. Hitler befürchtete, nie mehr sehen zu können. Die Ärzte diagnostizierten allerdings eine hysterische Überreaktion. Am 9. November war dann auch Hitler davon überzeugt, daß er sein Augenlicht nicht verlieren würde. (A.a.O., S. 15)

258 Feuchtwanger, Lion: Der falsche Nero (1936).

259 Die Uraufführung von „The Great Dictator" fand am 15.10.1940 statt.

260 Mit dem gutgläubigen SA-Mann, wie sie andere Autoren entwarfen, hat die Vinzenz-Gestalt nichts gemein. Er taucht unter anderem in den Texten von Walter Schönstedt „Auf der Flucht erschossen" (1934), Georg Born „Tagebuch des SA-Mannes Willi Schröder" (1936) und Hans Marchwitzka „Die Uniform" (1936) auf.

261 Brecht, Bertolt: Der aufhaltsame Aufstieg des Arturo Ui, 1965, S. 122.

262 Naumann, Uwe: „Preisgeben, vorzüglich der Lächerlichkeit'. Zum Zusammenhang von Satire und Faschismus in der Exilkunst", in: Faschismuskritik und Deutschlandbild, hrsg. von Christian Fritsch und Lutz Winkler, Berlin 1981, S. 115.

263 Ebd.

264 Die Termini führte Werner Mittenzwei in seiner Arbeit „Gestalten und Gestaltung im modernen deutschen Drama" ein. (Berlin und Weimar 1969, S. 204)

265 Pabsts Film „Kameradschaft", den er 1931 drehte, weist Parallelen zu Gmeyners Bergarbeiterstück auf. Wie die Autorin inspirierte auch den Regisseur ein authentischer Vorfall zu seinem Film. Im Jahre 1906 waren bei einem Grubenunglück in dem französischen Bergwerk Courrières mehrere Bergleute umgekommen. Vor diesem Hintergrund baut Pabst die Handlung auf. Sein Film schließt mit einem Appell zu internationaler Solidarität.

266 Nach der Schilderung Paul V. Falkenbergs ist es noch zu einer weiteren Zusammenarbeit zwischen Pabst und Gmeyner gekommen. In einem Brief an Heike Klapdor-Kops berichtet er, daß die Autorin auch am „Don Quichotte" beteiligt war. (Der Brief befindet sich in der Stiftung Deutsche Kinemathek in Berlin.) Im Verzeichnis des Mitarbeiterstabs taucht Gmeyners Name allerdings nicht auf.

267 In der Weimarer Republik hatte Ferdinand Bruckner in seinem Theaterstück „Die Verbrecher" dieses Muster benutzt. In der inneren Emigration entwarf Axel Eggebrecht in „Volk ans Gewehr!" ein Zeitpanorama, in dem er die gleiche Struktur aufgreift. Den Zusammenbruch der Weimarer Republik und den Aufstieg der Nationalsozialisten schildert er in der „Chronik eines Berliner Hauses 1930 – 1934", wie der Untertitel des Romans bereits ankündigt.

268 In seinem dritten Film „Die freudlose Gasse" kritisierte Pabst 1925 zum ersten Mal die sozialen Bedingungen. Sein Antikriegsfilm „Westfront 1918" wurde 1930 das Ziel nationalsozialistischer Angriffe. In dieser Arbeit schilderte Pabst die Monotonie und die Schrecken des Grabenkrieges.

269 Lehmann, René: „Une comédie du G.W. Pabst, ,Du haut en bas'", in: Pour Vous, Nr. 265, Paris 14.12.1933.

270 Ebd.

271 Die deutsche und französische Fassung befinden sich im Falkenberg-Nachlaß der Stiftung Deutsche Kinemathek in Berlin.

272 Gmeyner, Anna: „Mary Ann wartet", in: Pariser Tageblatt II, 1934, Heft 31 – 45.

273 Paul Victor Falkenberg hielt sich 1934 auch in Österreich, Großbritannien und in der Tschechoslowakei auf. 1936 ging er in die Schweiz und emigrierte 1938 in die USA, wo er als Cutter und Regisseur arbeitete. Er starb am 13.1.1986 in New York. Das Exposé für das Drehbuch „Mary Ann is waiting" befindet sich ebenfalls in der Nachlaßrepositur Falkenberg in Berlin. Als Adresse gibt Falkenberg auf dem Typoskript Hollywood, 848 North Sweetzer Avenue an.

274 So bezeichnet Anna Gmeyner ihren Roman in einem Brief an Viertel. Ihre Briefe befinden sich im Viertel-Nachlaß im Deutschen Literaturarchiv in Marbach.

275 Vgl. Pfäfflin, Friedrich (Hrsg.): Berthold Viertel im amerikanischen Exil, Marbacher Magazin 9/1978, S. 16.

276 In „The Passing of the Third Floor Back" spielten unter anderem Conradt Veidt, Rene Ray, Anna Lee und Beatrix Lehmann. Schon 1934 hatte Viertel für die Gaumont-British „Little friend" gedreht. Der Film basiert auf dem Roman „Kleine Freundin" von Ernst Lothar. Als letztes Projekt realisierte er in England „Rhodes in Africa" nach einem Buch von Sarah Gertrude Millin. Doch dieser Film geriet „ins politische Abseits der englischen Besänftigungspolitik gegenüber dem Deutschen Reich. Die politischen Parallelen zwischen der britischen Afrikapolitik und der deutschen Wirklichkeit" stießen auf Ablehnung. (Pfäfflin, a.a.O., S. 13). Viertel resignierte, am 4.5.1939 schiffte er sich auf der „Ile de France" nach New York ein.

277 Regie führte Roy Boulting. Neben Anna Gmeyner wurden Lesslie Arliss und Howorth Bromley als Drehbuchautoren engagiert. (Vgl. Frühwald, Wolfgang und Spalek, John M. (Hrsg.): Der Fall Toller, Kommentar und Materialien, München/

Wien 1979, S. 237.) Anna Gmeyner schrieb Viertel, daß die Arbeit interessant gewesen sei.

278 Ein Mitglied der Zensurbehörde formulierte: „Auch wenn die Staatsangehörigkeit nicht erkennbar ist, wird deutlich, daß es sich um Anti-Nazi-Propaganda handelt." Zitiert nach: Brown, Geoff: „Von Caligari nach Bournemouth: Deutsche Exilkünstler im britischen Film", in: Kunst im Exil in Großbritannien 1933 – 1945, Berlin 1986, S. 234.

279 In einem ihrer Briefe an Viertel beschreibt Anna Gmeyner ihre Schwierigkeit, zu der Arbeit ihres Mannes ein persönliches Verhältnis zu gewinnen.

280 Vgl. Hoffmann, Ludwig u.a. (Hrsg.): Exil in der Tschechoslowakei, in Großbritannien, Skandinavien und Palästina, Frankfurt/M. 1981, S. 200. „Manja" erschien 1938 bei Querido in Amsterdam. Eine holländische Ausgabe folgte wenig später. Der New Yorker Knopf-Verlag brachte den Roman 1939 unter dem Titel „Five Destinies" heraus. Im gleichen Jahr legten ihn auch Secker & Warburg auf. In London hieß der Roman „The Wall". Für alle Ausgaben wählte die Autorin das Pseudonym Anna Reiner.

281 Gmeyner, Anna: Manja, Mannheim 1984, S. 350.

282 Reiner, Anna: Café du Dôme, London 1941. Die Übersetzung stammte von Trevor und Phillis Blewitt. Im gleichen Jahr erschien der Roman bei Knopf in New York unter dem Titel „The Coward Heart".

283 Reiner, a.a.O., S. 260. Neben Glebov, der zwar mit Endzeitvisionen argumentiert, aber noch zwischen den Extremen schwankt, kommen in dem Roman auch Figuren vor, die ausschließlich einer esoterischen Lehre anhängen wie die Gräfin Vera Obolenski, die eine spirituelle Sitzung initiiert, und der Schweizer Pierre. Pierre betrachtet sich als Nachfolger des Erzengels Gabriel und will eine junge Dänin aus der Gosse retten.

284 Benjamin, Walter: „Die Krisis des Romans", in: Gesammelte Schriften, Bd. 3, Frankfurt/M. 1972, S. 230.

285 Lustig, Jan: „The Coward Heart", in: Aufbau, New York 10.10.1941.

286 Vgl.: die Figur der Milly in der Novelle „Mary Ann wartet". Auch in dem Drehbuch „La Route sans Fins" beteuerte die weibliche Nebenfigur Jeannette ihrem Geliebten: „Ilja, ich habe versprochen, auf dich zu warten, ich bin hergekommen, um dir zu helfen." (La Route sans Fins, a.a.O., S. 5.)

287 Als Beispiele für die gemeinsame Arbeit führt Heike Klapdor-Kops „The Windbreaker and the Windmaker", „The Blue Flame" und „Mr. Darkfoot and the Star" an. Vgl.: Klapdor-Kops, Heike: „„Und was die Verfasserin betrifft, so laßt uns weitersehen"", in: Gedanken an Deutschland im Exil und andere Themen, München 1985, S. 338.

288 Morduch, Anna: The Death and Life of Julian, London 1960 (Regency Press); dies.: A Jar laden with Water, London 1961 (Peter Davies); dies.: No Screen for the Dying, London 1965 (Regency Press).

289 Gmeyner, Anna: Manja, Mannheim 1984. Die nachfolgenden Zitate aus dem Roman werden fortlaufend im Text nachgewiesen.

290 Vgl. die Exilromane von Oskar Maria Graf: Der Abgrund (1935), Klaus Mann: Mephisto (1936) und Franz Carl Weiskopf: Die Versuchung (1937).

291 Feuchtwangers „Die Geschwister Oppenheim" war einer der ersten und erfolgreichsten Deutschlandromane, die im Exil entstanden sind. Bereits wenige Monate nach dem Erscheinen belief sich die internationale Gesamtauflage auf 257.000.

292 Zu den Romanen, die die Weimarer Republik als Vorgeschichte des Dritten Reiches begreifen, zählen unter anderem die Arbeiten von Johannes R. Becher (Abschied, 1940), Alfred Döblin (Pardon wird nicht gegeben, 1935), Fritz Erpenbeck (Gründer, 1940), Ernst Glaeser (Der letzte Zivilist, 1935), Oskar Maria Graf (Anton Sittinger, 1937), Walter Mehring (Chronik einer deutschen Sippe, 1935) und Arnold Zweig (Erziehung vor Verdun, 1935)

293 Viertel, Berthold: „Ein Roman um fünf Kinder", in: Die neue Weltbühne, Prag/Zürich/Paris, 34. Jg., 1938, Nr. 43, S. 1355.

294 Franke, Ingeborg (d.i. Inge von Wangenheim): „Manja", in: Das Wort, Moskau, Dezember 1938, Heft 12, S. 137/38.

295 Viertel, a.a.O., S. 1357.

296 Ebd.

297 Reiner, Anna: Manja, Amsterdam 1938.

298 Mayer, Hans: „Konfrontation der inneren und äußeren Emigration: Erinnerung und Deutung", in: Reinhold Grimm und Jost Hermand (Hrsg.): Exil und innere Emigration. Third Wisconsin Workshop. Frankfurt/M. 1972, S. 78.

299 Franke, a.a.O., S. 139.

300 Krämer, Wolfgang: Faschisten im Exilroman 1933 – 1939, Pfaffenweiler 1987, S. 67.

301 Vgl. Keun, Irmgard: Nach Mitternacht, Amsterdam 1937. Die Ich-Erzählerin im Werk der Keun, die 19jährige Susanna, berichtet treuherzig und ungeschützt von ihrem Alltag im Dritten Reich. Im Gegensatz zu Gmeyner benutzt die Keun die Unwissenheit Susannas als ein bewußtes Stilmittel, um an ihrem unverstellten Wesen die Wirklichkeit der Diktatur erfahrbar zu machen. Anna Gmeyner geht nicht so kunstvoll vor. Ihre Arbeit vermittelt eher den Eindruck, daß die Naivität ihrer Figuren ein unbewußtes Produkt des Schreibprozesses gewesen ist.

302 Viertel, a.a.O., S. 1359.

303 Ebd., S. 1356.

304 Ebd., S. 1355f.

305 Ebd., S. 1356.

306 Vgl. das Kapitel „Politische Heldin contra revolutionären Arbeiter".

307 Klapdor-Kops, Heike: Vorwort zur Neuauflage von Manja, Mannheim 1984, S. 9.

308 Gabor, Andor: „Anna Reiners ‚Manja'", in: Internationale Literatur, Moskau, 9. Jg. 1939, Heft 5, S. 126.

309 Ebd., S. 128.

310 Franke, a.a.O., S. 138f.

311 Viertel, a.a.O., S. 1355.

312 Ebd., S. 1358.

313 Franke, a.a.O., S. 140.

314 Die Volksfrontpolitik galt bereits im Sommer 1937 als gescheitert, da die Uneinigkeit der beiden Arbeiterparteien den „Ausschuß zur Schaffung der deutschen Volksfront" zunehmend lähmte. Die Moskauer Prozesse und der deutsch-sowjetische Nichtangriffspakt verhinderten die Bemühungen um die Einheitsfront endgültig.

315 Gabor, a.a.O., S. 128.

316 Adorno, Theodor W.: Studien zum autoritären Charakter, Frankfurt/M., 2. Aufl. 1976, S. 60.

317 Ebd.

318 Viertel, a.a.O., S. 1356.

319 Gabor, a.a.O., S. 121.

320 Franke, a.a.O., S. 140.

321 Langner, Ilse: Mein Thema und mein Echo. Darstellung und Würdigung, hrsg. von Ernst Johann, Darmstadt 1979, S. 30.

322 Rosenberg, Alfred: Der Mythos des 20. Jahrhunderts, München 1934, S. 512. Vgl. das Kapitel „Emanzipation von der Emanzipation, S. 164ff.

323 Anonym: „Wider den undeutschen Geist", in: Deutsche Kultur-Wacht, 1933, Heft 9, S. 15, zitiert nach: Wulf, Joseph: Literatur und Dichtung im Dritten Reich. Eine Dokumentation, Frankfurt/M./Berlin 1989, S. 45.

324 Thema und Echo, a.a.O., S. 19.

325 Ebd., S. 40.

326 Grimm, Reinhold: „Innere Emigration als Lebensform", in: ders. und Jost Hermand (Hrsg.): Exil und innere Emigration. Third Wisconsin Workshop, Frankfurt/M. 1972, S. 71.

Wer zu den inneren Emigranten zählt und was genau mit diesem Begriff gemeint ist, ist bis heute nicht geklärt. Schon Frank Thieß, selbsternannter Sprecher der inneren Emigranten in der Diskussion mit Thomas Mann, rechnet andere Autoren zu dem Kreis als etwa Hermann Kesten oder Alfred Andersch. So betrachteten Kesten und Andersch Thieß als einen jener Schriftsteller, die zumindest zeitweise mit den Nationalsozialisten sympathisierten. Diese Kontroversen veranlaßten Charles W. Hoffmann 1973 zu dem Vorschlag, den Konflikt um den Begriff innere Emigration beiseite zu legen. Stattdessen schlug der amerikanische Literaturwissenschaftler vor, die Literatur, die im Dritten Reich entstand, genauer zu betrachten und sich nicht von vorschnellen Urteilen leiten zu lassen: „Ein (...) besserer Zugang eröffnet sich, wenn man für den gesamten Komplex der nichtnazistischen Literatur zwei Extreme mit einem dazwischenliegenden breiten Feld von Abstufungen annimmt. Das eine Extrem bilden natürlich solche Werke deutlich antinazistischen Charakters wie Petersens *Unsere Straße* und ein großer Teil der Konzentrationslager-Lyrik (...). Das andere Extrem stellt jene Literatur dar, die sich nicht mit der Vorstellung der Nazis deckt, wie Literatur sein sollte (...), ohne jedoch die Feindschaft gegen das Regime zum eigentlichen Thema zu machen." (Charles W. Hoffmann: „Opposition und innere Emigration. Zwei Aspekte des

,Anderen Deutschlands'", in: Hohendahl, Peter Uwe/Schwarz, Egon (Hrsg.): Exil und innere Emigration, Frankfurt/M. 1973, S. 130. Hoffmanns Vorschlag erlaubt eine differenzierte Herangehensweise an die Literatur. Doch für die Autoren und Künstler, die ihre Arbeiten im Dritten Reich produzierten, bietet er keinen abgestuften Begriff an. Ich behalte deshalb für die Beschreibung der örtlichen Situation die Bezeichnung innere Emigration bei.

327 Loerke, Oskar: Tagebücher 1903 – 1939, hrsg. von Hermann Kasack, Heidelberg/ Darmstadt 1955, S. 283. Loerke machte seine Unterschrift so stark zu schaffen, daß er sich „völlig zerbrochen" fühlte. Im Oktober 1933 hatten „88 deutsche Schriftsteller" durch ihre Unterschrift dem Reichskanzler Adolf Hitler die Treue gelobt. Sie versicherten in dem Schriftstück unter anderem: „Das Bewußtsein der Kraft und der wiedergewonnen Einigkeit, die tiefe Überzeugung von unseren Aufgaben zum Wiederaufbau des Reiches, veranlassen uns, in dieser ernsten Stunde, vor Ihnen, Herr Reichskanzler, das Gelöbnis treuster Gefolgschaft feierlichst abzulegen." Unter dem Dokument standen unter anderem die Namen von Gottfried Benn, Rudolf C. Binding, Arnolt Bronnen, Hanns Johst, Hans Knudsen, Agnes Miegel, Walter von Molo, Ina Seidel und Will Vesper. Nicht alle Autoren wußten von ihrer Unterschrift. So protestierte Rudolf C. Binding in einem Brief dagegen, daß sein Name zu Unrecht unter dem Gelöbnis stehe. (Wulf, a.a.O., S. 122) Im Exil stellte Klaus Mann fest, daß die 88 Autoren, „sich selbst an den Pranger gestellt" hatten. (Klaus Mann: „88 am Pranger", in: Das Neue Tage-Buch, Jg. 1 (1933), H. 19, S. 437, zitiert nach: Loewy, Ernst: Literarische und politische Texte aus dem deutschen Exil 1933 – 1945, Bd. 1: Mit dem Gesicht nach Deutschland, Frankfurt/M. 1981, S. 210)

328 Ilse Langner erhielt die Mitgliedsnummer 4010. Im „Kürschner 1934" erschien daraufhin ein Verzeichnis ihrer sämtlichen Bühnenstücke. Selbst „Amazonen" fand Erwähnung. Die Redaktion muß noch versucht haben, einen Gegenkurs zur offiziellen Kulturpolitik zu steuern. Darauf deutet auch die Aufnahme von jüdischen Autorinnen wie Else Lasker-Schüler und Mascha Kaleko – natürlich ohne die Angabe einer Mitgliedsnummer – hin. (Kürschners Deutscher Literatur-Kalender, hrsg. von Gerhard Lüdtke, 47. Jg., Berlin/Leipzig 1934, Sp. 473, 390, 474)

329 Vgl. Brekle, Wolfgang: „Die antifaschistische Literatur in Deutschland (1933 – 1945)", a.a.O., S. 102.

330 Frank, Leonhard: Links wo das Herz ist, München 1952, S. 190.

331 Mann, Klaus: Der Wendepunkt, München 1981, S. 327.

332 Ebd.

333 Mann, Thomas: „Warum ich nicht zurückkehre. Offener Brief an Walter von Molo vom 12. Oktober 1945", in: Grosser, J.F.G. (Hrsg.): Die große Kontroverse. Ein Briefwechsel um Deutschland, Hamburg/Genf/Paris 1963, S. 31.

334 Walter von Molo vertrat in seinem offenen Brief an Thomas Mann die Ansicht, daß das deutsche Volk keine Schuld an der geschichtlichen Entwicklung habe. Mit diesem Argument wollte er Mann zur Rückkehr bewegen: „Ihr Volk, das nunmehr seit einem Dritteljahrhundert hungert und leidet, hat im innersten Kern nichts

gemein mit den Missetaten und Verbrechen, den schmachvollen Greueln und Lügen, den furchtbaren Verirrungen Kranker, die daher wohl so viel von ihrer Gesundheit und Vollkommenheit posaunten." (A.a.O., S. 20) Frank Thieß verstieg sich in seiner Erwiderung sogar zu der These, daß er im nationalsozialistischen Deutschland mehr Wissen und Erleben gewonnen habe, als wenn er „aus den Logen und Parterreplätzen des Auslandes der deutschen Tragödie" zugeschaut hätte. (Ebd., S. 24)

335 Weiskopf, Franz Carl: „In der Sackgasse", in: Literarische Streifzüge, Berlin 1956, S. 93.

336 Thema und Echo, a.a.O., S. 31. Maria Luise Kaschnitz beschäftigte sich 1943 in einem Essay mit „Griechischen Mythen"; Erika Mitterer schrieb 1942 die Erzählung „Die Seherin".

337 In Hauptmanns Artriden-Tetralogie sind zweifellos Gegenpositionen zum Faschismus enthalten. Wie Ilse Langner verurteilt er vor allem den Krieg. So heißt es in dem 1942 beendeten Drama „Iphigenie in Aulis": „Die Fürsten sind Verräter allesamt! – /Ja, sie belügen und betrügen uns! – /Gewalt, Raub und Mord ist ihr Geschäft! –/Sie löschen ihren Durst mit unserem Schweiß, /mit unserem Blut! – Was ist uns Ilion?! –/Und dies ist Kalchas, ein goldgieriger Wicht, /ein Seher, der verborgene Schätze stiehlt /und in den Kellern seines Hauses auftürmt! –/Wir wollen keinen Krieg, wir wollen Brot!" (Gerhart Hauptmann, Iphigenie in Aulis, Berlin 1944, S. 90)

338 Vgl. das Kapitel über Christa Winsloe im Exil.

339 Frank, Leonhard, a.a.O., S. 191.

340 Feuchtwanger, Lion: „Arbeitsprobleme des Schriftstellers im Exil", in: Loewy, Ernst (Hrsg.), a.a.O., Bd. 2: Erbärmlichkeit und Größe, Frankfurt/M. 1982, S. 678.

341 Rubinstein, Hilde, in: Hajo Steiner: „Meine Heimat ist meine Sprache. Portrait der Schriftstellerin Hilde Rubinstein", Feature des Deutschlandfunks Köln vom 18. Juli 1988.

342 Langner, Ilse: Flucht ohne Ziel, Würzburg 1984, S. 218.

343 Fleißer, Marieluise: Avantgarde, in: Gesammelte Werke, Bd. 3, Frankfurt/M. 2. Aufl. 1983, S. 148.

344 Den Ausdruck benutzt Inge Stephan in ihrem Buch „Das Schicksal der begabten Frau im Schatten berühmter Männer" (Stuttgart 1989). Die Schwierigkeit, mit der die Karrierebegleiterinnen zu kämpfen hatten, sich in der Beziehung nicht völlig aufzugeben, war für Werner Siebert jedoch kein Problem. Als Mann hatte er es wesentlich einfacher, seine Ideen zu verwirklichen. Er war ja auch nicht - wie so viele Frauen – von seiner Frau finanziell abhängig.

345 Thema und Echo, a.a.O., S. 19.

346 Ebd., S. 19 und 97.

347 So formulierte Ida Gräfin Hahn-Hahn, die im 19. Jahrhundert den Orient erkundete, in ihrem Reisetagebuch „Jenseits der Berge" 1840: „Ich reise um zu leben". Vgl. Frederiksen, Elke: „Der Blick in die Ferne", in: Frauen Literatur Geschichte.

Schreibende Frauen vom Mittelalter bis zur Gegenwart, hrsg. von Hiltrud Gnüg und Renate Möhrmann, Stuttgart 1985, S. 115.

348 Langner, Ilse: Das Gionsfest, Hamburg 1948, S. 5. „Die Neue Rundschau" druckte ihre Arbeit bereits 1934. (Bd. 1, S. 179ff.)

349 Thema und Echo, a.a.O., S. 19.

350 Langner, Ilse: „China-Tagebuch", in: Die neue Rundschau, Heft 5, Berlin Mai 1939, S. 457 – 474. Dies.: „Japan-Tagebuch", in: Die neue Rundschau, Heft 7, Berlin Juli 1939, S. 66 – 81.

351 Langner, Ilse: Die purpurne Stadt, Berlin 1937. In ihrem autobiographischen Bericht vermerkt die Autorin, daß für die zweite Auflage des Romans das Papier nicht mehr bewilligt wurde, „was einem Verbot des Buches gleichkam". (Thema und Echo, a.a.O., S. 20) Da scheint sich Langner nicht richtig zu erinnern. In meinem Besitz befindet sich eine Ausgabe von 1944.

352 1947 erschienen einige Kapitel aus dem „Japanischen Tagebuch" in der Zeitschrift „Das goldene Tor", die von Alfred Döblin herausgegeben wurde. (Heft 5, S. 454 – 462) Vollständig kamen die Reisebücher Anfang der sechziger Jahre im Verlag Glock und Lutz heraus. (Chinesisches Tagebuch. Erinnerung und Vision, Nürnberg 1960; Japanisches Tagebuch. Erinnerung und Vision, Nürnberg 1961)

353 Lediglich eine Legende aus dem chinesischen Bürgerkrieg inspirierte sie zu einem Theaterstück. Das genaue Entstehungsdatum des Dramas „Tzu Hsi, die letzte Kaiserin von China" ist mir nicht bekannt.

354 Thema und Echo, a.a.O., S. 31.

355 So schreibt Christa Wolf in ihrer Erwiderung an Walter Girnus, der vor allem ihre vierte Frankfurter Poetik-Vorlesung kritisiert hatte. In: Sinn und Form, Nr. 4/ 1983, S. 864.

356 Horkheimer, Max / Adorno, Theodor W.: Dialektik der Aufklärung, Frankfurt/ M. 10. Aufl. 1984, S. 33.

357 Wolf, Christa: Voraussetzungen einer Erzählung: Kassandra, Darmstadt und Neuwied 1983, S. 91.

358 Ebd., S. 148.

359 Drewitz, Ingeborg: „Die Selbstgewißheit Ilse Langners zum 80. Geburtstag", in: Mein Thema und mein Echo, a.a.O., S. 139.

360 Langner, Ilse: Dido, Tragödie in drei Akten, 1938/41, S. 1. Das Manuskript befindet sich im Nachlaß Ilse Langners im Deutschen Literaturarchiv in Marbach. Die nachfolgenden Zitate aus dem Stück werden fortlaufend im Text nachgewiesen.

361 Drewitz, a.a.O., S. 140.

362 Thema und Echo, S. 35.

363 Ebd., S. 36.

364 Leontine Sagan in einem Brief vom 16.1.1937 an Ilse Langner. Das Schreiben der Regisseurin befindet sich im Langner-Nachlaß im Deutschen Literaturarchiv in Marbach.

365 Das Datum nennt der Dramaturg des Reussischen Theaters in einem Brief an die Autorin. Das Schreiben befindet sich im Nachlaß Langners im Deutschen Literaturarchiv in Marbach.

366 So inszenierte Fehling am Staatlichen Schauspielhaus in Hamburg Schillers „Don Carlos" (28.2.1935), Lessings „Minna von Barnhelm" (11.5.1935) und Friedrich Hebbels „Kriemhields Rache" (29.2.1936). In Berlin brachte er unter anderem die Shakespeare-Dramen „Richard III"(1937), „Richard II" (1939) und „Julius Cesar" (1941) auf die Bühne.

367 Vgl. Musik, Theater, Literatur und Film zur Zeit des Dritten Reiches, hrsg. vom Kulturamt der Stadt Düsseldorf, S. 44.

368 Vgl. Theaterstadt Hamburg, hrsg. vom Zentrum für Theaterforschung der Universität Hamburg, Reinbek 1989, S. 150.

369 Stolten, Inge: Das alltägliche Exil. Leben zwischen Hakenkreuz und Währungsreform, Berlin/Bonn 1982, S. 42.

370 Strambowski, A.: „Der Weg zum deutschen Nationaltheater", in: Westfälischer Kurier vom 18.5.1934, zitiert nach Wulf, a.a.O., S. 54.

371 Bonte, Georg: „Ilse Langners Tragödie ‚Der Mord in Mykene'", 5.11.1937. (Theaterinstitut Köln)

372 Brecht, Bertolt: Fünf Schwierigkeiten beim Schreiben der Wahrheit, in: Brecht. Eine Lesebuch für unsere Zeit, Berlin/Weimar 1987, S. 458.

373 Vgl. Rühle, Günther: „Der Rückfall", in: Zeit und Theater, Bd. 5: Diktatur und Exil, Frankfurt/M./Berlin/Wien 1980, S. 54.

374 Rosenberg, Alfred: „Kampf um Kunst", Sportpalastrede vom 26.9.1934, zitiert nach Rühle, a.a.O., S. 66

375 Rühle, a.a.O., S. 54.

376 Langner, Ilse: Der Mord in Mykene. Tragödie in drei Akten. Berlin 1936, S. 49. Die nachfolgenden Zitate aus dem Stück werden fortlaufend im Text nachgewiesen.

377 Lagner, Ilse: Frau Emma kämpft im Hinterland, a.a.O., S. 88.

378 Frenzel, Elisabeth: Stoffe der Weltliteratur, Stuttgart 1970, S. 12 – 15.

379 Die Angst der männlichen Dichter vor starken, kämpferischen Frauen beeinflußte auch die Interpretation des Amazonenmythos. Vgl. das Kapitel „Amazonen gegen das Mutterkreuz".

380 Wolf, Voraussetzungen, a.a.O., S. 145.

381 Langner, Ilse: Klytämnestra, Hamburg 1947, S. 17.

382 Wolf, Voraussetzungen, a.a.O., S. 111.

383 Vaerting, Mathilde: „Die Stellung der Männer und Frauen zu Krieg und Frieden" (1921), in: Frauen gegen den Krieg, hrsg. von Gisela Brinker-Gabler, Frankfurt/M. 1980, S. 71.

384 Thema und Echo, a.a.O., S. 31.

385 Karsch, Walter: „Berliner Theater ohne Initiative", in: Der Tagesspiegel, Berlin 21.3.1948, zitiert nach: Thema und Echo, a.a.O., S. 33.

386 Klytämnestra, a.a.O., S. 13.

387 Thema und Echo, a.a.O., S. 31.

388 Schroeder, Max: „Gönnt Euch den Dichter. Würdigung zum 50. Geburtstag", in: Thema und Echo, a.a.O., S. 93.

1 Langhoff, Wolfgang: „Ein Deutschlandbrief", in: Die Neue Zeitung, Berlin 18.2. 1946. Die „Neue Zeitung" wurde von der amerikanischen Militärbehörde herausgegeben. Der Regisseur und Schauspieler Wolfgang Langhoff wurde nach dem Reichstagsbrand verhaftet. Über seine Zeit im Konzentrationslager verfaßte er die Aufklärungsschrift „Wir Moorsoldaten" (1935). Langhoff gelang die Flucht in die Schweiz. Im Herbst 1946 wechselte Langhoff von Düsseldorf ans Deutsche Theater in Berlin, wo er bis 1963 als Intendant, Schauspieler und Regisseur arbeitete. 1966 starb Langhoff in Berlin.

2 Adorno, Theodor W.: Minima Moralia. Reflexionen aus einem beschädigten Leben, in: Gesammelte Schriften, Bd. 4, Frankfurt/M. 1980, S. 137.

3 Vgl. Claussen, Detlev: „Nach Auschwitz. Ein Essay über die Aktualität Adornos", in: Diner, Dan (Hrsg): Zivilisationsbruch. Denken nach Auschwitz, Frankfurt/M. 1988, S. 64ff.

4 Luft, Friedrich, „Was fehlt?", in: Der Theater-Almanach 1946/47. Kritisches Jahrbuch zur Bühnenkunst, München 1946, S. 270.

5 Dahlmann, Alfred: „München", in: Der Theater-Almanach 1946/47. Kritisches Jahrbuch zur Bühnenkunst, München 1946, S. 270.

6 Mertz, Peter: Und das wurde nicht ihr Staat. Erfahrungen emigrierter Schriftsteller mit Westdeutschland, Frankfurt/M./Olten/Wien 1985, S. 37.

7 Vgl. Rischbieter, Henning, „Bühnenhunger", in: Soviel Anfang war nie. Deutsche Städte 1945 – 1949, hrsg. von Hermann Glaser u.a., Berlin 1989, S. 232. Einzige Ausnahme war Hedda Zinners „Caféhaus Payer", das im Juni 1945 in Rostock und Gera herauskam.

8 Nach Theater in der Zeitenwende plante das Stadttheater Gießen 1947 eine Aufführung von Ilse Langners „Heimkehr". Wahrscheinlich liegt hier ein Irrtum vor. Der „Theateralmanach" führt zwar für die betreffende Spielzeit die Uraufführung von „Heimkehr" an, doch als Autor ist dort H.W. Fischer genannt. (Vgl. Der Theateralmanach 1947, hrsg. von Alfred Dahlmann, München 1947, S. 441 und Institut für Gesellschaftswissenschaften beim ZK der SED: Theater in der Zeitenwende. Zur Geschichte des Dramas und des Schauspieltheaters in der DDR, Bd. 1: 1945 – 1956)

9 O.R.: „Iphigenie neu gesehen", in: Tägliche Rundschau, Berlin 14.5.1946.

10 Langner, Ilse: Iphigenie kehrt heim, Berlin 1948.

11 Theater in der Zeitenwende, a.a.O., S. 59.

12 Vor allem kommunistische und linksbürgerliche Schriftsteller kehrten aus dem Exil in den Osten Deutschlands zurück, da sie dort eher die radikale Erneuerung verwirklicht sahen. Johannes R. Becher, Bert Brecht, Willi Bredel, Ludwig Renn, Anna Seghers, Friedrich Wolf und Arnold Zweig versuchten in der SBZ und dann in der DDR unmittelbar an ihre Arbeit vor 1945 anzuknüpfen.

13 Bereits 1958 stellt Walther Pollatschek fest, der die Werke Wolfs herausgibt, daß seine Stücke aus dem Repertoire der DDR-Bühnen verschwunden sind. (Vgl. Pollatschek, Walther: Das Bühnenwerk Friedrich Wolfs, Berlin (DDR) 1958, S. 401)

14 Ihering, Herbert: Theater der produktiven Widersprüche 1945 – 1949, Berlin/Weimar 1967, S. 109.

15 Ulbricht, Walter, zitiert nach: Theater in der Zeitenwende, a.a.O., S. 211.

16 Theater in der Zeitenwende, a.a.O., S. 227 und 229.

17 Gespräch mit Elida Maria Szarota in Wolfenbüttel am 3. Mai 1986.

18 Vgl. das Kapitel „In Schweden isoliert: Hilde Rubinstein".

19 Hilde Rubinstein im Programmheft zur Komödie „Der große Coup", hrsg. von der Generalintendanz des Landestheaters Halle, Spielzeit 1957/58, H. 15, S. 142.

20 Thieme, Rolf, „Über die Aufgabe der Komödie ...", in: Programmheft zum „Großen Coup", a.a.O., S. 144.

21 Brief Hilde Rubinsteins an die Verfasserin 21.10.1989.

22 Walkhoff, Hans: „,Der große Coup' – kein großer Coup", in: Mitteldeutsche Nachrichten, Halle 15.1.1958.

23 Brief Herbert Iherings vom 18. Februar 1958 an Hilde Rubinstein. Das Schreiben befindet sich im Besitz Rubinsteins.

24 Richter, Hans Werner: „Warum schweigt die junge Generation?", in: Der Ruf. Unabhängige Blätter für die junge Generation. Eine Auswahl, hrsg. von Hans A. Neunzig, München 1976, S. 63. Ein anderer „Ruf"-Mitarbeiter, Alfred Andersch, zog 1948 ein erstes Resümee über die deutsche Nachkriegsliteratur. In seinem Aufsatz „Deutsche Literatur in der Entscheidung" widmete er sich auch dem Verhältnis zu den Emigranten und kommt zu einem differenzierteren Urteil. Kein Vorbild sind für ihn die Werke Thomas Manns und Alfred Döblins. Auch gegen die „realistische Tendenz" eines Franz Werfel und Johannes R. Becher hat er Vorbehalte: „Heute nun, da die Brüchigkeit aller sich uns anbietenden objektiven Wertsysteme immer sichtbarer wird, da uns nichts bleibt als die schlechthinnige Existenz des Menschen, erscheint uns ein Realismus, der sich an propagandistische Vorzeichen bindet, doppelt absurd". Doch die Werke von Willi Bredel, Oskar Maria Graf, Theodor Plivier und Anna Seghers, die er unter der Rubrik proletarische Schriftsteller zusammenfaßt, erkennt er ebenso wie die Arbeiten Brechts an. (Vgl. Andersch, Alfred: Deutsche Literatur in der Entscheidung, Karlsruhe 1948, S. 22ff.)

25 Mertz, a.a.O., S. 133.

26 Erpenbeck, Fritz: „Brief an einen jungen Dramatiker", in: Lebendiges Theater, Berlin 1949, S. 64 – 75. In seinem Artikel setzt Erpenbeck sich mit den Schwächen einer ihm vorliegenden Arbeit auseinander. Bei dem von ihm analysierten Drama handelt es sich um die Geschichte eines Ingenieurs, der mit seiner Erfindung in das Spannungsfeld zwischen Kriegs- und Friedenswirtschaft gerät.

27 Erpenbeck, Fritz: „Und abermals die jungen Dramatiker", in: Lebendiges Theater, a.a.O., S. 77/78.

28 -ng.: „Neue deutsche Dramatik", in: Der Tagesspiegel, Berlin 21.10.1951.

29 Ebd.

30 Montijo, Edwin: „Auf der Lesebühne", in: Kurier, Berlin 22.10.1951.

31 hc.: „Piscator entdeckt", in: Frankfurter Allgemeine Zeitung, 24.2.1951, S. 8.

32 Brief von Erwin Piscator an Ilse Langner vom 10.1.1951. Das Schreiben befindet

sich im Ilse-Langner-Nachlaß im Deutschen Literaturarchiv in Marbach.

33 Brief von Erwin Piscator an Ilse Langner vom 18. März 1953, der sich ebenfalls in Marbach befindet.

34 Herbst, Mechthild: „Mädchen in Uniform", 30.9.1949 (Theaterinstitut Köln).

35 Bau-: „F.D.B.: Gastspiel Ellen Schwanneke ‚Mädchen in Uniform' von Christa Winsloe", in: Jüdische Wochenschau, Buenos Aires 16.8.1946.

36 Naumann, Uwe (Hrsg.): Ein Theatermann im Exil: P. Walter Jacob, Hamburg 1985, S. 187.

37 Köster, Paula: „Ist es vertretbar, das Stück „Mädchen in Uniform" heute noch aufzu-führen?", in: Blätter der Städtischen Bühnen Dortmund 1952/53, Nr. 10, S. 8.
Die Darstellerinnen der Dortmunder Aufführung waren: Irma Poppe (Oberin), Else Gattig (Exzellenz von Ehrenhardt), Charlotte Zinsser (Großherzogin), Hanne-gret Roeser (Gräfin Kernitz), Marta Zifferer (Fräulein von Bernburg), Leonie Diel-mann (Fräulein von Kesten), Anni Wördehoff (Mademoiselle Oeuilliet), Hildegard Müller (Miss Evans), Raute Armbrüster (Manuela von Meinhardis), Ruth Kürten (Christa von Rasso), Lo Schaefer (Ilse von Westhagen), Dorothea Vellbinger (Ilse von Treischke), Toni Hitz (Lilli von Kattner), Renate Gerold (Oda von Oldens-leben), Irene Hansmann (Edelgard Komtesse Mengsburg), Margret Eickenbusch (Anneliese von Beckendorf), Berna Schallenberg (Mia von Wollin), Emmy Jülich (Elise Lehmann), Hede Rickert (Hanni) und Annemarie Lortz (Johanna).

38 Die Prinzipalin des „Berliner Ensembles" forschte Ende der sechziger Jahre nach Arbeiten von Maria Lazar. Dies geht aus der Korrespondenz hervor, die Helene Wei-gel mit Auguste Wieghardt-Lazar und Judith Dunmore führte. Ob Helene Weigel mit ihren Recherchen Erfolg hatte, ist mir nicht bekannt. Im Bertolt-Brecht/Hele-ne-Weigel-Archiv befindet sich kein Material von Maria Lazar.

39 Am 2. Juli 1964 schrieb Piscator Ilse Langner, daß er sich „Heimkehr" noch einmal vornehmen wolle. Zu diesem Zeitpunkt war er bereits Intendant an der Volksbühne in Westberlin. Der Brief befindet sich im Nachlaß Langners im Deutschen Literatur-archiv in Marbach.

40 Die einzige Frau, die zu Anfang der siebziger Jahre mit einem Dokumentarstück hervortrat, war Ulrike Meinhof. Ihr Text „Bambule" über Fürsorgezöglinge war als Fernsehspiel konzipiert, doch der Südwestfunk zog die Sendung zurück, als die Be-teiligung Meinhofs an der Befreiung Baaders bekannt wurde. Erst am 19.12.1979 wurde „Bambule" am Schauspielhaus Bochum uraufgeführt.

41 Ihre Manuskripte bekam Ilse Langner unter anderem vom Stadttheater Ingolstadt, vom Badischen Staatstheater Karlsruhe, vom Landestheater Darmstadt, vom Wie-ner Burgtheater und vom Schauspielhaus Zürich zurückgeschickt. Die Absagen befinden sich im Nachlaß Ilse Langners.

42 Die Uraufführung besorgte Frank Lothar, das Bühnenbild schuf H.W. Lenneweit. Es spielten Hilde Weißner (Cornelia Kungström), Siegfried Schürenberg (Thomas Kungström), Heinz Giese (Erik Kungström), Ruth Scheerbarth (Karin Kungström), Hans Albert Martens (Niels Peterson), Robert Taube (Geheimrat Forbius) und Ernst Legal (Jensen).

43 Wanderscheck, Hermann: „‚Cornelia Kungström‘ gewann kein Leben", in: Abend-
    post 31.3.1955.
44 H.W.: „‚Cornelia Kungström‘ in Berlin", in: Weser-Kurier, Bremen 29.3.1955.
45 Wandel, G.: „Mut ohne Fachwissen", in: Westfälische Rundschau, Wuppertal 31.3.
    1955.
46 Diesner, Jürgen: „Das Geheimnis der Cornelia Kungström oder Tatort: Labor", in:
    Darmstädter Echo, 11.2.1985.
47 Gundi Ellert im Gespräch mit Anke Roeder, in: Autorinnen: Herausforderungen an
    das Theater, hrsg. von Anke Roeder, Frankfurt/M. 1989, S. 83.
48 Langer, Ilse: „Leser schreiben", in: Theater heute 6/1984, S. 69.
49 Le Cinéma Réaliste Allemand, zitiert nach Bandmann, Christa/Hembus, Joe: Klas-
    siker des deutschen Tonfilms 1930 – 1960, München 1980, S. 47.
        Die Filmregie führte 1958 Geza von Radvany. Als Darstellerinnen wirkten mit
    Romy Schneider (Manuela von Meinhardis), Lilli Palmer (Fräulein von Bernburg),
    Therese Giehse (Oberin), Blandine Ebinger (Fräulein Rallet), Adelheid Seek (Prin-
    zessin), Sabine Sinjen (Ilse von Westhagen), Ginette Pigeon (Edelgard) u.a.
50 -er: „Aus der Mottenkiste" in: Petrusblatt, Berlin 14.3.1976.
51 Luft, Friedrich: „Hilfe, die Philologen sind da!", in: Die Welt, Hamburg 30.3.1976.
52 Bereits im Oktober 1973 hatte der Regisseur der Berliner Aufführung, Hartmut
    Gehrke, Winsloes Schauspiel an den Bochumer Kammerspielen inszeniert. In Bo-
    chum spielte Elisabeth Ebeling die Manuela, Rosel Zech gab Fräulein von Bernburg
    und Lisel Alex war die Oberin. In Berlin an der Volksbühne spielte Elisabeth Ebe-
    ling wieder mit. Sie gab nun die umschwärmte Lehrerin. Regine Lamster war die
    Manuela. Dorothea Wieck, die in Leontine Sagans Verfilmung Fräulein von Bern-
    burg gewesen war, stellte nun die Oberin dar.
        Im Dezember 1976 führte das Haskala-Theater in Frankfurt, das aus dem
    Jugendzentrum der jüdischen Gemeinde hervorging, noch einmal das Schauspiel
    auf. Günther Gobbel führte Regie, Esther Schapira spielte die Manuela und Monika
    Fischer Fräulein von Bernburg.
53 Das Stadttheater Pforzheim leitete am 8.2.1984 die überfällige Wiederentdeckung
    der Dramatikerin Ilse Langner ein. Jan Frisco Meyer inszenierte das Antikriegs-
    schauspiel „Frau Emma kämpft im Hinterland". Es spielten Roswitha Sickinger
    (Frau Emma Müller), Judith Pöhm (Ursel), Paul Weismann (Feldwebel Müller),
    Hans-Paul Schmeling (Major Starke), Brigitte Hecht (Frau Major Starke), Gudrun
    Glaus (Fräulein Lotte), Thomas Heller (Meinhart), Beate Gundrum (Paula), Birgit
    Zamulo (Schwester Ingeborg) und Michael Ogilvie (Arzt). Etwa ein Jahr später, am
    9.2.1985, brachte Meyer Langners Tragödie „Cornelia Kungström" heraus. Es spiel-
    ten Karin Bremer (Cornelia Kungström), Paul Weismann (Thomas Kungström),
    Markus John (Erik Kungström), Gabriele Alisch (Karin Kungström), Michael Ra-
    sche (Niels Peterson), Peter Baecker (Geheimrat Forbius), Peter Baumann (Jensen)
    und Jens Müller-Rastede (Fremder).
    Wieder mit dem Abstand eines Jahres, am 3.5.1986, stand die Aufführung von
    „Frau Emma" an den Städtischen Bühnen Münster auf dem Programm. Dort führte

Maria Reinhard Regie. Es spielten Barbara Stoll (Frau Emma), Sandra Meyer (Ursel), Helmut Kahn (Feldwebel Müller), Wolfgang Günther (Major Starke), Kristin Zein (Frau Major Starke), Ines von Potow (Lotte), Christophorus Heufken (Meinhart), Angelika Ober (Paula), Dorothea Senz (Schwester Ingeborg), Wolfgang Günther (Arzt) und Helmut Kahn (Paul). Diese Inszenierung zeichnete der Westdeutsche Rundfunk für das Fernsehen auf. Sie wurde 1987 ausgestrahlt.

54 Schulze-Reimpell, Werner: „Die Kleinstadtwelt vor sechzig Jahren", in Frankfurter Rundschau 7. Mai 1991.

55 Hans-Peter Minetti, Gisela Mey, Simone Frost und Angelika Perbelwitz stellten den Einakter „The yellow rose of Texas" und andere Texte der Autorin am 1. April 1984 vor. Die Akademie der Künste der DDR veranstaltete eine Ausstellung mit Rubinstein-Bildern.

56 Thomas Hollaender, Ursula Stamphli und Wolfram Teufel vom Ensemble-Theater lasen am 8. April 1989 im Bildungswerk in Berlin frühe Dramen von Hilde Rubinstein.

57 Rubinstein, Hilde: „Bewältigung des Übermächtigen", in: Kürbiskern, hrsg. von Friedrich Hitzer u.a., München 1967, H. 1, S. 154.

58 Ebd., S. 153.

59 Ebd., S. 158.

60 Anneliese Mehlmann gibt in ihrer Arbeit über Hilde Rubinstein an, daß der Ausschnitt als Teil eines längeren Textes geplant war. (S. 18)

61 Rubinstein, Hilde: „Besuch beim armen Bruder", in: Merkur 15, (1961), H. 11, S. 1095.

62 Rubinstein, Hilde: „Fragen an Dich", in: Tiefgefrorenes Reh. Stücke. Lyrik. Prosa, Berlin (DDR), S. 152.

63 In: augenblick, hrsg. von Max Bense, H. 3, 1958.

64 Rubinstein, Hilde: „The yellow rose of Texas", in: augenblick, hrsg. von Max Bense, 5. Jg., H. 4, April/Juni 1961, S. 21.

65 Das Gutachten von 1957 ist recht aufschlußreich. Zunächst lobt der Verfasser Rubinsteins Arbeit als „spielerisch geistvoll", bemängelt dann aber, daß sie das Thema – die Beziehung zwischen Juden und Deutschen – nicht zeitlos genug gestaltet habe, da ihr die Distanz fehle. Aus diesem Grund rät der Gutachter, der namenlos bleibt, dem Verlag, den Roman nicht zu drucken. Eine Abschrift des Gutachtens besitzt Hilde Rubinstein.

66 Brief von Andersch an Hilde Rubinstein. Im Besitz der Autorin.

67 Rubinstein, Hilde: Herrn Engelberts Entwicklung (Manuskript, unveröffentlicht).

68 Ebd., S. 2.

69 Ebd., S. 5.

70 Ebd., S. 8.

71 Rubinstein, „Bewältigung des Übermächtigen", a.a.O., S. 155.

72 Marti, Kurt: „Eine Rettung", in: Die Tat, Zürich 11.3.1961.

73 Für das Stück, das Hilde Rubinstein 1965 beendete, existiert auch der Titel „Menehat".

74 Rubinstein, Hilde: Atomdämmerung, Zürich 1960, S. 118.

75 Ebd., S. 314f.

76 Rubinstein, Hilde: „Nichts", in: Bateria, Zeitschrift für künstlerischen Ausdruck, Nürnberg/Fürth/Erlangen 1988, S. 108.

77 Rubinstein, Hilde: Das tiefgefrorene Reh, in: Tiefgefrorenes Reh, a.a.O., S. 84. Die nachfolgenden Zitate aus dem Stück werden fortlaufend im Text nachgewiesen.

78 Arno Schmidt schildert bereits 1951 in „Schwarze Spiegel" die Welt nach einem Atomkrieg. „Die Kinder des Saturn" von Jens Rehn kam 1959 heraus. Ilse Langner veröffentlichte ihre „Zyklopen" 1960. Dem Text gab sie den Untertitel „Roman aus dem Beginn des Atomzeitalters".

79 Kurscheid, Raimund: Kampf dem Atomtod! Schriftsteller im Kampf gegen eine deutsche Atombewaffnung, Köln 1981, S. 312ff.

80 Ebd., S. 372.

81 Rubinsteins Übersetzung von Strindbergs „Rotem Zimmer" erschien 1963 im DDR-Verlag Rütten & Loening, 1981 bei Suhrkamp.

82 Rubinstein, Hilde: Spielend leben, in: Tiefgefrorenes Reh, a.a.O., S. 177.

83 Freytag, Gustav: Die Technik des Dramas, Leipzig 1863. Unveränderter Nachdruck der 13. Auflage von 1922, Darmstadt 1969.

84 Weyrauch, Wolfgang: Das grüne Zelt. Die japanischen Fischer. Zwei Hörspiele, Stuttgart 1974.

85 Rubinstein, Hilde: Hochzeit der Toten, in: Tiefgefrorenes Reh, a.a.O., S. 155.

86 Vgl. zu dem Roman „Atomdämmerung" das vorangegangene Kapitel.

87 Vgl. das Kapitel „Eigenes Erleben als Ausgangspunkt".

88 Appell der Schriftsteller Europas, zitiert nach: Gnüg, Hiltrud: „Warnutopien in unserer Gegenwartsliteratur", in: Kürbiskern, hrsg. von Friedrich Hitzer u.a., München 1984, H. 2, S. 154.

89 Vgl. „Eigener Herd ist Goldes wert?!", S. 85ff.

90 Rubinstein, Hilde: „Frauenlob", in: Frankfurter Hefte 30 (1975), S. 93.

91 Ebd., S. 96.

92 Mattenklott, Gert: Bilderdienst, Frankfurt/M. 1985, S. 97. Vgl. auch: Androgyn. Sehnsucht nach Vollkommenheit, Neuer Berliner Kunstverein, Ausstellung und Katalog: Ursula Prinz, Berlin 1986, und Aurnhammer, Achim: Androgynie. Studien zu einem Motiv in der europäischen Literatur, Köln u.a. 1986.

93 Vgl.: Musil, Robert: Der Mann ohne Eigenschaften, Reinbek bei Hamburg 1981. Ulrich, der sich in seiner Schwester Agathe spiegelt, zieht damit einen wiedergefundenen Teil seines Selbst an sich. Bei Musil steht der Mann für Rationalität, die Frau für Emotionalität.

94 Langner, Ilse: Mein Thema und mein Echo, hrsg. von Ernst Johann, Darmstadt 1979, S. 41.

95 Drewitz, Ingeborg: „Die Selbstgewißheit Ilse Langners", in: Thema und Echo, a.a.O., S. 140.

96 Ebd.

97 Langner, Ilse in: Thema und Echo, a.a.O., S. 36.

98 Ebd.

99 Langner, Ilse: „Paris 1947", in: Athena, Berlin, 2 (1947), H. 4, S. 45.

100 Vgl. Langner, Ilse: Zwischen den Trümmern, Berlin 1948.

101 Langner, Ilse: „Aus meinem Tagebuch", in: Aufbau, Berlin 1 (1946), S. 418 – 420.

102 Thema und Echo, a.a.O., S. 36.

103 Langner, Ilse: Himmel und Hölle, S. 56. Das Manuskript befindet sich im Ilse-Langner-Nachlaß im Deutschen Literaturarchiv in Marbach.

104 Paris 1947, a.a.O., S. 47.

105 Langner, Ilse: Carneval. Ein Maskenspiel zwischen Trümmern, S. 1. Das Manuskript befindet sich im Ilse-Langner-Nachlaß im Deutschen Literaturarchiv in Marbach.

106 Langner, Ilse: „Über mich selbst", in: Schlesien, Würzburg, 4 (1959), S. 99.

107 Thema und Echo, a.a.O., S. 40.

108 Langner, Ilse: Heimkehr, in: Dramen I, Würzburg 1983, S. 87ff.

109 Paris 1947, a.a.O., S. 48.

110 Die Arbeit gilt als verschollen. Das Zitat stammt aus: Thema und Echo, a.a.O., S. 41.

111 Drewitz, Ingeborg, a.a.O., S. 137.

112 Über mich selbst, a.a.O., S. 99.

113 Ebd.

114 Ebd.

115 Langner, Ilse: Sonntagsausflug nach Chartres, Hamburg 1956.

116 Israel, F: Nachwort zu: Ein Königliches Kind, Geistliche Stücke und Hörspiele von Marie Luise Kaschnitz und Ilse Langner, Leipzig 1982, S. 214.

117 Thema und Echo, a.a.O., S. 72.

118 Langner, Ilse: Drei Pariser Stücke, Darmstadt 1974.

119 Ebd., S. 136.

120 Alker, Ernst: „Über Ilse Langner", in: Thema und Echo, a.a.O., S. 101.

121 Am 25.5.1952 kam „Sylphide und der Polizist" in Oberhausen heraus. Unter der Regie von Theodor Harten spielten Hildegard Krost (Sylphide), Hildegard Wahrys (Blanche), Martina Otto (Hausmeisterin), Oskar Schättiger (Maurice), Günther Lürssen (Polizist) und Joseph Vandegen. Das Bühnenbild entwarf Lutz Wetz, die Kostüme Ingeborg Schenk.

Am 5.11.1952 wurde „Der venezianischen Spiegel" an den Städtischen Bühnen in Bielefeld uraufgeführt. Benno Hattesen war der Regisseur. Es spielten Traute Fölß (Lianora), Waldtraut Salzmann (Lucia), Luise Barus (Armanda), Arthur Burdan (Antonio), und Tankmar Schenderlein (Gabriello). Das Bühnenbild entwarf Waldemar Mayer-Zack, die Musik für die Aufführung stammte von Ted Uhlich.

122 Bgd.: „Es braucht durchaus kein Zeitstück zu sein. Ilse Langners ,Sylphide und der Polizist' in Oberhausen uraufgeführt", in: Essener Allgemeine Zeitung 25.5.1952.

123 „Die Schönste" und die „Puppe" sind abgedruckt in Ilse Langner: Dramen I, a.a.O. „Salome" befindet sich in: Ein königliches Kind, a.a.O.

124 Thema und Echo, a.a.O., S. 65.

125 Langner, Ilse: Die große Zauberin, Berlin 1938.
126 Drewitz, Ingeborg, a.a.O., S. 137.
127 Zitiert nach Römer, Elisabeth: „Angezogen von moderner Geistigkeit“, Darmstädter Echo 9.11.1963.
128 Drewitz, Ingeborg, a.a.O., S. 141.
129 Drewitz, Ingeborg, a.a.O., S. 142.
130 Cid.: „Die Dramen der Ilse Langner“, in: Darmstädter Echo 12.5.1983.
131 Thema und Echo, a.a.O., S. 53.
132 Langner, Ilse: Rodica. Eine Pariser Novelle, Hamburg 1947, S. 125.
133 Langner, Ilse: Die große Zauberin, Berlin 1938, S. 8.
134 Langner, Ilse: Schwarz-Weiße Magie, Hamburg o.J., S. 168.
135 Ebd., S. 175.
136 Die große Zauberin, a.a.O., S. 100.
137 Langner, Ilse: Cornelia Kungström, in: Dramen I, Würzburg 1984, S. 261. Die nachfolgenden Zitate werden im Text nachgewiesen.
138 Faulkner, William, in: Programmheft „Cornelia Kungström“, Tribüne, Berlin 1955.
139 Adorno, Theodor W.: „Ist die Kunst heiter?“, in: Gesammelte Werke, Bd. 11: Noten zur Literatur, Frankfurt/M. 2. Aufl. 1984, S. 606.
140 Kipphardt, Heinar: In der Sache Robert J. Oppenheimer, in: Stücke I, Frankfurt/M. 1973.
141 Schwarz-Weiße Magie, a.a.O., S. 32.
142 Montijo, Edwin: „Die besten Jahre ihres Lebens“, in: Der Kurier, Berlin 28.3. 1955.
143 Johann, Ernst: „Ur-Mütter und Ur-Mörderinnen“, in: Thema und Echo, a.a.O., S. 143/144.
144 Langner, Ilse: „Das Besondere der Frauendichtung“, in: Deutsche Akademie für Sprache und Dichtung, Jahnbuch 1957, S. 69.
145 Weigel, Sigrid: „Mit Siebenmeilenstiefeln zur weiblichen All-Macht oder die kleinen Schritte der männlichen Ordnung“, in: Feministische Studien, H. 1, Weinheim 1985, S. 148.

V. SchlussBetrachtung

1 Gegenlicht – 60 Jahre Gedok, hrsg. vom Verband der Gemeinschaft der Künstlerinnen und Kunstfreunde e.V. in Zusammenarbeit mit der Staatlichen Kunsthalle Berlin, Berlin 1986, S. 149ff.
2 Mitgliederverzeichnis der Reichsgedok, Ortsgruppe Berlin von 1932/33.
3 Vgl. Reinig, Christa: „Über Christa Winsloe“, Nachwort zu Mädchen in Uniform, München 1982, S. 242.
4 Benjamin, Walter: „Die Krisis des Romans“, in: Gesammelte Schriften, Bd. 3, Frankfurt/M. 1972, S. 230.

LITERATURVERZEICHNIS

1. PRIMÄRTEXTE

1.1. Dramatik

Bethge, Friedrich: Reims, o.O. 1934.

Bruckner, Friedrich: Die Rassen, in: Rühle, Günther (Hrsg.): Zeit und Theater, Bd. 6: Diktatur und Exil, Frankfurt/M., Berlin, Wien 1980.

Credé, Carl: § 218 – Gequälte Menschen, Berlin 1930.

Fleißer, Marieluise: Fegefeuer in Ingolstadt, in: Gesammelte Werke, Bd. 1, hrsg. von Günther Rühle, Frankfurt/M. 1972.

Gmeyner, Anna: Automatenbüfett, Berlin 1932.
dies.: Herr ohne Helden, Berlin o.J.
dies.: Welt überfüllt, Typoskript o.J.

Graff, Sigmund/*Hintze,* Carl Ernst: Die endlose Straße, in: Rühle, Günther (Hrsg.): Zeit und Theater, Bd. 4: Von der Republik zur Diktatur, Frankfurt/M., Berlin, Wien 1980.

Hasenclever, Walter: Der Sohn, München 1917.

Hauptmann, Gerhart: Iphigenie in Aulis, Berlin 1944.

Kalkowska, Eleonore: Josef, Typoskript o.J.
dies.: Katharina, Berlin 1929.
dies.: Lelia, eine Tragödie der Liebe, 4. Bild, in: Der Zeitgeist, Beiblatt zum Berliner Tageblatt, Nr. 29, 16. Juli 1917.
dies.: März. Dramatische Bilderfolge aus dem Jahre 1848, Strassburg 1928.
dies.: Minus x Minus = Plus!, Berlin 1930.
dies.: Sein oder Nichtsein:, Berlin 1931.
dies.: Zeitungsnotizen, Berlin 1933.

Langner, Ilse: Amazonen, Berlin 1933.
dies.: Cornelia Kungström, in: Dramen I, Würzburg 1983.
dies.: Dido, Typoskript 1938/41.
dies.: Die große Zauberin, Berlin 1938.
dies.: Die Heilige aus U.S.A., Berlin 1931.

dies.: Heimkehr. Ein Berliner Trümmerstück, in: Dramen I, Würzburg 1983.

dies.: Himmel und Hölle, Typoskript o.J.

dies.: Iphigenie kehrt heim,. Berlin 1948.

dies.: Katharina Henschke, Berlin 1930.

dies.: Klytämnestra, Hamburg 1947.

dies.: Der Mord in Mykene, Berlin 1937.

dies.: Schwarz-weiße Magie, Hamburg o.J.

dies.: Weiße Asche. Das alte Hotel in Hiroshima, in: Ein königliches Kind. Geistliche Stücke und Hörspiele von Marie Luise Kaschnitz und Ilse Langner. Leipzig 1982.

Lazar, Maria: Der Henker, München 1921.

dies.: (unter dem Pseudonym Esther Grenen) Der Nebel von Dybern, Berlin 1933.

Rehfisch, Hans José: Der Frauenarzt, Berlin 1928.

Rosmer, Ernst: Maria Arndt, Berlin 1908.

Rubinstein, Hilde: Eigener Herd ist Goldes Wert?! oder Nora 1932, Berlin 1933.

dies.: Gespräch unter Kollegen, in: Kürbiskern 1983, H. 4, S. 33 – 34.

dies.: Der große Coup, Typoskript 1930/1958.

dies.: Hirsch Hirschkind. Ein Dialog, in: Tribüne, Frankfurt/M., 12, 1973, H. 48, S. 5510 – 5528.

dies.: Ein Hungerstreik, Typoskript o.J.

dies.: Kannst Du lachen, Johanna? Typoskript 1949.

dies.: Der Mann aus Leiden, in: Tiefgefrorenes Reh. Stücke, Lyrik, Prosa, Berlin (DDR) 1987.

dies.: Nekrolog in Diät-Gaststätte, in: Tribüne, Frankfurt/M., 16 (1977), H. 64, S. 23 – 24.

dies.: Nichts. Ein Finale, in: Bateria. Zeitschrift für künstlerischen Ausdruck, Nürnberg, Fürth, Erlangen 1988, S. 108 – 113.

dies.: Tiefgefrorenes Reh, in: Stücke a.a.O., S. 75ff.

dies.: Die Wandlung des Doctor Martinus. Typoskript 1943.

dies.: Winterkrieg, Typoskript 1925/26.

dies.: The yellow rose of Texas, in: augenblick. Zeitschrift für Tendenz und Experiment, 5 (1961), H. 2, S. 10 – 21.

Winsloe, Christa: Gestern und heute, Berlin 1930.

dies.: Heimat in Not, Typoskript 1933/1935.

dies.: Ritter Nérestau, Berlin, Wien 1930.

dies.: Schicksal nach Wunsch, Berlin 1932.

dies.: Der Schritt hinüber, Stockholm o.J.

Wolf, Friedrich: Cyankali, in: Dramen, Frankfurt/M. 1979.
ders.: Professor Mamlock, in: Dramen, Frankfurt/M. 1979.

1.2. Prosa und Lyrik

Baum, Vicki: Stud. chem. Helene Willfüer, Berlin 1928.

Fleißer, Marieluise: Avantgarde, in: dies.: Gesammelte Werke, Bd. 3, hrsg. von Günther Rühle, Frankfurt/M. 1972, S. 117 – 168.

Gmeyner, Anna (Unter dem Pseudonym Anna Reiner): Café du Dôme, London 1941.
dies.: Manja, Amsterdam 1938. Neuausgabe Mannheim 1984.
dies.: Mary Ann wartet, in: Pariser Tageblatt, 2. Jg., 1934, H. 31 – 45.

Harych, Theo: Im Namen des Volkes? Der Fall Jakubowski. Berlin (DDR) 1958.

Kalkowska, Eleonore: „Frauen schreiben über Zensur", in: Die Literatur, Berlin 31 (1928/29), S. 433 – 434.
dies.: „Gedichte", in: Bühne und Welt, Zeitschrift für Theaterwesen, Literatur und Musik, Berlin, Leipzig, Wien, 14 (1912), S. 107 – 108.
dies.: „Das Grab", in: Die Jugend, München, 21, 1916, S. 696.
dies.: Die Oktave, Berlin 1912.
dies.: „Polen und Deutschland. Randglossen zur Psychologie beider Völker", in: Kawerau, Siegfried (Hrsg.): Die ewige Revolution. Ergebnisse der internationalen Geschichtsforschung im Oktober 1924, Berlin 1925, S. 242 – 247.
dies.: Der Rauch des Opfers. Ein Frauenbuch zum Kriege, Jena 1916.

Kaus, Gina: Katharina die Große, Wien, Leipzig 1935.

Krey, Franz: Maria und der § 218, Berlin 1972.

Langner, Ilse: „Aus meinem Tagebuch: April 1945", in: Aufbau, Berlin 1 (1946), S. 418 – 420.
dies.: „Biographisches", in: Frankfurter Hefte 14 (1959), S. 658 – 659.
dies.: „Erinnerungen an eine Neujahrsfeier in Breslau", in: Schlesien. Vierteljahreszeitschrift für Kunst, Wissenschaft und Volkstum, Würzburg 24 (1979), S. 243 – 247.
dies.: Flucht ohne Ziel, Würzburg 1984.
dies.: Das Gionsfest, Hamburg 1948.
dies.: „Das historische Sewastopol im roten Gewand", in: Berliner Illustrierte Nachtaugabe, 14.7.1928.
dies.: „Ich reise nach Rußland", in: Der Tag, Berlin 31.3.1928.

dies.: „Im Kurort der Bolschewiki", Berliner Illustrierte Nachtausgabe, 3.7.1928.

dies.: „Jede Frau im Alltag eine Dramatikerin", in: Die Zeit, Hamburg 26.9.1958.

dies.: „Kiew, Stadt der Kirchenfestungen", Der Tag, Berlin, 22.7.1928.

dies.: „Das Märchen der Krim", in: Der Tag, Berlin 8.9.1929.

dies.: „Moskauer Reise", in: Schlesisches Tageblatt, Breslau 1. Mai 1930.

dies.: „Mutter Berlin an ihre Töchter", in: Berliner Almanach, 1947.

dies.: „Odessas Glanz und Wandel", in: Der Tag, Berlin 13.4.1929.

dies.: „Paris 1947", in: Athena, Berlin 2 (1947), S. 45 – 53.

dies.: Die purpurne Stadt, Berlin 1937.

dies.: Rodica, Hamburg 1947.

dies.: „St. Petersburg, die entthronte Stadt", in: Berliner Illustrierte Nachtausgabe, 22.5.1928.

dies.: „Schlösser und Fabriken. Das heutige Petersburg", in: Der Tag, Berlin 12.6.1928.

dies.: „Simferopol. Hauptstadt der Krim-Tartaren", in: Schlesische Zeitung, Breslau 10.4.1930.

dies.: Sonntagsausflug nach Chartres, Hamburg 1956.

dies.: „Sowjet-Stadt ohne Lächeln", in: Der Montag, Berlin 14.4.1928.

dies.: „Sturz und Aufschwung", in: Horizont. Halbmonatszeitschrift für junge Menschen, hrsg. von Günther Birkenfeld, Berlin 2 (1947), H. 3, S. 3 – 4.

dies.: „Tag des Grauens", in: Aufbau, Berlin 4 (1948), S. 484 – 485.

dies. „Über mich selbst", in: Schlesien. Vierteljahreszeitschrift für Kunst, Wissenschaft und Volkstum, Würzburg 4 (1959), S. 96 – 100.

dies.: „Zentrale der Bolschewiki", in: Berliner Illustrierte Nachtausgabe, 21.4.1928.

dies.: Die Zyklopen, Hamburg 1960.

Lazar, Maria: Die Vergiftung, Leipzig, Wien 1920.

dies.(unter dem Pseudonym Esther Grenen): Die Eingeborenen von Maria Blut, Rudolfstadt 1958.

dies.: „Der Fall Rist", in: Der Vorwärts, Berlin 47 (1930), H. 147, 28. März ff.

dies.: „Das Jubiläum von Maria Blut", in: Das Wort, Moskau, H. 2, Februar 1937.

dies.: No right to live, London 1934.

dies.: „Van der Feldes Film", in: Die neue Weltbühne, Prag, Wien, Zürich, Nr. 15, 13.4.1933.

dies.: „Veritas verhext die Stadt", in: Berliner Tageblatt, 1. März 1931ff.

dies.: „Waldemar Bonsels und das deutsche Insekt", in: Der Querschnitt, Berlin 6 (1926), H. 7, S. 343 – 345.

Rubinstein, Hilde: „Als der Krieg kam ...", in: Tribüne, Frankfurt/M. 14 (1975), H. 53, S. 6170 – 6172.

dies.: Atomdämmerung, Zürich 1960.

dies.: „Berliner Spaziergänge", in: Kürbiskern, 1987, H. 3, S. 50 – 66.

dies.: „Bewältigung des Übermächtigen", in: Kürbiskern, 1967, H. 1, S. 150 – 159.

dies.: „Der Brautschleier", in: Texte und Zeichen, Darmstadt, Berlin, Neuwied 2 (1956), H. 4, S. 392 – 401.

dies.: Herrn Engelberts Entwicklung (Ms., unveröffentlicht).

dies.: „Frauenlob", in: Frankfurter Hefte 30 (1975), H. 4, S. 93 – 96.

dies: „Gefangenschaft. Notizen aus dem Gefängnis unter Hitler und Stalin", in: Tribüne, Frankfurt/M. 9 (1970), H. 36, S. 3917 – 3937.

dies.: „Ich, Ferdinand Silberstein …": Tribüne, Frankfurt/M. 16 (1977), H. 61, S. 104 – 121, H. 62, S. 99 – 122, H. 63, S. 92 – 110.

dies. „In der Zelle", in: Kuckuck, Flensburg 7 (1980), H. 27/28, S. 45 – 51.

dies.: Lobet den Zorn eurer Söhne und Töchter. Gedichte, Andernach 1977.

dies.: „Das Menschliche und das Unmenschliche", in: Tribüne, Frankfurt/M. 22 (1983), H. 85, S. 136 – 152.

dies.: „Neuköllner Notizen", in: Sand im Getriebe. Neuköllner Geschichte(n), hrsg. vom Neuköllner Kulturverein, Berlin 1985.

dies.: „Sachsenhausen", in: Merkur 15 (1961), H. 1.

dies.: „Sieg Sohlmann", in: Frankfurter Hefte 30 (1975), H. 3, S. 47 – 51.

dies.: Tellurische Nachrichten. Gedichte und Berichte. Berlin 1983.

Winsloe, Christa: Ezio Pinza = Don Giovanni: Keine Kritik. (Ms., unveröffentlicht)

dies.: „Ich fliege Sturz", in: Der Querschnitt, Berlin 6 (1926), H. 12, S. 907 – 909.

dies.: „Ich modelliere Tiere", in: Der Querschnitt, Berlin 6 (1926), H. 3, S. 219 – 221.

dies.: „Ich und der Fremdenverkehr", in: Der Querschnitt, Berlin 7 (1927), S. 712 – 714.

dies.: Das Mädchen Manuela, Amsterdam 1933.

dies.: Passeggiera, Amsterdam 1938.

dies.: Das Raubmörderherz. Skizze (Ms., unveröffentlicht).

dies.: „Rom, den soundsovielten …", in: Der Querschnitt, Berlin 8 (1928), S. 295 – 298.

dies.: „Wenn die Möpse schlafen …", in: Der Querschnitt, Berlin 8 (1928), S. 714 – 715.

dies.: Why I love it: America. (Ms., unveröffentlicht).

dies.: „Zigeuner", in: Der Querschnitt, Berlin 9 (1929), S. 471 – 473.

1.3. Autobiographische Literatur

Aufricht, Ernst Josef: Erzähle, damit du dein Recht erweist, Berlin 1966.

Baum, Vicki: Es war alles ganz anders, Frankfurt/M., Berlin 1964.

Berend-Groa, Ilse: Reisetagebuch „Magnitogorsk", Typoskript 1932, Akademie der Künste Ost-Berlin, Archiv Darstellende Kunst.

Castonier, Elisabeth: Stürmisch bis heiter. Memoiren einer Außenseiterin, München 1964.

Csokor, Franz Theodor: Zeuge einer Zeit. Briefe aus dem Exil 1933 – 1950, Wien, München 1964.

Damerius, Helmut: Über zehn Meere zum Mittelpunkt der Welt. Erinnerungen an die Kolonne Links, Berlin (DDR) 1977.

Dauber, Doris: Eine Nacht – ein Leben, Buenos Aires 1945.

Döblin, Alfred: Autobiographische Schriften und letzte Aufzeichnungen, Olten, Freiburg 1980.

Durieux, Tilla: Meine ersten neunzig Jahre, München, Berlin 1971.

Feuchtwanger, Marta: Nur eine Frau, München 1983.

Fischer, Ernst: Erinnerungen und Reflexionen, Reinbek bei Hamburg 1969.

Frank, Leonhard: Links wo das Herz ist, München 1952.

Frankenthal, Käte: Jüdin, Intellektuelle, Sozialistin. Lebenserinnerungen einer Ärztin in Deutschland und im Exil, Frankfurt/M. 1981.

Giehse, Therese: Ich hab nichts zum Sagen. Gespräche mit Monika Sperr, München, Gütersloh, Wien 1973.

Hasenclever, Walter: Die Rechtlosen, in: Gedichte, Dramen, Prosa, hrsg. von Kurt Pinthus, Reinbek bei Hamburg 1963.
ders.: Irrtum und Leidenschaft, Berlin 1969.

Herdan-Zuckmayer, Alice: Die Farm in den grünen Bergen, Frankfurt/M. 1968.
dies.: Genies sind im Lehrplan nicht vorgesehen, Frankfurt/M. 1981.

Kaus, Gina: Und was für ein Leben ... mit Liebe und Literatur, Theater und Film, Hamburg 1979.

Keienburg, Wolf (Hrsg.): Texte zu einem Lebenslauf. Bilder für eine Verlagschronik. Helmut Kindler zum 70. Geburtstag, Zürich 1982.

Keun, Irmgard: Ich lebe in einem wilden Wirbel. Briefe an Arnold Strauss 1933 – 1847, Düsseldorf 1988.

Kortner, Fritz: Aller Tage Abend, München 1959.

Landau, Lola: Vor dem Vergessen. Meine drei Leben, Frankfurt/M., Berlin 1987.

Langner, Ilse: Mein Thema und mein Echo. Darstellung und Würdigung, hrsg. von Ernst Johann, Darmstadt 1979.

Lazar, Auguste: Arabesken, Berlin (DDR) 1957.

Loerke, Oskar: Tagebücher 1903 – 1939, hrsg. von Hermann Kasack, Heidelberg, Darmstadt 1955.

Mann, Klaus: Der Wendepunkt, München 1981.

Stolten, Inge: Das alltägliche Exil. Leben zwischen Hakenkreuz und Währungsreform, Berlin, Bonn 1982.

Tergit, Gabriele: Etwas Seltenes überhaupt, Frankfurt/M., Berlin, Wien 1983.

Viertel, Salka: Das unbelehrbare Herz, Hamburg, Düsseldorf 1970.

Weichmann, Elsbeth: Zuflucht. Jahre des Exils, Hamburg 1983.

2. Aufführungsrezensionen

zu Anna *Gmeyners „Heer ohne Helden"*:

Bab, Julius: „Heer ohne Helden", in: Hannoversches Tageblatt, Nr. 30, 30.1.1930, S. 7. ders.: „Die ,Ifa' läßt spielen: ,Heer ohne Helden'", in: Neue Badische Landeszeitung, Mannheim 29.1.1930.

Eisner, Lotte H.: „Heer ohne Helden", in: Film-Kurier, Berlin 27.1.1930.

Fingal, Stefan: „Heer ohne Helden", in: Neue Berliner 12-Uhr-Zeitung, 27.1.1930.

Hirsch, Leo: „Theater der Arbeiter", in: Berliner Tageblatt, 28.1.1930.

Ihering, Herbert: „Heer ohne Helden", in: Berliner Börsen-Courier, 27.1.1930.

Jacobi, Lucy von: „Heer ohne Helden", in: Tempo, Berlin 28.1.1930.

Jacobs, Monty: „Theater der Arbeiter", in: Vossische Zeitung, Berlin 28.1.1930.

Junghans, Ferdinand: „Heer ohne Helden", in: Neue Preußische Kreuzzeitung, Berlin 28.1.1930.

Kersten, Paul: „Rotes Mittagsgespenst", in: Der Tag, Berlin 28.1.1930.

Knudsen, Hans: „Heer ohne Helden", in: Die schöne Literatur, H. 3, Leipzig 1930.

Weltmann, Lutz: „Theater der Arbeiter", in: Berliner Volkszeitung, 27.1.1930.

B.P.: „Kommunistische Kunst", in: Berliner Morgen-Zeitung, 27.1.1930.

H.E.: „Heer ohne Helden", in: Danziger Volksstimme, 30.1.1930.

-al: „Anna Gmeyner: Heer ohne Helden", in: Welt am Montag, Berlin 27.1.1930.

K.P.: „Heer ohne Helden", in: Acht-Uhr-Abendblatt, Berlin 27.1.1930.

F. S.-s: „Bolschewistischer Haßgesang im Wallner-Theater", in: Berliner Lokalanzeiger, 27.1.1930.

Mllgr.: „Heer ohne Helden", in: B.-Z. am Mittag, Berlin 27.1.1930.

Anonym: „Heer ohne Helden", in: Berlin am Morgen, 23.1.1930.

Anonym: „Heer ohne Helden", in: Die Rote Fahne, Berlin 23.1.1930, ebd. 24.1.1930, ebd. 25.1.1930, ebd. 26.1.1930, ebd. 28.1.1930.

Anonym: „Heer ohne Helden", in: Breslauer Zeitung, 28.1.1930.

Anonym: „Heer ohne Helden", in: Der Deutsche, Berlin 28.1.1930.

Anonym: „Heer ohne Helden", in: Allensteiner Zeitung, 5.2.1930.

dies.: *„Automatenbüfett"* (Hamburg):

Carl, Carl Dietrich: „Automatenbüfett" (Theatersammlung Hamburg).

Kobbe, Friedrich-Karl: „Automatenbüfett", in: Hamburger Nachrichten, 26.10.1932.

Mahler, A.: „Automatenbüfett", in: Vossische Zeitung, Berlin, 27.10.1932.

Prehm, Friedrich H.: „Zwei Stücke unter Kleistpreis-Ehrung", in: Der Vorspruch. Blätter der Volksbühne Groß-Hamburg, Nr. 8, November/Dezember 1932.

E.A.G.: „Automatenbüfett. Uraufführung der Hamburger Kammerspiele", in: Hamburger Fremdenblatt, 26.10.1932.

E.H.: „Anna Gmeyner: Das Automatenbüfett", 28.10.1932 (Theatersammlung Hamburg)

P.S.: „Hamburg: Automatenbüfett" (Theatersammlung Hamburg).

dies: *„Automatenbüfett"* (Berlin):

Diebold, Bernhard: „Theater zwischendurch", in: Frankfurter Zeitung, Januar 1933 (Theaterinstitut Köln).

Engelbrecht, Hugo: „Automatenbüfett", in: Wiener Zeitung, Nr. 13, 17.1.1933.

Ihering, Herbert: „Das Automatenbüfett", in: Berliner Börsen-Courier, 29.12.1932.

Jacobs, Monty: „Automatenbüfett", in: Vossische Zeitung, Berlin, 29.12.1932.

Kerr, Alfred: „Das Automatenbüfett", in: Berliner Tageblatt, 29.12.1932.

Krünes, Erik: „Im Theater am Schiffbauerdamm: Das Automatenbüfett, in: Berliner Illustrierte Nachtausgabe, 27.12.1932.

Osborn, Max: „Anna Gmeyners Komödie im Schiffbauerdamm-Theater", in: Berliner Morgenpost, 27.12.1932.

Pinthus, Kurt: „Des deutschen Spiessers Wunderhorn", in: Acht-Uhr-Abendblatt, Berlin 27.12.1932.

g. ste.: „Theater am Schiffbauerdamm". (Theaterinstitut Köln)

H.G.B.: „Anna Gmeyners Automatenbüfett", in: Berlin am Morgen, 27.12.1932.

P.W.: „Das Automatenbüfett von Anna Gmeyner", in: B.Z. am Mittag, Berlin 27.12.1932.

dies.: „*Im Trüben fischen*" (Zürich):

wti: „Im Trüben fischen", in: Neue Zürcher Zeitung, 154. Jg., 13.11.1933, S. 5/6.

zu Esther *Grenens „Der Henker":*

Anonym: „Aufführungen in der Neuen Wiener Bühne", in: Elsner, Richard (Hrsg): Das deutsche Drama, 4. Jg., H. 4, Berlin 1.10.1921.

dies.: „*Der Nebel von Dybern*" (Stettin):

H.A: „Uraufführung. Esther Grenen: Der Nebel von Dybern" (Theaterinstitut Köln).

Schr.: „Der Nebel von Dybern", in: B.-Z. am Mittag, Berlin, 21.2.1933.

Anonym : „Uraufführung in Stettin" (Theaterinstitut Köln).

zu Eleonore *Kalkowskas „Josef*" (Dortmund):

Arns, Karl: „Josef (ein Justizirrtum)", in: Das literarische Echo, Berlin Mai 1929.

Bramkamp, Hans: „Eleonore Kalkowska: Josef", in: Kölnische Volkszeitung, 24.3.1929.

Krüger, Alfred: „Der Fall Jakubowski auf der Bühne", in: Berliner Tageblatt, 16.3.1929.

Reger, Erik: „Josef oder ein Justizirrtum", in: Berliner Börsen-Couriers, 19.3.1929.

Schneider, E.A.: „Stadttheater Dortmund – Uraufführung Josef", in: Dortmunder Zeitung, 15.3.1929.

F.H.: „Der ‚Fall' Jakubowski auf der Bühne", in: Der Tag, Berlin 16.3.1929.

W.H.: „Eine Justiztragödie auf der Dortmunder Bühne", in: Westfälische Allgemeine Volkszeitung, 16.3.1929.

-er: „Stadttheater: Uraufführung", in: Generalanzeiger für Dortmund, 15.3.1929.

Anonym: „Josef – Tragödie aus unserer Zeit", in: Tremonia, Dortmund 16.3.1929.

Anonym: „Der Fall Jakubowski", in: Völkischer Beobachter, München 26.3.1929.

dies.: „*Josef*" (Berlin/Volksbühne):

Bückler, Johannes: „Frau Kalkowska und die Volksbühne", in: Die Weltbühne, Berlin 30.4.1929.

Eloesser, Arthur: „Jakubowski auf der Bühne", in: Vossische Zeitung, Berlin 16.4.1929.

Fechter, Paul: „Volksbelustigung am Sonntag", in: Deutsche Allgemeine Zeitung, Berlin 16.4.1929.

Filcher, Hans W.: „Riesenskandal in der Volksbühne", in: Die Welt am Montag, Berlin 15.4.1929.

Frotscher, E.: „Der Skandal in der Volksbühne", in: Berliner Illustrierte Nachtausgabe, 15.4.1929.

Georg, Manfred: „Eleonore Kalkowska: Josef", in: Tempo, Berlin 15.4.1929.

Heilborn, Ernst: „Theater im Theater", in: Frankfurter Zeitung, 16.4.1929.

Ihering, Herbert: „Ein überflüssiger Skandal", in: Berliner Börsen Courier, 15.4.1929.

Junghans, Ferdinand: „Tumult in der Volksbühne", in: Neue Preußische Kreuzzeitung, Berlin 16.4.1929.

Kerr, Alfred: „Eleonore Kalkowska: Josef", in: Berliner Tageblatt, 15.4.1929.

Kersten, Paul: „Viel Lärm um die Kalkowska", in: Der Tag, Berlin 16.4.1929.

Krünes, Erik: „Josef", in: Berliner Illustrierte Nachtausgabe, 16.4.1929.

Kubsch, Hugo: „Theaterskandal in der Volksbühne", in: Deutsche Tageszeitung, Berlin 15.4.1929.

Maderno, Alfred: „Wieder ein Theaterskandal", in: Berliner Lokalanzeiger, 15.4.1929.

Pinthus, Kurt: „Protest in und von der Volksbühne", in: Acht-Uhr-Abendblatt, Berlin 15.4.1929.

Westecker, Wilhelm: „Skandal um ein Tendenzstück", in: Berliner Börsen-Zeitung, 15.4.1929.

O.S.: „Jakubowski-Drama in der Volksbühne", in: Die Welt am Abend, Berlin 15.4.1929.

P.W.: „Kalkowska: Josef", in: B.-Z. am Mittag, Berlin 16.4.1929.

Anonym: „Josef", in: Die Welt am Abend, Berlin 16.4.1929.

Anonym: „Krach um Josef", in: Die Kunst dem Volke. Blätter der Volksbühne Berlin, 1928/29, H. 5, S. 19/20.

dies.: *„Josef"* (Berlin/Lessingtheater):

Bachmann, Heinrich: „Lessingtheater", in: Germania. Zeitung für das deutsche Volk, Berlin 13.8.1929.

Diebold, Bernhard: „Jakubowski – dramatisiert", in: Frankfurter Zeitung, 12.8.1929.

Georg, Manfred: „E. Kalkowska: Josef", in: Tempo, Berlin 13.8.1929.

Ihering, Herbert: „Josef", in: Berliner-Börsen-Courier, 12.8.1929.

Keményi, Alfred: „Josef – Aufgeführt von der Gruppe Junger Schauspieler", in: Die Rote Fahne, Berlin 14.8.1929.

Palitzsch, O.A.: „Josef im Lessingtheater", in: Vossische Zeitung, Berlin 14.8.1929.

Wilde, Richard: „Eleonore Kalkowska: Josef", in: Acht-Uhr-Abendblatt, Berlin 13.8.1929.

Kpn.: „Nochmals das Jakubowski-Drama", in: Berliner Börsen-Zeitung 13.8.1929.

dies.: *„Josef"* (Leipzig):

hgr.: „Ein Märchen zum Fürchten", in: Leipziger Volkszeitung, 27.11.1930.

Mab.: „Die Zeittragödie Josef", in: Chemnitzer Tageblatt, 28.11.1930.

Anonym: „Josef", in: Dresdner Anzeiger, 27.11.1930.

dies.: *„Zeitungsnotizen":*

Burger, Erich: „Das Theater ruft", in: Berliner Tageblatt, 5.12.1932.

Diebold, Bernhard: „Zeitungsnotizen", in: Frankfurter Zeitung, 5.12.1932.

Eisner, Lotte H.: „Zeitungsnotizen", in: Film-Kurier, Berlin, um den 5.12.1932.

Eloesser, Arthur: „Zeitungsnotizen", in: Vossische Zeitung, Berlin 5.12.1932.

Faktor, Emil, „Zeitungsnotizen", in: Berliner Börsen-Courier, 5.12.1932.

Hesse, Otto Ernst: „Zeitungsnotizen", in: B.Z. am Mittag, 5.12.1932.

Köppen, Franz: „Zeitungsnotizen", in: Berliner Börsen-Zeitung, 5.12.1932.

Mann, Heinrich: „Die Macht des Gefühls", in: Berliner Tageblatt, 12.12.1932.

Osborn, Max: „Zeitungsnotizen", in: Berliner Morgenpost, 6.12.1932 und 13.12.1932.

Pinthus, Kurt: „Zeitungsnotizen", in: Acht-Uhr-Abendblatt, Berlin 5.12.1932.

Trotz, Stefan: „Notizbuch", in: Berliner Herold, 21.4.1929.

Victor, Walther: „… den Menschen ein Wohlgefallen?", in: Acht-Uhr-Abendblatt, Berlin 13.12.1932.

M.G.: „Zeitungsnotizen", in: Montagspost, Berlin 5.12.1932.

M.H.: „Dichtende Dame – dichtende Frau", in: Vorwärts, Berlin 5.12.1932.

W.H.: „Kalkowska: Zeitungsnotizen", in: Germania, Berlin 5.12.1932.

P.M.: „Zeitungs-Notizen", in: 12-Uhr-Blatt, Berlin 5-12.1932.
ders.: „Nun im Abendspielplan: Zeitungsnotizen", in: 12-Uhr-Blatt, Berlin 13.12.1932.

Anonym: „Zeitungsnotizen", in: Das Theater, Berlin 13 (1932), S. 200.

Anonym: „Zeitungsnotizen", in: Die Welt am Montag, Berlin 19.12.1932.

zu Ilse *Langners „Frau Emma kämpft im Hinterland"* (Berlin)

Georg, Manfred: „Brotmarkentragödie", in: Tempo, Berlin 6.12.1929.

Heilborn, Ernst: „Schwank im Ernst und Ernst im Schwank", in: Frankfurter Zeitung, 5.12.1929.

Ihering, Herbert: „Frau Emma kämpft im Hinterland", in: Berliner Börsen-Courier, 5.12.1929.
ders.: „Frau in Front", in: Berliner Börsen-Courier, 18.2.1931.

Kerr, Alfred: „Frau Emma kämpft im Hinterland", in: Berliner Tageblatt, 6.12.1929.

Knopf, Julius:„Frau Emma kämpft im Hinterland", in: Berliner Börsen-Zeitung, 5.12.1929.

Palitsch, O.A.: „Frau Emma kämpft im Hinterland", in: Vossische Zeitung, Berlin 6.12.1929.

Pinthus, Kurt: „Das Kriegsstück einer Frau", in: Acht-Uhr-Abendblatt, Berlin 6.12.1929.

Strecker, Karl: „Aufführung in Berlin" (Theatersammlung Hamburg).

F.: „Frau Emma kämpft im Hinterland", in: Deutsche Allgemeine Zeitung, Berlin 6.12.1929.

F.S-s.: „Mitternachts-Alpdruck", in: Der Tag, Berlin 6.12.1929.

Mllgr.: „Frau Emma kämpft im Hinterland", B.Z. am Mittag, Berlin 6.12.1929.

nbg.: „Frau Emma kämpft im Hinterland", in: 12-Uhr-Zeitung, Berlin 5.12.1929.

dies.: *„Frau Emma kämpft im Hinterland"* (Gera):

Erofu: „2. Studioaufführung der Schauspielschule des Reußischen Theaters", in: Ostthüringer Tribüne, Gera 11.2.1931.

dies.: *„Frau Emma kämpft im Hinterland"* (Pforzheim):

Diesner, Jürgen: „Als Frauen beginnen mußten, ihren Mann zu stehen", in: Darmstädter Echo, 10.2.1984.

Fröse, Dirk H.: „Frau Emma sagt die Gefolgschaft auf", in: Die Deutsche Bühne 4 (1984), S. 7/8.

Griguscheit, Kurt: „Antikriegsstück wiederentdeckt", in: Badische Neueste Nachrichten, Karlsruhe 10.2.1984.

Kirchner, Walter Andreas: „Pforzheim applaudiert einer schlesischen Dichterin", in: Kulturpolitische Korrespondenz vom 31.3.1984.

Müll, Christoph: „Selbst ist die Frau – die Autorin Ilse Langner wiederentdeckt", in: Theater heute 4 (1984), S. 55.

Müll, Christoph: „Die Frauen machen am Herd mobil und werden zu echten Friedensweibern", in: Presse Ulm, 13.2.1984.

Schostack, Renate: „Ilse Langners Song von der Solidarität der Frauen", in: Frankfurter Allgemeine Zeitung, 29.2.1984.

Schnabel, Dieter: „Emmas Kampf", in: Augsburger Allgemeine, 17.2.1984.

en.: „Judith Pöhm zeigte eine reife und schöne Leistung", in: Der Erzähler, 11.2.1984.

hesch: „Frau Emma und des Krieges Schrecken", in: Mannheimer Morgen, 13.2.1984.

hz.: „Land ohne Hinterland", in: Darmstädter Echo, o.D.

K.G.: „Sehnsucht nach Menschlichkeit", in: Schwarzwälder Bote, 17.2.1984.

pec.: „Signal für vergessene Autorin", in: Pforzheimer Courier, 8.2.1984.

dies.: *Die Heilige aus U.S.A.".*

Ansbach, E. / *Langner,* I.: „Mary bleibt umstritten", in: Berliner Lokalanzeiger, 29.11.1931.

Bachmann, Heinrich: „Die Heilige aus U.S.A.", in: Germania, Berlin 7.11.1931.

Berger, Ludwig: „Protest gegen Protest", in: Deutsche Zeitung, Berlin 6.11.1931.

Eloesser, Arthur: „Die Heilige aus U.S.A.", in: Vossische Zeitung, Berlin 6.11.1931.

Diebold, Bernhard: „Die Heilige aus U.S.A.", in: Frankfurter Zeitung, 6.11.1931.

Fechter, Paul: „Ilse Langner: Die Heilige aus U.S.A.", in: Deutsche Allgemeine Zeitung, Berlin 6.11.1931.

Haas, Willy: „Der Unkrautgarten Gottes", in: Montag-Morgen, Berlin 9.11.1931.
ders.: „Debattiertheater", in: Berliner Börsen-Courier, 21.11.1931.

Jacobs, Monty: „Theater in Berlin", in: Magdeburger Generalanzeiger, ca. 9.11.1931.

Kerr, Alfred: „Die Heilige aus U.S.A.", in: Berliner Tageblatt, 6.11.1931.

Kienz, Florian: „Ilse Langner: Die Heilige aus U.S.A.", in: Bremer Nachrichten, 11.11.1931.

Köppen, Franz: „Mary Baker auf der Bühne", in: Berliner Börsen-Zeitung, 6.11.1931.

Krünes, Erik: „Die Heilige aus U.S.A.", in: Der Tag, Berlin 6.11.1931.

Kubsch, Hugo: „Die Heilige aus U.S.A.", in: Deutsche Tageszeitung, Berlin 7.11.1931.

Langner, Ilse: „Leben einer amerikanischen Heiligen", in: B.-Z. am Mittag, Berlin 4.11.1931.
dies.: „Die Sekte der Prosperity", in: Tempo, Berlin 5.11.1931.
dies.: „Warum ich die Heilige aus U.S.A. schrieb" (Theaterinstitut Köln).
dies.: „Debatte um die Heilige", in: Berliner Illustrierte Nachtausgabe, 14.11.1931.
dies.: „Ilse Langner schreibt uns", in: Wiener Allgemeine Zeitung, 3.12.1931.

Lustig, Hans G.: „Die Heilige aus U.S.A.", in: Tempo, Berlin 6.11.1931.

Moltke, Helmut Graf von: „Der Streit um Christian Science", in: Vossische Zeitung, Berlin 8.12.1931.

Osborn, Max: „Die Heilige aus U.S.A.", in: Die Weltstadt, Berlin 9.11.1931.

Pfeiffer, Herbert: „Die Heilige aus U.S.A.", in: Die Weltstadt, Berlin 9.11.1931.

Riedel, Richard: „Ilse Langner: Die Heilige aus U.S.A..", in: Der Tag, Berlin 7.11.1931.

Schabbel, Otto: „Die Christian Science auf der Reinhardt-Bühne", in: Chemnitzer Tageblatt, 6.11.1931.

Sternaux, Ludwig: „Revue-Spuk um eine Tote", in: Berliner Lokal-Anzeiger, 6.11.1931.

Weltmann, Lutz: „Vorhang auf! Die Heilige aus U.S.A.", in: Berliner Volkszeitung, 7.11.1931.

Zwehl, Hans v.: „Die Heilige aus U.S.A.", in: Neue Montags-Zeitung, Berlin 9.11.1931.

W.: „Die Gesundbeterin der 50.000", in: Acht-Uhr-Abendblatt, Berlin 4.11.1931.

A.E.: „Historie und Musik", in: Berliner Tageblatt, 7.11.1931.

F.: „Premiere von gestern", in: Deutsche Allgemeine Zeitung, Berlin 6.11.1931.

W.F.: „Die Heilige aus U.S.A.", in: Schöneberger Friedenauer Lokal-Anzeiger, Berlin 24.11.1931.

hs.: „Die Heilige aus U.S.A.", ca. 20.11.1931. (Theaterinstitut Köln).

U.H.: „Die Heilige aus U.S.A.", in: Neue Preußische Kreuz-Zeitung, Berlin 6.11.1931.

W.H.: „Berliner Theater", in: Die literarische Welt, Berlin 20.11.1931.

E.K.: „Die Szene wird zum Tribunal", in: Deutsche Tageszeitung, Berlin 21.11.1931.

H.K.: „Theater: Die Heilige aus U.S.A.", in: B.-Z. am Mittag, Berlin 21.11.1931.

Kn.: „Ein Stück von der Christlichen Wissenschaft", in: Die Welt am Abend, Berlin 6.11.1931.

-l.: „Diskussion um die Heilige aus U.S.A.", ca. 14.11.1931 (Theaterinstitut Köln).

mondo: „Recherche nach dem Theater", in: Tempo, Berlin 6.11.1931.

P.M.: „Die Heilige aus U.S.A..", in: Neue Berliner 12-Uhr-Zeitung, 6.11.1931. ders.: „Die ,andere Seite' hat das Wort", in: Neue Berliner 12-Uhr-Zeitung, ca. 10.11.1931.

H.O.: „Die Heilige aus U.S.A.", in: Der Angriff, Berlin 9.11.1931.

Pg.: „Die Heilige aus U.S.A.", in: Der Deutsche, Berlin 7.11.1931.

Re.-e.: „Christliche Wissenschaft bei Reinhardt", in: Berliner Westen, 8.11.1931.

Sch.: „Die Heilige aus U.S.A.", in: Dresdner Nachrichten, 6.11.1931.

h.st.: „Die Musik zur Heiligen aus U.S.A.", in: Berliner Börsen-Courier, 7.11.1931.

F.C.W.: „Heilige Hoffnung auf Hausse", in: Berlin am Morgen, 8.11.1931.

P.W.: „Die Heilige aus U.S.A.", in: B.-Z. am Mittag, Berlin 6.11.1931.

Anonym: „Ilse Langner: Die Heilige aus U.S.A.", in: Rhein.-Westf. Zeitung, Essen 6.11.1931.

Anonym: „Die Heilige aus U.S.A.", in: Film-Courier, Berlin 7.11.1931.

Anonym: „Die Heilige aus U.S.A. – Gotteslästerung?", ca. 13.11.1931 (Theaterinstitut Köln).

Anonym: „Der Streit um die Heilige aus U.S.A.", in: Berliner Illustrierte Nachtausgabe, 13.11.1931.

Anonym: „Strafantrag der Christian Science gegen Ilse Langner", in: Danziger Neueste Nachrichten, 14.11.1931.

Anonym: „Wer hat Gott gelästert?", in: Der Vorwärts, Berlin 21.11.1931.

Anonym: „Parlament im Theater", in: Der Tag, Berlin 21.11.1931.

Anonym: „Berliner Theaterspiegel", in: Das Theater, Berlin November 1931, S. 100.

dies.: *Der Mord in Mykene*:

Bonte, Hans Georg: „Ilse Langners Tragödie Der Mord in Mykene", ca. 5.11.1937 (Theaterinstitut Köln).

Eckhardt, F.O.: „Der Mord in Mykene", in: Frankfurter Zeitung, 28.10.1937.

Meyer, Helmut: „Ilse Langner: Der Mord in Mykene", ca. 28.10.1937 (Theaterinstitut Köln).

dies.: *Iphigenie kehrt heim*:

O.R.: „Iphigenie neu gesehen", in: Tägliche Rundschau, Berlin 14.5.1946.

dies.: *Klytämnestra*:

K.St.: „Eine neue Klytämnestra", in: Der Kurier, Berlin 17.10.1946.

-ps: „Ilse Langners Klytämnestra", in: Die Welt, Berlin 8.6.1946.

rit.: „Ilse Langners Klytämnestra", in: Der Telegraf, Berlin 16.10.1946.

dies.: *„Heimkehr":*

Montijo, Edwin: „Auf der Lesebühne", in: Der Kurier, Berlin 22.10.1951.

W.V.: „Die tiefere Bedeutung", in: Die Neue Zeitung, München 23.10.1951.

-hg.: „Neue deutsche Dramatik", in: Der Tagesspiegel, Berlin 21.10.1951.

dies.: *„Sylphide und der Polizist":*

Dallontano, E.R.: „Schlesische Melodie aus Paris", in: Rheinischer Merkur, Köln, Koblenz 1.6.1952.

Königsberger, Otto: „Lebendige Seele im Hinterhof", in: Wattenscheider Anzeiger, 27.5.1952.

Schmidt, K.H.: „Sylphide und der Polizist", in: Weser-Kurier, Bremen 31.5.1952.

Schön, Gerhard: „Pariser Hinterhofballade", 5.6.1952 (Theaterinstitut Köln).

Trouwhorst, Rolf: „Sylphide und der Polizist", in: Neue Ruhr-Zeitung, 26.5.1952.
ders.: „Deutsche Autorinnen in Uraufführung", in: Darmstädter Echo, 9.6.1952.

Urbach, Ilse: „Auf einem Pariser Hinterhof", in: Die Welt, Hamburg 26.5.1952.

Vielhaber, Gerd: „Sylphide und der Polizist", in: Neue Frankfurter Presse, 17.6.1952.
ders.: „Menschen im Hinterhof", in: Neuß-Grevenboicher Zeitung, 27.5.1952.

bad: „Sylphide und der Polizist", in: Westdeutsche Neue Presse, Köln 26.5.1952.

Bgd.: „Es braucht durchaus kein Zeitstück zu sein", in: Essener Allgemeine Zeitung, 25.5.1952.

G.S.: „Ilse Langner in Oberhausen", in: Bremer Nachrichten, 31.5.1952.

H.M.: „In einem Pariser Hinterhof", in: Düsseldorfer Nachrichten, 27.5.1952.

K.Sch.: „Sylphide und der Polizist", in: Abendzeitung, 21.3.1952.

-st: „Sylphide und der Polizist", in: Volksblatt Emskirchen, 20.5.1952.

dies.: *„Der Venezianische Spiegel":*

Beckmann, Heinz: „Allzu goldene Vögel", in: Rheinischer Merkur, 14.11.1952.

Heerwagen, Fritz: „Ilse Langner: Der venezianische Spiegel", in: Frankfurter Allgemeine Zeitung, 7.11.1952.

Hoffmann, Paul: „Der venezianische Spiegel", in: Die Neue Zeitung, München 8.11.1952.

Jacobi, Johannes: „Uraufführung: Der venezianische Spiegel", in: Weser-Kurier, Bremen 8.11.1952.

Knodt, Josef: „Ein Drama der Friedenssehnsucht", in: Kölnische Rundschau, 14.11.1952.

Koch: „Im ‚venezianischen Spiegel' magische Wünsche", in: Abendpost, Frankfurt/M. 6.11.1952.

Schön, Gerhard: „Der venezianische Spiegel", in: Aachener Nachrichten, 12.11.1952.

Steinberg, Theo: „In Dublee gefaßt", in: Die Welt, Hamburg 7.11.1952.

K.u.: „Kehrt die Poesie auf die Bühne zurück?", in: Herforder Anzeiger, 7.11.1952.

P.H.: „Der venezianische Spiegel", in: Der Tagesspiegel, Berlin 2.12.1952.

Anonym: „Neues Drama von Ilse Langner", in: Frankfurter Rundschau, 8.11.1952.

Anonym: „In Bielefeld: Uraufführung von Ilse Langner", in: Süddeutsche Zeitung, München 12.11.1952.

dies.: *„Cornelia Kungström"* (Berlin):

Barnhagen, A.: „Cornelia Kungström", in: Der Abend, Berlin 28.3.1955.

Brendemühl, Rudolf: „Mensch und Verhängnis", in: Die Nachtdepesche, Berlin 23.3.1955.

Busse, Christa: „Strohwitwer und Serum-Heilige", in: Der Mittag, Düsseldorf 21.3.1955.

Ferber, Thomas: „Eine Frau klagt an", in: B.Z., Berlin 29.3.1955.

Goetz, Wolfgang: „Cornelia Kungström", in: Morgenpost, Berlin 29.3.1955.

Henseleit, Felix: „Des Teufels Forscherin", in: Neue Presse, Frankfurt/M. 9.4.1955.

Kienzl, Florian: „Mörderische Nobelpreisträgerin", in: Der Tag, Berlin 29.3.1955.

Luft, Friedrich: „Die unselige Erfinderin", in: Die Welt, Hamburg 29.3.1955.
ders.: „Viermal Theater und ein Dichter", in: Süddeutsche Zeitung, München 1.5.1955.

Montijo, Edwin: „Die besten Jahre ihres Lebens", in: Der Kurier, Berlin 28.3.1955.

Ritter, Heinz: „Die Serumheilige oder der Kaninchenkummer", in: Telegraf, Berlin 29.3.1955.

Rotzoll, Christa: „Mutters fürchterliches Gift", in: Mannheimer Morgen, 1.4.1955.
dies.: „Von Rühmann bis Gérard Philippe", in: Stuttgarter Nachrichten, 2.4.1955.

Schäfer, E.G.: „Schauspiel des zerstörenden Lebens", in: Hessische Nachrichten, Kassel 4.4.1955.

Schwiefert, Fritz: „Die Pest in der Retorte", in: Tagesspiegel, Berlin 29.3.1955.

Schwirten, Ethel: „Traktätchen des guten Willens", in: Frankfurter Rundschau, 4.4.1955.

Wandel, G.: „Mut ohne Fachwissen", in: Westdeutsche Rundschau, Wuppertal 31.3.1955.

Wanderscheck, Hermann: „Cornelia Kungström gewann kein Leben", in: Abendpost, 31.3.1955.

f.: „Gewissen oder Herz?", in: Berliner Stimme, 8.4.1955.

H.W.B.: „Cornelia Kungström", in: Welt der Arbeit, Köln 15.4.1955.

K.: „Die Pestilenz der Cornelia Kungström", in: Idar-Obersteiner Nachrichten, 5.4.1955.

E.K.: „Wissenschaft, die Leben zerstört", in: Spandauer Volksblatt, Berlin 1.4.1955.

H.K.: „Der neue Christopher Fry", in: Nürnberger Nachrichten, 16.6.1955.

H.U.K.: „Komödiant und schlechtes Stück", in: Gütersloher Zeitung, 6.4.1955.

F.L.: „Fahrlässige Cornelia", in: Die Welt, Hamburg 29.3.1955.

M.: „Mutter- oder Menschenliebe?", in: Hannoversche Presse, 15.4.1955.

C.O.: „Bunte Berliner Theater-Palette", in: General-Anzeiger, Wuppertal 28.3.1955.

W.S.: „Fluch der Wissenschaft", in: Rheinische Post, 31.3.1955.

H.W.: „Cornelia Kungström in Berlin", in: Weser-Kurier, Bremen 29.3.1955.

L.W.: „Das todbringende Gift", in: Frankfurter Nachtausgabe, 2.4.1955.

Anonym: „Cornelia Kungström uraufgeführt", in: Pfälzische Volkszeitung, Kaiserslautern, 29.3.1955.

Anonym: „Gegenwartsautoren tun sich schwer", in: Main-Post, Würzburg 31.3.1955.

dies.: *„Cornelia Kungström"* (Pforzheim):

Dierks, Margarete: „Die Frau als Wissenschaftlerin", in: Korrespondenz, Bonn 15.3.1985.

Diesner, Jürgen: „Das Geheimnis der Cornelia Kungström oder Tatort Labor", in: Darmstädter Echo, 11.2.1985.

Domes, Heinrich: „Wenn die Abendglocken des Gewissens schrillen", in: Der Erzähler, 14.2.1985.

Hübsch, Reinhard: „Cornelia Kungström in Pforzheim", in: Kultur aktuell, SFW 1, Berlin 11.2.1985.

Krohn, Rüdiger: „Das Unglück der Frauen ist geglückt", in: Stuttgarter Zeitung, 20.2.1985.
ders.: „Die Biochemikerin als Große Mutter", in: Badische Zeitung, Freiburg 22.1.1985.

Schnabel, Dieter: „Die Entscheidung emanzipierter Frauen", in: Eßlinger Zeitung, 7.3.1985.

ders.: „Pforzheim: Cornelia Kungström", in: Theater-Rundschau, Bonn April 1985, S. 9.

ders.: „Tragödie der Chemie", in: Badisches Tageblatt, Baden-Baden 7.3.1985.

ders.: „Vergessene Dramatikerin in Pforzheim wiederentdeckt", in: Kreisnachrichten, Calw 16.3.1985.

Schostack, Renate: „Die Serumsheilige", in: Frankfurter Allgemeine Zeitung, 13.3.1985.

Cid.: „Drama einer Wissenschaftlerin", in: Darmstädter Echo, 8.2.1985.

D.-s.: „Eine Tragödie von Ilse Langner", in: Darmstädter Tageblatt, 5.2.1985.

zu Maria *Lazars: „Der Henker":*

Anonym, in: *Elsner,* Richard (Hrsg.): Das deutsche Drama, 4. Jg., H. 4, Berlin 1.10.1921, S. 217.

dies.: *„Der Nebel von Dybern"* (unter dem Pseudonym Esther Grenen):

H.A.: „Uraufführung. Esther Grenen: Der Nebel von Dybern" (Theaterinstitut Köln).

kö.: „Der Nebel von Dybern", in: Theater-Tageblatt, Berlin 23.2.1933.

Schr.: „Der Nebel von Dybern", in: B.Z. am Mittag, Berlin 21.2.1933.

Anonym: „Uraufführung in Stettin", 1.3.1933 (Theaterinstitut Köln).

zu Hilde *Rubinsteins „Eigener Herd ist Goldes wert?!"* (unter dem Pseudonym Hilde B. Winrich):

Kemény, Alfred: „Eigener Herd ist Goldes wert?!", in: Die Rote Fahne, Berlin 29.12.1932.

Lüdecke, Heinz: „Junge Volksbühne", in: Illustrierte Rote Post, 1/1933.

zu Hilde *Rubinsteins „Der große Coup":*

dr. reim: „... und zu leicht befunden! Hilde Rubinsteins Komödie im Theater des Friedens", in: Liberaldemokratische Zeitung, Halle 15.1.1958.

Walkhoff, Hans: „Der große Coup – kein großer Coup", in: Mitteldeutsche Nachrichten, Halle 15.1.1958.

zu Christa *Winsloes „Ritter Nérestan":*

Balthasar, Fritz: „Christa Winsloe: Ritter Nérestan", in: Berliner Börsen-Courier, um den 31.12.1930.

E.E.: „Christa Winsloe: Ritter Nérestan", um den 31.12.1930 (Theaterinstitut Köln).

H.N.: „Ritter Nérestan", um den 31.12.1930 (Theaterinstitut Köln).

V.T.: „Leipzig: Ritter Nérestan von Winsloe", um den 31.12.1930 (Theaterinstitut Köln).

W.K.: „Christa Winsloe: Ritter Nérestan", um den 31.12.1930 (Theaterinstitut Köln).

zu dies.: *„Gestern und heute":*

Eloesser, Arthur: „Gestern und heute", in: Vossische Zeitung, Berlin 9.4.1931.

Engel, Fritz: „Gestern und heute", in: Berliner Tageblatt, 7.4.1931.

Faktor, Emil: „Gestern und heute", in: Berliner Börsen-Courier, 7.4.1931.

Falk, Norbert: „Christa Winsloe: Gestern und heute", in: B.-Z. am Mittag, 7.4.1931.

Knopf, Julius: „Christa Winsloe: Gestern und heute", in: Berliner Börsen-Zeitung, 8.4.1931.

Kobbe, Friedrich-Karl: „Gestern und heute", in: Hamburger Nachrichten, 8.4.1931.

Haas, Willy: „Christa Winsloe: Gestern und heute", in: Der Montag-Morgen, Berlin 7.4.1931.

Heilborn, Ernst: „Die Heiligen Mädchen", in: Frankfurter Zeitung, 8.4.1931.

Hollaender, Fritz: „Christa Winsloes Schauspiel Gestern und heute", in: Acht-Uhr-Abendblatt, Berlin 7.4.1931.

F.S.-s.: „Christa Winsloe: Gestern und heute", in: Berliner Lokalanzeiger, 7.4.1931.

Anonym: „Gestern und heute", in: Das Theater, Berlin 12 (1931), S. 191.

zur Verfilmung *„Mädchen in Uniform"* von 1931

Arnheim, Rudolf: „Babys, Jungen und Mädchen", in: Die Weltbühne, Berlin 8.12.1931.

Eisner, Lotte H.: „Mädchen in Uniform", in: Film-Kurier, Berlin 28.11.1931.

Ihering, Herbert: „Star und Gemeinschaftsfilm", in: Berliner Börsen-Courier, 28.11.1931.

Püttmann, Eduard Oskar: „Mädchen in Uniform", in: Die Freundin, Berlin 20.1.1932.

Wollenberg, H.: „Mädchen in Uniform", in: Licht-Bild-Bühne, Berlin 28.11.1931.

-ap-: „Mädchen in Uniform", in: Vossische Zeitung, Berlin 28.11.1931.

Anonym: „Mädchen in Uniform", in: Mein Film, Nr. 317, Wien 1932.

3. Sekundärliteratur

Andersch, Alfred: Deutsche Literatur in der Entscheidung. Ein Beitrag zur Analyse der literarischen Situation, Karlsruhe 1948.

Anselm, Sigrun: „Emanzipation und Tradition in den 20er Jahren", in: Triumph und Scheitern in der Metropole. Zur Rolle der Weiblichkeit in der Geschichte Berlins", hrsg. von Sigrun Anselm und Barbara Beck, Berlin 1987, S. 253 – 274.

Arnau, Frank (Hrsg.): Universal Filmlexikon 1932, Berlin 1932.

Arnold, Robert Franz: Das moderne Drama, Straßburg 1908.
ders.: „Tendenz- und Gegenwartsdrama", in: Das deutsche Drama, München 1925.

Bab, Julius: Die Frau als Schauspielerin, Berlin 1915.

Bandmann, Christa, *Hembus,* Joe: Klassiker des deutschen Tonfilms 1930 – 1960, München 1980.

Barck, Simone, *Diezel,* Peter, *Jarmatz,* Klaus: Kunst und Literatur im antifaschistischen Exil 1933 – 1945, Bd. 1: Exil in der UdSSR, Frankfurt/M. 1979.

Bartos, Krysztof: „Eleonore Kalkowska: Josef und Zeitungsnotizen. Ein Beitrag zur Geschichte des Zeittheaters in der Weimarer Republik“, in: Theatrum Europaeum. Festschrift für Elida Maria Szarota, München 1982.

Beauvoir, Simone de: Das andere Geschlecht, Reinbek bei Hamburg 1972.

Becker-Cantarino, Barbara: Der lange Weg der Mündigkeit. Frau und Literatur (1500 – 1800), Stuttgart 1987.

Benjamin, Walter: „Krisis des Romans. Zu Döblins ‚Berlin Alexanderplatz‘“, in: Gesammelte Schriften, Bd. 3, hrsg. von Hella Tiedemann-Bartels, Frankfurt/M. 1972, S. 230 – 236.

Beutin, Wolfgang u.a. (Hrsg.): Deutsche Literaturgeschichte. Von den Anfängen bis zur Gegenwart, Stuttgart 1979.

(Bibliographie): Fifty years of German Drama. A Bibliographie of Modern German Drama 1880 – 1930, based on the Loewenberg-Collection in the John Hopkins University Library, Baltimore 1941.

Bilstein, Franz Michael: Hermine Körner (1868 – 1960). Eine Schauspielerin im Wandel der Stilepochen, Berlin 1970.

Blumer, Arnold: Das dokumentarische Theater der sechziger Jahre in der Bundesrepublik, Meisenheim am Glan 1977.

Bortenschlager, Wilhelm: Österreichische Dramatiker der Gegenwart. Kreativ-Lexikon, Wien 1976.

Bovenschen, Silvia: Die imaginierte Weiblichkeit. Exemplarische Untersuchungen zur kulturgeschichtlichen und literarischen Präsentation des Weiblichen, Frankfurt/M. 1979.

Brauneck, Manfred (Hrsg.): Autorenlexikon deutschsprachiger Literatur des 20. Jahrhunderts, Reinbek bei Hamburg 1984.

Breckle, Wolfgang: „Die antifaschistische Literatur in Deutschland (1933 – 1945)“, in: Weimarer Beiträge 16 (1970), H. 6, S. 67ff.

Brendler, Gerhard: Das Täuferreich zu Münster 1534/35, Berlin 1966.
Brinkler-Gabler, Gisela, *Ludwig,* Karola, *Wölfen,* Angela: Lexikon deutschsprachiger Schriftstellerinnen 1800 – 1945, München 1986.

Brues, Otto: Luise Dumont. Umriß von Leben und Werk, Emsdetten 1956.

Bühnenjahrbuch, deutsches, Berlin 1918 – 1934.

Bühnenspielplan, deutscher, Berlin 1918 – 1934.

Cocalis, Susan: „Weib ohne Wirklichkeit, Welt ohne Weiblichkeit. Zum Selbst-, Frauen-
und Gesellschaftsbild im Frühwerk Marieluise Fleißers", in: Entwürfe von Frauen,
hrsg. von Irmela von der Lühe, Berlin 1982, S. 64 – 85.
dies.: „Weib ist Weib. Mimetische Darstellung contra emanzipatorische Tendenz in
den Dramen Marieluise Fleißers", in: Die Frau als Heldin und Autorin, hrsg. von
Wolfgang Paulsen, München, Bern 1979, S. 201 – 210.

Dähnhardt, Willy, *Nielsen,* Birgit: Geflüchtet unter das dänische Strohdach. Ausstellung
der Königlichen Bibliothek Kopenhagen in Zusammenarbeit mit dem Kultusminister des Landes Schleswig-Holstein, Heide 1988.

Dahlmann, Alfred (Hrsg.): Der Theater-Almanach 1946/1947f.. Kritische Jahrbücher
der Bühnenkunst, 1. und 2. Jg., München 1946/1948.

Daiber, Hans: Deutsches Theater nach 1945, Stuttgart 1976.

Dammer, Susanna, *Sachse,* Carola: „Nationalsozialistische Frauenpolitik und weibliche
Arbeitskraft", in: Beiträge zur feministischen theorie und praxis, München 5 (1981),
S. 108 – 117.

Deichmann, Hans: Leben mit provisorischer Genehmigung. Leben, Werk und Exil von
Dr. Eugenie Schwarzwald (1872 – 1940), Wien 1988.

Deutsches Institut der Universität Stockholm (Hrsg.): Protokoll des II. internationalen
Symposiums zur Erforschung des deutschsprachigen Exils nach 1933, Kopenhagen
1972.

Deutsches Theater am Rhein. Luise Dumont und Gustav Lindemann als Ehrengruß
zum 25jährigen Bestehen des Düsseldorfer Schauspielhauses am 28. Oktober 1930,
hrsg. von der Gemeinschaft der Freunde des Düsseldorfer Schauspielhauses.

Dierks, Margarethe u.a.: Fürs Theater schreiben. Über zeitgenössische Theaterautorinnen, Bremen 1986.

Diezel, Peter: Exilliteratur in der Sowjetunion 1932 – 1937, Berlin (DDR) 1978.

Diner, Dan (Hrsg.): Zivilisationsbruch. Denken nach Auschwitz, Frankfurt/M. 1988.

Dinesen, Ruth u.a.: Deutschsprachiges Exil in Dänemark nach 1933. Zu Methoden und Einzelergebnissen, München 1986.

Dohm, Hedwig: Die Antifeministen, Berlin 1902.

Domarus, Max: Hitlers Reden und Proklamationen 1932 – 1945. Kommentiert von einem deutschen Zeitgenossen, 2 Bde, Würzburg 1962.

„Die moderne *Dramatikerin.* Sieben Kurzbiographien", in: Funkstunde H. 7, Berlin 14.2.1930.

Drewiniak, Boguslaw: Das Theater im NS-Staat. Szenarien deutscher Zeitgeschichte 1933 – 1945, Düsseldorf 1983.

Düsing, Bernhard: Die Geschichte der Abschaffung der Todesstrafe, Offenbach/M. 1952.

Durzak, Manfred.: Die deutsche Exilliteratur 1933 – 1945, Stuttgart 1973.

Elfe, Wolfgang, *Hardin,* James, *Holst,* Günther (Hrsg.): Deutsches Exildrama und Exiltheater. Akten des Exilliteratur-Symposiums der University of South Carolina 1976, Frankfurt/M. 1981.

Elsner, Gisela: „Autorinnen im literarischen Ghetto", in: Kürbiskern 2 (1983), S. 136ff.

Elsner, Richard (Hrsg.): Das deutsche Drama in Geschichte und Gegenwart, Berlin 1929 – 1934.

Eldorado. Homosexuelle Frauen und Männer in Berlin 1850 – 1950. Geschichte, Alltag und Kultur. Ausstellungskatalog, Berlin 1984.

Ende, Amalie von: „Neunhundert Jahre Frauendrama", in: Bühne und Welt, Berlin, Leipzig, Wien 1 (1899), S. 1105ff.

Engberg, Harald: Exil in Dänemark 1933 – 1939, Wuppertal 1974.

Engelmann, Bernt (Hrsg.): Literatur des Exils. Eine Pen-Dokumentation, München 1981.

Erhart, Judith: Protest, Appell, Liebe. Das literarische Werk Hilde Rubinsteins, Berlin 1988 (Magisterarbeit).

Erpenbeck, Fritz: Lebendiges Theater. Aufsätze und Kritiken, Berlin 1949.

Fechter, Paul: „Zeittendenz und dramatische Gestaltung", in: Thespis. Das Theaterbuch 1930, Berlin 1930, S. 146 – 154.

Fingal, Stefan: „Die Matineenpest", in: Die Weltbühne, Berlin 26 (1930), S. 392 – 394.

Fleißer, Marieluise: „Das dramatische Empfinden bei den Frauen", in: Die Szene, Berlin 1930, S. 8 – 9.

Die *Frau* in der Literatur. Sondernummer der Literarischen Welt, Berlin 15.3.1929.

Franke, Ingeborg: „Manja", in: Das Wort, Moskau, Dezember 1938, S. 136 – 140.

Franz-Willing, Georg: Die Hitlerbewegung, Bd. 1: Der Ursprung 1919 – 1922, Berlin, Hamburg 1962.

Frauen am Theater, hrsg. vom Verein zur Erforschung theatralischer Verkehrsformen, Bd. 9 und 10, Berlin 1984/1985.

Frauen im Theater (Hrsg.): Autorinnen, Berlin 1988.

Frauengruppe Faschismusforschung: Mutterkreuz und Arbeitsbuch. Zur Geschichte der Frauen in der Weimarer Republik und im Nationalsozialismus, Frankfurt/M. 1981.

Freeden, Herbert: Jüdisches Theater in Nazideutschland, Frankfurt/M., Berlin, Wien 1985.

Frels, Wilhelm: „Die deutsche dramatische Produktion 1927", in: Die schöne Literatur, Leipzig 7 (1928), S. 3ff.

Frenzel, Elisabeth: Stoffe der Weltliteratur. Ein Lexikon dichtungsgeschichtlicher Längsschnitte, Stuttgart 1970.

Freytag, Gustav: Die Technik des Dramas, Leipzig 1887.

Friedrich, Dorothea: Das Bild Polens in der Literatur der Weimarer Republik, Frankfurt/M. 1984.

Friedrich, Thomas: Das Vorspiel. Die Bücherverbrennung am 10. Mai 1933, Berlin 1983.

Frisch, Max: Erinnerungen an Brecht, Berlin 1968.

Frühwald, Wolfgang: „Der Heimkehrer auf der Bühne. Lion Feuchtwanger, Bertolt Brecht und die Erneuerung des Volksstückes in den zwanziger Jahren", in: Internationales Archiv für Sozialgeschichte der deutschen Literatur 8 (1983), S. 169 – 199.

Gabor, K. (Hrsg.): Religion in Geschichte und Gegenwart. Handwörterbuch für Theologie und Religionswissenschaft, Bd. 1, Tübingen 1957.

Gebauer, Dorothea: Georg Wilhelm Pabst, Wiesbaden, Biberich 1967.

Gegenlicht. 60 Jahre Gedok, hrsg. vom Verband der Gemeinschaft der Künstlerinnen und Kunstfreunde e.V. in Zusammenarbeit mit der Staatlichen Kunsthalle Berlin, Berlin 1986.

Geiger, Ruth-Esther, *Weigel,* Sigrid: Sind das noch Damen? Vom gelehrten Frauenzimmer-Journal zum feministischen Journalismus, München 1981.

Gerhardt, Marlies: Kein bürgerlicher Stern, nichts, nichts konnte mich je beschwichtigen. Zur Kränkung der Frau, Darmstadt, Neuwied 1982.
dies.: Stimmen und Rhythmen. Weibliche Ästhetik und Avantgarde, Darmstadt, Neuwied 1986.

„*Geschlossene* Gesellschaft. Die Provinzialisierung des Westberliner Theaterlebens und einige Ursachen", in: Spandauer Volksblatt, Berlin 20.12.1964.

Giebsch, Hans, *Gugitz,* Gustav: Bio-Bibliographisches Literaturlexikon Österreichs. Von den Anfängen bis zur Gegenwart, Wien 1964.

Giesing, Michaela: „Theater als verweigerter Raum. Dramatikerinnen der Jahrhundertwende in deutschsprachigen Ländern", in: Frauenliteraturgeschichte, hrsg. von Renate Möhrmann und Hiltrud Gnüg, Stuttgart 1985.

Glaser, Hermann: Kulturgeschichte der Bundesrepublik. Bd. 1: Zwischen Kapitulation und Währungsreform 1945 – 1948, München, Wien 1985.
ders. (Hrsg.): So viel Anfang war nie. Deutsche Städte 1945 – 1949, Berlin 1989.

Gnüg, Hilde: „Gibt es eine weibliche Ästhetik", in: Kürbiskern 1 (1978), S. 131 – 140.

Goebbels, Joseph: „Rede des Propagandaministers vor den deutschen Theaterleitern am 8. Mai 1933", in: Richard Elsner (Hrsg.): Das deutsche Drama, Berlin 5 (1933), S. 28 – 40.

Gottsched, Johann: Critische Dichtkunst, Leipzig 1751.

Gramann, Karola, *Schlüpmann,* Heide, *Seitz,* Amadou: „Momente erotischer Utopie – ästhetisierte Verdrängung. Zu ,Mädchen in Uniform' und ,Anna und Elisabeth'", in: Frauen und Film, H. 28, Berlin 1981, S. 28 – 31.
dies.: „Interview mit Hertha Thiele", in: Frauen und Film, a.a.O, S. 32 – 41.
dies.: „Hertha Thiele", in: Exil. Katalog zur Retrospektive der 33. Internationalen Filmfestspiele 1983, hrsg. von der Stiftung Deutsche Kinemathek, Berlin 1983.

Greven-Aschoff, Barbara: Die bürgerliche Frauenbewegung in Deutschland 1894 – 1933, Göttingen 1981.

Greven, Ernst August (Hrsg.): 110 Jahre Thalia-Theater Hamburg, Hamburg 1953.

Grimm, Reinhold: „Zwischen Expressionismus und Faschismus. Bemerkungen zum Drama der zwanziger Jahre", in: Die sogenannten zwanziger Jahre, Bad Homburg, Berlin, Zürich 1970, S. 15 – 45.
ders.: „Innere Emigration als Lebensform", in: Exil und innere Emigration. Third Wisconsin Workshop, hrsg. von Reinhold Grimm und Jost Hermand, Frankfurt/M. 1972, S. 31 – 73.

Gross, Heinrich: Deutschlands Dichterinnen und Schriftstellerinnen, Wien 1882.

Grosser, J.F.G. (Hrsg.): Die große Kontroverse. Ein Briefwechsel um Deutschland, Hamburg, Genf, Paris 1963.

Großmann, Kurt R.: Ossietzky – ein deutscher Patriot, München 1969.

Haarmann, Hermann, *Schirmer,* Lothar, *Walach,* Dagmar: Das Engels-Projekt. Ein antifaschistisches Theater deutscher Emigranten in der UdSSR (1936 – 1941), Worms 1975.

Haarmann, Hermann, *Huder,* Walter, *Siebenhaar,* Klaus (Hrsg.): „Das war ein Vorspiel nur ...". Bücherverbrennung in Deutschland 1933. Voraussetzungen und Folgen, Berlin, Wien 1983.

Hack, B., *Kleiss,* M. (Hrsg.): Hermann Broch – Daniel Brody. Ein Briefwechsel 1930 – 1951, Archiv für Geschichte des Buchwesens, Bd. 13, Frankfurt/M. 1971.

Hans, Jan: Deutsche Theaterleute im amerikanischen Exil. Ausstellungskatalog 1976.
ders.: „Historische Skizze zum Exilroman", in: Der deutsche Roman im 20. Jahrhundert, hrsg. von Manfred Brauneck, Bd. 1: Analysen und Materialien zur Theorie und Soziologie des Romans, Bamberg 1976.

Harrigan, Renny: „Die emanzipierte Frau im deutschen Roman der Weimarer Republik", in: Stereotyp und Vorurteil in der Literatur, hrsg. von James Elliot u.a., Göttingen 1978, S. 65 – 83.
dies.: „Die Sexualität der Frau in der deutschen Unterhaltungsliteratur 1918 – 1933", in: Geschichte und Gesellschaft 7 (1981) H. 3/4.

Hassauer, Friederike, *Roos,* Peter (Hrsg.): Ver-rückte Rede. Gibt es eine weibliche Ästhetik? Notizbuch 2, Berlin 1990.

Heibner, Helmut (Hrsg.): Goebbels-Reden, Bd. 1: 1932 – 1939, Düsseldorf 1971.

Heilborn, Ernst, *Weltmann,* Lutz: „Kleist-Preis 1932", in: Die Literatur, Berlin 1930/31, H. 3, S. 121 – 124.

Hermand, Jost: Die Kultur der Weimarer Republik, München 1978.
ders.: Kultur im Wiederaufbau. Die Bundesrepublik Deutschland 1945 – 1965, München 1986.

Hertling, Victoria: Quer durch: von Dwinger bis Kisch. Berichte und Reportagen über die Sowjetunion aus der Epoche der Weimarer Republik, Königstein/Ts. 1982.

Hervé, Florence (Hrsg.): Geschichte der deutschen Frauenbewegung, 3. erweiterte und überarbeitete Auflage, Köln 1987.

Heuser, Magdalene: „Literatur von Frauen – Frauen in der Literatur. Feministische Ansätze in der Literaturwissenschaft", in: Feminismus. Inspektion der Herrenkultur, hrsg. von Luise F. Pusch, Frankfurt/M. 1983.

Hilchenbach, Maria: Kino im Exil. Die deutschen Filmkünstler 1933 – 1945, München, New York, London, Paris 1982.

Hildebrandt, Irma: Vom Eintritt der Frau in die Literatur. Schreibend das Leben bewältigen, München 1983.

Hilzinger, Klaus Harro: Die Dramaturgie des dokumentarischen Theaters, Tübingen 1976.

Hoff, Dagmar von: Dramen des Weiblichen. Studien zur dramatisch-literarischen Produktion von deutschsprachigen Autorinnen um 1800, Opladen 1989.

Hoffmann, Ludwig, *Hoffmann-Oswald,* Daniel: Deutsches Arbeitertheater 1918 – 1933, 2 Bde, Berlin (DDR) 1977.

Hoffmann, Ludwig (Hrsg.): Theater der Kollektive. Proletarisch-revolutionäre Berufstheater in Deutschland 1928 – 1933. Stücke, Dokumente, Studien, Berlin (DDR) 1980.

ders. u.a.: Exil in der Tschechoslowakei, Großbritannien, Skandinavien und Palästina, Frankfurt/M. 1981.

Hoppe, Else: „Die Frau als Dramatikerin", in: Die Literatur, Leipzig 31 (1928/29), S. 563ff.

Horak, Jan-Christopher: Fluchtpunkt Hollywood. Eine Dokumentation zur Filmemigration nach 1933, 2. erweiterte Auflage, Münster 1986.

Horch, Franz (Hrsg.): Blätter der Reinhardt-Bühnen, Berlin 1931/32, H. 4.

Huder, Walter: Theater im Exil 1933 – 1945. Ausstellung der Akademie der Künste, Berlin 1973.

Ihering, Herbert: „Ungedruckte Dramatiker", in: Die literarische Welt, Berlin 3 (1927), S. 1 – 2.

ders.: „Theaterkrise? Geistige Krise!", in: Der Querschnitt, Berlin 11 (1931), S. 238 – 241.

ders. (Hrsg.): Theaterstadt Berlin. Ein Almanach, Berlin 1948.

ders.: „Westdeutsche Spielpläne", in: Ost und West. Beiträge zu kulturellen und politischen Fragen der Zeit, hrsg. von Alfred Kantorowicz, Februar 1949, H. 2.

ders.: Von Reinhardt bis Brecht. Vier Jahrzehnte Theater und Film, Berlin (DDR) 1958.

Ilm, Grete: „Die Frau als Spielleiterin", in: Der Neue Weg, Berlin 1926.

Institut für Gesellschaftswissenschaften beim ZK der SED Berlin (Hrsg.): Theater in der Zeitenwende. Zur Geschichte des Dramas und des Schauspieltheaters in der Deutschen Demokratischen Republik 1945 – 1968, 2 Bde, Berlin (DDR) 1972.

Ismayr, Wolfgang: Das politische Theater in Westdeutschland, Meisenheim am Glan 1977.

Jacobi, Lucy von: „Der Anteil der Frau an der dramatischen Kunst", in: Der Neue Weg, Berlin 20 (1927).

Janssen-Jurreit, Marieluise: Sexismus. Über die Abtreibung der Frauenfrage, Frankfurt/M. 1979.

Jaron, Norbert: Das demokratische Zeittheater der späten 20er Jahre, Frankfurt/M. 1981.

Jehser, Werner: Friedrich Wolf, Berlin (DDR) 1981.

Kändler, Klaus: „Soll es ein anderer Mensch sein? Oder eine andere Welt? Zur Vorgeschichte des sozialistischen Dramas der zwanziger Jahre", in: Weimarer Beiträge 14 (1968), S. 25 – 72.
ders.: Drama und Klassenkampf, Berlin (DDR) 1974.

Kafka, Hans: „Dramatikerinnen. Frauen erobern die Bühnen", in: Die Dame, Berlin Januar 1933.

Kässens, Wend, *Töteberg,* Michael: Marieluise Fleißer, München 1979.

Kaul, Friedrich Karl: Justiz wird zum Verbrechen. Der Patival der Weimarer Republik, Berlin (DDR) 1953.

Keckeis, Gustav, *Olschak,* Birgit: Lexikon der Frau, 2 Bde, Zürich 1953/54.

Kerr, Alfred: „Der Zustand im Deutschen Theater", in: Die Sammlung, hrsg. von Klaus Mann, Neudruck München 1986, S. 33 – 35.
ders.: Mit Schleuder und Harfe, München 1985.

Kindermann, Heinz: Theatergeschichte der Goethezeit, Wien 1948.

Klapdor, Heike: „Bericht über ein Gespräch", in: Exil. Forschung, Erkenntnisse, Ergebnisse 3 (1982), S. 69ff.
dies.: „Das Exil der Frauen. Thesen zu einer überlesenen Geschichte", in: Sammlung 5 (1982), S. 115 – 122.

Klapdor-Kops, Heike: „Dramatikerinnen auf der deutschen Bühne. Notwendige Fortsetzung einer im Jahr 1933 unterbrochenen Reflexion", in: Theaterzeitschrift 9, Berlin 1984.
dies.: „Und was die Verfasserin betrifft, laßt uns weitersehen'. Die Rekonstruktion der schriftstellerischen Entwicklung Anna Gmeyners", in: Internationales Jahrbuch für Exilforschung, Bd. 3: Gedanken an Deutschland, hrsg. von Thomas Koerbmer u.a., München 1985.
dies.: Heldinnen. Die Gestaltung der Frauen im Drama deutscher Exilautoren (1933 – 1945), Weinheim, Basel 1985.

Klotz, Volker: Geschlossene und offene Form im Drama, München 1969.

Knellessen, Friedrich Wolfgang: Das politisch-revolutionierende Theater von 1918 bis 1933 in Deutschland und seine szenischen Ausdrucksmittel, Köln 1969.

Koebner, Thomas: „Das Drama der Neuen Sachlichkeit und die Krise des Liberalismus", in: Die deutsche Literatur der Weimarer Republik, hrsg. von Wolfgang Rothe, Stuttgart 1974, S. 19 – 46.
ders.: „Das Drama der Weimarer Republik", in: Handbuch des Deutschen Dramas, hrsg. von Walter Hink, Düsseldorf 1980, S. 401 ff.

Kollontai, Alexandra: Die neue Moral und die Arbeiterklasse, Neudruck Münster 1977.

Könnecker, Barbara: Wesen und Wandlung der Narrenidee im Zeitalter des Humanismus, Wiesbaden 1966.

Kosch, Wilhelm: Deutsches Literaturlexikon. Biographisch-bibliographisches Handbuch, 3. völlig neu bearbeitete Auflage, hrsg. von Bruno Berger und Heinz Rupp, 10 Bde, Bern, München 1968 – 1986.

Kracauer, Siegfried: Von Caligari bis Hitler, Frankfurt/M. 1984.

Kramer, Helgard: „Veränderungen der Frauenrolle in der Weimarer Republik", in: Beiträge zur feministischen theorie und praxis, München 5 (1981), S. 17 – 24.

Krämer, Wolfgang: Faschisten im Exilroman 1933 – 1945, Pfaffenweiler 1987.

Kreis, Gabriele: Frauen im Exil, Düsseldorf 1984.

Kühnl, Reinhard: Die Weimarer Republik, Reinbek bei Hamburg 1985.

Kürschners Deutscher Literaturkalender, hrsg. von Gerhard Lüdtke, Berlin, Leipzig 1926, 1928, 1930, 1934.

Kunst im Exil in Großbritannien 1933 – 1845, hrsg. von der Neuen Gesellschaft für Bildende Kunst, Berlin 1986.

Kurscheid, Raimund: Kampf dem Atomtod! Schriftsteller im Kampf gegen eine deutsche Atombewaffnung, Köln 1981.

Lange, Helene: „Steht die Frauenbewegung am Ziel oder am Anfang?, in: Die Frau, hrsg. von Helene Lange und Gertrud Bäumer, November 1921, S. 33 – 46.
dies.: Die Frauenbewegung in ihren gegenwärtigen Problemen, 3. umgearbeitete Auflage, Leipzig 1929.

Lange, Wigand: Theater in Deutschland nach 1945, Frankfurt/M. 1980.

Lauer, Amalie: Die Frau in der Auffassung des Nationalsozialismus, Köln 1932.

Lexikon deutschsprachiger Schriftsteller von den Anfängen bis zur Gegenwart, hrsg. von Günther Albrecht u.a., 2. überarbeitete Auflage, Leipzig 1972.

Loewy, Ernst: Literatur unterm Hakenkreuz. Das Dritte Reich und seine Dichtung, Frankfurt/M. 1983.

Lustig, Jan: „The coward Heart", in: Aufbau, New York 10.10.1941.

Lutz, Günther: Die Stellung Marieluise Fleißers in der bayrischen Literatur des 20. Jahrhunderts, Frankfurt/M., Bern, Cireneaster 1979.

Maas, Lieselotte: Handbuch der deutschen Exilpresse 1933 – 1945, hrsg. von Eberhard Lämmert, 3 Bde, München, Wien 1978.

Mann, Thomas: „Dieser Friede", in: Gesammelte Werke, Bd. 12 Berlin 1955, S. 780 – 794.

Marsays: „Verwitwete Theaterdirektionen", in: Schaubühne, Berlin 2 (1906).

Mason, Tim: „Zur Lage der Frauen in Deutschland 1930 – 1940: Wohlfahrt, Arbeit und Familie", in: Gesellschaft. Beiträge zur Marxschen Theorie 6, Frankfurt/M. 1976.

Mayer, Hans: Zur deutschen Literatur der Zeit. Zusammenhänge, Schriftsteller, Bücher, Reinbek bei Hamburg 1967.
ders.: „Konfrontation der inneren und äußeren Emigration: Erinnerung und Deutung", in: Exil und innere Emigration, hrsg. von Reinhold Grimm und Jost Hermand, Third Wisconsin Workshop, Frankfurt/M. 1972, S. 75 – 87.

Melzwig, Brigitte: Deutsche Sozialistische Literatur 1918 – 1945. Biographie der Buchveröffentlichungen, Berlin, Weimar 1975.

Mennemeier, Franz Norbert: Modernes Deutsches Drama, Bd. 1: 1910 – 1930, München 1973.
ders. und Fithjoff *Trapp:* Deutsche Exildramatik von 1933 – 1950, München 1980.

Mensch, Ella: Konversationslexikon der Theater-Litteratur, Stuttgart 1896.
dies.: Die Frau in der modernen Literatur. Ein Beitrag zur Geschichte der Gefühle, Berlin 1898.

Mertz, Peter: Und das wurde nicht ihr Staat. Erfahrungen emigrierter Schriftsteller mit Westdeutschland, Frankfurt/M., Olten, Wien 1985.

Meyer, Adele (Hrsg.): Lila Nächte. Die Damenclubs der zwanziger Jahre, Köln 1981.

Meyer, Jochen (Hrsg.): Berlin-Provinz. Literarische Kontroversen um 1930, Marbacher Magazin 35 (1985).

Michaelis, Karin: „Ein Schloss und eine Dichterin", in: Neue Freie Presse, Wien 26.9.1926.

Midell, Eike u.a.: Exil in den USA, Frankfurt/M. 1980.

Mittag, Susanne: „,Im Fremden ungewollt zuhaus'. Frauen im Exil", in: Exil. Forschung, Erkenntnisse, Ergebnisse, hrsg. von Joachim H. Koch. Frankfurt/M. 1981, S. 49ff.

Mittenzwei, Werner: Das Zürcher Schauspielhaus 1933 – 1945, Berlin (DDR) 1979.

Möhrmann, Renate: „Feministische Aufsätze in der Germanistik seit 1945", in: Jahrbuch für internationale Germanistik 11, H. 2, S. 62 – 84.

Müller, Hans Harald: Der Krieg und die Schriftsteller. Der Kriegsroman der Weimarer Republik, Stuttgart 1986.

Müller, Henning: Theater im Zeichen des Kalten Krieges. Untersuchungen zur Theater- und Kulturpolitik in den Westsektoren Berlins 1945 – 1953, Berlin 1976.

Müssener, Helmut: Exil in Schweden, München 1974.
ders.: „,Meine Heimstatt fand ich hoch im Norden' – ,Schweden ist gut – für die Schweden.'. Aspekte geglückter und mißglückter Integration deutscher Flüchtlinge im Ausland 1933 – 1945", in: Historische Perspektiven 18, hrsg. von Bernd Martinua, Hamburg 1981.
ders.: „Thomas Mann und ferner liefen. Die Problematik der Wirkung deutschsprachiger Exilliteratur in den Gastländern am Beispiel Schweden", in: Text & Kontext 13, Kopenhagen, München 1985.

Nagel, Bert: Hrotsvit von Gandersheim, Stuttgart 1965.

Naumann, Barbara: „Hergefegt von einem unwirtlichen Wind. Marieluise Fleißers Scheitern an Berlin", in: Triumph und Scheitern in der Metropole. Zur Rolle der Weiblichkeit in der Geschichte Berlins, hrsg. von Sigrun Anselm und Barbara Beck, Berlin 1987, S. 157 – 180.

Naumann, Uwe: Ein Theatermann im Exil – P. Walter Jacob. Ausstellungskatalog, Hamburg 1985.

Nielsen, Birgit S.: „Maria Lazar. Eine Exilschriftstellerin aus Wien", in: Text & Kontext 11, Kopenhagen, München 1983.

Novak, Sigrid: Images of womanhood in the works of German Female Dramatists 1892 – 1918, Baltimore 1971.

Pataky, Sophie: Lexikon deutscher Frauen der Feder, Berlin 1898.

Patsch, Sylvia M.: Österreichische Schriftsteller im Exil in Großbritannien. Ein Kapitel vergessene österreichische Literatur, Wien 1985.

Peters, Jan: Exilland Schweden. Deutsche und schwedische Antifaschisten, Berlin (DDR) 1984.

Pfäfflin, Friedrich (Hrsg.): Berthold Viertel im amerikanischen Exil, Marbacher Magazin 3 (1978).

Pfanner, Helmut F.: „Die Rolle der Frau im Exil: im Spiegel der deutschsprachigen Literatur in New York", in: Analecta Helvectia et Germania, hrsg. von A. Arnold u.a., Bonn 1979, S. 342 – 359.

Pfister, Eva: Unter dem fremden Gesetz. Zu Produktionsbedingungen, Werk und Rezeption der Dramatikerin Marieluise Fleißer, Wien 1981.

Pflüger, Irmgard: Theaterkritik in der Weimarer Republik, Berlin, Wien 1981.

Pfützner, Klaus: Ensembles und Aufführungen des sozialistischen Berufstheaters in Berlin (1929 – 1933), Berlin (DDR) 1966.

Piscator, Erwin: Das politische Theater, neubearbeitet von Felix Gasbarra, Reinbek bei Hamburg 1962.
ders.: „Das Zeittheater in der Krise", in: Theater der Auseinandersetzung. Ausgewählte Schriften, Nördlingen 1977, S. 47 – 50.

Profitlich, Ulrich: „Das Drama der DDR in den siebziger Jahren", in: Literatur der DDR in den siebziger Jahren, hrsg. von Patricia Herminghouse und Peter Uwe Hohendahl, Frankfurt/M. 1983, S. 153ff.

Projekt Sozialistischer Feminismus: Geschlechterverhältnisse und Frauenpolitik, Berlin 1984.

Prokop, Ulrike: „Die Sehnsucht nach Volkseinheit. Zum Konservatismus der bürgerlichen Frauenbewegung vor 1933", in: Die Überwindung der Sprachlosigkeit, hrsg. von Gabriele Dietze, Darmstadt, Neuwied 1979, S. 176 – 202.

Rheinsberg, Anna (Hrsg): Bubikopf. Aufbruch in den Zwanzigern. Texte von Frauen, Darmstadt 1988.

Riera, Emilio García: Historia documental del cine mexicano, Mexiko 1972.

Riess, Curt: Das Schauspielhaus Zürich. Sein oder Nichtsein eines ungewöhnlichen Theaters, Wien 1988.

Roeder, Anke: Autorinnen. Herausforderungen an das Theater. Frankfurt/M. 1989.

Röder, Werner: Biographisches Handbuch der deutschsprachigen Emigration nach 1933, 2 Bde, München 1980.

Roessler, Rudolf (Hrsg.): Thespis. Das Theaterbuch 1930, Berlin 1930.

Rosenberg, Alfred: Der Mythos des 20. Jahrhunderts, München 1935.

Rosten, Curt: Das ABC des Nationalsozialismus, Berlin 1933.

Roumois-Hasler, Ursula: Dramatischer Dialog und Alltagsdialog im wissenschaftlichen Vergleich, Frankfurt/M. 1982.

Rühle, Günther: Theater für die Republik 1917 – 1933. Im Spiegel der Kritik, Frankfurt/M. 1967.
ders. (Hrsg.): Materialien zum Leben und Schreiben Marieluise Fleißers, Frankfurt/M. 1973.
ders.: Theater in unserer Zeit, Frankfurt/M. 1976.
ders.: Zeit und Theater, 6 Bde, Frankfurt/M., Berlin 1980.

Rühle-Gerstel, Adele: „Die Regisseurin", in: Wiener Rundschau 13, 15.5.1898.

Schirmer, Lothar (Hrsg.): Theater im Exil 1933 – 1945. Ein Symposium der Akademie der Künste, Berlin 1979.

Schmid-Bortenschläger, Sigrid, *Schnedl-Bubéncek,* Hanna: Österreichische Schriftstellerinnen 1880 – 1939. Eine Bio-Bibliographie, Stuttgart 1982.

Schmiester, Burkhard: Revolution im Theater. Die Sozialistischen Schauspieler-Kollektive in der Spätzeit der Weimarer-Republik (1928 – 1933), Frankfurt/M. 1982.

Schneider, Hubertus: „Das ‚Zeitstück': Probleme der Justiz", in: Weimarer Republik. Ausstellungskatalog, hrsg. vom Kunstamt Kreuzberg und dem Institut für Theaterwissenschaft der Universität Köln, Berlin 1977, S. 835 – 843.

Schneider, Petra: Weg mit dem § 218: Die Massenbewegung gegen das Abtreibungsverbot in der Weimarer Republik, Berlin 1975.

Schneider, Rolf: Theater in einem besiegten Land. Dramaturgie der deutschen Nachkriegszeit 1945 – 1949, Frankfurt/M. 1989.

Schneider, Sigrid: Das Ende Weimars im Exilroman. Literarische Strategien zur Vermittlung von Faschismustheorien, München, New York, London, Paris 1980.
dies.: „Fiktionale Antworten. Frühe Auseinandersetzungen mit dem Ende Weimars im Exilroman", in: Weimars Ende, hrsg. von Thomas Koebner, Frankfurt/M. 1982.

Schoppmann, Claudia (Hrsg.): Im Fluchtgepäck die Sprache. Deutschsprachige Schriftstellerinnen im Exil, Berlin 1991.

Schrader, Bärbel, *Schebera,* Jürgen (Hrsg.): Kunstmetropole Berlin 1918 – 1933, Berlin, Weimar 1987.

Schulz, Friedrich (Hrsg.): Schauspiel-Mentor, Hamburg 1926.
ders.: Die Weltdramatik, Stuttgart 1928.

Schwanbeck, Gisela: „Sozialprobleme der Schauspielerin im Ablauf dreier Jahrhunderte", in: Theater und Drama, hrsg. von Hans Knudsen, Bd. 18, Berlin-Dahlem 1957.

Schweckendieck, Birgit: Das bürgerliche Zeittheater in der Weimarer Republik, Köln 1974.

Sembdner, Helmut: Der Kleist-Preis 1912 – 1933. Eine Dokumentation, Berlin 1968.

Senat von Berlin (Hrsg.): 25 Jahre Theater in Berlin. Theaterpremieren 1945 – 1970, Berlin 1972.

Sheean, Vincent: Dorothy und Red. Die Geschichte von Dorothy Thompson und Sinclair Lewis, München, Zürich 1964.

Sierotwinski, Stanislaw: „Eleonore Kalkowska (1883 – 1937)", in: Przeglad Humanistyczny 2, Warschau 1966, S. 145 – 159.

Soden, Kristine von, *Schmidt,* Marita (Hrsg.): Neue Frauen. Die zwanziger Jahre, Berlin 1988.

Soltau, Heide: Trennungs-Spuren. Frauenliteratur der zwanziger Jahre, Frankfurt/M. 1984.

Spalek, John M. u.a.: Deutsche Exilliteratur seit 1933, Bern, München 1976.
ders.: Guide to the archival materials of the German speaking emigration to the United States after 1933, Charlottesville 1978.

Spiero, Heinrich: Die Geschichte der deutschen Frauendichtung, Leipzig 1913.

Spindler, Angelika: Marieluise Fleißer. Eine Schriftstellerin zwischen Selbstverwirklichung und Selbstaufgabe. Wien 1980.

Stephan, Inge: „Da werden Weiber zu Hyänen …'. Amazonen und Amazonenmythen bei Schiller und Kleist", in: Feministische Literaturwissenschaft, Berlin 1984, S. 23 – 42.
dies.: „Zwischen Provinz und Metropole. Zur Avantgarde-Kritik von Marieluise Fleißer", in: Weiblichkeit und Avantgarde, Berlin, Hamburg 1987, S. 112 – 132.
dies.: „Weiblicher Heroismus. Zu zwei Dramen von Ilse Langner", in: Frauenliteratur ohne Tradition? hrsg. von Inge Stephan, Regula Venske und Sigrid Weigel, Frankfurt/M. 1987, S. 159 – 189.

Sternfeld, W., *Tiedemann,* E.: Deutsche Exil-Literatur 1933 – 1945, Heidelberg, Darmstadt 1970.

Stingle, Robert Otto: The German ‚Zeitstück' 1928 – 1933, Wisconsin-Madison 1979.

Strelka, J. Peter: „Was ist Exilliteratur? Zur Begriffsbestimmung der deutschen Exilliteratur seit 1933", in: Exil. Forschung, Erkenntnisse, Ergebnisse, hrsg. von Joachim H. Koch, Frankfurt/M. 1978, S. 5ff.

Tax, Sissi: marieluise fleißer – schreiben, überleben. Ein biographischer versuch, Basel, Frankfurt/M. 1984.

Thalmann, Rita: Frausein im Dritten Reich, München, Wien 1984.

Toeplitz, Jerzy: Geschichte des Films, München 1980.

Toller, Ernst: „Bemerkungen zum deutschen Nachkriegsdrama", in: Die literarische Welt, Berlin 5 (1929), H. 16, S. 9ff.

Touaillon, Christine: „Frauendichtung", in: Reallexikon der deutschen Literaturgeschichte, hrsg. von Paul Merker und Wolfgang Stammler, Berlin 1926/28.

Trenk-Trebitsch, Fritz: „Fritz Kortner, Max Reinhardt und ich", in: Theater im Exil 1933 – 1945. Schriftenreihe der Akademie der Künste Berlin, Bd. 12, S. 251ff.

Trommler, Frank: „Der ‚Nullpunkt 1945' und seine Verbindlichkeit für die Literaturgeschichte", in: Basis 1 (1970), S. 9ff.

ders.: „Emigration und Nachkriegsliteratur", in: Exil und innere Emigration. Third
Wisconsin Workshop, hrsg. von Reinhold Grimme und Jost Hermand, Frankfurt/
M. 1972, S. 173 – 197.

ders.: „Das politisch-revolutionäre Theater", in: Die deutsche Literatur in der Weimarer Republik, hrsg. von Wolfgang Rothe, Stuttgart 1974, S. 77 – 113.

Urstadt, Caroline: „Frauen als Dramatikerinnen", in: Der Scheinwerfer, Essen 4 (1930/
31), S. 13ff.

Viertel, Berthold: „Ein Roman um fünf Kinder", in: Die neue Weltbühne, Prag, Zürich,
Paris 27.10.1938.

ders.: Schriften zum Theater, München 1980.

Wächter, Hans-Christof: Theater im Exil, München 1973.

Wall, Renate: Verbrannt, verboten, vergessen. Kleines Lexikon deutschsprachiger
Schriftstellerinnen 1933 – 1945, Köln 1988.

Walter, Hans-Albert: Deutsche Exilliteratur 1933 – 1950, Bd. 2: Asylpraxis und
Lebensbedingungen in Europa, Darmstadt, Neuwied 1972.

Wardetzky, Jutta: Theaterpolitik im faschistischen Deutschland. Studien und Dokumente, Berlin (DDR) 1983.

Wedderkop, Hermann von: „Wandlungen des Geschmacks", in: Der Querschnitt, Berlin
7 (1926), S. 497ff.

ders.: „En avant, die Literaten!", in: Der Querschnitt, Berlin 4 (1927), S. 247ff.

Wegner, Mathias: Exil und Literatur. Deutsche Schriftsteller im Ausland 1933 – 1945,
Frankfurt/M., Bonn 1968.

Weigel, Sigrid: „Und selbst im Kerker frei". Literatur und Gefängnis – Zur Theorie und
Gattungsgeschichte der Gefängnisliteratur, Marburg 1981.

dies.: „Mit Siebenmeilenstiefeln zur weiblichen Allmacht oder die kleinen Schritte
aus der männlichen Ordnung. Eine Kritik literarischer Utopien von Frauen", in:
Feministische Studien 1, (1985), S. 138 – 152.

Weimarer Republik. Ausstellungskatalog, hrsg. vom Kunstamt Kreuzberg und vom
Institut für Theaterwissenschaft Köln, Berlin 1977.

Weiskopf, Friedrich Carl: Unter fremden Himmeln, Berlin 1948.

ders.: Literarische Streifzüge, Berlin 1956.

Werckshagen, Carl: „Theater im Reich und Avantgarde", in: Die Szene Berlin 20 (1930), H. 11, S. 322 – 327.

ders.: „Vom Rührstück zum Lehrstück", in: Die Szene, Berlin 21 (1931), H. 5, S. 148 – 152.

Weyrather, Irmgard: „Die Frau im Lebensraum des Mannes. Studentinnen in der Weimarer Republik", in: Frauengeschichte. Beiträge 5 zur feministischen theorie und praxis, München 1981, S. 25 – 38.

Willet, John: Explosion der Mitte, Kunst und Politik 1917 – 1933, München 1981.

Winkler, Lutz (Hrsg.): Antifaschistische Literatur, 3 Bde, Kronberg/Ts. 1977.

Wolf, Friedrich: Zeitprobleme des Theaters, Berlin 1947.

Woolf, Virginia: Ein Zimmer für sich allein, Frankfurt/M. 1981.

Wulf, Joseph (Hrsg.): Theater und Film im Dritten Reich. Eine Dokumentation, Reinbek bei Hamburg 1966.

Zipes, Jack: „Bertolt Brecht oder Friedrich Wolf? Zur Tradition des Dramas in der DDR", in: Literatur und Literaturtheorie in der DDR, hrsg. von Patricia Herminghouse und Peter Uwe Hohendahl, Frankfurt/M. 1976, S. 191 ff.

Zorn, Gerda, *Meyer,* Gertrud: Frauen gegen Hitler. Berichte aus dem Widerstand 1933 – 1945, Frankfurt/M. 1974.

Anonym: „Die Frau führt Regie", in: Kölnische Illustrierte Zeitung, Nr. 37, 9.9.1933, S. 932 – 945.

DOKUMENTARISCHER ANHANG

DRAMEN VON DEUTSCHSPRACHIGEN THEATERAUTORINNEN
AUS DEN JAHREN 1918 – 1933

Die Liste der Dramatikerinnen, deren Stücke in den Jahren 1918 bis 1933 uraufgeführt und verlegt worden sind, ist immer noch nicht ganz vollständig, obwohl ich knapp 150 Autorinnen nachgewiesen habe. In meinem Verzeichnis konnte ich nur die Dramatikerinnen berücksichtigen, deren Vorname in den Quellen ausgedruckt worden war. Ich habe mich dabei auf das Sprechtheater konzentriert. Nicht aufgenommen habe ich Schriftstellerinnen, die Stückvorlagen für Pantomime und Tanztheater erstellten sowie Librettistinnen, Übersetzerinnen und Co-Autorinnen. Eine Ausnahme machte ich nur, wenn zwei Frauen das Stück geschrieben hatten.

Da bei den Theaterstücken entscheidend ist, ob sie ihren Weg zur Bühne fanden oder nicht, unterteilte ich das Material in zwei Hauptgruppen, zum einen die Werke, für die Inszenierungen nachgewiesen werden konnten und zum anderen die Lesedramen. Jedes Jahr zur Weihnachts- und Osterzeit stieg der Anteil der Schriftstellerinnen an der dramatischen Produktion sprunghaft an. Der Grund: Die Märchenzeit war angebrochen. Das Märchenstück entwickelte sich, prestigearm wie diese Theaterproduktion war, zu einer weiblichen Domäne. In der Regel verfaßten die Märchen-Schriftstellerinnen keine anderen Arbeiten. Deswegen habe ich das Material noch einmal nach den Dramen des Erwachsenen- und des Kindertheaters unterteilt. Soweit nicht anders vermerkt, stammen die Informationen aus den Jahrgängen 1918 bis 1934 des Deutschen Bühnenjahrbuches. Falls sich biographische Daten finden ließen, folgt ein kurzer Verweis. Von den ermittelten dramatischen Autorinnen waren viele zeitgenössische Berühmtheiten, heute sind die meisten völlig unbekannt. Etwa 75 Prozent der hier vorgestellten Dramatikerinnen tauchen bisher in keinem Nachschlagewerk auf. Das verdeutlicht die Schwierigkeiten der Recherche. Um mehr über die Autorinnen zu erfahren, ist eine umfangreiche Detektivarbeit nötig: Historisches Material muß gesichtet, theatergeschichtliche Untersuchungen daraufhin durchgesehen werden, ob eine der Dramatikerinnen in einer Fußnote auftaucht. Bestandskataloge von Archiven, etwa der des Theatermuseums Köln, müssen daraufhin untersucht werden, ob die Werke der Dramatikerinnen der Weimarer Republik dort erwähnt werden. Diese Zusammenstellung versteht sich als erste Bestandssicherung, sie will zu weitergehenden Recherchen ermuntern.

Abkürzungen: BS = Deutscher Bühnenspielplan, DDD = Das deutsche Drama, K = Kürschners Literatur- und Gelehrtenkalender, Kosch = Deutsches Literaturlexikon, Biographisch-bibliographisches Handbuch, L = Die Literatur, LdS = Lexikon deutschsprachiger Schriftstellerinnen, LF = Lexikon der Frau, Schulz = Die Weltdramatik, hrsg. von Ernst Schulz, SL = Schöne Literatur.

Ackermann, Helene: „*Neue Frauen*", Komödie, Berlin, Kleines Theater, 13.9.1932. (DDD).

Andresen, Ingeborg: „*Unse olen Dage*", Kiel, Schauspielhaus, 14.11.1929. (DDD)
dies.: „*Blauen Amidam*", Lustspiel in drei Aufzügen, Kiel, Schauspielhaus, 16.1.1930.
Ingeborg *Andresen* (* 30.1.1878) stammte aus Hainmoor/Eiderstedt in Nordfriesland. Nach ihrer Heirat mit dem Schriftsteller Jacob Bödewadt lebte sie in Dänemark. Sie schrieb ihre Dramen in Mundart. Weitere Stücke in plattdeutscher Sprache: „Groothuus" (Flensburg 1925), „Kanten un Kehren", Einakter aus der Vorzeit (Kiel 1930), „Offa", Frühlingsspiel (1924), „De Roop. En Spel vun Welt to Welt" (Verden 1925), „Vorspann. Spel in en Uptog" (1924). Außerdem verfaßte sie Erzählungen und den Roman „Die Stadt auf der Brücke" (1924). (K; LF).

Barmhold, Alice: „*Die Bildungsdame*", Lustspiel in drei Akten, Göttingen, Stadttheater, 15.1.1925.

Baum, Vicki: „*Menschen im Hotel*", Drama in drei Aufzügen, Berlin, Theater am Nollendorfplatz, 16.1.1930.
Die Schriftstellerin lehnte zunächst die Idee des Bühnenverlegers Georg Marton ab, ihren erfolgreichen Roman zu dramatisieren. Sie war jedoch damit einverstanden, daß ein anderer sich an den Versuch wagte. Doch mit dem Ergebnis der Bemühungen war sie nicht zufrieden, wie sie in ihren Memoiren berichtet. Sie kam zu dem Schluß: „Ich muß es doch selber machen". Die Arbeit ging ihr leicht und schnell von der Hand. Angetan von dem Ergebnis war auch der Regisseur der Uraufführung, Gustaf Gründgens.
dies.: „*Pariser Platz*", Komödie in vier Akten, Berlin, Kammerspiele, 22.1.1931.
Herbert Ihering formulierte kurz und knapp am Abend der Uraufführung im Berliner Börsen-Courier: „Ein Stück um Kosmetik. Pariser Platz 13: Schönheitssalon Helen Bross. Die Kosmetik als Sinn und Ziel des Lebens.
Vicki *Baum* (* 24.1.1888 in Wien, † 29.8.1960 in Hollywood) begann ihre künstlerische Karriere als Harfenistin am Darmstädter Theater. Dort schrieb sie auch ihre ersten Märchenstücke. (Vgl. Märchen) Anläßlich der englischen Verfilmung von „Menschen im Hotel" reiste sie 1931 nach Hollywood. Nach ihrer Rückkehr sah sie die politischen Verhältnisse in Deutschland sehr viel klarer und entschied sich, nach Amerika auszuwandern. Dort verfaßte sie neben ihren zahlreichen Erzählungen und Romanen auch Filmdrehbücher für Hollywood und Bühnenstücke, etwa „Summer Night". (Uraufführung in New York am 2.11.1939)

Beaulieu, Heloise Margarete: „*Kränze*", Einakter, Hannover, Residenztheater, 25.10. 1918.
Heloise Margarete *Beaulieu* (* 4.5.1876) lebte 1930 in Hannover und schrieb hauptsächlich Essays und Novellen. (K 1930).

Becker, Maria Luise: „Der Richter", Drama, Remscheid, Städtisches Schauspielhaus, 25.11.1919.

Maria Luise *Becker* (* 28.12.1871 in Eberswalde) war zweimal verheiratet, mit dem Schriftsteller Wolfgang Kirchbach und mit dem Schuldirektor Paul Gerhard Strube. 1896 trat sie in die Redaktion der „Illustrierten Frauenzeitung" ein. Sie berichtete über Ausstellungen und ihre Reise nach Italien. Sie schrieb neben Romanen auch Stücke für Kinder. (LF)

Berger, Gisela: „Weltreise", Lustspiel in drei Akten, Wien, Komödie, 11.10.1930.

Robert F. Arnold urteilte über die Komödie: „Dieses ernsthafte Lustspiel heißt offenbar darum Weltreise, weil (…) ohne diese Reise alles ganz anders gekommen wäre. Weder hätte sich das typische Dreieck zwischen dem Weltreisenden (dem heimkehrenden natürlich), der von ihm Verlassenen und ihrem Gatten gebildet, noch wäre eine neue Variation des Themas zustande gekommen (…)". (L 1930, S. 165).

Gisela *Berger* verbrachte ihr Leben in Wien (* 12.12.1878, † 26.1.1961). Mit dem Theater war sie schon früh in Berührung gekommen, da ihr Onkel Alfred von Berger Direktor des Burgtheaters war. Ihren Lebensunterhalt bestritt sie mit einer Stelle an der Wiener Nationalbibliothek. Nach dem Einmarsch der Nationalsozialisten in Österreich konnte sie nicht mehr ungehindert ihre Arbeiten veröffentlichen. Während dieser Zeit war sie in der Pressestelle des „Hauses der Mode" in Wien angestellt. Weitere Dramen: „Der Sohn der Sonne" (1916), „Das Osterspiel von Klosterneuburg" (1932). Außerdem schrieb sie Gedichte, Novellen und Romane.

Bern, Vera: „Ein Bär kommt durch die Luft", Drama in drei Akten, Bern, Kammerspiele, November 1930. (DDD)

dies.: *„Affentanz"*, Drama in drei Akten, Leipzig, Komödienhaus, 20.8.1931.

Der Kritiker des Berliner Tageblattes befand: „Ihre Absicht ist, nicht mehr und nicht weniger als den ‚Affentanz' des Lebens auf die Bühne zu bringen, den Tanz um das goldene Kalb, und sie konstruiert eine Handlung dazu, worin die Gegensätze schroff aufeinanderprallen. Hauptfigur: Erich Kampe, ein junger Mann, der reich werden will (…). Er hat einen Vater, der so reich wie geizig ist; der Sohn muß darben. Er liebt ein Mädchen, das arm ist, aber er verlobt sich mit einer alten Witwe, die reich ist", die aber „bestimmt, daß der geldhungrige Bräutigam von ihrem Vermögen keinen Gebrauch machen kann (…). Es gibt nur einen Ausweg für ihn: die Frau muß sterben." (DDD 1932, S. 180)

dies.: *„Die Mottenkiste"*, Komödie in drei Akten, Eine Inszenierung konnte nicht nachgewiesen werden, verlegt wurde das Lustspiel 1933 bei Ahn & Simrock.

Vera *Bern* (* 8.7.1888 in Wien) war die Tochter von Olga Wohlbrück und Maximilian Bern. Nachdem sie mit Dramen hervorgetreten war, wechselte sie Anfang der dreißiger Jahre zur Prosa. Ihr erster Roman „Ibrahim Brand" erschien 1933. Ihre Arbeiten zeichnen sich durch die klare Charakterisierung der Figuren aus. Erfolg hatte sie nach 1945 vor allem mit „Angelo" (1948), der farbigen Lebensgeschichte eines Italieners, der im Krieg fällt. Außerdem verfaßte sie Hörspiele wie „Im Traumladen", „Wunder des Herzens", „Ewiger Ring", „Der Fremde". (LF)

Bernard, Anna: „Im Zeichen des Saturns", Bad Kudowa, Kurtheater, 16.7.1925.
Der Rezensent der „Literatur" fühlte sich bei dem Stück an Schillers Wallenstein erinnert: „Das Schicksal des Grafen Schaffgotsch, der im Anschluß an die Ermordung Wallensteins hingerichtet wurde, weil er verdächtigt war, um sie gewußt zu haben, stand im Mittelpunkt des Geschehens." (L 1925, S. 44)
dies.: *„Andreas Faulhabers Tod"*, Bad Kudowa, Kurtheater, 7.9.1930. „In dem Stoff (…) schlummern echt dramatische Keime: Ein Maria Theresia treuer, ertappter preußischer Deserteur aus der Grafschaft Glatz beruft sich, aus Furcht vor dem Galgen, auf einen erfundenen Beichtstuhlausspruch eines Priesters, demnach der Bruch des Fahneneides vor Gott keine Sünde sei; dem Priester schließt das Beichtgeheimnis den Mund, er endet am Galgen. (L 1930, S. 166).
Anna *Bernhard* (* 15.7.1865 in Breslau, † 27.8.1938 in Bad Kudowa). Die schlesische Volksdichterin war die Tochter eines Holzbildhauers und mit dem Schneidermeister Robert Bernhard verheiratet. Sie schrieb vor allem historische Romane. Das Trauerspiel „Andreas Faulhabers Tod" entstand schon 1922. (LF)

Bernburg, Ilse: „Die eiserne Jungfrau", Lustspiel, Berlin, Rose-Theater, 16.6.1932. (DDD)

Bock, Emilia: „Die Qualen der heiligen Helene", Lustspiel in vier Akten, Essen, Schauspielhaus, 29.2.1924. (BS)

Brentano, Anna: „Drei Frauenhüte", Berlin, Theater in der Friedrichstadt, 29.11.1919.
Anna *Brentanos* Schaffensphase lag vor 1918. Ihre Komödie „Drei Frauenhüte" entstand bereits 1886, gelangte jedoch erst 1919 zur Uraufführung. Sie hatte Jahre vorher bereits den Schwank „Madame Spinetti" (1876) verfaßt.
Anna *Brentano* (* 10.7.1858 in Wendhagen/Pommern) war zweimal verheiratet, mit einem Offizier und mit dem Schriftsteller Brentano, von dem sie sich 1892 trennte. Ihre Tochter war die Schriftstellerin Elisabeth Bauck.

Castonier, Elisabeth: „Die Sardinenfischer", Schauspiel in drei Akten, Berlin, Theater am Bülowplatz, 21.2.1933.
dies.: *„Dorftragödie"*, Drama, das in einem bayrischen Dorf unter Kräuterweibern spielt. Für das Stück konnte weder ein Verlag noch eine Inszenierung nachgewiesen werden.
Elisabeth *Castonier* (* 1894 in Dresden, † 25.9.1975 in München) schrieb zunächst Gedichte und Kurzgeschichten. Einige Zeit arbeitete sie als Verlagslektorin in München. 1932 wurde sie für ihre Novelle „Angèle Dufour" von Thomas Mann mit dem Dichterpreis deutscher Staatsbürgerinnen ausgezeichnet. „Die Sardinenfischer" sind die Dramatisierung dieser Novelle. Elisabeth Castonier erzählt die Tragödie einer jungen Italienerin, die von ihrem Arbeitgeber vergewaltigt wird. Sie flieht vor der Schande in die Stadt. Als sie erfährt, daß ihrer Schwester das gleiche Schicksal widerfahren ist, kommt sie zurück und bringt den Fabrikbesitzer um. „Die Sardinenfischer" bleiben ihr

einziges realisiertes Theaterprojekt. 1934 emigrierte sie von Wien über Dänemark und Italien nach England. Dort verfaßte sie eine Reihe von Kinderbüchern. Außerdem entstand in ihrem Exil eine Dokumentationssammlung über den Widerstand der Kirchen, die James Clarke unter dem Titel „Ewige Front" herausgab. Nach dem Krieg schrieb sie wieder für deutsche und österreichische Zeitungen, veröffentlichte Romane und ihre Memoiren „Stürmisch bis heiter". Auch die Tragödie „Um Anna" erschien im Drei-Masken-Verlag.

Dorsth, Beatrice: „Das verfemte Lachen", Höfisches Spiel in drei Akten, Rostock, Stadttheater, 27.1.1924. (BS)

Eberle, Vera Maria: „Maria Vorbach", Schauspiel, Dortmund, Stadttheater, 21.12.1923. (BS)
    „So läßt denn auch das Erstlingswerk Vera Maria Eberles, der früher in Dortmund und jetzt in Kiel tätigen geschätzten Darstellerin, fremde Vorbilder erkennen. Das Hauptmotiv, die Tragik des Künstlerinnenberufs, erinnert an ähnliches bei Strindberg (…). Im Mittelpunkt steht die auf die große Leidenschaft wartende Künstlerin, die an der Ehe mit einem dreißig Jahre älteren Philister zerschellt und den altklugen, liebenden und geliebten Stiefsohn in den Tod treibt." (L 1923/24, S. 297)
    dies.: *„Thomar, das Kecksweib"*, Drama in zwei Akten, Basel, Stadttheater, 24.4.1924. (BS)
    dies.: *„Kreuzwege"*, Drama in neun Bildern, Eberfeld, Stadttheater, 15.10.1924. (BS)

Eckehard, Gabriele: „Liebeskonzern", Komödie, Berlin, Intimes Theater, 21.9.1924. (BS)
    Gabriele *Eckehard* war das Pseudonym von Lucy Helene Domke (* 13.1.1896 in Berlin), die lediglich eine weitere Komödie „Der abnehmende Mond" schrieb. Außerdem verfaßte sie Novellen. Ihre „Frauenfibel" illustrierte Georg G. Kobbe. Sie arbeitete als Übersetzerin aus dem Englischen, Französischen und Italienischen. Ihre Sprachkenntnisse kamen ihr bei ihrer Emigration zugute. 1933 ging sie zunächst nach Frankreich, 1941 in die USA. Im Exil erschienen von ihr „Paris, ich kenne dich" (Bern 1939) und „Elisabetha Donna Perfetta" (Mailand 1934). (K 1930; Sternfeld/Tiedemann)

Eckersberg, Else: „Stichwort Feldena", Spiel in drei Akten, Berlin, Tribüne, 22.12.1931.
    Else Eckersberg schrieb sich in dem Drama eine Doppelrolle auf den Leib, die sich nach „dem Muster der Frankschen ‚Nina'" gestaltete. (Westermanns-Monatshefte, 76. Jg., H. 907, März 1932, S. 91/92) Ihre Doppelgängerinnenkomödie spielt im Schauspielermilieu. Die gefeierte Mimin Maria Felden wird mit einer Prostituierten verwechselt. Maria macht sich die Ähnlichkeit zunutze, um mit einem ihrer Verehrer eine Nacht zu verbringen. Nach den üblichen Verwicklungen führt die Liebesgeschichte schließlich zum Happy-end. Das Lustspiel wurde unter dem Titel *„Drei Jahre und eine Nacht"* 1932 bei Felix-Bloch-Erben verlegt.
    Else *Eckersberg* war Schauspielerin am Deutschen Theater in Berlin. Nach 1945 verarbeitete sie ihre Anfänge literarisch. In ihrem Roman „Diese volle Zeit … Zwei vom

Theater" (Frankfurt 1958) beschreibt sie ihr Debüt und vor allem ihre Freundschaft mit der älteren Schauspielerin Elsa Wagner (1881 – 1975).

Fahr-Nils, Lilly: „Ninon stiehlt Männer", Revue-Komödie in sechs Bildern, Krefeld, Stadttheater, 1.2.1932. „Das Stück legt das Problem der Frau, zwischen das Männliche und Männische gestellt, mit einer Bühnensicherheit aus, die bei einer so jungen Frau überrascht. Sie löst es aber nicht, denn Ninon geht nicht durch die Männer hindurch, sondern an ihnen vorbei. Sie stellt dreien nicht etwa Fallen, aus denen sich jeder auf seine Art lösen und der Stellerin die bekannte Grube graben möchte, sondern sie bemächtigt sich ihrer mittels Gewalt und macht sie für den Rest des Stückes unschädlich. Der vierte Mann, ein Abenteurer, der sie beschlichen und überlistet hat, nimmt zum Ende die grande dame, deren Hang zur Romantik dem seinen schicksalhaft begegnet war, und nichts bleibt von ihr übrig als das kleine Mädchen." (L 1931/32, S. 399)

Fleißer, Marieluise: „Fegefeuer in Ingolstadt", Berlin, Deutsches Theater, 25.4.1926.
dies.: *„Pioniere in Ingolstadt"*, Dresden, 26.3.1928; Berlin, Theater am Schiffbauerdamm, 30.3.1929.
Marieluise *Fleißer* (* 23. (22?) 11.1901 in Ingolstadt, † 2.2.1974, ebd.) ging 1919 von ihrer Heimatstadt nach München, wo sie Theaterwissenschaft und Germanistik studierte. Durch Lion Feuchtwanger lernte sie dort Bertolt Brecht kennen, der die Uraufführung ihres Dramas „Fegefeuer in Ingolstadt" vermittelte. Auf seine Anregung schrieb sie auch die „Pioniere". Bei der Premiere des Stückes in Berlin kam es zum Skandal, den Brecht einkalkuliert hatte. Daraufhin brach sie mit ihm und seinem Kreis und wandte sich dem rechtskonservativen Schriftsteller Helmut Draws-Thychsen zu. Ihre künstlerische Verunsicherung und finanzielle Schwierigkeiten führten 1932 zu einem Selbstmordversuch und schließlich zur Rückkehr nach Ingolstadt. 1935 heiratete sie dort ihren früheren Verlobten Sepp Haindl. Während des Dritten Reiches verstummte sie völlig. Doch auch nach dem Nationalsozialismus gelang es ihr nicht, an ihre Anfangserfolge anzuknüpfen. Erst Ende der sechziger Jahre begann ihre Wiederentdeckung, angeregt durch Rainer Maria Fassbinder, Franz Xaver Kroetz und Martin Sperr, die sich als ihre Schüler betrachteten.

Flint, Eva/Madison, Martha: „Untergrund-Expreß", Schauspiel, Aussig, Stadttheater, 24.4.1932. (DDD)

Flotow, Li von: „Ahasverus, der ewige Wanderer", Mysterium, Bremerhaven, Stadttheater, 31.10.1930.

Gmeyner, Anna: „Heer ohne Helden", Dresden, Trianontheater, 27.10.1929; (DDD) Berlin, Wallner-Theater, 26.1.1930.
dies.: *„Automatenbüfett"*, Volksstück, Hamburg, Thalia-Theater, November 1932; Berlin, Theater am Schiffbauerdamm, 29.12.1932. (Siehe Text)

Gnade, Elisabeth: „Die Falle", Schauspiel in drei Akten, Gera, Fürstliches Hoftheater, Juli 1918.

Frau Thomsen, die Heldin des Stückes, unterstützt ihre Tochter, die einen leichtsinnigen Künstler geheiratet hat, der mit Geld nicht umgehen kann. Doch diese Unterstützung geht über ihre Kräfte. Auch ihr Schwiegersohn fühlt, daß es so nicht weitergehen kann. Beide denken an Selbstmord: „Aber es geschieht doch noch ein Umschwung; die alte Frau gibt noch ihr Allerletztes, um die Zukunft der Kinder zu retten. Denn der Maler erhält plötzlich einen glänzenden Auftrag ins Ausland, hier winkt endlich die Befreiung aus dem Furchtbaren." (DDD 1918)

dies.: *„Des Meisters Liebe"*. Hugo Dinger, der Rezensent des „Deutschen Dramas", charakterisiert das Stück als ein „feines Märchenspiel voll zarter, sinniger Symbolik", das vor der „Falle" aufgeführt wurde.

Elisabeth *Gnade* (* 17.8.1863 in Summin/Westpreußen, † 6.6.1938 in Kassel) machte sich vor allem als Lyrikerin und Erzählerin einen Namen. Sie war die Tochter eines Gutsbesitzers und heiratete einen preußischen Offizier. (Kosch)

Gobjeska, Georgine: „Die Detektivin", dramatische Skizze, Potsdam, Schauspielhaus, 19.11.1919.

Gottschall, Margarethe von: „Die heilige Elisabeth von Thüringen", Drama, Salzburg, Stadttheater, 17.5.1931.

Margarethe von *Gottschall* (* 10.2.1870 in Arnsberg/Westfalen, † 2.8.1949 in Konstanz) schrieb – auch unter dem Pseudonym M. von Witten – etwa 40 Bühnenwerke, darunter Weihnachtsspiele, Kinderstücke und Komödien. Oft verarbeitete sie religiöse Motive, wie in der „heiligen Elisabeth", deren Lebensgeschichte sie nacherzählt. In ihrer Vorbemerkung zu dem Stück bezeichnet die Autorin ihre Figur als „ein Gefäß, das Gottes Liebe aufgefangen und in die Welt hinausgestrahlt hat".

Grazilla, Thea: „Karthago", Tragödie in fünf Akten, Ulm Stadttheater, 20.10.1924. (BS)
dies.: *„Ruth Richter"*, Schauspiel, Berlin 1905.
dies.: *„Ihr Erdwallen"*, Drama, Berlin 1906.
dies.: *„Im Spiegel der Seele"*, Drama, Berlin 1906.
dies.: *„Göttin Weib"*, Berlin 1913.
dies.: *„Die Prophetin"*, Berlin 1920. (Schulz)

Die Lesedramen erschienen im Drei-Masken-Verlag. Thea *Grazilla* war das Pseudonym von Thea Grazilla Schneidhuber, die 1930 im Harz wohnte. Sie schrieb vor allem Bühnenstücke, veröffentlichte auch einen Roman und Lyrik. (K 1930)

Gregorn, Augusta: „Der liebe Kratel", Einakter, Frankfurt am Main, Schauspielhaus, 12.3.1919.

Gregory-Haag, Elsa: „Flucht vor Michael", Berlin, Internationales Theater, 6.10.1931. (DDD) dies.: *„Die Kraft Gottes"*, Schauspiel in drei Akten, 1929.

dies.: *„Die Merkwürdige"*, Komödie in drei Akten, 1929. (Schulz)

Hauptmann, Elisabeth: „Happy end", Berlin, Theater am Schiffbauerdamm, 2.9.1929. (BS)

Elisabeth *Hauptmann* (1897 – 1973) war Schriftstellerin, Übersetzerin und Dramaturgin. In den zwanziger Jahren begann sie zu schreiben und wurde die Mitarbeiterin von Brecht. Für die Uraufführung von „Happy end" wählte sie das Pseudonym Dorothy Lane. Die Songs in ihrem Stück stammen von Brecht und Weill. 1929 trat sie in die KPD ein. 1933 mußte sie emigrieren, sie ging zuerst nach Frankreich, dann in die USA. 1948 kehrte sie nach Ostberlin zurück. Ihre Bedeutung, so das Urteil in einem DDR-Theaterlexikon, „liegt zweifelsohne in ihrer Stellung als Mitarbeiterin und Herausgeberin Brechts, sie war eine von ihm hochgeschätzte Arbeitspartnerin, bereitete Material auf, begleitete das Werk mit eigenen Ideen und Kritik." (Trilse 1978, S. 228) Ihre eigenen Arbeiten beschränkten sich auf Hörspiele – wie die Dramatisierung des Grimmelshausenschen „Simplizissimus" – und Erzählungen.

Herlick, Eva: „Sulamith", Bühnenspiel in vier Bildern, Basel, Stadttheater, 18.4.1926.

Hirschfeld, Martha: „Reubein", Schauspiel, Straßburg, Unionstheater, Juni 1929. (DDD)

dies.: *„Adler in der Nacht"*, Straßburg, Unionstheater, Dezember 1930. (DDD)

Hirschmann, Helene: „Kaspar Hauser. Der Weg eines Heimatlosen", Ansbach, Schloßtheater, 4.8.1928. (DDD)

„Auf dem Programmzettel hatte die Verfasserin ihr Werk eine ‚Dramatische Legende' genannt und damit wohl andeuten wollen, daß bei aller nach Möglichkeit wahrheitsgetreuer Wiedergabe der Hauptmomente aus der nur die Zeit von 1828 bis 1833 umfassenden Geschichte des Findlings, (…) doch zugleich auch der Versuch gemacht werden sollte, Ereignisse und Charaktere in eine höhere Stufe zu heben, im einmaligen das Ewige zu erkennen." (L 1928/29)

Höcker, Klara: „Der gefangene Vogel", lyrisches Spiel, Duisburg, Stadttheater, 21.2.1929.

Christiane Rauter, die Tochter des Romanciers Paul Oskar Höcker (1865 – 1944), veröffentlichte ihre Arbeiten unter ihrem Mädchennamen. Klara *Höcker* (* 1.9.1901 in Berlin) studierte von 1923 bis 1927 an der Hochschule für Musik ihrer Heimatstadt. Anschließend war sie als Musiklehrerin und Bratschistin im Brunier-Quartett tätig. Außerdem arbeitete sie als Dramatikerin an den Berliner Kammerspielen. In ihren Schriften behandelte sie soziale und pädagogische Themen. Sie schrieb Feuilletons, Romane und Hörspiele, etwa „Don Juans Tod" (1950). (LF)

Hofmann-Cortens, Maria von: „Wie Throne stürzen", ein aktuelles Spiel, Regensburg, Belodrom-Theater, 23.2.1920.

dies.: *„Ludwig II.",* ein Königsschicksal in fünf Akten, Starnberg, Kurtheater, 29.8.1920.

Hoffgarten, Elinor von: „Rebellen", Schauspiel in drei Akten, Guben, Stadttheater, 3.5.1919.

Ellinor von *Hoffgarten* (* 9.8.1874 in Mülverstedt bei Langensalza) bewirtschaftete von 1906 bis 1911 ein Gut in Mecklenburg. Seit 1919 lebte die Lehrerin wieder in Thüringen, flüchtete 1946 nach Altenburg bei Kassel. In ihren Erzählungen und Romanen griff sie Zeitthemen auf. Schon 1917 war das Drama „Kunne Eisenberg" entstanden. (LF)

Jerusalem, Else: „Steinigung in Sakya", Schauspiel in drei Akten, Erfurt, Stadttheater, 25.2.1929.

„Das Drama der Verfasserin des ‚Heiligen Scarabäus‘ versucht, moderne individualistische Tragik mit dem antiken Schicksalsbegriff zu vermischen, ja vielleicht diese aus jenem zu entwickeln. Der junge Rabbiner David (…) geht nicht allein aus dem Gegensatz zwischen Tradition und neuer Erkenntnis zugrunde, sondern ihn trifft auch der Zorn des alttestamentlichen Gottes, der ‚die Sünden der Väter heimsucht an den Kindern bis ins dritte und vierte Glied‘." (SL, H. 4, April 1929)

Else *Jerusalem* (* 23.11.1877 in Wien) war zweimal verheiratet, mit dem Fabrikanten Alfred Jerusalem und mit dem Universitätsprofessor Viktor Widakowich. Else Jerusalem scheute sich nicht, in ihren Schriften heikle Themen aufzugreifen. So übte sie in ihrem Buch „Gebt uns die Wahrheit" (1902) Kritik an der sexuellen Mädchenerziehung. „Steinigung in Sakya" blieb ihr einziges Drama.

Judeich, Helene: „Die singende Seele", Mysterienspiel, Dybin, Waldtheater, 27.6.1920.

„In Märchenstimmung kann sich Helene Judeich in ihrem Mysterienspiel vom König, der die singende Seele sucht, findet und wieder verliert, um sie erst im Tode dauernd zu gewinnen, nicht genug tun. Alle seelischen Triebe treten als Personen auf und sagen ihr Sprüchlein, um den König für sich zu gewinnen und ihn abzuziehen von seiner singenden Seele. Schade, daß (…) hier mit so großem Aufwand ein immerhin fruchtbares Thema – die Sehnsucht des Menschen nach Harmonie – in konventioneller, allegorischer Darstellung stecken blieb." (DDD, Oktober 1922)

Helene *Judeich* (* 26.10.1863 in Dresden, † 5.9.1951 ebd.) arbeitete als Seminaroberlehrerin und Studienrätin in ihrer Heimatstadt. Sie schrieb etliche Theaterstücke, so „Ein Schulmeister-Märchen" (1888), „Neugermanien. Zukunftsschwank … aus dem Jahre 2075" (1903) und „Auf der Himmelswiese" (1925). (Kosch)

Kalkowska, Eleonore: „Die Unvollendete", Spiel in fünf Akten, Schneidemühlen, Landestheater, 12.3.1929.

dies.: *„Josef",* Drama, Dortmund, Stadttheater, 14.3.1929; Berlin Theater am Bülowplatz, 14.4.1929; Berlin, Lessingtheater, 12.8.1929; Warschau, Theater Ateneum, September 1929; Leipzig, Schauspielhaus, 26.11.1929.

dies.: „*Zeitungsnotizen*", Drama, Berlin, Schillertheater, 4.12.1932.
(Siehe Text)

Kaus, Gina: „Diebe im Haus", Wien, Schönbrunner Schloßtheater, 16.10.1919; Stendal, Altmärkisches Landestheater, 10.2.1931. Nur für die Uraufführung in Wien wählte die Autorin das Pseudonym Andreas Eckebrecht.

Kaus scheint in ihrem Lustspiel in drei Akten beweisen zu wollen, daß Geld allein nicht glücklich macht. Sie zeichnet die trostlose Ehe zwischen einem reichen, alternden Mann und seiner jüngeren Frau Eva nach. Der Diebstahl einer Kammerfrau führt dazu, daß die Entfremdung zwischen ihnen deutlich wird. Doch Geld und Prestige gelten ihnen mehr als innere Werte: sie bleiben zusammen. Ihr Stiefsohn Felix wirft Eva daraufhin vor: „Du hast die Liebe und die Schönheit verraten, die Jugend und die Freiheit." (S. 50) Die Zofe Marianne, die Schmuck und Kleidung ihrer Herrin entwendete, stellt sich als ein wertvollerer Mensch heraus als ihre Arbeitgeber, da sie aus Liebe Unrecht beging. Zusammen mit Felix verläßt sie das Haus.

dies.: „*Toni*", Komödie, Bremen, Schauspielhaus, 4.3.1927; Hamburg, Thalia-Theater, 14.5.1927; Berlin, Kammerspiele, 16.3.1927; Prag, Deutsches Theater, 7.6.1927. (BS)

„In zehn locker gefaßten Szenen versucht die Verfasserin ein Mädchenschicksal während der Entwicklungsjahre vorzutragen (…). Wie diese kleine Toni ihre Nöte fühlt und erleidet, wie sie in seltsamen Zuständen in ihre Visionen verfällt, wie das Natürliche, Schöpferische sie quält und jagt und schließlich einem jungen Mann in die Arme treibt, der weder bös noch gut ist, das wird eindringlich gegeben." (L 1926/27, S. 477)

dies.: „*Im Haus der Tugend*", Stück in drei Akten, Berlin 1926, keine Inszenierung bekannt.

Malvine terrorisiert ihren Ehemann Erich mit dem Andenken an ihren früheren Verlobten Konrad, den sie seinetwegen verlassen hat. Sie glaubt, daß ihr Verhalten Konrads Geisteskrankheit auslöste und büßt ihre Untreue damit, daß sie sich und ihrem Mann alle Freuden versagt. Erichs einziger Trost ist die Freundschaft mit Rudolf, der ihn davon zu überzeugen versucht, daß er seiner Frau gegenüber zu nachgiebig ist. Malvine scheint die Gefahr zu spüren, die von ihm ausgeht, sie versucht ihn fernzuhalten. Doch als am Ende des Stückes der vermeintlich Irrsinnige selbst auftritt und sich als enttäuschend normal erweist, sieht Malvine ihren Irrtum ein. Doch wieder „probt sie Opferlamm", da sie sich nun Erich gegenüber schuldig fühlt. Erst als sie erkennt, daß ihre Selbstdarstellungen als Opfer nur dazu dienen, ihre Ängste zu überspielen, als Malerin zu versagen, stellt sie sich den wirklichen Anforderungen, und das Ehepaar versucht einen Neuanfang.

dies.: „*Der lächerliche Dritte*", Komödie in drei Akten, Berlin 1927, keine Aufführung bekannt.

„Der lächerliche Dritte" ist der reiche Erbe Alexander, der keine feste Bindung eingeht, sondern verheirateten Frauen den Hof macht. Seine Affäre mit Edith, der Frau des Regierungsrates Weissenstein, geht gerade zu Ende, als Ediths Schulfreundin Madeleine die Szene betritt. Nun beginnt in einem Schweizer Berghotel ein turbulenter

Liebesreigen. Edith verliebt sich in Madeleines Mann, Franz. Alexander flirtet mit Madeleine, die jedoch nur Augen für Franz hat. Doch als Franz zu einer Bergtour aufbricht, die sie verhindern wollte, gibt sie aus Trotz dem Drängen Alexanders nach. Die Nachricht, daß Franz beim Klettern abgestürzt sei, beendet das Liebesabenteuer abrupt. Madeleine wird bewußt, daß sie nur Franz geliebt hat. Das Unglück bringt auch Edith wieder ihrem Mann näher, da er sich sehr umsichtig verhält. Als sich der Tod von Franz als Gerücht herausstellt, ist das Happy-end perfekt. Nur Alexander stört das traute Glück der Ehepaare. Er zieht die Konsequenzen und reist ab.

Gina *Kaus* (* 21.11.1894 in Wien) fand nach dem 1. Weltkrieg Zugang zu den literarischen Kreisen Wiens. Sie hatte unter anderem Kontakt zu Hermann Broch, Egon Erwin Kisch, Karl Kraus, Robert Musil und Franz Werfel. Sie schrieb zunächst Erzählungen für verschiedene Zeitungen. Während ihrer zweiten Schwangerschaft kam ihr die Idee zu einer Zeitschrift, die sich mit der Psychologie des Kindes beschäftigen sollte. Sie erhielt den Titel „Die Mutter", mußte aber aus finanziellen Gründen bald eingestellt werden. Ende der zwanziger Jahre hatte sich Gina Kaus als Autorin durchgesetzt. Sie schrieb anspruchsvolle Unterhaltungsliteratur. Im Dritten Reich wurden auch Gina Kaus' Arbeiten verboten. Das Zürcher Schauspielhaus brachte am 28.11.1936 ihr Stück „Gefängnis ohne Gitter" heraus. Nach der Annexion Österreichs ging die Schriftstellerin ins Exil. Über Paris und New York gelangte sie nach Hollywood, wo sie sich als Drehbuchautorin durchsetzen konnte. (LdS)

Kay, Juliane: „Slovenska Anica", Schauspiel in vier Akten, Dresden, Komödie, 14.4. 1929. (DDD)

„(...) ein farbiges, temperamentvolles Charakterbild aus dem kroatischen Bauernleben. Die zügellose Eifersucht der jungen und starken, arbeitsfrohen Anica, die Zigeunerblut in den Adern und den Teufel im Leibe hat, bringt unbedenklich jeden Menschen um, der ihr im Wege ist. Als der leichtsinnige Graf Jelacic sie als Geliebte ins Schloß hinauf nimmt, hat sie nichts Eiligeres zu tun, als ihre Vorgängerin und sogar die allerdings ziemlich nichtsnutzige Mutter ihres Fedor aus dem Wege zu räumen. Der Landgendarm, der Anica gleichfalls nachstellt, muß sie nun wohl oder übel unter dem Druck der erbitterten Bauernschaft den Gerichten überliefern." (SL, Juni 1929)

dies: *„Junge Frau träumt",* Lustspiel in drei Akten, für das keine Inszenierung nachgewiesen werden konnte. (Schulz)

dies.: *„Der Schneider treibt den Teufel aus".* Für das Lustspiel konnte eine Inszenierung erst nach dem zweiten Weltkrieg nachgewiesen werden. Die Kammerspiele Spandau brachten es am 30.6.1945 heraus.

Die österreichische Schriftstellerin und Dramatikerin Erna Baumann (* 9.1.1899 in Wien) schrieb unter dem Pseudonym Juliane *Kay.* In ihren Texten beschreibt sie häufig das Wiener Milieu und die Landschaft ihrer Jugend, Krains. Sie erhielt für ihre literarischen Arbeiten mehrere Preise, den Deutschen Erzählerpreis, den Kolowratpreis und den Deutschen Bundespreis. (LF)

Kloerß, Sophie und *Albrecht, Elisabeth: „Vaader Knaak",* Schauspiel in drei Akten, Schwerin, Landestheater, 24.4.1925. (BS)

„Vaader Knaak" blieb die einzige Co-Produktion der Autorinnen. Sophie *Kloerß* (* 5.1.1866 in Wandsbeck, † 31.1.1927 in Hamburg) schrieb sonst Erzählungen und Romane. Sie lebte nach ihrer Heirat mit einem Oberlehrer in Schwerin und später in Hamburg. Elisabeth *Albrecht* wohnte auch in Schwerin und verfaßte ihre Texte in Mundart. Vor der Zusammenarbeit mit Sophie Kloerß entstand bereits das Lustspiel „Danzt ward nich" (1912). Ihre Erzählungen „Dat Familientaschenbuuk" und der Roman „Dei Heidenhoff" waren ebenfalls schon vorher erschienen. (K 1928)

Krieger, Käte: „Klatsch", Tragikomödie in vier Akten, Liegnitz, Neues Theater, 11.6. 1921.

Krützner, Irma: „Die von der Bachmühl", Volksstück in vier Akten, Eger, Stadttheater, 27.3.1931. (DDD)
Irma *Krützner* (* 21.7.1884 in Graslitz/Erzgebirge, † 26.9.1956 in Dietfurt) lebte die meiste Zeit ihres Lebens im Böhmerwald. Sie war die Präsidentin des Katholischen Frauenbundes für Südböhmen. Neben Dramen verfaßte sie auch Erzählungen. (Kosch)

Kuber-Erler, Elfriede: „Kampf mit der Finsternis", Schauspiel in drei Akten, Beuthen, Stadttheater, 31.3.1921.

Landau, Lola: „Urlaub", Einakter, Breslau, Vereinigte Theater, Oktober 1919. (DDD)
Nach Meinung des Kritikers Walter Meckauer ist die Arbeit „durchseelt von wahrhaftem Geiste. Hier ist alles seelische Spannung, seelisches Hin und Wider. Die Tatsachen des Krieges werden den Tatsachen der Seele gegenübergestellt. In dem Manne und dem Weibe dieses Stückes verkörpern sich diese beiden Welten. Lola Landau (…) ist eine Meisterin der Nuance. Es ist besonders reizvoll, daß man hier die Welt des Ehedramas durch ein weibliches Temperament erblickt. Die weibliche Empfindung bäumt sich auf gegen den Mechanismus des auf sein Recht pochenden Ehegatten, der zufrieden ist, die leibliche Treue gewahrt zu sehen und sich nicht um die Realität der seelischen Treue kümmert." (DDD November 1919)
dies.: *„Die Wette mit dem Tod",* Spiel, Wernigerode, Marktfestspiele, 27.7.1930.
„Der eigentliche tragische Held ist in drei verschiedenen Erscheinungen das kämpfende Leben selber, der Gegenspieler und Widersacher der Tod, der nur eine Maske trägt. Drei junge Burschen (…) bieten dem Tod eine Wette an. Der eine versucht es als Arzt, der andere als Liebhaber durch das Leben selber, der dritte, der Dichter, durch die Unsterblichkeit. Alle unterliegen, und nur das Lied des sterbenden Dichters triumphiert über die Vernichtung." (L 1929/30, S. 717)
dies.: *„Kind im Schatten",* Tragödie, Breslau, Stadttheater 1931. Das Drama wurde ebenfalls in Zürich, Prag und Tel-Aviv inszeniert. (Deutsche Literatur von Frauen, Bd. 2, München 1988, S. 325)
dies.: *„Wasif und Akif".* Armin T. Wegner hatte Schattenfiguren aus der Türkei mitgebracht, die seine Frau zu der Komödie inspirierten. Das Lustspiel handelt von Liebe und Eifersucht. Es ist die Geschichte einer Frau mit zwei Ehemännern. Lola Landau

berichtet in ihren Memoiren, daß das Drama vom Theater am Kurfürstendamm inszeniert wurde. In den Hauptrollen spielten Anni Mewes, Leonard Steckel, Paul Bildt und
Paul Henckels. Lola Landau nennt nicht das Datum der Uraufführung, der „Kürschner" von 1930 gibt an, daß das Stück bereits 1926 veröffentlicht wurde.

dies.: *„Flug um die Welt"*, Weihnachtsmärchen. Von dem Stück ist keine Inszenierung
bekannt. (Schulz)

dies.: *„Scherben bringen Glück"*, Kinderstück, Oesterheld-Verlag 1929. (Schulz). Von
dem Drama ist keine Inszenierung bekannt.

Lola *Landau* (* 3.12.1892 in Berlin) wuchs in einer großbürgerlichen, jüdisch-assi-
milierten Familie in Berlin auf. Sie machte eine Ausbildung als Sprachenlehrerin und
schrieb bereits als junges Mädchen ihr erstes Stück, ein mittelalterliches Drama, für das
sie als Heldin Isolde Weishand, die Frau Tristians, wählte. Doch ihre schriftstellerischen
Pläne stellte sie ebenso wie ihren Beruf erst einmal zurück, als sie 1913 den Privatdozen-
ten Siegfried Marck heiratete und mit ihm nach Breslau zog. Sie bekam zwei Söhne,
Andreas und Alfred. Doch die Ehe ging in die Brüche, als Lola Landau Armin T. Wegner kennenlernte. Sie ließ sich scheiden und ging mit ihm eine neue Verbindung ein. In
diesem Lebensabschnitt schrieb sie ihre Bühnenstücke. Nach 1933 wurde Wegner verhaftet, da seine pazifistischen Veröffentlichungen den neuen Machthabern aufgefallen
waren. Er kam ins KZ Oranienburg. Die Haft hatte seine Persönlichkeit zerbrochen. Er
fühlte sich immer noch als Deutscher und konnte sich nicht entscheiden, mit seiner
Familie nach Palästina zu emigrieren. Lola Landau und Wegner trennten sich. Sie ließ
sich mit ihrem ältesten Sohn Andreas und der Tochter Sybille in Palästina nieder, Wegner wählte Rom als Exil. Ihr „drittes Leben", wie Lola Landau den erzwungenen Neuanfang bezeichnet, war alles andere als leicht. Die neue Heimat blieb fremd, und sie teilte
das Schicksal der meisten Emigrantinnen, jede Verdienstmöglichkeit zu ergreifen, die
sich ihr bot. So arbeitete sie als Kinderpflegerin, Küchenhilfe, Abwäscherin, Fremden-
führerin und Lehrerin. Doch sie fand auch wieder die Kraft zum Schreiben. Sie veröffentlichte Erzählungen, Gedichte, Jugendgeschichten und das Hörspiel „Der Zeitungs-
junge". 1987 erschienen ihre Memoiren „Vor dem Vergessen. Meine drei Leben".

Langner, Ilse: „Frau Emma kämpft im Hinterland", Schauspiel in drei Akten, Berlin,
Theater Unter den Linden, 4.12.1929; Gera, Theater des Erbprinzen Reuss, um den
10.2.1931.

dies.: *„Katharina Henschke"*, Schauspiel in drei Akten, Berlin, Lesung im Demokratischen Club, 12.2.1931.

dies.: *„Die Heilige aus U.S.A."*, Drama, Berlin, Theater am Kurfürstendamm,
20.11.1931.
(Siehe Text)

*Lask, Berta: „Die Befreiung – sechzehn Bilder aus dem Leben der deutschen und russischen
Frauen"*, Berlin, Zentral-Theater, 8.8.1925.

„Man sah die russische Bäuerin in ihrem Dorfe bei Ausbruch des Krieges, noch ge-
knechtet, und dann ihre langsame, aber erfolgreiche Befreiung. Es wurde aufgezeigt, wie

die russische Frau, bei Ausbruch des Krieges noch die Sklavin des Kapitalismus und der Familie, heute ein unentbehrliches Glied in der Kette derer ist, die am Aufbau des Sowjetstaates arbeiten. Daneben sah man die deutsche Frau. Sie läßt den Mann ‚ins Feld ziehen‘. Sie arbeitet in der Munitionsfabrik, sie steht Schlange. Langsam erwacht sie, aber da kommen die Sozialdemokraten und betrügen die gesamte Arbeiterschaft im November 1918 und Januar 1919, und die Proletarierin wird in ihrem Kampf noch einmal zurückgeschlagen. Sie hat aber viel gelernt (…)“ (Rote Fahne, 10.3.1925)

dies.: „*Thomas Münzer – Dramatisches Gemälde des deutschen Bauernkrieges von 1525*“, Eisleben, Pfingstsonntag 1925. Einstudiert hatte das Stück der Proletcult Cassel.

„Das Münzer-Drama ist darum auch nicht eigentlich ein Stück über Thomas Münzer. Das ‚Gemälde‘ des Bauernkrieges zeigt ihn als eine Gestalt, die das höchste Bewußtsein der Masse, eben die Vorhut verkörpert. Er ist ihr Sprecher, der unwandelbar durch alle Ereignisse hindurchgeht und ihnen seine Deutung gibt. Ebenso statisch ist sein Gegenspieler Luther als Ideologe der konterrevolutionären Partei in der Bauernbewegung gesehen (…).“ (Kändler, S. 136)

dies.: „*Leuna – Drama der Tatsachen*“, bereits während der Proben des Proletcult Cassel verboten.

Egon Erwin Kisch lobte in der „Welt am Abend“ am 4. Juli 1926 das Stück: „Mit einem unerhört mutigen Griff hat Berta Lask aus der Geschichte der Gegenwart und unserer unmittelbarer Umwelt eine der wichtigsten sozialen Kampfepochen erfaßt: den mitteldeutschen Aufstand von 1921. Schon dies würde ihrem, bis jetzt leider nur in Buchform vorliegenden Werk, den Charakter eines Zeitdokuments sichern. Aber darüber hinaus hat die Dramatikerin ihren Meisterblick dadurch bewiesen, daß sie zum Schauplatz und zum unpersönlichen Helden ihres Stückes das Leunawerk wählte, das nicht nur in der Geschichte der sächsischen Bürgerkriegsbewegung eine so große Rolle gespielt hat, sondern auch durch die Fabrikation von Dung und Gift, von Strom und Tod für die deutsche Arbeiterschaft noch mehr Bedeutung hat als für die Bilanzen der IG Farben (…).“ (Kändler, S. 139)

dies.: „*Giftgasnebel über Sowjetrußland*“, Revuedrama, Kassel, 8.7.1927.

„Das Stück stellt in dramatischen Szenen, die sich um eine große Giftgas-produzierende chemische Fabrik konzentrieren und zum Hintergrund den imperialistischen Krieg gegen Sowjetrußland haben, das Erwachen der deutschen Arbeiterschaft und die Errichtung einer proletarischen Einheitsfront und die Aktion des deutschen Proletariats für Sowjetrußland dar.“ (Die Rote Fahne, 12.7.1927)

Berta *Lask* (* 17.11.1878 in Wadowice/Galizien, † 28.3.1867 in Ostberlin) heiratete 1901 den Arzt Louis Jacobsen, mit dem sie nach Berlin zog. Dort lernte sie das Elend in den Arbeitervierteln kennen. Um diese Zustände zu verändern, schloß sie sich der Arbeiterbewegung an. 1923 tat sie in die KPD ein. Ihre Theaterstücke machten sie zu einer der meistdiskutierten Autorinnen des proletarisch-revolutionären Theaters. 1933 emigrierte sie in die Sowjetunion. Auch während des Exils schrieb sie mehrere antifaschistische Stücke, so „Fackelzug“ (1936), „Johann der Knecht“ (1936) und „Vor dem Gewitter“ (1938). 1953 kehrte sie in die DDR zurück.

Lasker-Schüler, Else: „Die Wupper", Berlin, Deutsches Theater, 27.4.1919; Berlin, Staatliches Schauspielhaus, 15.10.1927.

Else *Lasker-Schüler* (* 11.2.1869 in Wuppertal-Eberfeld, * 22.1.1945 in Jerusalem) ist vor allem als expressionistische Lyrikerin bekannt. Ihre Gedichte und ihr Leben stehen im Mittelpunkt des Interesses, weniger ihr dramatisches Werk. Neben der „Wupper" schrieb sie noch zwei weitere Schauspiele. Ihr Stück *„Arthur Aronymus und seine Väter"* erschien 1932, doch in Deutschland kam keine Inszenierung mehr zustande. Die Uraufführung fand am 19.12.1936 am Zürcher Schauspielhaus statt. Leopold Lindtberg führte Regie, Teo Otto schuf das Bühnenbild, und die Schauspieler waren Kalser als alter Rabiner, Horwitz als Bischof, Wolfgang Langhoff als Kaplan, Steckel als Vater Schüler und Grete Heger als Arthur Aronymus. Besetzung und Regie war – so die Auffassung von Ernst Ginsberg – „denkbar glücklich". Trotzdem wurde die Aufführung nach zwei Vorstellungen abgesetzt. „Die wenigsten waren im Lärm der Zeit hellhörig genug, im zarten Gleichnis die Gewalt der Prophetin zu vernehmen. Die wenigsten ahnten, daß die Traumängste der Dichterin schon im Begriff waren, sich in blutige Wahrheit zu verwandeln (...)." (Vgl. Ginsberg, Ernst: Abschied, Darmstadt 1988, S. 164) Im Exil schrieb die Autorin noch ein weiteres Drama, das Schauspiel „Ich und Ich". Erst 1979 wurde das Stück am Düsseldorfer und Wuppertaler Schauspielhaus uraufgeführt. Obwohl es vereinzelte Wiederaufführungen ihrer beiden anderen Werke gegeben hat, steht eine Auseinandersetzung mit ihren dramatischen Arbeiten noch aus.

Lauber, Cécile: „Die verlorene Magd", Schauspiel in einem Akt, Basel, Stadttheater, 8.12.1925. (BS)

dies.: *„In der Stunde, die Gott uns gibt",* Schauspiel in vier Bildern, Luzern, Stadttheater, 13.4.1928. (BS)

Cécile *Lauber* (* 13.7.1887 in Luzern) widmete sich zunächst der Malerei und der Bildhauerei. Die Tochter des Präsidenten der Gotthardbahn, H. Dietler, verbrachte die meiste Zeit ihres Lebens in Luzern. Sie unternahm Studienreisen nach England und Italien. Neben Dramen schrieb sie Gedichte und Erzählungen. (Kosch)

Lazar, Maria: „Der Henker", Schauspiel in einem Akt, Wien, Wiener Bühne, 23.3.1921. (DDD)

dies.: *„Der Nebel von Dybern",* Drama in drei Akten, Stettin, Stadttheater, 20.2.1933. Das Stück wurde unter dem Pseudonym Esther Grenen uraufgeführt. (Siehe Text)

Lebrecht, Frieda: „Der Überwinder", Revolutions-Drama in drei Akten, Stuttgart, Landestheater, 31.5.1921.

Leiningen, Helene zu: „Sonnenwende", Schauspiel Darmstadt, 30.10.1918.

Helene Gräfin zu *Leiningen* (* 6.8.1865 in Breslau, † 19.10.1942 in Kassel) veröffentlichte ihre Arbeiten auch unter dem Pseudonym Frithjof Holm. Sie schrieb lediglich ein weiteres Drama: „Im Vorzimmer des Kaisers" (1905). Die Schriftstellerin war zweimal verheiratet. 1890 ging sie die Ehe mit dem Verlagsbuchhändler E. Ehlermann in Dresden ein, von dem sie sich 1902 scheiden ließ. Im gleichen Jahr heiratete sie Karl Graf zu Leiningen. (Kosch)

Lichnowsky, Mechtilde: „*Der Kinderfreund*", Berlin, Kammerspiele, 10.5.1919. (DDD)
„Dieser Kinderfreund ist (...) Sozialist im natürlichen Gegensatze zum Terror der Tradition gegen Kinder und sündige Menschen. Er ist Aktivist, nicht im agitatorischen Sinne, sondern in werktätiger Liebe. Ist einfach: Mensch unter seelischen Puppen." (DDD Juli 1919)
dies.: „*Er will wissen*", 1929.
dies.: „*Spiel vom Tod*", Bilder für Marionetten. Für die letztgenannten Dramen konnten keine Inszenierungen nachgewiesen werden. Die Urenkelin der Kaiserin Maria Theresia (* 8.3.1879 auf Schloß Schönburg in Niederbayern, † 4.6.1958 in London) heiratete aus Rücksicht auf die Familie 1904 den Fürsten Lichnowsky. Nach dessen Tod ging sie die Ehe mit ihrem früheren Verlobten R.H. Peto ein. In den zwanziger Jahren lebte sie abwechselnd in der Tschechoslowakei, in Südfrankreich, Berlin und München. Obwohl sie mittlerweile englische Staatsbürgerin war, konnte sie nach Ausbruch des 2. Weltkrieges Deutschland nicht mehr verlassen. 1946 kehrte die Autorin nach London zurück. Sie schrieb erzählende Prosa, Essays und Dramen. Themen ihres Werkes sind unter anderem das Künstlertum, die Politik und das Verhältnis der Geschlechter. (LdS)

Locher-Werling, Emilie: „*De Sidebeck*", Dialektstück, Zürich, Stadttheater, 31.1.1931 (DDD)
Emilie *Locher-Werling* (* 13.3.1870 in Zürich) arbeitete als Redakteurin und lebte später in Brasilien. Sie schrieb neben Lustspielen im Dialekt eine Reihe von Kinderbüchern. (LF)

Löhr, Maja: „*Tristans Tod*", Tragödie in fünf Akten, Wien, Schönbrunner Schloßtheater, 3.6.1919.
„Maja Löhr (...) erzählt die in so vielen Romanen schon gestaltete Geschichte von dem ungetreuen Tristian, der Isolde Blondhaar in den Armen der Isolde Weißhand vergessen wollte und nicht konnte (...)." (DDD Juli 1919)
Maja *Löhr* (* 9.3.1888 in Wien) promovierte in Geschichte und arbeitete als Privatgelehrte. (LF)

Loewig, Hedwig: „*Der Brandstifter*", Drama in einem Akt, Schweidnitz, Stadttheater, 12.11.1919.

Loos, Lina: „*Mutter*", Drama in einem Akt, Wien, Deutsches Volkstheater, 8.3.1921.
„Mutter" blieb das einzige Drama der Schauspielerin Lina *Loos* (* 9.10.1884 in Wien, † 6.6.1950 ebd.). Loos machte sich als Chansonette, Kabarettkünstlerin und Schauspielerin einen Namen. Nach ihrer Scheidung von dem Architekten Adolf Loos,

mit dem sie drei Jahre verheiratet war, ging sie 1905 nach Amerika, wo sie auch Erfolg hatte. Sie kehrte jedoch nach Wien zurück, trat bis 1933 am Raimundtheater und am Deutschen Volkstheater auf. 1938 zog sie sich von der Bühne zurück. (Kosch)

Lottingen, Eva: „Junge Mädchen", Drama in fünf Akten Dresden, Albert-Theater, 9.5.1920.
    dies.: *„Das Opfer"*, Drama in drei Akten, 1924.
    dies.: *„Strandung"*, Drama in fünf Akten, 1924.
    dies.: *„Haus des Augustus"*, Drama 1924. (Alle S.-Fischer-Verlag)
    Eva Lotting war das Pseudonym von Else *Cohn* (* 19.2.1881 in Bisenz/Mähren). Else Cohn lebte später in Dresden und in Frankfurt am Main. 1933 emigrierte sie in die USA, wo sie in Brooklyn ansässig wurde. Neben Dramen verfaßte sie auch Erzählungen. (Kosch)

Ludwig, Erna: „Leda", Schauspiel in drei Akten, Breslau, Lobe-Theater, 17.1.1920.
    Erna Ludwig war das Pseudonym von Erna Pariser, die neben Dramen Gedichte und Erzählungen schrieb. Die Schriftstellerin, die mit einem Gerichtsassessor verheiratet war, lebte in München und Berlin (Kosch)

Lützow, Hedwig: „De Kortenleggersch. Ein lustig Spill", Lübeck, Kammerspiele, 28.11.1929 (DDD)
    dies.: *„Kräuger Boll"*, plattdeutsches Drama in vier Akten, Hamburg, Ernst-Drucker-Theater, Februar 1930. (DDD)
    dies.: *„Joachim Slüter"*, Schauspiel, Rostock, Stadttheater, 10.5.1931. (DDD)

Mainka, Ida: „Dame und Hund", Komödie, Berlin, Deutsches Künstlertheater, 23.3.1930. (SL)

Mann, Lona: „Lustig Spiel von den sieben Schwaben", Basel, Stadttheater, 16.12.1923. (BS)

Meller, Rosie: „Leutnant Komma", satirisches Spiel in 13 Szenen, Wien, Akademietheater, 12.10.1931.
    „Dadurch, daß ein Militärkanzlist den ihm diktierenden Adjudanten zweimal mißversteht, wird ein lebender Offizier aktenmäßig zu den Toten geworfen und einer, der gar nicht existiert (eben Leutnant Komma), aktenmäßig ins Leben gerufen. (…) Was sich nun – erotisch und sonst – mit jenen beiden Offizieren begibt, bis endlich der aktenmäßig Tote an die Stelle des aktenmäßig Lebenden treten kann, das füllt die 13 Szenen des satirischen Lustspiels aus." (L 1932/33, S. 106)
    dies.: *„Die Weiber von Zoinsdorf"*, Schauspiel in fünf Akten, Wien, Deutsches Volkstheater, 3.9.1932.
    „Bis auf wenige Krüppel und Greise stehen die Männer eines Alpendorfes im Felde. Aber Wirtschaft und Ackerboden können nicht bis zum Frieden warten, und so geht die Feldarbeit, auch die schwerste, auf die Weiber über. Die Frau (…) tritt in alle Rechte

und Vorrechte des männlichen Geschlechts, und so gesellt sich zu den vielen Atavismen der Kriegszeit noch einer, ein regelrechtes Matriarchat (…). Wenn nun die Männer heimkehren, (…) so wollen die Frauen (…) die erarbeitete Vorherrschaft festhalten, und es bedarf wunderlicher Feuersnöte (gleich zweier rasch hintereinander), damit der alte Zustand wiederkehre." (L)

Rosie *Meller* (* 31.3.1902 in Budapest) lebte über ein Jahrzehnt in Wien. 1935 kehrte sie in ihre Geburtsstadt zurück. 1931 erschien ihr Roman „Frau auf der Flucht". 1946 wurde in Zürich ihre Novelle „Justiz in Amerika" veröffentlicht. Der Henschel-Verlag erwarb 1948 die Rechte an ihrem Bühnenmanuskript „Ein Ballen Reis". (Kosch)

Metz, Josefa: „Das Experiment", Lustspiel in fünf Akten, Bielefeld, Stadttheater, 23.4.1931. (DDD)

Josefa *Metz* lebte 1928 in Bielefeld. Vor ihr waren bis zu diesem Zeitpunkt erschienen: „Armer kleiner Pierrot" (1908), „Neue Gedichte" (1912) und „Den König drückt der Schuh" (Märchenspiel, 1928). (K 1928)

Miegel, Agnes: „Abschied", Lustspiel in einem Aufzug, Godesberg, Schauspielhaus, 13.3.1929.

Agnes *Miegel* (* 3.9.1879 in Königsberg, † 27.10.1964 in Bad Nenndorf) erhielt für ihr lyrisches Schaffen 1916 den Kleist-Preis. 1933 wurde sie Mitglied der Deutschen Akademie der Dichtung. Ihre Arbeiten aus dieser Zeit sind „als Ausdruck übersteigerter Heimatliebe gelegentlich (…) dem völkischen Ungeist (…) verfallen". (G. Niggl) So verfaßte sie folgende Zeilen auf die Reichsfrauenführerin Gertrud Scholtz-Klink: „Daß Du Mutter, es fühltest, auch wir sind Mütter,/Glühend danach, für das Leben des Volkes zu leben, Und zu verströmen dafür und freudig zu dienen,/In dem Werk, das Du für uns alle gefügt hast".

Nürnberg, Cornelie: „Im Banne der Götter", Tragödie in fünf Akten, Erfurt, Stadttheater, 13.10.1920.

Cornelie *Nürnberg* (* 10.2.1874, † 1947) lebte in Erfurt. Dort arbeitete sie als Sprachlehrerin. Der Beruf ihres Mannes inspirierte sie zu dem Stück: „Heilig ist das Leben. Drama eines Arztes in drei Akten" (1913). Schon 1911 war das Schauspiel „Der Kronprinz" entstanden. Außerdem schrieb Cornelia Nürnberg Erzählungen. (Kosch)

Piper, Maria: „Der Überfall", Ritterdrama aus dem Altjapanischen, Rostock, Stadttheater, 20.3.1929. (SL)

Maria *Piper* (* 6.7.1888 in Röbel/Mecklenburg) verbrachte einen großen Teil ihres Lebens in Hamburg. Sie schrieb Abhandlungen über das japanische Theater und hinterließ eine Reihe von ungedruckten Bühnenstücken. (Kosch)

Pöhlmann, Olga: „Das Kind", Schauspiel, Bamberg, Staatstheater, 2.10.1929. (BS)

Olga *Pöhlmann* (* 21.4.1880 in Kitzingen am Main) lebte 1930 in Nürnberg. Bis zu diesem Zeitpunkt hatte sie vor allem historische und zeitgenössische Romane veröffentlicht. (K 1930)

Puttkammer, Alberta von: „Merlin", Schauspiel, Baden-Baden, Städtische Schauspiele, 11.9.1919.

Alberta von *Puttkammer* (* 5.5.1849 in Großglogau, † 13.4.1923 in Baden-Baden) bekam nach ihrer Heirat Kontakt zu den politisch und gesellschaftlich führenden Schichten des Bismarckzeit. sie vertrat ebenso wie ihr Mann, ein nationalliberaler Politiker, einen nationalistischen Standpunkt. Von dieser Weltsicht sind auch ihre Erinnerungen geprägt. Bei ihrem literarischen Schaffen interessierte die Autorin vor allem die Vergangenheit. So entstand 1893 ihr Drama „Kaiser Otto III". In ihrer Lyrik nahm sie den Ton der Goethezeit auf. (LF)

Rademacher, Hanna: „Utopia", heiteres Spiel in drei Akten, Königsberg, Neues Schauspielhaus, 25.12.1923. (BS)

„Das Spiel ist ein Kuriosum: eine unpolitische Satire auf eine politische Angelegenheit. Die Tendenz richtet sich gegen Gütergemeinschaft und ewigen Frieden. Hanna Rademacher führt diesen uralten, zur Zeit wieder sehr aktuellen Menschheitstraum ad absurdum, indem sie ihn Bühnenwirksamkeit werden läßt." (L 1923/1924)

dies.: *„Willibald Pirckheimer",* Schauspiel in drei Akten, Bochum, Stadttheater, 27.4.1925.

„Eine Staatsaktion aus dem Nürnberg von 1528. Pirckheimer wird von seinen Gegnern, spießigen Kirchturmpolitikern, verbannt. Da setzt ihn Karl V. als Statthalter über die bisherigen Widersacher. Doch er lehnt ab, denn er ‚kann kein welscher Büttel sein der spanischen Majestät'. Für ihn heißt es: ‚Deutsch über allem! Übt Treue, euch und dem Vaterland!' Für die Gegenwart bestimmte Weckrufe also!" (SL Juni 1925)

dies.: *„In zwölf Wochen ist Frühling",* Berlin, Deutsches Volkstheater, 21.2.1930. (SL)

Der konservative Kritiker Hans Knudsen schäumte: „ein ernsthafter Stoff mit ernsthaftem Willen und – gar keinem Können – behandelt. Es geht um die Vermännlichung der Frau und die Verweichlichung des Mannes und zielt ab auf ein gesundes und natürliches Empfinden zwischen den Geschlechtern. Ausgangspunkt ist ein Offenbachscher antiker Himmel. Um nur eine einzige Geschmacklosigkeit dieser ja schon mehrfach mit Dramen hervorgetretenen Verfasserin zu nennen: Die Männer bekommen, zur Heilung ihrer weibischen Art, Schwangerschafts-Riesengeschwüre. Das ‚Deutsche Volkstheater' hat mit dieser Unternehmung nichts gemein." (SL, April 1930)

dies.: *„Cagliostro",* Schauspiel, Düsseldorf, Beusather Schloßspiele, Juli 1932. (DDD)

Die Autorin „schildert in ihrem Schauspiel (…) eine Episode aus dem Leben des bekannten Abenteurers. (…) Mit feinem gefühlsmäßigen Verständnis für die seelische Zwiespältigkeit eines ungewöhnlichen Menschen hat die Verfasserin ihren Helden plastische, lebendige Gestalt gewinnen lassen." (DDD 1933)

Hanna Rademacher (* 15.12.1881 in Nürnberg) war schon im Kaiserreich mit einer Reihe von Dramen hervorgetreten. Sie bevorzugte wie in „Johanna von Neapel" (1911) und „Golo und Genoveva" (1914) historische Stoffe, die sie szenisch wirksam bearbeitete. Die Dramatikerin war mit dem Ingenieur Ernst Rademacher verheiratet. Weitere Stücke: „Rosamunde" (1923), „Haus der Freude" (Komödie, 1928), „Heinrich Toppler" (1933), „Kaiser und König" (1937), „Jakob von Baden" (1937), „Tiberius und

Sejan" (1937), „Willkommen" (Komödie, 1939), „Ein König ringt um das Reich"
(1949), „Dem Genius Preußens" (1943), „Fürst Pückler" (Lustspiel, 1947), „Anacaona"
(1949), „Ein viel zu großes Herz, das mich verzehrt" (1959), „Europa" (1952). (LF)

Raeming, Elisabeth: „Der Hof", Bauerntragödie in vier Akten und einem Nachspiel,
Wien, Burgtheater, 5.1.1921.
 Die junge Bauerstochter widersetzt sich einer Ehe, die sie nach dem Willen des Vaters eingehen soll. „Dieser Kampf füllt das Stück. Und der Hof ist stärker. Vergebens
müht sich das junge Weib, ihm sein Glück abzutrotzen. Der Hof ist stärker, er schlägt
alles nieder, was sich gegen seine Macht geltend machen will (...). Und als das junge
Weib sich endlich von ihm befreien will, ihn in Brand steckt, um mit dem Liebsten
nach Amerika davonzulaufen – da zieht sie es unwiderstehlich in die Flammen und sie
stirbt auf ihrem Hof." (DDD, April 1921)

Rogge, Alma: „In de Möhl. Ernstes Spill", Wandsbek, Stadttheater, 27.11.1930.
 „Ein Mädchen steht im Drang unerfüllter Liebessehnsucht zwischen zwei Männern,
einem zögernden Träumer und einem robusten Draufgänger, dessen derbem Zugriff sie
erliegt. Dieser Stoff entwickelt sich (...) zum ersten Höhepunkt, dem Zusammenprall
der beiden Rivalen. Mitten drin wird alles durch ein äußeres Ereignis (Brand der Mühle) überraschend unterbrochen, und das sich entfaltende Drama löst sich auf in Nichts."
(SL, Januar 1930)
 dies.: *„Up de Freete",* plattdeutsches Lustspiel, Hermes-Verlag.
 dies.: *„De Vergantschoster",* plattdeutsches Lustspiel, Hermes-Verlag.
 Alma *Rogge* (* 24.7.1894 in Rodenkirchen/Oldenburg, † 1969 in Bremen) schrieb
ihre Dramen, Hörspiele und Erzählungen vorwiegend in plattdeutscher Sprache. Mit
ihrem Stück „In de Möhl" gewann sie 1930 den Wettbewerb um das niederdeutsche
Drama, zu dem 85 Arbeiten eingesandt worden waren. Die Schriftstellerin arbeitete als
Schriftleiterin in Bremen. Weitere Arbeiten: „De Straf" (Lustspiel, 1924), „Schmuggel
an der Bucht" (Lustspiel, 1935), „Wer bietet mehr?" (Lustspiel, 1936), „Pille und die
Mohikaner" (Kinderstück, 1950). (LF)

Rossi, Hedwig: „Tolstoi", Tragödie in acht Bildern, Oldenburg, Landestheater, 6.9.1928.
 Die Autorin betrachtet „die Figur des russischen Dichters auf ihre politische Funktion hin (...) und als Exponent einer bestimmten Konstellation der gesellschaftlichen
Entwicklung (...). So daß es bei der Bühnenaufführung ohne Stilbruch möglich war,
die Bilder dieses Lebensberichtes durch eine Zwischenmontage politischer Dokumente
miteinander zu verbinden." (Carl Werckshagen, in: Die Szene, Mai 1931)

Rubicius, Else: „Die große Unbekannte", Schauspiel, Wien, Komödie, 1.2.1931. (DDD)

Rubinstein, Hilde: „Eigener Herd ist Goldes Wert?!", Berlin, Junge Volksbühne,
23.12.1932. Die Autorin wählte für die Aufführung das Pseudonym Hilde B. Winrich.
(Siehe Text)

Ruhland, Lydia: „Freiluft", Schauspiel in vier Akten, Bernburg, Stadttheater, 11.3.1920.

Saalfeld, Martha: „Beweis für Kleber", Tragik-Komödie, Mannheim, Nationaltheater, 6.3.1932.

„Der Alltag einer Kleinbürgerfamilie (...) wirkt überspitzter und grotesker als notwendig und gut ist (...). Ein junger unbescholtener Mensch wird fälschlich eines Verbrechens angeklagt, aus Mangel an Beweisen freigesprochen und seiner bürgerlichen Umwelt und seiner Familie wiedergegeben." (L 1931/32)

dies.: *„Staub aus der Sahara"*, phantastisches Schauspiel, Mannheim, Schauspielhaus, 1932. (LF)

Die Schriftstellerin Martha von *Scheidt* (* 15.1.1898 in Landau an der Pfalz) veröffentlichte ihre Arbeiten unter ihrem Mädchennamen. Die Autorin, die mit dem Maler und Graphiker Werner von Scheidt verheiratet war, schrieb Gedichte, Erzählungen und Dramen. Zwischen 1921 und 1927 studierte sie bei Karl Jaspers Philosophie. Außerdem hörte sie Vorlesungen der Kunstgeschichte und Naturwissenschaft. ihre Anfänge als Lyrikerin standen unter dem Einfluß Rudolf G. Bindings und Rilkes. Die traditionellen Gedichtformen blieben lange Zeit für sie bestimmend. Während des Nationalsozialismus hatte sie Schreibverbot. Sie arbeitete während dieser Jahre als Apothekerin. Gleich nach Kriegsende meldete sie sich wieder zu Wort. 1947 erschien ihre Erzählung „Idyll in Babensham". 1950 erhielt sie für die Erzählung „Der Wald" den Literaturpreis von Rheinland-Pfalz, 1955 wurde sie mit dem Literaturpreis der Bayerischen Akademie der Schönen Künste ausgezeichnet. Ihr letzter Roman „Judengasse" erschien 1965.

Schäfer, Anni: „Requiem", Drama in drei Akten, Koblenz, Stadttheater, 8.1.1925. (BS)

dies.: *„Die schwerste Sünde"*, Drama in einem Aufzug, München 1920.

dies.: *„Hänsel und Gretel"*, Märchenspiel in vier Aufzügen, München 1924. Für die letztgenannten Bühnenstücke konnte keine Inszenierung nachgewiesen werden.

Anni *Schäfer*, in Diez an der Lahn geboren, schrieb Mundartstücke im oberbayrischen Dialekt. 1930 lebte sie in München. (K 1930)

Schaumann, Ruth: „Der selige Streit. Ein hohes Lied der weihnachtlichen Liebe", München, Residenztheater, 4.12.1932.

Ruth *Schaumann* (* 24.8.1899 in Hamburg) war vielseitig künstlerisch begabt. Die Dichterin und Bildhauerin hinterließ ein umfangreiches Werk, zu dem Gedichte, Novellen, Laienspiele und Romane ebenso gehören wie Plastiken, Zeichnungen und Gemälde. Sie fertigte auch Glasfenster und Bilder für Kirchen an. Ihre künstlerischen Arbeiten sind in der Städtischen Galerie in München, im City Art Museum in St. Louis und in der Frauen-Friedenskirche in Frankfurt zu sehen. Weitere Dramen: „Bruder Ginepro. Ein franziskanisches Spiel" (Berlin 1926), „Die Glasbergkinder" (München 1926). (LF)

Schloß, G.L.: „Ahasver", Drama in vier Bildern, Trier, Stadttheater, 27.1.1928) (L)

„Dieser Versuch ist ein außerordentlich schwacher Nachzügler der einmal mit bewundernswert großem und schönem Elan um die ‚Menschheitsdämmerung' bemühten Verfasserin. Hinter vier Bildern, in welchen der ewig Friedlose, der nicht sterben kann, in die Gegenwart tritt, möchte Imaginäres in die Szene wachsen und möchten die ewig menschlichen Gefühle in unserem Herzen treffen, jene Gefühle, ohne die alles Leben tot und kalt ist wie das Ahasvers. Aber es gelingt der Autorin kein Umriß, keine Gestalt und nicht die geringste Atmosphäre." (L 1927/28)

Schmidt, Elise: „Das Licht der Welt", Schauspiel in drei Akten, Bremen, Schauspielhaus, 21.4.1921.

Schönberger, Klara: „Der Abgrund", Schauspiel, Zittau, Stadttheater, 1.3.1920.

Schönwörth, M. von: „Der Narr", Kriminalkomödie, Luzern, Stadttheater, 31.10.1932. (DDD)
dies.: *„Fingerabdrücke"*, Kriminalstück, Bern, Komödie, 9.2.1933. (DDD) M. von Schönwörth war das Pseudonym der Gräfin Quadt.

Silberer, Rose: „Der türkisblaue Garten", Spiel von Liebe und Tod, Leipzig, Neues Theater, 7.2.1920.
Rose *Silberer* (* 4.1.1893 in Wien) schrieb vor allem Gedichte und Briefromane. Sie war auch als Bildhauerin tätig. (K 1930)

Stach, Ilse von: „Der heilige Nepomuk", dramatische Dichtung, Leipzig, Stadttheater, 28.5.1918. (DDD)
„Den Titel trägt sie zu unrecht, denn der heilige Nepomuk tritt weder in dem Stücke auf, noch beherrscht sein Schatten die Ereignisse der Nacht; als ein guter, frommer Mann lebt und stirbt er hinter der Bühne. Die wirklich führende Gestalt ist der interessante König Wenzel, der im Gefühl seiner sittlichen Verkommenheit und leiblichen Schwäche die engelreine Königin bis in ihr innerstes Empfinden hinein beargwöhnt und zuletzt über sie und den von ihr unbewußt geliebten Grafen Rosenberg strenges Gericht hält. Das Stück, das durch die Musik, Karl Pembauers einen besonderen Reiz erhält, sprach lebhaft an." (DDD Oktober 1918)
dies.: *„Genesius"*, christliche Tragödie, Basel, Stadttheater, 12.2.1920.
dies.: *„Petrus"*, eine göttliche Komödie, Aachen, Stadttheater, 5.5.1925.
dies.: *„Die Frauen von Korinth"*, Dialoge, Breslau 1929. Keine Inszenierung nachgewiesen.
Ilse von *Stach* (* 17.2.1879) auf Haus Pröbsting bei Borken/Westfalen, † November 1941 in Münster) gab mit 19 Jahren ihre erste Gedichtsammlung heraus. Die Tochter eines Rittergutsbesitzers verbrachte drei Jahre in Rom, wo sie ihren späteren Mann kennenlernte, den Kunsthistoriker Martin Wackernagel. In Rom konvertierte die Schriftstellerin zum katholischen Glauben und schrieb ab dann religiös geprägte Romane, Novellen und Bühnenstücke. Weitere Dramen: „Griseldis", dramatische Dichtung in einem Vorspiel und drei Akten (1921), „Tharsicus", Festspiel aus der Katakombenzeit (1921), „Melusine", Schauspiel (1922). (K 1930, LdS, Kosch)

Stein-Landesmann, Alice: „Der Umweg", Komödie, Cottbus, Stadttheater, 10.4.1919.

dies.: *„Angeles Sohn"*, Hannover, Residenz-Theater, 14.4.1920.

dies.: *„Der Dämon"*, Schauspiel in drei Akten, Nürnberg, Kammerspiele, Flensburg, Stadttheater, 29.11.1924.

dies.: *„Schießbude"*, Freiburg i. Sa., Stadttheater, 18.1.1929. Co-Autor dieses Stücks war Karl Meinhardt.

Alice *Stein-Landesmann* (7.1.1882 in Dresden) feierte ihren ersten Theatererfolg bereits im Kaiserreich. 1917 debütierte sie mit „Im Bahnwärterhaus", einem Stück, das in der Tradition des Naturalismus steht. Es blieb nicht bei dem Erstlingswerk, denn Stückeschreiben bedeutete für die Autorin „das ganz große Glück": „(...) ich kenne die phantastischen Gefühle eines Autors, der zu seiner ersten Probe geht. Da denkt man weder an die drohenden Kritiken, noch an Mängel der Besetzung, noch an Zwist mit dem Star, noch an Differenzen mit dem Regisseur – das Bewußtsein, endlich den eigenen Gestalten auf der Bühne zu begegnen, sie lebendig werden zu sehen, ist ‚ganz großes Glück'. Deshalb ist mein immer wiederkehrender Wunschtraum ‚Premiere! Premiere!'". Für folgende Stücke erfüllte sich der Wunschtraum der Dramatikerin nicht: „Mutter Martini" (1920), „Lucie", Spiel in einem Akt und „Liebeskäfig", Komödie (1929). Die Autorin schrieb auch einige Romane. (K 1930, Funkstunde, Berlin 14.2.1930).

Stockert-Meynert, Dora: „Die Hexe", Spiel, Wien, Volksoper, 20.3.1932.

Dora *Stockert-Meynert* (* 5.5.1870 in Wien, † 24.2.1947 ebd.) wurde bekannt durch ihre Memoiren „Theodor Meynert und seine Zeit", in denen sie das Leben ihres Vaters, des Wiener Psychiaters und Lyrikers, festhielt. Neben Dramen verfaßte sie Novellen und Romane. In einigen ihrer Prosawerke stehen ihre Frauenfiguren für Menschlichkeit. 1908 erhielt sie für ihr Drama „Der Blinde" den niederösterreichischen Landespreis, 1926 zeichnete sie die Deutsche Schillerstiftung mit dem Ebner-Eschenbach-Preis aus. (LF, LdS).

Straten-Sternberg, Eleonore van der : „Seifenblase", Komödie in drei Akten, Wien, Komödie, 27.2.1927. (L).

Robert Franz Arnold sieht in dem Stück eine „kuriose Lösung einer ganz leichten Schulaufgabe aus der ehelichen Trigonometrie. (...) kleine Aktualitäten, mit denen nicht gekargt wird, tun erst recht die Weltfremdheit dieser aus unerfindlichen Gründen durch ein paar Eigennamen nach Rom verlegten, höchst unlustigen Komödie dar." (L 1927/28)

Thele, Maria: „Der Krüppel", Drama in drei Akten, München, Münchner Theater, 16.12.1923. (BS)

dies.: *„Die dritte Tasse"*, Komödie in einem Akt, Konstanz, Stadttheater, 12.10.1924 (BS).

Thiede-Paris, Maria: „Aria", Drama in fünf Akten, Neiße, Stadttheater, 12.4.1919.

Maria *Thiede-Paris* (* 1.12.1852 in Berlin) lebte 1930 in Wernigerode im Harz. Bekannt wurde sie in erster Linie durch ihre Märchen, die im Harz spielten. Weitere

Dramen: „Jesus Kindlein Christi Geburt" (1902), „Schwester Agnes" (1903), „Jung Siegfried" (1908), „Brautschau der Frau Jutta" (1913), „Exzellenz von Goethe und Christiane Vulpius" (1921). (K 1930)

Ucken, Lätitia von : „Opfer", Wien, Kunstspiele, 17.1.1928. (L)
„Das im Titel verheißene Opfer wird ausschließlich von einer sehr komplizierten Über-Altruistin gebracht, und zwar unablässig und in immer neuen Gestalten und nach verschiedenen Seiten hin, die durch die Mitglieder einer großbürgerlichen Familie bestimmt sind: Vater, Mutter und Sohn – diese hinwiederum durch ein bellum omnium contra omnes und den herkömmlichen Gegensatz oder Haß der Generationen verbunden. Solange bringt jene, in naturalistischer Umwelt schwer glaubliche Frau Opfer, Opfer, bis ihr kein anderes übrig bleibt, als ihr eigenes Ich, und auch dieses wird hingegeben." (L 1927/28)

Uhl, Renate: „Hafenlegende", Schauspiel in fünf Bildern, Nürnberg, Schauspielhaus, 25.2.1933. Am gleichen Tag brachten die Schauspielhäuser in Hamburg und Chemnitz und das Nationaltheater in Weimar das Stück heraus.
　　Renate *Uhl* war das Pseudonym von Erika von Zobelitz (* 2.2.1892 in Berlin). Die Dramatikerin begann ihre Bühnenkarriere mit Zeitstücken. Taucht in der „Hafenlegende" die Führerfigur, die das Volk von der Arbeitslosigkeit befreit, noch verschwommen auf, hat die Autorin bereits ein Jahr später völlig die nationalsozialistische Ideologie übernommen. „Im Fall Wunderlich" sind die Nazis die guten Menschen, die sich vor der korrupten Justiz der Weimarer Republik fürchten müssen (Uraufführung am 8.10.1934 im Kölner Schauspielhaus). 1943 schreibt Renate Uhl dann das Lustspiel „Flucht vor der Liebe". Während die Auswirkungen des Krieges immer schlimmer werden, sollen die Theaterbesucher für kurze Zeit die Schrecken des Tages vergessen und sich mit dem dringenden Problem auseinandersetzen, wann die Heldin endlich in die Arme des Helden sinkt. Die Komödie, die am 24.2.1943 im Kleinen Haus des Staatstheaters Berlin uraufgeführt wurde, inszenierte Helmut Käutner. Auch nach dem 2. Weltkrieg arbeitete die Autorin wieder für das Theater. Mit „Um den Menschen wird noch gekämpft" versuchte Uhl, an die französische Moderne anzuknüpfen (Uraufführung am 13.4.1948 im Stadttheater in Münster). Ihren nächsten Stücken, der Komödie „Penny" (Uraufführung durch das Junge Theater, Hamburg 3.12.1951) und dem plattdeutschen Drama „Dat Gewitter" (Uraufführung Hamburg, Ohnsorg-Theater 31.10.1955) waren lediglich Achtungserfolge beschieden.

Vogt-Wenzel, Thea: „Dr. Renbergs Eheirrung", Komödie Eger, Stadttheater, 13.1.1926.
　　dies.: *„In Not"*, Schauspiel in vier Akten, Eger, Stadttheater, 23.3.1928.

Voigt-Diedrichs, Helene: „Junge Fru in't Hus", Hamburg, Niederdeutsche Bühne, 14.10.1931. (DDD)
　　Die Texte von Helene *Voigt-Diedrichs* (* 26.5.1876 in Mariendorf bei Eckernförde) spielen häufig an den Orten ihrer Kindheit. Neben Dramen schrieb die Autorin Gedichte und Erzählungen. Verheiratet war die Schriftstellerin mit dem Verlagsbuchhänd-

ler Eugen Diedrichs. Nach der Trennung von ihrem Mann lebte sie ab 1911 in Braunschweig, später in Jena. (LF)

Weißenborn-Danker, Erna: „Das Haus wider Gott", Flensburg, Stadttheater, 29.5.1930. (SL)

Die Schriftstellerin lebte 1934 in Köln und war mit H. Spangenberg verheiratet. In den vierziger Jahren veröffentlichte sie eine Reihe von Dramen: „Destille Veit" (1939), „Die Kathedrale" (1940), „Linna Nordmann" (1941) und „Umzug ins Altersheim" (1942). In der Spielzeit 1946/47 wurde „Die Kathedrale" von den Bremer Kammerspielen und „Das goldene Netz" vom Städtischen Schauspielhaus in Tübingen aufgeführt. 1960 erschien das Schauspiel in drei Akten „Nummer Zweihundertachtundzwanzig wird aufgerufen". (K 1934, Gesamtverzeichnis deutschsprachigen Schrifttums 1911 1965, der Theateralmanach 1947)

Wenger, Lisa: „Die Flucht ins andere Leben", Schauspiel, Basel, Stadttheater, 6.5.1932.

Lisa *Wenger* (* 23.1.1858 in Bern, † 17.10.1941 in Carona bei Lugano) widmete sich zunächst der Malerei. In Basel gründete sie ein Atelier mit einer angeschlossenen Schule für Porzellanmalerei. Ab 1906 begann sie zu schreiben. Die Künstlerin verfaßte zunächst Märchenbücher und entwickelte sich dabei zur phantastischen Erzählerin. Zunehmend interessierte sie sich für die psychologische Figurengestaltung, so im Drama „Das 5. Rad". (LF)

Willemoes-Suhm, Helene von: „Sappho", Drama, München, Goethesaal, 4.2.1931. (DDD)

Winkelmann-Mickeleitis, Edith: „Rembrandt", Drama in drei Akten, Braunschweig, Landestheater, 6.6.1931.

„Rembrandts ‚große Nachtwache' ist der entscheidende Anstoß zu Edith Winkelmanns Rembrandt-Drama geworden. Zunächst hat sie den Stoff in den engen Rahmen einer Novelle zu pressen versucht – aber die tragische Lebensentwicklung des großen Malers konnte hier nur angedeutet werden, und so wurde aus der Novelle bald ein dramatisches Lebensbild. Es ist kein Drama im herkömmlichen Sinn; mit weiser Beschränkung und mit sicherem Blick hat die Verfasserin einige scharfumrissene Augenblicksbilder aus Rembrandts Leben herausgegriffen, mit recht grellen Farben gezeichnet und im Grunde dieselbe Verbindung von Licht und Schatten in dramatischen Bildern gestaltet, wie wir sie in Rembrandts Leben und Gemälden finden." (L 1930/31)

Edith *Winkelmann-Mickeleitis* (* 27.2.1903) lebte in Offenbach. Bis 1934 hat sie noch ein weiteres Drama „Kampf um die Königin" (1932) und einige Novellen verfaßt. (K 1934)

Winsloe, Christa: „Ritter Nérestan", Leipzig, Schauspielhaus, 30.11.1930; unter dem Titel „Gestern und heute" in Berlin im Theater an der Stresemannstraße, 4.4.1931, vom 21. – 24.11. und vom 6.12. – 11.12.1932 im Komödienhaus in Berlin. (BS)

dies.: *„Schicksal nach Wunsch"*, Komödie in drei Akten, Berlin, Kammerspiele des Deutschen Theaters, 9.9.1932.
(Siehe Text)

Wissel, Else von: „Hermann und Thusnelda", Schauspiel, Waldtheater, 19.8.1921.

Wothe, Anny: „Hallig Hooge", Schauspiel in sieben Bildern, Forst, Stadttheater, 20.4.1919. Die Uraufführung dieses Stückes erlebte die Autorin nicht mehr.
Anny *Wothe* (* 30.1.1858) war bereits am 30.7.1917 in Leipzig gestorben. Sie hinterließ ein umfangreiches Werk, meist Romane und Novellensammlungen. Von 1882 bis 1885 hatte die Autorin außerdem die Zeitung „Deutsche Frauenblätter" herausgegeben, seit 1885 die Wochenzeitschrift „Von Haus zu Haus". (LF)

DRAMEN VON AUSLÄNDISCHEN AUTORINNEN AUF DEUTSCHEN BÜHNEN

Jotuni, Maria: „Des Mannes Rippe", Lustspiel, Lübeck, Stadttheater, 8.4.1929.
Maria *Jotuni* (* 9.4.1880 in Kuopio, † 30.9.1943 in Helsinki) war in ihrer Heimat eine vielbeachtete Autorin. 1931 wurde sie Ehrenmitglied im finnischen Schriftstellerverein. Sie schrieb vor allem Dramen und Novellen. Weitere Theaterstücke von ihr sind: „Das goldene Kalb" (1918); „Die Frau des Pantoffelhelden" (1924); „Ich bin schuldig" (1929) und „Klaus, der Herr von Louhikko" (1940). (LF)

Michaelis, Karin: „Erling auf der Schaukel", Lustspiel in drei Akten, Wien, Akademietheater, 5.4.1928. (BS)
In den Augen des Kritikers ist das Stück „die langatmige, langweilige Zähmung eines Widerspenstigen, eines Doktors der Philosophie, der (…) weltabgewandt und lebensuntüchtig ist, dann aber durch ein charmantes modernes Girl dazu gebracht wird, tüchtig zu sein, das heißt ein Feuilleton für eine Tageszeitung zu schreiben und besagtes Girl zu heiraten." (SL, Juni 1928, S. 316)
dies.: *„Die heilige Lüge"*, Handlung in vier Aufzügen, München 1915. Eine Inszenierung konnte nicht nachgewiesen werden.
Die Dänin Karin *Michaelis* (* 1872, † 1950) war im ersten Drittel des 20. Jahrhunderts eine bekannte Schriftstellerin, vor allem in Deutschland und Österreich. Der Roman „Das gefährliche Alter" (1909) über die Wechseljahre der Frau machte sie berühmt und gab den Anlaß für Vortragsreisen. Um 1930 schrieb sie zusammen mit Romain Rolland und Henri Barbusse Artikel, in denen sie die Rechtlosigkeit und Pogrome in den Balkanländern anklagte. Unmittelbar nachdem der Flüchtlingsstrom aus dem nationalsozialistischen Deutschland einsetzte, stellte sie ihre Häuser auf der Insel Thurø Emigranten zur Verfügung. So fanden etwa Maria Lazar, Helene Weigel und Bert Brecht bei Karin Michaelis Zuflucht. Nach einer Vortragsreise 1939 blieb sie in den USA und kehrte erst 1946 in ihre Heimat zurück. Sie starb 1950 vergessen in Kopenhagen.

Nichols, Ann: „Dreimal Hochzeit", New Yorker Schwank, Berlin, Berlinger Theater, 19.12.1928. Übersetzung von F. Salten. (SL)

dies.: *„Hochzeitsreise"*, Schwank in drei Akten, Berlin, Barnowsky-Bühnen, August 1919. Als Co-Autorin zeichnete Adele Mathews.

Ann *Nichols* „ist der Typ jener schreibenden Amerikanerinnen, die dem männlichen Geschlecht nichts mehr vorgeben. Also legen sie Anspruch darauf, auch im Schwank, dieser männlichsten, weil verstandeskühlsten dramatischen Form zu exzellieren. Und Ann Nichols exzelliert! Die märchenhaften Stränge von „Dreimal Hochzeit", die ihr die anglo-amerikanischen Aufführungen eingebracht haben, werden die Herzen ihrer männlichen Kollegen aller Nationalitäten mit Neid und Bewunderung erfüllen. (…) ‚Just married" heißt das zweite Produkt ihrer Feder diesmal in Gemeinschaft mit ihrer Mitstreiterin Adele Mathews verfaßt und als ‚Hochzeitsreise' gelangt der Schwank nach Deutschland, um mutig zeigen zu wollen, daß auch in Wortwitz und Situationskomik die Frau ‚ihren Mann steht'." (Zwischenakt, Blätter der Barnowsky Bühnen, 8. Jg., H. 12 August 1929, S. 6)

Zapolska, Gabriele: „Der junge Zar", Berlin, Residenztheater, 31.1.1918.

dies.: *„Die unberührte Frau"*, erotische Komödie in drei Akten, Wien, Deutsches Volkstheater, in der Spielzeit 1918/19.

dies.: *„Die Moral der Frau Dulska"*, Berlin, Kleines Schauspielhaus Sommer 1920.

Für Max Hermann-Neiße rettete die Humoristin Gisela Werbezirk das Stück, das nach seiner Ansicht mit falschen sentimentalen Tönen durchsetzt ist: „Und nun wurde durch die Ulkkraft des Spiels auch noch die Sentimentalität so abgeschliffen, daß ein ärgerlos fesselndes Gebilde Kaltschnäuzigkeit übrigblieb. Wie die Werbezirk so ein dickfälliges Weibsstück hinstellte, das allem gewachsen ist, wie sie herumschlampte, schnoddrig dreinredete, das Kommando fuhrwerkte und immer wieder hochkam, wird mir unvergeßlich sein." (Max Hermann-Neiße: Panoptikum. Stücke und Schriften zum Theater, hrsg. von Klaus Völker, Frankfurt/M. 1988, S. 520)

Die polnische Schriftstellerin Gabriele *Zapolska* (* 1860 in Kiewierka bei Luck, † 17.12.1921 in Lemberg) begann ihre Bühnenkarriere als Schauspielerin. 1890 verließ sie Polen und ging nach Paris ans Théâtre libre. 1896 kehrte sie in ihr Heimatland zurück und wurde dort als Schauspielerin und Dramatikerin anerkannt. Weitere Dramen: „Die Warschauer Zitadelle" (UA: Berliner Residenztheater am 9.11.1916); „Der Zarewitsch" (UA: Deutsches Volkstheater in Wien am 15.9.1917); „Sibirien" (UA: Wiener Volksbühne am 21.12.1917); „Die Freundin" (UA: Nürnberger Intimes Theater am 23.3.1918). (LF)

Baum, Vicky: „Das Christsternlein", Märchenspiel, Münster, Stadttheater, 6.12.1924.
dies.: *„Das dumme Englein"*, Märchen in fünf Bildern, Darmstadt, Landestheater, 12.12.1925.
„‚Das dumme Englein' heißt das neue Weihnachtsmärchen, und in dem Titel liegt der Inhalt. Das Englein stellt im Himmel und zur Weihnachtszeit auf Erden allerlei gutmütige Dummheiten an, die zu Verwechslungen aller Art führen mit dem Endresultat, daß jedem das Seine wird." (Das Theater VII, 1, 1.1.1926)
dies.: *„Hallo, wer fängt Flip und Flap?"*, Köln, Bühnen der Stadt. Ein genaues Aufführungsdatum ist nicht bekannt, da lediglich ein Regiebuch die Inszenierung belegt.
(Siehe Dramen)

Becker, Franziska: „Heididedei", Ostermärchen in fünf Bildern, Frankfurt am Main, Residenz-Theater, 23.3.1921.
Franziska *Becker* war das Pseudonym von Rolly Becker, die in Baden geboren wurde und später in London lebte. 1952 erhielt sie den René-Schickele-Preis. (Kosch)

Becker, Marieluise: „Prinzessin Eselshaut", Kinderdrama in drei Akten, Remscheid, Städtisches Schauspielhaus, 22.12.1920.
(Siehe Dramen)

Behrte-Zollner, Margarethe: „Frau Holle oder Goldmarie und Pechmarie", Märchen in sechs Bildern, Freiburg/Breisgau, Schauspielhaus, 8.12.1927. (BS)

Bergner, Lo: „Christels Osterreise", Märchenspiel, Erfurt, Stadttheater, 10.4.1927. (BS)

Bethe-Kuhn, Anna: „Das neugierige Sternlein", Märchenspiel in sechs Bildern, Mannheim, Nationaltheater, 11.12.1919.
dies.: *„Der süße Fridolin"*, fröhliches Spiel, Mainz, Stadttheater, 11.10.1925. (BS)
dies: *„Das Lebenslicht"*, Märchen in sieben Bildern, Würzburg, Stadttheater, 19.12.1925. (BS)
dies.: *„Prinzessin aus Zuckerland"*, Märchen, München, Kammerspiele im Schauspielhaus, 4.12.1929; Köln, Städtisches Theater, 4.12.1930.
Anna *Bethe-Kuhn* (* 9.4.1867 in Straßburg) lebte 1930 in Frankfurt. Sie schrieb Märchenspiele und Novellen. 1931 veröffentlichte die Autorin ein weiteres Stück „Die Himmelsschlüssel". (K 1930)

Christa, Eva: „Die Glücksschuhe", Märchenspiel in sechs Bildern, Saarbrücken, Stadttheater, 8.12.1928.

Congehl, Olga: „Kalif Storch", Zaubermärchen, Altona, Schillertheater, 11.11.1928.

Elstner-Oertel, Josefa: „Der gläserne Berg", Märchenspiel in sieben Bildern, Krefeld, Stadttheater, 4.12.1928. Die Musik zu diesem Märchenspiel schrieb Walter Braunfels.

Josefa *Elstner-Oertel* (* 21.3.1888 in Löbau) machte sich einen Namen als Märchenerzählerin, Vortragskünstlerin und Schriftstellerin. Weitere Arbeiten: „Im bunten Wagen", Roman (1925), „Aus den Sagen einer sächsischen Blumenstadt", Roman (1936). (K 1930, Gesamtverzeichnis des deutschsprachigen Schrifttums 1911 – 1965)

Ernst-Hermius, Emma: „Der Wiese Frühlingsfeier", Blumenmärchen, München, Schauspielhaus, 7.4.1919.

Filling, Grete: „Schnirps und Knirps", Ostermärchen in vier Bildern, Berlin, Residenztheater, 30.4.1929.

Weitere Werke: „Kasperle und die Humme Piekepiff", Berlin 1929; „Kasperle und der Strolch", Berlin 1929; „Hexe Kaßenschlich", Berlin 1929; „Polterpeter", Berlin 1929. (Gesamtverzeichnis des deutschsprachigen Schrifttums 1911 – 1965)

Fitger, Marie: „De Fischer un sien Froo", Märchenspiel, Bremen, Saal der Union, 8.12.1930. (SL)

Gailly-Pollaschek, Luise: „Hans im Himmel", Weihnachtsmärchen mit Musik, Brünn, Stadttheater, 26.12.1926. (BS)

Grupe-Lörcher, Erika: „Der kleine Muck", Weihnachtsmärchen mit Vorspiel in sechs Bildern, Mannheim, Nationaltheater, 11.12.1920.

Erika *Grupe-Lörcher* (* 12.2.1875 in Manila auf den Philippinen, † 26.6.1960 in Wiesbaden) schrieb vor allem Romane, Erzählungen und Novellen. Lediglich ein weiteres Märchenspiel ist von ihr bekannt: „Prinzessin Gänsemagd" (1922). 1897 heiratete die Autorin in Straßburg den Redakteur Ulrich Lörcher, sie arbeitete nun als Mitarbeiterin des „Straßburger Tageblattes". Später war sie Pressereferentin in Wiesbaden. (Kosch)

Günther, Gretel: „Maxls Weihnachtsreise", Märchenspiel in sechs Bildern, Nürnberg, Stadttheater, 24.12.1920.

dies: *„Die Märchenschaukel"*, Märchenspiel, Regensburg, Stadttheater, 26.10.1929. (SL)

Gretel *Günther* (* 29.3.1894) lebte 1934 in München. Weitere Arbeiten: „Die parfümierte Braut", Schwank; „Die nackte Lust", Sketsch; „Gauner und Begaunerte", Novellen (München 1930). (K 1934)

Guth, Else: „Hänsel und Gretel im Zuckerwald", Märchen, Ronsdorf, Rheinisches Künstlertheater, 18.5.1919.

Gutzeit-Wegener, Hedwig: „Ein Weihnachtsspiel", Leipzig, Volksbühne, 25.12.1919.

Heimann, Paula: „Pipi Spax Weltenreise", musikalisches Märchen in fünf Bildern, Breslau, Lobe-Theater, 15.12.1919.

Helmdag, Marianne: „Bestrafter Hochmut", Märchen in drei Akten, Magdeburg, Walhalla-Theater, 19.1.1919.

Himminghofen-Habel, Hanna-Lise: „In Rübezahls Zauberreich", Weihnachtsmärchen in vier Bildern, Freiburg/Breisgau, Stadttheater, 14.12.1924. (BS)
   Von der Schriftstellerin Hanna-Lise *Himminghofen-Habel* (* 28.2.1887 in Friedrichsgrund/Kr. Habelschwerdt, † 29.4.1929 in Freiburg) erschien bereits 1924 das Märchenspiel „Suse Schmutzfinks Abenteuer". (Kosch)

Käsmann, Josefine: „Christnacht der Waise", Weihnachtsspiel in fünf Akten, Bremen, Neues Operettenhaus, 5.4.1920.

Kiepert, Meta: „Das verwunschene Brüderlein", Märchenspiel in fünf Akten, Halberstadt, Stadttheater, 11.1.1928. (BS)

Komenda, Agnes: „Rumpelstilzchen", Märchen, Magdeburg, Walhalla-Theater, 6.4.1919.

Lauber, Cécilie: „Das kleine Mädchen mit dem Schwefelhölzchen", Weihnachtsspiel in drei Akten, Luzern, 13.12.1931.
   Cécile *Lauber* entwarf ihr Stück nach Motiven von Hans Christian Andersen. Sie hielt sich detailgetreu an die Vorlage.
   (Siehe Dramen)

Lepman, Jella: „Der singende Pfennig", Märchenspiel in fünf Akten, Stuttgart, Landestheater, 2.12.1928. (BS)

Lessing, Anneliese: „Prinzessin Knallbonbon", Ostermärchen, Koblenz, Stadttheater, 6.4.1929.

Lorenz, Ellinor: „Der Rattenfänger von Hameln", Märchenspiel, Riga, Deutsche Schauspiele, 21.12.1927.

Mann, Erika: „Jans Wunderhündchen", Märchen, Darmstadt, Hessisches Landestheater, 14.12.1931.
   dies.: *„Plagiat"*, Komödie in drei Akten, Berlin 1931.
   Erika *Mann* (* 9.11.1905 in München, † 27.8.1969 in Zürich) eroberte als Tochter und Schwester ihren Platz in der Literaturgeschichte, ihre eigenen Arbeiten gerieten darüber in Vergessenheit. Erika Mann begann ihre Laufbahn als Schauspielerin bei den Reinhardt-Bühnen in Berlin. Während der Weimarer Republik hatte sie Engagements in verschiedenen Städten, unter anderem spielte sie in Berlin, Hamburg, München und

Frankfurt. So trat sie am 21. April 1926 im Leipziger Schauspielhaus zusammen mit Pamela Wedekind und Gustaf Gründgens und ihrem Bruder in dessen Stück „Revue zu Vieren" auf. Am 1.1.1933 eröffnete sie in München das Kabarett „Die Pfeffermühle", das sie bereits am 15.2.1933 schließen mußte, da das antifaschistische Programm auf Widerstand stieß. Erika Mann emigrierte im März in die Schweiz und machte dort mit ihrem Programm weiter. Ihr Kabarett bestand bis 1937. Der Versuch scheiterte, die „Pfeffermühle" als „Peppermill" in den USA weiterzuführen. In den vierziger Jahren war sie Kriegsberichterstatterin der US Army und Beobachterin bei den Nürnberger Kriegsverbrecherprozessen. Erika Mann verfaßte Bühnenstücke, Reiseberichte, Kinderbücher und pädagogische Schriften. Bekannt wurde sie vor allem durch den Bericht „Das letzte Jahr", ein Buch über Thomas Manns Lebensausgang.

Masterow, Paula: „Im Reiche des Osterhasen", Märchen, Stendal, Altmärkisches Landestheater, 6.4.1930. (SL)

Melbers, Maria: „König Wichtelmann", Märchen in fünf Bildern, Wiesbaden, Stadttheater, 11.12.1920.

Miegel, Agnes: „Zein Alasmann", Märchenspiel in einem Akt, Godesberg, Schauspielhaus, 13.3.1920.
   (Siehe Dramen)

Roer, Victoria: „Die Osterfahrt ins Wunderland", Märchenspiel in fünf Bildern, Musik von Gustav Levin, Gotha, Landestheater, 19.3.1929. (BS)

Rodenstock, Franziska: „Die Bergkönigin", Märchen in drei Aufzügen, München, Residenztheater, 18.12.1926.

Sack, Anni: „Mit Bonzo im Auto durchs Wunderland", Märchenspiel in neun Bildern, Basel, Stadttheater, 14.12.1930.

Schmidt, Lotte: „Die blaue Blume", Weihnachtsspiel in acht Bildern, Danzig, Stadttheater, 24.12.1932.

Schollmeyer-Tecklenburg, Irma: „Erikas Weg zum Christkind", Göttingen, Stadttheater, 21.12.1927.
   dies.: *„Der Struwelpeter"*, Märchenspiel, Bad Rothenfelde, Kurtheater, 23.7.1930. (DDD)
   1928 veröffentlichte Irma *Schollmeyer-Tecklenburg* im Diesterweg-Verlag die Arbeit: „Wer spielt mit? Kinderszenen und einfache Kinderspiele". (Gesamtverzeichnis des deutschsprachigen Schrifttums 1911 – 1965)

Scholz, Hanna: „Der Froschkönig", Märchen in sieben Bildern, Dresden, Schauspielhaus, 11.12.1925.
   dies.: *„Frau Holle"*, Märchen in fünf Bildern, Dresden, Alberttheater, 13.12.1925.

dies.: „*Das Kasperletheater oder Das verlorene Lachen*", Märchen in fünf Bildern, Dresden, Schauspielhaus, 22.12.1927.

dies.: „*Sommer, Film und Liebe*". Von dem Stück ist keine Inszenierung bekannt. (Schulz)

Schulze-Kunstmann, Lisa: „*Wie Elflein seine Blumen suchen ging*", Weihnachtsmärchen, Stettin, Stadttheater, 14.12.1930. (SL)

Schumm, Ludmilla: „*Aus Glaskönigs Wunderreich*", Weihnachtsmärchen, Gablonz, Stadttheater, 21.12.1918.

Siebe, Josefine: „*Kasperles Brautfahrt*", heiteres Spiel, Leipzig, Volksbühne, 25.12.1919.
Josefine *Siebe* (* 10.11.1870 in Leipzig) wohnte noch 1930 in ihrer Geburtsstadt. Sie schrieb Jugendbücher und dramatisierte Chroniken. (K 1930)

Simoni, Berta: „*Rumpelstilzchen*", Märchen, Essen, Stadttheater, 8.12.1926. (BS)

Terval, Annette: „*Der gestiefelte Kater*", Märchenspiel in fünf Bildern, München, Theater am Gärtnerplatz, März 1920.

Tetzner, Lisa: „*Hans Urian geht nach Brot*", Berlin, Lessing-Theater, „Gruppe Junger Schauspieler", 6.11.1929.
dies.: „*Der große und der kleine Klaus*", Märchenspiel, Berlin, Theater am Schiffbauerdamm, Dezember 1929. (L)
„Der große Klaus wird in Lisa Tetzners Bearbeitung des Andersenschen Märchens zum gewalttätigen, allgemein verhaßten Großagrarier, der kleine Klaus hat zu lernen, aus dem Zusammenschluß der mitunterdrückten Genossen, den Widerstand gegen den großen Klaus zu organisieren." (L, Dezember 1930)
Lisa *Tetzner* (* 10.11.1894 in Zittau, † 2.7.1963 in Carona-Lugano) trug entscheidend zur Wiederbelebung der Märchentradition bei. In ihren frühen Jugendbüchern vermischten sich Wunder und Wirklichkeit, so im „Hans Urian", später ging die Autorin zu einer realistisch-sozialistischen Darstellung über. Als ihr Hauptwerk gilt die neunbändige Kinderodyssee „Erlebnisse und Abenteuer der Kinder aus Nr. 67", in der sie anhand einer Gruppe von zwölf Kindern die Auswirkungen von Faschismus und Krieg schildert. (LdS)

Wehe, Trude: „*Schwarzer Peter*", Weihnachtsmärchen in fünf Akten, Bremen, Schauspielhaus, 12.12.1923. (BS)
Weitere Werke: „Brüderchen und Schwesterchen", Märchen in sieben Bildern , Leipzig o.J.; „Schneewittchen", Leipzig 1937; „Die sechs Schwäne", Märchen in sieben Bildern, Leipzig 1939. (Gesamtverzeichnis des deutschsprachigen Schrifttums 1911 – 1965)

Wild, Käthe: „*Schnurriflecks und Kli-Kla-Klecks*", Blumenmärchen in vier Bildern, Stralsund, Stadttheater, 7.12.1927. (BS)

Die Informationen stammen – soweit nicht anders vermerkt – aus den aktualisierten Nachträgen von 1929 bis 1934 des Nachschlagewerkes „Die Weltdramatik", das Ernst Schulz herausgegeben hat. Die Schriftstellerinnen, die er im ersten Band erwähnt, habe ich in der Regel nicht aufgenommen, da Stichproben ergaben, daß sie zumeist vor 1918 geschrieben und gelebt haben. Die Angaben von Schulz sind oft nicht vollständig. Er verzichtet häufig darauf, den Verlag und das Erscheinungsjahr zu nennen.

Andreas-Salomé, Lou: „*Der Stiefvater*", Fischer-Verlag.
    dies.: „*Die Tarnkappe*", Fischer-Verlag.
    Für Lou *Andreas-Salomés* Schaffen (* 12.2. (31.1.) 1861 in St. Petersburg, † 15.2.1937 in Göttingen) blieben die Versuche in der dramatischen Kunst die Ausnahme. Hervorgetreten war die Schriftstellerin als Biographin von Nietzsche und Rilke, die sie beide persönlich kannte, als Essayistin und Erzählerin. In ihrer Prosa gestaltete sie die psychologische Entwicklung von Mädchen und jungen Frauen. In der zeitgenössischen Diskussion der Frauenfrage vertrat sie die weibliche Eigenwertigkeit. (LdS)

Askanasy, Helene: „*Neue Frauen*", Komödie in vier Akten, Fischer-Verlag 1929.
    dies.: „*Spinoza und de Witt*", neun Bilder um die Republik, Fischer-Verlag.
    (Vgl. Ackermann, Helene in der Rubrik „aufgeführte Dramen". Ich konnte nicht feststellen, ob beide Frauen identisch sind. Auffällig ist der gleiche Titel der Komödie und der gleiche Vorname.)

Berend, Alice: „*Gastspiel in Amerika*", Komödie, Drei-Masken-Verlag 1929.
    dies.: „*Frieseckes Söhne*", Fischer-Verlag.
    dies.: „*Hempels Wunderwiese*", Lustspiel, Fischer-Verlag.
    dies.: „*Rumpelstilzchen*", Märchen, Oesterheld & Co.
    Alice *Berend* (* 20.6.1878 in Berlin, † 2.4.1938 in Florenz) lebte als freie Schriftstellerin in Italien und verschiedenen deutschen Städten. Die Tochter des Hamburger Fabrikanten Berend war in erster Ehe mit dem Schriftsteller John Jönsson, in zweiter mit dem Berliner Maler Hans Breinlinger verheiratet. 1935 emigrierte sie über die Schweiz nach Italien und verbrachte ihre letzten Lebensjahre in Florenz, da ihre Bücher bei den Nationalsozialisten zum „schädlichen und unerwünschten Schrifttum" gehörten. Alice Berend schrieb eine Reihe von erfolgreichen Unterhaltungsromanen, die im 19. Jahrhundert spielen. Elisabeth Castonier urteilt über das Werk ihrer älteren Freundin: „Ihre Popularität steigerte sich von Jahr zu Jahr. Es gab wohl kaum einen deutschen Haushalt, in dem nicht eines ihrer Bücher zu finden gewesen wäre. Immer war es der kleine Mann, der kämpfte, oder der kleine Mann, der etwas zu rasch reich geworden war, der im Mittelpunkt ihrer Romane stand." (Elisabeth Castonier: Unwahrscheinliche Wahrheiten, Bergisch Gladbach 1985, S. 63)

Bernhardi, Änny: „*Arme kleine Lotte*", Lustspiel in vier Akten, Franz-Wulff-Verlag.
    dies.: „*Sonnenmädels*", Lustspiel in vier Akten.

Bibesco, Elisabeth: „Der weißlackierte Schwan", Drama in drei Akten, Bloch-Erben.

Bosch, Barbara: „Glückliches Leben", Komödie, Bloch-Erben.

Cordes, Margarete: „Der unsterbliche Charles", Künstler-Komödie, Lang.-Müller.
Margarete *Cordes* (* 23.1.1898 in Hamburg) machte zunächst eine Lehrerinnenaus-
bildung. Sie gab die Reihe „Das Schattenspiel" und zusammen mit E. Colberg „Die
Münchner Laienspiele" heraus. Sie schrieb auch Märchenspiele. Weitere Dramen:
„Schwabenstreiche" (1932); „Spitzbubenkomödie" (1933); „Herzeleyde" (1933).
(Kosch)

Degen, Margarete-Maria: „Der Geliebte", Komödie in drei Akten.

Fauth, Gertrud: „Agamemnon des Aschylos" (Neugestaltung), Zürich 1920. (DDD)
„Langer Krieg (…), Haß gegen Kampf und Machtgebot, (…) dann Jubel über die
gute Wendung und dann Enttäuschung bei den Heimkehrenden (…): das sind Tat-
sachen und Empfindungen, die vor dreitausend Jahren nicht anders zu sein brauchten
als jetzt: Weltkriegserlebnis konnte sich also gut in Trojas Eroberung und Fall spiegeln."
(DDD, Mai 1920)
Gertrud *Fauth* (* 15.2.1886 in Höxter, † 1932 in Berlin) studierte in München und
Straßburg, promovierte 1914 und arbeitete danach als Oberlehrerin. Außerdem war die
Autorin als Literatur- und Kunstkritikerin in Berlin tätig. „Agamemnon" blieb ihr einzi-
ges Drama. Sonst schrieb sie Romane und war als Herausgeberin tätig. (Kosch)

Friedländer, Verena: „Und Venus lächelt", Lustspiel in sechs Akten, Fischer-Verlag.

Gerstel von Ucken, Lätitia: „Lebenstanz", Schauspiel, Heinrich-Natz-Verlag, Wien.
(DDD)
Lätitia *Gerstel von Ucken* (* 13.10.1879 in St. Ägidy in Steiern, † 28.10.1957 in
Wien) promovierte in Philosophie und leitete dann einen Verlag. Bereits 1905 hatte sie
das Drama „Baron Heinz Heinsen" geschrieben. (Kosch)

Gläß, Maria: „Ostern", Schauspiel.
dies.: *„Rosentied. Spiel ut olde Tied".*

Görner, Ida: „Der einzige Mann im Dorf", Bauernkomödie in einem Akt, Eduard Bloch
Erben.
dies.: *„Marquis v. Willemer",* Schauspiel in vier Akten nach George Sand, Eduard
Bloch Erben.
dies.: *„Unsere Alliierten",* Lustspiel in drei Akten, Eduard Bloch Erben.
dies.: *„Großmutter",* Schauspiel in fünf Akten, Eduard Bloch Erben.
dies.: *„Lügenmäulchen und Wahrheitsmündchen",* Märchen in einem Akt, Eduard
Bloch Erben.

Helm, Herta: „Palais de danse".

Herzog, Annie: „Isabella, Königin von Jerusalem", Drama in einem Aufzug, Narua 1926, (SL)
   Annie *Herzog* (* 29.5.1881 in Stein am Rhein) studierte Geschichte. In ihrem dichterischen Schaffen wandte sich die Schweizerin vorwiegend historischen Stoffen zu. (Kosch)

Holtzendorf, Inge von: „Luzifer", Berlin 1920.
   dies.: *„Maria",* Berlin 1920.
   dies.: *„Die Dirne",* Berlin 1920.
   dies.: *„Das Fest der Herzogin",* Berlin 1920.
   dies.: *„Maria von Magdala",* Berlin 1925.
   dies.: *„Saul",* Berlin 1925. Alle Dramen erschienen bei Oesterheld.
   Inge von *Holtzendorf* (* 14.5.1896 in Fiesole bei Florenz) wurde für ihr dramatisches Werk 1921 mit der „ehrenvollen Erwähnung" des Kleist-Preises ausgezeichnet. 1923 heiratete die Schriftstellerin C. Westphal und lebte nun in Frankreich, Italien, Griechenland. Später ließ sie sich am Starnberger See nieder. (Kosch)

Hüttig, Margarete: „Heimkehr", Drama in vier Akten, Thomas-Druckerei.
   dies.: *„Schwertjungfrau",* Schauspiel in drei Akten, Franz Wulf Verlag.
   dies.: *„Weihnachtsrosen",* Mysterium, Thomas-Druckerei.
   dies.: *„Durch Erdenkämpfe",* Drama in drei Bildern, Franz Wulf Verlag.
   dies.: *„Freiheitstaumel",* Schauspiel in fünf Akten, Franz Wulf Verlag.
   dies.: *„Christkind hilft",* soziales Weihnachtsspiel in einem Akt, Thomas-Druckerei.
   Margarete *Hüttig* (* 15.3.1874 in Löwenburg in Schlesien) schrieb vor allem Dramen. Sie verfaßte auch Lyrik und Feuilletons. (Kosch)

Jacoby, Alinda: „Die Flammenzeichen rauchen", Franz Wulf Verlag. (DDD)
   dies.: *„Martinus von Lochem",* Spiel in drei Akten, Franz Wulf Verlag.
   dies.: *„Samson",* Drama in vier Akten, Thomas-Druckerei.
   dies.: *„St. Hildegard",* Schauspiel in drei Akten, Franz Wulf Verlag.
   dies.: *„Charlotte Corday",* Drama in fünf Akten, Thomas-Druckerei.
   Alinda *Jacoby* war das Pseudonym von Maria Krug, geborene Blesser (* 16.10.1855 in Trier, † 15.5.1929 in Mainz), die in erster Linie Dramen verfaßte. Die Autorin war die Schwester der Schriftstellerin Victorine Endler. 1887 heiratete sie den Fabrikanten F.K. Krug in Mainz. Weitere Arbeiten: „In der Stunde der Versuchung", Schauspiel 1919; „Im Zuckerkabinett", Schwank 1921; „Ein Mutterherz", Schauspiel 1923; „Judith", Schauspiel 1924; „Barbara", dramatische Legende 1926; „Christkönigs Fest und Preis", Schauspiel 1927; „Susis Heiratsfieber", Schwank 1927; „Sankt Margarila", dramatische Legende 1928; „Um der Katze willen", Lustspiel 1928 u.a. (Kosch)

Kastner-Michalitschke, Else: „Ehe", Drama.
dies.: *„Hedwig Rohnau"*, Drama.
dies.: *„Die gute Sitte"*, Drama.
dies.: *„Graf Saurau"*, Drama.
dies.: *„Der Schuldner"*, Drama.
dies.: *„Der Thronerbe"*, Drama. (K 1930)
Else *Kastner-Michalitschke* (* 28.4.1866 auf Schloß Roknitz in Böhmen, † 2.1.1939 in Wien) unterrichtete als Lehrerin in Reichenberg. Sie beteiligte sich an der Gründung der Zeitschrift „Böhmens deutsche Poesie und Kunst. Die Autorin erhielt mehrere Auszeichnungen, so 1904 den Staatspreis für Literatur und Kunst und 1908 den Förderpreis der Schillerstiftung. (Kosch)

Kranzsz, Alice: „Vera gastiert", Groteske in drei Akten.

Laudien, Hedwig: „Spiel und Tanz", dramatische Arbeiten, E. Perison-Verlag, Dresden. (DDD)
Hedwig *Laudien* (* 13.1.1884 in Ludwigshafen, † 27.9.1968 in Bad Dürkheim) war in erster Linie Lyrikerin und Erzählerin. Sie schrieb auch Prosa für Kinder. Die Autorin lebte in Ludwigshafen, Neuhaus bei Schliersen und in Bad Dürkheim. (Kosch)

Malo, Elisabeth: „Luthers Hochzeit", Festspiel in drei Akten zur Vierhundertjahrfeier am 13. Juni 1925.
dies.: *„Der 31. Oktober 1517 in Wittenberg"*, Lutherfestspiel in einem Akt, Dresden 1925.
Elisabeth *Malo* (* 9.1.1885 in Pratau bei Merseburg, † 2.5.1930 ebd.) setzte sich für die Integrierung der Frau in der evangelischen Kirche ein. Ihre „Festspiele wirken durch ihre Schlichtheit und Volkstümlichkeit recht angenehm" urteilte ein Kritiker im „Deutschen Drama" 1930. Weitere Arbeiten: „Die Erbtante", Lustspiel 1917; „Der geprellte Neidhammel", Lustspiel 1918; „Deutscher Vorfrühling", 1920. (Kosch)

Marcus, Kaete und *Miethe, Kaethe: „Ich eröffne die Diskussion"*, Frauen-Komödie, Berlin 1929.
Kaethe *Miethe* (* 11.3.1893 in Berlin) beschäftigte sich mit nordischer Literatur, Kritik und Frauenfragen. (K 1928)

Maria, Igna: „Dumpsys Weihnachtsbrief", Revue, Franz Wulf Verlag.
Igna *Maria* war das Pseudonym von Maria Regina Jünemann (* 4.3.1888 in Frankfurt am Main). Sie lebte 1930 in Berlin und arbeitete als Chefredakteurin bei der „Welt" (Germania). Weitere Arbeiten: „Kämpferinnen", Theater-Revue 1922; „Die Anarchistin", Roman 1924; „Der Thespiskarren", Roman 1926. (K 1930)

Mayer, Luise M.: „Sie und ihr Budda", Lustspiel in drei Akten, Pfeffer-Verlag.

Meller, Clara: „Johannes Gutenberg", Schauspiel in fünf Akten, Verlag Val. Hofling.

Clara *Meller* (* 26.4.1867 in Ziesar) schrieb zahlreiche Theaterstücke, so „Mann im Pflug", Sagenspiel; „Ostern im Walde", Festspiel; „Der alte Fritz und Forsterfritz, Lustspiel 1924; „Hänsel und Gretel", Singspiel 1924; „Kölner Heinzelmännchen", Singspiel 1924; „Spielmannskiste", Lustspiel 1925; „Brich dem Hungrigen sein Brot", Volksstück 1925; "„Auch ein Schrecken", Schwank 1924. (K 1928)

Mente, Lucida: „Der letzte Patient", Calmette-Drama in vier Akten, Joh. Baum-Verlag.

Mitterer, Erika: „Charlotte Corday", Drama in vier Akten.

Erika *Mitterer* (* 30.6.1906 in Wien) schickte als 18jährige Gedichte an Rainer Maria Rilke, worauf sich ein Briefwechsel entspann. Wie ihr Vorbild schrieb sie zunächst Lyrik. Doch auch zur Prosa fühlte sie sich hingezogen. Zeitgenössische Probleme stellt die Autorin häufig im historischen oder mythologischen Gewand dar. Dramen blieben die Ausnahme in ihrem Werk, doch entstanden auch später noch Stücke wie das Schauspiel „Verdunklung" (1958). (Kosch, LdS)

Niebuhr, Gertrud: „König Europa", Spiel, L. Voggenreiter-Verlag, Potsdam. (DDD)

Ott, Olga: „Klein Eva", Lustspiel, Berlin 1929.

dies.: *„Der Zankapfel"*, Lustspiel in drei Akten, Drei-Masken-Verlag.

Otten, Else: „Requiem", Drama in drei Akten.

Else *Otten* (* 17.10.1875 in Amsterdam) machte sich vor allem als Bearbeiterin von Bühnenwerken einen Namen. 1930 lebte sie in Berlin. Ein weiteres Drama: „Bluff". (K 1930)

Prellwitz, Gertrud: „Frühling", Spiel 1921.

dies.: *„Weihnachten"*, ein Spiel für die Jugend des neuen Deutschlands geschrieben, 1921.

dies.: *„Das Deutschlandlied"*. Für die neue Jugend, dem Volke zu spielen, 1921.

dies.: *„Was der Mensch säet, wird er ernten"*, Straßenspiel 1921.

Gertrud *Prellwitz* (* 5.4.1869 in Tilsit, † 13.9.1942 in Oberhof) war Lehrerin, studierte später Philosophie und Theologie. Die überzeugte Kant-Anhängerin lebte seit 1901 in Berlin, seit 1905 in Mittel-Schreiberhau in Schlesien und seit 1910 in Woltersdorf. Zuletzt ließ sie sich im Harz nieder. Etliche ihrer dramatischen Arbeiten entstanden schon vor 1918. Sie schrieb außerdem Erzählungen und Essays. (Kosch, LdS)

Rappard, Eva von: „Deutsches Leben", Spiel in zehn Bildern, G. Danner-Verlag.

Reinke, Elisabeth: „Gertrud Middemann", plattdeutsches Stück, Mahnke-Verlag, Verden 1933. (DDD)

dies.: *„Pieter Poppe"*, plattdeutsches Stück in einem Akt.

Elisabeth *Reinke* (* 11.8.1882 in Hemmelsbühren bei Oldenburg) schrieb Schwänke aus dem Oldenburger Land, Erzählungen und Märchen. Als weiteres Drama nennt der „Kürschner": „De Stänbrut" (1925)

Reisig, Elisabeth: „Brüder", Drama in neun Bildern, Oesterheld & Co.

Scheu-Rieß, Helene: „Der Verführer", Universal-Edition, Wien. (DDD)
   „Der Verführer ist Sokrates, der den Schierlingsbecher trinken muß. Wenn auch die Sprache gepflegt ist, so fehlt dem Ganzen doch die dramatische Spannung, es sind im wesentlichen nur Gespräche." (DDD 1932)
   Helene *Scheu-Rieß* (* 18.9.1880 in Ölmütz) verfaßte vor allem Märchenbücher, Puppenspiele und Weihnachtsstücke. Für Jugendliche gab sie unter dem Titel „Sesam-Bücher" eine Klassiker-Sammlung heraus. Außerdem veröffentlichte sie Gedichte und Erzählungen. (LF)

Schieber, Anna: „Das Hemd des Glücklichen", Spiel in fünf Akten, München 1924.
   „Anna Schieber hat aus der alten Mär vom Hemd des Glücklichen in ihrer feinen, poetischen Art ein Spiel gestaltet. Ich könnte es mir reizend denken als Schattenspiel gegeben, wenn die Worte dazu in feinsinnigem schönen Vortrag gesprochen würden." (SL August 1925, S. 358)
   Anna *Schieber* (* 12.12.1867 in Eßlingen/Neckar, † 7.8.1945 in Tübingen) schrieb 1897 ihre ersten Geschichte für Kinder, später verfaßte sie Erzählungen, Romane und Novellen. Ihr Wohnsitz war lange Degerloch bei Stuttgart. (Kosch)

Stahn, Hannah: „Faustus redivivus", Drama, Leipzig 1921.
   Hannah *Stahn* (* 30.8.1886 in Oldenburg) lebte 1930 in Hannover. Weitere Werke: „Mysterium", 1921 und „Feuerflammen", 1922. (K 1930)

Tullier, Maria: „Kinder der Zeit", Schauspiel in drei Akten.

Vollmer, Lila: „Mutter vom Berg", Schauspiel in drei Akten, Pfeffer-Verlag.

Wibmer-Pedit, Fanny: „Das eigene Heim", Volksstück in vier Akten, Val. Höfling-Verlag.
   Fanny *Wibmer-Pedit* (* 19.2.1890 in Innsbruck) arbeitete zunächst als Verkäuferin, dann als Kellnerin in der Gastwirtschaft und später auf dem Bauernhof des Vaters. 1912 heiratete sie den Polizeibeamten Alfons Wibmer. Sie hatte sechs Kinder. Erst mit 38 Jahren veröffentlichte sie das Wiener Volksstück „Das eigene Heim" (1928) und ein Jahr später den Roman „Medardus Siegenwart". Die Autorin gehört zu den katholischen Heimatschriftstellerinnen. Sie schrieb vor allem ernste und heitere Volksstücke aus dem Leben der Alpenbauern. (LF)

Wied, Martina: „Nikodemus".
   dies.: *„Spuk".*

Martina *Wied* (* 10.12.1882 in Wien, † 21.5.1957 ebd.) studierte deutsche Philologie, Philosophie, Geschichte und Kunstgeschichte in Wien. Die Autorin unternahm während dieser Zeit viele Reisen. 1910 heiratete sie den Fabrikanten Sigmund Weisl. Sie arbeitete nun für verschiedene Zeitschriften, so ab 1913 für den „Brenner". Ihre frühen Romane, Romananfänge und Kurzgeschichten erschienen in Fortsetzungen in der „Arbeiter-Zeitung". Zum Schreiben von Dramen kam sie erst relativ spät. 1938 ging sie ins Exil nach Schottland, wo sie als Lehrerin arbeitete. In ihren Texten hat sie wiederholt die Probleme der Emigranten bearbeitet. So thematisierte sie das Schicksal der Flüchtlinge in ihrem Roman „Die Geschichte des reichen Jünglings" und in zahlreichen Gedichten. 1947 kehrte die Schriftstellerin nach Österreich zurück. 1952 wurde sie als erste Frau mit der Österreichischen Staatspreis für Literatur ausgezeichnet. (LdS, Patsch Österreichische Schriftsteller im Exil)

Wohlbrück, Olga: „Besonderer Umstände halber", Lustspiel in einem Akt, Eduard Bloch Erben.

dies.: *„Große Stadt",* Schauspiel in drei Aktenen, Ahn & Simrock.

Olga *Wohlbrück* (* 5.7.1867 in Gainfarn bei Wien, † 22.7.1943 in Berlin) fühlte sich als Weltbürgerin. Sie wurde in Kiew erzogen, ging dann als Schauspielerin nach Paris an das Théâtre Nationale de l'Odéon, heiratete 1887 den Erzähler Maximilian Bern. Eine zweite Ehe ging sie mit dem Komponisten Waldemar Wendland ein. Die Autorin verfaßte vorwiegend Dramen und Erzählungen.

Wolff, Johanna: „Die Töchter Sauls", Tragödie, Cotta-Verlag.

„Trotz des Titels stehen Saul und David im Mittelpunkt des Geschehens, und die Verfasserin hätte gut getan, die beiden Töchter Sauls noch mehr in den Hintergrund zu drängen; sie erheben sich doch nur wenig über Theaterschablone. Dadurch wäre ein gut Teil Marlitterei vermieden worden, und die Charaktere hätten vielleicht mehr Dämonie, die Diktion aber anstatt der leichten Sudermannschen Kompositionsglätte mehr poetische Bildkraft bekommen." (DDD Juli 1920)

dies.: *„Die Beichte",* Wolf-Heyer-Verlag, Berlin 1932. (DDD)

Johanna *Wolff* (* 30.1.1858 in Tilsit, † 4.5.1943 in Locarno in der Schweiz) begann ihre eigentliche schriftstellerische Arbeit erst nach ihrer Heirat 1887 mit dem Prokuristen Gustav Wolff. Sie schrieb zunächst heimlich, veröffentlichte dann später ihre Arbeiten. Ihre Stücke, etwa „Die Meisterin" (1906) wurden vor 1918 in mehreren Städten aufgeführt. Die Lyrikerin, Erzählerin und Dramatikerin erreichte ihren größten Erfolg mit ihrer Autobiographie „Hanneken. Ein Buch der Armut und Arbeit" (1912). (LdS)

Wolff, Lita: „Einst wird die Saat des Vaterlandes reifen", zwei Bilder, G. Danner-Verlag 1933.

Zabel, Ursula: „Grettir", nach der nordischen Sage vom starken Grettir, dem Geächteten, Adolf-Klein-Verlag, Leipzig. (DDD)

„Nach der altnordischen Sage (...) hat Ursula Zabel (...) in Leben in 11 Abschnitten (...) gedichtet. Kein Drama im eigentlichen Sinne, dazu fließt der Strom zu episch, sondern eine wilde Rhapsodie vom zum Teil herber Schönheit. Menschen mit Urinstinkten, die bei aller Erdgebundenheit in der Gradheit ihres Empfindens und Denkens ein hohes natürliches Epos verkörpern." (DDD 1931)

LESEDRAMEN DES KINDERTHEATERS

Breiding, Luise: „Hans und Wunderhold", Märchen in sechs Bildern, G. Richter-Verlag.

Burow, Lisa: „Bremer Stadtmusikanten", Märchen in vier Akten.
Lisa *Burow* (* 2.3.1871 in Parchim/Mecklenburg) lebte 1930 in Wismar. „Prinz und Bettelknabe" erschien als weiteres Märchen von ihrer Hand. Außerdem schrieb sie die Opernlibretti „Fasching" und die „Kußnacht". 1929 veröffentlichte die Autorin den Schwank „Die Wahlweiber oder das Mißverständnis". (Kosch)

Gingold, Hedy: „Aschenbrödel und die Schwesterchen", Kinderkomödie mit Gesang, Theatervertrieb Otto Erich.

Grogger, Paula: „Spiel von Sonne, Mond und Sternen", Hanseat V.-A.
Paula *Grogger* (* 12.7.1892 in Oblarm/Schlesien) wurde Lehrerin in ihrer Heimat. Sie verfaßte Spiele, Gedichte, Erzählungen und Legenden. Weitere Spiele: „Die Auferstehungsglocke" (1933) und „Die Hochzeit" (1936). (Kosch)

Hennies, Emmi: „Rotkäppchen", Märchen in vier Bildern, Max Reichard-Verlag.

Hennig, Sophie: „Armes Kindes Weihnachtsfest", Kühling & Günther, Berlin.
Im gleichen Verlag erschienen von der Autorin vor allem Dramatisierungen der Grimmschen Märchensammlungen: „Christengels goldene Puppe", Märchen; „Goldlieschen", Märchen in fünf Akten; „Im Reiche der Weihnachtsfee", Märchen in vier Akten; „König Drosselbart", Märchen in fünf Akten; „König Faulpelz und Prinz Lustig", Märchen; „Sandmännchen", Märchen; „Schneeflocken", Märchen in sechs Akten; „Rotkäppchen", Märchen in fünf Akten; „Rumpelstilzchen", Märchen in fünf Akten; „Till Eulenspiegel", Märchen in fünf Akten; „Dornröschen", Märchen in sechs Akten.

Konarski, Minna: „König Drosselbart", Komödie in drei Akten nach den Gebrüdern Grimm, Wiesbaden 1928. (SL)
Die Autorin hält sich an den Handlungsablauf der Vorlage. Nur in einem Punkt wandelt sie das Grimmsche Märchen ab. Der Vater der Prinzessin und König Drosselbart fassen zusammen den Plan, die abweisende Königstochter zu erziehen. Der Vater

weiß von Beginn an, daß der Spielmann, dem er seine Tochter zur Frau gibt, in Wirklichkeit ein König ist. So erscheint er dann auch zum Happy-end im Schloß, um seine nun gefügige Tochter wieder in die Arme zu schließen.

Minna *Konarski* (* 22.9.1872 in Alsfeld) lebte 1930 in Wiesbaden. Sie schrieb noch weitere Märchenspiele, Novellen, Humoresken und Skizzen, Weitere Arbeiten: „Aus der engen und weiten Welt", Gedichte; „Gliehstrimp", heitere Spiele 1926. (K 1930)

Menschick, Renate: „Königskrönlein", Märchen, Val. Höfling-Verlag.

Renate *Menschick* (* 12.9.1895 in Regen/Niederbayern) verbrachte die meiste Zeit ihres Lebens in Regensburg. Seit 1937 arbeitete sie dort bei einer Handelsgesellschaft als Direktionssekretärin. Die Autorin verfaßte vorwiegend Laienspiele. (Kosch)

Plothow, Anna: „Klatschliesel", Märchen in drei Akten, Eduard Bloch Erben.

Anna *Plothow* (* 4.2.1853 in Berlin, † 17.12.1925 ebd.) war die deutsche Gründerin der Mädchen- und Jugendhorte. Nach dem frühen Tod ihres Mannes, des Komponisten Paul Plothow, begann sie zu schreiben. 1898 trat sie als erste Frau in die Redaktion des „Berliner Tageblattes" ein, sie wurde Redakteurin der Frauenbeilage. Später arbeitete die Autorin für verschiedene Frauenzeitschriften. Anna Plothow interessierte sich für Politik, die Frauenbewegung und soziale Arbeit. 1884 gründete sie zusammen mit Emilie Mosse und Elisabeth Vogeler den Verein „Mädchenhort". Außerdem war die Autorin in verschiedenen Frauen- und Mädchengruppen für soziale Hilfsarbeit tätig. Sie war auch eine der Gründerinnen der Stellenvermittlung für Dienstboten im Zentralnachweis in Berlin. (LF)

Pfann, Hilde: „Die kleinen Weltflieger", Märchen in sieben Bildern, Vertriebstelle des Verbandes der Bühnenschriftsteller.

Vorpahl, Doris: „Aschenbrödel", Märchen in acht Bildern, Drei-Masken-Verlag.

Werkmeister, Else: „Die Schuhe des heiligen Petrus", Märchen in einem Akt, Eduard Bloch Erben.

Bildnachweis:
Buhs, Ilse (S. 236); Dähnhardt Willy und Nielsen, Birgit S. (Hrsg.): Geflüchtet unter das dänische Strohdach. Ausstellungskatalog, Heide 1988 (S. 186, S. 192); The George Arents Research Library at Syracuse University (S. 183); Graefe, Michael (S. 239); Langner, Ilse: Mein Thema und mein Echo, hrsg. von Ernst Johann, Darmstadt 1979 (S. 38, S. 217, S. 252); Der Querschnitt, 3. Jg. Berlin 1926 (S. 97, S. 99); Hilde Rubinsteins Privatbesitz (S. 52); Stadttheater Pforzheim (S. 237); Theaterinstitut Köln (S. 30, S. 31, S. 42, S. 45, S. 49, S. 70, S. 71, S. 72, S. 75, S. 80, S. 101, S. 103, S. 104, S. 110, S. 165, S. 252, S. 259); Ullstein Bilderdienst (S. 26, S. 51, S. 63, S. 81, S. 96).